BIBLIOTHÈQUE

DE L'ÉCOLE

DES HAUTES ÉTUDES

PUBLIÉE SOUS LES AUSPICES

DU MINISTÈRE DE L'INSTRUCTION PUBLIQUE

SCIENCES PHILOLOGIQUES ET HISTORIQUES

VINGT-SIXIÈME FASCICULE

LES TABLES EUGUBINES, TEXTE, TRADUCTION ET COMMENTAIRE
PAR MICHEL BRÉAL, DIRECTEUR D'ÉTUDES

PARIS
F. VIEWEG, LIBRAIRE-ÉDITEUR
LIBRAIRIE A. FRANCK
67 — RUE RICHELIEU — 67

1875

LES

TABLES EUGUBINES

TEXTE, TRADUCTION ET COMMENTAIRE

PARIS. — TYPOGRAPHIE LAHURE
Rue de Fleurus, 9

LES

TABLES EUGUBINES

TEXTE, TRADUCTION ET COMMENTAIRE

AVEC

UNE GRAMMAIRE ET UNE INTRODUCTION HISTORIQUE

PAR

MICHEL BRÉAL

PROFESSEUR AU COLLÉGE DE FRANCE

DIRECTEUR A L'ÉCOLE DES HAUTES ÉTUDES

PARIS

F. VIEWEG, LIBRAIRE-ÉDITEUR

LIBRAIRIE A. FRANCK

67 — RUE RICHELIEU — 67

1875

INTRODUCTION.

Les tables de bronze connues sous le nom de *Tables Eugubines*[1] ont été découvertes en 1444, à Gubbio, ville de l'Italie centrale, dans la province d'Ombrie. Selon le récit du jurisconsulte et protonotaire apostolique Antonio Concioli, qui était lui-même originaire de Gubbio, et qui a publié en 1673 un livre sur le droit et les coutumes de sa ville natale, ces tables furent trouvées en un souterrain orné de mosaïques, près des restes d'un théâtre romain. Comme le témoignage de Concioli, pour des raisons qu'on ne tardera pas à connaître, a donné lieu à de nombreuses discussions, il est important de reproduire ses paroles : « Quod autem Eugubium civitas fuerit antiquissima, ac reges ibi resederint.... fidem facit regium sepulcrum, quod nomine Mausoleum, miroque constructum artificio temporum adhuc edacitati repugnat. Rem eamdem inter cætera magnifica confirmat veterrimum theatrum : confirmant novem aheneæ tabulæ fama percelebres, ac litteris, ac sententiis nemini cognitis exaratæ quæ totius orbis, nedum Italiæ antiquissima creduntur monumenta. Anno 1444 hasce tabellas ex ære purissimo fortuna detexit in subterranea concameratione miris emblematis tessellata, quæ quidem tam egregio picturatur artificio, ut regalis aulæ specimen præbeat, apud theatrum, hoc est in planitie, ubi antiquitus sedebat Eugubium. Atque illæ notissimum sibi nomen compararunt apud eos, qui vetustate cognita delectantur, multique crediderunt leges ibi cælatas esse primorum regum, qui in hac provincia dominarentur. Centesimus trigesimus tertius agitur annus ex quo illarum duæ Venetiis in armamentario ducalis palatii inter rarissima custodiuntur, tanquam pretiosa caligantis, sed pulchræ antiquitatis monumenta, ac Tabu-

1. *Eugubium* est le nom latin que portait *Gubbio* au moyen âge.

læ Eugubinæ vocantur. Delatæ fuerunt in eam urbem a clarissimo viro, ut nobilibus eorum temporum antiquariis traderentur interpretandæ : et licet brevi remittendas fuisse promiserit, nec brevi, nec ullo unquam tempore redierunt in societatem aliarum septem, quæ in secreto palatii communis archivio asservantur[1]. »

D'après le récit qu'on vient de lire, les tables trouvées étaient au nombre de neuf. Cette circonstance importante a été plusieurs fois contestée, et la critique, une fois mise en éveil, a été jusqu'à mettre en doute l'ensemble du témoignage. En effet, si les sept tables conservées au palais municipal de Gubbio sont fidèlement arrivées jusqu'à nous, la trace de celles qui auraient été transportées en 1540 à l'arsenal de Venise, s'est absolument perdue. Le savant Italien Passeri (1694-1780) suppose que Concioli, qui a passé la plus grande partie de sa vie loin de Gubbio, et qui d'ailleurs s'est occupé des tables d'une manière incidente, a accueilli des informations inexactes. Des doutes analogues ont été exprimés par Huschke et, plus récemment encore, par M. G. Conestabile. Je n'entrerai pas ici dans la discussion de cette question, me réservant de l'examiner à part[2]. Je dirai seulement que les doutes élevés par ces savants semblent assez peu justifiés, et que les documents invoqués contre Concioli me paraissent plutôt parler en sa faveur. Que sont devenues les deux tables dont l'existence, en 1673, est affirmée d'une manière si précise, et qu'il serait d'un si grand intérêt de retrouver? Peut-être sont-elles cachées dans quelque palais de Venise ou de la terre ferme. Il serait digne du gouvernement italien d'ordonner à ce sujet des recherches.

Nous retournons maintenant aux sept tables restées à Gubbio. Donnons-en ici le signalement. Ce sont des plaques de bronze de grandeur inégale, mesurant en moyenne à peu près cinquante centimètres de long sur trente centimètres de large. Cinq d'entre elles (celles qui sont numérotées aujourd'hui de I à V) sont en écriture étrusque; deux (VI et VII) sont en écriture latine de la plus belle époque, mais dans une langue qui n'est pas le latin. Il y a, en outre, une inscription en écriture latine (celle qu'on appelle souvent l'inscription *Clavernior*,

1. Antonii Concioli *Statuta civitatis Eugubii*. — Maceratæ, 1673, in-fol. P. III. Repet. in ejusd. op. 1729.

2. Voy. ci-dessous, p. 309.

d'après le mot par lequel elle commence) qui a été ajoutée sur une place restée disponible du verso de la table V. L'état de conservation de ces plaques ne laisse rien à désirer. Toutes, excepté III et IV, portent des inscriptions au recto et au verso : nous désignons le recto par *a*, le verso par *b*.

La première collection épigraphique qui ait publié un spécimen de ces inscriptions[1] est le recueil dû au savant hollandais Smetius, édité après sa mort par Juste Lipse, en 1588[2]. Il donne les tables IV et VI avec cette mention : « Tabulas hasce ambas Joannes Metellus Burgundus vidit et exscripsit, quas etsi nemo plane intelligit, quia tamen de rebus sacris agere quidam crediderunt, ideo hoc loco ponendas existimavi[3]. » Smetius avait joint une transcription de l'alphabet étrusque, autant que les connaissances d'alors le permettaient. En 1601, Gruterre produisit ces deux tables[4] : il ajouta la partie latine de la table V, qu'il tenait de Puteanus (Dupuy) *ex Bembi bibliotheca Patavii.*

Le premier essai de traduction est dû à l'Italien Bernardino Baldo (1553-1617). Pensant que c'était une chose indigne de son siècle que personne n'eût encore tenté une interprétation, il envoya à Welser, à Augsbourg, qui la publia en 1613, une *Divinatio in tabulam æneam Eugubinam lingua Hetrusca veteri perscriptam.* Le texte est expliqué au moyen de Bérose et de Caton, d'après Annius de Viterbe. Il ne sera peut-être pas inutile de donner un échantillon de la lecture et de la traduction, pour montrer quelles étaient au commencement les difficultés de la tâche : nous faisons précéder le texte tel qu'il doit être lu (IV, 1).

Purtuvitu	erarunt	struhçlas	eskamitu
Rudfucifu	edadunf	Sfduoblas	eskamifu
Rex noster	Dominus noster	Sfduoblas	excitator noster

1. S'il faut en croire Bernardino Baldo, dont il sera question plus loin, dès la fin du quinzième siècle l'une des tables en écriture étrusque (la table IV) aurait été publiée par le comte Gabriele di Gabrieli. En 1520, l'inscription *Clavernìur* fut éditée dans un ouvrage devenu très-rare, la *Vita di S. Ubaldo, data fuori dal Padre Stefano di Cremona, canonico regolare.*

2. *Inscriptionum antiquarum quæ passim per Europam liber.* Lugd. Bat. p. XXXIX.

3. Le Metellus Burgundus dont il est parlé ici est peut-être le même dont il est question dans l'histoire du texte des *Agrimensores* latins.

4. *Inscriptiones antiquæ tot. orb. Rom. in corpus absol. redactæ ingenio ac cura I. Gruteri, auspic. I. Scaligeri ac M. Velseri.* II, p. CXLII sq.

aveitu	inumek	tertiama	spanti
aceifu	inumek	fedfiama	sranfi
pater noster et legislator		liberatrix nostra mater	domina nostra

triia tefra	prusekatu	eḍek	supru
Fdiafegda	rdusecafu	epek	surdu
Fdiafegda	contritionem nostram	educendo	propulsaverunt

sese	ereçluma	vesune	puemunes	pupḍices	purtuvitu
sese	edebluma	cesune	ruemunes	rurpibes	rudfucifu
sexies	Aulum	consulem	romanæ	reipublicæ	rex noster

struhçla	petenata	isek
sfduoblas	refenafa	isek
sfduoblas	debilitavit	et præcipitanter currere fecit.

Richard Simon faisait allusion à cette traduction, quand il parlait dans sa *Bibliothèque critique* (II, chap. v) « des impertinences que Velserus fait imprimer à Augsbourg. » Après avoir cité quelques étymologies hébraïques de Baldo : « En vérité, ajoute-t-il, il faut avoir l'esprit bien pénétrant, ou plutôt être inspiré, pour voir que ces deux mots sont hébreux. Un Chinois y trouverait plutôt sa langue chinoise qu'un Juif n'y trouvera la langue hébraïque. »

L'année suivante (1614) vit paraître une traduction non moins extraordinaire : elle venait cette fois des Pays-Bas. Le Hollandais Adrien van Scrieck publia à Ypres un livre sur les origines des peuples de l'Europe, et en particulier des Néerlandais[1], où il inséra la table VII, qu'il avait reçue, disait-il, à Paris, d'un de ses amis qui l'avait rapportée de Rome. Il y joignit une traduction où l'ombrien est expliqué à l'aide du néerlandais ; car c'est le plus ancien monument de la langue belge qu'il reconnaissait dans cette table. Pour donner une idée de cette traduction, il suffira de dire que *eno prinuatur* (VII *a* 1) « tum viatores » est rendu par *in bring water* (qu'il

1. Adriani Scrieckii Rodorni *Originum rerumque celticarum et belgicarum libri XXIII.*

apporte de l'eau). Le nom de la déesse Çerfa est pris pour le verbe *sterben* « mourir ».

Ici s'arrêtent, pour un temps, les essais d'interprétation. Aux esprits avisés, le problème paraissait trop difficile. « Pour votre langue étrusque et leurs caractères, écrivait Saumaise à Peiresc, c'est un point où je confesse n'entendre rien du tout. J'y ai voulu souvent bailler des atteintes, mais je n'y ai jamais pu mordre. Je ne sais comment il s'y faut prendre : s'il faut aller de dextre à senestre, ou de senestre à dextre.... Ceux qui ont voulu interpréter ces Tables Eugubines ne me peuvent pas satisfaire. Mettons donc ceci entre les choses que nous ignorons parfaitement. »

Au dix-huitième siècle, l'interprétation devait être reprise avec un redoublement d'ardeur. Nous rencontrons ici un livre qui exerça une influence considérable sur les esprits; ce n'est pas qu'il fût d'une grande nouveauté : l'auteur, quand son œuvre parut, était mort depuis plus de cent ans. Le savant Écossais Thomas Dempster (1559-1625) appartient au seizième siècle par la date de sa naissance, par son érudition immense et confuse, par son caractère batailleur, par son humeur inquiète et voyageuse. Après avoir professé dans les Pays-Bas, en France, en Angleterre, en Espagne, il fut appelé en Italie par Cosme II de Médicis, et, sur l'invitation de ce prince, il écrivit en 1619 son grand ouvrage *De Etruria regali*. Ce livre resta manuscrit jusqu'en l'année 1723, où il fut publié avec luxe, à Florence, par les soins de Thomas Coke, comte de Leicester. L'ouvrage était bien tel qu'on pouvait l'attendre d'un homme réputé en son temps pour l'étendue de son savoir comme pour son manque de jugement. Les Étrusques y sont présentés comme le peuple inventeur de tous les arts, de toutes les sciences, de tous les objets utiles à la vie. Ils étaient autrefois les maîtres de l'Italie, et Rome, qui leur arracha la primauté, se para de leur civilisation. Les anciens titres de noblesse des diverses cités de l'Italie étaient énumérés au long par Dempster. Ce qui donna à cette publication une valeur durable, c'est qu'un savant aussi modeste que judicieux, Philippe Bonaruoti, lequel avait été chargé de surveiller l'édition, profita de l'occasion pour y joindre des planches exécutées avec le plus grand soin. Une quantité d'inscriptions et d'antiquités virent le jour pour la première fois. Au nombre des planches figurent les Tables Eugubines, publiées intégralement et avec une correction remarquable pour l'époque. Bonaruoti se doutait déjà qu'elles n'étaient pas en langue étrusque, mais plutôt en ombrien : il avait remarqué qu'on n'y trouvait aucun de ces noms en *al*, si fréquents sur les inscriptions de l'Étrurie. « Du reste, ajoute-t-il, qu'elles soient en étrusque ou en ombrien, peu importe, puisqu'on n'entend pas plus l'un que l'autre. » Quant au contenu des Tables, il exprime, mais avec une grande réserve, l'idée que ce sont des traités entre peuples voisins.

Cette prudence ne devait pas être imitée. La publication de Dempster provoqua une quantité de travaux sur les antiquités de l'Italie, et principalement sur la langue et la civilisation étrusques, où le patriotisme eut plus de part que la critique. C'est ce mouvement d'idées qu'un écrivain italien, Tiraboschi, a appelé l'*entusiasmo etrusco*. Dès l'année 1726, il se fonda dans l'antique ville de Cortone une académie étrusque[1]. Par leur étendue, comme par la facilité relative de leur déchiffrement, les Tables Eugubines attirèrent particulièrement l'attention, et le principal effort se concentra sur ces inscriptions, dont l'histoire, ainsi que le dit justement Lepsius, semble être devenue à cette époque l'histoire même des études étrusques.

Les principaux érudits qui s'occupèrent des Tables furent le marquis Scipion Maffei (1675-1755), le chevalier et abbé Annibal-Camille degl' Abati Olivieri (1708-1789), l'abbé Giambattista Passeri (1694-1780), A. F. Gori (1691-1757). Parmi ce groupe, un réfugié protestant français, originaire de Nîmes, Louis Bourguet, tient une place importante. A la fois théologien, orientaliste, numismate, géologue, mathématicien, il était en correspondance avec les savants de toute l'Europe. Il donna, sous le pseudonyme de Philalèthe, en 1728, 1732 et 1734, trois lettres ayant rapport aux Tables Eugubines, dans un recueil publié à Genève et intitulé *Bibliothèque italique ou Histoire littéraire de l'Italie*[2]. Dans la première de ces lettres, qui est adressée à Maffei, il propose une interprétation de la partie en caractères latins de la table V *b :* nous reproduisons cette interprétation, qui n'est pas longue, parce qu'elle peut être considérée comme un spécimen du genre : « Claverniur

1. Le président portait le titre de Lucumon. Les mémoires de cette académie forment douze volumes in-4°. *Saggi di Dissertazioni Accademicche pubblicamente lette nella nobile Accademia etrusca dell' antichissima città di Cortona*. Roma, 1735

2. T. III, XIV, XVIII.

Dirsa, frère du pontife Herti (a vendu) une pièce de terre de six vingt pieds en quarré du côté septentrional à Faber Opeter (sous condition) qu'il donnera la Taille de quatre pieds (en quarré) du champ au Berger de Mars; le cens à Homonus Duumvir, pour avoir soin du pur froment. Il donnera aussi VI paniers de froment du grain d'une dizaine de paumes (en quarré) d'au-dessus de la pièce, à Claverniur Dirsa, frère du pontife Herti; il lui donnera aussi dix chèvres et cinq de plus; ensuite il chariera la balle et le cens, et donnera encore VI paniers de froment du champ même à Dirsa, frère du pontife Herti. »

Dans la seconde lettre, il donne de la table VI *a* une traduction non moins extraordinaire. Denys d'Halicarnasse raconte, d'après Myrsile de Lesbos, au premier livre de ses Antiquités romaines, que les Pélasges sont originaires de la Lydie, et qu'à leur arrivée en Italie ils eurent à souffrir de divers fléaux, tels que stérilité de la terre, guerre, peste, disette. Pour apaiser les dieux, ils leur offrirent les prémices de tout ce qui naîtrait. La table VI, qui est antérieure à la guerre de Troie, nous a conservé le souvenir de ce vœu; c'est un cantique qu'on chantait à plein gosier : de là le nom de *carmen orthium* ou de litanies pélasges que lui donne Bourguet. Voici un fragment de cette traduction (table VI *a*, lignes 8 et suiv.) : « Le produit des semailles a été renversé et brûlé. Les plus gras pâturages ne seront soutenus que d'un peu de rosée. La nourriture est nuisible. Les veaux qui croissaient sont consumés. Il manque de quoi se rassasier. Les veaux qui croissent ont le corps endommagé et le laboureur est perdu. »

Si ces deux premières lettres ne renferment guère que des rêveries, la troisième fut d'une importance capitale dans l'histoire du déchiffrement. L'auteur, abordant l'étude de l'alphabet étrusque (les tables précédemment expliquées par lui sont en caractères latins), essaye de déterminer la valeur de chaque signe : une découverte qu'il venait de faire l'aida singulièrement dans cette tâche. Il avait reconnu que la table VI (en caractères latins) et la table I (en caractères étrusques) donnent le même texte, sauf certains changements et développements dont on pouvait faire abstraction. Il était dès lors beaucoup plus facile d'arriver à une lecture correcte. Bourguet réussit à établir la vraie valeur de la plupart des caractères. Quelques-unes de ses identifications auraient même mérité plus d'attention que les contemporains ne parurent leur accorder. Ainsi le d continua d'être pris pour un B, quoiqu'il y eût déjà un B dans l'alphabet, et quoique Bourguet eût démontré que c'était une sifflante. Il fallut qu'Otfried Müller prouvât de nouveau le même fait[1].

Parmi les savants italiens, les uns, comme Olivieri et Gori, admirent, ou du moins parurent admettre ces résultats. Ainsi Olivieri traduisit les lettres de Bourguet dans les mémoires de l'académie de Cortone; Gori les reproduisit dans son *Museum etruscum*[2], en ajoutant seulement la découverte qu'il avait faite de son côté, que les litanies étaient en vers hexamètres. D'autres savants proposèrent des interprétations différentes. Maffei, guidé par son tact naturel, avait émis sur le contenu probable des inscriptions une vue qui n'avait rien que de raisonnable. « Mihi visum est tractari ibi de rebus sacris atque sacrificiis.... Ceterum hoc velim extra dubium accipiatur : laminas illas, quas dixi, Eugubinas nihil aliud continere posse quam documenta sive publica, veluti pacta inter gentes inita, pacis aut fœderum formulas; sive privata, venditiones puta, donationes, testamenta[3]. »

L'abbé Passeri, qui avait écrit à l'âge de quatorze ans une dissertation sur les Tables Eugubines, et qui revint encore par deux fois sur le même sujet dans le cours de sa longue vie, publia en 1739, dans un recueil philologique édité à Venise[4], une série de lettres qu'il intitula *Lettere Roncagliesi*, du nom de sa maison de campagne de Roncaglia. Les lettres étaient adressées à Olivieri. Ce dernier avait eu le mérite de faire une découverte qui fut un trait de lumière au milieu des ténèbres où l'on avait tâtonné jusque-là. Il avait reconnu[5] que le nom, si fréquemment répété, de Ikuvina, *Iiouina*, ne désignait pas la jeunesse, comme le supposait Bourguet, mais que c'était le nom même des Iguviens; on commença dès lors

1. Nous ne savons trop pourquoi Lepsius, qui rend justice aux services rendus par Bourguet, l'accuse de jactance et de vanité. Nous n'avons rien trouvé de semblable dans les lettres de Philalèthe.

2. Trois vol. in-fol. 1737-43.

3. Scipionis Maffei origines etruscæ et latinæ, sive de priscis ac primis ante Urbem conditam Italiæ incolis commentatio. Ex italico sermone in latinum convertit I. G. Lotterus. Lipsiæ, 1731, p. 66, 73.

4. *Raccolta d'opuscoli scientifici e filologici* édités par D. Angiolo Calogerà. T. XXII, XXIII, XXVI, XXVII.

5. *Sopra alcuni monumenti pelasgi*. Pesaro, 1735. Il reconnut aussi le nom des Tadinates, peuple de l'Ombrie cité par Pline.

à se douter que ces tables se rapportaient au passé de la ville où elles avaient été découvertes. Guidé par cette indication, Passeri écrit : « Sapete voi in che lingua son esse scritte? In lingua gubina antica. » Voici un passage de ces lettres où, avec un certain art de mise en scène et en une langue toute colorée des idées philosophiques de Vico, il fait ressortir le caractère national de ces recherches : « Ce sont là, dit-il, nos vrais et légitimes monuments, et tout bon citoyen doit considérer cette étude comme une étude nationale. Ce que nous avons de romain nous est aussi étranger qu'il peut l'être aux Daces et aux Sicambres. Ce peuple qui a tout foulé aux pieds n'a d'autre relation avec nous, que de nous avoir opprimés. Ces inscriptions contiennent les noms et les prérogatives de nos ancêtres; ici sont renfermées les traditions et les coutumes de notre peuple; et si l'envie romaine a fait sentir sa furie même à l'innocence de notre antique idiome, les germes qui vivent encore dans les puissances de notre âme sont emportés par le tourbillon des choses humaines. Il ne se peut que ce circuit universel qui agite les idées de toutes choses ne vienne déposer un jour ou l'autre, soit à dessein, soit par hasard, des principes qui, accueillis et nourris, permettront de réparer en quelque manière cette perte. » Il est intéressant de voir comment le patriotisme italien, qui, à cette époque, ne dépassait point encore l'amour de la province, avait trouvé un aliment dans ces études : il n'est pas moins curieux de comparer ces sentiments pour Rome avec les idées qui devaient remplir l'Italie un siècle plus tard.

Malheureusement Passeri ne s'en tint pas à ces déclarations. Il voulut interpréter les tables. Oubliant ce qu'il avait dit sur la langue des inscriptions, il les explique, tout comme Bourguet, à l'aide du grec et de l'hébreu. Vingt-cinq ans plus tard il en donna une traduction nouvelle[1], prouvant au moins de cette manière son ardeur pour un problème que sans doute le voisinage de Gubbio, qui lui éleva un monument, l'empêchait d'oublier.

La vie fertile en loisirs des ecclésiastiques italiens au dix-huitième siècle trouvait dans ce genre de travaux une noble et élégante occupation. Un autre abbé, esprit enjoué et fin, I. Lami, publia en 1742, sous le pseudonyme de Cle-

1. Io. Baptistæ Passerii *In Thomæ Dempsteri libros de Etruria Regali Paralipomena*. Lucæ, 1767.

mente Bini, et probablement en réponse aux *Lettere Roncagliesi*, des *Lettere Gualfondiane*[1] où il se moque avec esprit des interprétations qu'on avait proposées. Il montre qu'il faut chercher dans le latin vulgaire l'explication de la langue des tables, et il donne à ce sujet d'excellentes indications. Mais, lui aussi, il aurait dû se borner à la théorie, car la traduction qu'après un long et judicieux préambule il donne de la table III, ressemble à un pur roman. « C'est, dit-il, un fragment de l'histoire ancienne eugubine, racontant la fuite des citoyens de Gubbio, de leur cité mise à sac et dévastée par les ennemis. Ce sont les lamentations des fugitifs qui, considérant le mal qu'ils ont souffert, se retournent vers Jupiter, et l'excitent à les venger, en lui représentant le massacre de leurs proches, la ruine de leurs biens et de leur patrie. » Les ennemis, ajoute Lami, venaient probablement du côté de Tivoli. On ne sait pas toujours si l'abbé florentin plaisante ou s'il prend sa traduction au sérieux[2].

Pour finir l'histoire de ces efforts infructueux, il faut encore mentionner un ouvrage qui parut en 1772 à Modène, et qui est peut-être le plus faible de tous. Il a pour titre : *Della lingua de' primi abitatori dell' Italia*. C'est l'œuvre posthume du jésuite Stanislas Bardetti. L'auteur explique la même inscription que Lami, et, lui aussi, il suppose un récit historique parlant de guerre et d'exil. Mais ce qui le distingue de ses prédécesseurs, c'est qu'il interprète principalement l'ombrien à l'aide de l'anglo-saxon, du vieux haut-allemand et du celtique.

En présence de ces divagations, on apprécie d'autant mieux la réserve d'un savant tel que Fréret, qui jugeait de cette façon, en 1753, les tentatives faites jusqu'alors :

« Les inscriptions étrusques en caractères latins ne sont

1. Lettere Gualfondiane del signor Gius. Clemente Bini sacerdote fiorentino sopra qualche parte dell' antichità etrusca all' illustrissimo signor Drake, cavaliere inglese. 1744. Firenze, in-12.

2. Bini traduit (p. CCLXXXV) : Exeunt [Iguvini], fuga ter summa [seu quam citissima], ustis sex in thesauro urnis [rerum scilicet preciosarum, ne in hostium manus devenirent]. Tum quidem vocem promunt, petunt, invocant, ultorem fortem [adversus hostes], euntes. Frater ostentat purum [sceleris] fratrem, [qui] mersus [malis et funere] fuit. Mulieres invocant ultorem fervidum : mulieres sistunt sacras oves ultori [ut exaudiat]. Viri puncti [acri dolore] certant [sacrificaturi] innumeris sacris ovibus ; et fortes [quidem] puncti ob summa fratrum [mala] innumera, in via [dum essent, atque vadentes lamentabantur]. Mersa [ac perdita] ovis, arva et tota ; eradicata pyrus [et omnis arbos].

pas plus intelligibles que les autres, quoiqu'on y rencontre des mots latins défigurés. Les interprétations que quelques savants en ont prétendu donner ne sont que des divinations absolument hasardées; des alliages de mots latins, grecs, hébreux, altérés et rendus méconnaissables. Avec de pareilles licences on rapportera ces inscriptions à toutes les langues du monde, au bas-breton, au basque, au mexicain. On peut même observer que les auteurs de ces interprétations ne font aucun usage des mots étrusques dont les anciens nous ont transmis le sens. Remarquons enfin qu'il n'est rien moins que prouvé que ces monuments aient la grande antiquité qu'on leur attribue. Ceux qui sont en caractères latins, à n'en juger que par la forme de ces caractères, doivent être postérieurs à la conquête de l'Étrurie par les Romains et remonter tout au plus au temps de la première guerre punique[1]. »

Le premier qui ait ouvert les voies à une interprétation méthodique est L. Lanzi (1732-1810), dans son *Saggio di lingua etrusca e di altre antiche d'Italia*, publié à Rome en 1789[2]. S'inspirant de la prudence de Fréret dont il rappelle les paroles, il annonce qu'il ne tentera pas une traduction intégrale des textes, mais qu'il imitera ceux qui expliquent une inscription à demi effacée, et qui, là où ils ne peuvent lire, se taisent ou se contentent d'une conjecture présentée avec doute. Il ne saurait considérer les Iguviens comme des Étrusques, puisque sur les tables Eugubines les Étrusques sont nommés en toutes lettres à côté des Iguviens. Toutefois il doit y avoir, vu le voisinage, une certaine parenté entre les deux langues. La syntaxe est pour la plupart du temps identique à la syntaxe latine. Quelquefois elle a l'air barbare : mais le lecteur, en ajoutant ici un S, là un M, comme il faut faire aussi dans les inscriptions romaines, ou en opérant quelque autre changement non moins régulier, n'aura pas de peine à mettre habituellement le texte d'accord avec les règles des grammairiens; c'est une sorte de latin rustique. La date de ces tables ne peut guère être antérieure au septième siècle de Rome. Pourquoi deux écritures? Passeri suppose que les incriptions en caractères latins appartenaient à un âge où le latin avait prévalu dans le pays. Lanzi lui-même avait autrefois partagé cette opinion : mais il est convaincu

1. *Hist. de l'Acad. des Ins.*, t. XVIII, p. 107.
2. Réimprimé à Florence en 1824.

aujourd'hui qu'il ne peut y avoir entre les deux sortes d'inscriptions une grande différence d'âge. Ce sont probablement deux dialectes; un caractère du dialecte le plus moderne, c'est le rhotacisme et le changement de Ԛ en RS. Quant au contenu, il n'était pas difficile de le deviner : tant de noms de divinités et de sacrifices nous annoncent un rituel. Les tables VI et VII sont le plus grand monument de liturgie païenne qui nous ait été conservé[1].

On voit comme Lanzi touche déjà du doigt la vérité. Mais quand il en vient à la traduction, un instrument essentiel lui fait défaut. Son côté faible, c'est la grammaire : quand il traduit *tio esu bue* (te hoc bove) par τιόμενος ἔσο, quand il rend fakust ap itek (postquam ita fecerit) par « ite, facessite », quand il fait du participe *pesnis* (precatus) le substantif pesnis « la coda », quand il interprète *peturpursus* (quadrupedibus) par ἑτέροις puris, quand il prend *Hertei*, *Appei*, *Capir*, *Dirsas* pour des noms propres, on découvre les lacunes de la science grammaticale d'alors.

Trente ans plus tard, Otfried Müller, dans son ouvrage sur les Étrusques (1828), s'occupa des Tables Eugubines, et il le fit en philologue supérieur[2]. Il établit d'une façon irréfutable le point capital, déjà entrevu par Fréret et Bonaruoti, que ces inscriptions ne sont pas en étrusque, mais en ombrien, et il nie qu'il y ait aucune parenté entre ces deux idiomes. Ses vues sur les prétendus deux dialectes ne sont pas moins justes. Les différences d'orthographe qu'on aperçoit entre les tables en écriture étrusque et les tables en écriture latine viennent de la différence des alphabets : mais si la voyelle *o*, par exemple, est marquée V dans l'écriture étrusque, cela ne prouve pas que le son *o* n'existât point dans la prononciation; on en peut dire autant pour les consonnes *d* et *g*, qui n'ont point de signe spécial, et qui sont représentées par T et K. Ces considérations ont été un peu perdues de vue par les successeurs d'Otfried Müller. Mais où il montre surtout son tact grammatical, c'est quand il s'agit de reconnaître les flexions. Il établit les désinences du génitif et du datif singulier, celles du nominatif et de l'accusatif pluriel. Dans la conjugaison, il distingue la forme de l'impératif et celle du futur antérieur. D'autre part, ses recherches sur le rituel étrusque

1. *Saggio* (2e édition), I, 37, 122, 220 s. III, 582 ss.
2. *Die Etrusker*. 2 vol. Voy. surtout

furent à ses successeurs d'un utile secours pour le déchiffrement.

Un élève d'Otfried Müller, Richard Lepsius, avant de se tourner vers l'égyptologie, publia comme thèse pour le doctorat sa dissertation *de Tabulis Eugubinis* (1833), que nous avons déjà eu l'occasion de mentionner. Sans aborder directement l'interprétation du texte, il eut le mérite d'élucider quelques questions extrinsèques d'une véritable importance. En premier lieu, il donna une histoire exacte et complète des tentatives qui avaient été faites jusque-là pour arriver au déchiffrement : si les jugements qu'il prononce se sentent un peu de la sévérité de l'étudiant, on ne saurait pourtant lui donner tout à fait tort, quand il se résume en disant « qu'on croit rêver lorsqu'on met les résultats obtenus en regard du temps et des efforts dépensés. » A la suite de ce préambule historique viennent deux chapitres sur l'alphabet ombrien : même après Müller, il restait encore à faire sur ce point. Ainsi Otfried Müller écrit (I *b* 1) : Fukukum iufiu pune ufeph phurphath treph fitluph turuph Marte Hurse phetu. Lepsius reconnut le *v*, le *f*, le *z*, le ḍ et le signe spécial Λ employé pour m sur la table V. Passant ensuite à la question de l'âge des tables, il suppose que les différences d'orthographe qu'on remarque entre les diverses inscriptions doivent être attribuées à un changement survenu dans la langue, que les inscriptions en caractères étrusques doivent, par ce fait même, être regardées comme les plus anciennes, et qu'un espace de deux siècles au moins les sépare des inscriptions en caractères latins, qui sont du VIᵉ siècle de Rome[1]. D'après ces prémisses, il propose une classification des tables différente de celle de Bonaruoti. Plus tard, Lepsius eut encore le mérite d'aller prendre lui-même sur les lieux et de

1. « Tria sunt quæ in omnibus Italiæ monumentis examinandis a quovis tenenda puto, *primum* Etruscas inscriptiones semper vetustiores habendas esse quam Latinas, siquidem eodem profectæ sint loco : *deinde* Etruscam quam dicunt litteraturam diversorum Italiæ populorum iis omnibus æque atque ipsis Etruscis fuisse propriam et quasi nativam : *denique*, quam inter Etrusce atque Latine scripta ejusdem populi monumenta deprehendas diversitatem litterarum, non litteraturæ tantum, sed linguæ esse. » Comme Lepsius admet que le même alphabet existait dans toute l'Italie, il est arrivé à la conclusion que l'*o* manquait non-seulement à l'ombrien, mais aux autres peuples italiotes, y compris les Romains. Même hypothèse pour le *g* et pour le *d*. (*De Tabulis Eugubinis*, p. 30 et suiv.)

publier le fac-simile complet des inscriptions[1]. A cette publication il joignit un volume qui contient une recension corrigée, une dissertation épigraphique et philologique, et un index des mots[2].

Dans le même temps où Lepsius publiait son premier travail, un éminent indianiste, Christian Lassen, faisait paraître ses *Beitræge zur Deutung der eugubinischen Tafeln*[3]. Avec lui nous voyons la linguistique mettre pour la première fois ses méthodes au service de l'interprétation : Lassen a trouvé juste sur un certain nombre de points; mais il n'a pas toujours échappé au danger d'exagérer l'archaïsme de la grammaire ombrienne. Son travail, resté inachevé, ne va pas au delà d'un court fragment[4].

En 1835, G. F. Grotefend, qui s'était signalé par sa sagacité dans le champ de l'épigraphie perse, donna ses *Rudimenta linguæ umbricæ*[5]. Il ne suit pas l'ordre des inscriptions, mais il explique successivement un certain nombre de passages choisis de côté et d'autre : cette disposition incommode, que vient aggraver le manque d'index, est cause sans doute que son travail n'a pas été autant lu qu'il aurait mérité de l'être. On y aurait rencontré un certain nombre d'interpré-

1. Tous les philologues qui sont venus après Lepsius ont adopté sa numérotation : nous la gardons également, parce qu'elle est consacrée par l'usage. Mais nous aurons des réserves à faire sur ce classement (voy. p. 223 et 307). Voici la concordance des deux numérotations :

Bonaruoti.	Lepsius.
I.	IV.
II.	III.
III *a*.	V *a*.
III *b*.	V *b*.
IV *a*.	I *b*.
IV *b*.	I *a*.
V *a*.	II *b*.
V *b*.	II *a*.
VI *a*.	VI *b*.
VI *b*.	VI *a*.
VII *a*.	VII *a*.
VII *b*.	VII *b*.

2. *Inscriptiones umbricæ et oscæ quotquot adhuc repertæ sunt omnes*. 1841. Lipsiæ. Atlas in-f° et un vol. in-8°.

3. Bonn, 1833.

4. Il a interprété VI *a* 22-59. Cf. un article de Lepsius dans le *Rheinisches Museum für Philologie*. 1834.

5. En 8 parties. Hanovre. 1835-39.

tations qui plus tard ont été retrouvées par d'autres[1]. Il est le premier qui ait systématiquement rapproché la table I des tables VI-VII, et il déploie une connaissance approfondie des textes latins qui peuvent servir à éclaircir le rituel d'Iguvium.

Nous arrivons à l'ouvrage d'Aufrecht et Kirchhoff : *Die umbrischen Sprachdenkmæler*[2] (1849-51), qui a fait époque dans le déchiffrement des Tables Eugubines et qui peut servir de modèle pour tous les travaux du même genre. Les auteurs, philologues l'un et l'autre, le second représentant surtout l'érudition classique, le premier se rattachant à l'école comparative, étaient par leur association parfaitement en mesure de résoudre les principales difficultés du problème. Ils ont apporté à leur tâche un savoir, une pénétration et un tact qu'on ne saurait assez reconnaître. Le moyen principal qu'ils emploient pour entrer dans la connaissance du texte n'est pas, comme on pourrait le croire, l'étymologie. Ils gardent, au contraire, en matière étymologique, une réserve presque exagérée, mais qu'on approuvera si l'on pense aux témérités dont ces études avaient été l'occasion. Le moyen employé par les deux savants est le même qu'Eugène Burnouf avait appliqué aux livres zends; c'est celui dont il faudra toujours, en pareil cas, se servir de préférence à tout autre : le rapprochement des passages semblables. Tantôt c'est la même phrase qui se trouve en deux endroits, mais la première fois avec un seul sujet, la seconde fois avec deux : on voit alors les désinences des adjectifs et des verbes se modifier, les pronoms possessifs changer. Tantôt la même prière est adressée d'abord à un dieu, puis à une déesse; on obtient ainsi la marque des genres. Ou bien la même prescription est exprimée une fois avec un verbe à l'impératif, une autre fois avec une forme verbale qui se révèle comme un subjonctif ou un optatif. Après qu'une série de prescriptions a été donnée, elles reparaissent plus loin comme autant de faits accomplis : on arrive à dresser de cette façon le tableau de la conjugaison. Les deux auteurs reconnaissent la fin des phrases par la comparaison des endroits où la même phrase est répétée : ils distin-

1. Nous l'avons lu nous-même après l'achèvement et l'impression de notre commentaire.

2. 2 vol. in-4°. Le premier contient la phonétique et la grammaire, le second l'interprétation.

guent les différentes propositions par les verbes qui les terminent, et ils arrivent à découvrir les particules par leur voisinage habituel avec certains cas ou certains modes. Une fois le pronom relatif et les pronoms démonstratifs reconnus, il leur devient facile de faire la construction. Nous devons convenir que les Tables Eugubines se prêtaient tout particulièrement à cette méthode d'interprétation par la répétition fréquente des mêmes formules, par la régularité de la construction, par la fixité d'un langage où tous les termes ont en quelque sorte une valeur consacrée. Il faut ajouter certaines circonstances extérieures non moins précieuses : la parfaite conservation du texte et la présence de la même inscription en deux rédactions différentes. Mais il est juste de dire que les deux savants interprètes ont remarquablement mis à profit ces heureuses circonstances. Plus préoccupés de la grammaire que du vocabulaire, il leur arrive de raisonner d'une façon convaincante sur la construction d'une phrase sans connaître le sens des mots. La plupart du temps, ils serrent le texte d'une telle façon qu'au moment où ils donnent leur interprétation elle a déjà été pressentie et devinée par le lecteur. Ce qui, outre ces qualités de méthode, donne une valeur durable à leur ouvrage, c'est leur résolution d'écarter les conjectures et d'omettre tout ce qui n'a pas le caractère de la certitude : ne se lassant pas de déclarer qu'ils ignorent, ils aiment mieux rester en deçà des limites permises que de courir le risque de les dépasser. Aussi les parties traduites par eux sont-elles, en général, restées acquises à la science.

Cependant cet ouvrage, si remarquable qu'il soit, a aussi ses défectuosités. La réserve extrême que s'imposent les auteurs fait que près de la moitié des inscriptions n'est pas traduite. Ils poussent si loin la fidélité aux règles de phonétique et de grammaire posées par eux en commençant, que pour n'avoir pas à s'en écarter ils aiment mieux corriger le texte que de retoucher leurs paradigmes. Si la collaboration des deux auteurs est ordinairement pour chacun d'eux un soutien et un correctif, ils ne sont pas cependant sans s'être fait des concessions inopportunes : ainsi la digression sur les tables d'Héraclée est à peu près sans objet, et la grammaire est plus que de raison remplie de rapprochements sanscrits. Un certain dédain des explications qui se présentent les premières à l'esprit fait que les auteurs ont parfois préféré à la simple vérité des théories compliquées et invraisemblables. Malgré ces défauts, l'ouvrage d'Aufrecht et Kirchhoff est et restera la base des études à venir sur les Tables Eugubines.

C'est pour avoir trop peu imité ce modèle que E. Huschke, qui publia en 1859 un gros volume sur les mêmes inscriptions, fit une œuvre à peu près inutile[1]. Son livre marque un retour dans la voie de l'interprétation aventureuse. Les rapprochements qu'il fait sont ordinairement contraires à toutes les règles de la linguistique. L'utilité de la grammaire comparée (on le sent clairement en lisant ce livre) n'est pas tant de suggérer des comparaisons, car de tout temps les rapprochements de mots se sont offerts en foule à l'esprit des interprètes : le service qu'elle rend, c'est de donner une direction aux conjectures et de resserrer le cercle des possibilités. A qui n'a pas un instrument de contrôle tout paraît également soutenable. Ce jugement, qui peut sembler sévère, trouverait sa confirmation à toutes les pages de l'ouvrage de Huschke. Cependant son commentaire garde de l'intérêt à cause des nombreux renseignements archéologiques qu'il renferme. On peut sourire des étymologies de Huschke, de son symbolisme raffiné, sans parler des connaissances qu'il déploie en cuisine : mais on égalera difficilement son érudition pour tout ce qui concerne le droit et le rituel.

Une fois la voie frayée, la grammaire comparée n'a pa cessé depuis vingt ans de s'exercer sur un champ qui semble fait exprès pour elle et qui recèle sans doute encore tant de découvertes. Il suffira ici de nommer Ebel, Corssen, Ascoli, Zeyss, Panzerbieter, Savelsberg : nous indiquons, au cours de notre travail, les points où ils ont fait avancer l'interprétation[2]. Une place à part doit être donnée à M. Sophus Bugge, qui, à plusieurs reprises, dans le Journal de Kuhn, s'est occupé du dialecte ombrien, et l'a fait chaque fois avec bonheur[3]. Quelques-unes de ses découvertes concernent des parties essentielles de la phonétique ou de la grammaire. Il faut mentionner également la belle publication d'Ariodante Fabretti, *Corpus inscriptionum italicarum antiquioris ævi et glossarium italicum* (Turin, 1867), qui contient le texte et le fac-simile des inscriptions ombriennes, et qui, dans le Glos-

1. *Die Iguvischen Tafeln*. Leipzig.

2. En France, M. Louis de Baeker a étudié le rituel ombrien en le rapprochant du rituel mosaïque. *Les Tables Eugubines*, Paris, 1867.

3. Voy. t. III, VI, VIII, XXII.

saire, renvoie avec exactitude, pour chaque mot, pour chaque forme, aux savants qui en ont traité. Tout récemment, M. F. Bücheler a donné dans les Annales de Fleckeisen (1875), sous le titre *Conjectanea*, une traduction et un commentaire de la table V, où il présente de judicieux rapprochements[1].

II

Je dois maintenant au lecteur quelques explications sur le contenu, sur la langue et sur l'âge probable des tables eugubines. Ce sont les actes d'une corporation de prêtres qui avait son siége à Iguvium, et dont l'autorité paraît s'être étendue sur un assez grand rayon à l'entour. Ils s'appellent les frères Attidiens (frater Atiieḑiur), et le nom de confrérie est donné au collége (*fratrecate*). Ils sont au nombre de douze : différents noms de magistrature, tels que le questeur (kvestur) et le fratreks sont mentionnés. Le personnage qui joue le rôle principal a le titre d'aḑfertur.

On s'est demandé à quel sanctuaire appartenait cette corporation, et l'hypothèse que nous avons ici les actes d'un temple célèbre de l'antiquité a été émise par Passeri et Huschke. Le poëte Claudien, racontant le voyage de Ravenne à Rome fait par l'empereur Honorius, décrit une sorte de tunnel qui, non loin d'Iguvium, après les lieux appelés Fanum Fortunæ et Saxa intercisa, traverse les Apennins : dans le voisinage se trouvait le temple de Jupiter Apenninus, dont on voit encore aujourd'hui les ruines :

> Lætior hinc Fano recipit Fortuna vetusto,
> Despiciturque vagus prærupta valle Metaurus,
> Qua mons arte patens vivo se perforat arcu,
> Admittitque viam sectæ per viscera rupis,
> Exsuperans delubra Jovis, saxoque minantes
> Apenninigenis cultas pastoribus aras[2].

Ce même temple est marqué sur la carte de Peutinger : *Jovis Pennini templum*[3]. Une inscription trouvée en cet endroit et

1. Notre commentaire était déjà imprimé en entier, quand a paru la suite du travail de M. Bücheler, qui traite de la table VI. Nous avons été heureux de voir que, sur bon nombre de points jusque-là inexpliqués ou autrement expliqués, le savant latiniste est arrivé aux mêmes interprétations que nous.

2. *De sexto consul. Honorii*, v. 500 sq.

3. Voy. Desjardins, p. 113.

autrefois conservée à Gubbio, mais aujourd'hui déposée au musée de Vérone, donne le nom de la divinité : IOVI APENINO | T. VIVIUS CAR | MOGENES | SULPICIA EUPHRO | SVNE CONIUX | V. S. D. D.[1]. On venait consulter les oracles dans ce temple et les *sortes Apenninæ* étaient célèbres.

Il faut dire que rien ne vient confirmer cette hypothèes. Jupiter Apenninus n'est point nommé par nos textes. Si l'on songe, en outre, au lieu de découverte des tables[2], on sera amené à écarter absolument la conjecture de Passeri. C'est ici le moment de dire qu'Iguvium, dans l'antiquité, et surtout à partir de la domination romaine, a été une ville d'une véritable importance. Le voisinage de mines de cuivre et d'argent, et plus encore celui de la voie Flaminienne qui, coupant en cet endroit les Apennins, reliait la mer Tyrrhénienne à la mer Adriatique, firent de la cité ombrienne un centre commerçant et riche. Peut-être est-ce pour cette raison que les Iguviens, à partir de l'an 307 de Rome, époque à laquelle tous les peuples de l'Ombrie furent soumis par les Romains[3], ne prirent part à aucun soulèvement et furent toujours les fidèles alliés du vainqueur. On a trouvé sur l'emplacement de l'ancien Iguvium des médailles, des statues, les restes d'un théâtre colossal qui est antérieur à Auguste, un mausolée, des thermes et les ruines de divers temples consacrés à Janus, à Apollon, à Diane, à Vesta, à Pallas. C'est à quelque sanctuaire placé dans la ville, peut-être sur la colline si souvent désignée sous le nom de l'*ocris Fisius*, qu'a dû appartenir la corporation attidienne. Quant à ce dernier nom, Lanzi l'avait déjà rapproché du nom des Attidiates, population ombrienne citée par Pline, et du nom de la ville moderne d'Attigio. Il est probable que cette ville, qui portait dans l'antiquité le nom d'Attidium, était le lieu d'origine de la corporation[4].

Il ne semble pas que la confrérie attidienne fût vouée spécialement au service d'une seule divinité : nous voyons qu'elle offre des sacrifices à toute une série de dieux et de déesses. Grâce à cette circonstance, les tables eugubines nous four-

1. Maffei, Mus. Ver. LXXIX, 5. Orelli, 1220.

2. Comme on l'a vu plus haut (p. II), les tables ont été trouvées sur l'emplacement de l'ancien Iguvium. Passeri, pour justifier son hypothèse, a jugé à propos de transporter le lieu de découverte du côté des ruines du temple de Jupiter Apenninus, au village de Schigia. Mais c'est là une invention arbitraire.

3. Tite-Live. IX, 41.

4. Voy. ci-dessous, p. 218.

nissent de précieux renseignements sur le Panthéon d'un peuple italique. Certains noms coïncident exactement avec les noms romains : tels sont Jupiter, Sancus, Mars. D'autres présentent une ressemblance plus ou moins lointaine, comme Fisus, Grabovius, Çerfius. D'autres encore étaient entièrement inconnus, comme Vofionus, Tefer, Trebus, etc. Nous avons donc ici les monuments d'un culte indigène que la religion romaine n'avait pas encore effacé.

Le texte se rapporte à différentes cérémonies sacrées dont la corporation attidienne était chargée. On aurait tort de rien chercher qui ressemblât à des inscriptions commémoratives : ces tables, dont quelques-unes étaient fixées contre les parois du temple, comme l'indiquent encore les trous destinés à recevoir les clous et des blancs laissés dans le texte pour la place des attaches, contiennent des prescriptions relatives au rituel ou des résolutions votées en assemblée par le collège. Il s'agit, par exemple, sur les tables VI et VII d'une purification de la colline fisienne et d'une lustration du peuple iguvien. Il faut d'abord prendre les auspices : la nature et le vol des oiseaux qui seront considérés comme un présage favorable sont stipulés à l'avance entre l'augure et l'adfertor. L'épervier et le corbeau devront voler en avant, le pic-vert et la pie en arrière. Pendant l'inspection des oiseaux, l'augure se tiendra immobile et tourné du même côté : s'il fait un mouvement, s'il se retourne, les auspices seront nuls. Les limites du carré imaginaire à l'intérieur duquel les présages doivent se produire sont tracées dans le ciel : pour permettre à l'augure de s'orienter, on indique les lieux correspondants sur la terre. Nous avons ici un fragment de la topographie des environs d'Iguvium. L'inscription, supposant que les présages ont été favorables, donne la formule que prononcera l'augure ; après quoi la purification commence. Elle consiste dans une procession autour de la ville et dans une série de quatre, ou plutôt de huit sacrifices successifs. Le premier est offert à la porte Trébulane : *devant* la porte Trébulane on immolera trois bœufs à Dius Grabovius ; *derrière* la porte Trébulane, on immole trois truies grasses à Trebus Jovius. Le second sacrifice est offert à la porte de Tesena. Devant la porte on immole trois bœufs à Mars Grabovius ; derrière la porte, trois jeunes truies à Fisus Sancius. Le troisième sacrifice a lieu à la porte de Veïes : on immole trois bœufs devant la porte à Vofionus Grabovius, et derrière la porte trois brebis à Tefrus Jovius. Le quatrième sacrifice n'a pas lieu près d'une porte, mais à deux endroits désignés sous le nom de *vocu Joviu* et de *vocu Coredier* : il est probable qu'il est question de bois sacrés. On immole la première fois trois jeunes taureaux à Mars Hodius, et la seconde fois trois autres taureaux à Hondus Çerfius.

Pour chacun de ces sacrifices l'inscription énumère les dons accessoires qu'il faut offrir à la divinité et elle entre quelquefois dans le détail des rites à suivre. Le double caractère que Cicéron, dans sa *République*, dit être le propre de la religion romaine, se retrouve à Iguvium : une extrême simplicité des offrandes unie à une grande complication du rituel. Du lait, du vin, un peu d'encens, diverses sortes de gâteaux composent le menu ordinaire des dieux : ce qui fait le mérite du sacrifice, c'est l'exacte observation de toutes les prescriptions liturgiques. Sacrorum autem ipsorum diligentiam difficilem, apparatum perfacilem esse voluit : nam quæ perdiscenda quæque observanda essent, multa constituit, sed ea sine impensa[1]. « Si quelque chose, dit la table VI, a été omis, interverti, manqué, le sacrifice sera nul, tu retourneras à la porte Trébulane pour inspecter les oiseaux et pour tout recommencer. »

Les prières, dont quelques-unes sont citées *in extenso*, semblent conçues dans le même esprit. Elles présentent la même superfluité de mots, les mêmes répétitions, la même cautèle et le même attachement aux formules que Cicéron relevait chez les jurisconsultes romains[2].

« Je t'ai invoqué, je t'invoque, Dius Grabovius, pour la colline Fisienne, pour le peuple Iguvien, pour le nom de la colline Fisienne, pour le nom du peuple Iguvien[3]. Sois favorable, sois propice à la colline Fisienne, au peuple Iguvien, au nom de la colline Fisienne, au nom du peuple Iguvien. Saint, je t'ai invoqué, je t'invoque, Dius Grabovius. Selon ton rite, je t'ai invoqué, je t'invoque, Dius Grabovius. Je te consacre ce bœuf ambarvale comme expiation pour la colline Fisienne, pour le peuple Iguvien, pour le nom de la colline Fisienne, pour le nom du peuple Iguvien. Dius Grabovius, sois enrichi de ces dons. Si le feu a été souillé sur la colline Fisienne, si dans la cité Iguvienne des rites ont été — omis, tiens-le pour non avenu. Si quelque chose dans ton sacrifice est manqué,

1. *De Republica*. II, 14, 27.
2. Ce sont les expressions de Lanzi.
3. Sur le double sens du mot *nomne* « nom », voy. ci-dessous, p. 72.

mal fait, transgressé, négligé, vicié, s'il est à ton sacrifice un défaut connu ou inconnu, Dius Grabovius, comme il est juste, reçois en expiation ce bœuf ambarvale. Dius Grabovius, purifie la colline Fisienne, purifie le peuple Iguvien. Dius Grabovius, purifie le nom, les lares, les rites, les hommes, les troupeaux, les champs, les fruits de la colline Fisienne, du peuple Iguvien. Purifie-les.... »

On trouverait chez le vieux Caton, dans les formules de prières qu'il cite et qu'il donne comme modèle à l'agriculteur romain, des invocations et des précautions toutes semblables. En général, les religions qui ont divinisé les forces de la nature sont arrivées à un formalisme de ce genre : les Indous, les Perses ont des invocations presque identiques. Il s'agit moins d'obtenir la bienveillance que d'enchaîner la liberté du dieu. Le brahmane qui connaît le rituel dispose du ciel, et par le ciel il est le maître du monde. L'Italiote, sans aller aussi loin, croit que s'il est fidèle à toutes les prescriptions sacrées, le dieu, de son côté, ne saurait manquer à son office.

Vient ensuite une seconde cérémonie : la lustration du peuple iguvien. Le sacrifice n'est pas offert à Iguvium, mais sur différents points de la banlieue. Le prêtre, vêtu de la robe prétexte garnie de pourpre et accompagné de deux acolytes, conduit les victimes autour du territoire. Arrivé au point déterminé, il s'arrête et prononce contre tous les étrangers, Tadinates, Étrusques, Nariques, Iapydes, une sentence d'éloignement. On a cru longtemps qu'il s'agissait d'un bannissement véritable : un examen plus attentif du texte doit faire penser que nous sommes en présence d'une fiction légale, car on indique aussitôt à ces étrangers le moyen de se racheter de l'exil à prix d'argent. La lustration, à Iguvium comme à Rome, paraît avoir été l'occasion d'un recensement et d'un cens sur les étrangers. La procession achevée, le prêtre prononce une sorte d'imprécation contre les dieux du dehors, suivie d'une invocation aux dieux nationaux.

Un autre document intéressant nous est fourni par la table II *b*, qui donne la liste des peuples participant tous les ans au sacrifice d'une truie et d'un bouc : parmi ces noms, il en est qui sont cités dans Pline au nombre des populations de l'Ombrie[1]. Chacune de ces tribus paraît avoir eu le droit de

1. Une de ces tribus, les Curiates, est donnée par Pline (III, 19) comme éteinte : « Interiere Curiates. » Ceci nous fournit une limite extrême au-dessous

venir tous les ans chercher un morceau des deux victimes : en retour, elle payait une contribution de blé à la corporation attidienne. Un usage analogue existait à Rome. Denys d'Halicarnasse raconte que Tarquin le Superbe, après avoir constitué l'union des Latins, des Herniques et des Volsques, et élevé sur le mont Albain le sanctuaire où quarante-sept villes tenaient leurs réunions annuelles, décida qu'aux féries latines chaque peuple aurait sa part du taureau immolé en l'honneur de Jupiter Latiaris : en retour, ces peuples alliés envoyaient des agneaux, des fromages, du lait, des gâteaux. Cet usage, qui existait encore au temps d'Auguste, s'appelait la *visceratio*.

Une autre inscription nous laisse entrevoir l'organisation intérieure de la confrérie. Il ne semble pas que les frères Attidiens résidassent habituellement près du temple : ils se réunissaient à des jours fixes pour vaquer à leurs cérémonies, pour dîner ensemble et pour examiner la gestion de l'adfertor. Encore ne paraissent-ils pas avoir été très-exacts à ces rendez-vous. C'est du moins ce qu'on peut inférer de l'insistance avec laquelle l'inscription dit deux fois : « Si la majorité des frères Attidiens *qui seront venus* est d'avis[1].... » Les affaires de la confrérie paraissent être concentrées dans les mains du personnage déjà plusieurs fois mentionné sous le nom d'adfertor. C'est lui qui est chargé de diriger les sacrifices et les lustrations, de fournir les objets nécessaires aux cérémonies : je crois que le nom porté par ce personnage fait allusion à ses fonctions. Dans la langue des Tables Eugubines, fertu a souvent le sens « qu'il fournisse »; de même, le mot d'adfertur désigne, à ce que je crois, le fournisseur ou le procurateur des sacrifices. Cela ne veut pas dire qu'il ne soit pas revêtu d'un caractère public et sacré. Je ferai à ce propos une autre observation. Parce que les Tables Eugubines contiennent de nombreux détails liturgiques, les interprètes de ces inscriptions ont ordinairement pensé que c'étaient des instructions pour le sacrificateur. On a cru y lire, par exemple, des indications sur la manière de découper la victime, de présenter les entrailles, d'offrir les libations. Telle n'était point, selon moi, l'intention principale de ceux qui ont fait graver

de laquelle on ne saurait placer la date des tables. Mais il n'est pas douteux qu'elles ne soient considérablement plus anciennes.

1. V *a*, 25, 28.

ces tables : ils ne songeaient point à transmettre des instructions qui se donnaient sans doute mieux de vive voix et par l'exemple. L'opération essentielle, qui est de tuer la victime, n'est même pas mentionnée une fois. Ces inscriptions se proposent surtout d'énumérer les objets à fournir par les différentes personnes occupées au sacrifice, et notamment par l'adfertor, ainsi que de fixer la taxe des redevances qu'il percevra sur les croyants après chaque opération, et dont une partie doit être versée dans la caisse de la communauté. On comprend que des indications de ce genre aient été mises par écrit et affichées dans le temple pour éviter les contestations et pour assurer les droits de chacun.

Cet ensemble de circonstances ne nous transporte pas précisément dans un temps de grande ferveur religieuse, mais plutôt vers une époque de décadence, où l'ancien culte, abandonné à des mains intéressées, se propose surtout de maintenir, à l'aide de son rituel, un certain nombre de droits fiscaux. Cette particularité peut déjà nous aider à pressentir l'âge des inscriptions. Un autre indice nous est donné par la forme des lettres. A cet égard, les tables en écriture étrusque ne peuvent être d'un grand secours, car ce que nous savons jusqu'à présent de l'épigraphie tyrrhénienne est trop peu de chose pour fournir des dates certaines. Mais il n'en est pas de même pour les tables en écriture latine : nous avons dit dans deux chapitres à part ce qu'on peut conjecturer sur l'antiquité de ces documents, et les inductions qu'on peut faire sur l'âge des autres tables. Il semble que la plupart soient des copies d'inscriptions plus anciennes, et que la date de ces copies doive être placée entre le second siècle et la fin du premier siècle avant Jésus-Christ[1].

La lecture des Tables Eugubines rappelle à l'esprit une autre série de documents, ceux-là en langue latine, qui offrent avec nos Tables une ressemblance frappante. Nous voulons parler des Actes du collége des frères Arvales. Un hasard pareil à celui qui nous donna les Tables Eugubines a fait retrouver vers la fin du siècle dernier, à quelques milles de Rome, l'emplacement du temple des Arvales, ainsi qu'un grand nombre d'inscriptions qui le décoraient. Il y a huit ans, de nouvelles fouilles, pratiquées au même endroit, augmentèrent

1. Voy. p. 227 et 308.

notablement le nombre des inscriptions, de sorte qu'à certaines lacunes près nous pouvons dire que nous possédons les archives du collége depuis Tibère jusqu'à Héliogabale. Le culte des Arvales est d'une haute antiquité : une tradition le faisait remonter jusqu'aux douze fils d'Acca Larentia, la nourrice de Romulus. Le collége se composait de douze prêtres, qui se donnaient le nom de frères, probablement par allusion à cette ancienne fable. Ils étaient voués au culte d'une déesse que nous ne trouvons mentionnée nulle part ailleurs, Dea Dia. Tous les ans, au printemps, ils célébraient en l'honneur de cette divinité une grande fête, qui était l'occasion d'une réunion solennelle. Mais ce ne sont pas les anciens actes des Arvales qui nous ont été conservés : tous les documents que nous avons sont postérieurs à la réorganisation du collége sous Auguste.

Quand on rapproche ces inscriptions de celles qui nous viennent d'Iguvium, on ne peut s'empêcher de remarquer, malgré la triple différence de la langue, du temps et de l'importance relative des deux villes, les plus singulières coïncidences. C'est le même culte de divinités champêtres, ce sont les mêmes cérémonies, et jusqu'aux mêmes prières. Il est vrai que l'étonnante fortune qui avait fait de la ville de Romulus la capitale de l'univers s'est étendue au collége des frères Arvales. Les *magistri* successifs du collége s'appellent Tiberius Cæsar, Caius Cæsar, Néron, Galba, Othon, Vitellius, Domitien, Trajan, Antonin, Marc-Aurèle. Les plus grands événements de l'histoire du monde, l'anniversaire de la bataille d'Actium, les défaites des Germains, la découverte des complots tramés contre la vie de l'empereur, sont mentionnés sur les Tables et donnent lieu à des actions de grâces. Les frères Arvales sont choisis parmi les plus illustres des familles patriciennes de Rome, les Domitius, les Paulus, les Fabius, les Corvinus, les Silanus, les Memmius. Dans les repas, que les inscriptions n'ont garde d'oublier, ce sont des fils de sénateurs qui servent à table, et tout le luxe de la Rome impériale est déployé (discumbentes toralibus albis segmentatis — pueris ingenuis senatorum filiis ministrantibus). Il n'est pas jusqu'à l'emploi de *calator* (qui correspond aux *prinvatur* ombriens) qui ne soit avidement recherché. Des sommes considérables en or et en argent sont offertes à la caisse de la communauté : aux anciennes réjouissances s'en viennent joindre de toutes nouvelles, telles que les courses de quadriges, ou le spectacle des exercices de voltige à cheval (e carceribus signum quadrigis et desultoribus misit).

En présence de cette pompe, on se rappelle involontairement les vers de la première Églogue : *Sic canibus catulos similes....* Mais à travers cette énorme distance, il n'en est que plus intéressant d'observer l'accord qui persiste dans le fond du rituel. L'un et l'autre groupe de documents nous offre le modèle des mêmes cérémonies, la même corporation de douze frères, et il n'est sans doute pas téméraire de penser que nous avons ici un double spécimen d'un même culte italiote. Les frères Attidiens nous apparaissent à certains égards comme les frères Arvales d'Iguvium.

III

Malgré leur aspect, à première vue, un peu étrange, les Tables Eugubines se laissent donc ranger sans peine à une place bien définie dans l'histoire des religions de l'Italie ancienne. Elles complètent sur certains points, elles confirment sur d'autres ce que nous savions en cette matière. Mais, quelle que soit leur valeur comme document archéologique, c'est surtout en linguistique qu'elles ont une importance capitale. Elles nous représentent à elles seules à peu près tout ce qui reste d'un antique idiome de l'Italie : on peut noter à ce propos une différence caractéristique dans l'histoire du latin et du grec. Tandis que la langue hellénique est parvenue jusqu'à nous, représentée par quatre dialectes principaux, sans compter une foule de variétés provinciales, le latin, faisant peu à peu le vide autour de lui, a partout étouffé ses frères, si bien que, sans quelques heureuses trouvailles, il aurait l'air d'être seul de son espèce. Cette extinction s'est produite graduellement : encore au temps de Titus on parlait osque à Pompéi, comme l'indiquent les inscriptions de cette ville, et les Tables Eugubines sont la preuve qu'une corporation religieuse d'une ville de l'Ombrie a pu, longtemps après la conquête romaine, se servir de l'idiome indigène. L'influence de Rome se révèle seulement par quelques mots, comme le nom de *kvestur* donné à l'un des magistrats de la confrérie, par la manière toute latine de marquer les chiffres, par la substitution, sur les deux dernières tables, des caractères latins aux caractères étrusques, qui étaient sans doute devenus d'un usage plus rare.

En jetant les yeux sur une carte, on voit qu'Iguvium confine d'un côté à l'Étrurie, de l'autre à la Gaule cisalpine. On doit donc se demander s'il existe sur nos tables quelque trace d'influence étrusque ou celtique. J'examinerai brièvement l'une et l'autre question.

Je soupçonne la présence de l'étrusque en deux endroits : les inscriptions I *b* et II *a* sont terminées par une phrase inintelligible, qui semble avoir été ajoutée après coup et qui n'a pas l'air d'être conçue dans la même langue que le reste. Certaines accumulations de consonnes rappellent l'orthographe des inscriptions de l'Étrurie. D'autre part, dans la description des environs d'Iguvium, donnée à l'occasion du tracé du temple (VI *a* 12), il se rencontre une série de mots qui ne paraissent point appartenir au même idiome que le reste, et qui peuvent faire penser que dans la campagne on parlait un autre langage[1]. Si nous passons au vocabulaire, l'adjectif *eesonom*, qui désigne le sacrifice, pourrait être rapproché de l'étrusque *æsar* « dieu[2] ». Enfin quelques noms de peuples rappellent la structure des mots étrusques[3].

Une parenté avec le celtique pourrait d'autant mieux s'expliquer que les Ombriens, au témoignage de certains écrivains de l'antiquité, auraient été d'origine gauloise[4]. Nous nous garderons de mêler la question d'ethnologie avec la question de linguistique : l'expérience prouve trop souvent que les renseignements de l'une et de l'autre science ne sont pas d'accord. Les Ombriens, quoique de race celtique, ont pu, comme leurs frères de la Gaule, renoncer à leur idiome pour adopter un dialecte italique; ou bien encore, on peut considérer les frères Attidiens comme une confrérie italiote établie au milieu d'une population de langue et d'origine différentes.

1. Voy. p. 50, 214.
2. Voy. p. 25.
3. Voy. p. 263 s.
4. Les renseignements des anciens ne sont pas concordants. Denys d'Halicarnasse (II, 49), citant Zénodote de Trézène, historien des Ombriens, les regarde comme indigènes de l'Italie. Pline (*H. N.* III, 19) dit : Umbrorum gens antiquissima Italiæ existimatur. D'autre part, Solin, citant Bocchus, dit que les Ombriens sont d'origine gauloise. Cf. Servius, XII, 753. Ce qui est certain, c'est que la région ombrienne a subi pendant un temps la domination des Étrusques, puis celle des Gaulois.

Bornant donc nos observations à l'idiome des Tables Eugubines, nous dirons que ni pour la phonétique, ni pour la grammaire, il ne rappelle les idiomes celtiques. Je citerai seulement deux faits. Le changement en sifflante d'un *k* suivi d'un *e* ou d'un *i* est étranger à ces langues : d'autre part, les cas en *bus* existent en celtique, tandis qu'ils manquent en ombrien. Cela ne veut pas dire que le vocabulaire ne puisse présenter des traces d'influence gauloise : nous en avons signalé nous-même quelques-unes[1]; les noms de divinités réclameraient particulièrement à ce point de vue un examen attentif[2].

Quelle est donc la langue des tables eugubines? Il ne peut y avoir à ce sujet aucun doute. C'est un proche parent du latin, un de ces idiomes que Varron a heureusement caractérisés en disant (*De l. l.* V, 74) : Nonnulla .... in utraque lingua habent radices, ut arbores quæ in confinio natæ in utroque agro serpunt.

On devine dès lors l'intérêt qui s'attache à l'étude grammaticale de cette langue. Les faits que l'on constate sont de deux sortes. A certains égards, l'ombrien est déjà plus avancé que le latin dans la voie de l'altération phonétique et de la décomposition grammaticale : il peut jusqu'à un certain degré être considéré comme un avant-coureur des langues romanes. A d'autres égards, il est resté, comme cela arrive assez souvent aux patois, plus archaïque que le latin, et il a conservé des mots et des formes qui sont sortis de cette langue. Nous donnerons rapidement quelques exemples de l'un et de l'autre ordre de faits, en commençant par ceux où l'ombrien se rapproche des langues modernes.

La prononciation du *c* est restée pure en latin jusqu'au sixième ou septième siècle après Jésus-Christ, c'est-à-dire que cette consonne, quelle que fût la voyelle dont elle était suivie, avait la valeur d'un *k*[3]. Ainsi *Cicero*, *Censor* sont transcrits par les Grecs Κικέρων, Κήνσωρ, et *cerasus*, *cellarium* sont devenus chez les Germains *Kirsche*, *Keller*. Mais en ombrien le *c*, suivi d'un *e* ou d'un *i*, a déjà la prononciation d'une sif-

1. Voy. p. 259 et 301.

2. Mentionnons également un ou deux mots qui paraissent d'origine grecque et qui seront entrés dans la langue par voie d'emprunt, en même temps que l'idée qu'ils désignent, voy. p. 102 et 182.

3. La seule exception est quand le *c* se trouve devant un *i* suivi lui-même d'une voyelle, comme dans *patricius*.

flante : l'alphabet a un caractère spécial pour marquer ce son[1]. Par exemple, à côté de l'accusatif *curnaco* (cornicem) on a l'ablatif *curnaśe* (cornice); le nom de nombre dix s'écrit *deśen*. Un *g* placé entre deux voyelles prend le son d'un jod : ainsi le nom des Iguviens s'écrit *Iiovinus*, le participe *mugetom* devient *muietom*. C'est le même phénomène que nous avons en français dans *paganus* qui devient *païen*. Les consonnes fortes, suivies d'un *r* ou précédées d'un *n*, s'affaiblissent : au latin *caprinus* correspond l'adjectif *cabriner*, *atrum* devient *adro*, *intendito* fait *endendu*. Les mots, sous l'influence de l'accent tonique, se resserrent : ainsi *populum* devient *poplom*, *vestitus* devient *vestis*, *piatus* fait *pihaz*, *preinveatur* fait *prinvatur*. Le groupe *ct* est devenu trop dur, et la langue l'évite de différentes manières : ainsi l'impératif *feitu* suppose une forme plus ancienne *factu*, le mot *auctor* devient u h t u r. Pour passer à des faits d'un autre ordre, la conjugaison des verbes devient plus uniforme : ainsi *video* fait au participe *videtus* (*virseto*), *seco* fait *secatus* (p r u s e ç e t a). La déclinaison commence à s'appauvrir : on met l'accusatif singulier neutre du pronom relatif (*pod* = latin quod) même là où il faudrait le nominatif singulier masculin ou le nominatif pluriel.

Mais il y a aussi des parties par où l'ombrien se montre plus ancien et mieux conservé que le latin. Le génitif singulier féminin en *s*, celui qui est représenté en grec par κεφαλῆς, et en latin par *familias* dans l'expression *pater-familias*, est le génitif régulier de la première déclinaison : t u t a s I i u v i n a s. De même la seconde déclinaison fait son génitif en *es* : p u p l e s. Le latin a gardé quelques vestiges de cette forme. L'optatif des verbes en *ao* s'est remarquablement conservé : les formes comme *portaia*, *aseriaia*, doivent être rapprochées des formes grecques comme ἱσταίην, τιμῴην. Le futur est formé comme en grec à l'aide de l'auxiliaire *es* : *ferest* « il portera », *eest* « il viendra ». Le vocabulaire a gardé dans leur acception primitive et générale des mots qui ne sont restés en latin qu'en un sens secondaire et spécial. Ainsi m e s t r u (pour magistra) est un adjectif féminin signifiant « major », tandis que *magister* est devenu substantif en latin et désigne toujours le maître. Des expressions comme *magister equitum* (le plus grand entre les cavaliers) nous laissent encore voir de quelle façon s'est opéré ce changement. L'adjectif *filius* est employé

1. Voy. ci-dessous, Grammaire, § 1 et § 16.

sur nos tables dans son sens étymologique de « nourrisson » : *sues filios* « des cochons de lait ». On peut rapprocher le latin *felare*. L'adjectif *gumia*, conservé dans Nonius Marcellus avec le sens de « goulu », paraît ici comme adjectif et signifie « engraissé ». La fable des *mensæ* dévorées par les compagnons d'Énée s'explique, si l'on voit qu'en ombrien le mot correspondant désigne une espèce particulière de gâteau. De vieux mots romains, en partie conservés par les glossateurs ou les grammairiens, en partie employés dans les plus anciens textes, sortent de dessous la rouille ombrienne. Cet intérêt grammatical assurera toujours aux tables eugubines une importance d'autant plus grande que les autres monuments de ce genre sont plus rares et plus frustes.

IV

Il nous reste à dire un mot sur l'origine et le plan du présent travail. Pendant l'année 1873-74, j'avais pris pour sujet de mes leçons au Collége de France l'étude des Tables Eugubines. Je me décidai à publier ces leçons, parce que, grâce à la révision attentive que nécessite l'enseignement, grâce à la comparaison des actes des Arvales, grâce aussi aux observations de quelques-uns de mes auditeurs, l'intelligence des tables me parut avoir fait des progrès. J'ai donc continué mon étude pendant l'année suivante et je la soumets aujourd'hui au jugement du public. Il était nécessaire de dire à quelle occasion ces pages ont été écrites : ceux qui ont l'habitude de l'enseignement savent que le professeur est obligé d'entrer dans des explications que l'auteur d'un livre n'est pas obligé de fournir. J'ai cru devoir conserver à mon commentaire la forme que je lui avais donnée d'abord, pensant que de cette façon il servira encore dans l'avenir aux étudiants. On y suppose le lecteur, ainsi que l'auteur, ne sachant pas un mot d'ombrien, de sorte qu'ils travaillent ensemble au déchiffrement. On ne demande au lecteur que la connaissance des langues classiques et l'attention. Quant aux ombrianistes de profession, j'ai la confiance qu'ils ne parcourront pas en vain ces pages : si je n'ai pas cru devoir chercher des explications nouvelles là où un autre avait rencontré juste, je me suis fait une obligation de tout soumettre à une critique sévère, et j'ai dû écarter des hypothèses qui, depuis trente ans, passaient sans contestation de livre en livre. Sur un certain nombre de points, je me suis senti aussi au dépourvu que l'étaient il y a vingt-cinq ans Aufrecht et Kirchhoff : dans ce cas, j'ai imité leur réserve, aimant mieux multiplier les blancs dans ma traduction que de compromettre la bonne réputation des études italiques. C'est aussi le meilleur moyen de ne pas tromper le lecteur et de faciliter la tâche de ceux qui viendront après nous et seront peut-être plus heureux.

Pour l'établissement du texte, j'ai distingué ce qui doit être mis sur le compte de la liberté de l'orthographe ombrienne, et ce qui vient de l'inadvertance du graveur. J'ai soigneusement respecté tous les caprices de l'orthographe, car ce sont autant de renseignements sur la prononciation et autant de faits grammaticaux dont il n'est pas permis d'effacer la trace. Quand, par exemple, VI *a* 3 écrit une fois AVVEI au lieu de la forme ordinaire AVEI ou AVEIF, je respecte cette orthographe, car elle nous renseigne sur la prononciation. Lorsqu'au lieu de *ferine* douze fois employé, on trouve deux fois *ferime*, je maintiens cette inconséquence apparente, car elle peut nous éclairer sur l'origine du mot, qui est encore incertaine. Quant aux inadvertances évidentes du graveur, telles que lettres omises ou mots mal séparés, je les ai corrigées dans mon texte, tout en donnant au bas de la page la leçon fautive. — Pour faciliter le rapprochement des formes pareilles, j'ai donné une esquisse de la phonétique et de la grammaire ombrienne. L'expérience m'ayant appris qu'on ne lit pas beaucoup ces sortes de travaux, j'ai fait entrer toutes les discussions et explications dans le commentaire. La partie proprement grammaticale a donc pu être réduite à peu près aux proportions d'une statistique : elle est faite pour être consultée plutôt que pour être lue[1]. — L'index qui complète le volume, et pour lequel nous nous sommes servi de l'excellent index qui termine l'ouvrage d'Aufrecht et Kirchhoff, aidera les recherches et permettra de vérifier toutes nos assertions. Nous nous sommes appliqué à n'y citer que des formes réellement employées sur les tables, de sorte que la classification a nécessairement quelque chose d'un peu arbitraire. De nombreux

1. De là certains faits cités en deux endroits, pour éviter de plus longues recherches aux lecteurs.

renvois parent à ce défaut. — Un index spécial donne la liste des mots latins sur lesquels la comparaison de l'ombrien jette quelque jour nouveau. — Il était bon que le lecteur pût suivre sur un texte en écriture originale et qu'il eût l'aspect toujours instructif des monuments eux-mêmes. Grâce à l'obligeant intermédiaire de M. G. Conestabile, j'ai reçu les photographies des tables Eugubines de M. le marquis Ranghiasci-Brancaleone, qui continue à Gubbio la libérale tradition d'une famille étudiant avec amour le passé de son pays. Je leur adresse ici à tous deux mes meilleurs remerciements. L'atlas qui est joint à notre publication est la reproduction de ces photographies.

LISTE DES ABRÉVIATIONS

EMPLOYÉES DANS LE COMMENTAIRE.

A. K. désigne Aufrecht et Kirchhoff, *Die umbrischen Sprachdenkmæler*.

MSL. *Mémoires de la Société de Linguistique de Paris*.

ZK. *Zeitschrift* de Kuhn.

TEXTE ET TRADUCTION

DES

TABLES EUGUBINES

TEXTE

TABLES VI ET VII.

(VI *a*, 1.) *Este persclo aveis aseriater enetu : parfa curnase dersva, peiqu peica merstu. Poei angla aseriato* (2) *eest, eso tremnu serse arsferture ehveltu. Stiplo aseriaia parfa dersva, curnaco dersva,* (3) *peico mersto, peica mersta ; mersta auvei, mersta angla esona. Arfertur eso anstiplatu :* (4) *Ef aserio. Parfa dersva, curnaco dersva, peico mersto, peica mersta ; mersta aveif, merstaf* (5) *anglaf esona : mehe, tote iioveine, esmei stahmei stahmeitei. Sersi pirsi sesust poi angla* (6) *aseriato est, erse neip mugatu, nep arsir andersistu ; nersa courtust porsi angla anseriato* (7) *iust. Sve muieto fust, ote pisi arsir andersesust, disler alinsust.*

(8) *Verfale pufe arsfertur trebeit ocrer peihaner, erse stahmito eso tuderato est. Angluto* (9) *hondomu, porsei nesimei asa deveia est, anglome somo, porsei nesimei vapersus aviehcleir* (10) *est; eine angluto somo vapefe aviehclu todcome tuder; angluto hondomu asame deveia todcome* (11) *tuder. Eine todceir tuderus sei podruhpei seritu.*

(12) *Tuderor totcor : vapersusto avieclir ebetrafe, ooserclome, presoliafe Nurpier, vasirslome,* (13) *smursime, tettome Miletinar, tertiame praco pracatarum. Vapersusto avieclir carsome* (14) *Vestisier, randeme Rufrer, tettome Noniar, tettome*

(2) *eesteso.* — (5) *iioueineesmei.* — (7) *andersesuspdisleralinsust.* — (8) *stahmitocsotuderatoest.* — (10) *eineanglutosomo.* — *uapefeauiehclu.* — *todcometuder.* — (11) *tudercine.* — *seipodruhpei.* — (12) *uapersustoauieclir.*

TRADUCTION

TABLES VI ET VII.

(VI *a* 1) Ita precationem avibus observatis inito, parra cornice præpetibus, pico pica adversis. Qui oscines (?) observatum (2) ibit, ita —a sede adfertori proponito. Stipulor [ut] observes parram præpetem, cornicem præpetem, (3) picum adversum, picam adversam : adversas aves, adversos oscines (?) sacros. Adfertor ita spondeto : (4) Eas observo. Parram præpetem, cornicem præpetem, picum adversum, picam adversam; adversas aves, adversos (5) oscines (?) sacros : mihi, civitati Iguvinæ, in hoc templo effato. Sede quum steterit qui oscines (?) (6) observatum ibit, tum ne [se] moveat, neve precationibus (?) intersistat; neque antea se converterit quam oscines (?) observatum (7) iverit. Si [quid] motum fuerit, aut aliquantulum precationibus (?) interstiterit, litationis licentia non erit.

(8) Carmen ubi adfertor pepigit collis piandi [causa], tum [templum] effatum ita limitatur. Angulo (9) infimo qui proxime *asam deveiam* est, ad angulum summum qui proxime *vapides avieculos* (10) est; et angulo summo juxta *vapides avieculos* usque ad publicum finem; angulo infimo juxta *asam deveiam* usque ad publicum (11) finem. Et publicos fines intra utrinque servato.

(12) Fines publici : *vapidibus avieculis* ad *hebetras*, ad *oserculum*, ad *presolias* Nurpii, ad *vasirculum*, (13) ad *smurrim*, ad *tettum* Miletinæ, ad tertiam *pracum pracatarum*. *Vapidibus avieculis* ad *cadum* (14) Vesticii, ad *rantim* Rufri, ad *tettum* Noniæ,

Salier, carsome Hoier, pertome Padellar. (15) *Hondra esto tudero porsei subra screihtor sent, parfa dersva, curnaco dersva seritu; subra esto* (16) *tudero peico mersto, peica mersta seritu. Sveanclar procanurent, eso tremnu serse* (17) *combifiatu. Arsferturo nomne carsitu : Parfa dersva, curnaco dersva, peico mersto, peica meersta;* (18) *mersta aveif, mersta ancla eesona tefe, tote Iiovine, esmei stahmei stahmitei. Esisco esoneir seveir* (19) *popler anferener et ocrer pihaner perca arsmatia habitu. Vasor verisco Treblanir porsi ocrer* (20) *pehaner paca ostensendi, eo iso ostendu pusi pir pureto. Cehefi dia surur verisco Tesonocir, surur* (21) *verisco Vehieir.*

(22) *Pre vereir Treblaneir Iuve Grabovei buf treif fetu. Eso naratu vesteis. Teio subocau suboco* (23) *Dei Grabovi, ocriper Fisiu, totaper Iiovina, erer nomneper, erar nomneper. Fos sei, pacer sei ocre Fisei,* (24) *tote Iiovine, erer nomne, erar nomne. Arsie, tio subocau suboco Dei Grabove. Arsier frite, tio subocau* (25) *suboco Dei Grabove. Di Grabovie, tio esu bue, peracrei pihaclu, ocreper Fisiu, totaper Iovina, irer nomneper, erar nomneper. Dei Grabovie, orer ose. Persei ocre Fisie pir orto est, toteme Iovine arsmor dersecor* (27) *subator sent, pusei neip heritu. Dei Crabovie, persei tuer perscler vaseto est, pesetom est, peretom est,* (28) *frosetom est, daetom est, tuer perscler virseto avirseto vas est, Di Grabovie, persei mersei, esu bue, peracrei pihaclu, pihafei. Di Grabovie, pihatu ocre Fisei, pihatu tota Iovina. Di Grabovie, pihatu ocrer* (30) *Fisier totar Iovinar nome, nerf, arsmo, veiro, pequo, castruo, fri. Pihatu. Futu fos, pacer, pase tua, ocre Fisi,* (31) *tote Iiovine, erir nomne, erar nomne. Di Grabovie, salvo seritu ocre Fisi, salva seritu tota Iiovina. Di* (32) *Grabovie, salvo seritu ocrer Fisier, totar Iiovinar nome, nerf, arsmo, veiro, pequo, castruo, fri. Salva* (33) *seritu. Futu fos, pacer, pase tua, ocre Fisi, tote Iovine, erer nomne, erar nomne. Di Grabovie, tio esu bue,* (34) *peracri pihaclu, ocreper Fisiu, totaper Iovina, erer nomneper, erar nomneper. Di Grabovie, tio subocau.*

(35) *Di Grabovie, tio esu bue, peracri pihaclu etru, ocreper*

(16) ***sueanclar***. — (27) ***pesetomest***. — ***peretomest***. — (28) ***frosetomest***. — ***daetomest***. — (30) ***ueiropequo***. — ***ocrefisi***. — (32) ***pequocastruo***. — (35) Le graveur avait d'abord écrit ***pihaclo***.

ad *tettum* Salii, ad *cadum* Hogii, ad *pertum* Patellæ. (15) Infra istos fines qui supra scripti sunt parram præpetem, cornicem præpetem servato; supra istos (16) fines picum adversum, picam adversam servato. Si oscines (?) feliciter cecinerint, ita —a sede (17) auspicator. Adfertorem nomine calato : Parram præpetem, cornicem præpetem, picum adversum, picam adversam; (18) adversas aves, adversos oscines (?) sacros tibi, civitati iguvinæ, [in] hoc templo effato. Cum his sacris omnibus, (19) populi circumferendi et collis piandi [causa] prætextam lustralem habeto. Vasa ad portam Trebulanam quæ ocris (20) piandi [causa] — offerentur, hæc eodem modo offerto quo ignem purificatum. Ita des et ad portam Tesenacam, et (21) ad portam Vehiam.

(22) Ante portam Trebulanam Jovi Grabovio boves tres facito. Ita nuncupato velatus : Te invocavi invoco (23) Dium Grabovium, pro colle Fisio, pro civitate Iguvina, pro ejus [collis] nomine, pro ejus [civitatis] nomine. Faustus sis, volens sis colli Fisio, (24) civitati Iguvinæ, ejus [collis] nomini, ejus [civitatis] nomini. Venerande (?), te invocavi invoco Dium Grabovium; venerandi (?) more, te invocavi (25) invoco Dium Grabovium. Die Grabovie, te hoc bove, ambarvali piaculo, pro colle Fisio, pro civitate Iguvina, pro ejus [collis] nomine, (26) pro ejus [civitatis] nomine. Die Grabovie, his macte. Si in colle Fisio ignis temeratus (?) est, in civitate Iguvina ritus —i (27) omissi (?) sunt, ne velis. Die Grabovie, si [quid] in tuo sacrificio omissum est, peccatum est, delictum est, (28) fraudatum est, neglectum est, in tuo sacrificio visum invisum vitium est, Die Grabovie, si fas est, hoc bove, (29) ambarvali piaculo, piavi (?). Die Grabovie piato collem Fisium; piato civitatem Iguvinam. Die Grabovie, piato collis (30) Fisii, civitatis Iguvinæ nomen, lares, ritus, viros, pecudes, campos, fruges. Piato. Sis faustus, volens, pace tua, colli Fisio, (31) civitati Iguvinæ, ejus [collis] nomini, ejus [civitatis] nomini. Die Grabovie, salvum servato collem Fisium, salvam servato civitatem Iguvinam. Die (32) Grabovie, salvum servato collis Fisii, civitatis Iguvinæ nomen, lares, ritus, viros, pecudes, campos, fruges. Salvas (33) servato. Sis faustus, volens, pace tua, colli Fisio, civitati Iguvinæ, ejus [collis] nomini, ejus [civitatis] nomini. Die Grabovie, te hoc bove, (34) ambarvali piaculo, pro colle Fisio, pro civitate Iguvina, pro ejus [collis] nomine, pro ejus [civitatis] nomine. Die Grabovie, te invocavi.

(35) Die Grabovie, te hoc bove, ambarvali piaculo altero,

Fisiu, totaper Iovina, erer nomneper, erar nomneper. Di (36) *Grabovie, orer ose. Persei ocre Fisie pir orto est, tote Iovine arsmor dersecor subator sent, pusei neip* (37) *hereitu. Di Grabovie, persi tuer perscler vaśetom est, pesetom est, peretom est, frosetom est, daetom est, tuer* (38) *perscler virseto avirseto vas est, Di Grabovie, persi mersi, esu bue, peracri pihaclu etru, pihafi. Di Grabovie.* (39) *pihatu ocre Fisi, pihatu tota Iovina. Di Grabovie, pihatu ocrer Fisier, totar Iiovinar nome, nerf, arsmo, veiro,* (40) *pequo, castruo, fri. Pihatu. Futu fos, pacer, pase tua, ocre Fisie, tote Iiovine, erer nomne, erar nomne. Di* (41) *Grabovie, salvo seritu ocre Fisim, salva seritu totam Iiovina. Di Grabovie, saluvom seritu ocrer Fisier, totar* (42) *Iiovinar nome, nerf, arsmo, viro, pequo, castruo, frif. Saluva seritu. Futu fons, pacer, pase tuva, ocre Fisi, tote* (43) *Iiovine, erer nomne, erar nomne. Di Grabovie, tiom essu bue, peracri pihaclu etru, ocriper Fissiu, totaper Iovina, erer* (44) *nomneper, erar nomneper. Di Grabovie, tiom subocau.*

(45) *Di Grabovie, tiom esu bue, peracri pihaclu tertiu, ocriper Fisiu, totaper Iiovina, erer nomneper, erar nomneper. Di* (46) *Grabovie, orer ose. Pirse ocrem Fisiem pir ortom est, toteme Iovinem arsmor dersecor subator sent, pusi neip* (47) *heritu. Di Grabovie, perse tuer pescler vasetom est, pesetom est, peretom est, frosetom est, daetom est, tuer* (48) *pescler virseto avirseto vas est, Di Grabovie, pirsi mersi, esu bue, peracri pihaclu tertiu, pihafi. Di Grabovie,* (49) *pihatu ocrem Fisim, pihatu totam Iiovinam. Di Grabovie, pihatu ocrer Fisier, totar Iiovinar nome, nerf, asmo,* (50) *viro, pequo, castruo, fri. Pihatu. Futu fons, pacer, pase tua, ocre Fisi, tote Iiovine, erer nomne, erar nomne. Di* (51) *Grabovie, salvo seritu ocrem Fisim, salvam seritu totam Iiovinam. Di Grabovie, salvom seritu ocrer Fisier,* (52) *totar Iiovinar nome, nerf, arsmo, viro, pequo, castruo, frif. Salva seritu. Futu fons, pacer, pase tua, ocre Fisi,* (53) *tote Iiovine, erer nomne, erar nomne. Di Grabovie, tiom esu bue, peracri pihaclu tertiu, ocriper Fisiu, totaper* (54) *Iiovina, erer nomneper, erar nomneper. Di Grabovie, tio comohota tribrisine*

(36) *ortoest.* — *Iouinearsmor.* — (37) *pesetomest.* — *peretomest.* — *frosetomest.* — *daetomest.* — (40) *pequoc. astruo.* — (41) *ocrefisim.* — *totamiiouina.* — (42) *castruofrif.* — (43) *er. er.* — *nomneerar.* — (45) *digrabouie.* — *pihaclut. ertiu.* — (46) *grabouieorer.* — *fisiempir* — (47) *digrabouie.* — (48) *vasest,* — *peracripihaclu.* — *tertiupihafi.* — (50) *fisitote.* — (54) *no. mneper.*

pro colle Fisio, pro civitate Iguvina, pro ejus [collis] nomine, pro ejus [civitatis] nomine. Die (36) Grabovie, his macte. Si in colle Fisio ignis temeratus (?) est, in civitate Iguvina ritus —i omissi (?) sunt, ne (37) velis. Die Grabovie, si [quid] in tuo sacrificio omissum est, peccatum est, delictum est, fraudatum est, neglectum est, in tuo (38) sacrificio visum invisum vitium est, Die Grabovie, si fas est, hoc bove, ambarvali piaculo altero, piavi (?). Die Grabovie, (39) piato collem Fisium; piato civitatem Iguvinam. Die Grabovie, piato collis Fisii, civitatis Iguvinæ nomen, lares, ritus, viros, (40) pecudes, campos, fruges. Piato. Sis faustus volens pace tua colli Fisio, civitati Iguvinæ, ejus [collis] nomini, ejus [civitatis] nomini. Die (41) Grabovie, salvum servato collem Fisium, salvam servato civitatem Iguvinam. Die Grabovie, salvum servato collis Fisii, civitatis (42) Iguvinæ nomen, lares, ritus, viros, pecudes, campos, fruges. Salvas servato. Sis faustus volens pace tua colli Fisio, civitati (43) Iguvinæ, ejus [collis] nomini, ejus [civitatis] nomini. Die Grabovie, te hoc bove, ambarvali piaculo altero, pro colle Fisio, pro civitate Iguvina, pro ejus [collis] (44) nomine, pro ejus [civitatis] nomine. Die Grabovie, te invocavi.

(45) Die Grabovie, te hoc bove, ambarvali piaculo tertio, pro colle Fisio, pro civitate Iguvina, pro ejus [collis] nomine, pro ejus [civitatis] nomine. Die (46) Grabovie, his macte. Si in colle Fisio ignis temeratus (?) est, in civitate Iguvina ritus —i omissi (?) sunt, ne (47) velis. Die Grabovie, si [quid] in tuo sacrificio omissum est, peccatum est, delictum est, fraudatum est, neglectum est, in tuo (48) sacrificio visum invisum vitium est, Die Grabovie, si fas est, hoc bove, ambarvali piaculo tertio, piavi (?). Die Grabovie, (49) piato collem Fisium; piato civitatem Iguvinam. Die Grabovie, piato collis Fisii, civitatis Iguvinæ nomen, lares, ritus, (50) viros, pecudes, campos, fruges. Piato. Sis faustus volens pace tua colli Fisio, civitati Iguvinæ, ejus [collis] nomini, ejus [civitatis] nomini. Die (51) Grabovie, salvum servato collem Fisium, salvam servato civitatem Iguvinam. Die Grabovie, salvum servato collis Fisii, (52) civitatis Iguvinæ nomen, lares, ritus, viros, pecudes, campos, fruges. Salvas servato. Sis faustus volens pace tua colli Fisio, (53) civitati Iguvinæ, ejus [collis] nomini, ejus [civitatis] nomini. Die Grabovie, te hoc bove, ambarvali piaculo tertio, pro colle Fisio, pro civitate (54) Iguvina, pro ejus [collis] nomine, pro ejus [civitatis] nomine. Die Grabovie, te oblato ternione

buo, peracnio pihaclo, (55) *ocriper Fisiu, totaper Iiovina, erer nomneper, erar nomneper. Di Grabovie, tiom subocau. Tases persnimu* (56) *sevom. Surur purdovitu proseseto ; naratu; prosesetir mefa spefa ficla arsveitu. Arvio fetu. Este* (57) *esono. Heri vinu, heri poni fetu. Vatuo ferine fetu.*

(58) *Post verir Treblanir si gomia trif fetu Trebo Iovie ocriper Fisiu, totaper Iiovina. Persae fetu. Arvio fetu.* (59) *Pone fetu. Tases persnimu. Surur naratu puse pre verir Treblanir. Prosesetir struśla ficla arsveitu.*

(VI *b* 1) *Pre verir Tesenocir buf trif fetu Marte Grabovei ocriper Fisiu, totaper Iiovina. Arvio fetu. Vatuo ferine fetu. Poni* (2) *fetu. Tases persnimu. Prosesetir farsio ficla arsveitu. Surur naratu puse pre verir Treblanir.*

(3) *Post verir Tesenocir sif filiu trif fetu Fiso Sansie ocriper Fisiu, totaper Iiovina. Poni feitu. Persae fetu. Arvio fetu.* (4) *Surur naratu pusi pre verir Treblanir. Tases persnimu. Mandraclo difue destre habitu. Prosesetir ficla* (5) *struśla arsveitu. Ape sopo postro peperscust, vestisia et mefa spefa scalsie conegos fetu Fisovi Sanśi* (6) *ocriper Fisiu, totaper Iovina. Eso persnimu vestisia vestis: Tio subocau suboco, Fisovi Sansi, ocriper Fisiu,* (7) *totaper Iiovina, erer nomneper, erar nomneper. Fons sir, pacer sir ocre Fisi, tote Iiovine, erer nomne,* (8) *erar nomne. Arsie, tiom subocau suboco, Fisovi Sanśi. Asier frite, tiom subocau suboco, Fisovi Sanśi. Suront* (9) *poni pesnimu. Mefa spefa eso persnimu : Fisovie Sanśie, tiom esa mefa spefa Fisovina ocriper Fisiu, totaper Iiovina,* (10) *erer nomneper, erar nomneper. Fisovie Sanśie, ditu ocre Fisi, tote Iovine, ocrer Fisie, totar Iovinar dupursus* (11) *peturpursus fato fito. Perne postne sepse sarsite † uou se avie esone. Futu fons pacer pase tua ocre Fisi, tote Iiovine,* (12) *erer nomne, erar nomne. Fisovie Sanśie, salvo seritu ocrem Fisi, totam Iovinam. Fisovie Sanśie, salvo seritu* (13) *ocrer Fisier totar Iovinar nome, nerf, arsmo, viro, pequo, castruo, frif. Salva seritu. Futu fons pacer pase* (14) *tua ocre Fisi, tote Iiovine, erer nomne, erar nomne. Fisovie Sanśie, tiom esa mefa spefa Fisovina ocriper Fisiu,* (15) *totaper Iiovina, erer nomne-*

(1) *fetumartegrabouei.* — *fisiutotaper.* — *fetuponi.* — (2) *pusepre.* — (3) *fetufiso.* — (4) *destr e* (*l'e est à une certaine distance*). — (5) *uestisiaet.* — *mefaspefa.* — *confgos.* — (6) *tiosubocau.* — *subocofisouisansi.* — (7) *sirocre.* — (8) *era. rnomne.* — *subocofisoui.* — (9) *mefaspefa.* — *Fisouinaocriper.* — *Fisiutotaper.* — (10) *nomneperfisouie.* — *Fisietotar.* — (11) *sepsesarsite.* — *seauie.* — (12) *saluoseritu.* — *saluoseritu.* — (13) *Fisi. er.* — (15) *erernomneper.*

bovum, ambarvalium piaculorum, (55) pro colle Fisio, pro civitate Iguvina, pro ejus [collis] nomine, pro ejus [civitatis] nomine. Die Grabovie, te invocavi. Tacitus precator (56) totum. Tunc porricito prosecta, nuncupato; prosectis molam sparsam, offam addito. Ollas facito. Ita (57) sacrificium. Sive vino, sive lacte facito. Tura acerra facito.

(58) Post portam Trebulanam sues altiles tres facito Trebo Jovio pro colle Fisio, pro civitate Iguvina. Libamina facito. Ollas facito. (59) Lacte facito. Tacitus precator. Tunc nuncupato uti ante portam Trebulanam. Prosectis struiculam offam addito.

(VI *b* 1) Ante portam Tesenacam boves tres facito Marti Grabovio pro colle Fisio, pro civitate Iguvina. Ollas facito. Tura acerra facito. Lacte (2) facito. Tacitus precator. Prosectis farcimen, offam addito. Tunc nuncupato uti ante portam Trebulanam.

(3) Pone portam Tesenacam sues lactentes tres facito Fiso Sancio pro colle Fisio, pro civitate Iguvina. Lacte facito. Libamina facito. Ollas facito. (4) Deinde nuncupato uti ante portam Trebulanam. Tacitus precator. Mantele lacerto (?) dextro habeto. Prosectis offam, (5) struiculam addito. Postquam pane altero precatus erit, libum et molam sparsam — innixus (?) facito Fisovio Sancio (6) pro colle Fisio, pro civitate Iguvina. Ita precator libo, velatus : Te invocavi invoco, Fisovie Sancie, pro colle Fisio, (7) pro civitate Iguvina, pro ejus [collis] nomine, pro ejus [civitatis] nomine. Faustus sis, volens sis, colli Fisio, civitati Iguvinæ, ejus [collis] nomini, ejus [civitatis] nomini. Venerande (?), te invocavi invoco, Fisovie Sancie. Venerandi (?) more, te invocavi invoco, Fisovie Sancie. — Deinde (9) lacte precator. Mola sparsa ita precator : Fisovie Sancie, te hac mola sparsa Fisovina pro colle Fisio, pro civitate Iguvina, (10) pro ejus [collis] nomine, pro ejus [civitatis] nomine. Fisovie Sancie, dato colli Fisio, civitati Iguvinæ, collis Fisii, civitatis Iguvinæ bipedibus (11) quadrupedibus felicem proventum. Antea postea — — — — — avibus (?) sacris. Esto faustus, volens, pace tua, colli Fisio, civitati Iguvinæ, (12) ejus [collis] nomini, ejus [civitatis] nomini. Fisovie Sancie, salvum servato collem Fisium, civitatem Iguvinam. Fisovie Sancie, salvum servato (13) collis Fisii civitatis Iguvinæ nomen, lares, ritus, viros, pecudes, campos, fruges; salvas servato. Esto faustus, volens, pace (14) tua, colli Fisio, civitati Iguvinæ, ejus [collis] nomini, ejus [civitatis] nomini. Fisovie Sancie, te hac mola sparsa Fisovina pro colle Fisio, (15) pro

per, erar nomneper. Fisovie Sanśie, tiom subocau. Fisovie frite, tiom subocau. Pesclu (16) *semu vesticatu, atripursatu : ape eam purdinsust, proseseto erus ditu. Eno scalseto vestisiar erus conegos* (17) *dirstu. Eno mefa vestisia sopa purome efurfatu. Subra spahmu. Eno serse comoltu. Comatir persnihimu.* (18) *Capif purdita dupla aitu. Sacra dupla aitu.*

(19) *Pre verir Vehier buf trif calersu fetu Vofione Grabovie ocriper Fisiu, totaper Iiovina. Vatuo ferine fetu. Herie vinu,* (20) *herie poni fetu. Arvio fetu. Tases persnimu. Proseseter mefa spefa ficla arsveitu. Suront naratu pusi pre verir* (21) *Treblanir.*

(22) *Post verir Vehier habina trif fetu Tefrei Iovi ocriper Fisiu, totaper Iiovina. Serse fetu. Pelsana fetu. Arvio feitu. Poni* (23) *fetu. Tasis pesnimu. Prosesetir struśla ficla arveitu. Suront naratu puse verisco Treblanir. Ape habina purdinśus,* (24) *eront poi habina purdinsust destruco persi vestisia et pesondro sorsom fetu. Capirse perso osatu. Eam mani* (25) *nertru tenitu arnipo vestisia vesticos. Capirso subotu. Isec perstico erus ditu. Esoc persnimu vestis : Tiom* (26) *subocau suboco Tefro Iovi, ocriper Fisiu, totaper Iiovina, erer nomneper, erar nomneper. Fons sir, pacer si ocre Fisi, tote* (27) *Iovine, erer nomne, erar nomne. Arsie, tiom subocau suboco Tefro Iovi. Arsier frite, tiom subocau suboco Tefro Iovi. Tefre* (28) *Iovie, tiom esu sorsu persontru Tefrali pihaclu ocriper Fisiu, totaper Iiovina, erer nomneper, erar nomneper. Tefre* (29) *Iovie, orer ose. Perse ocre Fisie pir orto est, tote Iiovine arsmor dersecor subator sent, pusi neip heritu. Tefre Iovie,* (30) *perse tover pescler vasetom est, pesetom est, peretom est, frosetom est, daetom est, tover pescler virseto avirseto vas est,* (31) *Tefre Iovie, perse mers est, esu sorsu persondru pihaclu pihafi. Tefre Iovie, pihatu ocre Fisi, tota Iiovina. Tefre Iovie, pihatu* (32) *ocrer Fisier, totar Iiovinar nome, nerf, arsmo, viro, pequo, castruo, fri. Pihatu. Futu fons, pacer, pase tua, ocre Fisi, tote* (33) *Iiovine, erer nomne, erar nomne. Tefre Iovie, salvo seritu ocre Fisi, totam Iiovinam. Tefre Iovie, salvom seritu ocrer Fisier,* (34) *totar Iovinar nome, nerf, arsmo,*

(15) *erite.* — (17) *uestisiasopa. puromeefurfatu.* — (19) *bufirif.* — *calersufetuuofione.* — *uatuoferine.* — (20) *surontnaratu.* — *preuerir.* — (26) *iouiocriper.* — *fonsir.* — (27) *tefroiouiarsier.* — *subocausuboco.* — (28) *sorsupersontru.* — (29) *perseocre.* — (30) *uasetomesf.* — *pesetomest.* — *peretomest.* — *frosetomest.* — *daetomest.* — (31) *estesu.* — (32) *pfquo.* — *pihatufutu.* — (33) *serituocre.*

civitate Iguvina, pro ejus [collis] nomine, pro ejus [civitatis] nomine. Fisovie Sancie, te invocavi. Fisovii more te invocavi. — Precatione (16) dimidia libato, infundito. Postquam hanc polluxerit, prosectorum frusta dato. Tum — libi frusta innixus (?) (17) dato. Tum molam libum panem ad puritatem februato. Supra instillato. Tum testas confringito; confractis precator. (18) Capides dedicatas duas pronuntiato; sacratas duas pronuntiato.

(19) Ante portam Vehiam boves tres candidos facito Vofiono Grabovio pro colle Fisio, pro civitate Iguvina. Tura acerra facito. Seu vino, (20) seu lacte facito. Ollas facito. Tacitus precator. Prosectis molam sparsam, offam addito. Deinde nuncupato uti ante portam (21) Trebulanam.

(22) Post portam Vehiam agnos tres facito Tefro Iovio pro colle Fisio, pro civitate Iguvina. Testas facito. Aulicocia facito. Ollas facito. Lacte (23) facito. Tacitus precator. Prosectis struiculam, offam addito. Deinde nuncupato uti ad portam Trebulanam. Postquam agnos polluxerit, (24) is qui agnos polluxerit ad dextrum postem libum et struem ferctum facito. Capide adspersionem ministrato : hanc manu (25) læva teneto donec libum libaverit. Capidem voveto. Exinde inter preces (?) frusta dato. Ita precator velatus : Te (26) invocavi invoco Tefrum Iovium pro colle Fisio, pro civitate Iguvina, pro ejus [collis] nomine, pro ejus [civitatis] nomine. Faustus sis, volens sis colli Fisio, civitati (27) Iguvinæ, ejus [collis] nomini, ejus [civitatis] nomini. Venerande (?), te invocavi invoco Tefrum Iovium; venerandi (?) more, te invocavi invoco Tefrum Iovium. Tefre (28) Iovie, te hac strue fercto, Tefrali piaculo, pro colle Fisio, pro civitate Iguvina, pro ejus [collis] nomine, pro ejus [civitatis] nomine. Tefre (29) Iovie, his macte. Si in colle Fisio ignis temeratus (?) est, in civitate Iguvina ritus — i omissi (?) sunt, ne velis. Tefre Iovie, (30) si [quid] in tuo sacrificio omissum est,* peccatum est, delictum est, fraudatum est, in tuo sacrificio visum invisum vitium est, (31) Tefre Iovie, si fas est, hac strue fercto piaculo piavi (?). Tefre Iovie, piato collem Fisium, piato civitatem Iguvinam. Tefre Iovie, piato (32) collis Fisii, civitatis Iguvinæ nomen, lares, ritus, viros, pecudes, campos, fruges. Piato. Sis faustus volens pace tua colli Fisio, civitati (33) Iguvinæ, ejus [collis] nomini, ejus [civitatis] nomini. Tefre Iovie, salvum servato collem Fisium, salvam servato civitatem Iguvinam. Tefre Iovie, salvum servato collis Fisii, (34) civitatis Iguvinæ nomen, la-

viro, pequo, castruo, fri. Salva seritu. Futu fons, pacer, pase tua, ocre Fisi, tote Iiovine, erer (35) *nomne, erar nomne. Tefre Iiovie, tiom esu sorsu persondru, Tefrali pihaclu, ocriper Fisiu, totaper Iiovina, erer nomneper, erar* (36) *nomneper. Tefre Iovie, tiom subocau. Persclu sehemu atropusatu.*

(37) *Pesondro staflare nertruco persi fetu. Suront capirse perso osatu. Suror persnimu puse sorsu. Ape pesondro purdinśus,* (38) *proseseto erus dirstu. Enom* † *vestisiar sorsalir destruco persi persome. Erus dirstu. Pue sorso purdinśus, enom* (39) *vestisiam staflarem nertruco persi. Sururont erus dirstu. Enom pesondro sorsalem persome. Pue persnis fust, ife* (40) *endendu, pelsatu. Enom pesondro staflare persome. Pue pesnis fus, ife endendu pelsatu. Enom vaso porse pesondrisco habus,* (41) *serse subra spahatu. Ander vomu sersitu, arnipo comatir pesnis fust. Serse pisher comoltu. Serse comatir persnimu.* (42) *Purdilo fust.*

(43) *Vocucom Ioviu, ponne ovi furfant, vitlu toru trif fetu. Marte Horse fetu popluper totar Iiovinar, totaper Iiovina. Vatuo ferine* (44) *fetu. Poni fetu. Arvio fetu. Tases persnimu. Proseśetir fasio ficla arsveitu. Suront naratu puse verisco Treblanir.* (45) *Vocucom Coredier vitlu toru trif fetu. Honde Śerfi fetu popluper totar Iiovinar, totaper Iiovina. Vatue ferine fetu. Arvio* (46) *fetu. Heri vinu, heri poni fetu. Tases persnimu. Proseśetir tesedi ficlam arsveitu. Suront naratu puse verisco Treblanir. Eno ocar* (47) *pihos fust. Svepo esome esono ander vacose, vasetome fust, avif aseriatu, verofe Treblano covertu, reste esono feitu.*

(48) *Pone poplo afero heries, avif aseriato etu. Sururo stiplatu pusi ocrer pihaner. Sururont combifiatu. Eriront tuderus avif* (49) *seritu. Ape angla combifianśiust, perca arsmatiam anovihimu; cringatro hatu; destrame scapla anovihimu. Pir endendu. Pone* (50) *esonome ferar, pufe pir entelust, ere fertu poe perca arsmatiam habiest. Erihont aso destre onse fertu. Erucom prinvatur dur* (51) *etuto. Perca ponisiater habituto. Ennom stiplatu parfa desva seso, tote Iiovine. Sururont combifiatu vapefe avieclu, neip* (52) *amboltu prepa desvu combi-*

(34) *pequocastruofri.* — *tuaocre.* — (37) *staflar. e.* — *apepesondro.* — (38) *dirstuenom.* — *uestisiarsorsalir.* — (39) *sururonterusdirstu.* — (39) *fustife.* — (40) *endendupelsatu.* — (41) *spahatuanderuomu.* — *fustserse.* — *comoltuserse.* — (43) *horsefetu.* — (45) *coredieruitlu.* — *iiouinar.* — *fetuaruio.* — (46) *fetuheri.* — *ficlmrsueitu.* — *enoocar.* — (47) *aseriatuuerofe.* — (49) *cringatrohatu.* — *destra. mescapla.* — (50) *esonomf. ffrar.* — *poeperca.* — *prinuaturdur.* — (51) *ponisia. ter.*

res, ritus, viros, pecudes, campos, fruges. Salvas servato. Sis faustus volens pace tua colli Fisio, civitati (35) Iguvinæ, ejus [collis] nomini, ejus [civitatis] nomini. Tefre Iovie, te hac strue ferclo, Tefrali piaculo, pro colle Fisio, pro civitate Iguvina, pro ejus [collis] nomine, pro ejus [civitatis] (36) nomine. Tefre Iovie, te invocavi. Precatione dimidia infundito.

(37) Struem —arem ad lævum postem facito. Deinde capide adspersionem ministrato. Deinde precator uti [in] fercto. Postquam struem polluxerit, (38) prosectorum frusta dato. Tunc † libi —alis ad dextrum postem in adspersionem. Frusta dato. Ubi strues polluxerit, tum (39) libum —are ad lævum postem. Deinde frusta dato. Tunc struem —alem in adspersionem. Ubi precatus fuerit, ibi (40) imponito, coquito. Tum struem —arem in adspersionem. Ubi precatus fuerit, ibi imponito, coquito. Tum vasa quæ cum struibus habuerit, (41) testas supra instillato. Inter —um sedeto, donec confractis [testis] precatus fuerit. Testas quivis confringito. Testis confractis precator. (42) Polluctum fuerit.

(43) In luco Iovio, ubi oves februant, vitulos tauros tres facito. Marti Inferno facito pro populo civitatis Iguvinæ, pro civitate Iguvina. Tura acerra (44) facito. Lacte facito. Ollas facito. Tacitus precator. Prosectis farcimen, offam addito. Deinde nuncupato uti ad portam Trebulanam.

(45) In luco Curiatii vitulos tauros tres facito. Hondo Çerfio facito pro populo civitatis Iguvinæ, pro civitate Iguvina. Tura acerra facito. Ollas (46) facito. Sive vino, sive lacte facito. Tacitus precator. Prosectis —m offam addito. Deinde nuncupato uti ad portam Trebulanam. Et collis (47) piatus fuerit. Si quid inter istud sacrificium erratumve omissumve fuerit, aves observato, ad portam Trebulanam revertitor, denuo sacrificium facito.

(48) Quum populum circumferre voles, aves observatum ito. Deinde stipulator ut collis piandi [causa]. Deinde auspicator. Iisdem finibus aves (49) observato. Postquam oscines (?) auspicatus erit, prætextam lustralem induitor; ricam sumito; in dextram scapulam induitor. Ignem imponito. Quum (50) ad sacrificium feras (?), ubi ignem imposuerit, is ferto qui prætextam lustralem habebit. Itidem — in dextro humero ferto. Cum eo calatores duo (51) eunto. Prætextam [cum] purpureis [clavis] habento. Tum stipulator parram præpetem sibi, civitati Iguvinæ. Tum auspicator ad vapides avieculos, neve (52) circumvertitor (?) antequam præpetem auspicatus fuerit. Post-

fianśi. Ape desva combifiansiust, via aviecla esonome etuto com peracris sacris. Ape Acesoniame (53) *Hebetafe benust, enom termnuco stahituto. Poi percam arsmatia habiest eturstahmu. Eso eturstahmu. Pis est totar* (54) *Tarsinater, trifor Tarsinater, Tuscer Naharcer Iabuscer nomner, eetu ehe esu poplu. Nosve ier ehe esu poplu, sopir habe,* (55) *esme pople portatu ulo pue mers est; fetu uru pirse mers est. Trioper eheturstahamu. Ifont termnuco com prinvatir* (56) *stahitu. Eno deitu : Arsmahamo, caterahamo, Iovinur. Eno com prinvatir peracris sacris ambretuto. Ape ambrefurent,* (57) *termnome benurent, termnuco com prinvatir eso persnimumo tasetur : Serfe Martie, Prestota Šerfia Šerfer Martier,* (58) *Tursa Šerfia Šerfer Martier, totam Tarsinatem, trifo Tarsinatem, Tuscom Naharcom Iabuscom nomē,* (59) *totar Tarsinater, trifor Tarsinater, Tuscer Naharcer Iabuscer nomner nerf śihitu anśihitu, Iovie hostatu* (60) *anhostatu tursitu, tremitu, hondu, holtu, ninctu, nepitu, sonitu, savitu, preplotatu, previlatu.*

(61) *Serfe Martie, Prestota Serfia Serfer Martier, Tursa Šerfia Serfer Martier, fututo foner pacrer pase vestra pople totar Iiovinar,* (62) *tote Iiovine, ero nerus sihitir anśihitir, Iovies hostatir anostatir, ero nomne, erar nomne. Ape este dersicurent, eno* (63) *deitu: Etato, Iiovinur, porse perca arsmatia habiest. Ape este dersicust, duti ambretuto euront. Ape termnome* (64) *covortuso, sururont pesnimumo. Sururont deitu etaians, deitu. Enom tertim ambretuto. Ape termnome benuso,* (65) *sururont pesnimumo. Sururont deitu etaias. Eno prinvatur śimo etuto erafont via pora benuso.*

(VII *a* 1) *Sururont pesnimumo. Sururont deitu etaias. Eno prinvatur śimo etuto erafont via pora* (2) *benuso.*

(3) *Fondlire abrof trif fetu heriei rofu heriei peiu. Śerfe Martie feitu popluper totar Iiovinar totaper* (4) *Iiovina. Vatuo ferine feitu. Poni fetu. Arvio fetu. Tases persnimu. Prosesetir mefa spefa ficla arsveitu.* (5) *Suront naratu puse verisco Treblanir. Ape Traha Sahata combifianśust, enom erus dirstu.*

(6) *Rubine porca trif rofa ote peia fetu Prestote Śerfie Śerfer Martier popluper totar Iiovinar totaper Iovina. Persaia fetu. Poni fetu. Arvio fetu. Suront naratu pusi pre verir Treblanir. Tases persnimu.* (8) *Prosesetir struśla ficla arsveitu. Ape supo postro*

(52) *esonomeetuto.* — (53) *pisest.* — (54) *ehesu.* — *popluso.pir.* — (55) *fsme.* — *mersest.* — *pirsemersest.* — (56) *enocom.* — (59) *tarsinat. er.* — (60) *tremituhondu.* — (61) *popletotar.* — (62) *iiouineero.* — (63) *arsmatiahabiestapeeste.* — (4) *prosesetirmefa.*

quam præpetem auspicatus erit, via aviecula ad sacrificium eunto cum ambarvalibus sacris. Postquam Aquiloniam (53)—as venerit, tum ad terminum stanto. Qui prætextam lustralem habebit exterminato. Sic exterminato : Quisquis est civitatis (54) Tadinatis, tribus Tadinatis, Tusci, Narici, Iapydici nominis, ito ex hoc populo. Si non iverit ex hoc populo, si quis incola est, (55) huic populo [vectigal] portato illuc ubi lex est; sacrificato id quod lex est. Ter exterminato. Simul ad terminum cum calatoribus (56) stato. Tum dicito : Lustramini, purificamini, Iguvini. Tunc cum calatoribus [cum] ambarvalibus sacris ambeunto. Quum ambiverint, (57) ad terminum venerint, ad terminum cum calatoribus ita precantor taciti : Çerfe Martie, Præstita Çerfia Çerfi (58) Martii, Tursa Çerfia Çerfi Martii, civitatem Tadinatem, Tuscum Naricum Japydicum nomen, (59) civitatis Tadinatis, tribus Tadinatis, Tusci Narici Japydici nominis Lares accitos, non accitos, Genios hospites, (60) non hospites terreto, tremefacito, — — — — — — propellito, profugato.

(61) Çerfe Martie, Præstita Çerfia Çerfi Martii, Tursa Çerfia Çerfi Martii, estote fausti volentes pace vestra populo civitatis Iguvinæ, (62) civitati Iguvinæ, illorum Laribus accitis, non accitis, Geniis hospitibus, non hospitibus, ejus [populi] nomini, ejus [civitatis] nomini. Postquam ita dixerint, tum (63) dicito : « Itate, Iguvini », qui prætextam lustralem habebit. Postquam ita dixerit, iterum ambeunto iidem. Postquam ad terminum (64) reversi erunt, item precantor. Item dicito « itent », dicito. Tum tertium ambeunto. Postquam ad terminum venerint, (65) item precantor. Item dicito « itent ». Tum calatores redeunto eadem via qua venerint.

(VII *a* I) Item precantor. Item dicito « itent ». Tum calatores redeunto eadem via qua (2) venerint.

(3) Ad Fontulos apros tres facito sive rufos sive piceos. Çerfo Martio facito pro populo civitatis Iguvinæ, pro civitate (4) Iguvina. Tura acerra facito. Lacte facito. Ollas facito. Tacitus precator. Prosectis molam sparsam, offam addito. (5) Item nuncupato uti ad portam Trebulanam. Postquam Trans Satam auspicatus erit, tum frusta dato.

(6) Ad Rupiniam porcas tres rufas aut piceas facito Præstitæ Çerfiæ Çerfi Martii pro populo civitatis Iguvinæ, pro civitate (7) Iguvina. Libamina facito. Lacte facito. Ollas facito. Item nuncupato uti ante portam Trebulanam. Tacitus precator. (8) Prosectis struiculam, offam addito. Postquam pane

pepescus, enom pesclu Ruseme vesticatu Prestote Śerfie (9) *Śerfer Martier, popluper totar Iovinar, totaper Iovina. Enom vesclir adrir Ruseme eso persnihimu : Prestota* (10) *Śerfia Śerfer Martier, tiom esir vesclir adrir popluper totar Iiovinar, totaper Iiovina, erer nomneper,* (11) *erar nomneper. Prestota Śerfia Śerfer Martier, prevendu via ecla atero tote Tarsinate, trifo Tarsinate,* (12) *Tursce Naharce Iabusce nomne, totar Tarsinater, trifor Tarsinater, Tuscer Naharcer Iabuscer nomner* (13) *nerus śitir anśihitir, Iovies hostatir anostatir, ero nomne. Prestota Serfia Śerfer Martier, futu fons* (14) *pacer pase tua pople totar Iiovinar, tote Iiovine, erer nomne, erar nomne, erar nerus śihitir anśihitir, Iovies* (15) *hostatir anostatir. Prestota Śerfia Śerfer Martier, salvom seritu poplom totar Iiovinar, salva serituu* (16) *totam Iiovinam. Prestota Serfia Serfer Martier, salvo seritu popler totar Iiovinar, totar iiovinar* (17) *nome, nerf, arsmo, viro, pequo, castruo, frif. Salva seritu. Futu fons, pacer, pase tua, pople totar Iiovinar,* (18) *tote Iiovine, erer nomne, erar nomne. Prestota Śerfia Śerfer Martier, tiom esir vesclir adrer popluper* (19) *totar Iiovinar, totaper Iovina, erer nomneper, erar nomneper. Prestota Śerfia Śerfer Martier, tiom* (20) *subocauu. Prestotar Śerfiar Śerfer Martier foner frite, tiom subocauu. Ennom persclu eso deitu:* (21) *Prestota Śerfia Śerfer Martier, tiom isir vesclir adrir, tiom plener, popluper totar Iiovinar, totaper* (22) *Iiovina, erer nomneper, erar nomneper. Prestota Śerfia Śerfer Martier, tiom subocauu. Prestotar* (23) *Śerfiar Serfer Martier foner frite, tiom subocauu. Enom vesticatu, ahatripursatu. Enom Ruseme* (24) *persclu vesticatu Prestote Śerfie Śerfer Martier popluper totar Iiovinar, totaper Iovina. Ennom vesclir* (25) *alfir persnimu. Superne adro trahvorfi andendu. Eso persnimu : Prestota Śerfia Śerfer Martier, tiom* (26) *esir vesclir alfir popluper totar Iiovinar totaper Iiovina, erer nomneper, erar nomneper. Prestota* (27) *Śerfia Śerfer Martier, ahavendu via ecla atero pople totar Iiovinar, tote Iiovine, popler totar Iovinar,* (28) *totar Iiovinar nerus śihitir anśihitir, Iovies hostatir anhostatir, erer nomne, erar nomne. Prestota Śerfia* (29) *Śerfer Martier, salvom seritu poplo totar Iiovinar, salva seritu totam Iiovinam. Prestota Śerfia Śerfer* (30) *Martier, salvom seritu popler totar Iiovinar, totar*

(14) *erom*.
(17) *salvaseritu*.
(22) *Śerfiarśerfer*.
(28) *ero* (la première fois).

altero precatus erit, tunc cum precatione ad Rusemam libato Præstitæ Çerfiæ (9) Çerfi Martii pro populo civitatis Iguvinæ, pro civitate Iguvina. Tunc vasculis atris ad Rusemam ita precator : Præstita (10) Çerfia Çerfi Martii, te his vasculis atris pro populo civitatis Iguvinæ, pro civitate Iguvina, pro ejus (populi) nomine, (11) pro ejus (civitatis) nomine. Præstita Çerfia Çerfi Martii, interdicito via illa uti civitati Tadinati, tribui Tadinati, (12) Tusco Narico Iapydico nomini, civitatis Tadinatis, tribus Tadinatis, Tusci Narici Iapydici nominis (13) Laribus accitis non accitis, geniis hospitibus non hospitibus, eorum nomini. Præstita Çerfia Çerfi Martii, esto fausta (14) volens pace tua populo civitatis Iguvinæ, civitati Iguvinæ, ejus (populi) nomini, ejus (civitatis) nomini, ejus (civitatis) Laribus accitis non accitis, geniis (15) hospitibus non hospitibus. Præstita Çerfia Çerfi Martii, salvum servato populum civitatis Iguvinæ, salvam servato (16) civitatem Iguvinam. Præstita Çerfia Çerfi Martii, salvum servato populi civitatis Iguvinæ, civitatis Iguvinæ (17) nomen, lares, ritus, viros, pecudes, campos, fruges. Salvas servato. Esto fausta volens pace tua populo civitatis Iguvinæ, (18) civitati Iguvinæ, ejus (populi) nomini, ejus (civitatis) nomini. Præstita Çerfia Çerfi Martii, te his vasculis atris pro populo (19) civitatis Iguvinæ, pro civitate Iguvina, pro ejus (populi) nomine, pro ejus (civitatis) nomine. Præstita Çerfia Çerfi Martii, te (20) invocavi. Præstitæ Çerfiæ Çerfi Martii faustæ more te invocavi. Tunc cum precatione ita dicito : (21) Præstita Çerfia Çerfi Martii, te his vasculis atris, te plenis, pro populo Iguvino, pro civitate (22) Iguvina, pro ejus (populi) nomine, pro ejus (civitatis) nomine. Præstita Çerfia Çerfi Martii, te invocavi. Præstitæ (23) Çerfiæ Çerfi Martii faustæ more te invocavi. Tum libato, infundito. Tum ad Rusemam (24) cum precatione libato Præstitæ Çerfiæ Çerfi Martii pro populo civitatis Iguvinæ, pro civitate Iguvina. Tum vasculis (25) albis precator. Super atra transversim imponito. Ita precator : Præstita Çerfia Çerfi Martii, te (26) his vasculis albis pro populo civitatis Iguvinæ, pro civitate Iguvina, pro ejus (populi) nomine, pro ejus (civitatis) nomine. Præstita (27) Çerfia Çerfi Martii, concedito via illa uti populo civitatis Iguvinæ, civitati Iguvinæ, populi civitatis Iguvinæ (28), civitatis Iguvinæ Laribus accitis non accitis, Geniis hospitibus non hospitibus, ejus (populi) nomini, ejus (civitatis) nomini. Præstita Çerfia (29) Çerfi Martii, salvum servato populum civitatis Iguvinæ, salvam servato civitatem Iguvinam. Præstita Çerfia Çerfi (30) Martii,

Iiovinar nome, nerf, arsmo, viro, pequo, castruo, frif. (31) *Salva seritu. Futu fons, pacer, pase tua, pople totar Iiovinar, tote Iiovine, erer nomne, erar nomne. Prestota* (32) *Śerfia Śerfer Martier, tiom esir vesclir alfer popluper totar Iiovinar, totaper Iiovina, erer nomneper, erar* (33) *nomneper. Prestota Śerfia Śerfer Martier, tiom subocauu. Prestotar Śerfiar Śerfer Martier foner frite, tiom* (34) *subocauu. Ennom persclu eso persnimu : Prestota Śerfia Śerfer Martier, tiom isir vesclir alfer, tiom plener,* (35) *popluper totar Iiovinar, totaper Iiovina, erer nomneper, erar nomneper. Prestota Śerfia Śerfer Martier, tiom* (36) *subocauu. Prestotar Śerfiar Śerfer Martier foner frite, tiom subocauu. — Enom vesticatu, ahatripursatu.* (37) *Vestisa et mefa spefa scalsie conegos fetu Fisovi Sansii popluper totar Iiovinar, totaper Iiovina. Suront* (38) *naratu puse post verir Tesonocir. Vestisiar erus dirstu. Enno vestisia mefa spefa sopam purome efurfatu.* (39) *Subra spahamu. Traf Sahatam etu. Ape Traha Sahata covortus, ennom comoltu; comatir persnihimu. Capif* (40) *sacra aitu.*

(41) *Trahaf Sahate vitla trif feetu Turse Serfie Serfer Martier popluper totar Iiovinar, totaper Iiovina. Persaea fetu. Poni* (42) *fetu. Arvio fetu. Tases persnimu. Prosesetir struśla ficlam arsveitu. Suront naratu puse verisco Treblaneir. Ape* (43) *purdinśiust, carsitu pufe abrons facurent puse erus dersa. Ape erus dirsust, postro combifiatu Rubiname; erus* (44) *dersa. Enem Traha Sahatam combifiatu; erus dersa. Enem Rubiname postro covertu; comoltu, comatir persnimu et* (45) *capif sacra aitu. Enom Traha Sahatam covertu; comoltu, comatir persnihimu. Enom purditom fust.*

(46) *Pos tertio pane poplo andirsafust, porse perca arsmatia habiest et prinvatur dur tefruto Tursar eso tasetur* (47) *persnihimumo : Tursa Iovia, totam Tarsinatem, trifo Tarsinatem, Tuscom Naharcom Iapusco nome, totar* (48) *Tarsinater, trifor Tarsinater, Tuscer Naharcer Iapuscer nomner nerf sihitu ansihitu, Iovie hostatu anostatu* (49) *tursitu, tremitu, hondu, holtu, ninctu, nepitu, sunitu, savitu, preplohotatu, previślatu. Tursa Iovia, futu fons,* (50) *pacer, pase tua, pople totar Iovinar, tote Iovine, erar nerus śihitir anśihitir, Iovies hostatir anhostatir, erom*

(43) *Dirsu. st.* — 46) *Postertio.* — (48) *Tarsinatertuscer.* — (49) *preplo. hotatu.*

salvum servato populi civitatis Iguvinæ, civitatis Iguvinæ nomen, lares, ritus, viros, pecudes, campos, fruges. (31) Salvas servato. Esto fausta volens, pace tua, populo civitatis Iguvinæ, civitati Iguvinæ, ejus (populi) nomini, ejus (civitatis) nomini. Præstita (32) Çerfia Çerfi Martii, te his vasculis albis pro populo civitatis Iguvinæ, pro civitate Iguvina, pro ejus (populi) nomine, pro ejus (civitatis) (33) nomine. Præstita Çerfia Çerfi Martii, te invocavi. Præstitæ Çerfiæ Çerfi Martii faustæ more te (34) invocavi. Tunc cum sacrificio ita precator : Præstita Çerfia Çerfi Martii, te his vasculis albis, te plenis, (35) pro populo civitatis Iguvinæ, pro civitate Iguvina, pro ejus (populi) nomine, pro ejus (civitatis) nomine. Præstita Çerfia Çerfer Martier, te (36) invocavi. Præstitæ Çerfiæ Çerfi Martii faustæ more, te invocavi. — Tum libato, infundito. (37) Libum et molam sparsam — innixus facito Fisovio Sancio pro populo civitatis Iguvinæ, pro civitate Iguvina. Tum (38) nuncupato uti post portam Tesenacam. Libi frusta dato. Tum libum molam sparsam panem ad puritatem februato. (39) Supra instillato. Trans Satam ito. Postquam Trans Satam reversus erit, tum commolito; commolitis precator. Capides (40) sacras dicito.

(41) Trans Satam vitulas tres facito Tursæ Çerfi Martii pro populo civitatis Iguvinæ, pro civitate Iguvina. Libamina facito. Lacte (42) facito. Ollas facito. Tacitus precator. Prosectis struiculam, offam addito. Item nuncupato uti ad portam Trebulanam. Postquam (43) polluxerit, calato [huc] ubi apros fecerint ut frusta det. Postquam frusta dederit, denuo auspicator ad Rupiniam; frusta (44) det. Tum Trans Satam auspicator; frusta det. Tum ad Rupiniam denuo convertitor; confringito; confractis precator, et (45) capides sacras nuntiato. Tum Trans Satam convertitor; confringito; confractis precator. Tum polluctum fuerit.

(46) Postquam tertium populum circumdederit, qui prætextam lustralem habebit et calatores duo in delubro Tursæ ita taciti (47) precantor : Tursa Jovia, civitatem Tadinatem, tribum Tadinatem, Tuscum Naricum Iapydicum nomen, civitatis (48) Tadinatis, tribus Tadinatis, Tusci Narici Iapydici nominis lares accitos non accitos, genios hospites non hospites (49) terreto, tremefacito, —, —, —, —, —, —, propellito, devincito. Tursa Jovia, esto fausta, (50) volens, pace tua, populo civitatis Iguvinæ, civitati Iguvinæ, ejus (civitatis) laribus accitis non accitis, geniis hospitibus non hospitibus, eorum (51) nomini,

51) *nomne, erar nomne. Este trioper deitu. Enomi venga peracrif tursituto porse perca arsmatia habiest et* (52) *prinvatur. Hondra furo Sehemeniar hatuto. Totar pisi heriest pafe trif promom haburent, eaf Acersoniem* (53) *fetu Turse Iovie, popluper totar Iiovinar, totaper Iovina. Suront naratu puse verisco Treblanir. Arvio fetu.* (54) *Persaea fetu. Struśla ficla prosesetir arsveitu. Tases persnimu. Poni fetu.*

(VII *b* 1) *Pisi panupei fratrexs fratrus Atiersier fust, erec sueso fratrecate portaia sevacne fratrom* (2) *Atiersio desenduf, pifi reper fratreca pars est erom ehiato, ponne wengar tursiandu hertei,* (3) *appei arfertur Atiersir poplom andersafust. Sve neip portust issoc pusei subra screhto est,* (4) *fratreci motar sins A. CCC.*

(51) *peracrio.* — (VII *b* 1) *panupeifratrexs.* — *fratrusatiersier.* — *fusterec.* — (2) *parsest.* — (4) *fratrecimotar.*

TABLE I.

(I *a* 1) Este persklum aves anzeriates enetu : (2) pernaies, pusnaes. Pre veres Treplanes (3) Iuve Krapuvi tre buf fetu. Arvia ustentu. (4) Vatuva ferine feitu. Heris vinu, heri puni (5) ukriper Fisiu, tutaper Ikuvina feitu. Sevum (6) kutef pesnimu. Aḍepes arves.

(7) Pus veres Treplanes tref sif kumiaf feitu (8) Trebe Iuvie ukriper Fisiu, tutaper Ikuvina. (9) Supa sumtu. Arvia ustentu. Puni fetu. (10) Kutef pesnimu. Aḍe. arv.es.

(11) Pre veres Tesenakes tre buf fetu. Marte Krapuvi (12) fetu ukripe Fisiu, tutaper Ikuvina. Arviu ustentu. (13) Vatuva ḟerine fetu. Puni fetu. Kutef pesnimu. Aḍepes arves.

(14) Pus veres Tesenakes tref sif feliuf fetu (15) Fise Saçi ukriper Fisiu, tutaper Ikuvina. (16) Puni fetu. Supa sumtu. Arviu ustentu. Mefa (17) vestiça ustetu. Fisuvi fetu; ukriper Fisiu fetu. Kapiḍ purtitaf. sakref : etraf purtitaf, etraf (19) sakref tutaper Ikuvina. Kutef pesnimu. Aḍepes arves.

(2) Preveres. — (3) trebuf. — arviaustentu. — (4) vatuvaferine. — heripuni. — (6) pesnimuaḍepesarves. — (7) pusveres. — trefsif. — (9) supasumtu. — arviaustentu. — punifetu. — (10) kutefpesnimu. — Les points indiquent des lettres effacées. — (11) preveres. — trebuf. — (12) arviuustentu. — (13) vatuvaferine. —

ejus (civitatis) nomini. Ita ter dicito. Tum juvencas ambarvales Tursæ torrento qui prætextam lustralem habebit et (52) calatores. Antequam erunt Semeniæ, [juvencas] sumite. Civitatis quilibet, quas tres primum habuerint, eas Aquiloniæ (53) facito Tursæ Joviæ, pro populo civitatis Iguvinæ, pro civitate Iguvina. Deinde nucupato ut ad portam Trebulanam. Ollas facito. (54) Libamina facito. Struiculam, offam prosectis addito. Tacitus precator. Lacte facito.

(VII *b* 1) Qui quandoque magister fratribus Attidiis fuerit, is stipes (?) collegio portet debitas fratrum (2) Attidiorum duodecim, quas pro re fraterna jus est esse exactas (?), quum juvencæ torreantur quotiescunque, (3) postquam adfertor Attidius populum circumdederit. Si nec portaverit illud uti supra scriptum est, (4) magistro multæ sint asses CCC.

TABLE I.

(I *a* 1) Ita precationem avibus observatis inito : (2) anticis, posticis. Ante portam Trebulanam (3) Iovi Grabovio tres boves facito. Ollas donato. (4) Tura acerra facito. Sive vino, sive lacte (5) pro colle Fisio, pro civitate Iguvina facito. Totum (6) tacitus precator. Adipibus, extis [facito].

(7) Post portam Trebulanam tres sues altiles facito (8) Trebo Iovio pro colle Fisio, pro civitate Iguvina. (9) Panes ungito (?). Ollas donato. Lacte facito. (10) Tacitus precator. Adipibus, extis [facito].

(11) Ante portam Tesenacam tres boves facito. Marti Grabovio (12) facito pro colle Fisio, pro civitate Iguvina. Ollas donato. (13) Tura acerra facito. Lacte facito. Tacitus precator. Adipibus, extis [facito].

(14) Pone portam Tesenacam tres sues lactentes facito (15) Fiso Sancio pro colle Fisio, pro civitate Iguvina. (16) Lacte facito. Panes ungito (?). Ollas dedicato. Molam, (17) libum donato. Fisovio facito ; pro colle Fisio facito. (18) Capides dedicatas, sacratas ; alteras dedicatas, alteras (19) sacratas pro civitate Iguvina. Tacite precator. Adipibus, extis [facito].

punifetu. — ađpes. — (14) pusveres. — (15) fisesaçi. — (16) arviuustentu. — (17) fiiuvi.

(20) Pre veres Vehiies tref buf kaleḍuf fetu Vufiune (21) Krapuvi ukriper Fisiu, tutaper Ikuvina. (22) Vatuva ferine fetu. Heri vinu, heri puni. (23) Arviu ustentu. Kutef pesnimu. Aḍepes arves.

(24) Pus veres Vehiies tref hapinaf fetu Tefre Iuvie (25) ukriper Fisiu, tutaper Ikuvina. Puste asiane fetu. Zeḍef fetu. (26) Pelsana fetu. Arvia ustentu. Puni fetu. Taçez pesnimu. (27) Aḍiper arvis. Api habina purtiius, suḍum pesuntru fetu. Esmik vestiçam preve fiktu. Tefri Iuvi fetu ukriper (29) Fisiu, tutaper Ikuvina. Testruku peḍi kapiḍe peḍum feitu. (30) Api eḍek purtiius, enuk suḍum pesuntrum feitu staflare. (31) Esmik vestiça afiktu. Ukriper Fisiu, tutaper Ikuvina (32) feitu. Nertruku peḍi kapiḍe peḍum feitu. Puni feitu. (33) Api suḍuf purtiius, enuk hapinaru erus titu. Zeḍef (34) kumultu, zeḍes kumates pesnimu.

(I *b* 1) Vukukum Iuviu, pune uvef furfat, tref vitluf turuf (2) Marte Huḍie fetu pupluper tutas Iiuvinas, tutaper Ikuvina. (3) Vatuva ferine fetu. Puni fetu. Arvia ustentu. Kutef pesnimu. (4) Aḍepes arves. Vukukum Kureties tref vitluf turuf Hunte Çerfi (5) feitu pupluper tutas Iiuvinas, tutaper Iiuvina. Vatuva (6) ferine fetu. Arvia ustentu. Tenzitim arveitu. Heris vinu, heris (7) puni feitu. Kutef persnimu. Aḍipes arvis. Inuk ukar pihaz fust. (8) Svepu esumek esunu anter vakaze, vaçetumi se, avif azèriatu, (9) verufe Treplanu kuvertu, restef esunu feitu.

(10) Pune puplum aferum heries, avef anzeriatu etu pernaiaf (11) pustnaiaf. Pune kuvurtus, krenkatrum hatu. Enumek (12) pir ahtimem ententu. Pune pir entelus ahtimem, (13) enumek steplatu parfam tesvam tefe, tute Ikuvine. (14) Vapefem avieklufe kumpifiatu. Vea aviekla esunume etu. (15) Prinuvatu etutu. Perkaf habetutu puniçate. Pune menes (16) Akeḍuniamem, enumek etuḍstamu tuta Taḍinate, trifu (17) Taḍinate, Turskum Naharkum numem, Iapuzkum numem. (18) Svepis habe, purtatulu pue meḍs est, feitu uru peḍe meḍs est. (19) Pune prinuvatus staheren termnesku, enumek : Aḍ-

(20) preveres. — (24) pusveres. — (26) punifetu. — (29) ukriperfisiu. — (30) feituapi. — eḍelpurtiius. — (31) stafli. iuvesmik. — fisiututaper. — Ikuvinpa. — (32) feitunertruku. — (33) suḍufpurtitius. — (34) zeḍef kumats. — (I *b* 1)

(20) Ante portam Vehiam tres boves candidos facito Vofiono (21) Grabovio pro colle Fisio, pro civitate Iguvina. (22) Tura acerra facito. Seu vino seu lacte. (23) Ollas donato. Tacitus precator. Adipibus, extis [facito].

(24) Post portam Vehiam tres agnos facito Tefro Iovio (25) pro colle Fisio, pro civitate Iguvina. Post [portam Vehiam] agnos tres (?) facito. Testas facito. (26) Aulicocia facito. Ollas donato. Lacte facito. Tacitus precator. (27) Adipibus, extis [facito]. Postquam agnos polluxeris, struem ferctum (28) facito. Deinde libum semel fingito. Tefro Iovio facito pro colle (29) Fisio, pro civitate Iguvina. Ad dextrum postem capide libationem facito. (30) Postquam ita polluxeris, tum struem ferctum facito —em. (31) Deinde libum iterum fingito. Pro colle Fisio, pro civitate Iguvina (32) facito. Ad sinistrum postem capide libationem facito. Lacte facito. (33) Postquam strues polluxeris, tum agnorum frusta dato. Testas (34) confringito, testis confractis precator.

(I *b* 1) In luco Jovio, ubi oves februant, tres vitulos tauros (2) Marti Inferno facito pro populo civitatis Iguvinæ, pro civitate Iguvina. (3) Tura acerra facito. Lacte facito. Ollas donato. Tacitus precator. (4) Adipibus, extis [facito]. In luco Curiatii tres vitulos tauros Hondo (5) Çerfio facito pro populo civitatis Iguvinæ, pro civitate Iguvina. Tura (6) acerra facito. Ollas donato. —m addito. Sive vino, sive (7) lacte facito. Tacitus precator. Adipibus, extis [facito]. Et collis piatus fuerit. (8) Si quid inter istud sacrificium erratumve omissumve sit (?), aves observato, (9) ad portam Trebulanam revertitor, denuo sacrificium facito.

(10) Quum populum circumferre voles, aves observatum ito anticas (11) posticas. Cum conversus eris, ricam sumito. Tum (12) ignem in foculum imponito. Quum ignem imposueris in foculum, (13) tum stipulator parram præpetem tibi, civitati Iguvinæ. (14) Ad vapides aviéculos auspicator. Via aviecula ad sacrificium ito. (15) Calatores eunto. Prætextas habento [cum] purpureis [clavis]. Quum venies (16) Aquiloniam, tum exterminato civitatem Tadinatem, tribum (17) Tadinatem, Tuscum Naricum nomen, Japydicum nomen. (18) Si quis incola est, [vectigal] portato illuc ubi lex est; sacrificato id quod lex est. (19) Quum calatores stabunt ad terminos, tum : « Lustramini

furfaθ. (2) tutaperikuvina. — (3) kutep. — (4) vitlup turup. — hunteçefi. — (6) ferinefetuarvia. — (7) inukukar. — (8) vakazevaçetumiseavif. — (13) steplatuparfam. — (16) tutataḍinate. — (19) armanu.

manu, (20) kateramu, Ikuvinu. Enumek apretu tures et pure. Puni amprefus, (21) persnimu. Enumek : Etatu, Ikuvinus. Triiuper amprehtu. (22) Triiuper pesnimu. Triiuper : Etatu, Ikuvinus. Enumek (23) prinuvatus çimu etutu; erahunt vea çimu etutu prinuvatus.

(24) Funtlere trif apruf rufru ute peiu feitu Çerfe Marti. (25) Vatuvu ferime fetu. Arviu ustentu. Puni fetu. (26) Taçez pesnimu. Aḍepe arves.

(27) Rupinie e tre purka rufra ute peia fetu Prestate (28) Çerfie Çerfe Marties. Peḍaia feitu. Arviu ustentu. (29) Kapi sakra aitu. Vesklu vetu atru alfu. Puni fetu. (30) Taçez pesnimu. Aḍeper arves.

(31) Tra Sate tref vitlaf feitu Tuse Çerfie Çerfe Marties. (32) Peḍaia feitu. Arviu ustetu. Puni fetu. Taçez pesnimu. (33) Aḍeper arves. Pune purtinçus, kaḍetu pufe apruf (34) fakurent puze erus teḍa. Ape erus teḍust, pustru (35) kupifiatu Rupiname; erus teḍa. Ene Tra Sahta kupifiaia; (36) erus teḍa. Enu Rupiname pustru kuvertu. Antakre (37) kumate pesnimu. Enu kapi sakra aitu. Vesklu vetu. (38) Enu Satame kuvertu. Antakre kumate pesnimu. Enu esunu (39) purtitu fust.

(40) Pus tertiu pane puplu ateḍafust, iveka perakre tusetu. (41) Super kumne aḍfertur prinuvatu tuf tusetutu. (42) Hutra furu Sehmeniar, hatutu eaf iveka (43) tre. Akeḍunie fetu Tuse Iuvie. Arviu ustetu. (44) Puni fetu. Peḍaia fetu. Taçez pesnimu. Aḍepe arves.

(45) Kvestretie usaie svesu vuv çisti tisteteies.

(20) amprefu(21)us. — (24) feituçerfe. — (25) feiu. — (40) pustertiu. — tuseiu. — (42) furusehmeniar. — eafiveka. — (43) tuseiuvie. — (44) punifetu.

TABLE V.

(1) Esuk frater Atiieḍiur (2) eitipes, plenasier urnasier, uhtretie (3) T. T. Kastruçiie. Aḍfertur pisi pumpe (4) fust Eikvasese Atiieḍier, ere ri esune (5) kuraia; prehabia piḍe uṛaku ri esuna (6) si herte, et pure esune sis; sakreu (7) perakneu upetu; revestu puḍe teḍte (8) eru emantur herte. Et pihaklu pune (9) tribriçu fuiest, akrutu revestu (10)

(9) tribḍiçu.

(20) purificamini, Iguvini. » Tum ambito turibus et igne. Quum ambiveris, (21) precator. Tum : « Itate, Iguvini. » Ter ambito. (22) Ter precator. Ter « itate, Iguvini ». Tum (23) calatores redeunto; eadem via redeunto calatores.

(24) Ad Fontulos tres apros rubros aut piceos facito Çerfio Martio. (25) Tura acerra facito. Ollas donato. Lacte facito. (26) Tacitus precator. Adipibus, extis [facito].

(27) Ad Rupiniam tres porcas rubras aut piceas facito Præstitæ Çerfiæ Çerfi Martii. Libamina facito. Ollas donato. (29) Capides sacras dicito. Vascula voveto atra, alba. Lacte facito. (30) Tacitus precator. Adipibus, extis [facito].

(31) Trans Satam tres vitulas facito Tursæ Çerfiæ Çerfi Martii. (32) Libamina facito. Ollas donato. Lacte facito. Tacitus precator. (33) Adipibus, extis [facito]. Postquam polluxerit, calato [huc] ubi apros (34) fecerint uti frusta det. Postquam frusta dederit, denuo 35) auspicator ad Rupiniam; frusta det. Tum Trans Satam auspicator: (36) frusta det. Tum ad Rupiniam denuo convertitor. Urceis (37) confractis precator. Tum capides sacras nuntiato. Vascula voveto. (38) Tum ad Satam convertitor. Urceis confractis precator. Tum sacrificium (39) polluctum fuerit.

(40) Postquam tertium populum circumdederit, juvencas ambarvales Tursæ torreto. (41) Super culmine adfertor, calatores duo, torrento. (42) Antequam erunt Semeniæ, sumite eas juvencas (43) tres. Aquiloniæ facito Tursæ Joviæ. Ollas donato. (44) Lacte facito. Libamina facito. Tacitus precator. Adipibus, extis [facito].

(45) Quæstura — — — — —

— peḍaiafetu. — taçezpesnimu. — (45) Kvestre. tie. — Après usaie plus de séparation.

TABLE V.

(1) Hoc fratres Attidii (2) decreverunt [tempore dicto] plenasiis urnasiis, magistratum gerente (3) T. Castrucio, T. f. Adfertor quicunque (4) fuerit Iguasiensibus Attidiis, is rei divinæ (5) consulat; præbeat quidquid ad hanc rem divinam (6) [necessarium] sit et qui in sacrificio [necessarii] sint. Sacra (7) justa præstato. Inspicito ut, in partitione (8) frustorum, distribuantur. Et piaculi causa quum (9) [hostiarum] ternio

emantu herte. Aḍfertur pisi pumpe (11) fust, erek esunesku vepurus felsva (12) aḍputratı fratru Atiieḍiu prehubia. (13) Et nuḍpener prever pusti kastruvuf.

(14) Frater Atiieḍiur esu eitipes, plenasier (15) urnasier, uhtretie K. T. Kluviier, kumnah(16)kle Atiieḍie ukre Eikvasese Atiieḍier. (17) Ape apelust, muneklu habia numer (18) prever pusti kastruvuf; et ape purtitu (19) fust, muneklu habia numer tupler (20) pusti kastruvu; et ape subra spafu fust, (21) muneklu habia numer tripler pusti (22) kastruvu. Et ape frater çersnatur furent, (23) ehvelklu feia fratreks ute kvestur (24) sve rehte kuratu si : sve mestru karu (25) fratru Atiieḍiu pure ulu benurent (26) prusikurent rehte kuratu eru, eḍek (27) prufe si; sve mestru karu fratru Atiieḍ (28) iu pure ulu benurent prusikurent (29) kuratu rehte neip eru, enuk fratru (V *b* 1) ehvelklu feia fratreks (2) ute kvestur panta muta (3) aḍferture si. Panta muta fratru (4) Atiieḍiu mestru karu pure ulu (5) benurent aḍferture eru pepurkure (6) nt herifi, etantu mutu aḍferture (7) si.

(22) furenḍ.

INSCRIPTION EN CARACTÈRES LATINS DE LA TABLE V *b*.

(V *b* 8) *Claverniur dirsas herti fratrus Atiersir posti acnu* (9) *farer opeter p. IIII agre Tlatie Piquier Martier, et śesna* (10) *homonus duir puri far eiscurent, ote a. VI. Claverni* (11) *dirsans herti frater Atiersiur Sehmenier Dequrier* (12) *pelmner sorser posti acnu vef X, cabriner vef V, pretra* (13) *toco, postra fahe, et śesna ote a. VI. Casilos dirsa herti fratrus* (14) *Atiersir posti acnu farer opeter p. VI agre Casiler Piquier* (15) *Martier, et śesna homonus duir puri far eiscurent, ote a. VI.* (16) *Casilate dirsans herti frateer Atiersiur Sehmenier Dequrier* (17) *pelmner sorser posti acnu vef XV, cabriner vef VIIS. et* (18) *śesna ote a. VI.*

(11) *frat.er* (une lettre effacée).

fuerit, in agro inspicito (10) ut distribuantur. Adfertor quicunque (11) fuerit, is in sacris operibus (?) — as (12) arbitratu fratrum Attidiorum præbeat (?). (13) Et — is singulis per prædia.

(14) Fratres Attidii hoc decreverunt [tempore dicto] plenasiis (15) urnasiis, magistratum gerente C. Cluvio, T. f., in templo (16) Attidio collis Iguasiensis Attidii. (17) Postquam [hostias] impenderit [adfertor], stipes habeat nummis (18) simplicibus per prædia; et postquam polluctum (19) fuerit, stipes habeat nummis duplis (20) per prædia; et postquam supra instillatum fuerit, (21) stipes habeat nummis triplis per (22) prædia. Et postquam fratres cenati fuerint, (23) rogationem faciat fratricus aut quæstor (24) si recte curatum sit : si major pars (25) fratrum Attidiorum qui illuc venerint (26) censuerint recte curatum esse, tum (27) probe sit; si major pars fratrum Attidiorum (28) qui illuc venerint censuerint (29) curatum recte non esse, tum fratrum (V *b* 1) rogationem faciat fratricus (2) aut quæstor quanta multa (3) adfertori sit. Quantam multam fratrum (4) Attidiorum major pars qui illuc (5) venerint adfertori esse jusserint (6) [quantam] libet, tanta multa adfertori (7) sit.

INSCRIPTION EN CARACTÈRES LATINS DE LA TABLE V *b*.

(V *b* 8) Clavernii dent fratribus Attidiis per fundos (9) farris [in tributum] impensi pondo IV agri Tlatii Picii Martii, et cenam (10) hominibus duobus qui far receperint, aut asses VI. Claverniis (11) dent fratres Attidii Semeniis decuriis (12) carnis suillæ per fundos *vef* X, caprinæ *vef* V, priores (13) tuccetum, posteriores fæcem (?), et cenam, aut asses VI. Casilas det fratribus (14) Attidiis per fundos farris [in tributum] impensi pondo VI agri Casili Picii (15) Martii, et cenam hominibus duobus qui far receperint, aut asses VI. (16) Casilati dent fratres Attidii Semeniis decuriis (16) carnis suillæ per fundos *vef* XV, caprinæ *vef* VII semis, et (18) cenam, aut asses VI.

TABLE II *b*.

(II *b* 1) Semenies tekuries sim kaprum upetu. Tekvias (2) fameḍias pumpeḍias XII. Atiieḍiate, etre Atiieḍiate, (3) Klaverniie, etre Klaverniie, Kureiate, etre Kureiate, (4) Satanes, etre Satane, Peieḍiate, etre Peieḍiate, Talenate, (5) etre Talenate, Museiate, etre Museiate, Iuieskane, (6) etre Iuieskanes, Kaselate, etre Kaselate, tertie Kaselate, (7) Peraznanie teitu. Aḍmune Iuve patre fetu. Si perakne (8) sevakne upetu. Eveietu. Sevakne naratu. Arviu (9) ustetu; eu naratu. Puze façefele sevakne. Heri puni, (10) heri vinu fetu. Vaputu Saçi ampetu. Kapru perakne sevakne (11) upetu. Eveietu. Naratu. Çive ampetu. Fesnere purtuetu. (12) Ife fertu. Tafle e pir fertu. Kapres pruseçetu (13) ife aḍveitu. Persuṭru vaputis mefa vistiça feta fertu. (14) Sviseve fertu pune, etre sviseve vinu fertu, tertie (15) sviseve utur fertu. Pistuniru fertu, vepesutra fertu, (16) mantraklu fertu, pune fertu. Pune Fesnafe benus, (17) kabru purtuvetu. Vaputu Saçi Iuve patre prepesnimu; (18) vepesutra pesnimu, veskles pesnimu. Atrepuḍatu, (19) aḍpeltu, statitatu. Vesklu pustru pesturanu (20) pesnimu. Puni pesnimu, vinu pesnimu, une pesnimu. (21) Enu erus tetu. Vitlu vufru pune heries (22) façu, eruhu tiçlu sestu iuve patre: Pune seste, (23) urfeta manuve habetu. Estu iuku habetu: (24) Iupater Saçe, tefe estu vitlu vufru sestu (25) purtifele. Triiuper teitu, triiuper vufru naratu. (26) Feiu Iuve patre Vuçiiaper natine fratru Atiieḍiu. (27) Pune anpenes, krikatru testre e uze habetu. Ape apelus, (28) mefe atentu. Ape purtuvies, testre e uze habetu (29) krikatru. Arviu ustetu, puni fetu.

(1) seme.nies. — (3) etrekureiate. — (4) etresatane. — etrep. eieḍiate. — (5) etretalenate. — etremuseiate. — (6) etreiuieskanes. — etrekaselate. — tertiekaselate. — (7) teituaḍmune. — pera. kne. — (8) upetuc. veietu. — (9) eunaratu. — facefete. — (10) herivinufetu. — pera. kne. — seva. kne. — (11) purtu. etu. — (12) epir. fer. tu. — (13) ifeaḍveitu. — fetafertu. — (14) svi. se. ve. — vinufertu. — (15) uturfertu. — pistunirufertu. — (17) kabrupurtu. vetu. —

TABLE II *b*.

(II *b* 1) Semeniis decuriis suem caprum præstato. Nuncupandæ (?) (2) familiæ fœderatæ (?) XII. Attidiatibus, alteris Attidiatibus, (3) Claverniis, alteris Claverniis, Curiatibus, alteris Curiatibus, (4) Satanis, alteris Satanis, Piediatibus, alteris Piediatibus, Talenatibus, (5) alteris Talenatibus, Musiatibus, alteris Musiatibus, Iuiescanis, (6) alteris Iuiescanis, Casilatibus, alteris Casilatibus, tertiis Casilatibus, (7) Peraznaniis dicito. Casto Jovi patri facito. Suem integrum (8) debitum præstato. Devoveto (?). Debitum nuncupato. Ollas (9) donato; eas nuncupato. Uti sacrificandum debitum (?). Seu lacte, (10) seu vino facito. — Sanco impendito. Caprum integrum debitum (11) præstato. Devoveto (?). Nuncupato. — impendito. Ad Fesnas polluceto. (12) Ibi sacrificium procurato. In tabula ignem ferto. Capri prosicias (13) ibi addito. Struem, —, molam, libum, —, ferto. (14) —a ferto lac, altera —a vinum ferto, tertia (15) —a unguentum (?) ferto. —um ferto, —am ferto, (16) mantele ferto, lac ferto. Quum ad Fesnas veneris, (17) caprum polluceto. — Sanco Jovi patri præfamino; (18) — a precator, vasculis precator. Infundito, (19) — to, — to. Vasculo altero — (20) precator. Lacte precator, vino precator, unguento precator. (21) Tum frusta dato. Vitulum varium quum voles (22) facere, eodem ritu sistito Jovi patri. Quum sistes, (23) orbem in manu habeto. Hanc invocationem habeto : (24) « Jupiter Sance, tibi hunc vitulum varium sisto. » (25) Pollucendum ter dicito, ter varium nuncupato. (26) « Facio Jovi patri pro Vucia gente fratrum Attidiorum. » (27) Quum impendes, ricam in dextro humero habeto. Quum impenderis, (28) molæ [ricam] imponito. Quum pollucebis, in dextro humero habeto (29) ricam. Ollas donato, lacte facito.

(18) vesklespesnimu. — atre. pudatu. — (20) pesni. mu. — unepesnimu. — (21) enuerustetu. — puneheries. — (22) puneseste. — (24) estuvitlu. — (25) tri. iuperteitu. — (27) testre. euze. — apeapelus. — (28) apepurtuvies. — euzehabetu. — (29) punifetu.

TABLE II *a*.

(II *a* 1) Pune Karne Speturie Atiieḑie aviekate naraklum (2) vurtus, estu esunu fetu fratrusper Atiieḑie. Eu esunu (3) esu naratu : Peḑe Karne Speturie Atiieḑie aviekate (4) aiu urtu fefure fetu, puze neip eretu. Vestiçe Saçe (5) Sakre. Iuve patre bum perakne, Speture perakne restatu. (6) Iuvie unu erietu. Sakre pelsanu fetu. Arviu ustentu, (7) puni fetu, taçez pesnimu; aḑepe arves. Pune purtiius (8) unu, suḑu pesutru fetu. Tikamne Iuvie kapiḑe (9) peḑu preve fetu. Ape purtiius suḑu, erus tetu. Enu kumaltu, (10) kumate pesnimu. Ahtu Iuvie uve peraknem (11) peḑaem fetu. Arviu ustentu, puni fetu. Ahtu Marti abrum (12) perakne fetu; arviu ustetu; fasiu pruseçete aḑveitu; (13) peḑae fetu; puni fetu. Traekvine fetu; (14) aseçetes perakne fetu.

(15) Huntia katle tiçel stakaz est. Sume ustite (16) anter Menzaru Çersiaru heriiei façiu aḑfertur. Avis (17) anzeriates Menzne Kurçlasiu façia tiçit. Huntia fertu ; (18) katlu, arvia, struhçla, fikla, pune, vinu, salu maletu, (19) mantrahklu, veskla snata asnata, umen fertu. Pir ase (20) antentu. Esunu puni feitu. Hunte Iuvie ampentu katlu (21) sakre sevakne Petruniaper natine fratru Atiieḑiu. Esunu (22) peḑae futu*katles. Supa hahtu; sufafiaf supaf hahtu. (23) Berus, aplenies, pruseçia kartu. Krematra, aplenia sutentu. (24) Peḑu seritu. Arvia puni purtuvitu. Vestikatu, ahtrepuḑatu. (25) Pustin ançif vinu Nuvis ahtrepuḑatu. Tiu puni, tiu vinu (26) teitu. Berva, frehtef fertu. Puḑe Nuvime ferest, krematruf (27) sumel fertu. Vestiçia peḑume persnihmu. Katles tuva tefra (28) teḑti erus prusekatu. Isunt krematru prusekatu, struhçla (29) fikla aḑveitu. Katlu purtuvitu. Ampeḑia persnihmu; aseçeta (30) karne persnihmu; venpersuntra persnihmu. Supa spantea (31) pertentu: veskles vufetes persnihmu; vestikatu, ahtrepuḑatu, (32) aḑpeltu, statitatu. Supa pustra perstu. Iepru erus mani

(2) estuesunu. — esum. — (4) puzeneiperetu. — vestiçesaçe. — (5) iuvepatrebumperakne. — (6) unuerietusakre — pelsanufetu. — (7) aḑepearves. — punepurtiius — (8) suḑupesutru. — (9) prevefetu. — purtiiusuḑu. — (10) kumatedesnimu. — iuvip. — uveperak. nem. — (11) peḑaemfetu. — ustentupuni. —

TABLE II *a*.

(II *a* 1) Quum Carnis Spetoriis cum Attidiis ablegatis (?) [ad] ædem (2) reversus eris, hoc sacrificium facito pro fratribus Attidiis. In eo sacrificio (3) ita nuncupato : « Si Carnis Spetoriis Attidiis ablegatis (?) (4) — a violata fuerint —, ne velis. » Libis Sanco (5) Sacro [facito]. Jovi patri bovem integrum, Spetori integrum instaurato. (6) Jovio agnum (?) devoveto (?). Sacro aulicocia facito. Ollas donato, (7) lacte facito, tacitus precator; adipibus, extis [facito]. Quum polluxeris (8) agnum (?), struem ferctum facito. Tikamno (?) Jovio capide (9) adspersionem semel facito. Postquam polluxeris struem, frusta dato. Tum confringito, (10) confractis precator. Item Jovio ovem integram (11) libatione adspergendam facito. Ollas donato, lacte facito. Item Marti aprum integrum facito; ollas donato; farcimen prosectis addito; (13) libamina facito; lacte facito. — facito; (14) non sectis [carnibus] (?) integris facito.

(15) Ita catuli litatio instituta est. Serie completa (?) (16) —arum —arum sacrificet adfertor. Avibus (17) observatis — — sacrificet. Ita procurato : (18) catulum, ollas, struiculam, offam, lac, vinum, molam salsam, (19) mantele, vascula —ta [aut] non —ta, unguentum ferto. Ignem aræ (20) imponito. Sacrificium lacte facito. Hondo Jovio impendito catulum (21) sacrum debitum pro Petronia gente fratrum Attidiorum. Sacrificium (22) cum libatione conjunctum sit catuli. Panes sumito; —os panes sumito. (23) —ibus, —iis prosicias dividito (?). —os, —as subtendito. (24) Libationem servato. Ollas lacte polluceto. Libato, infundito. (25) — — vino Noviis infundito. « Te lacte, te vino », (26) dicito. —a, —es ferto. Quum ad Novium [sacrificium] procurabit, —os (27) semel ferto. Libo in adspersionem precator. Catuli duo strebula (?) (28) dandis frustis prosecato. Itidem — prosecato, struiculam, (29) offam addito. Catulum polluceto. —a precator; non sectis (30) carnibus precator; —a precator. Panem libandum (31) obmoveto; vasculis —is precator; libato, infundito, (32) —to, —to. Pane

ahtumarti. — abrunu. — (13) punifetu. — tra. ekvi. ne. — (14) açetus. — (28) terti. — prusektu. — (30) eenpersuntra.

kuveitu. (33) Spinamaḍ etu. Tuvere kapiḍus pune fertu; berva, klavlaf aanfehtaf, (34) vesklu snatu asnatu, umen fertu. Kapiḍe Hunte (35) Iuvie vestikatu Petruniaper natine fratru Atiieḍiu. Berus (36) sevaknis persnihmu pert spinia. Isunt klavles persnihmu, (37) veskles snate asnates sevaknis spiniama persnihmu. Vestikatu, (38) ahtrepuḍatu. Spina umtu; umne sevakni persnihmu; mani vasa (39) vutu. Asama kuvertu; asaku vinu sevakni taçez persnihmu. (40) Esuf pusme herter erus kuveitu. Teḍtu vinu; pune teḍtu; (41) struhçlas fiklas sufafias † kumaltu. Kapiḍe punes vepuratu. (42) Antakres kumates persnihmu. Amparihmu, statita subuhtu. Esunu (43) purtitu futu. Katel asaku pelsans futu.

(44) Kvestretie usaçe svesu vuv çisti teteies.

(33) tuve. rekapiḍus. — (34) snatuasnatu. — (35) iuvievestikatu. — petruniapert.

TABLES III ET IV.

(III, 1) Esunu fuia herter sume (2) ustite sestentasiaru (3) urnasiaru huntak: Vuke prumu pehatu. (4) Inuk uhturu urtes puntis (5) frater ustentuta. Puḍe (6) fratru mersus fust (7) kumnakle, inuk uhtur vapeḍe: (8) Kumnakle sistu sakre uvem uhtur, (9) teitu, puntes terkantur. Inumek sakre (10) uvem urtas puntes fratrum upetuta. (11) Inumek via mersuva Arvamen etuta: (12) erak pir persklu uḍetu. Sakre uvem (13) kletra fertuta; aituta; Arven kletram (14) amparitu. Eruk esunu futu kletre tuplak. (15) Prumum antentu; inuk çihçeḍa ententu; (16) inuk kazi ferime antentu; isunt feḍehtru (17) antentu; isunt sufeḍaklu antentu. Seples (18) ahesnes tris kazi astintu; feḍehtru etres tris (19) ahesnes astintu; sufeḍaklu tuves ahesnes (20) anstintu. Inumek vukumen esunumen etu; ap (21) vuku kukehes, iepi persklumaḍ kaḍitu. Vuke pir (22) ase antentu; sakre sevakne upetu; Iuve patre (23) prumu ampentu testru sese asa, fratrusper (24) Atiieḍies, ahtisper Eikvasatis, tutape Iiuvina, (25) trefiper Iiuvina. Tiçlu sevakni teitu. (26) Inumek uvem sevakni upetu: Puemune (27) Pupḍike apen-

(20) inenek. — (22) iuvepatre. — (23) seseasa.

altero precator. — frusta manu tradito. (33) Ad mensam ito. Duabus capidibus lac ferto; —a, —as —as, (34) vascula —ta [aut] non —ta, unguentum ferto. Capide Hondo (35) Jovio libato pro Petronia gente fratrum Attidiorum. —ibus (36) debitis precator propter mensam. Itidem —is precator, (37) vasculis —tis [aut] non —tis debitis ad mensam precator. Libato, (38) infundito. Mensam ungito; unguento debito precator; manu vasa (39) voveto. Ad aram revertitor; prope aram vino debito tacitus precator. (40) Quibusvis frusta tradito. Dato vinum; lac dato; (41) struiculæ offæ —æ † confringito. Capide, lacte operator. (42) Testis confractis precator. Ap pone, posita devove. Sacrificium (43) polluctum sit. Catulus ad aram coquendus sit.

(44) Quæstura — — — — — — — — —.

— (38) manf. — (42) persmhniu. — subahtu. — (44) les mots ne présentent aucune séparation.

TABLES III ET IV.

(III. 1) Sacrificium fiat serie (2) completa (?) —arum (3) —arum hoc modo : In luco primum piaculum facito. (4) Tum magistratum —is —is (5) fratres creanto. Postquam (6) fratrum — fuerit (7) in templo, tum magistratus in lapide (?) : (8) « In templo sisto sacram ovem magistratus », (9) dicito, — —. Tum sacram (10) ovem — — fratrum præstanto. (11) Tum via —a ad Arvam eunto : (12) ibi ignem sacrificii causa adoletó. Sacram ovem (13) feretro fertote; nuncupate; Arvæ feretrum (14) colloca. Ibi sacrificium esto in feretro duplex. (15) Primum [sacrificium] imponito; tum cicinum oleum (?) imponito; (16) tum casiam acerra imponito; ibidem —um imponito; ibidem sulfur imponito. Simpulis (18) ahencis tribus casiam urito; — alteris tribus (19) aheneis urito; sulfur duobus aheneis (20) urito. Tum in lucum ad sacrificium ito; quum (21) lucum coinquies, quemlibet (?) ad supplicationem calato. In luco ignem (22) aræ imponito; sacrum debitum impendito; Jovi patri (23) primum impendito e dextra parte ad aram, pro fratribus (24) Attidiis, pro focis Eigvasiensibus, pro civitate Iguvina, (25) pro tribu Iguvina. Litationem debitam dicito. (26) Tunc ovem debitam præstato : Poimono (27) Popidico im tu; tiçlu sevakni naratu; (28) iuka mersuva uvikum habetu fratruspe (29) Atiieḍie, ahtisper Eikvasatis, tutaper (30) Iiuvina, trefiper Iiuvina. Sakre (31) vatva ferine feitu. Eruku aruvia feitu. Uvem (32) peḍaem pelsanu feitu. Ererek tuva tefra (33) spantimaḍ prusekatu. Eḍek peḍume purtuvitu; (34) struçla aḍveitu. Inumek etrama spanti tuva tefra (35) prusekatu. Eḍek ereçluma Puemune Pupḍike (IV, 1) purtuvitu; erarunt struhçlas eskamitu aveitu. (2) Inumek tertiama spanti triia tefra prusekatu. (3) Eḍek supru sese ereçluma Vesune Puemunes (4) Pupḍiçes purtuvitu; struhçla petenata isek (5) aḍveitu. Ererunt kapiḍus Puemune (6) Vesune purtuvitu. Asamaḍ ereçlumaḍ (7) aseçetes karnus, iseçetes et vempesuntres, (8) supes spantes pertentu. Pẹrsnimu, aḍpeltu, (9) statitatu. Vesḳles snates asnates sevakne (10) ereçluma persnimu Puemune Pupḍike, Vesune (11) Puemunes Pupḍikes. Klavles persnihmu (12) Puemune Pupḍikes et Vesune Puemunes (13) Pupḍikes pustin ereçlu. Inuk ereçlu umtu (14) putrespe; erus †: inuk vestiçia, mefa purtuvitu; (15) skalçeta kunikaz apehtu. Esuf testru sese (16) asa asama purtuvitu; sevakne vukatu. (17) Inumek vestiçia persuntru super ereçle hule (18) sevakne skalçeta kunikaz purtuvitu. Inumek (19) vestiçia persuntru Turse super ereçle sevakne (20) skalçeta kunikaz purtuvitu. Inumek Tehteḍim (21) etu: veltu. Eḍek persuntre antentu. Inumek (22) arçlataf vasus ufestne sevaknef purtuvitu. (23) Inumk pruzuḍe kebu sevakne persnihmu (24) Puemune Pupḍiçe. Inumek kletra veskles (25) vufetes sevaknis persnihmu Vesune (26) Puemunes Pupḍiçes. Inumek svepis heri, (27) ezariaf antentu. Inumek erus taçez (28) teḍtu. Inumek kumaltu, aḍkani (29) kanetu, kumates persnihmu. Esuku (30) esunu uḍetu tapistenu. Habetu pune, (31) frehtu habetu. Ap itek fakust, purtitu (32) futu. Huntak piḍi prupehast, eḍek (33) urtes puntes neiḍhabas.

(31) vatra. — (35) tuvatefra. — — (IV, 2) triiatefra. — (5) ererorunt. — (6) ereçlamaḍ. — (7) iseçeles. — (8) sanes. — (14) purtupite. — (15) apehtre. —

pendito; oblationem debitam nuncupato. (28) Invocationes —as cum ove habeto pro fratribus (29) Attidiis, pro focis Eigvasiensibus, pro civitate (30) Iguvina, pro tribu Iguvina. Cum hostia (31) tus acerra facito. Simul ollas facito. Ovem libandam coquendam facito. Ejus [ovis] duo strebula (?) (33) ad σπονδήν prosecato. Tum ad aspersionem polluceto; (34) struiculam addito. Tunc ad alteram σπονδήν duo strebula (?) prosecato. Tum in cespite Poimono Popidico (IV, 1) polluceto; ejusdem struiculæ — addito. (2) Tum ad tertiam σπονδήν tria strebula (?) prosecato. Deinde a supera parte ad cespitem Vesonæ Poimoni (4) Popidici polluceto; struiculam pectinatam (?) ibidem (5) addito. Iisdem capidibus Poimono (6) Vesonæ polluceto. Ad aram, ad cespitem (7) non sectas carnes, sectas et —as, (8) panes libandos obmoveto. Precator, —to, (9) —to. Vasculis —is [aut] non —is debitis (10) ad cespitem precator Poimono Popidico, Vesonæ (11) Poimoni Popidici. —is precator (12) Poimoni Popidici et Vesonæ Poimoni (13) Popidici post cespitem. Tum cespitem ungito (14) utriusque; frusta †; tum libum, molam polluceto; (15) — innixus (?) impendito. Hæc a dextra parte (16) ad aram, in aram polluceto; debita vocato (?). (17) Tum libum ferctum super cespite eodem (18) debita, — innixus (?), polluceto. Tum (19) libum ferctum Tursæ super cespite debita, (20) — innixus (?), polluceto. Tum — (21) ito : —to. Deinde fercto imponito. Tum (22) arculatas vasis —is debitas polluceto. (23) Tum — — debito precator (24) Poimono Popidico. Tum feretro vasculis (25) —is debitis precator Vesonæ (26) Poimoni Popidici. Tum si quis vult, (27) —as imponito. Tum frusta tacitus (28) dato. Tum confringito, carmen (29) canito, confractis precator. Subinde (30) sacrificium adoleto —um. Habeto lac, (31) — habeto. Postquam ita fecerit, polluctum (32) esto. Ita quod —piabit, id (33) — — — habeant.

(16) sukatu. — (17) vesveça. — supu. — (18) inuntek. — (20) purθuvitu. — 25) persıhmu. — (26) Pupdçes. — (28) tertu. — (33) ures punes.

Je profite de la place disponible pour mentionner deux emprunts, inavoués l'un et l'autre, faits aux Tables Eugubines. Dans ses *Miscellanea eruditæ antiquitatis*, publiés en 1679, Spon donne une inscription ainsi conçue [1] :

LERPIRIOR . SANTIRPIOR . DVIR . FOR . FOVFER . DERTIER .
DIERIR . VOTIR . FARER . VEF . NARATV . VEF . PONI . SIRTIR.

Au-dessus de ces lignes sont représentés deux personnages avec des attributs symboliques, et la mention : APOLLINI. CLATRAE. Il est question de ce monument dans l'*Histoire de l'Académie des Inscriptions* (t. I, p. 207). Le P. de la Chaire apporta en 1705 à l'Académie une interprétation d'un de ses amis qui avait expliqué ce prétendu étrusque au moyen du grec : mais il ne semble pas que l'Académie ait goûté la traduction. Le même texte est reproduit dans l'*Antiquité expliquée* de Montfaucon et dans le *Museum Etruscum* de Gori. Les mots de cette inscription, dont la fausseté n'est point douteuse, ont été en partie inventés, en partie tirés des Tables Eugubines V *b* et VI, publiées dans le recueil de Gruter.

L'autre emprunt est plus ancien. Sansovino, dans son ouvrage *Della origine et de' fatti delle famiglie illustri d'Italia* [2] (1609), raconte le fait suivant au sujet de la famille des Marioni, qui était originaire de Gubbio. Un jour on trouva aux environs de cette ville un sceau portant les armoiries des Marioni, avec ces mots : MARTIER TIOM ISIR SVBOCAVV, écrits exactement dans les mêmes caractères que présentent les Tables Eugubines. On en conclut que le sceau venait sans doute des mêmes anciens rois qui avaient fait graver ces tables, et la présence des armoiries fit penser que la famille des Marioni descendait de ces rois. Les mots gravés sur le cachet furent expliqués : « Mars sit sub tua virga pastorali. » Ils se trouvent table VII *a*, 20 et 21.

1. Page 87.
2. Page 341

LES

TABLES EUGUBINES

COMMENTAIRE.

Nous commençons l'interprétation par la Table I rapprochée des Tables VI-VII. C'est le même cérémonial qui est décrit sur I et sur VI-VII, et souvent les deux textes sont d'accord mot pour mot; seulement VI-VII est une rédaction détaillée, tandis que I doit être considéré comme un résumé. La concordance de ces deux recensions n'a pas peu contribué au déchiffrement de l'écriture, car tandis que I est en caractères étrusques, VI-VII est en caractères latins. Les légères divergences de rédaction ont été également d'un grand secours pour pénétrer dans l'intelligence du vocabulaire et de la grammaire, en permettant d'établir la synonymie de certains mots et de certaines formes. Comme VI-VII contient des parties qui manquent absolument sur I, on a pu, pour les parties communes, reconnaître le commencement et la fin des phrases, et distinguer les mots qui ne sont pas essentiels au sens. Enfin, la présence de leçons semblables au fond, malgré de nombreuses différences extérieures, a permis de noter les particularités de l'orthographe et les habitudes de la prononciation. La découverte de ce fait que le même texte est donné deux fois par les Tables Eugubines est due à Louis Bourguet (1733)[1]. « Mais enfin, raconte-t-il, il plut à la Providence de

1. Voy. l'historique du déchiffrement dans mon Introduction.

m'ouvrir les yeux.... Car m'étant avisé de relire avec beaucoup d'attention le premier côté de la Table IV de Dempster, je découvris la véritable valeur des lettres que je méconnaissais auparavant, et je vis évidemment que ce que cette Table contient n'est qu'un abrégé des grandes Litanies[1]. »

Le rapport que les deux recensions ont entre elles a été diversement apprécié. Lanzi, s'appuyant sur la différence d'écriture et sur certaines divergences grammaticales qui reviennent assez régulièrement, supposait qu'on parlait à Iguvium deux dialectes. Lepsius place un intervalle de deux siècles entre I et VI-VII, et il explique les différences par le changement survenu dans la langue[2]. Il ne se prononce pas sur la manière dont il faut concevoir le rapport entre la rédaction développée et la rédaction abrégée. Aufrecht et Kirchhoff adoptent les données chronologiques de Lepsius, et ils présentent VI-VII comme une copie paraphrasée de I, en sorte que là où il y a des différences ils regardent I comme le texte authentique[3]. Ce point de vue a été généralement adopté, et c'est sur les différences de phonétique présentées par les deux recensions que repose la distinction faite habituellement entre l'*ancien* et le *nouvel ombrien*. Je crois que cette opinion ne peut être admise qu'avec toute sorte de restrictions. Après avoir terminé l'interprétation de ces deux textes, je me propose de montrer que VI-VII n'a pas été copié sur I et que les deux recensions sont des copies diversement altérées d'un modèle plus ancien. L'une et l'autre copie nous permet d'entrevoir un état antérieur de la langue où la prononciation était plus correcte; mais les altérations phoniques que l'on constate sur VI-VII se retrouvent aussi en plus ou moins grand nombre sur I. Quant aux différences de rédaction, nous constaterons que VI-VII est souvent plus près du prototype commun, et que les parties qu'il contient en plus ne doivent pas pour cela seul être considérées comme moins anciennes que le reste. Il était nécessaire de donner dès à présent un mot d'explication sur ce point, car nous prendrons ordinairement pour base VI-VII, dont le texte est plus complet et mieux coordonné.

VI et VII sont deux tables de grandeur presque pareille,

1. *Bibliothèque italique ou histoire littéraire de l'Italie*, t. XVIII (1734), p. 8.
2. *De Tabulis Eugubinis*, p. 85, 87, 93.
3. Voy. par ex. : *Umbrische Sprachdenkmäler*, t. II, p. 130.

mesurant environ 0m,74 de long sur 0m,44 de large. VI est couvert d'écriture sur ses deux faces (nous distinguerons le recto et le verso par *a* et *b*); VII ne contient au verso que quatre lignes. I mesure 0m,63 de long sur 0m,37 de large. Il est écrit au recto et au verso. L'écriture, au verso, est plus petite et plus serrée. Cette table porte d'assez nombreuses ratures et surcharges.

PRÉPARATIFS DU SACRIFICE.

(VI *a* 1) *Este persclo aveis aseriater enetu : parfa curnase dersva, peiqu peica merstu.*

(I *a* 1) Este persklum aves anzeriates enetu : (2) pernaies, pusnaes[1].

Les cinq premiers mots sont semblables dans les deux textes, après quoi la concordance cesse. Nous allons d'abord nous occuper de ces cinq mots. Il est naturel de chercher le verbe dans *enetu*, qui a tout l'air d'être un impératif semblable aux impératifs latins en *to* (osque *tud*). Les formes en *tu* abondent dans nos textes : *portatu*, *pihatu*, *tenitu*, *habitu*, kumultu. Entre autres formes, on trouve aussi *etu* et amprehtu, qui rappellent sur-le-champ le verbe dont nous nous occupons : nous avons sans doute affaire à un verbe composé. La lettre *h* qui se trouve dans amprehtu indique en même temps que l'*e* de l'avant-dernière syllabe est long, car c'est une particularité de l'orthographe ombrienne de représenter souvent la longue au moyen d'un *h* placé après la voyelle. On peut s'en convaincre en comparant, par exemple, des formes comme *stahamu stahmu* stamu, *persnihimu* persnihmu *persnimu*, kumnahkle kumnakle, *sehemeniar sehmenier* semenies. D'après tout ce qui vient d'être dit, il ne paraîtra pas téméraire de reconnaître dans la seconde partie de *en-etu* le latin *eito*, *ito* « qu'il aille ». — Il reste à nous occuper du préfixe. On le retrouve dans en-tentu comparé à an-tentu per-tentu su-tentu. C'est le latin *in*. On sait que, même en latin, on trouve la préposition *in* écrite *en :* enque eodem (col. rostr. rest. C. 195); *enubro* inhibenti (Festus, p. 76). De même en osque *imperator* s'écrit *embratur*. — Faut-il prendre *enetu* comme une seconde ou comme une troisième personne?

1. Nous imprimons en lettres italiques l'ombrien écrit en caractères latins, et, selon un usage généralement adopté, nous imprimons en lettres espacées l'ombrien écrit en caractères étrusques.

c'est ce que nous connaîtrons seulement dans la suite. Le faut-il traduire par « entrer » ou par « commencer »? Il est impossible de le décider avant d'avoir vu le régime. Nous allons donc chercher dans la phrase un mot qui présente le caractère d'un accusatif.

Persklum, *persclo*. Il faut d'abord remarquer la différence d'orthographe : le *m* final manque sur la table VI; d'un autre côté, la table I présente un *u*, l'alphabet ombrien ne possédant pas la lettre *o*[1]. Si nous passons à la formation du mot, nous constaterons la présence d'un suffixe *clo*, *clu*, qui se trouve dans un assez grand nombre de substantifs ombriens : pihaklu, naraklu, kumnaklu, ehvelklu, sufeḑaklu, *mandraclo*, etc. Ce suffixe est identique au latin *culo* que nous avons dans *spectaculum*, *miraculum*, *piaculum*, *redimiculum*. On sait qu'en latin la forme *clo* coexiste à côté de *culo : poclum*, *periclum*, *spectaçlum*, *oraclum*. Le suffixe en question, employé comme suffixe primaire[2], s'ajoute à des racines ou à des thèmes verbaux pour former des substantifs neutres marquant soit l'action elle-même, soit le résultat de l'action, soit le lieu dans lequel elle s'accomplit, soit l'instrument qui sert à l'accomplir. Comme exemples de ces quatre sens, nous citerons seulement *remeaculum* « le retour », *objectaculum* « digue », *cubiculum* « chambre à coucher », *everriculum* « un filet ». — Il faut maintenant examiner la racine ou le thème verbal. A première vue, il semble que ce soit *pers;* mais peut-être y a-t-il lieu d'ajouter encore un *k* ou un *c* à cette syllabe, de manière que nous aurons persk, *persc*. En effet, c'est une loi constante en latin que les racines finissant par un *c*, par un *q* ou par un *g*, si elles prennent le suffixe *culo*, *clo*, retranchent l'une des deux gutturales qui autrement se trouveraient en présence. Ainsi nous avons *vinculum*, *jaculum*, *torculum*, *speculum*, *cingulum*, à côté de *vincire*, *jacere*, *torquere*, *specere*, *cingere*[3]. Ce qui doit nous porter à

1. Priscien (p. 553) : « O aliquot Italiæ civitates, teste Plinio, non habebant, sed loco ejus ponebant V, et maxime Umbri et Tusci. »

2. Les suffixes primaires sont ceux qui peuvent se joindre directement à une racine ou à un thème verbal : les suffixes secondaires sont ceux qui s'ajoutent à des noms déjà formés, comme quand on tire, par exemple, de *honos* l'adjectif *honestus*, ou de *augmen* le dérivé *augmentum*. Le suffixe *culo*, employé comme suffixe secondaire, forme surtout des diminutifs : *munus-culum*, *oratiun-cula*, *pauper-culus*.

3. Dans *speculum*, *jaculum* la voyelle reste brève comme dans *stimulus* pour

penser qu'il en a été de même dans le mot qui nous occupe, c'est qu'on trouve une fois (VI *b* 5) la forme verbale *peperscust* qui, après suppression du redoublement et de la flexion, livre un thème *persc*. Nous admettrons donc que *persclo* est pour *persc-clo*. — Un thème *persc* serait devenu en latin *pesc*, car le latin a l'habitude de supprimer ou d'assimiler un *r* suivi d'un *s* lequel soit accompagné lui-même d'une autre consonne. C'est ainsi que *torstus*, participe de *torsere*, *torrere*, est devenu *tostus*; *farstus* « l'orgueil » est devenu *fastus*. Cette loi existe également en ombrien, quoiqu'elle soit moins rigoureuse. Ainsi à côté de notre forme *persclu*, qui revient fréquemment sur les Tables Eugubines, on trouve *pesclu*. Le rapprochement des passages ne permet pas de douter qu'il ne s'agisse de simples variantes orthographiques. A côté de la forme verbale *peperscust* on rencontre *pepescus*. Il n'y a pas en latin un verbe simple *pescere*; mais *poscere*, qui n'en diffère que par la voyelle, existe, et il prend précisément le redoublement au parfait comme la forme verbale ombrienne. Si l'on songe un instant aux doubles formes comme *terra extorris*, *verto vorto*, *tostus testa*, et surtout *precari procare*, qui sont de la même famille, on se convaincra aisément de l'identité. — Ce thème verbal *porsc*, *persc*, remonte à une haute antiquité, car on le retrouve en sanscrit et dans les langues germaniques : il faut que de bonne heure il ait fait l'impression d'une racine, puisque au parfait, où il se redouble, il garde celles de ses lettres qui sont d'une valeur purement formative. Nous ne pouvons nous arrêter en ce moment sur l'origine de ce thème verbal[1]. *Porsc* signifie d'une façon générale « demander », et dans les védas le verbe correspondant est plusieurs fois employé en parlant de la demande faite aux dieux. C'est un sens religieux qu'il lui faut donner également ici. Cette formation en *clum* pourrait signifier, d'après ce qu'on vient de dire, le lieu de la prière aussi bien que la prière elle-même; mais on verra par la suite que c'est la prière qu'il désigne. Nous le traduisons par « precationem ».

stigmulus, *cdmena* pour *casmena*, etc. On ne saurait expliquer ces mots par un suffixe *ulo*, qui ne forme que des diminutifs, et qui est toujours suffixe secondaire.

1. Voy. Corssen, ZK, XI, 364. Disons seulement ici que *porsc* se retrouve dans le sanscrit *pracch* et dans le vieux haut-allemand *forsc* (allem. moderne *forschen*) La racine est *park* ou *prak* (d'où *preces*, *precari*), suivi de la syllabe inchoative *ska*, devant laquelle le premier *k* est tombé, comme dans *di*(*c*)-*sco*, *mi*(*c*)-*sceo*. J'ai signalé un dérivé grec dans la *Rivista di filologia ed istruzione classica*, 1874.

Aves anzeriates. *Aveis aseriater.* — Ces deux mots, placés entre *persklum* et *enetu*, par cela même qu'ils sont ainsi rapprochés, doivent probablement être considérés comme se rapportant l'un à l'autre, ce qui semble d'ailleurs indiqué par l'identité de la désinence[1]. Une différence entre I et VI, c'est que VI présente *aveis*, au lieu que I porte aves; mais la table I n'a presque jamais dans le corps du mot et jamais dans les désinences la diphthongue *ei*, qu'elle remplace par *e*: cp. *vereir Treblaneir* (VI *a* 22) et veres Treplanes (I *a* 2). Une autre différence à noter, c'est l'absence de la lettre *n* dans *aseriater* comparé à anzeriates. C'est ainsi qu'en latin on écrit *Megalesia*, *cosol*, pour *Megalensia*, *consul*. Le *z* de I est dû à la nasale qui précède. Nous rencontrons ici pour la première fois une particularité importante de la phonétique ombrienne. Un *s* précédé d'un *n* a développé devant lui un *t*, et dans le groupe ainsi formé (*nts*), *ts* a pris un son comparable à celui du *th* en anglais ou du θ en grec moderne, lequel est tantôt représenté par *z*, tantôt, comme nous le verrons plus loin, marqué par une autre lettre. Cf. uze (II *b* 27, 28) = *onse* (VI *b* 50). — Si nous passons à l'interprétation, nous reconnaissons sans difficulté dans aves *aveis* un cas du latin *avis* « oiseau ». Quant au second mot, il a tout l'air du participe passé d'un verbe de la première conjugaison. Cette supposition devient une certitude si nous comparons des formes comme *aserio*, *aseriaia*, *aseriatǫ*, et si nous rapprochons, par exemple, cette phrase où l'on retrouve les mêmes noms à un autre cas : avef anzeriatu etu pernaiaf pustnaiaf (I *b* 10) « qu'il aille — oiseaux — — ». Une étude ultérieure montrera que l'*f* est le signe de l'accusatif pluriel. Si étrange que cette affirmation paraisse d'abord, on ne pourra, quand on connaîtra les preuves à l'appui, garder aucun doute à cet égard. En anticipant de la sorte sur la suite, nous n'aurons plus aucune peine à faire la construction de la phrase citée. Anzeriatu(m) est un supin dépendant de etu « qu'il aille ». Dans la phrase qui nous occupe, on a le participe passif, ce qui explique pourquoi les noms sont à un autre cas. — Il faudrait maintenant déterminer le cas où sont placés aves et anzeriates. Puisque nous avons déjà le verbe et le régime

1. On va voir que cette identité n'est pas complète, comme on peut déjà l'inférer de cette circonstance que VI a changé le *s* final du second mot en *r*, tandis qu'il a gardé le *s* du premier mot.

direct, c'est sans doute ici un régime indirect. Anzeriates conviendrait comme datif ou ablatif pluriel; quant à aves *aveis*, il s'écarte tout à fait du datif-ablatif *avibus*. Tandis que le latin forme ses datifs-ablatifs pluriels soit en *is*, soit en *bus*, l'ombrien ne connaît que la première de ces deux formations pour toutes ses déclinaisons. Il est en ceci semblable au grec, qui termine tous ses datifs pluriels en σι ou ς. On peut toutefois découvrir sous cette uniformité apparente une certaine diversité. Les tables en écriture latine, cédant à une tendance au rhotacisme dont nous aurons beaucoup d'autres exemples, changent régulièrement en *r* le *s* final des noms de la 1re et de la 2e déclinaison : c'est ce qu'on peut déjà voir par *aseriater*. Au contraire, sur les mêmes tables, le *s* final des thèmes en *i*, *u* reste *s*, et celui des thèmes à consonne se joint à l'aide d'une voyelle *u*. Ainsi *avi* fait *aveis*, le thème neutre *beru* fait *berus*, et les thèmes à consonne *fratr* « frère », *homon* « homme », font *fratrus*, *homonus*. Je crois que cette différence correspond à celle qu'on voit en grec entre les datifs comme μάχησι, ἵπποισι et πολίεσσι, ἰχθύεσσι, πόδεσσι. En osque on a de même un datif pluriel anafriss, qui vient probablement d'un thème à consonne[1]. C'est ce double *s* qui a empêché l'action du rhotacisme. Quant aux tables en écriture étrusque, au lieu de changer en *r* le *s* final, elles le conservent ou elles le laissent tomber tout à fait : kumates (I *a* 34) kumate (I *b* 37) = *comatir* (VI *b* 41); sevaknis (II *a* 36) sevakne (IV, 9); erus (II *a* 28) eru (V *a* 8). De ces trois exemples, le premier appartient à un thème en *o*, les deux autres à des thèmes en *i* et en *u*[2].

A présent que nous avons reconnu dans aves un datif ou un ablatif pluriel déterminé par le participe anzeriates, il faut étudier le sens de ce dernier. C'est probablement un verbe composé : nous trouvons ailleurs (VI *b* 48) *avif seritu*. Si nous rapprochons la formule fréquemment employée *salvom seritu*, *salvam seritu*, la ressemblance avec le latin *servare*, qui a la double signification « conserver » et « observer » (*servare de cælo*[3]), s'imposera à notre esprit. On peut être tenté d'expli-

1. *Table d'Agnone*, *a* 9, *b* 12.

2. Le rhotacisme à l'ablatif pluriel n'est pourtant pas complètement étranger à la table I. On a aḍeper (I *b* 30, 33), aḍiper (I *a* 27) à côté de aḍepes, aḍipes, aḍepe. Ce nom appartient à la 1re ou à la 2e déclinaison.

3. Ennius (éd. Vahlen, p. 15) : « Remus auspicio se devovet, atque secundam Solus avem servat. At Romulu' pulcher in alto Quærit Aventino, servat 'genus

quer *seriare* comme étant pour *servare*, par le changement de l'*u* en *i* que nous avons, par exemple, en latin dans *libet* (pour *lubet*). Mais un tel changement ne serait pas très-conforme aux habitudes de la phonétique ombrienne, qui aurait plutôt développé le son du *v* et fait *seruvare* (cf. *saluvom*, prinuvatus, à côté de *salvom*, prinvatus). Mais s'il n'y a pas d'exemple d'un *u* ou d'un *v* changé en *i*, nous voyons assez souvent le groupe *ui* se résoudre en un *i*; ainsi *manus* « main » fait à l'ablatif *mani* (pour *manui*), *sus* « cochon » fait à l'accusatif pluriel *sif* (pour *suif*). C'est un changement de ce genre qu'il faut probablement supposer ici. De même que le latin *servare* vient d'un primitif *servus* « celui qui garde » ou « qui est gardé », de même le thème verbal ombrien *seriâ-* se rattache à un primitif *servius*[1] (même sens) devenu *serius*. L'impératif *seritu* que nous citions tout à l'heure nous présente également la fusion de *ui* en *i*; car ce verbe, qui suit la seconde conjugaison ombrienne, faisait à l'impératif *serveitu* et par contraction *seritu*. Nous présenterons donc le latin *servâ-* et l'ombrien *seriâ-* comme deux formes apparentées, mais non identiques. — Pour le préfixe *an*, on peut hésiter entre ἀντί, ἀμφί et ἀνά. Il est difficile de se décider entre ces trois prépositions, qui conviennent également pour le sens comme pour la forme[2]. On remarquera que dans *aseriater* le *n* final du préfixe a été assimilé par le *s* ou négligé dans l'écriture. La seconde hypothèse est la plus probable, car on rencontre atentu, apentu, astintu à côté de antentu, ampentu, anstintu, et nous avons une fois (VI a 6) la forme *anseriato*. — Il ne nous reste plus que le mot *este*. On pourrait y voir le sujet de *enetu* et en faire un nominatif semblable au latin *iste*. Mais à quoi se rapporterait ce pronom démonstratif? L'hypothèse qu'une partie antérieure de l'inscription se serait perdue n'est pas vraisemblable si l'on songe que les deux tables commencent de la même manière. Il faut donc plutôt voir dans *este* un adverbe signifiant « ainsi », et cette interprétation sera confirmée par la suite de nos textes, où nous trouverons le même mot dans des phrases comme *este trioper deitu* « ita ter dicito », *ape este dersicurent* « postquam

ltivolantum. » Rapprochez aussi Virgile VI, 338 : « Qui (Palinurus) dum sidera ervat Exciderat puppi. »

1. On sait que *Servius* s'est conservé en latin comme nom propre.

2. Sur la présence de ἀντί et de ἀνά en latin, voy. Bréal, article cité de la *Rivista*.

ita dixerint » (VI *b* 62, 63; VII *a* 51). Ce *este* est un locatif (*estei*) ayant probablement perdu un *c* enclitique final. Quant à sa composition, elle est la même que celle du pronom latin *iste*, c'est-à-dire qu'il y faut voir deux thèmes pronominaux (*eis*+*to*) soudés ensemble[1]. Nous obtenons donc la phrase : « Ita precationem avibus observatis inito. »

Pernaies pusnaes. — Ces deux mots, qui se trouvent seulement sur la table I *a*, doivent être joints à ce qui précède : l'identité de la désinence peut déjà nous le faire supposer. Mais cette supposition devient une certitude, quand on rapproche le passage suivant (I *b* 10) : avef anzeriatu etu pernaiaf pustnaiaf. Nous apprenons du même coup par cette comparaison que pusnaes doit être, par une double correction, lu pustnaies. Il n'est pas difficile de reconnaître dans le dernier mot un dérivé de la préposition *post*, qui, en ombrien, perd souvent son *t* final, car à côté de *post* nous trouvons les formes *pos* ou pus. L'intermédiaire entre pustnaies et pust est l'adverbe *postne* (cf. latin *pone*[2]) que nous avons VI *b* 11 : *perne postne.* — Le suffixe *aio* se retrouve dans certains noms propres osques, comme *Pompaiians Maraiiets* : il correspond probablement au suffixe latin *eio*, dans *Velleius*, *Canuleius.* On a même un nom latin *Anaius* (C. I. L., 1467) devenu plus tard *Annæus.* — Au mot pustnaies nous attribuerons donc la signification du latin « posterior, posticus », en songeant aux expressions comme « postica pars templi ». Ici également il s'agit d'un temple, imaginaire il est vrai, que l'augure trace dans le ciel. L'adjectif pernaies, qui est tiré de l'adverbe *perne*, forme antithèse avec pustnaies et signifie « anterior, anticus ». La métathèse de pre en per est semblable à celle de la racine prec « prier » en perc. — Comme nous rencontrerons plus loin (VI *a* 6) la défense adressée à l'augure de se retourner avant d'avoir fini son inspection des oiseaux, on ne peut expliquer pustnaies par « les oiseaux placés en arrière [de l'augure] ». Il ne saurait être question que des oiseaux qui volent en arrière, c'est-à-dire dans le sens contraire à la direction des yeux de l'augure; pernaies désigne les oiseaux qui volent en avant, c'est-à-dire dans la direction de son regard : les Romains

1. L. Havet, dans les *Mémoires de la Société de Linguistique*, II, p. 234.

2. Pour *postne.* Le suffixe est le même que dans *pronus*, *infernus*, *internus*, *externus*, qui dérivent également d'adverbes.

appelaient ces derniers *præpes*, *propitius*, mais avec une idée accessoire de présage favorable que nous devons écarter ici, puisqu'il s'agit, comme on le verra plus loin, de stipulations particulières faites entre l'augure et l'auspex, et que toutes les directions, du moment qu'elles sont stipulées à l'avance, peuvent fournir des présages heureux.

TRADUCTION.

(I *a* 1) Ita precationem avibus observatis inito : (2) anticis posticis.

Une dernière remarque à faire, c'est qu'on ne doit pas prendre « avibus observatis » dans le sens d'un ablatif absolu marquant l'achèvement de l'action. La syntaxe ombrienne permet une autre traduction qui cadre mieux avec la suite du texte : « Commence de cette façon la cérémonie par les oiseaux observés, en observant les oiseaux. » Il est vrai que sur la table I ces renseignements sur l'observation des oiseaux qu'este semble annoncer, manquent : mais ils se trouvent sur la table VI, et c'est une première raison qui doit nous faire penser que cette dernière table présente un texte plus complet, dont l'autre recension est un abrégé ou un extrait. — Cette conclusion est l'opposé de celle que Kirchhoff tire du même passage. Comme il traduit *avibus observatis* « après avoir observé les oiseaux », il suppose que *este* fait allusion à la seconde phrase de l'inscription I. Conséquemment le long passage de VI jusqu'à la ligne 22 serait interpolé. Mais persclum enetu est une expression peu convenable pour l'action prescrite dans la seconde phrase de la table I. On y voit la cérémonie non pas commencer, mais déjà s'accomplir, puisqu'il y est parlé de l'offrande de trois bœufs.

Nous quittons à présent pour un temps assez long la première table, et nous allons examiner le morceau étendu et se divisant en plusieurs sections que VI fait suivre.

Parfa curnase dersva, peiqu peica merstu. — Il est facile de constater une énumération d'oiseaux. On devine qu'il est question d'auspices. C'est peut-être le lieu de rappeler le mot de Cicéron (*De Div.* I, 41) : « Phryges autem et Pisidæ et Cilices et Arabum natio avium significationibus plurimum obtemperant. Quod idem factitatum in Umbria accepimus. »

L'un de ces noms, *peiqu* (écrit avec un *q*, selon l'ancienne orthographe latine[1]), est *picus* « le pic-vert », si célèbre dans les présages. Pline l'Ancien dit (X, 18, 20) : « Pici, Martio cognomine insignes, et in auspicatu magni.... Principales Latio sunt in auguriis. » — *Peica* est la pie. — *Curnase* ne sera pas plus malaisé à reconnaître, si l'on rapproche la forme *curnaco* de la ligne suivante : c'est le latin *cornix* « corneille ». Le *c* de la dernière syllabe, se trouvant devant un *e*, a été remplacé par une lettre particulière à l'ombrien, qui a la forme ԁ sur les vieilles inscriptions, et Š sur les nouvelles. Seulement le graveur, comme il lui est arrivé souvent, a négligé de marquer la barre transversale. Il faut remarquer la différence des voyelles dans *cornix* et *curnax :* c'est ainsi que le latin a *ferox* à côté de *rapax*, *fiducia* à côté de *pertinacia*. La répartition de ces voyelles semble s'être faite ou du moins s'être fixée assez tard. Quant à *parfa*, c'est, comme l'a déjà reconnu Grotefend, le latin *parra*, c'est-à-dire probablement « l'épervier[2] ». Ce dernier oiseau n'est pas moins fréquemment cité que les deux autres dans les présages. Festus s. v. *oscines :* « Oscines aves Ap. Claudianus esse ait quæ ore canentes faciunt auspicium, ut corvus, cornix, noctua; alites quæ alis ac volatu, ut buteo, sanqualis, aquila, immussulus, vulturius. Picus autem Martius Feroniusque et parra et in oscinibus et in alitibus habentur[3]. » Et plus haut : « Oscinum tripudium est.... quum cecinit corvus, cornix, noctua, parra, picus. » On a même, d'après ces passages, heureusement corrigé un vers de Plaute (*Asin.* II, I, 11) :

> Impetritum, inauguratum est, quovis admittunt aves :
> Picus et cornix est ab laeva, corvus porro a dextera.
> Consuadent.

Au lieu de *porro*, déjà Camerarius avait proposé de lire *parra*, ce qui restitue au vers sa symétrie.

Il reste à nous occuper de *dersva* et *merstu*. Ce ne sont pas des substantifs : la ligne suivante, où l'on a *parfa dersva*, *cur-*

1. Le *q*, comme le coppa grec, s'employait quand la voyelle suivante était un *o* ou un *u*.

2. *Parra*, ψάρ et la première syllabe du vieux haut-allemand *spar-wari*, d'où le français *épervier*, sont des mots d'origine commune. Voy. la note de M. James Darmesteter dans le *Bulletin de la Société de Linguistique*, t. II, p. CXXI.

3. Éd. Otf. Müller, p. 197. Le texte a encore été corrigé par Aufrecht et Kirchhoff.

naco dersva, peico mersto, peica mersta, le prouve surabondamment. Il faut donc y voir des adjectifs se rapportant chacun aux deux noms qui précèdent. Chose curieuse et difficile à expliquer, l'adjectif est au singulier et il s'accorde en genre avec le premier des deux substantifs. En effet, *merstu* ne peut être qu'un ablatif singulier masculin se rapportant à *peiqu*, comme *dersva* est un ablatif féminin se rapportant à *parfa*. Cette particularité, qui est contraire à la syntaxe de l'ombrien aussi bien qu'à celle de toutes les autres langues, s'expliquerait si l'on admettait que le second oiseau n'est qu'un succédané ou un remplaçant du premier : « l'épervier (ou à son défaut la corneille), le pic-vert (ou la pie)[1]. » Tous ces noms sont à l'ablatif, étant en apposition avec *aveis*.

Une question très-controversée est de savoir ce que signifient les deux adjectifs *dersva* et *merstu*. Il est probable qu'ils forment antithèse entre eux. Grotefend a pensé (et c'est la première hypothèse qui se présente à l'esprit) qu'ils désignent la droite et la gauche. Mais nous trouverons ailleurs les deux mots qui veulent dire droite et gauche : c'est *destra* (testra) et *nertra*. Une autre interprétation consisterait à traduire par « favorable » et « défavorable ». Mais cela est contraire à l'ensemble du texte qui se contente de stipuler les présages favorables; il va de soi que les présages qui se présenteront dans d'autres conditions que les conditions stipulées seront considérés comme défavorables. Je crois que le plus sûr moyen de ne pas s'égarer est d'avoir présente à l'esprit l'exacte concordance des tables I et VI : les indications de VI étant résumées par I en ces deux mots pernaies pusnaies, nous devons croire que *dersva* et *merstu* expriment les mêmes idées en d'autres termes, et à moins d'admettre une interversion de l'ordre des mots que rien ne nous autorise à supposer, nous devons penser que *dersva* signifie « anticus » et *merstu* « posticus »[2]. Ce sont des termes dont il a été impossible jusqu'à présent de trouver l'origine. Tout ce qu'il nous est donné de faire, c'est de réunir les renseigne-

1. Le rituel ombrien réunit des oiseaux que le rituel latin sépare, comme on peut le voir par les vers de Plaute cités plus haut.

2. Étant donnée la position fixe de l'augure dans une certaine direction, par exemple au midi, l'un des termes est peut-être le mot signifiant « méridional », l'autre « septentrional ». Les renseignements des anciens ne sont pas d'accord su la direction où se plaçait l'augure : selon les uns, elle est au midi, selon d'autres au levant. Voy. Otf. Müller, *Die Etrusker*, II, p. 128.

ments fournis par les tables sur la forme de ces mots. Chaque fois qu'on rencontre dans les inscriptions en écriture latine le groupe *rs*, il se présente une question assez bizarre, qui est de savoir si ce *rs* représente les deux lettres *r*+*s*, ou si c'est la transcription d'un ꟼ, c'est-à-dire d'un ancien *d*. Nous nous contentons de poser ici les termes du problème, sans nous arrêter à en discuter les données ni à en chercher la cause. Quand le même mot est employé sur les tables en écriture étrusque, l'incertitude cesse, car il est écrit dès lors, soit par rs (comme on l'a vu pour persklum), soit par ꟼ, c'est-à-dire par un ḍ[1]. Jamais (sauf les confusions qu'a pu commettre le graveur) il n'y a équivoque à ce sujet dans l'ancienne écriture. En ce qui concerne *dersva*, nous sommes renseignés, car le mot se trouve une fois I *b* 13, où il est écrit tesvam[2]. Cela suffit pour nous apprendre avec certitude que le groupe *r* + *s* est organique, et n'est point la transcription d'un ancien *d*. — En ce qui concerne *merstu*, nous n'avons pas le même renseignement, car le mot n'est pas employé sur les tables à écriture étrusque. Tout ce que nous savons sur ce mot difficile, c'est que l'*e* est probablement long par nature, car on trouve VI 17 *meersta*[3].

TRADUCTION.

(VI *a* 1) « Ita precationem avibus observatis inito, parra cornice præpetibus, pico pica adversis. »

Une remarque grammaticale importante qui ressort de ce passage, c'est que l'ablatif singulier masculin ou neutre de la 2ᵉ déclinaison se termine en *u*. Cet *u* est long, comme on le verra par la forme *podruhpei* (VI *a* 11). Sur les tables en écriture latine, où l'accusatif de la même déclinaison se termine en *om* ou *o* (le *m* étant omis par le graveur[4]), la confusion

1. Nous transcrivons cette lettre par un ḍ pointé pour en rappeler la nature particulière. Aufrecht et Kirchhoff transcrivent la même lettre par un *r* pointé, ce qui nous paraît moins approprié.

2. Ainsi qu'on l'a déjà vu pour persklum, pesklum, un *r* suivi d'un *s*, surtout si ce *s* est encore suivi lui-même d'une autre consonne, s'assimile ou se néglige dans la prononciation.

3. Des tentatives d'étymologie ont été faites par Ebel (ZK, IV, 200) et Panzerbieter (*Quæstiones umbricæ*, p. 10).

4. Voy. par ex. VI *a* 1 *persclo*.

des deux cas n'est point possible ; mais dans l'écriture étrusque, où l'accusatif est um (puisqu'il n'y a pas d'o) et où le m final est souvent omis, il faut chaque fois examiner si c'est d'un accusatif ou d'un ablatif que le texte entend se servir. — Nous arrivons à une section du rituel qui se trouve uniquement sur VI et qui peut s'appeler

LA STIPULATION.

(VI *a* 1) *Poei angla aseriato* (2) *eest, eso tremnu serse arsferture ehveltu.*

On a ici deux propositions dont la première finit par *eest*, qui est évidemment un verbe, et l'autre par l'impératif *ehveltu*. *Poei* a été depuis longtemps reconnu comme un pronom relatif : sa place au commencement des propositions, le fait bien établi que certains dialectes italiques mettent un *p* initial là où le latin a un *q*, les variantes *poe* et *poi* n'ont pas laissé de doute à cet égard, et déjà Lanzi le traduit par le latin *qui*. Mais la composition grammaticale de *poei* a seulement été élucidée plus tard, d'abord par Aufrecht et Kirchhoff (I, 137), puis par Corssen[1] et dernièrement par Louis Havet[2]. Il faut voir dans ce pronom un thème sans flexion *po* (en latin *quo*), comme nous avons en grec l'article ὁ ; à ce thème est venue se joindre l'enclitique *ei*, qui se trouve aussi dans le grec οὑτοσ-ί, τουτον-ί, οὑτωσ-ί. Cette enclitique s'est fondue en latin avec le masculin *quo*, le féminin *qua*, et a donné les formes *qui quæ*. La même contraction a eu lieu dans *hi-c* (pour *ho-ei-c*), *hæ-c* (pour *ha-ei-c*). En ombrien et en osque, l'enclitique est restée beaucoup plus visible. Son adjonction avait sans doute pour but, à l'origine, d'insister sur l'idée relative ou démonstrative. Sur nos inscriptions l'enclitique *ei* est souvent écrite *e* ou *i*; à l'accusatif pluriel féminin, par exemple, on a *paf-e*, au nominatif pluriel masculin *pur-e* ou *pur-i*. — Si nous passons immédiatement à l'autre pronom, commençant le second membre de phrase, savoir *eso*, nous devons d'abord croire que nous y découvrirons également un nominatif, et que la construction serait en latin *qui... ille....* Mais si cette supposition n'a rien d'invraisemblable en elle-même,

1. D'abord dans les *Kritische Beiträge*, p. 542 (cf. *Nachträge*, p. 93), puis dans *Aussprache*, ² I 784.

2. MSL, II, 235.

elle n'est cependant pas nécessaire; il suffit, pour nous en convaincre, de nous transporter à la ligne 16, où nous avons *sve anglar procanurent, eso tremnu serse combifiatu.* Il est facile de voir qu'ici *eso* commence également un second membre de phrase, mais qu'il n'y a aucune corrélation possible entre les sujets des deux propositions, puisque le verbe de la première est au pluriel et celui de la seconde au singulier. Nous aurons donc à voir si *eso* ne doit pas être construit d'une autre manière.

Il est aisé de reconnaître dans *eest* le verbe dont *poei* est le sujet. Mais *eest* n'est point, ainsi qu'on pourrait le croire, la 3e personne du verbe substantif. Si l'on rapproche les passages suivants : avif anzeriatu etu (I *b* 10), *avif aseriato etu* (VI *b* 48), *porsi angla anseriato iust* (VI *a* 7), on se convainc qu'on a ici une locution toute faite et que le même verbe doit se trouver dans les quatre passages. C'est donc à *ire* et non à *esse* qu'appartient *eest.* Nous rencontrons le premier exemple du futur ombrien, qui se forme comme le futur osque (cf. osque *herest* « il voudra »), d'après le même principe que le futur grec et sanscrit. On sait que ceux-ci ajoutent à la racine ou au thème verbal l'auxiliaire ἔσιω, *asjâmi*[1] : λύ-σ(ι)ω, τεν-έ(σι)ω, *dâ-sjâmi.* C'est ainsi que nous trouverons ferest « il portera », *benes* « tu viendras », *habiest* « il aura », *pru-pehast* « il purifiera » et d'autres encore. *Eest* est donc pour *ei-es-t* et signifie « ibit ».

Aseriato est le supin du verbe dont nous avons déjà vu le participe passé *aseriater.* On peut s'étonner de trouver ici un *o*, le supin latin appartenant à la 4e déclinaison : deux explications se présentent. Il ne serait pas impossible qu'il y eût pour le supin passage de la 4e déclinaison dans la 2e, comme en latin on a *quæsti*, *sumpti*, *fructi*, *senati*, dès les temps les plus anciens[2]; mais je crois plutôt qu'il y a ici un fait particulier à la phonétique ombrienne. Un *u* suivi de *m* est changé en *o* : c'est ainsi que *summum* est écrit *somo.* Le thème de la 4e déclinaison *trifu* (c'est le substantif latin *tribus*) fait à l'accusatif *trifo.* L'affinité de l'*o* avec le *m* se montre encore par cette circonstance que l'accusatif singulier des thèmes à consonne, comme *curnac*, est *curnaco(m).*

Angla ne peut être que le régime de *aseriato* : sa désinence

1. Schleicher, *Compendium*, § 298.
2. Bücheler, *Déclinaison latine*, trad. française, p. 104.

n'a pas été marquée ici; mais nous la trouvons ligne 5, où le graveur a écrit *anglaf*. C'est l'accusatif pluriel d'un thème féminin *angla*. Comment la lettre *f* a-t-elle pu devenir dans une langue indo-européenne la marque de l'accusatif pluriel? car il ne peut y avoir à cet égard aucun doute, et nous rencontrerons par la suite un trop grand nombre d'exemples empruntés à toutes les déclinaisons pour qu'on puisse contester le fait. Ainsi nous avons pour la 1re déclinaison pernaiaf, pustnaiaf, pour la 2e vitluf turuf (vitulos tauros), apruf (apros), pour la 3e avef *avif aveif*, pour la 4e kastruvuf; comme thème à consonne nous citerons *nerf*, kapif (capides). Je ne donne en ce moment qu'un petit choix d'exemples. Aufrecht et Kirchhoff, qui ont eu le mérite de mettre le fait en pleine lumière, rappellent les désinences sanscrites *bhjas*, *bhis*, *bhjâm*, qui servent à marquer le datif, l'ablatif et l'instrumental[1]. Cette explication, qui pourrait trouver quelques points d'appui dans certains emplois de la désinence grecque φι, φιν, laisse pourtant place à de graves objections. Comment une désinence aussi fréquemment employée que celle de l'accusatif a-t-elle pu jamais sortir de l'usage ou se laisser évincer par une autre? Comment l'ombrien, qui partout ailleurs se montre si près de l'osque et du latin, s'en serait-il écarté à un tel degré? comment aurait-il pu détourner pour l'usage de l'accusatif des désinences qu'il n'emploie nulle part ailleurs dans sa déclinaison? comment accorder enfin cette explication avec le fait capital que l'ancienne désinence de l'accusatif pluriel se trouve au moins une fois sur les tables (VII *a* 43) : *abrons* « apros »? — Pour toutes ces raisons, nous n'hésitons pas à adopter, en la modifiant sur quelques points, l'explication récemment donnée par M. Sophus Bugge[2], selon laquelle le *f* est le résultat, non d'une perturbation de la déclinaison, mais d'un accident de prononciation. Lassen l'avait déjà soupçonné[3]; mais c'est au savant norvégien que revient le mérite d'avoir ramené l'attention sur la vraie cause de ce phénomène. — On sait que la désinence primitive de l'accusatif pluriel est *ns* pour le masculin et pour le féminin. Ainsi le thème *apro-* faisait d'abord *apro-ns*, *vitlâ* faisait *vitlâ-ns*. En osque, le *n* a été assimilé par la sifflante, en sorte

1. I, p. 29, 113.

2. ZK, XXII, 418. Les indications physiologiques fournies par M. L. Havet nous ont été fort utiles.

3. *Beiträge zur Deutung der Eug. Taf.* p. 18.

qu'on écrit *ss* : *fethoss* « ficos », *ekass* « has », *teremniss* « terminos ». Ce phénomène d'assimilation montre que la prononciation de l'*s* final de l'accusatif pluriel était forte. En ombrien, le *n* suivi d'un *s* articulé fortement a amené dans la prononciation l'intercalation d'un t, et ce groupe *nts* se réduisit à une spirante analogue au θ grec moderne ou au *th* anglais[1]. On sait, par de nombreux exemples tirés de diverses langues, combien est grande la parenté de ce son avec *f*; je rappellerai seulement le russe *Fëdor* et le cypriote φίλω (pour θέλω). En latin le *f* est, au commencement des mots, le représentant ordinaire du θ grec (*fores* = θύρα, *fera* = θήρ, ἐρυθρός = *ruf*(*r*)*us*, *fumus* = θυμός). En ombrien, nous avons déjà vu *ns* dans a n s e r i a t e s produire le groupe nz (I *a* 1) : un pas de plus dans l'altération phonétique a donné *nf*, et devant le *f* final le *n* a cessé d'être entendu. Ainsi s'est produite la désinence *f*, qui perd dès lors son aspect étrange. Il semble qu'elle ait existé également en volsque[2].

Je passe à présent au sens du mot *angla*. Quand on rapproche les endroits où il est employé, on ne peut douter que ce ne soit un terme signifiant « oiseau ». Je citerai seulement ce membre de phrase : *sve anglar procanurent* (VI *a* 16) « si — accinuerint ». Mais en quoi diffère-t-il de *avis?* Car, dans un texte de cette nature, l'emploi de deux mots ne peut être attribué au hasard. On a pensé qu'il s'agissait d'une distinction analogue à celle que les Latins font entre les *oscines*, c'est-à-dire les oiseaux qui indiquent l'avenir par leur chant, et les *alites* qui donnent des présages par leur vol[3]. Cela est possible, quoique la distinction faite entre *avis* et *angla* puisse aussi être empruntée à un autre ordre d'idées. Ainsi les augures romains distinguaient entre les oiseaux qui volent haut dans les airs (*quæ altius sublimiusque volitent*) et les oiseaux qui sont près de la terre (*inferæ*). Voy. Aulu-Gelle, VI, 6. Ce qui est certain, c'est que *angla* marque quelque chose de plus que *avis*, car autrement on ne s'expliquerait pas des répétitions comme : *merstaf aveif*, *merstaf anglaf* (VI *a* 3,

1. Parmi les exemples tirés des langues romanes que cite M. Bugge pour attester le changement d'un *s* en *f*, les trois suivants doivent s'entendre d'un *ts* dans le patois de la Suisse romande, pour *cigogne*, *cinq* et *linceul* on dit *fegogna*, *fein* et *leinfiu*. On y peut joindre *petanfe* = *pitance*, *sanfon* = *chanson*, *San-Frego* = *Saint-Cergues* (Schuchardt, *Vulgärlatein*, III, 316).

2. ZK, XXII, 428.

3. Servius ad Æn. III, 361. Plin. X, 22.

18'. On a songé au latin *ancula* « ministra » (Festus, *s. v. ancillæ*) ou au grec ἄγγελος. — Ce premier membre de phrase signifie donc : « Qui oscines (?) observatum ibit ». Il va sans dire que « ibit » ne doit pas être pris dans son acception matérielle, mais que nous avons ici une locution toute faite comme *venum eo*, *infitias eo* en latin.

Eso. Ce pronom, écrit ailleurs *esoc*, *isoc*, esuk (le *c* final est souvent négligé par le graveur), se présente deux fois sous la forme *essu* (VI *a* 43) et *issoc* (VII *b* 3). Les deux *s* ne sont pas, comme le supposent A. K., une faute ; mais ils témoignent au contraire de la véritable prononciation, et ils nous expliquent pourquoi la sifflante, placée entre deux voyelles, ne s'est pas changée en *r*. Je crois qu'il faut rapprocher les formes osques eksuk (ablatif singulier neutre), exac (ablatif singulier féminin), exaisc-en « hisce in » (ablatif pluriel féminin avec l'enclitique *ce* et la postposition en), exeic (locatif). C'est un pronom démonstratif composé de *eic*[1], *ec* que nous retrouverons dans les pronoms *ecla* (VII *a* 11, 27), etantu (V *b* 6), et du thème *so*, dont il est resté en latin les formes *sum*, *sam*, *sas* (Festus, *s. v.*). L'enclitique *c*(*e*) est venue se joindre à la fin, comme on la voit s'ajouter à plusieurs autres pronoms. — Dans le passage qui nous occupe, on pourrait considérer *esoc* comme le régime direct de *ehveltu*. Mais l'emploi qui est fait ailleurs du même mot doit faire penser que c'est un accusatif ayant pris une signification adverbiale, et qu'il veut dire « en cette façon, ainsi ».

Ehveltu. 3ᵉ personne de l'impératif. Il faut séparer *eh*, qui est un préfixe correspondant au latin *ec*, *ex* ou *é* : c'est ainsi qu'en osque *ehtrad* répond au latin *extra*. Faut-il voir dans la lettre *h* un pur signe orthographique indiquant la voyelle longue, comme dans ampr-ehtu (*ambito*), ou bien y doit-on voir, par une modification analogue à celle des langues germaniques, le substitut d'un ancien *k?* La première explication paraîtra la plus vraisemblable, si l'on compare l'orthographe *ehe*, que nous avons trois fois VI *b* 54, 55, et qui est avec *eh* dans le même rapport que *persnihimu* avec *persnihmu*, ou que *ahatripursatu* avec ahtrepuḍatu. — Dans le verbe *-veltu*, il est naturel de reconnaître la racine *vel* que nous avons en latin dans *velim*, *vellem*, *velle*. Mais la signification

1. Au sujet de la diphthongue dans *eic*, cf. Plaute *eicillam*, qu'il faut peut-être écrire *icillam* (Festus, p. 297, s. v. *soracum*).

est quelque peu différente, ce qui ne pourra pas nous étonner quand nous saurons que l'idée de vouloir est exprimée, en ombrien comme en osque, par la racine *her*. A. K. traduisent *ehveltu* par « jubeto » : ils rapprochent le substantif ehvelklu (V *a* 23, V *b* 1) qu'ils traduisent par « decretum ». Ce sens peut parfaitement être adopté. Cependant quand nous viendrons au substantif, nous verrons qu'il signifie plutôt « propositum » que « decretum »; car il s'agit d'une formule soumise au vote d'une assemblée. Nous traduirons donc également ici *ehveltu* par « proponito ». Il est question d'une formule que l'augure (*poei angla aseriato eest*) propose à l'acceptation d'un autre personnage désigné sous le nom d'*arsfertur*. Quant à l'emploi de la préposition *e* ou *ex* devant un verbe de ce sens, on peut rapprocher en latin certains verbes à signification approchante, comme *enunciare*, *effari*, *edicere*, *edictare*, *eloqui*.

Arsferture : cas indirect d'un substantif en *tur* = latin *tor*, osque tur. Nous avons déjà vu par *curnaco* que l'accusatif des thèmes à consonne est en *o;* on verra plus loin que le génitif finit en *er* (*nomner* = lat. *nominis*). Nous avons donc probablement ici un datif ou un ablatif. C'est le datif qu'exige la construction. — Au lieu de *arsfertur*, les tables en écriture étrusque écrivent adfertur. Nous avons ici le premier exemple d'un fait important : le d ombrien, quand il est ou était primitivement placé entre deux voyelles, ou quand il est final (comme c'était le cas pour la préposition *ad*), a changé de prononciation. Entre deux voyelles, il a toujours pris le son du δ en grec moderne, c'est-à-dire qu'il s'est légèrement assibilé. L'écriture ombrienne ancienne ne l'en représente pas moins par le caractère ꟼ, qui est un *d*, quoique par sa forme il puisse être pris pour un *r :* il est assez difficile de dire pourquoi l'alphabet ombrien a figuré son *d* de cette façon, mais à ceux qui pourraient douter du fait nous rappellerons l'alphabet osque, où le *d* est figuré par un Я[1]. A l'époque où furent gravées les tables VI-VII, ainsi que la partie en écriture latine de V, on crut reconnaître un *r* dans ce caractère; mais comme la prononciation exigeait un autre son, comme on trouvait d'ailleurs un second caractère ayant

1. Mommsen, qui reconnaît le fait pour l'osque, en a présenté une explication, page 25 de ses *Unteritalische Dialekte*. Je crois que l'origine, quelle qu'elle soit, doit être rapportée à l'alphabet auquel les Ombriens et les Osques ont emprunté leurs caractères.

la valeur *r*, le transcripteur prit le parti de représenter le ꟼ au moyen d'un *r* suivi d'un *s* : ainsi il satisfaisait à l'exactitude dont il se fait partout une loi, et il empêchait une confusion de la prononciation. Toutefois il lui arrive d'oublier le *r* et de mettre simplement un *s* : ainsi VI *b* 36 *atrepusatu* à côté de VI *b* 16 *atripursatu* = atripuḍatu; *Acesonia* (VI *b* 52) à côté de *Acersonia* (VII *a* 52) = Akeḍunia. Telle est l'explication que nous croyons devoir donner d'un fait qui a beaucoup occupé tous ceux qui ont écrit sur la langue ombrienne[1]. Nous transcrirons le ꟼ par un d; toutefois, pour rappeler le son assibilé qu'il avait pris, nous emploierons un d pointé (ḍ). — Il y a cependant un cas où le *r*, comme transcription d'un ancien ꟼ, pourrait être le signe exact de la prononciation : c'est quand ꟼ est final; on a de même en latin *ad* changé en *ar* dans *arvenas*, *arvocatos*, *arfuisse*, *arversum*, *arbiter*, *arcessere*[2]. Le mot qui nous occupe est précisément un composé ayant *ad* pour préfixe, et au lieu de *arsfertur* le graveur écrit deux fois (VI *a* 3, VII *b* 3) *arfertur*. Il faut ajouter néanmoins que, même en cette position, ꟼ est plus souvent transcrit par *rs*: *arsveitu* « advehito » onze fois contre une fois *arveitu*.

La seconde partie *fertur* est un substantif verbal formé de la racine *fer* « porter ». Le nom correspondant en latin serait *allator*. Quelle est la particularité à laquelle ce nom fait allusion? On a rappelé que le verbe *adferre*, *arferre* était usité chez les Romains dans la langue religieuse. Festus (p. 11) : *Arferia* aqua, quæ inferis libabatur, dicta a ferendo; sive vas vini, quod sacris adhibebatur. — Philoxeni Glossæ ap. Labb. *Adferial* ὕδωρ τὸ ἐπὶ τοῖς νεκροῖς σπενδόμενον. Ce sens conviendrait au personnage, qui accomplit des fonctions sacrées. Je ne crois pas cependant que ce soit le vrai sens. On verra plus tard, et notamment par les inscriptions II *b*, V *b*, que l'adfertor est le personnage chargé de fournir, sous sa responsabilité et moyennant une indemnité fixée à l'avance, tous

1. Lepsius (*De Tab. Eug.* p. 54 ss.) a parfaitement élucidé le côté épigraphique de la question. Aufrecht et Kirchhoff (I, p. 84) transcrivent le ꟼ par un *r*, tout en reconnaissant que la valeur étymologique est *d*; ils regardent *rs* comme la représentation du son pris en ombrien nouveau par cette lettre. — M. Louis Havet, dans une note communiquée à la Société de Linguistique de Paris, a déterminé par les différentes positions où elle se trouve, la valeur physiologique de l'articulation ombrienne ḍ.

2. Corssen, *Aussprache*[2], I, 238.

les objets nécessaires au sacrifice, tels que offrandes et ustensiles. L'impératif signifiant « qu'il fournisse » est fertu. Je crois que adfertur se rapporte au même ordre d'idées, et qu'il désigne l'entrepreneur ou procurateur du sacrifice. Cela ne veut pas dire qu'il ne soit pas revêtu d'un caractère public et sacré.

Une circonstance qui ressort du texte, et que cette phrase suffirait déjà pour nous apprendre, c'est que nous sommes en présence de deux personnages, l'un qui est l'adfertor, et l'autre qui n'a pas de nom spécial sur les tables, mais qui est désigné par la circonlocution : *poei angla aseriato eest*, « qui oscines observatum ibit ». C'est l'augure. Le seul fait que l'adfertor entre régulièrement en dialogue avec l'augure pour connaître l'avenir montre qu'il est en possession du *jus auspicii :* à Rome il se serait appelé *auspicans* ou *auspicium captans*[1]. Nous verrons plus loin se dessiner plus nettement le rôle de ces deux personnages.

Tremnu serse. Ces deux mots doivent marquer quelque circonstance accessoire de l'action. Cf. le passage suivant, VI *a* 16 : *sve anclar procanurent, eso tremnu serse combifiatu. Tremnu serse* sont des ablatifs, l'un appartenant à la seconde, l'autre à la troisième déclinaison. Je crois qu'il faut aussi rapprocher VI *a* 5 : *sersi pirsi sesust*, où, au lieu de *e*, la désinence est *i*[2]. Dans ce *serse sersi* je reconnais le latin *sedes*, mais avec changement du genre, car le mot ombrien est du masculin ou du neutre, ce qui ne peut surprendre, si l'on songe que ce terme, qui signifiait d'abord l'action de s'asseoir, a pris le sens concret « lieu, siége ». Cf. le neutre ἕδος. — *Tremnu* est un adjectif qui détermine *serse :* les hypothèses qu'on peut avancer sur le sens de ce mot sont trop peu certaines pour y arrêter le lecteur[3].

TRADUCTION.

(VI *a* 1) « Qui oscines (?) observatum (2) ibit, ita — a sede adfertori proponito. »

(VI *a* 2) *Stiplo aseriaia parfa dersva, curnaco dersva,* (3)

1. Voy. Bouché-Leclercq. Articles *Augures* et *Auspices* dans le *Dictionnaire d'Antiquités* de Daremberg et Saglio.

2. C'est ainsi qu'on a concurremment les formes d'ablatif *ocre* et *ocri*.

3. Une question très-obscure, et que nous traiterons en son lieu, est de savoir s'il faut voir le même mot ou un mot congénère dans le sese qu'on trouve trois fois : III, 23; IV, 15, testru sese. IV, 3, supru sese.

peico mersto, peica mersta; mersta auvei, mersta angla esona.

L'augure adresse ces paroles à l'adfertor. Dans le premier mot je reconnais la première personne du présent d'un verbe correspondant au latin *stipulor :* seulement en ombrien c'est l'actif au lieu du déponent. Si l'on rapproche (ligne 3) : *arfertur eso anstiplatu*, on s'aperçoit déjà qu'il s'agit d'un contrat qui se lie entre les deux personnages. Pour mieux comprendre tout le passage qui va suivre, quelques éclaircissements d'une nature plus générale sont nécessaires.

Si superstitieux que fussent les Romains, tout présage, à leurs yeux, n'était pas également valable. Ils faisaient une distinction fondamentale entre les *auguria oblativa* ou présages non demandés, et les *auguria impetrativa* ou présages obtenus (parce qu'ils ont été demandés)[1]. Il était au pouvoir de chacun de récuser les signes de la première espèce : « Nam in oblativis auguriis, » dit Servius (Æn. XII, 259), « in potestate videntis est, utrum id ad se pertinere velit, an refutet et abominetur.[2] » Mais il en est autrement pour les *auguria impetrativa :* par cela même qu'on les a demandés, on s'est démis du droit de les refuser. Toutes les fois qu'il y a sacrifice et invocation aux dieux, c'est d'un présage de la seconde sorte qu'il est question.

Il n'en était que plus important de déterminer toutes les conditions de l'acte qui allait s'accomplir. On sait jusqu'où les Romains poussaient les précautions à cet égard. S'il s'agissait du vol des oiseaux, ils limitaient la partie du ciel dans laquelle le présage devait se produire[3]. Ils indiquaient, comme nous le voyons ici, quels oiseaux devaient paraître. C'est ce qui s'appelait *aves poscere*[4]. Ils pouvaient encore stipuler des conditions plus expresses. Dans le sacrifice dont Tite-Live nous présente la description, qui est offert par Numa Pompilius pour savoir s'il doit accepter la royauté, ce sont précisément les présages demandés par l'augure qui se produisent : « Tum peregit verbis auspicia quæ mitti vellet : quibus

1. Serv. ad Æn. VI, 190. Auguria aut oblativa sunt, quæ non poscuntur, aut impetrativa quæ optata veniunt.

2. Pline. Hist. Nat. XXVIII, 4. « In augurum certe disciplina constat neque diras neque ulla auspicia pertinere ad eos qui quamque rem ingredientes observare se ea negaverint.

3. « Nam moris erat ut captantes auguria certa sibi spatia designarent, quibus volebant videnda ad se pertinere. » Serv. ad Æn. VI, 191.

4. Serv. ad Æn. I, 398.

missis declaratus rex Numa de templo descendit. » Pour le dire en passant, la superstition se manifestant de cette façon semble moins puérile : un peuple pieux comme les Romains, convaincu de la continuelle intervention des dieux dans les affaires humaines, pouvait sans inconséquence demander à la divinité qu'elle manifestât sa volonté par un signe ; on choisissait pour obtenir ce signe les phénomènes qui paraissaient le moins astreints à des lois, comme le vol et le chant des oiseaux, la direction de la foudre, la palpitation des entrailles de la victime.

L'énonciation des conditions arrêtées entre l'augure et les dieux s'appelle *legum dictio*[1]. Mais une circonstance nécessaire, dont nous n'avons pas encore parlé, c'est que la personne qui demande le sacrifice donne pleins pouvoirs à l'augure et s'engage formellement à accepter pour elle-même les présages qui se produiront. Il est clair que sans ce consentement le sacrifice serait en vain. Ainsi s'explique le dialogue qui, chez Tite-Live, s'engage entre le fétial et le roi Tullus Hostilius, au moment où le traité avec Albe doit être conclu. Fetialis regem Tullum ita rogavit : « Jubesne me, rex, cum patre patrato populi Albani fœdus ferire? » Jubente rege : « Sagmina, inquit, te, rex, posco. » Rex ait : « Puram tollito. » Fetialis ex arce graminis herbam puram attulit. Postea regem ita rogavit : « Rex, facisne me tu regium nuntium populi romani Quiritium? vasa comitesque meos? » Rex respondit : « Quod sine fraude mea populique Romani Quiritium fiat, facio. » Il s'agit ici pour le roi d'autoriser le fétial à parler et à traiter en son nom. Dans les Tables Eugubines, la relation des deux personnages est renversée : l'augure, au moment de consulter le vol des oiseaux, fait prendre à l'adfertor l'engagement d'accepter les présages. La forme sous laquelle cet engagement est contracté rappelle à certains égards celle de la stipulation romaine.

On sait que, dans la langue du droit, on appelle *stipulatio* un contrat solennel qui se lie entre les deux parties au moyen d'une question et d'une réponse conçues en termes identiques. *Quinque aureos dare spondes? — Quinque aureos dare spondeo.* Quelquefois (et c'est là probablement la signification primitive

1. Serv. ad Æn. III, 89. « Legum dictio autem est cum condicio ipsius augurii certa nuncupatione verborum dicitur, quali condicione augurium peracturus sit. »

de ce terme) le mot *stipulatio*, au lieu de s'appliquer à l'ensemble de l'acte, c'est-à-dire à la demande et à la réponse, désigne seulement la demande : la réponse porte alors le nom de *sponsio*. On oppose de même le *stipulator*, c'est-à-dire celui qui fait la demande, au *promissor* ou *sponsor*, c'est-à-dire celui qui répond. Le verbe *stipulari* s'emploie également au sens étroit, en parlant de celui qui fait la question[1]. Sur notre inscription, *stiplo* « je stipule, » est employé en cette signification : mais au lieu de *spondere* ou *promittere*, l'ombrien a un verbe *an-stiplo* dont le préfixe, qui représente soit ἀντί, soit ἀνά, marque le retour ou la réciprocité.

Par un excès de précaution qui marque bien le caractère formaliste du rituel italique, le mot *stiplo* est exprimé au commencement de la stipulation. Dans le droit romain, nous n'avons pas d'exemple du verbe *stipulor* placé en tête d'une stipulation : et cela se conçoit, puisque la demande et la réponse devaient reproduire exactement les mêmes termes. Mais dans les formules d'une autre nature on a soin d'ajouter le verbe qui exprime le caractère de l'acte judiciaire : ainsi *aio*, *postulo*, *jubeo*, *volo*, sont fréquemment exprimés[2]. C'est ainsi qu'au début d'une formule un peu longue proposée au peuple romain on place ces mots : « Velitis jubeatisne hoc sic fieri? » (T. L., XXII, 10). Nous apercevons donc ici une légère différence entre l'usage romain et l'usage iguvien : la *stipulatio*, à Iguvium, n'avait pas nécessairement la forme interrogative; elle pouvait s'annoncer elle-même comme stipulation, de sorte qu'il devenait impossible d'en répéter identiquement le commencement[3].

Aseriaia. Nous avons ici un subjonctif ou plutôt un optatif

1. « Qui uxorem ducturus erat, ab eo, unde ducenda erat, stipulabatur eam in matrimonium ductum iri : qui daturus erat, itidem spondebat daturum. Is contractus stipulationum sponsionumque dicebatur sponsalia. Ser. Sulpic. ap. Gell. IV, 4. — Si stipulanti mihi decem tu viginti respondeas. Ulp. Dig. 45, 1. 1. — Qui stipulatur reus stipulandi dicitur. Qui promittit reus promittendi habetur. Modestin. Dig. 45, 2, 1.

2. Voy. par ex. : *Gaii Comment.* IV, 16.

3. Peut-être a-t-on exagéré dans le droit romain la nécessité de l'identité. Ainsi chez Plaute (si nous pouvons prendre un poëte comique comme exemple), on trouve une stipulation où c'est seulement le mot essentiel qui est reproduit dans la réponse. Pseudolus IV, 6, 14 :

> Sim. Nullum periclum est, quod sciam, stipularier.
> Ut concepisti verba, viginti minas
> Dabin? Ball. Dabuntur. Sim. Hoc quidem actum est haud male.

analogue aux optatifs attiques φιλοίην, δηλοίην, τιμῴην. On trouvera plus loin *portaia*, kupifaia, *etaians*, qui sont de même formation[1]. La désinence est tombée : c'était selon toute probabilité un *s*. En latin, la conjonction *ut* eût été nécessaire devant le second verbe : « stipulor ut observes ». On pourrait du reste mettre un point après *stiplo* et faire de *aseriaia*.... une proposition indépendante : « Que tu observes.... »

Vient ensuite la répétition des mêmes oiseaux, avec cette différence que les noms, au lieu d'être à l'ablatif, sont cette fois à l'accusatif. Nous avons, par conséquent, *peico mersto* au lieu de *peiqu merstu*, *curnaco* au lieu de *curnase*. Cet *o* des thèmes à consonne est représenté en vieil ombrien par un *u* : uhturu (auctorem). Les noms féminins *parfa dersva*, *peica mersta* sont écrits, par la négligence du graveur, sans leur *m* : mais ailleurs on a parfam tesvam, *totam*, *salvam*.

Mersta auvei[2], *mersta angla esona*. — Ces mots sont également à l'accusatif, étant régis comme les précédents par *aseriaia* : il faut donc par la pensée ajouter à chacun un *f*. Cet *f* qui manque dans notre passage a été au contraire marqué à la fin de quelques-uns de ces mots, ligne 4. La distinction entre les oiseaux *dersva* et les oiseaux *mersta* étant une fois établie, il va être fait une déclaration au sujet de ces derniers : il est annoncé que les oiseaux *mersta* (tant *avei* que *angla*) seront considérés comme *esona*. Ce dernier mot revient fréquemment : tantôt il accompagne un nom avec lequel il s'accorde, tantôt il est seul et du neutre. En cette dernière construction, il a le sens de « sacrifice ». Nous pouvons donc, quand il est adjectif, le traduire par « sacer ». Mais notre ignorance du rituel nous empêche de voir quelle idée précise il faut attacher à ce terme. Sur l'origine du mot, rien de bien satisfaisant n'a été proposé. Grotefend pense à αἴσιος, Ebel à l'étrusque *aesar* « deus »[3] ; Aufrecht rappelle le sanscrit *asu* « bon », grec ἐΰ[4]. On a songé aussi au

1. Sur ces optatifs, voy. Schleicher, *Compendium*, § 290.

2. L'*u* dans ce mot est un développement du *v*. Il sera question de ce fait plus loin.

3. ZK, IV, 200. Nous devons la connaissance de ce mot étrusque à Suétone, *Vie d'Auguste*, XCVII. Il est question des présages qui annoncèrent la mort de l'empereur. « Sub idem tempus ictu fulminis ex inscriptione statuæ ejus prima nominis litera effluxit. Responsum est centum solos dies posthac victurum, quem numerum C litera notaret; futurumque ut inter deos referretur, quod AESAR, id est reliqua pars e Cæsaris nomine, etrusca lingua deus vocaretur. »

4. ZK, I, 282.

nom de dieu celtique *Esus*, *Hesus*. Ce qui paraît plus près que tous ces mots, c'est le sabin *aisos*[1], qui se trouve en tête de l'inscription de Rapino. L'orthographe *eesona* (VI *a* 18) montre que la voyelle initiale est longue.

TRADUCTION.

(VI *a* 2) Stipulor [ut] observes parram præpetem, cornicem præpetem, (3) picum adversum, picam adversam : adversas aves, adversos oscines (?) sacros. »

(VI *a* 3) *Arsfertur eso anstiplatu :* (4) *Ef aserio. Parfa dersva, curnaco dersva, peico mersto, peica mersta; mersta aveif, merstaf* (5) *anglaf esona : mehe, tote ijoveine, esmei stahmei stahmeitei.* — A la *stipulatio* succède la *sponsio*. L'adfertor doit répondre en répétant les termes qui lui ont été proposés, et il énumère tous ceux que concerne le sacrifice. Au lieu du verbe latin *spondere* ou *promittere* nous avons ici un mot composé de *stiplo* et du préfixe *an*. Ce préfixe, qui correspond à ἀντί ou ἀνά, implique une idée de réciprocité ou de retour. Le sens est donc : « Adfertor ita spondeto ». Nous trouvons ensuite le verbe *aserio* à la 1re personne avec l'accusatif pluriel féminin *ef* pour régime. *Ef* appartient au thème pronominal *i*, qui a donné au latin les formes *i-s i-d i-m e-m i-bi*, et à l'ombrien le masculin er-ek *er-ec er-ont*, le neutre eḍ-ek *ers-e*. Comme il existe en latin à côté du thème *i* un thème *eo* (pour *eio*), qui a donné les formes *ea eum eam ii eos eas* etc., de même en ombrien nous avons un accusatif pluriel féminin eaf (I *b* 42); mais ce n'est pas une raison pour corriger notre forme *ef* en *eaf*, comme l'a cru devoir faire Kirchhoff.

Vient ensuite la répétition des mots déjà connus, mais avec l'addition d'une couple de régimes indirects au datif.

Mehe. — C'est le latin *mihi*. Plus bas on trouvera dans la réponse de l'augure *tefe* = latin *tibi*. — *Tote ijoveine*. — Deux datifs féminins de la 1re déclinaison. On aura plus loin le génitif *totar iovinar* (VI *a* 30) = tutas ijuvinas (I *b* 2), l'accusatif *totam ijovinam* (VI *a* 49), l'ablatif *tota ijovina* (VI *a* 23). La désinence du datif latin *æ* est, comme on sait, la contraction de deux voyelles longues *â* + *î*, qui, au temps d'Ennius,

1. Corssen, dans ZK. IX, 133. *Aussprache*² I, 375.

se prononçaient encore d'une façon distincte : *terrai frugiferai* était la fin d'un hexamètre[1]. En ombrien, la désinence correspondante est toujours *e*. — *Tote*, comme Lepsius l'a reconnu d'abord[2], est un substantif signifiant peuple ou ville. On pourrait, au besoin, deviner ce sens par la comparaison de nombreux passages de nos tables, où *tota* accompagné d'un nom ethnique est aussitôt suivi de *trifu* (= latin *tribus*) accompagné du même nom ethnique. Ce sens est confirmé par le témoignage des langues congénères. Dans les inscriptions osques *touta* signifie tantôt « peuple» et tantôt « ville ». La diphthongue de la première syllabe (on trouve aussi une fois *tauta*) montre que l'*o* de l'ombrien *tota* doit être prononcé comme une longue. L'adjectif dérivé du nom est en ombrien *totcus* (VI *a* 12), en osque *touticus*. Les historiens latins connaissaient cet adjectif : « medix tuticus, dit Tite Live (XXIII, 35), summus magistratus erat Campanis ». — Existe-t-il un rapport entre le substantif ombrien *tota* et l'adjectif latin *totus?* Je crois que le rapport est de même sorte, quant au sens, qu'entre *populus plebs* et *plenus*, entre πόλις πλῆθος et πλήρης. Tandis que la signification est restée adjective en latin, elle s'est condensée en un appellatif dans les deux dialectes congénères, à peu près comme si de l'adjectif *commun* il ne restait en français que le substantif *la commune*[3]. Nous ne traduirons pas cependant *tota* par « populus » attendu que nous trouverons plus loin *poplo*. Il y a même un passage où les deux mots sont combinés de manière à nous éclairer sur leur différence. VI *b* 43 on sacrifie *popluper totar Ijovinar totaper Iovina*. D'après ce passage, *tota* exprime une idée plus compréhensive que *poplu;* nous traduisons « pro populo civitatis —æ, pro civitate —a ».

Ijoveine. On vient déjà de voir un certain nombre de variantes de cet adjectif. Les formes les mieux conservées sont ikuvina, ikuvine, ikuvinus, qui se trouvent sur la table I. Comme Olivieri (1735) l'a déjà reconnu par la comparaison des monnaies[4], c'est un adjectif dérivé du substantif

1. Ennius, *Ann.* v. 479, éd. Vahlen.

2. *Zeitschrift für deutsche Alterthumswissenschaft*, 1847. P. 422. Cf. Mommsen *Die unteritalischen Dialekte*, p. 304.

3. Les rapports qu'on a signalés avec le lette *tauta* « peuple », le gallois *tuath* et le gothique *thiuda* me paraissent moins certains.

4. Ce fut un trait de lumière, car jusque-là on n'avait aucune idée du contenu des tables. Voy. Lepsius, *De Tabulis Eugubinis*, p. 17. — Les monnaies d'Igu-

Iguvium (il faut se rappeler que l'ancien ombrien n'a pas de lettre pour le *g* et le représente par un *k*), à l'aide du suffixe *înus*[1]. La diphthongue *ei*, que nous avons précisément dans notre forme *ijoveine*, prouve que la pénultième est longue. Mais un *g* placé entre deux voyelles est sujet à s'affaiblir en *j*. C'est ainsi que nous verrons un peu plus bas (l. 8) *mujeto*, participe passé du même verbe qui fait à l'impératif *mugatu*. De là les formes comme **iiuvina iiovina** (prononcez ijuvina ijovina). D'autres fois on a *iovina iovinur*. Il est clair que deux formes comme **ikuvina** et **Iiuvina** (I *b* 2) ne peuvent être contemporaines, mais se rapportent à deux états différents de la langue.

Esmei stahmei stahmeitei. — Ces mots que Kirchhoff traduit comme des datifs doivent être considérés comme des locatifs analogues au latin *domi*, *humi*, à l'osque *múínikei terei* (*in communi agro*)[2]. — *Stahmei* — probablement de la racine *sta* (l'*h* est un signe orthographique indiquant la longue) — signifie la place, et, comme Kirchhoff l'a pensé avec raison, il marque ici la place tracée dans le ciel par l'augure. C'est un substantif masculin ou neutre formé à l'aide du suffixe *mo*, comme *fumus*, *arma* en latin. — *Stahmeitei* est le participe passé du verbe dénominatif tiré de ce substantif. Il est fléchi d'après la seconde conjugaison, dont le participe est en *eitom*, *etom*, *itom*. On a ici une locution comme πόλεμον πολεμεῖν. Il est question du temple tracé au ciel par l'augure et dans les limites duquel le présage doit se produire. Quand Numa offre son sacrifice à Rome (Tite-Live, I, 18), la formule d'invocation se termine de même : « Jupiter pater, si est fas hunc Numam Pompilium cujus ego caput teneo regem Romæ esse, uti tu signo nobis certo acclarassis inter eos fines quos feci. » Pour traduire *stahmeitei*, l'expression latine serait « effatum ».

Il reste le pronom *esmei*, qui rappelle à première vue les formes sanscrites comme *asmâi* (illi), *asmât* (illo), *asmin* (in illo). Toutefois, je crois plutôt que nous avons ici une forma-

vium, dont Fabretti (pl. XVIII) donne le fac-similé, portent tantôt *Ikuvins* (?) et tantôt *Ikuvini*.

1. La ville d'Iguvium est mentionnée chez Cicéron ad Att. VII, 13. pro Balbo, c. 20. César, *B. Gall.* I, 12. Liv. XLV, 43. Pline, *H. N.* III, 14. XV, 7. XXIII, 49. — L'adjectif Iguvinus, chez Pline, III, 19. — Le nom moderne Gubbio ne saurait venir de la forme ombrienne, puisque le *g* était déjà brisé en *j* : il vient du mot latin.

2. Bücheler, *La déclinaison latine*, p. 186 de la traduction française.

tion nouvelle *eis* + *mo*. Il est à peu près certain qu'il faut encore suppléer un *c* à la fin : on trouve ailleurs (I *a* 28, 31) esmik.

TRADUCTION.

(VI *a* 3) Adfertor ita spondeto : (4) Eas observo. Parram præpetem, cornicem præpetem, picum adversum, picam adversam ; adversas aves, adversos (5) oscines (?) sacros : mihi, civitati Iguvinæ in hoc templo effato.

(VI *a* 5) *Sersi pirsi sesust poi angla* (6) *aseriato est, erse neip mugatu, nep arsir andersistu; nersa courtust porsi angla anseriato* (7) *iust. Sve mujeto fust, ote pisi arsir andersesust, disler alinsust*[1].

Nous distinguons aisément dans ce texte trois parties, dont la première se compose de prescriptions, comme on le voit par les impératifs *mugatu, andersistu*, et dont la troisième est conditionnelle, ainsi que cela ressort de la conjonction *sve* « si ». Entre les deux vient se placer une phrase composée de deux propositions, finissant par les deux verbes *courtust* et *iust*.

Nous connaissons déjà le sens de *poi angla aseriato eest* (il faut lire ainsi, d'après la ligne 2, au lieu de *est*). — *Sesust* est une troisième personne du singulier analogue aux futurs antérieurs osques, comme fefacust. La racine est redoublée et prend la syllabe *us* devant les désinences personnelles : on a de même en ombrien *peperscust*, pepurkurent *dersicust* (pour deḍikust[2]). Disons tout de suite que très-souvent le redoublement manque. La syllabe *us* n'est pas autre chose que le futur du verbe *fu* qui a perdu son *f* initial[3]. Deux formations présentent la syllabe complète *fus* : ce sont les racines *i* « aller » et *da* « donner »; elles font *ambrefurent* « ambiverint », et ateḍafust (pour *an-dedafust*) « circumdederit ». Pour reconnaître à quel verbe appartient *sesust*, il faut nous transporter ligne 7, où nous trouvons le composé *ander-sesust :* c'est là, comme on l'a dit, une phrase conditionnelle régie par la conjonction *sve*. Il n'est pas difficile, en relisant le texte, de reconnaître que cette phrase ré-

1. *Andersesuspdi.lcralinsust.*
2. Cette dernière forme ne se trouve pas sur les tables.
3. Voy. Bopp, *Grammaire comparée*, § 856, Schleicher, *Compendium*, § 303.

pète sous forme dubitative la prescription contenue dans la ligne précédente, où figure l'impératif *andersistu :* dès lors nous sommes fixés sur l'origine de *sesust*, qui appartient au verbe *sisto* ou *sto*. On peut à ce propos observer comment le langage finit par user ou par polir les mots les plus rocailleux : la racine *sto* devrait faire *stestust*. Mais, de même que le latin *sisto* a déjà éliminé le *t* de la syllabe réduplicative, nous voyons effacé ici le *t* de l'une et de l'autre syllabe[1]. — *Sersi* a déjà été expliqué comme variante de *serse* (ligne 2). — Il reste *pirsi*, qui doit être une particule régissant toute cette proposition incidente : le *p* initial fait penser au thème du pronom relatif. Cette particule se retrouve fréquemment sous les formes suivantes : piḍi *pirsi* piḍe *perse* peḍi *persi* peḍe *perse persei*. La dernière forme est la plus complète : elle se décompose en *pers-ei*, dont la seconde partie est l'enclitique *ei* (cf. *po-ei*), et la première le neutre du thème *pi*, le *d* étant représenté par ḍ en écriture étrusque et par *rs* en écriture latine. Quant au sens, il est naturel de chercher une particule exprimant le temps, équivalant au latin « quum, quando » ou « ubi ». — Le sens de toute cette proposition est donc : Sede quum steterit qui oscines observatum ibit.... C'est le moment de nous reporter au passage de Tite-Live (I, 18), où nous trouvons : « Inde ab augure deductus in arcem [Numa], in lapide ad meridiem versus consedit. Augur ad lævam ejus, capite velato, sedem cepit. » Les témoignages des anciens ne sont pas d'accord sur la position des augures pendant qu'ils observent les oiseaux : tantôt on les représente assis, tantôt debout[2]. Le texte ombrien est en faveur de ce dernier témoignage[3].

Erse. Ce mot, qui en vieil ombrien s'écrit eḍek, est le corrélatif de *pirsi*. Il se décompose en *id* + *ek*, et il correspond exactement à l'osque *idik*. L'*i* initial s'est changé en *e*, comme à côté de piḍe on trouve peḍe. La signification est « alors »; un peu plus bas (ligne 8) nous trouverons *pufe.... erse*. On sait que dans les langues anciennes la plupart des mots signi-

1. D'après l'analogie de a-teḍafust *an-dersafust* on se serait plutôt attendu à une forme *sesafust*.

2. Voy. Servius, *ad Æn.* VI, 197. IX, 4. Les divers renseignements fournis par les anciens sont réunis dans Huschke, *Die Iguv. Taf.* p. 48 et 512.

3. Pour expliquer avec Huschke *sesust* par « sederit » et *andersesust* par « intersederit », il faut admettre que deux fois le graveur a écrit *sesust* au lieu de *sersust* (seḍust), ce qui est peu vraisemblable.

fiant « lorsque.... alors » sont d'origine pronominale. Ici nous avons des accusatifs neutres, comme ὅ-τε τό-τε en grec. — *Neip* (écrit la seconde fois *nep*) est une négation dont la première partie représente le latin *nei*, *ne*. Le *p* doit être considéré comme l'équivalent de l'enclitique latine *que;* c'est ainsi que pumpe correspond au latin *cunque*. L'addition de cette enclitique se justifierait ici par la répétition de la négation; mais on trouve ailleurs *neip* employé seul dans le sens du latin *non*, et l'ombrien, autant qu'il nous est connu, n'a pas d'autre négation; de même en ancien latin *neque* est employé dans le sens de *non*. Ainsi dans une formule citée par Caton (*De r. r.* 141) : « Mars pater, si quid tibi in illisce suovitaurilibus lactentibus neque satisfactum est. » — *Mugatu* est l'impératif d'un verbe de la 1re conjugaison, comme *stiplatu portatu pihatu;* mais il est difficile d'en déterminer l'origine et le sens. Kirchhoff pense au verbe latin *mugire*, et il croit qu'il est question des bœufs du sacrifice dont les beuglements ne doivent pas interrompre l'inspection des oiseaux. Comme cette hypothèse l'oblige à admettre un changement de sujet, il fait de *mugatu*, non pas un impératif, mais un subjonctif présent passif pris dans le sens impersonnel : le *r* final du latin *mugiatur* serait tombé et l'*i* éliminé ou absorbé par la voyelle suivante, ou bien encore on peut admettre un verbe *mugĕre*. Cette explication rencontre plus d'une difficulté. Il n'a pas été question de bœufs jusqu'à présent, et il peut sembler étrange qu'au moment où ils paraissent pour la première fois, au lieu de les nommer on mette le verbe sous la forme impersonnelle. Le verbe suivant *andersistu* est incontestablement un impératif, ce qui doit faire penser la même chose pour *mugatu*. Enfin, la phrase : *nersa courtust porsi angla aseriato iust*, de quelque façon qu'on l'explique, est une prescription relative à la contenance de l'augure; il est donc naturel de supposer que *mugatu* et *andersistu* sont des prescriptions ayant rapport au même personnage. Je crois que *mugatu* est un verbe signifiant « remuer, bouger » et qu'il est apparenté avec le latin *movere*. Un *g* peut disparaître en latin devant un *v* sans laisser de trace, comme on le voit par *nivem*, *levis*, *brevis*, *struo*, *fluo*. C'est ce qui est probablement arrivé pour *favere* (sanscrit *bhag*) et *fovere* (grec φώγνυμι). Le grec μοχλός « levier[1] » a peut-être conservé la gutturale qui a disparu de

1. Comme *vectis*, de *vehere*.

mo(g)veo[1]. Le verbe doit être pris dans le sens neutre : « qu'il ne se meuve pas ».

Arsir. Kirchhoff, suivant le même ordre d'idées qui lui a fait reconnaître dans *mugatu* le latin *mugire*, croit qu'*arsir* représente le latin archaïque *assir* « sang ». Festus (p. 16) : « Assaratum apud antiquos dicebatur genus quoddam potionis ex vino et sanguine temperatum, quod Latini prisci sanguinem assir vocarent. » Il s'agirait du sang des victimes qui ne doit pas interrompre (*andersistu* dans le sens de *intercedere*) l'observation des oiseaux. Mais en supposant même la présence des bœufs, il n'est dit nulle part et il est peu vraisemblable qu'ils doivent être tués à ce moment, de sorte qu'il n'y a point de raison pour prendre des précautions de ce genre. Ou faut-il croire que ces mots renferment la défense de les tuer? Mais c'est là une expression bien détournée et bien recherchée pour un texte qui emploie toujours le mot propre. Ce n'est pas un nominatif singulier, mais un datif pluriel qu'il faut chercher dans ce mot, qui est, selon moi, un régime indirect du verbe *andersistu*, dont nous allons d'abord nous occuper.

A *andersistu* correspondrait le latin *inter-sistito*. Le préfixe *ander* (en vieil ombrien et en osque anter) a affaibli le *t* en *d* sous l'influence de la nasale. Dans les verbes de la 3e conjugaison, la syllabe *tu* se joint à la racine sans voyelle de liaison : *comoltu* (commolito), revestu (revisito). Quand la consonne finale de la racine est un *t* ou un *d*, cette dentale disparaît sans laisser de trace, ou plutôt elle est assimilée par le *t* de la désinence : *covertu* (convertito), ampentu (impendito), *ostentu* (ostendito), de même ici *sistu* (sistito). Le sens de ce verbe composé est probablement celui du verbe latin *intersistere* « interrompre, s'arrêter au milieu ». — Revenant à *arsir*, nous pouvons maintenant conjecturer d'après le contexte ce qu'il signifie. Quelle est la chose que l'augure ne doit pas interrompre? C'est sans doute ses prières, ses cérémonies, ou, si l'on veut encore, ses observations. Le mot *arsir* doit, ce semble, avoir quelque acception de ce genre. Nous allons proposer le rapprochement qui, entre autres conjectures auxquelles on pourrait songer, nous a paru le plus vraisemblable.

1. Cf. aussi *migrare* et cette glose de Festus: *Commugento convocanto.* — L'allemand *mühe*, où le *h* n'a pas de valeur étymologique, suppose un primitif *möjan*, pour *mögjan* (Grimm, *Kl. Schriften*, III, 103). La différence du sens est celle de *vehere* à *vexare*.

— Le grec ἀρά signifie « precatio, preces ». Homère l'emploie plusieurs fois en ce sens : θεὰ δέ οἱ ἔκλυεν ἀρῆς (*Od.* Δ. 767). Θέτιδος δ' ἐξαίσιον ἀρὴν Πᾶσαν ἐπικρήνειε (*Il.* O, 599). Si le plus souvent il a le sens d'imprécation, c'est là une acception postérieure due à cette tendance péjorative dont toutes les langues fournissent des exemples. Nous serions disposé à expliquer la voyelle longue par l'hypothèse d'un ancien ἀρσά, devenu avec allongement compensatif ἀρά. C'est ainsi qu'αἴρω fait au participe aoriste ἄρας et qu'en laconien Περσεφόνεια devient Πηρεφόνεια[1]. Si l'on admettait cette conjecture, la forme ombrienne *arsir* correspondrait exactement, sauf la différence du genre, au grec ἀραῖς[2].

Nersa. Ce mot, qui ne se trouve qu'une fois, a probablement perdu un *m* à la fin : la première partie est la négation *ne*, la seconde équivaut à la syllabe *dam* que nous avons en latin dans *quondam*, *quidam*. *Nersa* est, à ce que nous supposons, une particule négative impliquant une idée de temps, et pouvant se traduire par *non antea*. — *Courtust* est le futur antérieur du verbe *co-vertere*, *con-vertere*, employé au sens réfléchi comme il l'est quelquefois aussi en latin. La forme ombrienne se rapproche plutôt du latin *vortere*, qui s'est conservé dans *vortex*, *advorsum*. Nous trouverons d'autres exemples de *vo* changé en *u*[3]. — Il est défendu ici à l'augure de se retourner : on verra plus loin que la conversion de l'augure marque le moment où cette partie du cérémonial est terminée. — *Porsi* est, comme *pirsi*, une forme neutre du pronom relatif, suivie de l'enclitique *ei* : c'est ainsi qu'en latin on a *quod* et *quid*. Il est pris adverbialement et il correspond pour le sens à l'adverbe quam : *nersa.... porsi* « non antea.... quam ». — *Angla anseriato iust.* Le seul mot qui demande une explication est *iust* : c'est le futur antérieur du verbe « aller », dont nous connaissons déjà le futur simple *eest*. Nous avons déjà eu l'occasion de citer la forme plurielle *ambr-efurent* (circumiverint), à côté de laquelle existe aussi le

1. Sur l'allongement compensatif en grec, voy. Brugman, dans les *Studien* de Curtius, IV, 58.

2. On aurait du même coup une explication du sanscrit *rishi* (pour *arshi*), qui est le nom des poëtes védiques ; le sens de ce mot, pour lequel jusqu'à présent aucune étymologie satisfaisante n'a été présentée, serait « precator ». Nous devons ajouter toutefois que le mot *arsir* ne se trouve pas sur les tables en écriture étrusque, de sorte qu'il règne de l'incertitude sur la valeur du groupe *rs*.

3. La forme *vertere* existe également : *covertu* (VII *a* 46), kuvertu (I *b* 9).

singulier ampr-efus (circumiverit), où le *f* du verbe auxiliaire s'est conservé. C'est à peu près comme on a en latin, à côté des parfaits *adfui*, *præfui*, la forme mutilée *potui*. A. K. traduisent cette phrase d'une manière différente : ils regardent *porsi* comme un nominatif masculin ayant même sens que *poi*[1]. Le sens de la phrase entière serait : « et il ne se sera pas retourné auparavant, celui qui aura observé les oiseaux ». Mais cette construction nous paraît peu naturelle.

Sve « si » est la conjonction qui, en osque, s'écrit svaí, svae. — *Mujeto*(*m*) est le participe passé neutre du même verbe dont *mugatu* est l'impératif. Le suffixe *etom* ne diffère pas, au fond, du suffixe *eitom* de *stahmeitom*. Le *j* est l'altération d'un *g*, comme dans *Ijovina*. — *Fust*, futur tiré de la racine *fu*, comme *eest* de *ei* « aller » : « Si motum fuerit » (s'il a été bougé). — *Ote*, en vieil ombrien ute, osque auti. Conjonction répondant au latin *aut*. — *Pisi*. C'est probablement le même mot que nous avions plus haut (ligne 5) sous la forme *pirsi*. Ici le mot est pris dans le sens pronominal, et non adverbial : nous le traduisons comme un accusatif neutre signifiant « en quelque chose, *aliquantulum* ». — *Arsir andersesuspdisleralinsust*. C'est ainsi que porte l'inscription. Mais le *p*, qui d'ailleurs est mal conformé, doit être changé en *t*. Nous obtenons ainsi le mot *andersesust* qui correspond à *andersistu*, et dont la dernière partie reproduit la forme *sesust* (ligne 5) : « aut aliquantulum precibus interstiterit ». — Il reste *disleralinsust*, qui doit être probablement séparé en *disler alinsust*. *Disler* (pour *diśler*) peut être considéré soit comme le génitif singulier (cf. *pupler*, tupler), soit comme le datif-ablatif pluriel du substantif masculin tiçel (II *a* 15) dont nous avons ailleurs l'accusatif singulier tiçlu (II *b* 22, III, 25, 27). Ce mot, dans les passages cités, a clairement le sens de « litatio ». Il paraît naturel de penser au verbe latin *dicare* : il faut supposer un substantif *dicolom* *diculum* ou plutôt *dicelum* formé avec le suffixe *lo*. Devant le *e* qui jadis précédait le *l*, le *c* s'est changé en sifflante, comme dans arçlataf (*arcelataf*. — Quant au cas que représente *diçler*, nous attendrons pour en traiter que nous ayons examiné le mot suivant. — *Alinsust*. Ce mot difficile, sur lequel Kirchhoff s'abstient de rien avancer, présente du moins ceci de certain qu'il y faut voir un verbe.

1. Ouvrage cité. II, 58.

La désinence l'indique et la construction l'exige : « Si telle ou telle condition n'est pas observée, le sacrifice.... ». *Sera nul*, *sera défendu*, voilà ce que le sens général paraît demander. Dans l'*a* initial, on peut conjecturer la syllabe privative (latin *in*, osque *an*, grec ἀν ou ἀ) : que cette syllabe ait été *an* en ombrien[1], c'est ce qu'on voit clairement par les expressions comme *çihitu ançihitu* (VI *b* 57), *hostatu anhostatu* (*ibid.*), *virseto avirseto* (VI *a* 28). Dans la seconde partie, *linsust*, nous sommes obligé, si nous voulons trouver un sens, de faire quelque correction au texte. Je suppose qu'une syllabe a été omise à cause du voisinage de deux lettres semblables : *linśust* (nous avons déjà dit combien est fréquente la confusion entre *ś* et *s*) serait pour *liśenśust* ou *liśinśust*. Ne voulant pas arrêter le lecteur sur l'analyse d'une forme conjecturale, je me contente de renvoyer à ce qui sera dit de *purdinśust* et de *combifianśust*[2]. Si l'on admet cette correction, on aura un verbe parent du latin *licet*, et signifiant « il ne sera pas permis ». La présence de la syllabe privative *an* peut se comparer à ce qui a lieu en latin pour *infitiari* « nier » de *infitiæ*, « dénégations ». — En ce qui concerne le cas où est employé *diśler*, on peut hésiter entre le génitif singulier et le datif-ablatif pluriel. Les noms de la seconde déclinaison font leur génitif en *eir*, *er*, sur les tables en écriture latine; sur les tables en écriture indigène, il est en e s ou en e r. Au point de vue de la syntaxe, l'une et l'autre construction pourrait se justifier : sur des emplois analogues du génitif, je renvoie à VI *a* 8, 19, 27; II *a* 21.

TRADUCTION.

(VI *a* 5) Sede quum steterit qui oscines (?) (6) observatum ibit, tum ne [se] moveat, neve precationibus (?) intersistat. Neque antea se converterit quam oscines (?) observatum (7) iverit. Si motus fuerit, aut aliquantulum precationibus (?) interstiterit, litationis licentia non erit.

Pour commentaire de ces prescriptions, je rappelle le passage de Pline (*H. N.* XXVIII, 3) : « Et ne quid verborum prætereatur, aut præposterum dicatur, de scripto præire ali-

1. Dans *alinsust* il faut supposer deux *l* comme dans *avirseto* deux r.
2. Voyez VI *b* 16.

quem : rursusque alium custodem dari qui attendat; alium vero præponi, qui favere linguis jubeat : tibicinem canere, ne quid aliud exaudiatur. Utraque memoria insigni, quoties ipsæ diræ obstrepentes nocuerint, quotiesve precatio erraverit, sic repente extis adimi capita vel corda, aut geminari victima stante. »

L'intervalle que le graveur a laissé dans le texte suffirait déjà pour nous annoncer qu'un autre ordre d'idées commence. Il va être question de ce temple imaginaire que l'augure trace au ciel et dans les limites duquel le présage doit se produire.

(VI *a* 8) *Verfale pufe arsfertur trebeit ocrer peihaner, erse stahmito eso tuderato est*[1]. — Sur cette phrase difficile, les interprétations sont loin d'être d'accord[2] : l'incertitude vient des mots *verfale* et *trebeit*, qui ne sont employés qu'en ce seul passage. — On reconnaît deux formes verbales : *trebeit* et *est*; il y a donc au moins deux propositions. La seconde commence, non à *ocrer peihaner* (ces deux mots dépendent encore de ce qui précède), mais à *erse*. On a vu (ligne 6) que *erse* est un pronom qui peut s'employer adverbialement avec le sens « alors ». — *Stahmito(m)* est le nominatif neutre du même mot dont le locatif (ligne 5) est écrit *stahmeitei :* mais ici ce participe est employé substantivement, comme s'il y avait *stahmom stahmeitom*. Des variations de ce genre se trouvent encore ailleurs : nous rencontrerons (VI *b* 47) le participe *vaśetom* ayant le même sens que *vas* dont il dérive, et d'autre part (VI *b* 24) le substantif *sorsom* s'employant seul au lieu et place de l'expression *sorsom sorsale*. — *Eso(c)* nous est déjà connu comme signifiant « ainsi ». — *Tuderato(m)* est le participe d'un verbe tiré du substantif *tuder*, que nous rencontrerons plusieurs fois à partir de la ligne 10. Comme il s'agit dans ce passage du tracé d'un temple, et comme on cite plusieurs noms de lieu qui doivent guider ce tracé, on a été amené à supposer pour le mot *tuder* le sens de « limite[3] ».

1. *Stahmitoesotuderatoest.*

2. Aufrecht et Kirchhoff, II, p. 63. Bugge, dans ZK, XXII, 407.

3. Cf. le nom de ville ombrien *Tuder* ou *Tudertum*, dont les habitants (*Tudertes*, *Tuderni* ou *Tudertini*), placés aux confins de l'Étrurie, étaient peut-être désignés comme les gens de la frontière. C'est le Todi actuel. Sur l'identité possible avec *Sudertum*, Σούδερνον (Ptolémée, III, 1, 50), voy. F. H. Kæmpf, *Umbricorum specimen primum*. Berlin, 1834, p. 24. — Pour s'expliquer que le *d* de Tuder ne se soit pas changé en ḍ (*rs*), il faut supposer une ancienne forme *Tuter* ou *Tunder*.

Cette signification convient d'autant mieux que le mot est accompagné de l'adjectif *totcor*, qui est tiré de *tota* « civitas ». Si cette acception est vraie, *tuderato(m) est* signifiera « limitatur ». L'auxiliaire est employé avec le participe passé dans le sens du présent passif, comme quand nous disons en français : « un carré est tracé dans le ciel ».

Le sens de cette proposition est donc « tum [templum] effatum ita limitatur ». — En regard d'un mot signifiant « tum » on s'attend à trouver dans la première proposition une conjonction « quum ». Cette conjonction est *pufe*, qui répond au latin *ubi* (pour *cubi*)[1]; elle est le second mot de la phrase, comme plus haut (ligne 5) on a eu *sersi pirsi sesust*. — Le sujet est évidemment *arsfertur; verfale trebeit* marque l'action accomplie par l'adfertor. Si l'on tient compte du caractère circonstancié des tables VI-VII, qui reviennent constamment sur la partie antérieure de l'exposition à l'aide de phrases incidentes signifiant « après qu'il a fait cela.... », on doit penser qu'il est question dans cette phrase du seul acte accompli jusqu'à présent par l'adfertor, qui a été de prononcer une formule. Je traduirai donc, avec Aufrecht, *verfale* par « formule[2] » et je verrai dans *trebeit* un verbe signifiant « établir ». Corssen en a rapproché l'osque *tríibom* « construction » et un certain nombre de noms propres comme *Trebia* (ville ombrienne), *Trebula* (nom de plusieurs villes, une en Campanie, deux autres dans la Sabine) ; de là l'adjectif *Treblano*, qui désigne sur nos tables l'une des portes d'Iguvium, ainsi nommée sans doute à cause d'un *Trebula* auquel elle conduisait. La racine est *trab*, *treb* « construire, établir », qui a donné le latin *trabes*, *trabs* « poutre[3] ». Cette racine existe encore dans d'autres langues de la famille. Ebel y a rapporté justement (ZK VI, 422) le gothique *thaurp* « village » (allemand moderne *dorf*), le kymrique *treb* « village ». Nous avons ici un parfait avec *ei* dans la dernière syllabe, comme on trouve en latin archaïque *posedeit*, *probaveit*, *redieit*, *posieit*[4]. La voyelle de la première syllabe est probablement longue (cf. *legi*). En ce qui concerne l'association des deux mots, on

1. Le *c* ou plutôt le *q* est tombé. Mais il est resté dans *ali-cubi*, *si-cubi*. Voy. Bopp, *Gr. comp.* § 86, 1, s. f.

2. *Cf. verbum*. On a le suffixe *alis* dans *staflaris*, *sorsalis*, *tefralis*.

3. Corssen, ZK, XIII, 179. *Aussprache*², I, 560.

4. Ritschl, *Opuscula*, II, p. 642.

peut rapprocher les expressions latines *verba struere*, *carmina pangere*[1].

Il reste *ocrer peihaner*. Le premier de ces mots est fréquemment employé. L'accusatif *ocrem*, l'ablatif *ocri*, *ocre* nous annoncent un thème en *i;* le nominatif *ocar* ukar a perdu la voyelle finale du thème en même temps que la désinence; mais il a inséré une voyelle euphonique entre les deux consonnes, comme fait le latin pour *acer*, *saluber*. On reconnaît l'archaïque latin *ocris* « montagne ». Festus (p. 181) : « *Ocrem* antiqui, ut Atejus Philologus in libro Glossematorum refert, montem confragosum vocant, ut apud Livium : Sed qui sunt hi qui ascendunt altum ocrim, etc. » Ce mot correspond au grec ὄκρις « pointe » (comparez le rapport de *collis* et de *culmen*) et dérive de la racine *ak* « être pointu ». Une ville ombrienne s'appelle *Ocriculum*, une ville de la Sabine *Interocrea*. Dans notre forme *ocrer* nous avons le premier exemple d'un génitif singulier de thème en *i* (probablement pour *ocreir*). Sur les tables en écriture étrusque ces génitifs sont en *es*, mais le *s* peut tomber. — *Peihaner*. Quoique ce mot présente une flexion nominale, à savoir la désinence du génitif singulier masculin, il est impossible de méconnaître dans la première partie le thème d'un verbe qui est employé nombre de fois par nos inscriptions, notamment en combinaison avec *ocris :* inuk ukar pihaz fust « et collis piatus fuerit » (I *b* 7), *pihatu ocrem* « piato collem » (VI *a* 49). Nous devons donc penser que *peihaner* est une forme nominale se rattachant à la conjugaison, autrement dit un participe. Aufrecht a expliqué avec raison *peihaner* comme étant pour *peihander* et comme appartenant au participe en *ndus*[2]. Le *n* s'est assimilé le *d* dont il est suivi, de sorte que par la pensée il faut se représenter un mot *peihanner*. Cette assimilation de *nd* en *nn* n'est pas absolument étrangère au latin, où nous avons *antennæ* pour *an-tendæ*, *dispennite*, *distennite* employés par Plaute pour *dispandite*, *distendite*, et où *grunnire* existe à côté de *grundire*. En osque, la forme participiale correspondante présente les deux *nn :* triíbúm—úpsannam deded « constructionem—operandam dedit ». En ombrien, le changement de *nd* en *n* est constant : on a *anferener* « circumferendi »,

1. Les mots *formula*, *sermo* viennent de racines signifiant « établir, entrelacer. »

2. Ouvr. cité, I, 87.

panupei « quandoque ». Tous les *nd* que nous rencontrerons proviennent d'un ancien *nt*. Nous remarquerons à ce propos l'altération progressive et régulière du langage, qui déplace méthodiquement les sons, changeant, comme nous le voyons ici, sous l'influence d'une nasale, la forte en douce, et rendant la douce semblable à la nasale. — Le thème verbal *peiha- piha-* répond au latin *pia-* avec une *h* en plus que nous trouvons pareillement dans d'autres dialectes italiques : osque *pithiúí*, volsque *pihom*. Le latin a-t-il supprimé cette lettre, ou bien est-elle dans les dialectes congénères un simple signe orthographique destiné à séparer les voyelles? Il est difficile de décider la question en l'absence d'une étymologie certaine. Nous penchons pour la seconde hypothèse, ne pouvant guère séparer *piare* de *purus*, qui lui-même nous conduit à la racine *pu* (sanscrit *pû* « nettoyer, purifier »). Je suppose que *piare* est pour *puiare*. La voyelle a d'abord dû être longue, et c'est ce qu'indique l'orthographe osque *pith-*. On a de même *ui* changé en *i* dans *cliens*, *inciens* (pour *cluiens incuiens*)[1]. — Ces deux génitifs doivent donc se traduire « ocris piandi[2] ». On peut les faire dépendre de *verfale;* mais à cause de la place qu'ils occupent dans la phrase et en raison de la liberté avec laquelle l'ombrien construit ses génitifs, je crois qu'il vaut mieux traduire : « à l'occasion de la colline devant être purifiée[3] ». Cette liberté de construction se retrouve jusqu'à un certain point dans le rituel des frères arvales, où on lit des phrases telles que : « piaculum factum ....ferrum inferendi (un sacrifice expiatoire à l'occasion du fer qu'on a introduit dans le bois sacré), promagister ad aram immolavit porcas piaculares duas luco coinquiendi et operis faciundi[4] ».

Cette interprétation, qui s'éloigne peu de celle qu'Aufrecht et Kirchhoff ont proposée[5], donne lieu à deux objections qu'il faut mentionner. Quand une phrase résume sous forme de proposition incidente ce qui a été fait précédemment, nos textes emploient ordinairement le futur antérieur. Je crois

1. Voy. plus haut ce qui a été dit de *anseriates*, p. 8.

2. Il sera beaucoup question dans la suite de cette colline qui paraît former le centre religieux d'Iguvium. Elle porte le nom de *ocris Fisius*, probablement du nom de la divinité à laquelle elle était consacrée.

3. Cf. VI *b* 28.

4. Henzen, *Acta fratrum Arvalium*, p. CCXII, 20. C'est le mot *piaculum* qui amène cette construction : mais le lien avec le génitif est assez relâché.

5. D'autres interprétations chez Huschke, p. 64. Bugge, ZK. XXII. 409.

que l'emploi du parfait s'explique ici par cette circonstance que le verbe de la proposition principale n'est pas à l'impératif, mais à l'indicatif présent. Une autre objection a été tirée par M. Bugge du *t* final de *trebeit*. Selon une théorie sur les désinences primaires et secondaires qui est développée par ce savant, le parfait devrait avoir un *d* ou être privé de désinence. Mais si l'on songe que VI a été copié sur un texte où la dentale douce est nécessairement écrite par un *t*, cette objection perd beaucoup de son importance.

TRADUCTION.

(VI *a* 8) Carmen[1] ubi adfertor pepigit collis piandi [causa], tum [templum] effatum ita limitatur.

(VI *a* 8) *Angluto* (9) *hondomu, porsei nesimei asa deveia est, anglome somo, porsei nesimei vapersus aviehcleir* (10) *est; eine angluto somo vapefe aviehclu todcome tuder; angluto hondomu asame deveia todcome* (11) *tuder. Eine todceir tuderus sei podruhpei seritu.*

On a ici l'énumération des points qui servent à déterminer les quatre côtés du temple. Il suffit de lire ce passage avec attention pour voir qu'il y règne un certain parallélisme de construction. Si nous élaguons de la première phrase les deux propositions relatives commençant par *porsei*, il reste : *angluto hondomu — anglome somo.* Nous allons d'abord nous occuper de ces quatre mots. Il est facile de reconnaître le même nom, — évidemment le latin *angulus*, — employé sous deux formes différentes, et accompagné une fois d'un mot à l'ablatif (*hondomu*), l'autre fois d'un mot à l'accusatif (*somo*). Nous sommes donc amené à penser que *anglu-to* nous cache lui-même un ablatif et *anglom-e* un accusatif. C'est ce que l'analyse grammaticale va nous prouver dans un instant. Quant au sens de *hondomu* et de *somo*, il est naturel de supposer que ce sont des adjectifs servant à spécifier l'angle dont il est question : *somo* se laissant aisément reconnaître comme le latin *summus*, il faudra probablement voir

1. Nous prenons le mot dans le sens où le prend Tite-Live. « Lex horrendi carminis erat : Duumviri perduellionem judicent.... (I, 26). — Cf. Cic. pro Mur. 12. Prætor interea ne pulcrum se ac beatum putaret, atque aliquid ipse sua sponte loqueretur, ei quoque carmen compositum est : Suis utrisque superstitibus, præsentibus, istam viam dico : inite viam.

dans *hondomu* un mot à signification opposée, comme l'est en latin *infimus*. Cette conjecture acquiert encore de la force si nous rapprochons les prépositions *hondra* et *subra* (l. 15 et 16) qui sont opposées entre elles comme *hondomu* et *somo*. Le groupe *nd* équivaut à *nt*[1] : nous avons donc un comparatif *hon-tra*[2] et un superlatif *hon-tomu* formés d'un thème pronominal *ho-no* ou *ho-n*[3]. Au même thème appartiennent hunt *hont* (syllabe ajoutée à certains pronoms comme en latin *-dem*), et les adverbes huntak « ainsi », huntia (même sens). Il y a sans doute une parenté entre la première partie de ce thème composé *hono* et le pronom latin *hic*. Mais il faut écarter, malgré la ressemblance apparente, le gothique *hindar* « post, ultra », *hinduma* « postremus » et le vieux haut-allemand *hint* « post » (allemand moderne *hinter*, anglais *behind*), à cause de la nature particulière de l'*h* germanique, qui suppose un ancien *k*. — Nous traduirons *hondomu* par *infimo*, nous réservant de revenir sur le sens qu'il faut attacher à cette expression. — Dans *somo*, suivant l'habitude, l'un des deux *m* (latin *sum-mu-s* pour *sup-mu-s*) n'est pas marqué. Si l'on rapproche les formes ombriennes *sub*, *subra*, *superne*, on voit que l'*u* s'est changé en *o*, probablement sous l'influence de la lettre *m*.

Que faut-il penser de la syllabe *-to* dans *anglu-to?* faut-il y voir le frère jumeau du latin *-tus* dans *cœlitus funditus intus*, du grec -τος dans ἐντός ἐκτός, du sanscrit *-tas* dans *svarga-tas* « de cœlo », *ku-tas* « unde », *atas* « inde »? En tous cas, il est différent dans son emploi, car il s'ajoute, non au thème nu, mais au mot revêtu de la désinence ablative. Je serais disposé à y voir une préposition postposée, comme *en* (in), *com* (cum) et aḍ (ad). Quant à la forme primitive de cette syllabe *to*, je ne crois pas qu'elle puisse correspondre au latin *tus*, qui, combiné avec *anglu*, aurait donné *anglus*, comme au participe *vestitus* devient *vestis*. Je pense que ce *-to* est le latin *tum*, exactement comme *-co* est *cum*. L'histoire des langues nous montre fréquemment employés dans un idiome comme prépositions des mots qui sont adverbes dans un autre : et il n'est pas moins ordinaire de rencontrer avec une signification locale des particules qui ailleurs sont appliquées à l'idée de temps. *Tum* « alors » en latin, est postposition de lieu en

1. Voy. ci-dessus, p. 39.
2. En vieil-ombrien hutra.
3. Bugge, dans ZK, III, 36.

ombrien; il sert à marquer le lieu où l'on est. Un mot latin où *tum* est employé à la façon ombrienne comme postposition mérite d'être rappelé ici : *actutum* « sur-le-champ[1] ». — Nous arrivons à *anglome*, dans lequel nous reconnaissons un accusatif, suivi d'un *e* qui est le débris de la préposition postposée *en*. Cette préposition se trouve encore sous sa forme complète dans *esunumen vukumen arvamen*[2]. Un *n* final est souvent omis : ainsi le substantif *nomen* est écrit treize fois *nome* sur les tables VI et VII.

Le sens de la phrase principale est donc : « angulo infimo — ad angulum summum. » Reste à examiner les deux propositions relatives : *Porsei nesimei asa deveia est. — Porsei nesimei vapersus aviehcleir est.* Dans *porsei* nous retrouvons le *porsi* de la l. 6, que nous avons traduit comme une conjonction. Ici il est employé comme pronom. On pourrait supposer, puisque *porsi* est pour *pod-ei*, que le mot qui signifie « angle » est du neutre en ombrien : mais cette supposition n'est pas obligée. Le pronom relatif présente cette particularité qu'on trouve quelquefois le neutre *porsi* au lieu et place du singulier masculin *poe*, et même au lieu du pluriel masculin *pure*. C'est un commencement d'appauvrissement de la déclinaison qui annonce ce qui s'est passé en italien pour le pronom *che* et en français pour *que*[3]. — *Nesimei* est un locatif formé comme *stahmei stahmeitei*. — Il est suivi la première fois des deux mots *asa deveia*, la seconde fois de *vapersus aviehcleir*. Comme ces deux propositions sont symétriquement construites, le rapport grammatical que nous trouverons pour l'une de ces expressions devra également être présumé pour l'autre. Une ligne plus bas on lit : *asame deveia* qui équivaut à *asam-e* (*n*) *deveia* (*m*), ce qui nous prouve que nous avons affaire à un singulier de la première déclinaison. Dans la phrase qui nous occupe, et dont le sujet est *porsei*, *asa deveia* ne peut être qu'un ablatif. Il faut maintenant voir si le même cas peut être admis pour *vapersus aviehcleir*. Ces

1. Voy. Bréal, MSL, II, p. 335. J'ai montré en cet endroit que le sens de *to* n'ajoute pas beaucoup à la signification de l'ablatif, ce qui explique pourquoi dans des locutions identiques on a tantôt l'ablatif avec *to* et tantôt l'ablatif seul.

2. Je rappellerai seulement ici pour mémoire que MM. Aufrecht et Kirchhoff ont cru voir dans les formations comme *anglome* un cas spécial de la déclinaison ombrienne. Cette opinion, qu'ils ont savamment développée dans leur grand ouvrage, sera discutée plus loin (VI *a* 26).

3. Bugge, dans ZK, III, 35.

deux mots reviendront encore une fois l. 12 et 13, et nous les reconnaissons aussi l. 10 sous la forme modifiée *vapefe aviehclu*. On les voit encore I *b*, 14, qui porte : vapefem aviekIufe, et enfin l'un des deux mots se retrouve III, 7, où l'on a : vapeḍe. Cette dernière leçon nous renseigne sur la nature du groupe *rs* dans *vapersus*. En rapprochant ces différents passages il est aisé de voir que les deux mots sont toujours au même cas, et que par conséquent ils doivent être coordonnés. La forme d'*aviehcleir* convient parfaitement pour un ablatif pluriel (comparez *aseriater*, l. 1). Quant à *vapersus*, il a un aspect un peu moins ordinaire. Mais si l'on se rappelle ce qui a été dit de la désinence du datif-ablatif pluriel[1], nous ne pourrons nous dispenser d'y reconnaître un thème à consonne, qui a pris la désinence *s* (grec σι, et peut-être σσι) à l'aide d'une voyelle de liaison *u*. La suite nous montrera les datifs-ablatifs pluriels *fratrus* (fratribus), *homonus* (hominibus), *dupursus* (bipedibus), *peturpursus* (quadrupedibus), etc. — Par quoi sont régis ces ablatifs? ils ne peuvent l'être que par *nesimei*, dans lequel nous devons voir un adverbe ou une préposition. Par sa forme, *nesimei* rappelle les superlatifs latins comme *maximus proximus;* le *s* entre deux voyelles aurait été changé en *r* s'il n'équivalait pas à une lettre double. On trouve en osque, sur la Table de Bantia, un adjectif *nesimum* qui traduit, comme Kirchhoff l'établit d'une façon incontestable, le latin *proximum :* ainsi en regard de cette formule latine qui se trouve au verso de la Table, IN DIEBVS X PROXSVMEIS, le texte osque porte *mais zicolois X nesimois*. Il faut sans doute rétablir un superlatif *nec-timus*, *nec-simus*, présentant dans sa première partie la même syllabe que nous avons dans *nec-tere no*(*c*)*-du-s*, dans le gothique *neh-va* « près », l'anglais *nigh* et *next*, l'allemand *næchst* et *nach* (cf. *nachbar* « voisin »). Nous pouvons donc traduire le locatif *nesimei* par le latin *proxime*, qui est peut-être lui-même un locatif : seulement la syntaxe latine exigerait encore une préposition *ab* devant le régime, tandis que l'ombrien qui, comme nous l'avons déjà vu, dispose des cas plus librement, se contente de l'ablatif.

Sur le sens des mots *asa deveia* et *vapersus aviehcleir* nous ne pouvons rien dire de certain; mais on voit que ce sont les deux points de repère servant à l'orientation de l'augure.

1. Voy. ci-dessus, p. 7

Peut-être *asa* est-il le latin *ara*, l'osque *aasú* « autel[1] ». *Deveia* pourrait être formé à l'aide du même suffixe qui, en vieil ombrien, a la forme *aio* (pernaio, pusnaio)[2]; nous aurions alors un mot comme *divina* en latin. Nous verrons plus loin qu'on peut considérer cette *asa deveia* comme la place où se tient le prêtre. — Quant à l'autre expression, elle est encore plus obscure[3]. Il est question (I *b* 14) d'une vea aviekla (en latin *via aviecula*) d'où l'on peut inférer que cet adjectif se rapporte à la topographie des environs d'Iguvium. *Vapersus* suppose un thème vapeḍ, qui serait probablement en latin *vaped* ou *vapid*. Kirchhoff fait remarquer que sur les Tables Eugubines on ne trouve pas un seul mot commençant par un *l*, et il se demande si nous n'avons pas ici le latin *lapid*. L'absence de mots commençant par *l* est effectivement une circonstance remarquable sur laquelle nous aurons occasion de revenir. Toutefois, en l'absence d'autres présomptions, nous aimons mieux employer l'expression *vapides avieculi* comme si c'était un nom propre[4].

Eine angluto somo vapefe aviehclu todcome tuder, angluto hondomu asame deveia todcome tuder. — *Eine*, conjonction qu'on trouve ailleurs sous la forme ene et *enem*. Cette dernière orthographe est la plus complète. En osque on a une conjonction *ínim* signifiant « et »; c'est aussi le sens de notre particule. Le latin *enim*, qui est le même mot, a pris une acception plus accentuée et il a abrégé la voyelle initiale. Tous ces mots viennent d'un thème pronominal composé *eis* + *no*; sur nos tables on trouve encore les formes *enno* et *ennom* à côté de *eno*, *enom*; d'autres fois on a un *i* dans la première syllabe (inuk, inumek). Qu'un mot signifiant « ceci » prenne dans une langue le sens « et », dans une autre celui de « car », cela s'explique surtout par l'intonation qu'il reçoit et par la place qu'on lui donne dans le discours[5]. En ombrien *enem* et

1. Hasenam antiqui dicebant, ut asas, quas nos aras, et Lases, quos Lares dicimus. Placidus in Glossis. Voy. Festus, éd. Otf. Müller, p. 15, notes.

2. Voy. ci-dessus, p. 9.

3. Savelsberg donne dans ZK, XXI, p. 234, une explication que les lois de la phonétique ne nous permettent point d'accepter.

4. L'orthographe *aviehcleir* nous apprend que l'*e* est long.

5. Le latin *enim* a quelquefois un sens purement affirmatif, par exemple dans ces vers de Virgile, où le poëte imite la langue du rituel (*Æn.* VIII, 84) :

in litore conspicitur sus,
Quam pius Æneas tibi, enim tibi, maxima Juno,
Mactat.

enu peuvent signifier simplement « et », comme on le voit par des passages identiques où l'on trouve tantôt *enu*, tantôt *enem*, tantôt *et;* mais ils prennent aussi d'autres acceptions. *Enem*, *enum* se placent en tête de la proposition, et pour le dire ici en passant, c'est sans doute *enom*, au lieu de *enos*, qu'il faut aussi lire au commencement du chant des Frères arvales. On sait que dans les anciens alphabets italiques la ressemblance de M (m) et de M (s) pouvait aisément donner lieu à des méprises.

Angluto somo vapefe aviehclu. Angluto hondomu asame deveia. — Nous traduisons chaque fois les quatre mots comme formant ensemble un groupe compacte : « à l'angle supérieur [qui est] près des *vapides avieculi.* — A l'angle inférieur qui est près de l'*asa deveia.* » Au contraire, Kirchhoff traduit : « depuis l'angle supérieur jusqu'aux *vapides avieculi.* — Depuis l'angle inférieur jusqu'à l'*asa deveia.* » C'est seulement quand nous chercherons à nous rendre compte de toute cette opération que nous pourrons justifier notre traduction. Il faut d'abord expliquer les formes grammaticales.

Angluto est connu. *Somo* doit être regardé comme une faute du graveur pour *somu :* ce serait le seul exemple d'un ablatif de la 2e déclinaison qui finirait en *o*. Aufrecht fait remarquer à propos que sur la même table, ligne 35, le graveur avait fait la même faute au mot *pihaclo*, et qu'il l'a corrigée en mettant un *u* par-dessus l'*o*. Au contraire, *hondomu* est correctement écrit avec un *u*. — *Vapefe aviehclu.* Ce dernier mot est pour *aviehcluf*. Nous avons déjà vu d'autres exemples de la chute d'un *f* final (*mersta aveif*, ligne 4). Le premier mot doit se décomposer en *vapef-e(n)* : c'est ici l'accusatif pluriel d'un thème à consonne. Pour s'expliquer cette formation il faut supposer que le *f* (représentant euphonique d'un *ns*), après s'être établi comme désinence de l'accusatif pluriel dans la déclinaison des thèmes à voyelle, a été introduit également dans la déclinaison des thèmes à consonne : devant ce *f* cer-

On doit, je crois, construire *enim* avec le second *tibi*, sur lequel il sert à insister. Comparez ce vers de Silius Italicus (XIII, 136) :

Mactat, diva, tibi, tibi enim hæc gratissima sacra.

On sait qu'*enim* peut se placer aussi en latin avant le mot qu'il détermine : cela est surtout fréquent dans le dialogue. Plaute, *Bacch.* IV, 4, 51.

MNESIL. Nunquid nos vis facere ?

CHR. Enim nihil nisi ut ametis impero.

taines consonnes ne pouvaient se maintenir. Ainsi vapeḍ a perdu son ḍ final et a fait vapef; de même kapiḍ fait kapif. Au contraire un *r* se maintient devant le *f*, comme nous le verrons par l'accusatif pluriel *nerf*. — L'*e* final de *vapef-e* est le reste de la préposition *en*. Cette préposition, jointe à l'accusatif, n'implique pas nécessairement une idée de mouvement; elle peut servir à marquer uniquement la proximité, comme le fait *ad* en latin. Cf. Cic. *Ep. Fam.* 15. 2 : Castraque ad Cybistra, quod oppidum est ad montem Taurum, locavi.

Todcome tuder. Le premier mot se décompose en *todcom-e*(*n*), qui est l'accusatif d'un adjectif *todco* suivi de la préposition *en*. *Tuder* est l'accusatif d'un thème à consonne. Comme il n'y a point de désinence, nous devons supposer qu'il est du neutre. Nous reviendrons sur ce point un peu plus loin. — *Todcom* est probablement formé de *tota* à l'aide du suffixe *co*[1] : il signifie « publicus » et correspond à l'osque *túvtíks*. Les limites de la banlieue d'Iguvium paraissent donc servir en même temps de limites au temple tracé par l'augure.

Eine todceir tuderus sei podruhpei seritu. — Cette phrase, qui termine l'alinéa, renferme une prescription, comme on le voit par l'impératif *seritu*. C'est le même verbe dont nous avons rencontré (ligne 1) le participe *a-seriater* : la forme latine correspondante serait *serviare*, *seruiare*, et les trois voyelles se sont fondues à l'impératif (*seruieitu*) en une seule. Il a déjà été question de la contraction de *ui* en *ī* : l'*i* long s'est ensuite mêlé avec cet *ei* (souvent écrit *i* ou *e*[2]) qu'on voit à certaines formes où l'on aurait attendu plutôt l'*a* de la première conjugaison (kaḍetu *vaśetom peśetom* = latin *calato vacatum peccatum*). — Le verbe *seritu* est ici employé sans régime, comme *servare* en latin dans l'expression *servare de cœlo*. — *Todceir tuderus* est le datif ou l'ablatif pluriel des deux mots qu'on a vus à la ligne précédente. Je crois qu'ils sont régis par *sei*, qui est une préposition. Cependant nous trouverons plus loin une construction analogue (VI *b* 48) où il n'y a pas de préposition : *eriront tuderus avif seritu* « intra eosdem fines aves servato ». — *Sei* est expliqué par Aufrecht comme étant pour *seid* = latin *sed*. On est alors obligé d'ad-

1. L'*i* qui se trouve dans les mots latins comme *modicus*, *medicus*, n'est pas écrit en ombrien. Mais il est clair qu'un son devait être entendu apres le d de *todceir*.

2. On a déjà vu (l. 5) *stahmeitei*, écrit plus loin (l. 18) *stahmitei*.

mettre un assez notable écart de la signification, car la locution ombrienne doit équivaloir à une expression latine « intra ». Mais *sei* peut encore être autre chose que le latin *sed*. On y peut voir, par exemple, un locatif, et supposer que le S tient la place, comme il arrive si souvent, d'un Š. Nous aurions alors un congénère du latin *cis*, *citra*, dont nous trouverons plus tard le superlatif *šimo*. Le sens d'une telle préposition conviendrait très-bien ici. — *Podruhpei* est l'ablatif neutre d'un mot correspondant pour le sens au latin « utrinque ». On peut rapprocher le locatif osque pùtereípíd, le nominatif pluriel *pùtùrùspid*, le génitif pluriel *pùtùrumpid*. Le latin *uter* est pour *cuter*[1] : l'ombrien est mieux conservé, moins bien toutefois que l'osque. Sous l'influence de *r*, le *t* s'est affaibli en *d*, comme dans *adrer* = latin *atris*. Le *h* est destiné à indiquer la voyelle longue. La seconde syllabe *pei* est pour *peid* : en latin, la diphthongue s'est abrégée en *e* (*uterque*).

TRADUCTION.

(VI *a* 8) « Angulo (9) infimo qui proxime *asam deveiam* est, ad angulum summum qui proxime *vapides avieculos* (10) est; et angulo summo juxta *vapides avieculos* usque ad publicum finem; angulo infimo juxta *asam deveiam* usque ad publicum (11) finem. Et publicos fines intra utrinque servato. »

Nous retournons au sacrifice dépeint par Tite-Live (I, 18) pour transcrire les lignes suivantes qui forment le meilleur commentaire de notre passage : « Augur ad lævam ejus, capite velato, sedem cepit, dextra manu baculum sine nodo aduncum tenens, quem lituum appellaverunt. Inde ubi, prospectu in urbem agrumque capto, deos precatus, regiones ab oriente ad occasum determinavit; dextras ad meridiem partes, lævas ad septentrionem esse dixit. Signum contra, quo longissime conspectum oculi ferebant, animo finivit. » Rappelons aussi les mots : « Inter eos fines quos feci. »

(VI *a* 12) *Tuderor todcor : vapersusto avieclir ebetrafe, ooserclome, presoliafe Nurpier, vasirslome* (13), *smursime, tettome Miletinar, tertiame praco pracatarum.* — *Vapersusto avieclir*

1. Bopp, *Gr. comp.* §§ 292, 397.

carsome (14) *Vestisier*, *randeme Rufrer*, *tettome Noniar*, *tettome Salier*, *carsome Hojer*, *pertome Padellar*.

Suit une double série de noms de lieux, commençant chaque fois aux *vapides avieculi*. Nous en pouvons inférer que ces *vapides* sont situés à l'intersection de deux lignes du carré. Les noms énumérés servent à établir la direction des côtés du carré.

Tuderor todcor. Deux nominatifs pluriels. On a un peu plus bas (ligne 15) *screihtor*, et plus loin (lignes 26, 27) *arsmor dersecor subator*. Il est remarquable que la désinence *or* appartienne seulement au commencement de la table VI. Plus tard le graveur écrit *ur*, comme s'il reconnaissait qu'il s'est trompé : *prinvatur*, *Jovinur*, *taśetur*. Sur les tables en écriture étrusque la désinence est u s ou u r. Comparez les formes osques *Abellanús*, *Núvlanús*, *pútúrúspíd*, *statús*. Nous avons ici l'ancienne désinence en *es*, qui n'a survécu, en latin classique, que dans les trois dernières déclinaisons [1]. La voyelle *o* ou *u* est longue, car elle est produite par la fusion de l'*o* ou *u* final du thème avec l'*e* qui précède *s*. De même les noms ombriens de la première déclinaison font au pluriel *âs* ou *âr* : u r t a s, *anglar*, *ivengar*, *motar*. En osque on a : *asas*, *scriftas*.

Remarquons toutefois qu'ici il s'agit du thème *tuder*, c'est-à-dire d'un thème se terminant par une consonne. Or, les exemples de pluriels analogues à *tuderor*, c'est-à-dire d'un thème à consonne prenant la désinence *or*, nous manquent. Aufrecht suppose qu'ici l'*o* est bref et qu'il correspond à l'ι de Ἕλληνες, à l'*a* du sanscrit *marutas*. Mais nous avons un autre thème en *r*, qui est employé au nominatif pluriel : ce thème rejette absolument toute désinence, ou peut-être se borne-t-il à allonger la voyelle de sa dernière syllabe; c'est f r a t e r (III, 5) = latin *fratres*. On peut comparer l'osque *kenzsúr*, *censtur* = latin *censores*. En latin, le pluriel *quatuor* a perdu pareillement sa désinence. Quant aux thèmes comme *pater*, *soror*, on sait que le latin les fait passer dans la déclinaison des thèmes en *i*. Il devient donc difficile de croire que *tuderor* soit le nominatif pluriel de *tuder*, et si l'on se rappelle qu'il y a des raisons de penser que *tuder* est du

1. Sur les restes de cette désinence en latin archaïque, à la 2me déclinaison, voy. Bücheler, p. 58 de la traduction française.

neutre, on aimera peut-être mieux admettre avec nous l'existence de deux thèmes : l'un neutre de la troisième déclinaison, l'autre masculin de la seconde. C'est exactement ce qui se passe en latin pour *termen* et *terminus*. On en trouvera un second exemple en ombrien au mot *vas*. — *Vapersusto avieclir*. C'est le point de départ de l'énumération : « aux *vapides avieculi*. » La même formule se retrouve ligne 13, et le blanc laissé par l'inscription montre encore mieux qu'une nouvelle série commence. Quoiqu'il n'y ait pas de verbe exprimé, le sens général de la phrase est suffisamment clair. « Aux *vapides avieculi*, les limites publiques [vont] vers tel et tel endroit. » — Nous sommes en présence d'une suite de noms sur lesquels règne et régnera sans doute toujours une profonde obscurité. C'est un fragment du cadastre iguvien que le hasard de la conservation de ces tables met devant nos yeux. Nous passerons rapidement sur des mots dont il est impossible de rien dire de certain, et dont l'intelligence n'est heureusement pas nécessaire à l'ensemble du texte. — Si l'on examine ces mots au point de vue grammatical, on voit une suite d'accusatifs accompagnés de la postposition *e*(*n*). Un certain nombre de ces accusatifs régissent un génitif placé après eux. Il faut sans doute voir dans les accusatifs des mots signifiant « maison, champ, vigne », ou quelque chose de semblable, et dans les génitifs les noms des propriétaires. Il serait inutile de multiplier des conjectures manquant de tout appui solide.

Ebetrafe. Comme on trouve ailleurs (VI *b* 53) *hebetafe*, et qu'un *h* initial est fréquemment omis, on peut inférer un thème *hebetra*. — *Ooserclome*. Les deux *o* indiquent une voyelle longue. Le suffixe neutre *clo* nous est connu par *persclom*. On a proposé de voir dans l'*o* long le latin *au* (pour *avi-s*, cf. *au-gur*, *au-ceps*), et dans *ser* la racine de *seritu*, *aseriater*. Le mot supposerait en latin à peu près un composé *avi-servaculum*, c'est-à-dire un observatoire à suivre le vol des oiseaux[1]. — *Presoliafe Nurpier* : « les *presoliæ* de Nurpius ». — *Vasirslome*. Le second *s* est peut-être pour un *ś*. On pourrait rapprocher le suffixe de *ereslom*. — *Smursime*. Kirchhoff rappelle *murrhis*, *myrrhis* (un champ de cerfeuil ?). — *Tettome Miletinar*. Le premier mot a quelque chose d'insolite, à cause du redoublement du *t*. Le latin *tectum* aurait

1. Panzerbieter, *Quæstiones umbricæ*. P. 15. Cf. Aufrecht, ZK, I, p. 284.

dû donner, ce semble, *teitom*. *Miletinar* est un génitif féminin. — *Tertiam praco pracatarum*. Cette expression est autrement construite que les précédentes et les suivantes. Il faut traduire « la troisième d'entre les.... » *Pracatarum* est le génitif pluriel (comp. menzaru) d'un participe féminin. *Praco* (pour *pracom*) est le génitif pluriel ou l'accusatif singulier d'un thème *prac*. L'association des deux mots rappelle *stahmei stahmeitei*.

Retournant aux *vapides avieculi*, nous nous dirigeons maintenant d'un autre côté : *Carsome Vestisier*, « vers le *carsum* (ou *cadum*) de Vesticius ». — *Randeme Rufrer*, « le *rantis* de Rufrius ». A Nola il y avait un lieu qui s'appelait *ad Rufri maceriam*. Caton (*De r. r.* 22 et 135). C'est le nom latin Rubrius. — *Tettome Noniar* « la maison (?) de Nonia ». — *Tettome Salier* « la maison (?) de Salius ». — *Carsome Hoier*, « le *carsum* ou *cadum* de Hogius ». — *Pertome Padellar*. Dans ce dernier mot, Kirchhoff est enclin à voir la déesse Patella, qui présidait à l'épanouissement des bourgeons[1] ; *pertom* signifierait « sanctuaire, lieu consacré ». — Le caractère étrange de tous ces noms communs pourrait faire supposer que l'idiome parlé aux environs d'Iguvium n'est pas le même que celui qui nous est présenté par les Tables Eugubines.

TRADUCTION

(VI *a* 12.) Limites publici vapidibus avieculis ad hebetras, ad oserculum, ad presolias Nurpii, ad vasirculum, (13) ad smurrim, ad tettum Miletinæ, ad tertiam pracum pracatarum. Vapidibus avieculis ad cadum (14) Vesticii, ad rantim Rufri, ad tettum Noniæ, ad tettum Salii, ad cadum Hogii, ad pertum Patellæ.

(VI *a* 15) *Hondra esto tudero porsei subra screihtor sent, parfa dersva, curnaco dersva seritu. Subra esto* (16) *tudero peico mersto, peica mersta seritu.*

Nous retrouvons ici la même prescription que nous avons déjà vue dans les premières lignes : mais elle est accompagnée d'une indication (*hondra esto tudero — subra esto tudero*) qui va nous confirmer le sens que nous avons adopté pour *dersva* et *mersta*. Si nous faisons abstraction de la proposition relative : *porsei subra screihtor sent*, il nous reste deux phrases, terminées chacune par *seritu*. *Hondra* est un com-

1. Cf. Mommsen, *Die unterit. Dial.* p. 135.

paratif opposé à *subra*. Il en a déjà été parlé au mot *hondomu*[1]. — *Esto tudero* sont deux accusatifs pluriels de la seconde déclinaison : ils ont perdu chacun un *f* final, si nous admettons, comme on a essayé de le rendre probable, que ce sont des masculins; l'*o* est pour *a* si ce sont des neutres[2]. Nous traduisons : « istos limites ». Ces accusatifs sont régis la première fois par *hondra*, la seconde fois par *subra*. — *Porsei* est le même pronom relatif neutre dont il a été parlé p. 42. Ici il remplit l'office du pluriel. — *Sent* est le verbe ayant *porsei* pour sujet. Il correspond au latin *sunt*, à l'osque *set* : *pas... scriftas set* « quæ... scriptæ sunt »; *statús pús set* « qui stati sunt[3] ». Ce verbe était sans doute enclitique et le son de la voyelle peu distinct[4]. Il ne faudrait pas chercher ici un subjonctif : on verra plus loin que ce mode fait *sins* à la troisième personne. — Il reste le mot *screihtor* qui est l'attribut de la phrase : c'est un nominatif pluriel masculin correspondant au latin *scripti*. Tandis que l'osque, comme on vient de le voir, fait *scriftas* et le latin *scripti*, ici nous avons un *h*. C'est que l'ombrien évite le groupe *ft* ou *pt* tout comme le groupe *ct* : la première consonne a cessé d'être entendue, et pour maintenir à la syllabe précédente sa valeur de syllabe longue, on écrit une *h* après la voyelle. On a de même rehte (recte), uhtur (auctor).

TRADUCTION.

(VI *a* 15) Infra istos fines qui supra scripti sunt parram præpetem, cornicem præpetem servato; supra istos (16) fines picum adversum, picam adversam servato.

Il est temps que nous cherchions à nous rendre compte de toute cette opération augurale. Sans essayer de mettre d'accord avec nos Tables les témoignages contradictoires que les auteurs anciens ont laissés sur le temple romain et étrusque[5], nous donnons ici la figure qui paraît le mieux correspondre

1. Voy. ci-dessus, p. 41. Il est inutile de rappeler que *subra* est pour *supra*, comme *hondra* pour *nontra*.

2. Ce changement d'un *a* en *o* (sur les anciennes tables *u*) est très-fréquent. Cf. veskla et vesklu, arvia et *arvio*, etc.

3. T. de Bantia, l. 25. — T. d'Agnone, l. 1.

4. Corssen, *Aussprache*[2], II, 52.

5. Otfried Müller, *Die Etrusker*, II, 120 ss. Nissen, *Das Templum*. Berlin, 1869, p. 4 ss. 162 ss. *Gromatici veteres*, ed. Car. Lachmann. Berlin 1848. II, p. 342.

aux termes de l'inscription. Elle s'écarte sur une circonstance essentielle de celle qu'a proposée Kirchhoff[1] : au lieu de placer comme lui l'augure au centre d'une circonférence, nous le supposons à l'un des angles d'un carré. Autrement nous ne voyons pas comment il pourrait s'acquitter de ses fonc-

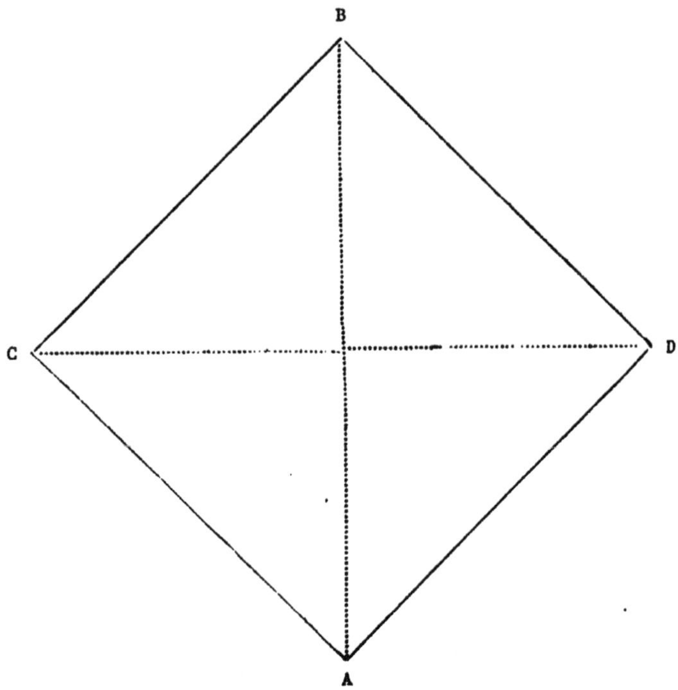

A asam deveiam. C todcom tuder.
B vapef aviecluf. D todcom tuder.

tions sans manquer à la défense qui lui est faite de se retourner.

Nous supposons l'augure placé au point A, près de l'*asa deveia*. De ce point il fixe en avant de lui un autre point qui sont les *vapides avieculi* (B). C'est la même opération que fait

1. Ouvr. cité, p. 102.

l'augure de Tite-Live (I, 18) : Signum contra, quo longissime conspectum oculi ferebant, animo finivit. Les points C et D sont de chaque côté le *todcom tuder*[1]. Si nous relisons maintenant le texte depuis la ligne 8, nous voyons que CAD forme l'angle inférieur et CBD l'angle supérieur. Pour faciliter à l'augure la connaissance des limites du carré, l'inscription énumère un certain nombre de lieux qui sont situés d'une part sur les côtés BC et CA, d'autre part sur les côtés BD et DA. Tous les oiseaux qui entreront dans le carré en deçà de la ligne CD, c'est-à-dire qui franchissent les lignes CA et AD, sont *hondra esto tudero;* tous les oiseaux qui entreront par les lignes CB et BD seront *subra esto tudero.* Ainsi se trouve expliquée l'expression *pernaies pusnaies* employée par la t. I.

(VI *a* 16.) *Sve anglar procanurent, eso tremnu serse* (17) *combifiatu.* — Deux propositions, dont la seconde est terminée par un impératif, et la première par *procanurent.* La conjonction *sve* « si » annonce une proposition conditionnelle. — *Anglar* est le nominatif pluriel de *angla.* — *Procanurent* nous représente le futur antérieur d'un verbe qui en latin, s'il existait, aurait fait *procinuerint.* La voyelle du verbe simple ne change pas dans les composés ombriens. Le préfixe *pro* doit probablement être pris au sens qu'il a en latin dans *provenire* « réussir », *proficere* « profiter ». — *Eso* est le même adverbe que nous avons déjà vu l. 3 et 8. Il a été traduit par « ainsi » : on pourrait être tenté de lui donner ici le sens de « alors », comme l'a en allemand le mot *so* après une proposition commençant par *wenn.* — *Combifiatu.* Ce mot, qui revient fréquemment, exprime sans aucun doute un acte faisant partie essentielle de l'inspection augurale. Mais il n'a pas trouvé jusqu'à présent d'explication satisfaisante. Aufrecht, sans rien hasarder sur son origine, le traduit par « conspicito ». Mais c'est là une signification trop peu caractérisée pour un acte qui clôt la cérémonie, et qui devait être de nature très-spéciale. Bugge[2], acceptant cette signification, a

1. Varron (*De l. l.* VII, 8) donne une formule latine pour la description du temple : « Templa tescaque me ita sunto quoad ego caste lingua nuncupavero. Olla veter arbos, quirquir est, quam me sentio dixisse, templum tescumque finito in sinistrum. Olla veter arbos, quirquir est, quam me sentio dixisse, templum tescumque finito in dextrum. Inter ea conregione, conspicione, cortumione utque ea rectissime sensi. » — Dans cette formule, les *deux vieux arbres* jouent le même rôle que le *todcom tuder* ombrien.

2. ZK, III, 40.

cru reconnaître la racine *budh*, qui veut dire « savoir » en sanscrit, « voir » en zend (grec πυνθάνομαι), et cette étymologie a passé dans tous les travaux postérieurs. La racine en question est de celles qui, selon une théorie proposée par Grassmann[1], aurait primitivement commencé et fini par une aspirée (*bhudh*). Comme nous n'avons rien en latin qui puisse se comparer à πυνθάνομαι (car *putare* a une autre provenance), nous ne savons pas si *buf* ou *bif* est bien la forme que l'ombrien devrait avoir. Mais un autre verbe grec de structure semblable, πείθω ou πείθομαι (de la racine πιθ), se trouve en latin sous la forme *fid* (fides, fidelis). Il semble d'après cela que πυνθάνομαι devrait plutôt donner *fud*. Nous aimons donc mieux renoncer à cette explication. Le mot latin qui rappelle le plus notre *combifiatu*, c'est le nom propre *Vibius*, fort usité dans certains dialectes italiques[2]. En l'absence d'autres informations, nous traduirons par l'impératif « auspicator ».

TRADUCTION.

(VI *a* 16.) Si oscines (?) feliciter cecinerint, ita —a sede (17) auspicator.

(VI *a* 17) *Arsferturo nomne carsitu : Parfa dersva, curnaco dersva, peico mersto, peica mersta; (18) mersta aveif, mersta angla eesona tefe, tote Ijovine, esmei stahmei stahmitei.*

Arsferturo est un accusatif formé comme *curnaco* (ligne 2). — *Nomne* est l'ablatif du neutre *nomen*, et correspond au latin *nomine*. — *Carsitu* se trouve I *b* 33, sous la forme ka-ḍetu : l'*i* est donc une voyelle longue, et représente la diphthongue *ei*. Ici, pour la première fois, nous trouvons un ḍ ou *rs* correspondant étymologiquement, non pas à un *d*, mais à un *l* : le verbe latin ferait *calato* (grec καλείτω)[3]. — Le sens de cette prescription, c'est qu'avant de prononcer les mots *parfa dersva...*, l'augure doit faire précéder le nom de l'adfertor au vocatif. C'était l'usage dans les actes solennels. Cic. *De Div.*

1. *Ib.* XII, 81 et 110.

2. Mommsen, *Die unterit. Dial.* p. 259. — Si je devais présenter une étymologie de ce mot difficile, je songerais plutôt à la racine *vidh* « diviser », qui est restée en latin dans *dividere*, *viduus*, et dont le *dh* primitif a pu devenir un *f* en ombrien. Le sens de *combifiatu* serait « terminato. ».

3. Voy. ci-dessus, p. 46 ce qui a été dit de la diphthongue *ei*, qui se trouve dans des formes verbales qui en latin appartiennent à la 1re conjugaison.

II, 34 : « Q. Fabi, te mihi in auspicio esse volo. Respondet, audivi. » — Les autres mots sont connus[1], excepté *tefe*, qui représente le latin *tibi* (pour *tibei*).

TRADUCTION.

(VI *a* 17) Adfertorem nomine calato : Parram præpetem, cornicem præpetem, picum adversum, picam adversam ; (18) adversas aves, adversos oscines (?) sacros tibi, civitati iguvinæ, [in] hoc templo effato.

Cette allocution de l'augure s'appelle *nuntiatio* chez les Romains. Ici s'arrête l'inspection des oiseaux. L'augure quitte la scène, et il ne sera plus question de lui.

(VI *a* 18) *Esisco esoneir seveir* (19) *popler anferener et ocrer pihaner perca arsmatia habitu.* — Il est aisé de reconnaître l'impératif *habitu*, qui correspond au latin *habeto*. Si l'on rapproche le passage (VI *b* 50) : *poe perca arsmatiam habiest*, on se convainc qu'il faut rétablir un *m* et voir dans *perca(m) arsmatia(m)* le régime direct. Nous avons déjà vu (ligne 8) les mots *ocrer peihaner* qui sont des génitifs signifiant « collis piandi » : on doit donc penser que *popler anferener* sont également des génitifs, ce qui cadre très-bien avec leur désinence. Il reste les mots *esisco esoneir seveir* dans lesquels il faut voir des ablatifs pluriels régis par la postposition *co*, qu'on trouve aussi écrite ku et *com*. Cette postposition sert à marquer tantôt une idée de lieu, tantôt une idée de temps : ici elle a cette dernière acception. — *Seveir* a été expliqué par Aufrecht[2] comme étant pour *selveir*, d'un pronom *selvus* = latin *sollus*, grec ὅλϜος, sanscrit *sarva* : il signifie « omnis ». — *Esis* est l'ablatif pluriel du même pronom dont on a vu l'accusatif singulier *eso* : « Cum his sacris omnibus ». Il faut entendre ces mots dans le sens d'une proposition conditionnelle : « Si hæc sacra omnia fuerint ». *Popler* est le génitif d'un mot correspondant au latin *populus*. — *Anferener* se compose du préfixe *an* = latin *amb* ou *am*, et de *ferener* (pour *ferenner*) = latin *ferendi*. Ce verbe a le sens du latin *circumferre* dans ce vers de Virgile (*Æn.* VI, 229) : « Idem ter socios

1. Remarquez l'orthographe *meersta, eesona*, qui semble indiquer des voyelles longues.

2. Ouvr. cit. II, 418.

pura circumtulit unda. » Il s agit d'une lustration du peuple iguvien. On a déjà vu cette construction du génitif : « Populi circumferendi et collis piandi [causa] ». — *Perca(m) arsmatia(m)*. Ces deux mots sont fort obscurs et l'interprétation qu'en présente Kirchhoff est loin d'être convaincante. Nos textes, outre la *perca arsmatia*, parlent d'une *perca ponišiater*, dont il est question en ces termes : I *b* 15 perkaf habetutu puniçate. VI *b* 51, *perca ponišiater habituto*. D'autre part on a, VI *b* 49 : *perca arsmatiam anovihimu*. Ce dernier mot est un impératif moyen signifiant « induitor ». On est donc amené à penser qu'il s'agit de vêtements. Je traduis *ponišiater* comme un ablatif pluriel d'un nom qui serait en latin *puniceatum* ou *puniceata* « coloré de pourpre ». Comme l'ablatif exprime à lui seul en ombrien l'idée « avec », on peut traduire : « Ayez des *perca* avec des — colorés de pourpre ». Pour le mot *perca* lui-même, nous sommes réduits aux conjectures. Je suppose que c'est le nom du vêtement porté par l'adfertor, et je rapproche ce passage du rituel des Arvales : « Fratres Arvales prætextati sacrificium deæ Diæ ture vino fecerunt.... Promagister in tetrastylo reversus est et in codice cavit et prætextam deposuit[1]. » Les prêtres portaient la prétexte seulement durant le sacrifice. Servius, *ad Æn.* VIII, 552 : « Neque semper prætextam, neque apicem, nisi tempore sacrificii gestare soliti erant. » — Cette robe prétexte était garnie de pourpre. Pline, *H. N.* IX, 60 : « Purpura diis advocatur placandis. » Servius, *ad Æn.* VII, 612 : « Tertium (trabearum genus) augurale, de purpura et cocco mixtum. » Pacatus, *Paneg.* 37 : « Reverendos municipali purpura flamines. » Ajoutons enfin ce témoignage de Pline (IX, 63) : « Purpuræ usum Romæ semper fuisse video, sed Romulo in trabea. Nam toga prætexta, et latiore clavo Tullum Hostilium e regibus primum usum Etruscis devictis satis constat. » — D'après tout ce qui précède, je traduis *percaf ponišiater* par « des prétextes avec des bords de pourpre » (*clavis puniceis*). Quant à *arsmatia*, c'est un adjectif tiré d'un verbe *arsmo*, que nous rencontrerons (I *b* 19, VI *b* 56) dans le sens de « lustrare » : *arsmatia* peut donc être traduit par « lustralis ». Les robes des prêtres n'étaient pas les mêmes dans toutes les occasions : c'est ce qu'on peut voir dans Festus (p. 237) : « s. v. prætexta pulla ». Comme nous rencontrerons un ad-

1. Henzen, p. 11, 14, 21, 28.

jectif *farsio* qui est pour *farcivum*, nous pouvons considérer *arsmatia* comme étant pour *arsmativam*. Quand nous en serons au verbe *arsmo*, je proposerai une conjecture sur la présence du même verbe en latin.

TRADUCTION.

(VI *a* 18) Cum his sacris omnibus, (19) populi circumferendi et collis piandi [causa] prætextam lustralem habeto.

(VI *a* 19) *Vasor verisco Treblanir porsi ocrer* (20) *pehaner paca ostensendi, eo iso ostendu pusi pir pureto.* — L'intervalle que le graveur a laissé entre cette phrase et la précédente annonce déjà qu'on va entrer dans un ordre d'idées nouveau. Cette phrase difficile renferme une prescription relative aux vases (*vasor*), dont on se servira à l'occasion de la cérémonie expiatoire. Le verbe principal est *ostendu*, impératif pour *ostendito*. Le sens de ce verbe n'est pas celui du latin *ostendere* : on le voit clairement par cette circonstance que la même phrase, qui sur VI-VII est conçue toujours *arviu feitu*, se dit arvia ustentu sur I. *Feitu*, qui est le latin *facito*, signifie « offre en hommage, sacrifie » : nous devons donc attribuer le même sens à ustentu. On conçoit sans peine qu'un verbe composé de *obs* et de *tendere* ait pu prendre ce sens spécial. Dans *ostendu*, le *t* s'est affaibli en *d* sous l'influence de la nasale[1].

Le régime de *ostendu* est *eo(f)* = latin *eos*, qui a pour antécédent *vasor*. Ce substantif est ici du masculin et de la seconde déclinaison. Ailleurs (II *a* 38) il est du neutre. La même incertitude paraît avoir existé en latin, car nous avons dans Pétrone (*Satyr.* 57) un masculin *vasus*. — *Porsi* est un pronom relatif qui se rapporte à *vasor* : il a donc ici la valeur d'un nominatif pluriel masculin[2]. — Ce *porsi* commence une proposition relative comprenant les cinq mots : *porsi ocrer pehaner paca ostensendi*. L'attribut est *ostensendi*, dans lequel il faut se garder de voir un participe en *dus*, puisque la désinence du nominatif pluriel est *or*, *ur*, et puisque le *d* s'assimile à *n*. Comme Aufrecht l'a reconnu, c'est ici une forme du passif : l'actif *ostensent* prend au passif la syllabe

1. Le verbe *tend* devient *tenn* par la même assimilation que nous avons eue dans *circumferener*, *pihaner*. Voy. p. 38.

2. Voy. ci-dessus, p. 42.

ir (= latin *ur*) dont le *r* est tombé, en laissant seulement après lui sa voyelle de soutien. Mais comment expliquer *ostensent?* Aufrecht ne se prononce pas sur ce point. Bugge[1] y voit un futur, formé du thème *ostenn* et du verbe auxiliaire *sent*. On peut comparer *staheren* (I *b* 19) « stabunt ». — *Paca* est un mot absolument inconnu. Aufrecht, sans rien préjuger sur son origine, pense y reconnaître une locution adverbiale signifiant « causa, gratia, ergo », qui gouvernerait les génitifs *ocrer pehaner*. Mais puisque ces génitifs sont employés ailleurs comme un cas absolu, il n'est pas vraisemblable qu'ici on les ait accompagnés d'une locution adverbiale de ce genre. — Il faut remarquer l'attraction qui a eu lieu entre *porsi* et *vasor* : c'est la construction de cette formule citée par Cicéron : « Fundus qui est in agro, qui sabinus vocatur, eum ego ex jure Quiritium meum esse aio. » — Il reste *verisco Treblanir*, locution qu'il faut rapprocher de *verisco Tesonocir* et *verisco Vehieir*[2]. Ce sont des ablatifs pluriels régis par la postposition *co*. Kirchhoff a justement expliqué *veris* (on trouve ailleurs l'accusatif *verof*) comme un nom de la seconde déclinaison, et, par une série de déductions fortement enchaînées, il est arrivé à établir pour lui le sens de « porte[3] ». Bugge a fourni une confirmation de ce sens, en rappelant l'inscription de Pompéi : *Veru Sarinu* « porte Sarinienne » (conduisant au fleuve Sarnus)[4]. Le mot est employé au pluriel comme l'est *fores* en latin. Quant à l'étymologie de ce nom, elle soulève toute sorte de difficultés[5]. Il faut renoncer à toute parenté directe avec *fores* et θύρα, puisque ces mots auraient exigé en ombrien un congénère commençant par *f*. Comme le latin, à côté de *fores*, a pour exprimer la même idée d'autres mots tels que *porta* et *postes*, comme outre θύρα, le grec a πύλη, nous pouvons également supposer ici quelque mot d'origine différente. — *Treblanis* est un adjectif tiré d'un nom de lieu. Il y a plusieurs villes portant le nom de *Trebula*, l'une en Campanie, deux (Mutesca et Suffena) dans la Sabine. C'est d'une ville du même nom qu'il s'agit ici[6]. La racine est *trab*

1. ZK, III, 37. XXII, 396.
2. Voy. VI *a* 20.
3. II, 117 et s.
4. ZK, II, 385. Cf. Corssen. *Ib.* V, 129. Cf. l'italien *verone* (Storm, *Romania* II, p. 336).
5. Voy. sur cette question, Ascoli, *Frammenti linguistici*, et Bugge, ZK, XIX, 235.
6. Une population ombrienne s'appelle *Trebiates* (Lepsius, *De Tab. Eug.* p. 3, n.).

treb « construire », dont nous avons vu plus haut[1] le parfait *trebeit*. — Il reste *iso.... pusi pir pureto*. Dans *iso*, on peut reconnaître soit *isoc*, *esoc*, que nous avons traduit « ainsi », soit plutôt *isont* = *isunt* (II *a* 28, 36; III, 16, 17) « itidem ». Ce dernier mot n'est d'ailleurs pas autre chose que *iso* + *hont*. L'enclitique *hont*, qui a le sens de l'enclitique latine *-dem* dans *idem*, se réduit parfois à *ho* ou *o*, comme on le verra par l'exemple de *sururont* écrit *sururo* (VI *b* 48), de eru-hunt écrit eru-hu (II *b* 22). — *Pusi* est la conjonction annoncée par *iso* : cette conjonction a les emplois divers du latin « uti », dont elle a aussi la signification[2]. Ici elle signifie « comme ». *Pusi*, écrit aussi *puse*, *pusei*, puze, vient probablement de *pum* (= latin *quum*) + *sei* : on peut comparer le latin *quasi* (pour *quam* + *sei*). On a déjà vu qu'un *z* des anciennes tables annonce le groupe *ns*. — *Pir pureto* sont deux accusatifs neutres. *Pir*, qui est souvent employé sur les Tables Eugubines, est un substantif neutre correspondant au grec πῦρ, au vieux haut-allemand *fiur* « le feu ». Il n'est pas nécessaire d'admettre que l'*u* se soit aminci en *i* : car la forme πύϊρ, employée par Simonide d'Amorgos, nous a été conservée par Hérodien. Nous aurions donc ici le changement de *ui* en *i* déjà plusieurs fois constaté. — Il est curieux de voir que le latin a entièrement perdu cette vieille dénomination du feu, tandis que le grec n'a plus le congénère de *ignis*, lithuanien *ugnis*, sanscrit *agnis*. — *Pureto* est le participe passé neutre d'un verbe correspondant au latin *purare*. Plaute dit (*Aulul.* II, 3, 3) : « Ecquid audis? vascula intus pura propere atque elue. » Ce verbe a été ensuite remplacé par les composés *purificare* et *purgare*. La forme ombrienne complète serait *pureitom*, avec la même altération de l'*a* que nous avons eue dans *mujeto* et dans *stahmeitei*. — Quoique la construction soit claire, le sens reste obscur pour nous : on fait allusion à certaines conditions dans lesquelles est offert le feu purifié, conditions qui doivent s'étendre à l'oblation des vases sacrés. Il sera question plus loin de cette purification du feu.

1. Voy. ci-dessus, p. 37.

2. Par ex. : *pusei subra screhto est* « uti supra scriptum est », *pusi pre verir Treblanir* « uti ante portam Trebulanam », *puse erus dersa* « uti frusta det ».

TRADUCTION.

(VI *a* 19) Vasa ad portam Trebulanam quæ ocris piandi [causa] — offerentur, hæc eodem modo offerto quo ignem purificatum.

(VI *a* 20) *Cehefi dia surur verisco Tesonocir, surur* (21) *verisco Vehieir.*

Je regarde *cehefi* comme un adverbe de même formation que *ife* et *pufe* : la diphthongue finale *ei* est représentée ici par *i*, comme on a *poei poe poi*, ou *persei perse persi*. Le *c* devant un *e* doit surprendre : on se serait attendu à un *ś*. Mais quand on voit qu'une même table présente l'orthographe pupdike pupdikes et pupdiçe pupdiçes, on doit conclure, comme le fait Aufrecht, que les Ombriens prononçaient un son sifflant dans certains mots où l'orthographe présentait un k ou un c [1]. *Cehefi* (= *cêfi*) est, à ce que je crois, de même origine que le latin *cis*, *citra*, *citimus*, que l'ombrien *śei* et *śimo* [2]. On peut le traduire soit par « deinde » soit par « ita ». — *Dia*, pour *diat*, est la troisième personne du singulier d'un subjonctif (optatif) formé comme *aseriaia* [3]. Le verbe est *dio*, qu'on peut rapprocher du latin *au(s)-dio* (cf. *aus-culto*) et *con-dio*. Ce verbe, qui se rattache à la racine *da* « donner », est avec la forme ordinaire *do* (par exemple dans *reddo*, *addo*) en la même relation que *parire*, *cupire*, *moriri* avec *parere*, *cupere*, *mori* [4]. Comparez encore le futur *reddibo* (pour *reddam*) chez Plaute.

Surur, mot écrit aussi une fois *suror*, et ordinairement suivi de l'enclitique *-hont*, d'où les formes *sururont*, *sururo*, est une conjonction dont l'usage est borné aux tables VI et VII. A côté de la forme *sururont*, employée dix fois, on rencontre onze fois *suront*. Il signifie « ensuite, alors ». Dans le passage qui nous occupe, il paraît avoir le sens purement copulatif « et... et... ». — Sur l'étymologie de ce mot, il est difficile de rien avancer de certain. Voici ce qui me paraît le plus vraisemblable. Nous avons en latin une ancienne particule *sus* ou

1. Op. cit. I, 72.
2. Voy. ci-dessus, p. 47.
3. A. K., qui soupçonnent ici une altération du texte, proposent de lire en un seul mot *cehefidia*, sans vouloir rien conjecturer sur le sens, II, 112.
4. Neue *Formenlehre der lateinischen Sprache*, II, 318.

sur (qu'il ne faut pas confondre avec *subs*) : elle signifie « sur, en haut ». On la trouve, par exemple, dans *suremit.* Festus, p. 298 : Suremit, sumpsit... « Inque manum suremit hastam.» Et : « puerum surempsit. » On la trouve aussi dans l'expression *susque deque*, que Festus (p. 290) traduit par « plus minusve ». C'est cette particule *sus* qui est contenue dans certains verbes composés où *sub* ne convient ni pour la forme, ni pour le sens : tels sont *suspendere, sustuli, surgo, sursum.* Il suffit de comparer *suspendere* et *supponere* pour voir que ce n'est pas le même préfixe. A cette particule *sus* est venu se joindre le pronom démonstratif *ero(m)*, lequel aime à se faire suivre de l'enclitique *hont.* La voyelle *e* s'est assourdie en *u* sous l'influence du premier *u*[1] (on trouve d'ailleurs le pronom *oru* VI *a* 26 et uru I *b* 18. V *a* 5. VI *b* 55). Le sens de *sururo-hont* (ce serait là la forme complète) est donc : « insuper hoc idem ». Quant à la conjonction *surur*, elle a perdu la syllabe *om*, comme cela est arrivé en latin pour *nihil, non*, et pour tous les adverbes en *ter*[2]. Ce genre de composé se retrouve en latin dans *adeo, posthac.* Nous avons dit plus haut qu'on trouve souvent *suront :* il me paraît hardi d'affirmer avec Kirchhoff que *suront* soit une faute pour *sururont;* un adverbe *sur* pouvait aussi bien se faire suivre de l'enclitique *-hont*, qu'en latin l'adverbe *ibi* ou *inde* de l'enclitique *-dem.* — *Verisco Tesonocir.* — Ce mot, qui est écrit de la même façon VII *a* 38, paraît ailleurs (VI *b* 1, 3) avec l'orthographe *Tesenocir*, et la table I *a* écrit Tesenakes. C'est un adjectif dont la formation rappelle celle des noms celtiques en *ac.* Le latin n'emploie pas ce suffixe. Quant au primitif dont cet adjectif est tiré. Kirchhoff[3] suppose une ville appelée *Tesena* (Τυρσηνά?). — *Verisco Vehieir.* — Ce dernier adjectif fait songer aussitôt à la célèbre ville de *Veii*, quoi qu'il soit possible que le même nom ait encore été donné à d'autres cités. On sait qu'au temps de Varron *via*, dans la langue des paysans, se prononçait encore *veha :* de là sans doute le nom de *Vehii* donné à ceux qui habitaient sur le bord d'une route, ou au croisement de deux ou plusieurs voies. Le *h* dans notre mot ombrien est-il étymologique, ou sert-il seulement à indiquer que la voyelle précédente est longue? Je serais disposé

1. La même influence se voit, par exemple, dans *Tesonocir*, employé deux ois pour *Tesenocir.*

2. Corssen, *Aussprache*[2], II, 594.

3. II, 420.

à plutôt admettre la seconde hypothèse : car la forme ombrienne vea ou via « la route » ne présente plus trace de *h*. Sur la table I *a* nous avons deux fois Vehiies, et nous retrouverons cette orthographe dans d'autres noms propres Klaverniie, Kastruçiie, Kluviier, Vuçiia, Atiieḑie, ainsi que dans l'adverbe triiuper. Les tables en caractères latins écrivent *Claverniur Atiersir trioper*. Nous croyons qu'il faut voir dans cette orthographe un développement purement phonétique du *j* ou de l'*i*, comme nous avons pour le *v* où l'*u* un développement analogue dans manuve, mersuva, prinuvatu, aruvia, *subocauv*.

TRADUCTION.

(VI *a* 20) Ita des et ad portam Tesenacam, et (21) ad portam Vehiam.

On voit qu'il est question d'une purification de la colline (*ocrer peihaner*) pour laquelle on s'arrête successivement à trois portes. Il sera parlé plus loin d'une quatrième station en un lieu où il n'y a point de porte, mais qui est désigné par les mots *vocucom Joviu, vocucom Coredier*. Ces circonstances rappellent d'une manière frappante la disposition des villes étrusques, qui avaient trois portes consacrées chacune à une autre divinité : Prudentes Etruscæ disciplinæ aiunt apud conditores Etruscarum urbium non putatas justas urbes in quibus non tres portæ essent dedicatæ et votivæ, et tot templa Jovis, Junonis, Minervæ[1]. Cette disposition se retrouvait dans la *Roma quadrata*, où il y avait trois portes (Mucionis, Romanula, Janualis)[2]. Le quatrième côté était fermé. On sait que telle était aussi la disposition du temple, et que telle était enfin celle du camp romain.

SACRIFICE PRÈS DE LA PORTE TRÉBULANE.

Après une longue interruption, nous retrouvons ici, mais pour un instant seulement, la concordance avec la table I.

(I *a* 2) Pre veres[3] Treplanes (3) Juve Krapuvi tre buf[4] fetu.

1. Serv. *ad Æn.* I, 422.
2. Varron, *De l. l.* éd. Müller, p. 64.
3. Preveres. — 4. Trebuf.

(VI *a* 22) *Pre vereir Treblaneir Juve Grabovei buf treif fetu.*

Il faut remarquer la variante tre buf (pour tref buf) et *buf treif*. Cette interversion se représente constamment dans la suite[1]. En présence de l'accord littéral qui existe presque toujours entre les deux tables, on est peut-être autorisé à s'expliquer cette divergence par un prototype où les noms de nombre étaient marqués en chiffres, comme ils le sont, par exemple, sur la table V *b*. — *Pre* est le latin *præ*. Il s'oppose à pus *post* que nous trouverons plus loin. Un double sacrifice doit être offert à chaque porte : l'un devant, l'autre derrière la porte. Cela rappelle le *intra pomœrium*, *extra pomœrium* de la formule citée par Tite-Live (I, 26). — Tref[1] buf, *buf trei*, deux accusatifs pluriels correspondant pour le sens au latin *tres boves*. *Buf* pour *bouf*. — Les victimes immolées dans ces sacrifices sont toujours au nombre de trois.

L'impératif fetu est un des mots les plus fréquemment employés sur les anciennes tables, où il ne revient pas moins de soixante-cinq fois. Il est écrit quarante-cinq fois fetu, et vingt fois feitu[2]. Cette différence d'orthographe est importante, car en vieil ombrien la diphthongue *ei* est toujours représentée par *e* ou *i*. Nous avons donc ici, non une diphthongue, mais deux voyelles distinctes. La forme primitive est *factu*, dont le *c*, ne pouvant se maintenir devant le *t*, s'est affaibli en *j* ou en *i*. Il est curieux de rencontrer en vieil ombrien un phénomène que nous connaissons par le français (*fait* pour *factus*) et par le moyen haut-allemand (*maid*=*magd*, *getreide* = *getregede*[3]). Le *j* ou l'*i* ainsi produit a fait changer l'*a* en *e*, à peu près comme en portugais *factionem* est devenu *feitio*. Par un nouveau progrès de l'altération phonique, *feitus* s'est réduit à *fetu*, comme en espagnol *factum* est devenu *hecho*. — *Feitu* signifie « qu'il présente en sacrifice », et il se construit tantôt avec l'accusatif, comme dans notre passage, tantôt avec l'ablatif, comme, par exemple, *vinu feitu* (VI *a* 57). Cette dernière construction est également usitée en latin : « Cum faciam vitula pro frugibus. » (Virg. *Ecl.* III.)

1. Tref sif kumiaf (I *a* 7) *si gomia trif* (VI *a* 58); tref sif feliuf (I *a* 14 *sif filiu trif* (VI *b* 3), etc.

2. Sur les tables en écriture latine, *feitu* revient cinq fois, *fetu* cinquante-trois fois. On a une fois *feetu*.

3. Grimm, *Deutsche Grammatik*, I², 426. Joret, *Du C dans les langues romanes*, p. 48 ss. 333 s.

« Facere catulo.... » (Colum. II, 22) Quant à la construction avec l'accusatif, le latin n'en présente pas d'exemple pour le verbe *facere*, mais des abus de syntaxe analogues ont eu lieu dans cette langue pour *mactare*, *adolere*.

Juve désigne la divinité à laquelle on sacrifie les trois bœufs : c'est le latin *Jovi*. Nous avons ici le premier exemple du datif d'un thème en *i* : il est terminé en *e* (= *ei*)[1]. En nouvel ombrien on se serait plutôt attendu à une forme *Jove*, et en effet l'adjectif tiré de ce nom est *Jovius*. Peut-être la forme *Juve* était-elle regardée comme consacrée [2].

Nous arrivons au mot Krapuvi *Grabovei* qui ailleurs (VI *b* 19) est écrit *Grabovie*. Cette dernière orthographe est la meilleure : elle nous présente le datif régulier d'un thème *Grabovio*; l'*i* ayant absorbé l'*e* long du datif, il en est résulté un *ī* long, que le nouvel ombrien représente par *ei*. Nous avons ici un surnom de Jupiter; le même surnom est donné un peu plus loin à Mars (I *a* 11, VI *b* 1) et à un autre dieu appelé Vufiune *Vofione* (I *a* 20, VI *b* 19). Il est très-difficile de dire ce qu'est ce *Grabovius*. La dernière tentative faite pour l'expliquer est, à notre connaissance, celle de Grassmann (*Journal de Kuhn*, XVI, 192). Il y découvre une racine *krap*, qui se trouverait dans le grec κραιπνός, καρπαλιμός, « rapide », et dans l'ancien slave *krěpuku* « fort », *krěpiti* « fortifier ». Ce serait donc un mot signifiant « puissant, fort ». Si l'on songe que le nouvel ombrien présente un *g* et un *b*, on trouvera peu probable cette parenté avec une racine *krap*, d'ailleurs fort douteuse elle-même.

Nous aimons mieux ce qu'avaient dit Lassen, Pott et Aufrecht, quoique leurs explications n'aboutissent à aucune conclusion certaine, et quoiqu'elles diffèrent notablement entre elles. On peut tenter l'étymologie de ce mot de deux manières, suivant qu'on y cherche un composé ou qu'on regarde *-ovius* comme un suffixe. Lassen fait remarquer que les trois dieux qui portent ce surnom sont les seuls à qui des bœufs soient sacrifiés : les autres divinités se contentent de truies, de brebis, de veaux, de porcs et de sangliers. Il voit donc dans la seconde partie du nom le mot

1. Cf. pour le latin Quintilien, I, 4, *s. m.* « Quid ? non E quoque I loco fuit ? *Menerva* et *leber* et *magester* et *Diiove victore*, non *Diiovi* ?

2. Grimm a fait la remarque que les mots désignant des divinités ou d'autres êtres qui éveillent une idée de respect, échappent parfois aux changements de la langue et de l'orthographe.

bos : quant à la syllabe *gra*, c'est la même que dans *gra-men*, et elle signifie soit « croître », soit « nourrir ». *Grabovius* est donc le dieu « qui fait verdoyer les prairies et qui nourrit les bœufs[1]. » Assurément ce sens serait plus que satisfaisant : mais en tête du composé on attendrait autre chose qu'une simple racine. Aussi, dans l'ordre d'idées suivi par Lassen, vaudrait-il mieux sans doute supposer un composé comme *Grandibovius* « celui à qui appartiennent les grands bœufs ». Homère, dans un sens différent, emploie l'adjectif ἑκατόμβοιος « valant cent bœufs »[2]. — Pott est également enclin à admettre une composition[3] : mais le second terme serait *Jovius*, comme nous avons plus loin *Trebe Jovie* (VI *a* 58, I *a* 7), et *Tefri Jovi* (VI *b* 22, I *a* 24). Ce surnom de *Jovius*, qui peut être traduit « fils de Jupiter », ou « appartenant à Jupiter », ou simplement « divin », est usité chez les Romains, où l'on trouve une *Venus Jovia*[4], un *Hercules Jovius*[5]. L'écrasement de l'*i* au commencement du mot trouverait des exemples dans le latin *c-uncti* pour *co-juncti*, *h-ornus* pour *ho-jornus*[6]. Mais Pott semble embarrassé pour la première partie du composé, car le mot *gravis* qu'il propose, et auquel il veut donner le sens de « almus », ne convient pas beaucoup, ni pour la signification, ni pour la forme. — L'analyse donnée par A. K.[7] (nous ne pouvons l'appeler une explication, car ils se tiennent sur la plus grande réserve en ce qui concerne le sens et l'origine) diffère des deux précédentes, en ce que le mot *Grabovius* est considéré comme simple. La seconde partie est la même que dans *Fisovius*, autre nom de divinité : or *Fisovius* est dérivé du simple *Fisus*, que nous trouvons aussi sur nos inscriptions, à l'aide du même suffixe qui a donné en latin les noms comme *Vitruvius*, *Pacuvius*. Nous devons donc restituer un primitif *Grabus*, et c'est sur ce mot que les étymologistes auront à s'essayer. Peut-être, ajoutent-ils, y a-t-il lieu de rappeler aussi la relation qui existe en latin entre *Vejovis* (pris à tort comme un

1. *Beiträge zur Deutung der Eugubinischen Tafeln*, p. 17.
2. *Il.* II, 449. Cf. VI, 136.
3. *Wurzellexicon*, I, 1010.
4. Inscription chez Fabretti, p. CCCX. « Heisce magistreis Venerus Joviæ muru ædificandum curaverunt.
5. Gruter. P. XVIII, 4.
6. Corssen, *Aussprache*[2], I, 308.
7. II, 130.

composé de *Jovis*) et le simple *Vedius.*— C'est en accord avec ces prémisses qu'à notre tour nous allons proposer une conjecture. La ressemblance avec le *Mars Grâdivus* des Romains a été signalée plus d'une fois : il se pourrait que le *Grabus* statué par Aufrecht dût précisément s'expliquer à l'aide du mot latin. Mais d'abord une courte digression sur la divinité est nécessaire. On sait que les plus anciens surnoms de Mars (*silvanus, campestris, custos, conservator*) nous le présentent comme une divinité rustique, présidant à la croissance des champs et du bétail. Tel est aussi le caractère qu'il a dans les vieilles invocations qui nous ont été conservées par Caton. Le surnom de *Gradivus* se rapportait, selon nous, au même ordre d'idées. Il y faut voir un adjectif formé comme *vacivus, fugitivus, furtivus :* la racine est la même que dans *grandis, grandire.* On sait que ce dernier verbe s'employait en parlant des plantes, et Caton nous le présente justement dans une prière adressée à Mars (*R. R.* I, 141) : « Mars pater, te precor uti fruges, frumenta, virgultaque grandire (alii *grandiri*) beneque evenire siris. » Nous retrouvons le même verbe dans un passage de Pacuvius cité par Nonius Marcellus, p. 119, éd. Quicherat : « Nec grandiri frugum fetum posse, nec mitescere. » Le surnom *Gradivus* a eu le même sort que la divinité elle-même, lorsque Mars devint, après son assimilation avec Ἄρης, de rustique qu'il était, un dieu de la guerre: mais quoiqu'on expliquât le mot par le verbe *gradior*, la syllabe initiale continua d'être comptée comme longue par la plupart des poëtes. Le caractère belliqueux de Mars Gradivus ne semble d'ailleurs pas avoir été universellement reconnu par les anciens. Ainsi Ovide (*Fastes*, V, 229 et 255) fait allusion à une étymologie que Festus nous a conservée, *quia gramine sit ortus.* Les Frères Saliens, qui, d'après le témoignage de Tite-Live (I, 20) étaient voués au culte de Mars Gradivus, honoraient en lui un dieu rustique, nullement une divinité guerrière. — La racine *grad* ou *grand* « marcher », qui se trouve dans *gradus, gradior, grandis*, se terminait primitivement par un *dh :* c'est ce que montrent les langues germaniques, où le même verbe fait *skridan* en suédois, *schriden* en bas-saxon[1]. Ce *dh* pouvait donner dans les langues italiques

1. On sait que les langues germaniques (sauf le haut-allemand) substituent un *d* à un ancien *dh.* — Pour le groupe initial *sk*, devenu *g* en latin, voy. Curtius, *Grundzüge*[4], p. 693. Ascoli, *Fonologia*, p. 218.

soit un *f*, soit un *b*, soit un *d*[1]. L'ombrien *Grabus* correspond à un latin **grādus* « croissance » : l'un a donné naissance à l'adjectif *grabovius*, l'autre à l'adjectif *gradivus*. *Grabovius* est donc un dieu qui préside au développement de la nature.

TRADUCTION.

(VI *a* 22.) Ante portam Trebulanam Jovi Grabovio boves tres sacrificato.

Après cette phrase, la concordance entre I et VI cesse de nouveau pour longtemps. Nous poursuivons la lecture de la table VI.

(VI *a* 22) *Eso naratu vesteis.*

Il faut mettre un signe de ponctuation après *vesteis*, car la phrase qui suit, répétée nombre de fois, forme un ensemble à part. Le verbe est *naratu*, qui correspond au latin *narrato*. On sait que dans l'ancienne latinité *narrare* ne signifie pas seulement « raconter », mais, d'une façon générale, « dire ». Corssen[2] l'explique comme étant pour *gnarigare* (cf. *mitigare*, *lævigare*), qui signifie « gnarum facere ». Le mot a été conservé par Paulus (s. v.) : « *Gnarigavit* significat apud Livium narravit ». Cette étymologie suppose une assimilation de *rg* en *rr* dont je ne connais pas d'autre exemple en latin, car on a *purgare*, *jurgium*, *largus*, *virga*, etc. Il vaut mieux admettre, avec le grammairien Velius Longus, que le mot doit s'écrire (*g*)*narare* : nous avons ici le verbe simple, qui serait avec le *gnarigare* de Paulus dans le même rapport que *purare* avec *pur*(*i*)*gare*[3]. — Dans le passage qui nous occupe, *naratu* pourrait être traduit par « recitato ». Mais la comparaison d'autres passages me fait paraître l'expression latine « nuncupato » plus exacte. — *Eso*(*c*) « ita » ou « hoc ».

Vesteis, écrit ailleurs deux fois *vestis* (VI *b* 6, 25), est un participe passé correspondant au latin *vestitus*. Le *s* final est resté, grâce à sa combinaison avec le *t* de la syllabe précédente. En vieil ombrien cet *s* est représenté par *z*. Ainsi l'on a

1. Cf. latin *ūber* = οὖθαρ, sanscrit *ūdhar*; osque *mefia* = latin *medius*, sanscrit *madhja*; latin *rubrum* = ombrien *rufrom*, grec ἐρυθρόν, sanscrit *rudhiram*. Sur cette question que nous ne pouvons qu'effleurer ici, voy. Ascoli, *Fonologia*, p. 173 ss.

2. *Kritische Beiträge*, p. 401.

3. Voy. ci-dessus, p. 59. Comparez encore *declarare* avec *clarigare*.

taçez, *tases*, *tasis* = lat. *tacitus;* pihaz, *pihos* = lat. *piatus*. Il est intéressant de constater cette conservation d'un *s* final au nominatif, qui rappelle ce qui a lieu en vieux français. La différence avec l'ancien latin est grande, car celui-ci supprime le *s* final en gardant la voyelle[1]. — Ce *vesteis* se traduirait en latin par « velatus » : on s'adressait aux dieux la tête voilée, *capite velato* ou *operto*. Ainsi Plaute (Curc. III, 1, 19) : « Quis hic est qui operto capite Æsculapium Salutat? » Plutarque, dans ses Questions romaines, demande : Διά τι τοὺς θεοὺς προσκυνοῦντες ἐπικαλύπτονται τὴν κεφαλήν; Dans l'Énéide, Hélénus fait allusion à cet usage, quand il ordonne à Énée (III, 405) :

> Purpureo velare comas adopertus amictu,
> Ne qua inter sanctos ignes in honore deorum
> Hostilis facies occurrat, et omina turbet :
> Hunc socii morem sacrorum, hunc ipse teneto;
> Hac casti maneant in religione nepotes[2].

Les mots *vestis* et *velum*, qui viennent d'une même racine[3], ont ordinairement en latin des acceptions différentes : mais la répartition est moins rigoureuse pour les verbes *vestire* et *velare* qui se prennent souvent l'un pour l'autre. — Il faut remarquer la place qu'occupe dans la phrase ombrienne le mot *vesteis*, placé après le verbe au sujet duquel il se rapporte.

TRADUCTION.

(VI *a* 22.) Ita nuncupato velatus.

Ici commence, pour accompagner le sacrifice du bœuf, une prière, qui est répétée deux fois (VI *a* 35, 45), en termes identiques, avec le sacrifice des deux autres bœufs. Elle revient une quatrième fois, mais adressée à une autre divinité, et avec quelques modifications imposées par la nature de la cérémonie, VI *b* 25. Nous joindrons immédiatement les variantes de ces quatre morceaux.

1. « Hæc ecfatu' pater.. . » (Ennius, ed. Vahlen, p. 10). « Hic occasu' datust : at Oratius inclutu' saltu.... » (*Ib.* p. 27.)

2. Voy. les autres passages relatifs à cette coutume chez Brisson, *De formulis* (éd. 1583), p. 40. Les seuls dieux à qui l'on sacrifiât le visage découvert étaient l'Hercule de l'*ara maxima*, Saturne et Honor.

3. Voy. Bréal, dans la *Rivista di filologia*, 1874.

(VI *a* 22) *Teio* (*tio*, *tiom*) *subocau suboco* (23) *Dei Grabovi*, *ocriper* (*ocreper*) *Fisiu*, *totaper Ijovina* (*Jovina*), *erer nomneper*, *erar nomneper*.

Teio, partout ailleurs écrit *tio* ou *tiom*, ne doit cependant pas être pris pour une leçon fautive. C'est, au contraire, la vraie forme de l'accusatif de la seconde personne, et il est le pendant exact de *meius*, qui est resté en latin sous la forme *meus* et *mius*[1]. On a en osque un accusatif *siom*. Ces adjectifs sont dérivés à l'aide du suffixe *io* d'un thème *me-*, *te-*, *se-* que nous retrouvons entre autres dans le génitif grec ἐμε-ῖο, le datif dorien τε-ΐν, le génitif éolien ἔμε-θεν, Ϝέ-θεν[2]. Les adjectifs possessifs latins *tuus* et *suus* sont d'une autre formation que *meus*[3]. — C'est probablement à ces thèmes *me*, *te*, *se* qu'il faut rapporter les différents cas des pronoms personnels, comme *mihi* (pour *mehei*), *mê*, etc. — *Teiom* est à proprement parler l'accusatif d'un ancien adjectif possessif, qui a pris la place de l'accusatif du pronom personnel : un empiétement dont on trouverait des exemples dans toutes les langues, notamment en latin, où ego, nos sont censés avoir pour génitif mei, nostri, nostrum[4]. C'est comme si en latin, au lieu de : te invoco, on disait tuum invoco.

Subocau. Cette forme qui a été d'abord expliquée par Lassen, puis par Aufrecht, comme une première personne du présent, est en réalité une première personne du parfait. L'*u* est le même que nous avons déjà rencontré, comme caractéristique du prétérit, dans *sesust*, *courtust*, *iust*, *procanurent*, *andersesust*, et que nous rencontrerons encore dans *peperscust*, *facurent*, *benurent*, *habus*, *portust*, *benuso*, *covortuso* et plusieurs autres. Il reste ici distinct de l'*a* de la première conjugaison, tandis que dans *vesticos* (VI *b* 25) pour *vesticaus*(*t*) les deux voyelles se sont fondues, et que dans *portust* l'*a* a été retranché (à moins qu'il n'y ait eu changement de conjugaison). Cet *u* est la contraction d'une syllabe *ve* ou *vi*. Nous avons montré ailleurs qu'il est resté en italien et en espagnol des traces de ce genre de formation à la troisième personne du parfait *cantò* « il chanta » (pour *cantau*),

1. Sur *mius*, voy. Schuchardt, *Das Vulgärlatein*, I, 438.
2. Ahrens, *De dial. Æol.* p. 124. *De dial. dor.* p. 252.
3. On verra que l'ombrien a également des adjectifs possessifs de cette formation, par exemple *tuer*, *tover*.
4. Voy. Bréal, Introduction au t. III de la Grammaire de Bopp, p. XXXVI.

ainsi qu'en calabrais où l'on a les prétérits *amau, passau*[1]. Le latin nous offre sur deux inscriptions les parfaits EXPENSAVT (C. I. N. 2800) et PEDICAVD (C. I. L. IV. 2048), auxquels il faut joindre *triumphaut* (Fast. Min. XVI)[2]. On trouve huit fois sur nos tables la variante SVBOCAVV, qu'il faut lire *subocauv*, où le *v* subsiste après l'*u* qu'il a développé devant lui. Cf. AVVEI (VI *a* 3) pour AVEI, SALVVOM (VI *a* 41) pour SALVOM, SALVVA (VI *a* 42) pour SALVA, *aruvia* pour *arvia*, etc. On se fait, en général, une idée inexacte de la prononciation du *v* latin, quand on se le représente comme un *v* français : il ressemblait bien plutôt au *w* anglais. Ainsi s'explique l'historiette rapportée par Cicéron (*De Div.* II, 40), de ce marchand qui vendait des figues de Caunus, et dont le cri Cauneas! fut interprété comme un mauvais présage pour Crassus partant en expédition contre les Parthes (*cave ne eas!*). Nous avons ici un exemple d'une voyelle finale absorbée par le *v* précédent comme dans *subocau*. Un autre exemple est l'ombrien *sopir* (VI *b* 54) = *sve pir* « si quis ».

Nous devons dire dès à présent que tous les parfaits de la première conjugaison ne sont pas sur le modèle de *subocau* : nous trouverons une autre formation au mot *pihafei* (VI *a* 29). C'est même cette formation qui a probablement empêché de reconnaître la véritable valeur grammaticale de *subocau*. Mais il n'est pas plus extraordinaire de trouver en ombrien une bifurcation pour le parfait qu'en grec une bifurcation pour le futur : on sait que λύσω, πράξω doivent leur existence au même auxiliaire que στελῶ, μαχοῦμαι, quoique les deux formes soient devenues si dissemblables qu'on en a fait un futur premier et un futur second[3]. — Le sens de *subocau* est « j'ai invoqué », de la préposition *sub* et du verbe *vocare* dont le *v* s'est assimilé au *b* précédent. — *Suboco* est une première personne du présent formée comme *stiplo* et *aserio*. Il faut remarquer que le présent *suboco* n'est jamais employé seul, mais toujours à la suite du parfait *subocau*, tandis que le parfait *subocau* peut s'employer seul. Cela vient de ce qu'on sous-entend le verbe, quand il doit s'entendre au présent et rien qu'au présent : ainsi l'on trouve (l. 25) : *tio esu bue peracrei pihaclu* « te hoc bove ambarvali piaculo [invoco] ». Et

1. *Mémoires de la Société de linguistique*, t. II. P. 287.
2. D'autres exemples chez Schuchardt, II, p. 399.
3. Schleicher, *Compendium*, § 298.

ailleurs (II *a* 25) : tiu puni tiu vinu teitu « te lacte, te vino [invoco] dicito ». Au contraire, à la fin des différentes sections de la prière, on a : *tio subocau* « te invocavi ».

Dei Grabovi ne sont pas des vocatifs, mais des accusatifs construits en apposition avec *teio*. Cela ressort de la place qu'ils occupent, ainsi que de la comparaison avec VI *b* 26, 27, où l'on a : *tiom subocau suboco Tefro Jovi*. La forme complète serait *Deiom Graboviom* : l'*o* a été absorbé par l'*i* précédent, comme cela est arrivé en latin dans alis, alid (pour alius, aliud), et le *m* n'a pas été marqué. *Deiom* correspond à un latin Dium. — *Ocriper Fisiu*. Nous trouvons ici le nom de la colline : elle est appelée *ocris Fisius* d'après le dieu auquel elle était consacrée. Le nom complet de cette divinité se trouve I *a* 15 et VI *b* 3 : Fise Saçi, *Fiso Sanśie*. Il y a également un dieu *Fisovius Sancius*. Il est naturel de penser au Dius Fidius des Romains, qui portait aussi le nom de Sancus :

> Quærebam nonas Sanco, Fidione referrem,
> An tibi, Semo, pater; cum mihi Sancus ait :
> Cuicumque ex illis dederis, ego munus habebo.
> Nomina trina fero : sic voluere Cures [1].

Toutefois l'ombrien *Fisus* (écrit aussi une fois *Fissiu*, VI *a* 43) suppose en latin, non pas un mot *Fidius*[2], mais *Fissus* : on peut comparer le parfait *confissus sum*, qu'on écrit *confisus*, comme *divisus, læsus*. Le temple de ce dieu Fisus se trouvait probablement sur la colline, et si l'on songe à la place importante qui est donnée à l'*ocris Fisius* dans toute cette prière, on doit penser que là étaient gardés les sacra d'Iguvium, comme ceux de Rome au mont Palatin.

Erer nomneper, erar nomneper. — *Nomne* est un ablatif équivalant au latin *nomine*, avec syncope de la seconde syllabe comme en latin vulgaire. — Cet ablatif est régi par la postposition *per*, écrite quelquefois *pe*, qui correspond pour le sens, et peut-être aussi pour la forme, au latin *pro*. On comprend que placée comme enclitique à la fin d'un mot, *pro* ait pu perdre son *o* final et insérer un *e* de liaison : je rappelle ce qui s'est passé en latin pour *sum*. Cependant il

1. Ovide, *Fastes*, VI, 213.

2. Bugge (ZK, VIII, 37) suppose que Fisus peut être pour *Fidius*, comme on a en sabin *Clausus* = *Claudius*, et en latin *rosa* = ῥοδέα. Mais les mots famedias, Atiiediate, Atiiediur (*Atiersiur*), Hudie (*Horse*) montrent qu'un ancien *dio* devient ḍio (ombrien nouveau *rsio*).

se pourrait aussi que ce fût l'une des diverses prépositions qui ont fait *per* en latin. Il faut distinguer cette enclitique *per* d'une préposition *pert* que nous rencontrerons II *a* 35, 36. — *Erer erar*, sont les génitifs masculin et féminin d'un thème pronominal *ero*, qu'il ne faut pas confondre avec le thème *i*, ni avec le thème *eso*. Nous rencontrerons du même pronom l'ablatif eru (masc.), era (fém.), le génitif pluriel *erom*, l'ablatif pluriel erer, *erir*, *irer*. C'est un pronom démonstratif, dont la forme primitive a du être *eiro*, *eiso*, et qui correspond au sanscrit *esha*, ainsi qu'à la première partie du latin *is-te*. Ce pronom paraît avoir autrefois existé en latin, quoique dans une déclinaison différente. Festus (p. 162, 386) : *nec erim* nec eum. C'est ce pronom *eiso* qui est devenu *eizo* en osque. — *Erer* se rapporte à *ocrer* sous-entendu, *erar* à *totar* sous-entendu. Le sens est donc : « pro ejus (collis) nomine, pro ejus (civitatis) nomine. » Mais quelle valeur exacte devons-nous attacher à *nomne?* Est-ce pour le nom de la colline et de la cité qu'on invoque le Dieu? Il est très-possible que cette formule, qui revient toujours dans les mêmes termes, ne présentât plus d'autre sens aux prêtres iguviens, au moment où ils l'inscrivaient sur leurs Tables : mais elle en avait un autre dans un temps plus reculé. Sous le mot *nomen* se cachent en réalité deux termes différents : celui de « nom » et celui de « descendance; » l'un se rapporte à la racine *gnâ* « connaître », l'autre à la racine *gan* « mettre au monde[1] ». C'est ainsi qu'en latin on n'a jamais cessé de dire dans le style soutenu *nomen romanum* pour « populus romanus. » Illustres animas nostrumque in nomen ituras, dit Virgile (VI, 758) faisant allusion aux héros qui forment la race d'Énée. Ovide, en parlant de la louve qui nourrit Romulus et Rémus, l'appelle romani nominis altrix. Tite-Live (XXXI, 44), dans une formule d'exécration : sacerdotes publicos..... detestari atque exsecrari Philippum, liberos ejus regnumque, terrestres navalesque copias, Macedonum genus omne, nomenque. De même Velleius Paterculus : Jupiter Capitoline, et auctor et stator

1. On sait que les deux racines sont primitivement parentes (cf. *man* et *mnâ*). Elles ne se sont jamais entièrement détachées l'une de l'autre : ainsi le grec γνήσιος, le sanscrit *gnâti*, quoique appartenant par la forme à la racine *gnâ*, doivent pour le sens être rapportés à *gan*. Comparez encore en latin *gnatus*, *gnarus*. — Le sanscrit *nâman* présente également les deux significations « nom » et « race ». Voy. le Dictionnaire de Pétersbourg et la note de M. James Darmesteter, dans les *Mémoires de la Société de Linguistique*, tome II.

romani nominis. En tous ces passages, les écrivains, guidés par l'usage, emploient nomen dans la signification de « race », quoiqu'eux-mêmes le prissent sans doute pour le mot « nom ». On peut rapprocher encore les formules consacrées in nomen acciscere, assumere, où les deux idées se confondent. Ce n'est donc pas tant une preuve du formalisme italiote qu'il faut chercher dans cette expression, comme le dit Otfried Müller[1], qu'un exemple de la fidélité avec laquelle certains mots, sortis de la langue courante, se conservent en des locutions toutes faites.

TRADUCTION.

(VI *a* 22) Te invocavi invoco (23) Dium Grabovium pro colle Fisio, pro civitate Iguvina, pro ejus [collis] nomine, pro ejus [civitatis] nomine.

(VI *a* 23) *Fos sei, pacer sei ocre Fisei,* (24) *tote Ijovine, erer nomne, erar nomne.* — Les variantes *sir* (VI *b* 8) et *si* (VI *b* 26) permettent de reconnaître un subjonctif *seir* équivalant au latin *sis*. Cette traduction donnée par Lassen est confirmée par la formule : *futu fos pacer* (VI *a* 33), où au lieu du subjonctif *sir* on a l'impératif du verbe *fu*. Il semble que l'impératif *estu* = latin *esto* ne soit pas usité. — Dans *fos* et *pacer* nous devons chercher les attributs de la phrase, et comme on s'adresse à un seul dieu, ils sont au nominatif singulier. La variante *fons* (VI *b* 8, 26) fait mieux comprendre la structure de ce mot, sans pourtant l'éclairer complétement. La première idée est de reconnaître le latin *favens :* mais il y a à cela une difficulté. La même formule revient VI *b* 61, où au lieu de s'adresser à *une* divinité, on en invoque *trois;* le texte dit alors : *fututo foner pacrer*. Un participe singulier *favens* devait faire attendre un pluriel *fonder*, car le groupe *nt* s'affaiblit ordinairement en *nd :* supposer que *nt* soit allé jusqu'à *nn*, c'est admettre un changement dont nous n'avons pas d'autres exemples, et c'est, en outre, attribuer à l'ombrien la confusion de *nt* avec *nd*, car il réserve ordinairement pour ce dernier groupe l'assimilation en *nn*. Cette difficulté a décidé Aufrecht à chercher dans *fons* un thème *foni-*,

1. *Die Etrusker*, I, p. 55, note. Cf. A. K., II, p. 138.

se déclinant comme *funis*, *finis* en latin, et ayant perdu l'*i* final du thème en gardant le *s* du nominatif (cf. *vestis*, *pihos* pour *vestitus*, *piatus*). Mais tout en admettant un thème *foni-*, on peut regarder le mot comme un congénère du latin *favere*[1] : *foni* est pour *fauni*, et il présente le même suffixe *ni* que nous avons en latin dans *lenis*, *segnis*, *reclinis*. On obtient ainsi un mot de même famille que Faunus, le fils de Picus, dont le nom signifiait « le favorable[2]. »

Pacer ayant pour nominatif pluriel *pacrer* (VI *b* 61), doit être considéré comme une formation analogue à *acer*, *celeber*, *puter* ; le nominatif singulier masculin et féminin aurait dû être *pacris* : mais la syllabe *is* est tombée et un *e* euphonique a été inséré devant le *r*[3]. Ce qui prouve que cette explication est la vraie, et que le mot se prononçait *pakr*, c'est que nous ne trouvons jamais le *c* affaibli en *ś*, quoiqu'il soit suivi d'un *e*. Ce mot est tiré de la même racine qui se trouve en latin dans *pax :* ce dernier mot signifie « protection », non moins que « paix », ainsi qu'on peut le voir par des locutions comme *pace tua*[4] et par des passages analogues à celui-ci : Nunc nos, tanquam jam nihil pace deorum opus sit, omnes cærimonias polluimus (Tite-Live, VI, 41). Ce sens ne doit pas surprendre, si l'on songe que le verbe *pangere* s'employait pour toute sorte d'accords ou de traités, et que *pax* pouvait signifier « autorité, permission », aussi bien que « paix. » On peut encore rapprocher cette formule citée par Aulu-Gelle (XIII. 22) : Nerio Martis, te obsecro pacem dare uti liceat...

Les quatre autres membres de phrase, *ocre Fisei*, *tote Ijovine*, *erer nomne*, *erar nomne*, sont des compléments indirects régis au datif par *fons* et *pacer :* l'orthographe *ei* dans *Fisei* (on trouve ailleurs *Fisie*) nous représente un *i* long, lequel vient de la fusion des deux voyelles ; c'est ainsi qu'on a *Grabovei* à côté de *Grabovie*.

1. Bugge, ZK, III, 41. Autrement A. K., *Die umbr. sprd.* I, p. 62.

2. Joignez-y *Faustulus* et peut-être *Fātua*, la sœur de Faunus.

3. En latin classique, *acer* fait au féminin *acris* : mais le latin archaïque emploie *acer*, *alacer*, *volucer* au féminin comme au masculin. Il en est de même pour l'ombrien *pacer*, comme on le voit par VII *a* 13.

4. La même locution existe en ombrien, où l'on trouve *pacer pase tua*, *pacrer pase vestra* (VI *b* 61. VII *a* 49).

TRADUCTION.

(VI *a* 23) Faustus sis, volens sis colli Fisio, (24) civitati Iguvinæ, ejus (collis) nomini, ejus (civitatis) nomini.

(VI *a* 24) *Arsie, tio subocau, suboco, Dei Grabove. Arsier frite, tio subocau,* (25) *suboco, Dei Grabove.*

Si nous n'avions que ce seul passage, la traduction « adsis » proposée par Lassen pour *arsie, arsier*, aurait probablement recueilli et gardé tous les suffrages. Mais ce qui fait déjà pressentir qu'on ne saurait traduire ainsi, c'est d'abord le passage suivant :

VI *b* 15. *Fisovie Sanśie, tiom subocau; Fisovie frite*[1], *tiom subocau.*

La symétrie de ces textes fait supposer que *arsie* est un vocatif comme *Fisovie Sanśie*, et *arsier* un génitif comme *Fisovie(r)*. Mais ce qui achève la démonstration, c'est le passage quatre fois répété (VII *a* 20, 23, 33, 36) : *Prestota śerfia... tiom subocau; prestotar śerfiar... frite, tiom subocau.* Il est clair que le rapport entre *arsie* et *arsier* est le même que celui qui existe entre *prestota śerfia* et *prestotar śerfiar* : or, on ne peut méconnaître dans ces mots un nom féminin de divinité placé la première fois au vocatif, la seconde fois au génitif. *Arsie* et *arsier* sont donc le vocatif et le génitif d'un thème *arsio.* — Il est plus difficile de dire quel est le sens de ce mot. On n'y doit point voir un nom propre, car le même terme est employé avec d'autres dieux (VI *b* 8, 27) : c'est plutôt une épithète désignant quelque attribut de la divinité. Je serais tenté d'y voir un mot de même famille que le datif pluriel *arsir* (VI *a* 6, 7) qui, comme nous l'avons vu, paraît renfermer l'idée de rite ou de prière. *Arsius*, formé avec le même suffixe que ἅγιος en grec, *eximius* en latin, signifierait « adorande, venerande ».

Frite, d'après ce qu'on vient de voir, est nécessairement le mot qui gouverne le génitif *arsier*. Lassen propose le latin *rite*, sans pouvoir expliquer le *f* initial. Kirchhoff pense à la racine sanscrite *prî* « réjouir », qui a donné en sanscrit et en zend plusieurs termes signifiant « prière » ou « rituel » : mais

1. Le texte a par erreur *erite*.

un *p* suivi d'un *r* reste *p* en ombrien, comme on le voit par des mots tels que *pro*, *pre*, pretra, preve. Je rappellerai que les verbes qui signifient « se servir » donnent facilement naissance à des substantifs signifiant « usage » : le mot latin *usus* en est une preuve. Peut-être *fructus*, ou plutôt la forme faible *fruitus*, a-t-elle pris un sens analogue en ombrien : la même racine, comme l'on sait, a donné l'allemand *brauch* « usage ». A cause de la désinence ablative *e* il faudrait sans doute supposer un mot de la troisième déclinaison, *fruitis* (par contraction *frîtis*)[1].

Le sens de ce passage est donc qu'on invoque le dieu selon le rite voulu. Cette préoccupation se retrouve en d'autres endroits : *persei mers est* « uti lex est ». Il ne suffit pas que le dieu soit invoqué : il faut qu'il le soit d'après les formules prescrites. La même idée est fréquente chez les Romains : more institutoque. Plaute (Pœn. V. 1. 17) : Deos Deasque veneror, ut quod de mea re huc veni, rite venerim. Virgile Æn. VII, 5 : At pius exsequiis Æneas rite solutis.... *Ib.* VII, 93. Centum lanigeras mactabat rite bidentes....

TRADUCTION.

(VI *a* 24) Venerando (?), te invocavi invoco Dium Grabovium; venerandi (?) more, te invocavi (25) invoco Dium Grabovium.

(VI *a* 25) *Di Grabovie, tio esu bue peracrei pihaclu ocreper Fisiu, totaper Jjovina, irer nomneper*, (26) *erar nomneper.*

L'absence du verbe (*suboco*) s'explique par cette circonstance que jamais sur les Tables Eugubines on n'exprime l'idée « j'invoque » quand elle doit être entendue au présent, et rien qu'au présent. On peut rapprocher les formules latines comme : « Mars pater, quod tibi illoce porco neque satisfactum est, te hoce porco piaculo. (Caton, p. 141)... Mars pater, si quid tibi in illisce suovitaurilibus lactentibus neque satisfactum est, te hisce suovitaurilibus piaculo. » (Ib.) La construction est exactement la même ici. *Esu bue* est le complément indirect régi par *suboco* sous-entendu. *Peracrei pihaclu* forme apposition avec ce régime.

Esu est l'ablatif d'un pronom démonstratif que nous avons

1. On trouvera plus loin *frif* (pour *frujif*) = latin *fruges*.

déjà plusieurs fois rencontré. — Dans *bue* nous reconnaissons l'ablatif latin *bove*, avec contraction de *ou* en *u*. — *Peracrei* paraît être l'ablatif d'un adjectif *peragris* ayant le sens du latin « arvalis » ou « ambarvalis ». Le c vient sans doute de ce que la table en écriture étrusque, sur laquelle VI et VII ont été copiées, avait un k. Mais nous ignorons le motif pour lequel, en ce mot, qui n'est pas employé moins de treize fois par les tables VI et VII, le *c* est toujours conservé. On doit s'en étonner d'autant plus que sur V *b* le mot *ager* est deux fois écrit avec un *g*. Cependant le fait n'est pas sans exemple : ainsi l'on a deux fois *ancla* (VI *a* 16, 18) à côté de l'orthographe plus usitée *angla*. En latin également le C s'est longtemps maintenu dans des mots qui étymologiquement devraient avoir la gutturale douce : ainsi l'on a toujours écrit *C* et *Cn* pour *Gaius* et *Gneus* et l'on trouve sur des inscriptions postérieures à l'invention du G l'orthographe *sincula*, *necotia*, *coiuci*, *cnata*, *denecavit*, *lece*, *acna*, *acer*[1]. — Les autres mots de la phrase sont connus : remarquons seulement l'orthographe *irer* au lieu de *erer* employé partout ailleurs. Cette incertitude de l'orthographe prouve que la première syllabe était primitivement *ei* et elle montre en même temps que l'*ei* de la syllabe finale a favorisé le son *i* dans la première.

TRADUCTION.

(VI *a* 25) Die Grabovie, te hoc bove, ambarvali piaculo, pro colle Fisio, pro civitate Iguvina, pro ejus (collis) nomine, (26) pro ejus (civitatis) nomine.

(VI *a* 26) *Dei Grabovie, orer ose. Persei ocre Fisie pir orto est, toteme Jjovine arsmor dersecor* (27) *subator sent, pusei neip heritu.* — Nous entrons dans un passage fort difficile sur lequel on ne pourra guère présenter que des conjectures aussi longtemps que le sens de *orto* et celui de *subator* n'auront pas été établis. Une désinence grammaticale qui a donné lieu à une grande controverse se trouve dans ce même endroit. Il est d'autant plus important de recueillir toutes les variantes. Le même passage se présente encore trois fois :

VI *a* 36. *Die Grabovie, orer ose. Persei ocre Fisie pir orto est, tote Jovine arsmor dersecor subator sent, pusei neip hereitu.*

1. Corssen, *Aussprache*², I, 8.

VI *a* 46. *Di Grabovie, orer ose. Pirse ocrem Fisiem pir ortom est, toteme Jovinem arsmor dersecor subator sent, pusi neip heritu.*

VI *b* 29. *Tefrę Jovie, orer ose. Perse ocre Fisie pir orto est, tote Jjovine arsmor dersecor subator sent, pusi neip heritu.*

Kirchhoff (II, p. 144) se contente d'un certain nombre d'indications sur la syntaxe de la phrase. Ebel (ZK. VII, 268) a présenté une traduction peu convaincante. Nous ne serons sans doute pas plus heureux. Essayons cependant de nous rendre compte du mouvement général de la pensée. Une première question est de savoir si *orer ose* doit être construit avec le reste, ou si ces deux mots forment une proposition indépendante. Nous adoptons la seconde hypothèse : voici pourquoi. Une phrase dont le cadre est pareil se trouve II *a* 3 : ... esu naratu. Pe̩de karne speturie Atije̩die aviekate aiu urtu fefure fetu, puze neip eretu. Quoique le sens soit incertain, on voit sans peine que les trois derniers mots reproduisent le *pusei neip heritu* de notre phrase, et que le pe̩de du commencement est notre *persei*. Cette comparaison doit donc nous porter à regarder *orer ose* comme étrangers à la période régie par *persei*. Mais alors on ne voit pas quel sera le verbe de cette courte proposition. Je crois que c'est une phrase comme : macte virtute, macte ingenio, macte bonis ! L'équivalent ombrien de *macte* me paraît être *ose*, dans lequel je reconnais un participe latin archaïque *auxus* (cf. auxilium) au vocatif. On trouvera plus loin le verbe à l'impératif *osatu* (VI *b* 24, 37) qui correspond, selon moi, à un fréquentatif de augere. Quant à *orer*, j'en fais l'ablatif du thème démonstratif *oro-* qui se trouve deux fois sur les vieilles Tables sous la forme uru (I *b* 18) et ura (V *a* 5), et qui a donné sur les Tables nouvelles l'adverbe *uru* (VI *b* 55). On se souvient que c'est le même thème que nous avons reconnu dans la conjonction *sur-uront*[1]. Le sens de la phrase sera donc : « his [donis] macte ! » Servius (Æn. IX, 641) rapporte, d'après les livres pontificaux, la formule : macte hoc vino inferio esto. Des phrases comme : macte hac dape pollucenda esto, macte hoc porco esto, avaient leur place dans tous les sacrifices. Souvent le verbe est sous-entendu, comme il l'est chez Virgile.

La phrase qui suit se compose de deux propositions com-

1. Voy. p. 60.

mençant l'une par *persei* et l'autre par *pusei*. C'est la seconde qui est la principale, ayant son verbe (*heritu*) à l'impératif. Ce verbe est accompagné d'une négation (*neip*). Nous avons déjà dit que *pusei* paraît avoir les différents sens du latin *ut* ou *uti* : il se construit ici avec l'impératif, ce qui n'est pas plus surprenant que de voir en latin la conjonction *ne* construite tantôt avec l'impératif et tantôt avec le subjonctif. Quant à *heritu*, c'est l'impératif d'un verbe signifiant « vouloir », sur lequel nous aurons occasion de revenir à propos de différentes formations qui en dérivent. Le sens de cette proposition serait donc : *uti ne velis*. L'invocation de l'augure dans Tite-Live (I, 18) nous présente également un second membre de phrase commençant par *uti* : Jupiter pater, si est fas hunc Numam Pompilium, cujus ego caput teneo, regem Romæ esse, uti tu signa nobis certa acclarassis.

La première particule, *persei*, s'est déjà présentée à nous (VI *a* 5) avec le sens de « postquam »; nous avons vu qu'en réalité ce mot n'est pas autre chose que le neutre *pid* suivi de l'enclitique *ei*. De même qu'en allemand la conjonction *wenn*, *wann* signifie tantôt « quand » et tantôt « si », de même *persei* doit être pris cette fois comme une particule conditionnelle. La signification générale de la phrase est donc que si tel et tel fait se produit, le dieu est prié de ne pas le vouloir, c'est-à-dire sans doute de le tenir pour non avenu. Si nous faisons attention aux deux compléments *ocre Fisie*, *toteme Ijovine*, dont nous discuterons plus loin la valeur grammaticale, mais dont le sens n'est pas douteux, nous voyons qu'il s'agit de deux faits dont l'un se produirait sur la colline Fisienne, l'autre dans la cité Iguvienne : ce parallélisme, auquel nous sommes déjà habitués, doit faire penser que les deux actions sont de nature assez semblable, et que c'est à peu près la même supposition énoncée sous deux formes différentes. Pour nous renseigner sur la nature de ces deux actions, nous ferons bien de consulter encore la phrase suivante, qui commence également par *persei* et qui a l'air de continuer le même ordre d'idées. Or, il est question dans cette phrase de rites oubliés ou violés pour lesquels on présente une expiation. Il est donc possible que les mots qui suivent le premier *persei* renferment également l'énonciation d'une faute qui aurait été commise par ceux qui s'adressent en ce moment à la divinité. *Ortom*, sur lequel nous n'avons d'ailleurs aucune explication à proposer, est le mot qui nous paraît signifier : « violatum, fœdatum. » *Pir* est le substantif neutre que nous avons déjà rencontré dans le sens de « feu. » Je rappellerai à ce propos l'expression *pir puretom* (VI *a* 20) « ignis purificatus », qui se rapporte au même ensemble d'usages et de croyances.

Passant au second verbe qui est *sent*, dans lequel, comme le prouve clairement le *est* précédent, il faut voir l'équivalent du latin *sunt*, nous devons nous demander en quel rapport il se trouve avec les trois nominatifs *arsmor dersecor subator*. Je proposerais de regarder *subator* comme l'attribut : c'est peut-être matériellement le latin *subacti*, avec le sens de « soustrait, omis » (cf. subtrahere). *Arsmor*, on le verra[1], paraît être un synonyme de *ritus*. Quant à *dersecor*, on y peut voir soit un attribut coordonné avec *subator*, soit un substantif associé à *arsmor*. Comme nous ne connaissons pas la nature du groupe *rs*, il serait téméraire de rien conjecturer sur l'origine du mot. Le sens de la phrase, qui, nous le répétons, est l'une des plus obscures de nos Tables, semble donc être que si le feu a été souillé, si quelque omission dans les rites a été commise, le dieu ne doit pas en tenir compte.

La phrase suivante continue la même pensée. Mais avant d'aller plus loin, il faut revenir sur quatre mots qui ont besoin d'une explication grammaticale. Ces quatre mots sont :

VI *a* 26,	ocre	Fisie	toteme	Jjovine.
VI *a* 36,	ocre	Fisie	tote	Jovine.
VI *a* 46,	ocrem	Fisiem	toteme	Jovinem.
VI *b* 29,	ocre	Fisie	tote	Jjovine.

C'est ce passage qui, chez Lassen comme chez Aufrecht et Kirchhoff, a servi de point de départ aux théories sur le locatif ombrien. Lassen attribue à l'ombrien un locatif en *me* (*anglome* « in angulum, » *termnome* « ad terminum, » *Acersoniame* « ad Aquiloniam, » *asame* « ad aram, » *destrame* « ad dextram, » *toteme* « in civitate ») qu'il rapproche du locatif sanscrit en *smin* (*asmin*, *tasmin*) qu'on rencontre seulement dans cette langue avec les pronoms, mais qui en pâli et en prâcrit s'est étendu aux adjectifs et aux substantifs. Il rappelle en outre certaines formes du gothique (datif *thamma*) et du lithuanien (borussien : *tesmei*)[2]. Dans l'ouvrage d'Aufrecht et Kirchhoff nous retrouvons la même théorie, mais beau-

1. Voy. VI *a*, 19 et 30. VI *b*, 56.
2. *Beiträge zur Deutung der Eug. Taf.* p. 38.

coup complétée et développée[1]. Le locatif, chez eux, prend place régulièrement dans les cadres de la déclinaison ; il a sa désinence du singulier et du pluriel. Au singulier, la forme la plus complète de ce cas serait *mem*. On trouve ce *mem* seulement trois fois, qui en réalité se réduisent à deux, car le mot ahtimem est écrit ainsi deux fois dans la même ligne. L'autre exemple est Akeḍuniamem. Il est bon de dire que ces exemples sont empruntés à une seule et même table (I *b* 12, 12, 14), qu'ils se trouvent à deux lignes de distance, et que la table à laquelle ils appartiennent fait fréquemment la confusion de *m* et de *n*. La désinence complète du locatif pluriel serait *fem*. Mais on ne la trouve qu'une fois, toujours sur la même table et au même endroit : c'est vapefem (I *b* 14). A côté de la désinence complète, qui est rarement employée, se trouvent, selon les mêmes auteurs, des altérations plus ou moins grandes, dont quelques-unes se répètent fréquemment. Pour commencer par la forme qui se rapproche le plus de *mem*, nous avons *men* sur la Table III, dans esunumen, vukumen, arvamen, arven. D'autre part, on a *me*, qui est la forme la plus ordinaire du cas en question. On a aussi *m*, par exemple dans *Acersoniem*, *ocrem*, *Fisiem*, *sahatam*. Enfin le *m* lui-même peut tomber, de sorte que le locatif devient semblable au thème : mais cela n'arrive qu'avec des adjectifs accompagnant un substantif, lequel est revêtu d'une terminaison plus complète : *asame deveia*, *anglome somo*, *todcome tuder*. La désinence plurielle *fem* a également subi des altérations. Les trois lettres qui composent la syllabe *fem* sont successivement tombées, de sorte qu'on a des locatifs pluriels en *fe*, comme aviekluſe, verufe, *ebetrafe*, *vapefe*; en *f*, comme krematruf; ou sans flexion, comme *aviehclu*, *Treblano*. Ce dernier cas se produit seulement avec des adjectifs : *vapefe aviehclu* (VI *a* 10), *verofe Treblano* (VI *b* 47). — Telle serait la série des dégradations de cette désinence. Quant à son origine, Aufrecht n'y voit pas le sanscrit *smin*, mais un congénère du sanscrit *bhjam* ou *bhjâm*, dont le *bh*, se changeant d'une part en *m*, d'autre part en *f*, aurait donné tout à la fois *mem* et *fem*[2]. Le besoin de distinction a réparti ces deux variantes entre le singulier et le pluriel. Une autre

1. Les principaux passages sont I, p. 43, 92, 93, 95, 111, 120. II, 70, 146.

2. Sur le prétendu changement de *f* en *m*, voyez Bergaigne, dans les *Mémoires de la Société de Linguistique*, II, 213.

nuance se laisse voir au singulier des noms de la première déclinaison. Quand il y a mouvement, on a des formes comme *destrame*, *asame;* quand il y a repos, l'*a* final du thème est affaibli en *e* : *toteme*, *Acersoniem*, *tote*[1]. — Pour être complet, il faut encore mentionner une conjecture des mêmes auteurs[2], selon laquelle l'ombrien aurait gardé quelques vestiges du locatif pluriel sanscrit en *su* (grec σι, lith. *sa* ou *se*) : c'est fesnere, funtlere *fondlire* dans lesquels *s* s'est changé en *r*.

Le premier qui ait protesté contre cette théorie est Knötel, dans le Journal d'archéologie de Bergk[3]. Avec une vivacité qui n'était pas de mise dans un pareil sujet, il montra que les prétendus locatifs pouvaient s'expliquer par la postposition du mot *en* (latin *in*). Mais il eut le tort d'ajouter à sa réfutation beaucoup de vues plus que hasardées sur l'origine des flexions et des erreurs de détail. Néanmoins les vues de Knötel, mêlées de réflexions justes sur le rôle des postpositions, auraient mérité plus de considération qu'elles ne paraissent en avoir rencontré. — Dans la seconde édition de sa Grammaire comparée (§ 200), Bopp s'occupe de ces locatifs. Si les Ombriens, dit-il, font une distinction entre *totame* « in urbem » et *toteme* « in urbe », la voyelle qui est la cause de cette différence doit être une désinence : *tote* est donc un locatif ou un datif et *totam* un accusatif. L'un et l'autre sont suivis d'une syllabe *mem*, *men* ou *me*, devant laquelle on supprime ou l'on néglige d'écrire le *m* de l'accusatif. Quant à l'origine de cette postposition *mem*, *men* ou *me*, Bopp ne s'explique pas. La même postposition, continue-t-il, se trouve peut-être aussi au pluriel, car on peut expliquer *f-em* (*vapefem*) comme étant une transposition pour *f-me* (*vapef-me*). On aurait alors l'accusatif pluriel suivi de la syllabe *me*. — Au même moment, Ebel, dans le Journal de Kuhn[4], élevait des réclamations pareilles à celle de Knötel. Il faisait valoir les raisons qui doivent nous porter à reconnaître dans *anglome*, *asame*, *vapefe* des accusatifs suivis de la postposition

1. I, 112. Dans une note du second volume (p. 148), les auteurs déclarent qu'ils reviennent à la théorie de Lassen : mais nous avons conservé leur première explication, parce qu'elle a passé dans d'autres ouvrages, tandis que la note est généralement restée inaperçue.

2. Op. cit. I, 114. II, 278.

3. 1852. N° 15, 16, 17.

4. IV, 198.

en. Mais il admet, à côté de ces formes, un véritable locatif ombrien, dont *toteme* lui fournit le type pour le singulier, et *fondlire* pour le pluriel. — La question a fait un pas important grâce à une observation de M. Savelsberg[1]. Il a mis hors de doute la présence de la postposition *en*, en la montrant deux fois employée d'une façon indépendante, en des passages qui jusqu'alors avaient été regardés comme fautifs[2]. Mais il admet un locatif ombrien dont manuve, *destre*, *onse* seraient des exemples. Il explique la forme *toteme* comme étant pour *tote-eme*, c'est-à-dire un locatif combiné avec la préposition ἐνί qui aurait gardé sa voyelle finale et changé son *n* en *m*. — Tout récemment M. Louis Havet, dans une communication faite à la Société de Linguistique de Paris, proposait de reconnaître dans *totem*, *ocrem*, des locatifs formés comme le sanscrit *çivâjâm*, *dhênvâm*, *gatjâm* (des thèmes *çiva*, *dhênu*, *gati*). A l'appui de cette explication il cite l'osque *fiisnim* « dans le temple » (d'un thème *fiisna*).

Le locatif en *m* oppose, comme on voit, une résistance tenace à ceux qui en veulent débarrasser la langue ombrienne : délogé d'une position, on le retrouve dans une autre. C'est le passage VI *a* 26, rapproché de VI *a* 46, qui a enrichi la grammaire de cette forme, car partout ailleurs on a *ocre Fisie*, *tote Jovine*, dans lesquels personne n'aurait jamais songé à voir autre chose que des datifs. Il y a bien encore *Acersoniem* (VII *a* 52) = Akeḑunie (I *b* 43) : mais comme le changement d'un *n* final en *m* est attesté par des exemples incontestables, puisqu'on a deux fois numem au lieu de numen « nom » (I *b* 17, 17), nous n'hésitons pas à expliquer ces formes comme étant des datifs combinés avec la postposition *en* (*Acersonie* + *en*.) Je ne dis rien du prétendu locatif osque *fiisnim*, tiré d'une inscription très-peu claire, et qui a plutôt besoin de s'appuyer sur les formes ombriennes qu'il ne leur prête appui. Si l'on fait abstraction des deux passages qui nous occupent, tout ce qui a été cité comme locatif s'explique d'une autre manière : *anglome*, *asame* sont des accusatifs suivis de *e*(*n*); *verofe* est un accusatif pluriel suivi de *e*(*n*); *Fondlire*, *Fesnere* sont des datifs (et non, comme on l'a dit, des ablatifs) suivis de *e*(*n*); arven est un datif singulier arve suivi de *en*. On

1. ZK, XXI, 100 et 110.

2. Rupinie e (I *b* 27), tafle e (II *b* 12). Il y faut joindre testre e uze (II *b* 27, 28).

comprend qu'il y ait des formes différentes pour le mouvement et pour le repos, puisque tantôt *en* est précédé de l'accusatif et tantôt du datif. On comprend aussi que dans les locutions comme *verofe Treblano* le premier mot seul ait *e(n)* : la locution « ad portas Trebulanas », où la préposition est construite avec le nom, présente au fond les mêmes éléments.

Pour en venir aux mots en question, je ferai d'abord remarquer combien il est invraisemblable que, dans des formules toutes faites et se représentant toujours dans les mêmes termes, la langue ait eu recours à des cas différents. C'est cependant ce qu'on serait obligé d'admettre pour *toteme* et *tote.* D'un autre côté, il est très-peu probable en soi que la langue ombrienne ait conservé, comme le pense M. Havet, une forme de locatif qu'on ne trouve ni en latin, ni en grec. On pourrait croire à la rigueur que d'anciens locatifs se soient maintenus à l'état pétrifié, c'est-à-dire comme adverbes : c'est ainsi qu'on a en latin les adverbes *illim, istim, olim, exim, utrimque* qui sont restés jusqu'à présent des problèmes étymologiques, mais qui, en supposant que ce soient d'anciens cas, ne sont plus sentis comme tels. Mais il en est autrement ici, car si l'on voit dans *totem* le pendant du sanscrit *çivâjâm,* il faut admettre que ce locatif faisait partie de la déclinaison régulière, puisqu'il est suivi de la préposition *e(n)*. Je ne crois pas davantage qu'on puisse y voir avec M. Lassen la désinence locative sanscrite en *asmin;* la véritable place de cette désinence serait la déclinaison pronominale : or, nous n'en trouvons pas trace dans les pronoms ombriens, qui auraient pourtant plus d'une fois eu l'occasion de l'employer. Enfin la forme *manuve* expliquée par Savelsberg comme un locatif n'offre aucune difficulté, du moment qu'on explique *manu* comme un datif (et non comme un ablatif qui serait *mani*).

Je crois que les deux passages VI *a* 26 et VI *a* 46 sont corrompus et qu'on peut entrevoir la cause de la corruption. Les langues qui se servent de postpositions sont exposées à s'y habituer de telle sorte qu'elles les prennent pour des cas; c'est ainsi que le prâcrit, s'emparant du suffixe adverbial *tas*, en a fait une désinence, et termine à l'ablatif tous ses substantifs en *do*[1]. C'est ainsi qu'en grec, où δέ se joint volontiers à des accusatifs pour marquer la direction vers un

1. Lassen, *Institutiones linguæ prâcriticæ*, p. 302.

endroit, on trouve des locutions comme ἔνδι δόμονδε. Cette erreur doit surtout être fréquente dans la bouche des hommes illettrés. Nos tables en présentent un autre exemple : vapefem avieklufe (I *b* 14). C'est ce défaut qui a probablement amené du désordre dans le modèle que le graveur avait sous les yeux, et qui lui a fait écrire *toteme* au lieu de *tote* ou de *totem*, *Fisiem* au lieu de *Fisie*. Je crois que la véritable leçon est : *ocre(m) Fisie, totem Jiovine*. Dans *ocrem* (pour *ocren*) je reconnais le datif *ocre* suivi de *em* (pour *en*); *Fisie* est le datif qui se rapporte à *ocre*. De même *totem* est pour *tote*+*en* et *Jiovine* est le datif qui se rapporte à *tote*.

TRADUCTION.

(VI *a* 26) Die Grabovie, his macte. Si in colle Fisio ignis temeratus (?) est, in civitate Iguvina ritus —i (27) omissi (?) sunt, ut ne velis.

(VI *a* 27) *Dei Grabovie, persei* (*persi, perse*) *tuer* (*tover*) *perscler* (*pescler*) *vaseto* (*vaśetom, vasetom*) *est, pesetom est, peretom est,* (28) *frosetom est, daetom est, tuer* (*touer*) *perscler* (*pescler*) *virseto avirseto vas est, Di Grabovie, persei* (*persi, pirsi, perse*) *mersei* (*mersi, mers est*), *esu bue,* (29) *peracrei* (*peracri*) *pihaclu, pihafei* (*pihafi*).

Tandis que Kirchhoff arrête la phrase après *vas est*, nous croyons qu'il la faut continuer jusqu'à *pihafei*. Elle se compose d'une proposition principale : *esu bue, peracrei pihaclu, pihafi* « hoc bove, ambarvali piaculo, piavi, » et de deux propositions conditionnelles commençant l'une et l'autre par *persei*. Je dirai d'abord un mot du parfait *pihafi*. C'est ce parfait qui, comme nous l'avons dit, a longtemps empêché de reconnaître la valeur grammaticale de *subocau*. Cependant il n'est pas plus extraordinaire de voir l'auxiliaire *fu* garder son *f* en certaines formes, tandis qu'il l'a perdu en d'autres, que de trouver en latin *amabam, amabo* à côté de *ama(b)ui*, ou en grec λύσω, φιλήσω à côté de μενέ(σ)ω. Le *f* s'est conservé de même dans les futurs antérieurs *ambrefurent* « ambiverint » et *andersafust* « circumdederit, » tandis qu'il s'est perdu dans *iust, andersesust*. Ce qui paraît avoir décidé la conservation de *f* dans *pihafi*, c'est le désir d'éviter une forme *pihau*, qui aurait eu trois voyelles de suite (le *h*, comme nous l'avons vu, étant un pur signe orthographique). Une fois le *f* conservé, le parfait *pihafuei* ou *pihafui* est devenu régulièrement *pihafei*, *pihafi*, par la même contraction de *uei* en *i* (*ei*) que nous avons dans *mani* (ablatif de *manus*) et dans *sim* (accusatif de *sus* « truie »).

Je viens à une série de mots dans lesquels il est facile de reconnaître des participes passés. *Vaśetom*[1] a été justement expliqué par Bugge (ZK. VI, 160) comme équivalant au latin *vacatum*. Le même (*ib.*) a reconnu dans *peśetom*[2] le latin *peccatum :* le redoublement du *c* dans le mot latin n'a probablement pas de valeur étymologique[3]. *Frosetom* a été identifié par Ebel (ZK. VI, 418) avec *fraudatum* : cette supposition approche beaucoup de la vérité. Mais il serait étonnant qu'en regard d'un ancien froḍetom on n'eût pas une seule fois la forme qu'on aurait attendue, *frorsetom*[4]. Aussi préférons-nous supposer un fréquentatif *fraussare*, *frausare* tiré du participe *frausus*. Plaute, Asin. II, 2, 20. Metuo, in commune, ne quam fraudem frausus sit. Liv. XXIII, 14. Qui capitalem fraudem frausi. *Peretom* pourrait être le verbe *ire* avec le même préfixe *per* que nous avons en latin dans *perjurus* et *perdere :* le mot *peretom* signifierait donc « transgressé, violé. » Enfin *daetom* a été récemment expliqué par Bugge (ZK. XXII, 464) par le même participe *etom* et par le préfixe *da* (pour *dad*) = latin *de*. En osque on a le préfixe *da* dans dadíkatted « dedicavit. » La préposition *dat* se trouve quatre fois sur la table de Bantia : *dat senateis tanginud* « de senatus sententia, » *dat castrid louf...*, *dat eizaisc* « de illis, » *dat eizac egmad* « de illa re. » Une préposition *de* combinée avec *ire* pouvait aisément, comme le remarque Bugge, donner un verbe signifiant « delinquere. »

Vient ensuite un membre de phrase toujours régi par *persei*, et dont le sujet est le substantif neutre *vas*. Ce substantif est de même famille que le participe *vaśetom :* il signifie « vide, manque. » Le *s* final tient la place d'un *x :* en effet, il faut, avec Ebel[5], admettre un thème neutre en *os*

1. Le *ś* se trouve VI *a* 37. On a d'ailleurs vaçetum I *b* 8.
2. C'est ainsi qu'il faut lire au lieu de *pesetom*.
3. Corssen, ZK, XI, 333. Le redoublement est pareillement inorganique dans *accipiter*, *succus*, *bucca*, *muccus*, *ecce*, *vacca*, *succerda*, etc.
4. Bien que le *r* ait été pareillement omis dans *Acesoniame* (VI *b* 52) = Akeḍuniamem, *atrepusatu* (VI, *b* 36) = atrepuḍatu, on doit reconnaître que cette omission est l'exception.
5. ZK. VII, 267.

(cf. *genus*, *scelus*), *vacos*, dont le *cos* final s'est resserré en *x*, comme *pihatus* en pihaz. — *Virseto avirseto* sont deux participes neutres opposés entre eux comme snates asnates (II *a* 19), *çihitir ançihitir* (VI *b* 62), *hostatir anhostatir*. Ainsi que l'a très-bien vu Aufrecht, la syllabe *an* ou *a* ne peut être que la particule privative, car une préposition comme ἀνά ou *amb* n'a pas un sens assez caractérisé pour justifier un rapprochement évidemment fait à dessein : c'est la même particule privative que nous trouvons en osque dans *an-censto* « non censitus, » *am-prufid* « improbe. » Ici encore le vocalisme ombrien l'emporte sur celui de la langue latine, qui a amalgamé sous la forme *in* beaucoup de syllabes différentes d'origine et de sens. *Virseto* est le participe faible du verbe *videre*, comme si le latin avait fait *videtus* ou *vidĭtus*. C'est le propre des patois de régulariser les formes archaïques et de ramener, autant que faire se peut, à une conjugaison uniforme les restes d'une plus ancienne flexion. Le sens de la phrase est donc : « si.... visum invisum vitium est. » Aufrecht rappelle la formule analogue chez Caton (R. R. 141) : « Uti tu morbos visos invisosque.... prohibessis, defendas, averruncesque. »

Il reste à examiner *tuer perscler*, deux fois employé. Remarquons d'abord la variante intéressante *touer*, qui montre que le latin *tuus* est une contraction pour *touus*. On en peut rapprocher les formes latines *soueis*, *souom*, *souo*[1]. — *Tuer perscler* est un complément circonstanciel signifiant « in tuo sacrificio » ou « in tuis sacrificiis. » Il y faut voir ou un datif-ablatif pluriel ou un génitif singulier : comme *persclum* est partout ailleurs employé au singulier, la seconde supposition est préférable. On obtient ainsi un nouvel exemple[2] de la liberté avec laquelle l'ombrien construit son génitif.

La seconde proposition conditionnelle se compose des mots *persei mersei* (VI *a* 28, 38, 48), pour lesquels on trouve une fois (VI *b* 31) *perse mers est*. Cette dernière leçon semble confirmée par VI *b* 55 : *pirse mers est*, et I *b* 18 : peḍe meḍs est, sans compter au même endroit la locution : pue meḍs est. Il serait cependant téméraire de dire que la première leçon fût fautive : l'une et l'autre présente un sens satisfaisant et peut se justifier grammaticalement. Je commence par *mers est*. Le

1. Corssen, *Aussprache*², I, 668.
2. Cf. VI *a* 8. VI *b* 48.

mot *mers*, qui est évidemment un nominatif, est écrit deux fois meḑs, I *b* 18, 18, ce qui prouve que *mers* est pour *merss*, et ce qui doit nous faire supposer soit un thème neutre *medos* qui a perdu la voyelle de sa dernière syllabe, soit un thème masculin ou féminin *medu-* ou *medi-*, qui a éliminé sa voyelle finale devant le *s* du nominatif. La racine est *med*, la même qui se trouve dans le grec μέδομαι « avoir soin de, » μεδέων « qui a soin de, qui règne sur. » Le latin *medeor* « je pourvois à » s'est restreint au sens médical, les verbes *curare*, *consulere*, etc. ayant pris pour eux tous les autres emplois. Mais on a encore le substantif *modus*, qui a conservé une signification générale : il désigne la manière, et dans certaines locutions, comme *ordo et modus*, *more et modo aliquid facere*, *est modus in rebus*, il veut dire « la règle. » En campanien et en volsque, *meddix* (cf. *ju(s)dex*) désigne le magistrat suprême. Tite-Live, XXIII, 35 : *meddix tuticus* qui summus magistratus erat Campanis. Ennius a encadré le mot dans un vers (Ann. 296, éd. Vahlen) : « Summus ibi capitur meddix, occiditur alter. » Le mot *meddix* est un de ceux qui se rencontrent le plus fréquemment sur les inscriptions osques[1]. Il faut enfin ajouter le nom propre *Mezentius*, plus anciennement *Medientius*, dont le sens originaire paraît avoir été « roi, souverain. » D'après ces rapprochements, nous croyons pouvoir traduire la locution *perse mers est* par « si jus est, si fas est. » On sait combien cette locution est fréquente chez les Latins, et particulièrement dans les invocations. — Dans l'hypothèse où la vraie leçon serait *persei mersei*, il faudrait considérer *mersei* comme l'ablatif d'un thème *medi-*, et traduire : « si jure [est]. » D'autres emplois de l'ablatif non moins hardis justifieraient cette locution. Le latin emploie de la même façon le génitif : uti moris est[2].

TRADUCTION.

(VI *a* 27) Die Grabovie, si [quid] in tuo sacrificio omissum est, peccatum est, delictum est, (28) fraudatum est, in tuo

1. Mommsen, *Unterit. Dialekte*, p. 278. Mais contrairement à l'auteur, nous ne saurions voir dans *-ix* un simple suffixe nominal : c'est bien le même *dex* que dans *judex*, *vindex*, à savoir le verbe *dicere*.

2. Panzerbieter (*Quæstiones umbricæ*, p. 16) propose de lire *mers sei(t)*, et il rapproche la leçon fautive *fonsis* (VI *b* 26) pour *fons sir*. Mais nous voyons par notre phrase même que *persei* gouverne l'indicatif, et non le subjonctif.

sacrificio visum invisum vitium est, Die Grabovie, si fas est, hoc bove, (29) ambarvali piaculo, piavi.

(VI *a* 29) *Di Grabovie, pihatu ocre* (*ocrem*) *Fisei* (*Fisi, Fisim*); *pihatu tota* (*totam*) *Jovina* (*Jjovinam*). *Di Grabovie, pihatu ocrer* (30) *Fisier totar Jovinar nome, nerf, arsmo* (*asmo*), *veiro* (*viro*), *pequo, castruo, fri* (*frif*). *Pihatu.*

L'emploi de *pihatu* « purifie » est un peu différent, comme le font remarquer A. K., de ceux que nous avons observés jusqu'à présent, car il est question maintenant de la divinité qui doit purifier la colline et la cité, tandis que précédemment c'était le prêtre qui exprimait par ce verbe sa propre intervention. — La variante *Fisei* montre que la seconde voyelle *i* dans *Fisim* (résultat de la contraction pour *Fisiom*) est longue. — Nous rencontrons une énumération de substantifs à l'accusatif régis par *pihatu* et régissant eux-mêmes les génitifs *ocrer Fisier, totar Jovinar*. Le premier de l'énumération est *nome* « nomen ». Nous avons déjà parlé (p. 72) du double sens qu'a ce mot, qui signifie à la fois « nom » et « race ». Il est évidemment employé ici dans le même sens que dans la locution déjà connue *erer nomneper, erar nomneper* : nous le traduirons par *nomen*, tout en rappelant que le mot latin présente la même équivoque. S'il figure en tête de l'énumération, c'est, selon moi, au sens de « race » qu'il doit d'être placé en première ligne. Laissant de côté pour le moment les deux suivants, nous reconnaissons dans *veiro*(*f*) le latin *viros*, qui a perdu le *f* signe de l'accusatif pluriel. L'orthographe *ei* prouve que l'*i* de la première syllabe dans *virum* était primitivement long : c'est ce que montre aussi le sanscrit *vîra*. Le mot *pequo* rappelle aussitôt le latin *pecu* : mais la question est de savoir si *pequo* représente le neutre pluriel *pecua*, avec obscurcissement de l'*a* en *o*, ou bien si nous devons supposer un dérivé *pecuus* (cf. en latin le génitif pluriel *alituum*), qui aurait régulièrement fait à l'accusatif pluriel masculin *pecuo*(*f*). Nous nous décidons pour cette seconde supposition, à cause du substantif suivant *castruo*(*f*), qui est avec un primitif *castru-* (4e déclinaison) dans le même rapport où est *pequus* avec *pequ*[1]. Cf. en vieil ombrien kastruvuf V *a* 13. A la différence

1. Le nom propre Kastruçijus (V *a* 3) a probablement le thème Kastru (4e déclinaison) pour primitif. On trouve aussi *Castrucius* sur des inscriptions romaines. — Comme mots formés en latin de la même façon que l'ombrien *pequof, castruof*, nous citerons encore *pascuum*.

du mot latin, qui n'est resté guère usité que dans le sens de « camp », le mot ombrien signifie « champ » : cette acception ne s'est d'ailleurs pas entièrement effacée dans la langue latine, puisqu'on avait à Rome des quartiers appelés castra tabellariorum, victimariorum.

Le mot *fri*, écrit une fois *frif*, a été judicieusement expliqué par Panzerbieter comme étant pour le latin *fruges*. Il faut supposer que la forme primitive était *frugeif*, et que le *g* entre deux voyelles a été changé en *j*, comme dans *mujeto* (pour *mugeito*), puis absorbé dans l'*i* qui est le seul reste des deux voyelles longues. — On prie donc la divinité de purifier les hommes, les troupeaux, les champs et les fruits. Il est aisé de voir que l'énumération ne se fait pas au hasard, mais qu'elle suit une échelle descendante : cette observation doit nous être présente à l'esprit quand nous examinerons, comme nous allons le faire, les deux mots que nous avons d'abord laissés de côté.

Arsmo, écrit aussi *asmo*, est l'accusatif pluriel d'un nom masculin : en effet, nous avons vu plus haut (VI *a* 26) le nominatif pluriel *arsmor*. Il faut donc par la pensée lire ici *arsmof*. Nous devons d'abord nous demander quelle est la valeur du groupe *rs* : je crois qu'il correspond à un ḍ. En effet, nous avons le verbe dérivé *arsmahamo* auquel correspond, I *b* 19, aḍmamu[1]. On trouve, en outre, le datif aḍmune (II *b* 7) qui appartient à la même famille de mots. Si nous passons à l'examen du sens, nous sommes d'abord guidés par ce fait que *arsmahamo* est un mot prononcé par l'adfertor au moment où il accomplit la cérémonie purificatrice. La phrase en question se compose de ces trois mots : *arsmahamo*, *caterahamo*, *Jovinur*. Dans le second verbe je reconnais le grec καθαίρω « purifier[2] »; le premier verbe doit être de signification approchante; l'un et l'autre sont à l'impératif passif pluriel, et ils ont pour sujet le vocatif *Jovinur*. Le sens est : « — mini, purificamini, Jguvini[3] ! » D'un autre côté, le datif aḍmune (II *b* 7) est employé comme épithète de Juve patre « Jovi patri », d'où l'on peut conjecturer qu'il est un terme de respect. De ces deux faits combinés je crois pouvoir conclure que l'idée commune renfermée dans aḍmamu et

1. Le texte porte armanu. Voy. plus loin la discussion de cette leçon.
2. Il s'agit, bien entendu, d'un emprunt fait à la langue grecque.
3. L'analyse grammaticale sera donnée VI *b* 56.

aḍmune est celle de sanctifier. Je traduis aḍmune Juve patre par « casto Jovi patri » et l'impératif aḍmamu par « lustramini[1] ». Je rappellerai à ce sujet que nous avons rencontré (p. 56) l'expression *arsmatiam percam* qui désigne le vêtement destiné aux cérémonies lustrales. Quant au thème *arsmo-* qui est le primitif du verbe, il doit être avec lui dans le même rapport que *lustrum* avec *lustrare;* je crois seulement qu'il a une acception un peu plus générale et qu'il signifie « cérémonie, rite ».

Je ne veux pas quitter cette série de mots sans exprimer une conjecture sur une famille de mots latins qui n'a jusqu'à présent été rattachée à rien, et qui est, je crois, de même origine. Il s'agit du verbe *amare* et de tous les termes qui en dérivent. On sait qu'une consonne disparaît quelquefois, surtout devant un *m*, sans amener l'allongement compensatif de la voyelle précédente. Je citerai *omitto*, *camenæ*, *camillus*, *stimulus* (pour *obmitto*, *casmenæ*, *casmillus*, *stigmulus*). Peut-être le latin *amo* est-il pour *admo* et correspond-il à la famille de mots ombriens. Le sens primitif du verbe paraît avoir été non celui de « aimer », mais de « honorer, respecter ». *Amata* est le nom de la femme de Latinus et le surnom ordinaire des prêtresses de Vesta. Comparer aussi *Amulius*. L'adjectif ombrien aḍmune présenterait, si notre rapprochement est fondé, une ressemblance frappante avec le latin *amœnus*, qui paraît avoir signifié d'abord « agréable, cher ». Le changement de sens consistant dans le passage de l'idée de « vénérer, honorer » à celle de « chérir, aimer », se retrouve dans *colere*, *diligere*. En ce qui concerne l'étymologie, je me contente d'indiquer la racine contenue dans le grec μαίομαι (parfait μέμαα, μεμαώς) et le préfixe *ad*.

Nerf est l'accusatif pluriel d'un thème à consonne ; le datif pluriel du même mot est *nerus*, qui se trouve VI *b* 62 dans un passage important que nous reproduirons tout à l'heure. On remarquera que le *r* se conserve devant le *f*, à la différence du ḍ de kapi(ḍ)f. Ce mot est placé entre *arsmo* et *veiro*, d'où l'on peut inférer qu'il exprime une idée supérieure à celle « d'homme. » A l'exemple de Lassen, qui rappelle le sabin

1. Le verbe *luere* peut servir à faire bien comprendre le lien qui réunit cette famille de mots. *Luere* a donné *lues*, qui signifiait à l'origine une purification; il a pris ensuite un sens péjoratif (chose à purifier, souillure) qui est resté étranger à *arsmor*. Un dérivé de *lues* est *lustrum*, qui a fait *lustrare* et *illustris* (dans le sens de *illustre cœlum*).

Nero et la déesse *Nerio*, *Neriene*[1], A. K. le traduisent conjecturalement par « magistratus, principes, nobiles. » Mais je crois que *nerf* désigne des êtres encore supérieurs aux nobles et aux princes, qui d'ailleurs ne seraient pas très à leur place en ces prières d'un caractère peu politique. On trouve les *nerf* nommés avant les *jovie*, c'est-à-dire les génies, dans ces deux passages :

VI *b* 58. *Totam tarsinatem, trifo tarsinatem, tuscom naharcom iabuscom nome,* (59) *totar tarsinater, trifor tarsinater, tuscer naharcer iabuscer nomner nerf śihitu anśihitu, jovie hostatu anhostatu.*

VI *b* 61. *Fututo foner pacrer pase vestra pople totar ijovinar,* (62) *tote ijovine, ero nerus śihitir anśihitir, jovies hostatir anostatir, ero nomne, erar nomne.*

Dans le premier de ces passages, il s'agit d'une formule de deprecatio contre les peuples du voisinage : dans le second, nous avons une invocation en faveur du peuple iguvien. Disons par avance qu'il faut entendre par les *jovies hostatir* les génies étrangers admis dans la ville (novensiles, hostilii) et par *anhostatir* ceux qui sont indigènes (indigetes, patrii). Un sens analogue doit être attaché à *śihitir anśihitir* (citis, non citis). Dès lors la supposition se présente à l'esprit que par les *nerus* il faut entendre des êtres de même nature que les *jovies*. Je crois, en effet, que ce sont des divinités, telles à peu près qu'étaient à Rome les Pénates ou les Lares[2]. Je vais même jusqu'à penser que les *nerf* et les *lares* ne forment qu'une seule et même sorte d'êtres, et que les deux mots sont, au fond, identiques. Il a déjà été parlé de l'aversion que le

1. Suétone, Tib. 1. « (Claudia gens) inter cognomina et Neronis adsumpsit. quo significatur lingua sabina fortis ac strenuus. » Aulu-Gelle. XIII, 22. « Id autem, sive *Nerio*, sive *Nerienes* est, sabinum verbum est, eoque significatur virtus et fortitudo. Itaque ex Claudiis, quos a Sabinis oriundos accepimus, qui erat egregia atque præstanti fortitudine, *Nero* appellatus est. »

2. Les anciens nous disent que les Lares étaient les âmes des ancêtres. Festus (p. 121) : « quod Lares, quorum is erat dies festus, animæ putabantur esse hominum redactæ in numerum deorum. » Apulée (De deo Socr.) : « Est et... species dæmonum animus humanus emeritis stipendiis vitæ corpori suo abjurans ; hunc vetere latina lingua reperio Lemurem dictitatum. Ex hisce ergo Lemuribus, qui posterorum suorum curam sortitus, placato et quieto numine domum possidet, Lar dicitur familiaris. » Servius ad *Æn*. VI, 152 : « Apud majores... omnes in suis domibus sepeliebantur. Unde ortum est ut etiam Lares colerentur in domibus. » V. aussi l'opinion de Varron citée par Arnobe, III, 41. Cf. Fustel de Coulanges. *La Cité antique*, liv. I, chap. I.

dialecte ombrien paraît avoir pour le *l* initial : on pourrait donc supposer qu'il a changé en ce mot la liquide *l* contre la liquide *n*. Mais il se peut aussi que l'ombrien soit plus exact que le latin, et que ce dernier idiome ait altéré la lettre initiale. Le changement de *n* en *l* se retrouve dans le latin *lumpa*, d'où *lumpidus*, *limpidus*, comparé au grec νύμφη [1].

Nous joignons encore à ce qui précède le mot *pihatu*, qui forme une proposition à lui seul, et qui résume toute cette partie de la prière. En effet, dans ce qui suit, ce n'est plus *pihatu*, c'est *salvo seritu* qui sera l'impératif.

TRADUCTION

(VI *a* 29) Die Grabovie, piato collem Fisium; piato civitatem Iguvinam. Die Grabovie, piato collis (30) Fisii, civitatis Iguvinæ nomen, lares, ritus, viros, pecudes, campos, fruges. Piato.

(VI *a* 30) *Futu fos* (*fons*), *pacer*, *pase tua*, *ocre Fisi* (*Fisie*), (31) *tote Jjovine*, *erir* (*erer*) *nomne*, *erar nomne*. *Di Grabovie*, *salvo seritu ocre* (*ocrem*) *Fisi* (*Fisim*), *salva* (*salvam*) *seritu tota* (*totam*) *Jjovina* (*Jjovinam*). *Di* (32) *Grabovie*, *salvo* (*saluvom*, *salvom*) *seritu ocrer Fisier*, *totar Jjovinar nome*, *nerf*, *arsmo*, *veiro* (*viro*), *pequo*, *castruo*, *fri* (*frif*). *Salva* (*saluva*) (33) *seritu*. *Futu fos* (*fons*), *pacer*, *pase tua* (*tuva*), *ocre Fisi*, *tote Jjovine*, *erer* (*er er*) *nomne*, *erar nomne*. *Di Grabovie*, *tio* (*tiom*) *esu* (*essu*) *bue*, (34) *peracri pihaclu*, *ocreper* (*ocriper*) *Fisiu* (*Fissiu*), *totaper Jjovina*, *erer nomneper*, *erar nomneper*. *Di Grabovie*, *tio* (*tiom*) *subocau*.

Tout ce passage ne renferme que des mots dont il a déjà été question. Il faut seulement remarquer l'expression *pase tua* [2], qui est le *pace tua* latin. Par un pléonasme fréquent dans les invocations, notre inscription dit : « sois gracieux,

1. Ritschl. *Opuscula*, II, 490, note. « Je ne crois pas, dit ce savant, que *lympha* doive être tiré du grec νύμφη, mais plutôt que *lumpa* est la forme italique qui se rattache à la même racine que νύμφη. » Sur une inscription bilingue (Mommsen, n. 3523) les mots *Lumphieis* correspondent à Νύμφαις. Cf. *nubes*, *nimbus*. Un autre exemple est *nuscitiosus* (Festus, p. 173) et *luscitiosus* (Quicherat, *Add. Lex. lat.* p. 162).

2. Il faut lire *pasé*, quoique le trait au-dessus de *s* ait toujours été oublié par le graveur.

par un effet de ta grâce[1]. » L'orthographe *saluvom*, *saluva* rappelle celle de *auvei* VI *a* 3, de aruvia III, 31. C'est l'adjectif *salvus*. Il se rapporte seulement au premier mot de l'énumération qui suit (*nome*), comme l. 32 *salva* (pour *salvaf*) se rapporte seulement au dernier mot de l'énumération qui précède (*frif*). *Seritu* est pour *serueitu* = latin *servatu*.

TRADUCTION.

(VI *a* 30) Sis faustus volens pace tua colli Fisio, (31) civitati Jguvinæ, ejus (collis) nomini, ejus (civitatis) nomini. Die Grabovie, salvum servato collem Fisium, salvam servato civitatem Jguvinam. Die (32) Grabovie, salvum servato collis Fisii, civitatis Jguvinæ nomen, lares, ritus, viros, pecudes, campos, fruges. Salvas (33) servato. Sis faustus volens pace tua colli Fisio, civitati Jguvinæ, ejus (collis) nomini, ejus (civitatis) nomini. Die Grabovie, te hoc bove, (34) ambarvali piaculo, pro colle Fisio, pro civitate Jguvina, pro ejus (collis) nomine, pro ejus (civitatis) nomine. Die Grabovie, te invocavi.

Le sacrifice du second et du troisième bœuf est accompagné de la même prière chaque fois citée *in extenso*. Comme nous avons déjà donné plus haut les variantes d'orthographe, il ne nous reste que bien peu de chose à dire sur ce passage, qui va de VI *a* 35 à 55, et dont il est inutile de reproduire le texte. La seconde prière commence et finit par : *Di Grabovie, tio esu bue, peracri pihaclu etru.* La troisième prière commence et finit par : *Di Grabovie, tiom esu bue, peracri pihaclu tertiu*[2]. Ce qui veut dire : « Die Grabovie, te hoc bove, ambarvali piaculo altero... tertio ». Les mots *etru* et *tertiu* sont de ceux qui ont été déchiffrés le plus tôt : *etru* est l'ablatif d'un pronom qui a laissé au latin son accusatif *iterum* (cf. sanscrit *itara*). Quant à *tertiu*, c'est exactement le nom de nombre latin.

Comme conclusion générale aux trois invocations, se trouvent ensuite ces mots :

(VI *a* 54) *Di Grabovie, tio comohota tribrisine buo peracnio*

1. Virg. *Æn.* III, 370 :

   Hic Helenus cæsis primum de more juvencis
   Exorat pacem divum, vittasque resolvit
   Sacrati capitis.

2. VI *a* 45, *pihaclutertiu*.

pihaclo (55) *ocriper Fisiu, totaper Ijovina, erer nomneper, erar nomneper. Di Grabovie, tiom subocau.*

Conformément au modèle de *tio esu bue, peracri pihaclu,* nous devons nous attendre après *tio* à un ablatif, régi par *suboco* sous-entendu. Cet ablatif, qui ne peut être autre que *comohota tribrisine,* gouverne le génitif pluriel *buo*, lequel a après lui comme apposition les deux génitifs *peracnio pihaclo.* Dans *tribriśine*[1] il est vraisemblable de chercher au commencement le nom de nombre *tri*, si l'on songe qu'il a été question de trois bœufs, et que nous avons ici le résumé de tout le sacrifice. Mais la suite du mot présente des difficultés de plus d'une sorte. A. K. supposent un substantif féminin *triplicio* (génitif *triplicionis*, ablatif *triplicione*, et par contraction *triplicine*) signifiant « un ensemble de trois, une triade, » lequel serait dérivé de *triplex* ou plutôt du thème *triplic* à l'aide du suffixe *iôn*. Nous croyons qu'ils ont touché juste pour le sens : mais comment admettre que l'*o* long et accentué a été absorbé par l'*i* bref et atone ? Des exemples comme *prinvatur* (pour *prinveatur*), *scalśeto* (pour *scalśieto*), où la voyelle brève atone a été absorbée par la voyelle longue accentuée, font paraître la chose invraisemblable. D'ailleurs le mot *Vofione* prouve que ce phénomène, qui serait le seul de son espèce dans l'histoire des langues italiques, ne doit pas plus être admis en ombrien que dans le reste de la famille[2]. Ce qui a évidemment conduit Aufrecht et Kirchhoff à cette explication, c'est d'une part le passage suivant : pihaklu pune tribriçu fuiest (V *a* 9), où ils ont vu dans tribriçu le nominatif *triplicio ;* c'est d'autre part l'ablatif natine (II *a* 21, 35, II *b* 26), dans lequel ils ont reconnu le latin *natione.* Mais rien ne prouve que tribriçu[3] soit le nominatif de *tribriçine* : les deux mots peuvent être apparentés entre eux sans avoir pour cela le même suffixe ; c'est ainsi qu'on a, par exemple, en latin

1. Le graveur, comme il lui est arrivé souvent, a négligé de mettre la barre sur le S. Mais nous avons un *ç* dans tribriçu (V *a* 9) dont il sera question dans un instant.

2. Corssen (*Aussprache*[2], I, 580 ss. II, 1015) suppose qu'en ombrien l'*o* du suffixe *iôn* n'était pas encore long aux cas indirects : hypothèse peu vraisemblable si l'on rapproche *Vofione*, et si l'on tient compte de *Vesune, Puemune ;* ces deux derniers mots seraient devenus, si l'*u* avait été bref, Vesne, Puemne (cf. *nomne*).

3. Remarquons à ce sujet que le texte a tribḍiçu : mais A.K. supposent que le ꟼ a été écrit par erreur à la place d'un *r*.

duplicatio et *duplicitas*. Rien d'un autre côté ne prouve que natine vienne d'un nominatif natiu, qui ne se trouve nulle part[1].

Je pense qu'il faut admettre un suffixe *îna*, pareil au suffixe que nous avons en latin dans medicina, doctrina, disciplina. Un tel suffixe, qui sert à former des noms abstraits[2], a très-bien pu être employé pour désigner des quantités numériques. C'est ainsi que nous disons en français une neuvaine, une dizaine, une centaine, noms qui dérivent des mots latins comme centena, novena. Il y a seulement cette différence entre le *ina* latin et son frère ombrien, que celui-ci suit la cinquième déclinaison, et non la première. Nous rencontrerons dans la suite d'autres substantifs qui se fléchissent d'après la cinquième déclinaison[3]; je rappellerai seulement ici le nom sabin *Neriene* qui a la même formation. — Quant à la première partie du mot, j'éprouve quelque scrupule à la tirer de triplus ou triplex. Les mots tupler tripler se trouvent sur nos tables (V *a* 19, 29), sur VI *b* on a deux fois *dupla*, et III, 14 on a tuplak. Tous ces mots présentent un *l* et non un *r*. Je préfère donc supposer un adjectif *tribricus* « triple » venant de l'adverbe *trioper*, trijuper, qui signifie « trois fois » : l'affaiblissement du *p* en *b* devant le *r* a déjà été constaté dans *subra* et le sera dans *cabriner*, *abrons*.

Comohota est l'ablatif féminin d'un participe équivalant au latin *commotus*. L'orthographe *oho* pour *ô* est connue. Kirchhoff a donné les exemples qui prouvent que *commovere* était également employé en latin, dans la langue du rituel, pour signifier « offrir. » Caton, De R. R. 134 : Priusquam porcam fœminam immolabis, Jano struem commoveto sic : Jane pater, te hac strue commovenda bonas preces precor.... Postea Jano vinum dato sic : Jane pater, uti te strue commovenda bonas preces bene precatus sum, ejusdem rei ergo macte vino inferio esto.... Les verbes *movere* et *obmovere* avaient le même sens.

1. Bugge (ZK. XXII, 431) croit découvrir trois nominatifs de ce genre en osque; ce sont : *úittiuf*, *tribarakkiuf*, *fruktatiuf*, tous trois employés sur la table d'Abella. Il y voit des substantifs féminins en *ion*, ayant *s* pour désinence au nominatif, et changeant le groupe *ns* en *f*. Nous croyons que cet argument n'est pas de ceux qui emportent la conviction.

2. Ce même suffixe est très-employé en osque; mais il est du neutre : *tanginúd*, *medicatinom*.

3. Uhtretie, kvestretie, *Jovie*, etc.

Buo(m) correspond à *bo(v)um*. — *Pihaclo(m)* est un génitif pluriel formé comme les génitifs latins en *um*, tels que *nummum, deum, sestertium*. — *Peracnio(m)* ne peut guère être considéré que comme une faute pour *peracrio(m)*, car l'épithète ordinaire de *pihaclu*, dans le passage qui précède, a toujours été *peracrei*. Cela ne veut pas dire qu'il n'existe pas aussi un adjectif perakne : nous le rencontrerons souvent dans la suite. Mais il a un autre sens et ne serait pas à sa place ici. *Peracrio(m)* est un exemple du génitif pluriel des thèmes en *i*.

TRADUCTION.

(VI *a* 54) Die Grabovie, te oblata trinitate boum, ambarvalium piaculorum, (55) pro colle Fisio, pro civitate Iguvina, pro ejus (collis) nomine, pro ejus (civitatis) nomine. Die Grabovie, te invocavi.

(VI *a* 55) *Tases persnimu* (56) *sevom. Surur purdovitu proseseto; naratu; prosesetir mefa spefa ficla arsveitu. Arvio fetu. Este* (57) *esono. Heri vinu, heri poni fetu. Vatuo ferine fetu.*

(I *a* 3) Arvia ustentu. (4) Vatuva ferine feitu. Heris vinu, heri puni (5) ukriper Fisiu tutaper Ikuvina feitu. Sevum (6) kutef pesnimu. Adepes arves.

La concordance entre les deux textes reprend ici. Mais les prescriptions ne sont pas disposées dans le même ordre sur les deux Tables. Nous continuerons à suivre VI, en rapprochant les variantes de I.

Tases persnimu sevom. Sevum kutef pesnimu. — *Persnimu*, écrit ailleurs *persnihimu* ou persnihmu (ce qui indique que la seconde syllabe est longue), ou *pesnimu*, est une forme très-fréquemment employée. Dans des phrases similaires, *persnimu* alterne avec des impératifs en *tu;* on a, par exemple : *esoc persnimu vestis* (VI *b* 6, 25) et ailleurs : *eso naratu vesteis* (VI *a* 22). Ou encore : *ennom persclu eso persnimu* (VII *a* 34), et un peu plus haut : *ennom persclu eso deitu* (VII *a* 20). Ou enfin : *suror persnimu puse sorsu* (VI *b* 37) et *suront naratu puse verisco Treblanir* (VI *b* 44). Ces rapprochements, déjà faits par Aufrecht et Kirchhoff, prouvent : 1° que *persnimu* est un impératif ; 2° qu'il a un sens approchant de *naratu* « qu'il récite », *deitu* « qu'il dise. » Les mêmes auteurs, continuant leur analyse, remarquent que *persnimu* accompagné du régime direct *esoc* « hoc » se trouve souvent devant des formules de prières (par exemple, VI *b* 6), d'où l'on peut inférer la signification : « qu'il prie. » Il faut maintenant expliquer la forme grammaticale. Aufrecht remarque que quand il y a un sujet pluriel (par exemple, VII *a* 47), la forme employée est *persnimumo*. Ce redoublement de la désinence (*mu* + *mo*) est semblable à ce qui se passe pour les impératifs comme *etu*, *fertu*, habetu, *stahitu*, *tursitu*, qui ajoutent au pluriel une syllabe ta, tu ou *to* : *etuto* (etuta, etutu), fertuta, *habituto*, *stahituto*, *tursituto* (tusetutu). Si l'on se rappelle qu'en latin l'impératif des verbes passifs et déponents emprunte parfois ses formes au participe (famino, antestamino, amamini[1]), on est amené à voir dans *persnimu* (pour *persnimnu*) le participe à signification impérative d'un verbe déponent. Ce qui confirme cette hypothèse, c'est qu'on trouve (VI *b* 39, 40) : *pue pesnis fust* « ubi precatus fuerit », *pesnis* étant pour *pesnitus* comme on a *vestis* pour *vestitus*. Cet exemple prouve que le verbe en question emprunte quelquefois les formes du passif, tout en gardant la signification active. Quant à l'origine du mot, nous supposons que le verbe *persc* « demander, prier, » devenu *pers*, a formé avec le suffixe *ni* un substantif *persnis* « prière » : de là un analogue aux verbes latins *finîre*, *munîre*, *punîre*[2]. — Les impératifs pareils à *persnimu* ne sont pas rares : on a *amparihmu* à côté de amparitu, *spahamu* ou *spahmu* à côté de *spahatu*, *anovihimu*, *stahmu* ou *stahamu*. Quant au redoublement servant à marquer le pluriel, je n'y puis voir autre chose qu'une imitation du redoublement de l'actif *tuto*.

Taśes[3], écrit sur les anciennes tables taçez (p. ex. I *a* 26), est un participe passé comme pihaz et *vesteis*. Nous avons le nominatif pluriel dans cette phrase (VI *b* 57, VII *a* 46) : *eso persnimumo tasetur*. La forme ombrienne était probablement *taçeitus*, car on a une fois *tasis* (VI *b* 23). Le verbe *taceo* forme donc son participe en *eitus*, comme on a eu *virsetom*, qui suppose un latin *videtum*. — Sur les anciennes Tables, *tases* est

1. Voy. Bopp, *Grammaire comparée*, § 479.

2. Kuhn (ZK, II, 397), Corssen (*Ib.* XI, 364) et Zeyss (*Ib.* XVII, 421) regardent *ni* comme une syllabe formative de la conjugaison, telle qu'on l'a, par exemple, dans *sper-ni-mus*, *fru-ni-sci*.

3. Le graveur des deux dernières tables écrit toujours *tases*.

souvent remplacé, comme il l'est ici, par kutef[1]. Aufrecht, adoptant une conjecture de Grotefend, identifie ce mot difficile avec le latin *caute*, ou plutôt il suppose un substantif kuti (pour *cauti*) dont serait tiré le cas adverbial kutef « cautim »[2]. Mais le sens « avec précaution » ne conduit pas très-naturellement à celui de « à voix basse ». Nous serions plutôt disposé à voir dans ce mot le latin *contentus*, dans le sens étymologique « renfermé [en lui-même], silencieux ». Le verbe tenn (pour tend) fait au participe tenz (pour *tentus*) : or, c'est précisément le son *nz* qui devient un *f* en ombrien, comme on l'a vu p. 16. Quant au préfixe ku, c'est la forme ordinaire du préfixe latin *cum*. — Sevum *sevom* est l'accusatif du même mot dont on a eu (VI *a* 18) le datif-ablatif pluriel. Je le traduis avec A. K. par « totum ».

Viennent ensuite sur VI *a* trois propositions coordonnées renfermant chacune un impératif. *Śurur* a déjà été analysé comme conjonction signifiant « là-dessus, alors[3] ». — *Purdovitu*, sur les anciennes Tables purtuvitu, purtuvetu, vient du verbe *duo* « donner » fléchi d'après la conjugaison faible, à peu près comme si nous avions en latin un verbe *duâre*, et du préfixe *pur* qui se trouve en latin dans portendere, porrigere. On a du même verbe le futur purtuvies où l'on remarque le même dédoublement de l'u en uv. Je regarde l'*o* de *purdovitu* comme une modification analogue à celle qui fait qu'on a indifféremment *tuer* et *tover* au génitif du pronom possessif de la seconde personne. Ce verbe, qui se présente quelquefois avec le sens du latin « pollucere », paraît plutôt avoir ici celui de « porricere ». *Proseśeto*[4] est l'accusatif pluriel neutre d'un participe correspondant au latin *prosecta*, avec cette différence que le verbe ombrien suit la conjugaison faible (*proseśeito*). Ce mot désigne les parties de la victime qui sont découpées pour être offertes aux dieux : on les appelle en latin prosecta ou prosiciæ[5]. Schol. ad Stat. Thebaid. V, 641 : Prosecta dicuntur exta cum redduntur inspecta.... Particulæ enim minutæ membrorum omnium prosecta dicun-

1. Voy. I *a* 10, 13, 19, 23, I *b* 3, 7 = VI *a* 59, VI *b*, 2, 4, 20, 44, 46. Cela n'empêche pas que les anciennes Tables emploient aussi à l'occasion *taçez*.

2. II, pages 169, 410.

3. Voy. p. 60.

4. On trouve plusieurs fois le *s* surmonté de la barre, en vieil ombrien pruseçetu.

5. Voy. Brisson, *De formulis*, p. 28. Hartung, *Die Religion der Römer*, I, 162.

tur in sacris, quæ inferuntur aris. *Proseśeto* est le régime de *purdovitu*. — *Naratu* nous est déjà connu comme un verbe signifiant « parler, dire[1] ». Ici il a à peu près le sens du latin « declarare, nuncupare ». Le sens du passage est qu'au moment où l'on offre les *proseśeta*, on doit les déclarer en bon état. Ordinairement un adjectif tel que *sevakne* « justum » ou *purtifele* « pollucendum » est joint au verbe. Ainsi III, 27 : tiçlu sevakni teitu « litationem justam dicito ». De même II *b* 24, où l'on immole un veau tacheté (vitlu vufru), l'inscription prescrit que le sacrificateur dise : Jupater Saçe, tefe estu vitlu vufru sestu « Jupiter Sance, tibi istum vitulum varium sisto ». Puis le texte ajoute : purtifele trijuper teitu, trijuper vufru naratu « pollucendum ter dicito, ter varium nuncupato ». De même encore II *b* 7 : si perakne sevakne upetu; eveietu; sevakne naratu « suem debitam justam præstato; —to; justam nuncupato. » Cf. II *b* 11. L'absence d'un adjectif de ce genre dans le passage qui nous occupe ne doit pas nous empêcher de prendre le mot *naratu* dans le même sens : la langue du sacrificateur, comme celle de toutes les professions, abrége les locutions reçues; celles-ci n'en sont pas pour cela moins claires pour l'esprit qui est familier avec les opérations ou les objets qu'elles désignent. — Une autre manière de traduire consisterait à construire *purdovitu* comme faisant une phrase à part, et à joindre *proseśeto* avec *naratu*. Mais VII *a* 42 on a *naratu* employé sans accompagnement d'aucun mot qui puisse être considéré comme son régime.

Proseśetir mefa spefa, ficla arsveitu. — Ce dernier mot, écrit aḍveitu sur les anciennes Tables, se compose du préfixe *ad* et du verbe *vehere*. L'impératif a dû être d'abord *vectu*, et par le même phénomène qui a eu lieu pour *feitu* (*factu*), la gutturale s'est changée en *j*[2]. Les composés ombriens de *vehere* paraissent avoir une partie des sens qu'ont en latin les composés de *dare*. Ainsi *arsveitu* se traduit fort bien par le latin « addito. » Cet emploi de *vehere* n'est pas plus extraordinaire que celui du latin *portare*, qui est une expression empruntée à la marine marchande. — *Proseśetir* est le datif de *proseśeto*. — Vient ensuite une série de trois mots à l'accusatif, comme on le voit du moins pour l'un d'entre eux par VII *a* 42, où il y

1. Voy. ci-dessus, p. 67.
2. Voy. ci-dessus, p. 63.

a : *prosesetir struçla ficlam arsveitu.* Des trois mots en question deux au moins sont des substantifs : en effet, *mefa* est employé seul II *b* 28. *Ficla* est employé d'une façon non douteuse comme substantif VI *b* 2, 44, 46. Reste *spefa* qui pourrait être une épithète, car on ne le rencontre jamais qu'en compagnie de *mefa*. J'essayerai de prouver plus loin (VI *b* 5) que c'est un participe passé signifiant « sparsus, adspersus ». — Il s'agit des objets qu'on doit joindre aux prosecta. *Mefa* a été traduit par Grotefend (II 33) « maza » ; je reconnais plutôt dans ce mot le latin *mensa*, au sens où il est employé par Virgile (VII, 109):

> Instituuntque dapes et adorea liba per herbam
> Subjiciunt epulis....
> Ut vertere morsus
> Exiguam in Cererem penuria adegit edendi,
> Et violare manu malisque audacibus orbem
> Fatalis crusti, patulis nec parcere quadris :
> « Heus! etiam mensas consumimus! » inquit Julus.

Nous avons ici, habilement enchâssé dans un récit qui a dû sa naissance au double sens du mot *mensa*, le terme qui désigne une espèce de gâteau sacré. Sur le changement de *ns* en *f*, v. p. 16. — *Ficla*, qu'on a identifié avec *ficula* « figue » ou avec *ferctum* « gâteau sacré[2] », doit être rapproché du verbe latin *fingere*, qui s'employait en parlant des produits de la boulangerie. Ceux qui confectionnaient les gâteaux sacrés s'appelaient *fictores* : l'expression *fictor* se trouve plusieurs fois en ce sens sur des inscriptions[3]. L'orthographe *ficla* rappelle celle de *ancla*, *peracrei*. Le *c* peut d'ailleurs s'expliquer si l'on songe que le mot est pour *fing-cla*, comme on a en latin *spe(c)-cula*.

Arvio fetu. Le premier mot, qui ne revient pas moins de 31 fois, et toujours dans cette phrase ou dans la phrase arvio ustentu, s'écrit de quatre façons différentes : arvia, aruvia, arviu, *aruio*. Il faut y reconnaître un pluriel neutre,

1. AK. I, 32. II, 175, 406.

2. Savelsberg : ZK. XX, 442. *Ficula* aurait donné *fiçla*, comme *arculata* donne *arçlata*.

3. Varron : Liba quod libandi causa fiunt. Fictores dicti a fingendis libis. Gruter, 270, 6. Dionysio, discipulo fictorum pontificum. Ibid., 1081, 1. In agro Aureli Primiani fictoris pontificum. Ennius, ed. Vahlen, V, 123 (en parlant de Numa) : Mensas constituit idemque ancilia.... Libaque, fictores, Argeos et tutulatos. Cf. Becker-Marquardt, IV, 198.

dont l'*a* final s'est quelquefois obscurci en *o*, *u*. Huschke traduit **arvia** par « exta », et en effet rien, à première vue, ne semble plus naturel que de rapprocher le latin *haru*, qui s'est conservé dans cette langue en tête du composé *haruspex*. On a également en latin des dérivés de *haru* « entrailles » qui ont perdu le *h* initial : *arvina*, *arvilla*. *Aru* pourrait donner au pluriel *arvia*, par un changement de déclinaison analogue à celui qui a eu lieu pour les anciens adjectifs en *u* qui ont passé dans la 3ᵉ déclinaison : tenuis, le(g)vis, sua(d)vis. En produisant cette explication (p. 132), Huschke marche, sans le savoir, sur les traces d'Otfried Müller, qui, dans son édition de Festus, dit au mot *arbilla* (p. 21) : « Vix dubito equidem quin illud *arvio*, id est *arviom*, vel plurali numero ἀρϜια, quod in monimentis Umbricis diis in sacrificio offertur, adipem, πίονα δημον, significet, qui in aris adolebatur. Hæc certe interpretatio formularum, quæ ibi leguntur, structuræ melius convenit, quam ea, quam Grotefendius proposuit de *arviga* ». Mais il y a un passage qui s'oppose d'une façon invincible à la traduction de *arvia* par « exta ». C'est II *a* 18, où il est question des fournitures à faire par l'adfertor pour le sacrifice annuel d'un chien. L'énumération commence par les mots : **huntia fertu** « ita procurato ». Puis viennent à l'accusatif tous les objets qu'il doit fournir, avec le verbe **fertu** à la fin de l'énumération. Or, les deux premiers objets mentionnés sont : **katlu** (catulum), **arvia**..... Ce passage est décisif, selon nous, et doit faire écarter l'idée plus d'une fois émise que dans les mots *arvia fetu* il soit question de la porrectio. — Peut-être arriverons-nous plutôt au vrai sens par une autre voie. On a déjà dit que l'expression *arvia fetu* est ordinairement rendue sur I par **arvia ustentu**. Ce verbe, que les tables VI-VII évitent habituellement, est pourtant employé deux fois VI *a* 20 en parlant des vases qui doivent être offerts en hommage après avoir servi au sacrifice. Peut-être que le **arvia ustentu** de I et le *vaso ostendu* de VI *a* 20 expriment la même idée : *arve* serait l'un des nombreux termes qui désignent les vases nécessaires à la cérémonie. Sur l'étymologie il serait périlleux de rien affirmer : je présenterai toutefois une hypothèse. Le verbe grec ἀρύω ou ἀρύτω « puiser » a formé un certain nombre de mots signifiant « vase » : ἀρυτήρ, ἀρυστρίς, ἀρυστήρ, ἄρυστις, ἀρύταινα, ἀρύβαλλος, ἀρυβαλίς, ἀρυβάσσαλον, ἀρύστιχος, ἀρυσάνη. Il faut joindre probablement cette glose d'Hésychius : ἀρβύνδα, λήκυθον, Λάκωνες. Quelques-uns de ces noms grecs ont pu pénétrer avec les objets eux-mêmes en Italie. Nous trouvons chez Festus : *Arytænam* sive *artenam* vas ab hauriendo sic appellabant (p. 21). Charisius (I, 95, P.) : Lucilius libro I saturarum *arutænæque* inquit *aquales*. Gloss. in Philox. Arytæna : vas in sacrificiis adhibitum. — Ceux qui ont vu en original les Tables Eugubines ne paraissent pas s'être occupés des ratures dont elles portent la marque. Autant qu'on en peut juger par des fac-simile, le mot arvia a été trois fois corrigé sur I. Nous mettons entre parenthèses les lettres effacées qui sont pourtant restées lisibles sous la rature :

arv(iu) ustentu (I *a* 12)
arv(iu) ustentu (I *a* 16)
arvi(u) ustentu (I *a* 23).

Que faut-il conclure de ces corrections? peut-être le correcteur avait-il l'intention de substituer le singulier (ollam) au pluriel (ollas).

Este esono. — Ces deux mots nous sont connus l'un et l'autre. « Ita sacrificium ». C'est le résumé de tout ce qui précède. Ailleurs, comme résumé final, on trouvera : *Eno ocar pihos fust* « et collis piatus fuerit », ou encore : *purditom fust* « polluctum fuerit ».

Heri vinu, heri poni fetu. — L'explication de *heri*, chez Aufrecht et Kirchhoff, est un modèle du genre[1]. Ils rapprochent d'abord la variante : I *a* 6. Heris vinu heris puni feitu. Et ils en concluent que *heri* est pour *heris*. Puis ils citent un passage qui présente la variante *herie* : VI *b* 19. *Herie vinu herie poni fetu.* La forme *herie* est rapprochée à son tour de *heriei* qui se trouve dans une phrase de la table VII pour laquelle I présente une rédaction modifiée.

VII *a* 3 : *abrof trif fetu heriei rofu heriei peiu.*
I *b* 24 : trif apruf rufru ute peiu feitu.

Il ressort de ce rapprochement que *heriei* est synonyme de ute, lequel équivaut lui-même au latin *aut;* le sens de la phrase est : apros tres sacrificato aut rufos aut piceos (nigros). Mais *heriei* est évidemment un verbe ; nous le trouvons dans

1. II, 177. Cf. I. 144.

cette phrase : svepis heri « si quis vult[1]. » Il existe en osque, où le futur *herest* « volet » se rencontre quatre fois sur la table de Bantia[2]. Il faut donc voir dans *heriei*(*s*), *herie*(*s*), *heris*, des secondes personnes d'un verbe signifiant « vouloir », lesquelles ont pris le sens de la particule disjonctive « ou ». Ce phénomène ne nous étonnera pas si nous songeons à l'origine de la particule latine *sive* (pour *si vis*)[3]. — Telle est l'interprétation des deux savants et elle ne laisse prise à aucun doute. Ce même verbe a encore fourni d'autres particules à l'ombrien : on le retrouve dans *pisher*, *herter*, *herifi*, sur lesquels nous aurons à nous expliquer plus tard. Une question plus controversée est de savoir si *heris* est une simple variante de *herie*(*s*), *heriei*(*s*) ou si ces formes sont des temps différents du même verbe. A. K. supposent que les formes sont différentes, *heris* représentant le présent et *heriê*(*s*), *heriei*(*s*) le futur. Ebel, dans le Journal de Kuhn (V, 407 ss.), a au contraire essayé d'identifier les trois formes, entre lesquelles il n'y aurait d'autre différence que celle qui existe en latin entre *velim* et *siem*, c'est-à-dire la contraction de la caractéristique *ie* en *i*. La seconde personne de l'indicatif présent aurait été *hers*. Mais Corssen (*ib.* XI, 345) montre que le verbe ombrien en question fait *heri*(*t*) à la troisième personne de l'indicatif présent, c'est-à-dire qu'il suit la conjugaison faible : il n'y a dès lors aucune raison pour identifier *heris* avec *herie*(*s*). Dans la première forme il faut voir avec A. K. l'indicatif (thème *herī*-) et dans la seconde un subjonctif (optatif). Quant à la forme heriiei (II *a* 16, VII *a* 3), il faut également y voir un subjonctif, mais mieux conservé : le premier *i* appartient à la conjugaison faible, le second à la caractéristique, et la diphthongue *ei* est une manière de représenter l'*e* long, comme on a *poei* et *poe*, *Fisei* et *Fise*. Nous adopterons cette explication, sauf en ce qui concerne les deux *i*, qui sont un développement purement phonétique, comme quand on a *trioper* et triiuper.

1. Nous ajouterons que nous en avons déjà vu l'impératif (VI *a* 27) : *pusei neip heritu* : « uti ne velis. » Le latin *herus* « maître » vient probablement de la même racine.

2. Sur une inscription osque découverte postérieurement à l'ouvrage d'Aufrecht et Kirchhoff, ainsi qu'à celui de Mommsen, on trouve le subjonctif *heriiad* (ZK. XI, 344).

3. Il eût mieux valu citer en exemple la particule latine *vel*, car *sive* peut s'expliquer autrement (*sei* + *vĕ*, cf. la dernière partie du grec ἠέ pour ἠϝέ). Quand on voit *sive* se contracter en *seu*, l'explication par *si* + *vis* semble peu probable. (Voy. cependant Corssen. ZK. XI, 348).

Mais il reste toujours surprenant que ce verbe forme son subjonctif en *iē* et non en *iā*, comme *aseriaia*, *portaia*, *dia*, habia, fuia, feia, d'autant plus qu'en osque on a la forme heriiad[1].

Dans *vinu* on reconnaît aisément l'ablatif d'un mot équivalant au latin *vinum*. Il est moins facile de dire ce que signifie puni, *poni*. La construction indique que le mot est à l'ablatif : c'est donc un nom de la troisième déclinaison. A. K. le traduisent par *ture*, sans pouvoir justifier cette traduction par l'étymologie, mais en s'appuyant sur la locution si connue : *ture et vino facere*. Je ne suis pas plus en état de donner l'étymologie de *poni*. Cependant je crois devoir m'écarter de l'explication de Kirchhoff pour les motifs suivants. Nous devons avoir ici un surrogat et non un accompagnement du vin, puisque la conjonction est *heris* « sive. » On trouve une fois (II *a* 33) cette phrase : tuvere kapiḍus pune fertu « in duabus capidibus — em ferto. » Or, nous voyons ailleurs que le mot *capis* est employé quand il s'agit de libations. Enfin nous allons trouver une phrase où il est question de l'encens, de sorte que *puni* ferait double emploi. Je crois donc qu'il s'agit ici d'un liquide qui sert aux libations et qui peut remplacer le vin. Nous ne pouvons dès lors hésiter longtemps : il est impossible que dans des sacrifices comme ceux que décrit ce rituel, le lait ne soit pas mentionné. Selon Pline l'Ancien (Préface, s. m.), il fait partie essentielle des cérémonies rustiques : Verum et diis lacte rustici multæque gentes et mola tantum salsa litant, qui non habent tura. Je rappelle aussi les vers d'Horace (Ep. II, 1, 139) :

> Agricolæ prisci, fortes, parvoque beati
> Condita post frumenta....
> Tellurem porco, Silvanum lacte piabant.

La phrase suivante se présente treize fois avec les variantes que nous indiquons ci-dessous :

vatuva ferine feitu (I *a* 4),
vatuva ferine fetu (I *a* 22, I *b* 3, 5),
vatuvu ferime fetu (I *b* 25),
vatra ferine feitu (III, 31),
vatuo ferine fetu (VI *a* 57, VI *b* 1, 19, 43),
vatue ferine fetu (VI *b* 45),
vatuo ferine feitu (VI *a* 57, VII *a* 4).

1. C'est pour cela sans doute que A. K. proposent d'expliquer *herie*, *heriei* comme des futurs. Mais il n'est pas croyable que le *s* du futur, qui en est la partie es-

Une fois (III, 16) on a ferime dans un autre contexte :

inuk kazi ferime antentu.

Si nous commençons l'étude de cette phrase difficile par le mot *ferine*, nous voyons que deux fois on a la leçon *ferime*. Cette incertitude entre *n* et *m*, qui ne se présente qu'à la fin des mots ou quand il y avait anciennement le groupe *mn*, doit nous porter à supposer soit une postposition *e*(*n*), soit un mot *ferimne*. Dans la première hypothèse, on est étonné de voir onze fois *ferin-e*(*n*), quand on se serait plutôt attendu à l'assimilation contraire *ferim-e*(*m*). Dans la seconde, on peut supposer le datif d'un substantif de la première ou de la deuxième déclinaison : mais un mot *ferimnus* ou *ferimna* ne se rattache à aucun terme connu. Quoi qu'il en soit, ce mot exprime une idée de lieu : pour voir un peu plus clair dans le sens, nous rapprocherons la phrase inuk kazi ferime antentu. Ce dernier verbe a la valeur du latin « imponito; » kazi désigne, comme on le voit par la suite du texte, un objet destiné à être brûlé; c'est, selon nous, sauf la désinence masculine, le latin *casiam* qui marque une herbe odoriférante. On doit donc penser que *ferime*, qui ne figure nulle part ailleurs, sinon avec ces mots *vatuo* et kazi, signifie un récipient à mettre les parfums, à peu près comme en latin acerra, turibulum, arcula turaria[1]. Cette sorte de récipient a ordinairement sa place dans les sacrifices. On le voit presque toujours sur les monuments figurés. Cf. Virg. *Æn.* V, 743 :

> Hæc memorans, cinerem et sopitos suscitat ignes,
> Pergameumque Larem et canæ penetralia Vestæ
> Farre pio et plena supplex veneratur acerra[2].

Quant au mot *vatuva*, je le traduis par « tura, » sans essayer d'en expliquer l'origine. C'est un substantif neutre. La variante vatra me paraît une faute pour vatva, la lettre qui marque le v en étrusque pouvant facilement être prise pour un r si les deux traits à gauche ont l'apparence de se rejoindre. De

sentielle, ait pu tomber : il faudrait partout *heries*, comme on a, par exemple, *habiest* « habebit », purtuvies(t) « pollucebit ».

1. Autrement Savelsberg, ZK. XX, 441.

2. Le mot, quelle que soit sa forme, paraît venir de la racine *fer* « porter ». Il rappelle le latin *praefericulum* ainsi défini par Festus (p. 249) : Vas aeneum sine ansis, patens summum velut pelvis, quo ad sacrificia utebantur in sacrario Opis Consiviæ.

même l'*e* de *vatue* (VI *b* 45) est, à ce que je crois, dû à une erreur d'écriture (pour vatua).

Ạdepes arves. Ces deux mots, qui reviennent douze fois sur I, manquent absolument sur VI-VII. Outre quelques variantes, ils présentent cette particularité qu'ils ont été une fois ajoutés en surcharge (I *a* 13). On trouve : aḍpes arves, aḍiper arvis, aḍipes arvis, aḍepe arves, aḍeper arves, aḍe. arv.es[1]. Comme ces mots viennent toujours après kutef pesnimu ou taçez pesnimu, Kirchhoff a cru devoir les construire comme régime de pesnimu. Mais déjà la particularité dont nous parlions tout à l'heure, savoir que les mots ont été une fois ajoutés après coup, doit les faire considérer comme une proposition indépendante. Elle est, il est vrai, fort elliptique, se composant de deux ablatifs pluriels avec lesquels il faut sous-entendre un verbe; celui-ci ne peut guère être autre que feitu. Le premier mot a l'air de correspondre au latin *adeps* ou à un mot *adipum* ou *adipa*[2]. Il faut remarquer la variante aḍeper, qui nous présente un exemple de rhotacisme sur la t. I, contrairement aux observations de Lepsius et de A. K. Quant au second mot, je serais disposé à voir ici le latin *haru* « entrailles » transporté dans la déclinaison en *i*; un neutre *harve, arve*[3] ferait à l'ablatif pluriel arvis ou arves, comme le thème *avi* « oiseau » fait au même cas *avis* ou aves. Le sens de ces deux mots serait donc : « qu'il offre les graisses, les entrailles. » Si nous cherchons ce qui correspond sur VI à cette prescription, nous voyons que c'est la phrase : *surur purdovitu proseśeto* « tunc porricito prosecta. » C'est en effet des entrailles de la victime que se composaient surtout les prosiciæ.

TRADUCTION.

(VI *a* 55) Tacitus precator (56) totum. Tunc porricito prosecta, nuncupato; prosectis molam sparsam, offam addito.

1. Cette dernière variante (I *a* 10) présente la trace de deux ratures (nous avons marqué chaque fois par un point la place d'une lettre grattée).

2. Je crois que c'est *adipum* ou *adipa* et non *adeps* qu'il faut supposer, car le datif-ablatif pluriel des thèmes à consonne se termine, ainsi qu'on l'a déjà vu, en *us*.

3. Rapprochez le latin *arvina, arvilla*, qui sont deux dérivés de *haru*. On trouve l'orthographe *arrespex* sur une inscription. De même *ariolus* à côté de *hariolus*.

Ollas facito. Ita (57) sacrificium. Sive vino, sive lacte facito. Tura acerra facito.

(I *a* 3) Ollas donato. (4) Tura acerra facito. Sive vino, sive lacte (5) pro colle Fisio, pro civitate Iguvina facito. Totum (6) tacitus precator. Adipibus, extis [facito].

(VI *a* 58) *Post verir Treblanir si gomia trif fetu Trebo Jovie ocriper Fisiu, totaper Jjovina. Persae fetu. Arvio fetu.* (59) *Pone fetu. Tases persnimu. Surur naratu pusè pre verir Treblanir. Prosesetir strušla ficla arsveitu.*

(I *a* 7) Pus veres Treplanes tref sif kumiaf feitu (8) Trebe Juvie ukriper Fisiu tutaper Ikuvina. (9) Supa sumtu. Arvia ustentu. Puni fetu. Kutef pesnimu. Aḍe. arv.es[1].

Post pus est la préposition latine *post*, mais gouvernant l'ablatif. Cette fois le sacrifice a lieu *derrière* la porte Trébulane.

Sif (écrit si sur VI *a*) est l'accusatif pluriel d'un mot correspondant au latin *sus* « porc, truie ». La forme complète serait *suif*. — *Gomiaf* a donné lieu à diverses traductions qui peuvent toutes s'autoriser du témoignage des anciens. On a songé aux mots grecs κυέω, κῦμα. L'habitude d'immoler des truies pleines (gravidas, fordas, plenas) nous est attestée par Festus : Plena sue Telluri sacrificabatur (p. 238), et par Ovide (Fastes, I, 572) :

> Placentur matres frugum Tellusque Ceresque
> Farre suo, gravidæ visceribusque suis.

D'autre part l'usage d'immoler des truies qui allaitent (porcilias) peut s'appuyer sur les Actes des Arvales[2]. On pourrait aussi penser que *gomia* signifie « lactens », car on sacrifiait des cochons de lait à certaines divinités[3] : mais on trouvera plus loin *sif feliuf* qui exprime cette idée. Enfin Panzerbieter traduit *gomiaf* par « engraissé » et rapproche l'expression

1. Nous désignons par un point la place d'une lettre effacée.
2. Henzen, p. 22.
3. Caton, R. R. 141. « Harumce rerum ergo fundi, terræ agrique mei lustrandi lustrique faciendi ergo sicuti dixi macte hisce suovetaurilibus lactentibus immolandis esto. Cf. Arnob. Adv. Nationes, VII, 18.

gumiæ chez Nonius Marcellus (p. 122 ed. Quicherat) : Gumiæ gulosi. Lucilius, lib. XXX :

> Illo quid flat, Lamia et Pittho ὀξυόδοντες
> Quod veniunt, illæ gumiæ, vetulæ, improbæ, iniquæ.

Ce rapprochement me paraît d'autant plus fondé que les porcs engraissés figurent, comme le fait remarquer ce savant, dans les sacrifices romains sous le nom de sues majores vel eximii. Une question que soulève le passage de Lucilius cité par Nonius, c'est de savoir si le latin *gumia* est un féminin ou si la forme est épicène. Le passage suivant de Lucilius cité par Cicéron (De Fin. II, 8) montre que le mot est épicène, comme devait déjà le faire supposer la traduction *gulosi* de Nonius :

> O Lapathe, ut jactare necesse est, cognitu' cui sis !
> In quo Læliu' clamores, σοφὸς ille, solebat
> Edere, compellans gumias ex ordine nostros.

Si *gumia* s'emploie au masculin en latin, nous pouvons admettre le même fait pour l'ombrien : on aura donc ici *sif* du masculin, comme plus loin sif feliuf. Ainsi tombe dès les premiers pas la supposition émise par Huschke et qui était, en la plupart des endroits, difficilement conciliable avec le texte, que les victimes immolées *derrière* la porte sont toujours des femelles, et qu'elles s'adressent à des divinités féminines.

Trebo, Trebe. *Trebo* a été regardé comme une faute : mais il se pourrait fort bien que nous eussions ici la première partie de la diphthongue *oi*, qui terminait anciennement les datifs de la seconde déclinaison. D'autres traces de cette diphthongue *oi* se rencontrent : par exemple si le datif vuke (III, 3, 21) a gardé son k, au lieu de le changer en ç, cela tient sans doute à ce que l'e représente oi. Le dieu Trebus (car il est question d'un dieu, et non d'une déesse, comme le suppose Huschke) nous est tout à fait inconnu. Peut-être y a-t-il une parenté entre son nom et le parfait *trebeit*, que nous avons traduit (p. 37) par constituit. — *Jovie*. Nous rencontrons ici pour la première fois le surnom *Jovius*, qui est aussi donné chez les Romains à certaines divinités, sans que nous sachions au juste l'idée qu'impliquait cette dénomination. Il est question chez eux d'un Hercule Jovius, d'une Venus Jovia. Nous verrons plus loin que les Génies portent le nom *Jovie*. — Le sens de cette première phrase est donc que derrière la porte Trébulane trois porcs gras doivent être immolés à Trebus Jovius pour la colline Fisienne, pour la cité iguvienne.

Persae fetu. Supa sumtu. Ces deux phrases, quoique employant des mots entièrement différents, se correspondent dans les deux textes. On peut s'en assurer en lisant les autres prescriptions qui sont identiques de part et d'autre. Comme il n'est pas probable que les deux rituels s'écartent au fond l'un de l'autre (ce serait le seul exemple), nous devons supposer que la même prescription est donnée en des termes différents. Nous commencerons par *persae fetu.* Il faut rapprocher les passages suivants :

I *b* 28, 32. Peḍaia feitu, arviu ustentu.
I *b* 43. Tuse Juvie arviu ustetu, puni fetu, peḍaia fetu.
II *a* 13. Peḍae fetu, puni fetu.
VI *a* 58. VI *b* 3. *Persae fetu, arvio fetu.*
VII *a* 41. *Persaea fetu, poni fetu, arvio fetu.*
VII *a* 54. *Arvio fetu, persaea fetu.*
II *a* 22. Esunu peḍae futu katles.
III, 32. Uvem peḍaem pelsanu feitu.
II *a* 11. Puve peraknem peḍaem fetu.

De la comparaison de ces passages il ressort que le groupe *rs* dans *persae* est le représentant d'un ḍ; on voit, en outre, que *persae* est écrit d'autres fois *persaea*, peḍaia : c'est là l'orthographe la plus complète et la meilleure. Nous retrouvons le même suffixe que nous avions dans pernaies pustnaies. L'orthographe peḍae pour peḍaia est due, à ce qu'il semble, à l'influence de l'i, qui, après avoir transformé l'a suivant en e, a lui-même disparu, comme il a disparu dans pusnaes (I *a* 2). Dans les six premiers passages, peḍaia peḍae *persaea persae* représente un accusatif pluriel neutre ou (ce qui est moins vraisemblable à cause du manque constant de *m*) un accusatif singulier féminin. Dans le passage II *a* 22 peḍae est un nominatif singulier féminin. Dans les deux phrases puve peraknem peḍaem et uvem peḍaem l'accusatif masculin peḍaium s'est changé en peḍaim, puis peḍaem. Pour connaître le sens de cet adjectif il faut maintenant étudier le substantif dont il est tiré, savoir peḍum, *persom*.

I *a* 29, 32. Kapiḍe peḍum feitu.
II *a* 9. Kapiḍe peḍu preve fetu.
II *a* 23. Krematra aplenia peḍu seritu.
II *a* 27. Vestiçia peḍume persnihmu.
III, 33. Eḍek peḍume purtuvitu.
VI *b* 24, 37. *Capirse perso osatu.*
VI *b* 38. *Persome erus dirstu.*
VI *b* 39, 40. *Persome.*

Ce mot peḍum *persom* désigne un objet destiné à être présenté dans une coupe (capiḍe) et à être recueilli dans un bassin (krematra aplenia). On peut donc croire qu'il est le nom de quelque liquide : mais l'étude des divers passages où il figure donne plutôt à penser que c'est le nom de la libation elle-même; j'y vois un terme générique désignant l'offrande d'une libation aux dieux. Quand l'adjectif peḍaium est pris substantivement, il a le même sens que peḍum. Dans les deux derniers exemples, où il se rapporte à des noms d'animaux (bovem, ovem), il signifie, à ce qu'il semble, cum libatione conjunctum, libatione præditum. D'après tout ce qui précède, nous traduirons *persae fetu* par « libamina facito. »

Je viens maintenant à la leçon supa sumtu, qui, comme on l'a dit, doit avoir au fond le même sens. Supa *sopa* est un mot fréquemment employé. Voici les passages :

VI b 17. *Eno mefa vestisia sopa purome efurfatu; subra spahmu.*

VII a 38. *Enno vestisia mefa spefa sopam purome efurfatu; subra spahamu.*

IV 17. Inumek vestiçia[1] persuntru supu ereçle hule sevakne skalçeta kunikaz purtuvitu.

II *a* 22. Supa hahtu; sufafiaf supaf hahtu.

IV 8. Aseçetes karnus iseçeles et vempesuntres supes sanes pertentu.

II *a* 29. Aseçeta karne persnihmu; vempersuntra persnihmu; supa spantea pertentu; veskles vufetes persnihmu; vestikatu; ahtrepuḍatu; aḍpeltu; statitatu; supa pustra perstu.

VI *b* 5. *Ape sopo postro peperscust, vestisia et mefa spefa scalsie conegos fetu.*

1. Vesveça.

VII *a* 8. *Ape supo postro pepescus, enom pesclu Ruseme vesticatu.*

I *a* 9. Supa sumtu.

I *a* 16. Supa sumtu.

Il ressort de ces passages où tout (nous devons le dire d'avance) n'est pas déchiffré, que *sopa* désigne un objet destiné à être présenté en offrande (purtuvitu) et qu'il se trouve en compagnie d'autres objets dans lesquels nous avons reconnu ou nous reconnaîtrons un peu plus loin des gâteaux sacrés. Je rappellerai à ce propos un passage d'Arnobe qui montre quelle était à cet égard la richesse de la synonymie latine (Adv. Nationes, VII, 24) : Quid [sibi volunt] fitilla, quid frumen, quid africia, quid gratilla, catumeum, conspolium, cubula? Ex quibus duo, quæ prima, sunt pultium nomina sed genere et qualitate diversa, series vero quæ sequitur liborum significantias continet, et ipsis enim non est una eademque formatio. A cette série on peut ajouter, d'après Festus et d'autres auteurs, far pium, mola, pastillum, glomus, subucula, turunda, summanalia, arculata, etc.[1] Nous verrons que dans notre texte la synonymie n'est pas moins nombreuse, quoique nous ayons peut-être rangé à tort parmi les gâteaux sacrés des termes qui signifient « pultem » ou « polentam. » Quoi qu'il en soit, le mot *sopa*[2] paraît bien figurer à bon droit dans la famille des liba, puisqu'il doit être exposé sur le feu (purome) comme le far tostum des Romains (Ovid. Fastes, II, 24) et puisqu'il doit être ensuite purifié (*efurfatu*) et arrosé (subra spahmu). Nous reviendrons sur ces différents points en temps et lieu. Nous traduisons *sopa* par « panis ».

Si le régime est un mot signifiant « libum », pour que la phrase soit synonyme de *persae fetu*, il faut sans doute que le verbe signifie « adspergito. » Malheureusement sumtu est d'origine inconnue. Tout en concédant qu'un verbe sumtu « qu'il arrose » a pu exister en ombrien, je présenterai sur ce mot une conjecture. Dans le passage qui nous occupe, supasumtu est écrit sans séparation. Un peu plus loin (I *a* 16) on a supa.sumtu. Il se pourrait que la seconde fois le graveur

1. Bouché-Leclercq, *Les Pontifes de l'ancienne Rome*, p. 65. Sur les objets, en général, qui sont offerts dans les sacrifices, voy. Becker-Marquardt, IV, 259, 286.

2. Il serait intéressant de savoir s'il y a une parenté entre l'ombrien *sopa* et le mot roman de même forme. Diez croit ce dernier d'origine germanique.

eût mal lu son modèle, et que le verbe fût umtu. Nous trouvons ce verbe deux fois (II *a* 38, IV, 13) avec le sens « ungito. » De fausses séparations ne sont rien d'insolite sur les tables eugubines, et particulièrement sur la première. Il faut toutefois rendre compte du *s* qui est venu se placer en tête de sumtu : ou bien nous avons ici l'ancien accusatif féminin pluriel, comme on trouvera *abrons* (VII *a* 43) au lieu de la forme ordinaire *abrof*, ou bien le texte original portait un M et non un *s*, confusion facile à expliquer par la forme de ces deux lettres dans l'alphabet étrusque (sopam umtu). Je penche pour la première explication, car on verra plus loin qu'il est en effet question de deux supa. — Tous les autres mots sont connus, sauf *strušla* qui est un congénère du latin *strues* au sens où il est défini par Festus : Strues genera liborum sunt, digitorum conjunctorum non dissimilia, qui superjecta panicula in transversum continentur. Cf. Ov. Fastes, I, 276. Hæc adolet flammis cum strue ferta suis. Caton (R. R. 134) : Jano struem commoveto. Le mot ombrien est plusieurs fois écrit struhçla, ce qui montre que l'*u* est long. L'affaiblissement de *c* en ç prouve que nous n'avons pas ici le même suffixe que dans *pihaclum*, muneklu. La comparaison du mot *arçlataf* = latin arculatas doit faire penser que c'est le diminutif d'un ancien mot struca ou strucum.

TRADUCTION.

(VI *a* 58) Post portam Trebulanam sues altiles tres facito Trebo Jovio pro colle Fisio, pro civitate Iguvina. Libamina facito. Ollas facito. (59) Lacte facito. Tacitus precator. Tunc nuncupato uti ante portam Trebulanam. Prosectis struiculam, offam addito.

(I *a* 7) Post portam Trebulanam tres sues altiles facito (8) Trebo Jovio pro colle Fisio, pro civitate Iguvina. (9) Panes aspergito. Ollas donato. Lacte facito. Tacitus precator. Adipibus, extis [facito].

SACRIFICE PRÈS DE LA SECONDE PORTE.

(VI *b* 1) *Pre verir Tesenocir buf trif fetu Marte Grabovei ocriper Fisiu, totaper Jjovina. Arvio fetu. Vatuo ferine fetu. Poni* (2) *fetu. Tases persnimu. Prosesetir farsio ficla arsveitu. Surur naratu puse pre verir Treblanir.*

(I *a* 11) Pre veres Tesenakes tre buf fetu. Marte Krapuvi (12) fetu ukripe Fisiu tutaper Ikuvina. Arviu ustentu. (13) Vatuva ferine fetu. Puni fetu. Kutef pesnimu. Aḍepes[1] arves.

La conservation du *c* et du *k* dans *Tesenocir* et Tesenakes mérite d'être remarquée. Elle tient à la diphthongue *oi*, dont l'*i* et l'*e* sont les représentants : autrement on aurait eu *Tesenośir*, Tesenaçes. Il a déjà été parlé (p. 61) de cette dénomination géographique. — La divinité à laquelle est offerte le nouveau sacrifice est Mars. On sait que ce dieu était à l'origine une divinité rustique et nullement guerrière, comme l'indiquent ses surnoms de custos, pacifer, campestris, etc.[2]. Si la conjecture que nous avons présentée (p. 66) au sujet de Grabovius est fondée, nous avons ici le Mars Gradivus des Romains. — *Farsio* ne saurait être le latin *farreum*, comme le suppose Kirchhoff, car la forme deux fois employée *farer* (V *b* 9, 14) prouve que *rs* a été assimilé en *rr*[3]. Il faut, comme l'a déjà reconnu Huschke, voir dans ce mot un congénère du latin *farcire*, *farcimen*. Isidore, Orig. XX, 2 : Farcimen caro concisa et minuta, quod eo intestinum farciatur, hoc est, impleatur, cum aliarum rerum commixtione. Arnobe (Adv. nat. VII, 24) cite les farcimina au nombre des mets offerts en sacrifice. Je suppose que la forme primitive était *farcivum*. — Remarquez I *a* 12 : ukripe au lieu de ukriper.

TRADUCTION.

(VI *b* 1) Ante portam Tesenacam boves tres facito Marti Grabovio pro colle Fisio, pro civitate Iguvina. Ollas facito. Tura acerra facito. Lacte (2) facito. Tacitus precator. Prosectis farcimen, offam addito. Tunc nuncupato uti ante portam Trebulanam.

(I *a* 11) Ante portam Tesenacam tres boves facito. Marti Grabovio (12) facito pro colle Fisio, pro civitate Iguvina. Ollas

1. Aḍpes.
2. Voy. Robiou, dans les *Mémoires de la Société de linguistique*, II, 206.
3. Le même reproche doit s'adresser aux comparaisons de Savelsberg, ZK, XXI, 222-229.

donato. (13) Tura acerra facito. Lacte facito. Tacitus precator. Adipibus, extis [facito].

(VI b 3) *Post verir Tesenocir sif filiu trif fetu Fiso Sansie ocriper*[1] *Fisiu, totaper Ijovina. Poni feitu. Persae fetu. Arvio fetu.* (4) *Surur naratu pusi pre verir Treblanir. Tases persnimu. Mandraclo difue destre habitu. Prosesetir ficla* (5) *strušla arsveitu. Ape sopo postro peperscust, vestisia et mefa spefa scalsie conegos*[2] *fetu Fisovi Sansi* (6) *ocriper Fisiu totaper Iovina. Eso persnimu vestisia vestis : Tio subocau suboco, Fisovi Sansi, ocriper Fisiu,* (7) *totaper Ijovina, erer nomneper,* (8) *erar nomneper. Fons sir, pacer sir, ocre Fisi, tote Ijovine, erer nomne, erar nomne. Arsie, tiom subocau suboco, Fisovi Sanši. Arsier*[3] *frite, tiom subocau suboco, Fisovi Sanši. Suront* (9) *poni pesnimu. Mefa spefa eso persnimu : Fisovie Sanšie, tiom esa mefa spefa Fisovina ocriper Fisiu, totaper Ijovina,* (10) *erer nomneper, erar nomneper. Fisovie Sanšie, ditu ocre Fisi, tote Jovine, ocrer Fisie, totar Jovinar dupursus* (11) *peturpursus fato fito. Perne postne sepse sarsite † uou se avie esone. Futu fons pacer pase tua ocre Fisi, tote Ijovine,* (12) *erer nomne, erar nomne. Fisovie Sanšie, salvo seritu ocrem Fisi, totam Jovinam. Fisovie Sanšie, salvo seritu* (13) *ocrer Fisier*[4] *totar Jovinar nome, nerf, arsmo, viro, pequo, castruo, frif. Salva seritu. Futu fons pacer pase* (14) *tua ocre Fisi, tote Ijovine, erer nomne, erar nomne. Fisovie Sanšie, tiom esa mefa spefa Fisovina ocriper Fisiu,* (15) *totaper Ijovina, erer nomneper, erar nomneper. Fisovie Sanšie, tiom subocau. Fisovie frite*[5] *tiom subocau. Pesclu* (16) *semu vesticatu atripursatu. Ape eam purdinsust, proseseto erus ditu. Eno scalseto vestisiar erus conegos* (17) *dirstu. Eno mefa vestisia sopa purome efurfatu. Subra spahmu. Eno serse comoltu. Comatir persnihimu.* (18) *Capif purdita dupla aitu. Sacra dupla aitu.*

(VI a 14) **Pus veres Tesenakes tref sif feliuf fetu** (15) **Fise Saçi ukriper Fisiu, tutaper Ikuvina.** (16) **Puni fetu. Supa sumtu. Arviu ustentu. Mefa** (17) **vestiça ustetu. Fisuvi**[6] **fetu; ukriper Fisiu fetu. Kapiḍ purtitaf sakref: etraf purtitaf, etraf** (19) **sakref tutaper Ikuvina. Kutef pesnimu. Aḍepes arves.**

La table VI contient *in extenso* une invocation qui est seulement indiquée sur I par les mots **Fisuvi fetu**. Le sacrifice a

1. *Ocrifer.* — 2. *Confgos.* — 3. *Asier.* — 4. *Fisi er.* — 5. *Erite.* — 6. **Fiiuvi.**

lieu derrière la porte de Tesena : on immole *sif filiaf trif*, c'est-à-dire sues lactentes tres[1]. Nous avons ici *filius* dans son sens étymologique, qui est « nourrisson ». La racine *fe* « allaiter, nourrir » a donné en latin *femina*, *fetus*, *fecundus*, *felare*, *felix*; son *ē* s'est changé en *ī* dans *filius* sous l'influence de la syllabe suivante, comme on a *mantele* et *mantilia*. Comme primitif de *felare*, *felix*, et *filius* on peut supposer un ancien mot *fela* « mamelle », correspondant au grec θηλή[2]. — La divinité à laquelle on immole ces porcs s'appelle Fisus Sancius[3] : mais, par une particularité difficile à expliquer, il est ensuite question d'un Fisovius Sancius auquel s'adresse l'invocation. Le suffixe *ovius* paraît le même que dans *Grabovius*. Ce Fisovius ne fait-il qu'un avec Fisus ou est-ce une divinité différente? C'est une question que je n'oserai décider : en tous cas, si ce sont deux dieux, ils sont étroitement apparentés. La ressemblance de Fisus (pour Fissus) Sancius avec le dieu latin Fidius Sancus a été depuis longtemps signalée : c'est d'après ce dieu sans doute qu'est nommée la colline Fisienne, si souvent mentionnée sur nos tables. V. p. 71.

Mandraclo difue destre habitu est une prescription que nous n'avons pas encore rencontrée. On peut rapprocher : pune anpenes, krikatru testre e uze habetu ... ape purtuvies testre e uze habetu krikatru (II *b* 27, 29). Le mot krikatru, comme nous le verrons, désigne un vêtement, et testre e uze signifie « in dextro humero ». Nous pouvons donc supposer qu'ici on a une prescription analogue. Huschke, non sans à-propos, a rapproché une particularité du culte romain. A la fête des Robigalia, dont le rituel rustique rappelle beaucoup celui des cérémonies d'Iguvium, le prêtre porte sur son côté droit un manteau en peau de bête. Ovide, Fastes, IV, s. f.

Hac mihi Nomenta Romam quum luce redirem
Obstitit in media candida pompa via.
Flamen in antiquæ lucum Robiginis ibat,
Exta canis flammis, exta daturus ovis.
Protinus accessi ritus ne nescius essem.

1. Voy. p. 108.
2. Curtius, *Grundzüge*, n° 307.
3. Le datif *Fiso* (VI *b* 3) au lieu de *Fise* rappelle *Trebo* (VI *a* 58) au lieu de *Trebe*. V. ci-dessus, p. 109.

Edidit hæc Flamen verba, Quirine, tuus :
Aspera Robigo, parcas Cerealibus herbis....
. . . .
Dixerat : a dextra villis mantele solutis,
Cumque meri patera turis acerra fuit.
Tura focis, vinumque dedit, fibrasque bidentis,
Turpiaque obscenæ, vidimus, exta canis.

Une coïncidence qui confirme la précédente, c'est que le prêtre de la déesse Fides avait la main droite enveloppée pendant le sacrifice. Liv. I, 21. Et soli Fidei solenne instituit. Ad id sacrarium flamines bigis, curru arcuato, vehi jussit, manuque ad digitos usque involuta rem divinam facere : significantes fidem tutandam, sedemque ejus etiam in dextris sacratam esse. Serv. ad Æn. I, 292. Canam fidem dixit vel quod in canis hominibus invenitur; vel quod ei albo panno involuta manu sacrificabatur, per quod ostenditur fidem debere esse secretam. Des statues représentant le prêtre de la déesse Fides le bras droit enveloppé dans sa robe nous sont parvenues en assez grand nombre. — Non-seulement le mot *mandraclo* fait probablement allusion à cet usage, mais il est identique, à ce que je crois, en sa première partie, au latin *man-tele :* c'est le substantif *manus*, raccourci comme dans mancipium. Quant à la seconde partie, il y faut peut-être voir un mot dérivé du verbe tergere (ter(c)-culum), dont l'*e*, par le voisinage de *r*, a été changé en *a* (cf. ukar) et le *r* transposé. Nous le traduirons par « mantele ».

Il est plus difficile de dire ce qu'est *difve* ou *difue*. La postposition *e*(*n*) doit être d'après l'exemple de testre e uze, reconnue après le premier mot. Comme l'orthographe de ce terme, qui ne revient nulle part ailleurs, n'est point sûre, nous ne nous arrêterons pas à des hypothèses. Disons seulement que c'est sans doute un mot de la 4e déclinaison au datif (cf. manuve II *b* 23) et que le sens paraît être « bras » ou « côté ».

Ape sopo postro peperscust. — Ce dernier mot a déjà été mentionné (p. 5) : c'est un futur antérieur signifiant « poposcerit ». Il est régi par *ape* (écrit ailleurs api, *appei*) qui est une conjonction signifiant « postquam, quum » et se construisant avec l'indicatif. La valeur de *ape* est mise hors de doute par cette circonstance qu'à *ape* correspond deux fois sur la t. I la conjonction pune, puni « quum » : *ape ambrefurent* (VI *b* 56) = puni amprefus (I *b* 21); *ape purdinçiust* (VII *a*

42) = pune purtinçus (I *b* 33). — Je passe à *sopo postro* qui sont deux mots régis par *peperscust*. Il faut rapprocher les passages suivants :

II *a* 32. Supa pustra perstu.

II *b* 19. Vesklu pustru pestu.

VII *a* 8. *Ape supo postro pepescus, enom pesclu Ruseme vesticatu.*

VII *a* 43. *Ape erus dirsust, postro combifiatu Rubiname.*

I *b* 34. Ape erus teḍust, pustru kupifiatu Rupiname.

VII *a* 44. *Enem Rubiname postro covertu.*

I *b* 36. Enu Rupiname pustru kuveṛtu.

V *b* 13. *Pretra toco, postra fahe.*

De la comparaison de ces passages il ressort que *supo postro* est un ablatif féminin[1]. L'*â* a été obscurci en *ô* comme dans *pihos* = pihaz ou *Tesenocir* = Tesenakes. La construction d'un verbe signifiant « precari » avec un ablatif est déjà connue : « je t'invoque avec cet objet », c'est-à-dire « je t'offre cet objet ». D'autre part, nous avons déjà vu que *sopa* est le nom d'un gâteau destiné à être arrosé (p. 112). Il ne reste à expliquer que *postro*. Ce mot exprime, non pas une idée d'espace, mais une idée de temps. Les endroits les plus probants sont VII *a* 43 = I *b* 34, VII *a* 44 = I *b* 36, où l'on ordonne à l'adfertor de se rendre pour la seconde fois à Rubinia. Il a en effet été déjà question d'un sacrifice à Rubinia. L'adverbe *postro(m)* correspond donc au latin rursum ou alterum. Dans le passage qui nous occupe il est adjectif, de sorte que la phrase se traduira : « postquam pane altero precatus erit », et en effet, il a été question d'abord d'une autre supa. Rappelons à ce sujet ces vers de Virgile (Æn. V, 77), où nous voyons le nombre deux associé à des libations :

> Hic duo rite mero libans carchesia Baccho
> Fundit humi, duo lacte novo, duo sanguine sacro.

Le même fait est exprimé en d'autres termes I *a* 28, 30.

Vestisia et mefa spefa fetu. Ces mots doivent être réunis, comme on le voit déjà par la comparaison de I *a* 16. Le texte de I ne contient pas *spefa*, ce qui montre qu'il n'est pas nécessaire au sens : nous avons déjà dit plus haut (p. 101) que c'est probablement une épithète. Je crois qu'elle fait allusion à

1. Je rappelle que l'ablatif masculin et neutre est en u.

l'action qui est exprimée sur I par supas umtu et sur VI par *persae fetu*. J'y vois un ancien participe d'un verbe correspondant au grec σπένδω : un participe spenssus, d'après ce qui a été dit, donne spefus « arrosé ». Cette explication sera confirmée par l'examen des expressions supa spantea (II *a* 30) et supes spanes (IV, 8), ainsi que du parfait passif spafu fust (V *á* 20).

Vestisia est un substantif féminin très-fréquemment employé; les variantes les plus importantes sont : vestiçia, vestiça, vesteça, vistiça, *vestiśia, vestiśa*. La forme primitive est vestiçia ou vesteçia ou vistiçia: l'*i*, après avoir amené le changement du c précédent en ç, a parfois disparu; c'est un fait dont nous aurons plusieurs autres exemples.

Ce mot figure ordinairement (comme cela a lieu dans le passage qui nous occupe) en compagnie de termes tels que *mefa* ou *sopa*. C'est une raison de penser qu'il a une signification approchante. On le rencontre aussi comme complément du verbe *fingere*, qui est le terme technique pour les opérations de boulangerie (v. p. 101) :

I *a* 18. Esmik vestiçam preve fiktu « tum —am semel fingito. »

I *a* 30. Esmik vestiça afiktu « tum —am denuo fingito. »

A côté de ce substantif *vestiśia* se trouve un verbe qui marque un acte important du cérémonial des sacrifices, et qui présente sans aucun doute avec lui un rapport étymologique. C'est le verbe qui fait à l'impératif vestikatu :

II *a* 24, 31, 37. Vestikatu ahtrepuḍatu.
II *a* 35. Kapiḍe Hunte Juvie vestikatu.
VI *b* 16. *Pesclu semu vesticatu atripursatu.*
VII *a* 8, 23. VII *a* 36. *Enom pesclu Ruseme vesticatu.*
VII *a* 24. *Enom Ruseme persclu vesticatu.*
VI *b* 25. *Eam* (*capirso*) *mani nertru tenitu arnipo vestisia vesticos.*

Ce dernier passage nous montre les deux mots unis entre eux, comme *stahmei stahmeitei* (VI *a* 5). Le verbe en question marque un acte qui s'accomplit avec une coupe, ainsi qu'on peut le voir par son association avec le mot *capis*. Je crois qu'il signifie la même chose que le verbe latin libare. Quant à *vestiçia*, je le regarde comme le terme correspondant pour le sens au latin libum : c'est le mot générique qui comprend les différentes espèces telles que *mefa*, *sopa*, etc. Le dernier passage cité signifie : « hanc (capidem) manu læva teneto donec libum libaverit. »

Si le sens du verbe *vestico* et celui du substantif *vestiśia* ne font guère doute à mes yeux, il me paraît plus difficile d'en donner l'étymologie. Une question qu'il faudrait résoudre d'abord, serait de savoir si *ve* est un préfixe (comparez le ve de ve-persutra (II *a* 30. II *b* 15, 18. IV, 7) ou s'il fait corps avec le mot. Dans le premier cas, on aurait une racine *stic*; dans le second cas, on pourrait penser à la déesse *Vesta*. Je laisse cette question à de plus habiles.

Le sens de la proposition est donc : « postquam pane altero precatus erit, libum et molam sparsam.... facito ». Il nous reste à analyser les deux mots *scalsie conegos*, qui malheureusement sont très-obscurs. Cette expression, qui revient six fois, présente les variantes suivantes :

IV, 18, 20. Skalçeta kunikaz purtuvitu.
IV, 15. Skalçeta kunikaz apehtu[1].
VI *b* 16. *Eno scalseto vestisiar erus conegos dirstu.*
VI *b* 5. VII *a* 37. *Scalsie conegos fetu.*

Ces différentes leçons servent à se contrôler et à se corriger l'une l'autre. On voit que dans *scalśie* il faut rétablir un *ś*, qui représente le ç de skalçeta : d'autre part, *scalśie* a gardé l'*i* qui a disparu dans skalçeta, probablement parce qu'il se trouvait devant la syllabe accentuée. Mais quelle est cette finale *ta* que nous présente skalçeta et qui ne doit pas être indispensable au sens, puisqu'elle manque dans une partie des passages identiques qui viennent d'être rapprochés? Il est difficile d'y voir autre chose qu'une variante de la syllabe *to* dans *anglu-to*, *tefru-to*, *vapersus-to*, et de la syllabe tu dans akrutu. Il faut remarquer que cette leçon skalçeta se trouve sur la table III. Or, les tables III et IV représentent encore en d'autres mots un *u* final par *a* : au lieu de terminer l'impératif pluriel en tutu (cf. hatutu I *b* 42) elles le terminent en tuta (ustentuta, fertuta). On ne peut douter que ce ne soit là une particularité d'orthographe sans valeur grammaticale : la véritable désinence de l'impératif pluriel, mainte fois employé sur les t. VI-VII, est *tuto*, dont la représentation normale en écriture étrusque eût été tutu. Nous

1. Le texte porte apehtre.

sommes dès lors autorisé à admettre pareil changement de l'*u* en *a* pour l'enclitique en question, qui, comme on l'a vu (p. 41), équivaut à l'adverbe latin *tum*.

D'après l'exemple de *anglu*, akru, vapeḍus, *tefru*, nous verrons dans scalçie un ablatif : comme on a vu (p. 42) que l'enclitique ombrienne *tum* sert à marquer le lieu où l'on est, sans être très-essentielle au sens, nous regarderons *scalśie* et scalçe-ta comme deux expressions synonymes marquant une idée d'emplacement. Quant à kunikaz, *conegos*, c'est le nominatif singulier d'un participe passé comme pihaz, *pihos*. La syllabe initiale est la préposition ku, *co* = latin *cum*. Reste la syllabe nik, *neg*, où le changement de la voyelle nous révèle un ancien *ei*, et où la gutturale a dû être primitivement forte, puisqu'un ancien *g* entre deux voyelles se serait affaibli en *j*. On a donc une syllabe *neic* qui se retrouve dans le latin *nicere* et son fréquentatif *nictare* : le sens de ces deux verbes, comme l'établit Corssen[1], et comme le prouvent non-seulement le participe *nixus*, mais le gothique *hnaivan*, l'allemand *neigen*, est « s'incliner, se baisser, s'appuyer ». Nous obtenons donc un participe équivalant pour le sens au latin *connixus* et différent seulement par la conjugaison. Dans l'ignorance où nous sommes sur l'étymologie de *scalśie*, il nous paraît difficile de rien dire de plus. *Scalśie* peut marquer soit l'objet sur lequel le prêtre s'appuie, soit la direction dans laquelle il s'incline. Je ferai remarquer en finissant que nous avons dans ce mot un exemple d'un nom de la 5ᵉ déclinaison : on verra que ce n'est pas le seul.

Eso persnimu vestisia vestis. — Ici le mot *vestisia* est à l'ablatif, étant régi par *pesnimu*. On peut comparer les passages suivants :

VI *b* 9. *Suront poni persnimu; mefa spefa eso persnimu.*
II *b* 19. Ranu pesnimu; puni pesnimu; vinu pesnimu; une pesnimu.
II *a* 29. Ampeḍia persnihmu; aseçeta karne persnihmu; venpersuntra persnihmu.
II *a* 39. Asaku vinu sevakni taçez persnihmu.
VII *a* 9. *Enom vesclir adrir Ruseme eso persnihimu.*
VII *a* 24. *Ennom vesclir alfir persnimu.*

1. *Aussprache*², I, 83 s. Une gutturale initiale s'est perdue en latin et en ombrien, comme en allemand moderne.

Ces exemples, qu'on pourrait aisément multiplier, montrent que l'impératif *persnimu* « precator » se construit avec l'ablatif : « ita precator libo », c'est-à-dire « ita precans offerto libum ». L'origine de cette construction doit sans doute être cherchée dans la signification sociative de l'ablatif ombrien : on a dit « qu'il prie avec ce gâteau, en même temps qu'il offre ce gâteau », et l'ablatif, après avoir d'abord marqué une offrande accompagnant la prière, a été pris comme régime de *persnimu*. C'est peut-être ici le lieu de citer ce passage de Pline (H. N. XXVIII, 3) : Quippe victimas cædi sine precatione non videtur referre, nec deos rite consuli. Comme exemple du sens sociatif de l'ablatif, je citerai cette phrase qui nous présente les deux mêmes idées associées d'une autre manière : *enom Ruseme persclu vesticatu* « tum ad Rusemam [cum] precatione libato ».

Vestis est le même mot et construit de la même manière que VI *a* 22, où nous avions *vesteis*. Nous traduisons : « Ita precator [cum] libatione, velatus ». Il était d'autant plus important de mettre cette construction hors de doute que sur un examen superficiel on pourrait être plus tenté de rattacher *vestisia* à *vestis*.

Nous avons ensuite le texte de l'invocation qui ne présente rien de nouveau. Cf. VI *a* 22-34. — Le texte narratif reprend avec les mots : *suront poni pesnimu* « tum lacte precator ». Une seconde invocation est introduite par la formule : *mefa spefa eso persnimu* « mola sparsa ita precator ». Dans cette prière, à côté de formules déjà connues, se présentent un certain nombre de formules nouvelles, dont quelques-unes, qui ne reviennent nulle part ailleurs, sont obscures. La prière commence par nommer l'objet qui est offert : *tiom esa mefa spefa Fisovina* « te hac mola sparsa Fisovina [invoco] ». L'adjectif *Fisovina* est formé d'après le nom du dieu. C'est ainsi que dans un sacrifice au dieu Tefrus (VI *b* 28, 35) on a : *Tefre Jovie, tiom esu sorsu persontru, Tefrali pihaclu* « te hoc — —, Tefrali piaculo ». Cf. Festus (p. 104) : Janual libi genus quod Jano tantummodo libatur. Il y avait de même à Rome des gâteaux appelés *Summanalia*, d'après le nom du dieu Summanus. Sur la table de Rapino on trouve une ovis Jovia.

Ditu est un impératif ayant pour régime direct *fato fito*, pour régime indirect les trois groupes : *ocre Fisi* — *tote Jovine* — *dupursus peturpursus*. Ces mots sont au datif. Le dernier groupe gouverne à son tour les génitifs *ocrer Fisie(r)*, *totar*

Jovinar. — Il est aisé de reconnaître dans *ditu* un mot signifiant « donne! ». Mais la question grammaticale soulevée par ce verbe n'est pas si facile à résoudre. On a les variantes suivantes :

Ditu (VI *b* 10, 16, 25. VII *a* 38).
Titu (I *a* 33).
Tetu (II *a* 9, II *b* 21).
Teḍtu (II *a* 40, 40. IV, 28).
Dirstu (VI *b* 17, 38, 38, 39. VII *a* 5).

La question qui se présente est celle-ci : toutes ces leçons représentent-elles des orthographes diverses d'une seule et même forme, ou avons-nous ici des formes grammaticalement différentes? Pour répondre à cette question nous commencerons par teḍtu et *dirstu*, qui supposent un thème verbal teḍ ou *dirs*, c'est-à-dire, vu les particularités d'orthographe dont il a déjà été souvent question, *ded* ou *did*. C'est le verbe *dare* avec un redoublement devenu à peu près méconnaissable, comme cela est arrivé, par exemple, en latin pour *serere* « semer ». Le changement du *d* en ḍ suppose qu'il avait encore à l'origine une voyelle à sa suite : on obtient donc une forme *dedetu* ou *didetu*, qui répondrait au grec διδότω. Cette voyelle ayant disparu, le ḍ (représenté par *rs* sur les deux dernières tables) a pu se maintenir, comme on voit, devant le , probablement à l'aide d'une sorte de schéva. Aufrecht suppose, et c'est la solution la plus vraisemblable, que dans *ditu* titu tetu la seconde syllabe a fini par s'effacer. Cependant il ne serait pas impossible que le verbe *dare* eût eu une autre conjugaison sans redoublement : *dio*, d'où l'impératif *ditu* sur le modèle de *habitu*, *seritu*. Une telle régularisation d'un ancien verbe irrégulier n'aurait rien que de conforme à l'histoire du langage. On en verra un exemple dans un instant et le latin *audire*, pour *aus-dire* « placer dans l'oreille, écouter, entendre » (cf. *aus-cultare*), nous montre le verbe en question fléchi également d'après la conjugaison faible. Cf. plus haut (p. 60) le subjonctif *dia*. — Il n'y a pas d'observation à faire sur les mots suivants, sinon que *Fisi* est pour *Fisei*, et que le *r* final de *Fisier* a été omis. — *Dupursus peturpursus* sont deux datifs de thèmes à consonne. On a de même fratrus, *homonus*, kapiḍus, et nous avons déjà eu *vapersus* (p. 43), *tuderus* (p. 46). Le thème est *dupurs-*, *peturpurs-*, dans lesquels *rs* tient la place d'un ḍ. Comme on l'a reconnu de bonne heure, ce sont des composés dont le second terme est le thème *pud* = latin *ped*[1], grec ποδ, et dont le premier terme est un nom de nombre. *Dupursus* correspond pour le sens au latin *bipedibus :* il est probable que l'ombrien, qui a dû posséder anciennement l'adverbe *bis*, ainsi que le thème *bi* (= sanscrit *dvi*, grec δϝι, δι), a refait un composé nouveau à l'aide du nom de nombre *du*, dont il a également tiré un adjectif nouveau *duti*(*m*) (VI *b* 63) pour *dutiom* « la seconde fois » (cf. *tertim*). — *Peturpursus* se traduirait en latin par « quadrupedibus ». Cf. Festus (p. 206) : « Petoritum et gallicum vehiculum esse et nomen ejus dictum esse existimant a numero IIII rotarum : alii osce, quod hi quoque petora quatuor vocent; alii græce, sed αἰολικῶς dictum ». Le renseignement de Festus est vrai de tout point. Dans certains dialectes celtiques on voit le *p* remplacer le *c* des autres dialectes : kymrique *petguar*, *pedwar*, breton *petuar*, en regard de l'irlandais *cethir*[2]. D'autre part, la forme osque est attestée par la table de Bantia, où l'on a (l. 14, 15) *petiropert*, *petirupert* signifiant « quater ». On a enfin la forme éolienne πίσσυρες. L'ombrien, d'accord avec l'osque, a *petur*, contraction pour *petuor*. — *Fato fito*. Ces deux mots, qui expriment ce que le dieu doit donner aux bipèdes et aux quadrupèdes, n'ont pas trouvé jusqu'à présent d'explication satisfaisante. Kirchhoff a songé pour le premier terme au latin *fatum :* mais l'idée de destinée ne convient pas beaucoup, ce semble, au moins pour les quadrupèdes. Ce qu'on attendrait ici, c'est une expression comme « prospérité, développement, accroissement ». Je proposerais de voir le substantif dans *fito*, que Kirchhoff suppose être l'adjectif, et je le rapporterais à la racine *fu* « être, devenir ». Le premier rapprochement qui se présente à l'esprit, c'est le grec φῖτυ, φίτυμα « plante », d'où φιτύω « planter ». Mais l'ι, dans ces mots, paraît être produit par la dissimilation, le grec ne souffrant pas volontiers un υ dans deux syllabes consécutives. L'ombrien *fito* a une autre origine. La racine *fu* peut se conjuguer comme un verbe faible, c'est-à-dire sur le modèle du latin *audio*. C'est ce que nous voyons par la forme fuiest (V *a* 9) qui est un futur, et par la forme fuia (III, 7) qui est un subjonctif. Même en latin, la racine *fu* suit parfois cette conjugaison, car le verbe *fio* est pour

1. L'*o* se trouve en latin dans *tripodare*, et, assourdi en *u*, dans *tripudium*.
2. Curtius, *Grundzüge*[4], n° 648. Zeuss[2], p. 66.

fuio. On a donc, d'après cette conjugaison, un participe neutre *fuitum*. Par la même contraction de *ui* en *ī* qui a donné l'ablatif ombrien *manī* (pour *manuī*), *fuitum* est devenu *fītum*. On peut prendre ce mot soit au sens passif (produit, descendance), soit plutôt au sens abstrait (production, développement). Cf. en latin *appetītus*. On a déjà vu que les mots de la 4ᵉ déclinaison font leur accusatif en *o*(*m*)[1].

Je passe à *fato*(*m*) dans lequel je reconnais l'adjectif déterminant *fito*(*m*). C'est selon moi un participe auquel correspondrait, s'il existait, un latin *fautus*. Ce mot ne se trouve pas en latin parce qu'il a été remplacé, surtout dans le sens où nous le voyons employé ici, par l'adjectif *faustus*[2]. En latin vulgaire, *au* est souvent devenu *â*, c'est-à-dire que la première partie de la diphthongue a pris le dessus sur la seconde. Ainsi *Augustus*, *augurium*, *auscultare*, *Claudius*, *defraudavi*, *augmentare*, *autem*, *Plautus* ont donné *Agustus*, *agurium*, *ascultare*, *Cladius*, *defradavi*, *agmentare*, *atem*, *Platus*[3]. C'est le même phénomène qui fait qu'à πεινῶμεν, Ποσειδῶν correspondent en dorien πεινᾶμες, Ποσειδᾶν. Dans certains dialectes allemands, *auch* devient *âch*. Un autre exemple, sur les inscriptions ombriennes, de ce changement de *au* en *â*, c'est la conjonction ahtu (II *a* 10, 11) = autem. — La traduction de cette phrase est donc : « Fisovie Sancie, dato colli Fisio, civitati Iguvinæ, collis Fisii civitatis Iguvinæ bipedibus quadrupedibus faustum proventum. » Cette formule, en sa concision prosaïque, désigne l'ensemble des êtres animés, y compris les hommes. Il est rare de trouver chez les Romains le mot *bipes* appliqué à l'espèce humaine, sinon en plaisantant ou par invective[4]. Mais dans les Védas, dans l'Avesta les exemples de cette sorte de formule sont nombreux.

Perne postne sepsesarsite uou seauie esone. — Dans leur grand ouvrage, A. K. s'abstiennent de toute explication sur ces mots, « dont quelques-uns sont monstrueux[5]. » Cependant

1. Cette tendance à régulariser les verbes un peu difficiles a produit en italien les participes comme *veduto*, *creduto*, *dovuto*, *cresciuto*. La forme affectionnée par l'ombrien est en *eitom*, *etom*, *itom* : cf. *proseçetom*, *virsetom*, *avirsetom* = latin prosectum, visum, invisum.

2. *Faustus* vient de *favos*, *favor*, par le suffixe secondaire *-to*. C'est ainsi que *honos*, *fas*, *onus*, *scelus*, *robur* font *honestus*, *fastus*, *onustus*, *scelestus*, *robustus*.

3. Corssen, *Aussprache*[2], I, 663. Schuchardt, *Das Vulgärlatein*, II, 305 ss. D'Arbois de Jubainville, MSL, I, 415.

4. Voy. par ex. Cicéron, *Pro domo sua*, 18.

5. II, 200.

ils font remarquer trois points qui peuvent du moins laisser soupçonner le sens général. *Perne postne* sont des adverbes formés comme le latin *superne*, *inferne* : et ce sont précisément les mêmes adverbes qui ont donné naissance aux adjectifs pernaies pusnaes que nous avons rencontrés au commencement de la table I, et qui s'appliquent aux oiseaux dont on consulte le vol. D'un autre côté, dans *seauie*, qui peut-être est mal divisé, il semble que soit renfermé *avis*. Enfin *esone* est le même adjectif qui est employé en parlant des oiseaux. Cf. VI *a* 3, 5, 18. — Aufrecht est revenu plus tard sur ce passage dans le journal de Kuhn, VIII, 215, et il a essayé de faire un pas de plus. Il corrige le texte de cette façon : *perne postne sepse sarsite vocus avie esone*. Il reconnaît dans *vocus* le datif-ablatif pluriel de *vox*, dans *sepse*, *sarsite* des participes correspondant au latin *septus*, *sarctus*[1], dans *avie* un adjectif formé de *avis* à la façon du latin *igneus*. Tous ces ablatifs en *e* ont perdu un *s* final. Le sens de la phrase serait donc : « Ab antica, a postica septis sarctis vocibus avium sacris. »

Le savant auteur ajoute qu'à l'exception de *sarsite*, tout le reste est pure hypothèse et doit être considéré comme tel. Un endroit aussi évidemment altéré ne peut, en effet, être compris qu'à l'aide de corrections apportées au texte : mais en l'absence de passages similaires, ces corrections manquent d'une base solide. Je ne veux pas multiplier inutilement les suppositions : il me semble seulement que le mot essentiel doit être *avis*, de sorte qu'au lieu de AVIE ESONE, je lirais : AVIS ESONE ou AVI EESONE (cf. VI *a* 18)[2]. Ajoutons que dans la leçon corrompue *vouse* on pourrait avec autant de vraisemblance que *vocus* chercher un mot de la famille du verbe latin *volare*. Pourquoi ces présages, qui se trouvaient au début du sacrifice, sont-ils rappelés ici, et seulement ici, c'est ce qu'on ne voit pas bien clairement. La traduction fort incomplète de

1. *Sarte* in Auguralibus pro integro ponitur : *sane sarteque audire videreque*. Festus, p. 322. Charisius (p. 220, éd. Keil) : « Sarcte pro integre, sarcire enim est integre facere.... In auguralibus libris, sane sarcteque. »

2. La possibilité de la perte d'un *s* final au datif-ablatif pluriel de la 3e déclinaison est attestée par les formes comme Museiate, Kaselate (II *b* 2-6), aḍepe (I *b* 26), sevakne (IV, 9). Quant à la perte d'un *s* au datif-ablatif pluriel de la 1re déclinaison, il n'en existe pas d'exemple. Pour la seconde déclinaison on a des preuves nombreuses sur les anciennes tables : kumate (I *b* 38), Atiieḍie (II *a* 2), snate (II *a* 37). Sur les tables nouvelles, le *s* est ordinairement changé en *r*.

ce passage serait donc : « Ante, pone, —, —, —, avibus sacris. »

Tout le reste, jusqu'à la fin de la ligne 15 est connu et ne donne lieu à aucune observation, sinon que *erite* (l. 15) est écrit par erreur pour *frite* (cf. VII *a* 23, 36).

Pesclu semu vesticatu, atripursatu. — Cette phrase se compose de deux impératifs coordonnés et de deux noms à l'ablatif. Les prescriptions qu'elle renferme sont encore données ailleurs avec diverses modifications :

VI *b* 36. *Persclu sehemu atropusatu.*

VII *a* 36. *Enom vesticatu ahatripursatu.*

VII *a* 8. *Enom pesclu Ruseme vesticatu Prestote çerfie... enom vesclir adrir Ruseme eso persnihimu.*

VII *a* 23. *Enom vesticatu ahatripursatu; enom Ruseme persclu vesticatu.*

II *a* 24. Vestikatu ahtrepuḍatu; pustin ançif vinu nuvis ahtrepuḍatu; tiu puni tiu vinu teitu.

II *a* 31. Veskles vufetes persnihmu; vestikatu ahtrepuḍatu

II *a* 37. Veskles snate asnates seivaknis spiniama persnihmu; vestikatu ahtrepuḍatu.

II *a* 35. Kapiḍe Hunte Juvie vestikatu.

VI *b* 25. *Capirse perso osatu; eam mani nertru tenitu arnipo vestisia vesticos; capirso subotu.*

De la comparaison de ces passages il ressort différents enseignements. On constate d'abord que si les deux impératifs sont souvent associés ils peuvent aussi être employés séparément. On voit ensuite que dans *atripursatu* la voyelle initiale est longue, et que le groupe *rs* représente un ancien ꟼ, c'est-à-dire un *d*. En outre, il est clair que les mots *pesclu semu* ne sont pas nécessaires au sens. Chose plus importante, on remarque que *vesticatu* et *atripursatu* sont dans un certain rapport avec l'idée de coupe (kapiḍe), de vases (veskles) et de vin (vinu) : dans le passage VI *b* 25, nous avons le futur antérieur *vesticos* (pour *vesticaust*) encore associé au mot « coupe » (*capirse, capirso*).

Si nous poursuivons notre examen, nous observons que les mots *persclu semu* sont seulement employés deux fois, et il faut remarquer que c'est chaque fois à la fin d'une prière citée *in extenso*. On en peut inférer que ces mots, dont le premier veut dire « precatio, » sont un complément circonstanciel se rattachant à la prière qui précède.

Nous avons déjà donné plus haut les raisons qui nous ont fait traduire *vesticatu* par « libato »[1]. Quant à *atripursatu*, depuis Grotefend on le traduit par « tripudiato, qu'il danse. » On a rapproché le célèbre passage du rituel des Arvales : « Ibi sacerdotes clusi, succincti, libellis acceptis carmen descindentes tripodaverunt in verba hæc[2]. » Assurément la danse devait avoir sa place dans un culte où l'homme offrait à la divinité les jouissances et les spectacles qu'il jugeait lui être le plus agréables. Il suffit de rappeler ici l'institution des prêtres Saliens (Liv, I, 20). Cf. Horace (Odes I, 37, 1). — Toutefois, si séduisante que soit cette interprétation, elle présente des difficultés. On ne voit pas bien le rôle du préfixe *a*[3]. D'autre part, des constructions comme : vinu ahtrepuḍatu (II *a* 25) ne laissent pas que d'être singulières. Je crois que nous avons ici un dérivé du mot τριποὑς ou *tripes* « trépied », qui marque un vase à trois pieds servant soit à chauffer l'eau ou à mélanger le vin, soit à supporter un brasier[4] ». Après avoir fait sa libation, le prêtre accomplit, au moyen de ce trépied, une autre opération qui consiste soit à remplir le bassin avec le reste du liquide, soit à verser la coupe dans le feu : ainsi s'expliquerait le préfixe *á*. Je traduirai : « infundito ». Je reviens au mot *semu* qui détermine *persclu*. Je le rends par « dimidium ». Le préfixe latin *semi-* est bien connu. Quant à l'adjectif *semus*, son existence est attestée par la glose de Philoxène : Semus ἡμίχενος. Ce serait donc au milieu de la prière que s'accomplirait cette cérémonie marquée par *vesticatu, ahatripursatu.*

Ape eam purdinsust, proseśeto erus ditu.

La phrase se divise en deux propositions, dont la première est régie par *ape* « postquam » (v. p. 117) et a *purdinsust* pour verbe; le verbe de la seconde est *ditu* « qu'il donne. » Pour comprendre l'accusatif *eam* il faut se reporter, avant la prière,

1. Voy. p. 119.— A. K. traduisent *vesticatu* par « frapper la terre » et le rapprochent du latin *vestigare, vestigium*. Mais dans cette hypothèse on ne s'explique pas le *c* ombrien.

2. Marini, Tav. XLI. Henzen, p. 26.

3. Ce préfixe n'est pas *amb* « autour, » qui fait *an, am : andersafust*. C'est le même préfixe que nous avons dans *ahavendu* (VII *a* 27) et qui paraît correspondre pour le sens au latin « ad ».

4. Les monuments figurés abondent : voy. par ex. Montfaucon, II, pl. 22.

jusqu'aux mots *mefa spefa* (VI *b* 5). On en peut conclure que la *mefa spefa* est restée présente à l'esprit du sacrificateur pendant le sacrifice, dont elle est l'objet principal.

Purdinsust présente une remarquable série de variantes, qui ne sont pas sans importance pour la phonétique et pour la formation verbale.

Purdinśiust, VII *a* 43.
purtinçus, I *b* 33.
purdinśust, VI *b* 16. 24.
purdinśus, VI *b* 23. 37. 38.
purtiius, I *a* 27. 30. II *a* 7. 9.
purtitius, I *a* 33.

A ces formes nous joignons l'impératif du même verbe :

purtuvetu, II *b* 11. 17.
purtuvitu, II *a* 24. 29. III 33. IV 1. 4. 6. 14. 16. 18. 20. 22.
purdovitu, VI *a* 56.

Le futur est :

Purtuvies, II *b* 28.

Le participe :

purtitu, I *b* 39. II *a* 43. IV 31. V *a* 18.
purtitaf, I *a* 18. 18.
purdito, VI *b* 42.
purdita, VI *b* 18.

Les variantes du futur antérieur se ramènent, selon nous, à deux formes : *purdinśiust* purtinçiust d'une part, et purtijus de l'autre. Quant à purtitius qui n'est employé qu'une fois, et qui, comme on va le voir, joue un grand rôle dans une explication proposée par Corssen, je crois que c'est une faute de lecture du graveur, qui avait sous les yeux l'une des formes précédentes. Je commencerai par purtiius qui est régulièrement tiré d'un verbe *duio*, le même qui fait *purdovitu* purtuvitu à l'impératif. *Ui* s'est contracté en *î*, comme au participe *purdîto* purtîtu, et cet *î* s'est dédoublé en *ij*, comme dans *trijoper* et beaucoup d'autres mots. Il est plus malaisé d'expliquer *purdinśiust*. A. K. font remarquer que la même formation se retrouve dans *combifianśiust* rapproché de l'impératif *combifiatu*. Mais ils ne se prononcent point sur l'origine de cette syllabe *anś*, *inś*. Corssen[1] a essayé de tourner

1. ZK, XIII, 197.

une explication que nous allons reproduire. *Purdinśiust*, *combifianśiust* seraient des formes assibilées pour *purdintiust*, *combifiantiust*. Il faut supposer des participes présents ayant donné naissance à des verbes, comme cela a lieu en latin pour *parentare*, ou bien encore des substantifs féminins en *entia*, *antia*, comme *licentia*, *patientia*, *pœnitentia*, *impudentia*, *ignorantia*. C'est ainsi que *licentia* a donné le substantif *licentiatus*, qui suppose un verbe *licentiare* (Non. p. 228). La même formation se retrouve en osque, où l'on a *patensins* « patefecerint », d'un verbe *patensaum*. Dans purtitius la dentale n'a pas été assibilée; c'est donc (sauf la disparition de la nasale) la forme la mieux conservée. Quant à purtiius, c'est la forme la plus altérée, puisque le second *t*, après s'être changé en ç ou *ś*, a disparu complétement. Comparez feitu, feia, *deitu* = *facito*, *faciat* (volsque *fasia*), *dicito*. — Cette théorie repose sur deux hypothèses qui ne nous paraissent pas démontrées : 1° l'assibilation d'un *t* devant un *i* suivi lui-même d'une voyelle; 2° la disparition d'un *ś* entre deux voyelles. A la première hypothèse je me contenterai d'opposer des formes comme uhtretie, Marties, *Martie*, tertie, *Tlatie* où nous ne voyons aucune trace d'assibilation : non-seulement ces sortes de formes sont nombreuses, mais on voit s'opérer des contractions qui prouvent qu'il n'y a pas assibilation; ainsi *dutiom* devient *duti(m)*, *tertiom* devient *tertim*. Une autre preuve, c'est que Kureties (I *b* 4) est écrit *Coredier* sur VI *b* 45. Il n'y a pas un seul exemple certain en ombrien d'un *t* qui, en cette position, soit devenu *ś*. Tous les *ś* des mots dont on peut reconnaître l'étymologie viennent d'un ancien k. — Quant à la seconde hypothèse, celle de la disparition d'un *ś* entre deux voyelles, elle ne s'appuie sur aucun exemple concluant, car feia vient directement de fakia, deitu de dectu, feitu de factu. — Conséquemment, si nous voulons expliquer *purdinśiust*, *combifianśiust* par un ancien nom *purdinśia*, *combifianśia* ayant donné naissance à un verbe, il faut plutôt chercher des analogues parmi les mots latins comme fiducia, audacia. Je laisse la question ouverte[1]. — Pour terminer, je fais observer que l'*i*, après avoir amené le changement d'un c en ç, a disparu d'une partie de ces formes : *purdinśus*, *combifianśus*. On a déjà eu le même fait

1. Il n'est peut-être pas hors de propos de faire remarquer que le prétérit étrusque se termine en *ce* : turce, thece, lupuce, svalce.

dans *vestša;* c'est ce qui a eu lieu en français dans les mots comme chanson, rançon, annoncer[1].

Proseśeto erus ditu. Comme l'ont reconnu A. K., le premier mot est un génitif pluriel : cf. *vestisiar erus ditu* (VI *b* 16, VII *a* 38) où nous avons le génitif singulier. Le pluriel neutre *proseśeta* = latin prosecta est connu : le génitif pluriel en *om*, *um* est formé à la façon de Deum, nummum. — *Erus* ne peut être autre chose que le substantif régi par *ditu* et régissant lui-même *proseśeto*. De là, la conclusion forcée que *erus* est un accusatif. Faut-il en faire un accusatif singulier neutre (cf. tempus, onus) ou un accusatif pluriel masculin (cf. fructus)? Ce mot, qui n'est pas employé moins de 23 fois, l'est presque toujours dans des phrases semblables à la nôtre, Les seuls passages décisifs sont :

II *a* 27. Katles tuva tefra teḍti erus prusekatu.
V *a* 7. Revestu puḍe teḍte eru emantur herte.

Dans ces deux passages teḍti (teḍte) erus (eru) forment un ablatif absolu, et comme le participe teḍti ou teḍte ne saurait être au singulier, la conséquence nécessaire est que erus (eru) dans ces deux phrases est un ablatif pluriel de la 4e déclinaison[2], à la façon de berus (II *a* 23). Nous obtenons donc dans la phrase qui nous occupe un accusatif pluriel sur le modèle de fructu(n)s. Le groupe *ns* n'a pas donné un *f* comme d'ordinaire : erus étant le seul mot de la 4e déclinaison dont nous ayons l'accusatif pluriel, nous ne saurions dire si c'est un fait général dans cette déclinaison, ou si *erus* a échappé à la modification phonique parce qu'il se trouve dans une phrase typique revenant ordinairement sous la même forme (*erus dirstu*). — Pour découvrir le sens de ce terme, on doit rapprocher le passage suivant :

I *a* 33. Api suḍuf purtiçius, enuk hapinaru erus titu.

Il s'agit ici de donner les *erus* de trois agneaux (tel est probablement le sens de hapina). On a déjà vu les *erus* des prosecta et les *erus* d'un gâteau. Ce rapprochement doit nous faire supposer un terme abstrait tel que « partie, morceau[3] ».

1. Sur ce phénomène, voy. Corssen, *Krit. Beiträge* p. 468; Schuchardt, I, 152 s.

2. Voy. p. 7.

3. Panzerbieter (*Quæstiones umbricæ*, p. 12) et Huschke (p. 170) s'engagent dans une voie tout à fait différente.

Il s'agit du sacrifice dont les assistants reçoivent leur part. Cf. Ovide, Métam. XII, 153.

> Cujus ut imposuit prosecta calentibus aris
> Et Dis acceptus penetravit in æthera nidor,
> Sacra tulere suam, pars est data cætera mensis.
> Discubuere toris proceres, et corpora tosta
> Carne replent....

Virgile, Æn. I, 210.

> Illi se prædæ accingunt dapibusque futuris :
> Tergora diripiunt costis et viscera nudant;
> Pars in frusta secant verubusque trementia figunt.

Je traduirai *erus* par « frusta ». « Postquam eam (molam sparsam) polluxerit, prosectorum frusta dato. »

La phrase suivante est remarquable par sa construction, *conegos* étant séparé de *scalseto*. Ces mots ont tous été déjà analysés[1]. Le seul mot nouveau est *eno*, écrit ailleurs *enom*, *enno*, *ennom*, enu, enuk, inuk; c'est une conjonction qui se place à la tête de la phrase. Elle sert à joindre deux propositions à la façon de *et*, comme on le voit par le passage VII *a* 45, où *et capif sacra aitu* se trouve correspondre à enu kapi sakra aitu I *b* 37. Il est vraisemblable toutefois que *enom* a ordinairement un sens un peu plus prononcé; nous le traduirons par « tum ». On le trouve quelquefois en tête de propositions impératives, où il paraît avoir la signification du latin nunc ou eia (par ex. VII *a* 51). Quant à l'étymologie de *enom*, nous renvoyons le lecteur à ce qui a été dit sur *eine*, *enem*, qui est une forme de même sens et d'origine voisine[2]. Il faut décomposer le mot en : *eis* + *no* + *k*. — Les formes enumek et inumek, fréquemment employées sur les anciennes Tables, montrent une enclitique encore ajoutée à la fin. Le rapport de *enum* avec *enumek* est à peu près le même que celui du latin *tum* et *tunc*, *num* et *nunc*.

Eno·mefa vestisia sopa purome efurfatu.— La même phrase se retrouve VII *a* 38, où l'on a : *enno vestisia mefa spefa sopam purome efurfatu.* On voit par cette variante qu'il s'agit ici d'une seule *sopa*, quoique l'expression *ape sopo postro pepers-cust* (VI *b* 5) nous ait montré qu'il est parfois question de deux objets de ce nom. Cette *sopa*, ainsi que la *mefa* et la

1. Voy. p. 121
2. Voy. p. 44.

vestisia doivent être soumises à une opération exprimée par les mots *purome efurfatu*. Nous avons ici un verbe à l'impératif : pour en découvrir le sens, il faut rapprocher un autre passage où l'on a le verbe *furfant* à la 3e personne du pluriel. VI *b* 43 : *vocucom Joviu, ponne ovi furfant* « in —o Jovio, ubi oves furfant. » Cf. I *b* 1 : vukukum Juviu pune uvef furfat. On a ici le thème verbal *furfa*, mais non précédé de la voyelle *e*, ce qui montre que celle-ci est un préfixe : c'est évidemment la préposition *ehe* = latin *e* ou *ex*. Que peut désigner un verbe qui a une fois pour régime des mots marquant différentes espèces de gâteaux, et une autre fois un mot signifiant « brebis »? Il est question, selon moi, d'une opération purificatrice. On sait que chez les Romains, à la fête des Palilies (qui était en même temps le jour de la fondation de Rome) on faisait sauter les brebis par-dessus un feu de soufre. Ovide. Fastes, IV, 739 : Cærulei fiant vivo de sulphure fumi, Tactaque fumanti sulphure balet ovis.... Omnia purgat edax ignis, vitiumque metallis Excoquit : idcirco cum duce purgat oves.... Per flammas saluisse pecus, saluisse colonos : Quod fit natali nunc quoque, Roma, tuo. Cette cérémonie, dans un calendrier rustique (Orell. Inscript. Lat. II, p. 380), est désignée par les mots : OVES LVSTRANTVR. D'autre part, nous apprenons par Ovide que les gâteaux sacrés étaient purifiés. C'est dans un passage où il donne l'explication du nom de Février. Le mot *februum* avait, dit-il, autrefois le même sens que piamen; plusieurs témoignages de cette signification subsistent encore, car on appelle *februa* : 1° la laine que le roi du sacrifice et le flamine distribuent aux pontifes; 2° les gâteaux et le sel consacrés; 3° le rameau qui est attaché au front des prêtres. Fastes, II, 19.

Februa Romani dixere piamina patres :
  Nunc quoque dant verbo plurima signa fidem.
Pontifices ab Rege petunt et Flamine lanas,
  Queis veteri lingua *februa* nomen erat.
Quæque capit lictor domibus purgamina certis,
  Torrida cum mica farra vocantur idem;
Nomen idem ramo, qui cæsus ab arbore pura,
  Casta sacerdotum tempora fronde tegit.
Ipse ego Flaminicam poscentem februa vidi :
  Februa poscenti pinea virga data est.
Denique quodcumque est, quo pectora nostra piamur,
  Hoc apud intonsos nomen habebat avos.

Il faut rapprocher les vers qui précèdent de ce témoignage de Varron, ap. Non. (p. 118) : Februare positum pro purgare et purefacere. Varro de Vita populi romani lib. I : « In eorum enim sacris liba quum sunt facta, incernere solent farris semina, ac dicere, se ea *februare*, id est pura facere ». Ajoutons enfin cette définition de Festus (s. v. Februarius, p. 85) : Quæcumque purgamenti causa in quibusque sacrificiis adhibentur, februa appellantur. De tous ces passages nous croyons pouvoir conclure que les brebis étaient purifiées à certains jours de fête et qu'il en était de même pour les gâteaux : l'une et l'autre opération s'appelait *februare*. C'est un parent de ce mot que je reconnais dans l'ombrien *efurfatu*. Le primitif est sans doute le substantif *febris* « feu, fièvre[1] », par métathèse pour *ferbis* (comp. *ferbui*). *Februus* était le nom d'une divinité qu'on identifiait avec Pluton. Ce qui a rapport au feu, et par suite un moyen de purification par le feu s'appelait *februum*. Dans le dialecte ombrien, l'ancienne forme *ferbis* est devenue *furfis*[2]; de là un verbe *furfo*, *efurfo*. Il s'agit donc de purifier (probablement par l'opération indiquée dans Nonius) les gâteaux sacrés. Le texte ajoute *purome* qu'on peut traduire littéralement « in purum », en rapprochant les locutions latines telles que in cassum, in vicem, ad summum. « Purifie-le jusqu'à [complète] pureté ».

Subra spahmu. — Ces deux mots se retrouvent avec le même contexte VII *a* 39 : *subra spahamu*. Une forme un peu différente se rencontre dans le passage suivant : VI *b* 40. *Enom vaso porse pesondrisco habus serse subra spahatu*. Enfin sur la Table V *a*, où l'on énumère les différents actes d'une cérémonie religieuse, le même verbe se présente encore : ape apelust... et ape purtitu fust... et ape subra spafu fust.. (l. 20). De ces passages on peut conclure que *spahmu* est un impératif moyen (cf. *persnimu*). *Spahatu* est l'impératif actif. Quant à spafu fust, c'est une forme assez extraordinaire : A. K. la regardent comme une faute pour spatu(m) fust. Mais j'essayerai de montrer plus loin que la leçon est correcte. En quoi consiste l'opération exprimée par ce terme? On voit qu'une fois il est employé immédiatement après qu'il a été

1. On sait que la Fièvre était adorée à Rome comme une déesse, et qu'elle avait plusieurs temples dans la ville.

2. Comme exemple d'un *u* ombrien correspondant à un *e* latin, je citerai *tursitu* « terreto », kuvurtus « converterit », pepurkurent « precati erunt ».

question des gâteaux sacrés; une autre fois il est construit avec *vaso* « les vases » et avec *serse* qui, comme nous le verrons en traitant de la phrase suivante, a aussi le sens de « vases ». On pourrait croire que c'est un verbe de la 1re conjugaison : cependant cette opinion devra se modifier par les rapprochements qui suivent. En premier lieu, nous trouvons une fois (II *a* 30) : supa spantea pertentu. Ici nous avons le mot supa « pane » construit avec un adjectif spantea, qui a tout l'air d'être de même famille que spahamu, spahatu. En second lieu, on trouve (III, 33) : ererek (uver) tuva tefra spantimaḍ prusekatu, et plus loin (III, 34) : inumek etrama spanti tuva tefra prusekatu. Et enfin (IV, 2) : inumek tertiama spanti trija tefra prusekatu. Le substantif féminin spanti marque un acte trois fois répété du sacrifice. C'est probablement ce substantif spanti qui est le primitif de l'adjectif spantea. Supa spantea, c'est une supa faite pour la spanti. Enfin la forme spafu rappelle la mefa spefa qui figure ordinairement parmi les offrandes : nous avons vu dans ce dernier mot le participe passé d'un verbe signifiant « arroser » et correspondant au grec σπένδω. Spanti est, selon moi, un substantif abstrait signifiant « aspersion », tiré du même verbe : spantea supa, c'est un gâteau destiné aux libations. L'impératif spahamu a allongé sa voyelle pour compenser la perte de la nasale. Le participe passé spafu(m) est pour spansum[1]. La différence entre la voyelle dans spafum et dans spefa est la même qu'on a en latin archaïque entre *Sæturnus* et *Saturnus*, *læna* et *lana*. L'impératif subra spahamu signifie donc « supra stillato ».

Eno serse comoltu; comatir persnihimu. — Ce passage, qui revient un assez grand nombre de fois, présente les variantes qui suivent :

VI *b* 41. *Serse pisher comoltu; serse comatir persnimu.*
VII *a* 39. *Ennom comoltu; comatir persnihimu.*
VII *a* 44. *Comoltu; comatir persnimu.*

1. Voy. plus haut, p. 16. Une objection pourrait être tirée de ce fait que dans spanti la rencontre des deux dentales (d + t) a donné un *t*, au lieu que dans spansu elle a donné un *s*. Mais en latin la rencontre de *d* + *t* donne ou un *t* (portentum), ou un *s* (læsus), ou *st* (infestus), ou *tt* (aggrettus, Ennius chez Festus), ou *ss* (passus). Le même verbe *fundere* donne *fusus* et *futilis*; *utor* fait *usus* et *u(t)tilis*. Ce sont des formations appartenant à différents âges de la langue.

VII *a* 45. *Comoltu; comatir persnihimu.*
I *a* 34. Zeḍef kumultu; zeḍef kumats pesnimu.
I *b* 36. 38. Antakre kumate pesnimu.
II *a* 9. Enu kumaltu; kumate pesnimu.
II *a* 41. Kumaltu... antakres kumates persnihmu.
IV. 28. Inumek kumaltu; aḍkani kanetu; kumates persnihmu.

Il y faut joindre :
I *a* 25. Zeḍef fetu.
VI *b* 22. *Serse fetu.*

Il résulte de la comparaison de ces passages que *serse* est pour *sersef*, et qu'il correspond, sur les tables en écriture étrusque, à zeḍef. Ce mot est employé une fois (VI *b* 40) dans une construction où il est annoncé par cette périphrase : *vaso porse pesondrisco habus* « vasa quæ cum struibus habuerit ». On en peut induire qu'il désigne un ustensile. Cette conjecture est confirmée par le sens du verbe qui l'accompagne. — *Comoltu* est écrit sur les anciennes tables kumaltu : il est facile de reconnaître que kumaltu et kumates sont deux formes du même verbe; la première est l'impératif et la seconde le participe. Le *l* s'est conservé à l'impératif parce que la forme complète était anciennement kumaletu ou kumalitu; il a été supprimé au participe parce qu'aucune lettre n'était venue séparer à ce temps le *l* du *t* (cf. *mota* « amende » = latin *multa*). Par contre, sur VI-VII, l'*a* du participe s'est conservé, tandis que celui de l'impératif est assourdi en *o* (cf. kumultu I *a* 34). — Le verbe ombrien répond exactement au latin *commolere*, qui, dans la langue sacrée, signifie « réduire en petits morceaux ». Nous trouvons ce terme comme nom d'une déesse dans le rituel des Arvales (p. 147) : Adolendae Commolendae Deferundae oves II. Si l'on offre deux brebis à la déesse Commolenda, c'est que l'acte exprimé par son nom a sa place dans les cérémonies, et en effet, on lit ailleurs (p. 141) : « Quod vi tempestatis, ictu fulminis arbores, sacri luci deæ Diæ attactæ arduerint, earumque arborum eruendarum, ferro fendendarum, adolendarum, commolendarum, item aliarum restituendarum causa... » Dans ce passage, *commolere* ne peut signifier que « tailler » ou « briser en petits morceaux ». Il n'y a aucune raison de croire que ce mot s'employât exclusivement pour le bois : un vase réduit en piéces a pu se dire également *commolitum*. Or, le passage

VI *b* 40 nous montre *comatir* employé dans une phrase où l'on nomme expressément les vases ayant servi au sacrifice des *persondru*. Il faut encore ici rapprocher un endroit tiré des actes des Arvales (p. 26) : Deinde in ædem intraverunt et ollas precati sunt, et osteis apertis per clivum jactaverunt. Cet endroit, qui était mal lu avant Henzen[1], nous apprend ce qu'on faisait des vases ayant servi aux sacrifices, non pas sans doute de tous, puisqu'une partie était consacrée aux dieux, mais probablement des plus grossiers[2]. On les brisait et l'on faisait hommage des débris à la divinité. C'est le même fait dont je reconnais l'énoncé dans les mots : kumaltu, kumates pesnimu « confringe, confractis precator ». On a vu (p. 122) que persnimu suivi de l'ablatif signifie « offrir à la divinité ». J'ajouterai ici que le *ollas precati sunt* du texte des Arvales a peut-être une signification analogue; il ne veut pas dire : « ils adorèrent les vases », mais « ils dirent des prières quant aux vases, ils les offrirent à la divinité ».

Capif purdita dupla aitu; sacra dupla aitu. — Le texte de I *a* 18 est plus développé, sans qu'au fond il dise rien de plus : Kapiḍ purtitaf sakref; etraf purtitaf; etraf sakref tutaper Ikuvina. *Capif* est l'accusatif pluriel du même thème dont nous avons les cas qui suivent. Accusatif : *capirso* VI *b* 25. Ablatif : kapiḍe *capirse* I *a* 29, 32. II *a* 8, 34, 41. VI *b* 24, 27. Datif-ablatif pluriel : kapiḍus II *a* 33. IV, 5. On reconnaît un thème en ḍ, devenu en ombrien nouveau un thème en *rs* : mais ce qui montre combien cette transcription est peu convenable, c'est que devant le *f* de l'accusatif pluriel le groupe *rs* disparaît (*capif* VI *b* 18. VII *a* 39, 45). On en peut conclure qu'il exprime un son assez faible. Le fait est d'autant plus digne de remarque qu'un *r* véritable se maintient devant le *f*, comme on le voit par l'exemple de *nerf*. En vieil ombrien, le ḍ reste aux dépens de *f* (kapiḍ I *a* 18), ou bien les deux consonnes tombent (kapi I *b* 29, 37). — La signification de ce mot paraît bien être celle du latin *capis*, *capidis* « coupe; » on verra du moins que partout où il est employé ce sens convient à la phrase.

Purdita a perdu son *f* final : il en est de même pour *dupla* et *sacra*, comme il est facile de s'en convaincre par la com-

1. On lisait *jacuerunt*. Mais *jactaverunt* se trouve deux fois.

2. Voy. sur ce sujet le commentaire de Henzen, p. 30, et la remarque de Rossi, *ibid.*

paraison de I *a* 18. C'est un participe du même verbe dont nous avons déjà mentionné l'impératif *purdovitu* et le futur purtuvies. Nous ne voyons pas dans ce participe une forme analogue à *conditus*, *abditus*, mais nous supposons que l'*i* tient la place de *ui*, *uei*, et que, par conséquent, il est long. Le sens de ce verbe est « dedicare ». — *Dupla(f)* et *sacra(f)* sont les accusatifs pluriels féminins de deux adjectifs correspondant au latin *duplus* et *sacer*. A côté de *sacer*, *sacra*, *sacrum*, le latin possédait aussi un adjectif *sacer*, *sacris*, *sacre*, qui est resté dans la langue du rituel comme épithète de certains animaux, tels que le porc, offerts en sacrifice. Varron. De r. r. II, 1. Porci puri ad sacrificium, ut immolentur, olim appellati sacres; quos appellat Plautus, cum ait : Quanti sunt porci sacres. Voyez aussi Festus, s. v. Cette forme de la troisième déclinaison est celle que présente I *a* 18 : sakref. — *Aitu*. Cet impératif manque sur I *a* 18, d'où l'on peut inférer qu'il n'est pas indispensable au sens général. Il est naturel d'y voir le verbe latin *aio*, si fréquemment employé dans des formules. Ici encore le verbe a passé dans la conjugaison faible (pour *ai-ei-tu*).

La phrase entière signifie donc que l'on doit donner quatre coupes, dont deux seront *dedicatæ* et deux *sacræ*. La première Table se montre ici, par exception, plus prolixe que la Table VI. Elle dit : « capides dedicatas, sacras; alteras dedicatas, alteras sacras pro populo Iguvino. » Sur la différence entre la *dedicatio* et la *consecratio*, on peut consulter Festus, s. v. sacer mons (cf. Becker-Marquardt, IV, 223, 226). Je suppose que dans le cas présent les deux premières coupes sont destinées à être brûlées avec le reste des offrandes. On peut comparer Virgile, Æn., VI, 225 :

Congesta cremantur
Turea dona, dapes, fuso crateres olivo.

Quant aux deux autres, elles sont peut-être conservées au temple dans le trésor public, ainsi que le donne à entendre I *a* 18, par l'addition tutaper Ikuvina.

TRADUCTION.

(VI *b* 3) Pone portam Tesenacam sues lactentes tres facito Fiso Sancio pro colle Fisio, pro civitate Iguvina. Lacte facito.

Libamina facito. Ollas facito. (4) Deinde nuncupato uti ante portam Trebulanam. Tacitus precator. Mantele lacerto (?) dextro habeto. Prosectis offam, (5) struiculam addito. Postquam pane altero precatus erit, libum et molam sparsam — innixus (?) facito Fisovio Sancio (6) pro colle Fisio, pro civitate Iguvina. Ita precator libo, velatus : Te invocavi invoco, Fisovie Sancie, pro colle Fisio, (7) pro civitate Iguvina, pro ejus (collis) nomine, pro ejus (civitatis) nomine. Faustus sis, volens sis, colli Fisio, civitati Iguvinæ, ejus (collis) nomini, ejus (civitatis) nomini. Venerande (?), te invocavi invoco, Fisovie Sancie. Venerandi (?) more, te invocavi invoco, Fisovie Sancie. — Deinde (9) lacte precator. Mola sparsa ita precator : Fisovie Sancie, te hac mola sparsa Fisovina pro colle Fisio, pro civitate Iguvina, (10) pro ejus (collis) nomine, pro ejus (civitatis) nomine. Fisovie Sancie, dato colli Fisio, civitati Iguvinæ, collis Fisii, civitatis Iguvinæ bipedibus (11) quadrupedibus felicem proventum. Antea postea———— avibus (?) sacris. Esto faustus, volens, pace tua, colli Fisio, civitati Iguvinæ, (12) ejus (collis) nomini, ejus (civitatis) nomini. Fisovie Sancie, salvum servato collem Fisium, civitatem Iguvinam. Fisovie Sancie, salvum servato (13) collis Fisii civitatis Iguvinæ nomen, lares, ritus, viros, pecudes, campos, fruges; salvas servato. Esto faustus, volens, pace (14) tua colli Fisio civitati Iguvinæ, ejus (collis) nomini, ejus (civitatis) nomini. Fisovie Sancie, te hac mola sparsa Fisovina pro colle Fisio, (15) pro civitate Iguvina, pro ejus (collis) nomine, pro ejus (civitatis) nomine. Fisovie Sancie, te invocavi. Fisovii more te invocavi. — Precatione (16) dimidia libato, infundito. Postquam hanc polluxerit, prosectorum frusta dato. Tum — e libi frusta innixus (?) (17) dato. Tum molam libum panem ad puritatem februato. Supra instillato. Tum testas confringito; confractis precator. (18) Capides dedicatas duas pronuntiato; sacratas duas pronuntiato.

(I *a* 14) Pone portam Tesenacam tres sues lactentes facito (15) Fiso Sancio pro colle Fisio, pro civitate Iguvina. (16) Lacte facito. Panes ungito (?). Ollas dedicato. Molam, libum donato. Fisovio facito; pro colle Fisio facito. (18) Capides dedicatas, sacratas; alteras dedicatas, alteras (19) sacratas pro civitate Iguvina. Tacite precator. Adipibus, extis [facito].

SACRIFICE PRÈS DE LA TROISIÈME PORTE.

(VI *b* 19) *Pre verir Vehier buf trif calersu fetu Vofione Grabovie ocriper Fisiu, totaper Ijovina. Vatuo ferine fetu. Herie vinu,* (20) *herie poni fetu. Arvio fetu. Tases persnimu. Prosesetér mefa spefa ficla arsveitu. Suront naratu pusi pre verir* (21) *Treblanir.*

(I *a* 20) Pre veres Vehijes tref buf kaleḍuf fetu Vufiune (21) Krapuvi ukriper Fisiu tutaper Ikuvina. (22) Vatuva ferine fetu. Heri vinu, heri puni. (23) Arviu ustentu. Kutef pesnimu. Aḍepes arves.

Nous passons au sacrifice qui est offert devant la porte de Véies. Le dieu s'appelle *Vofionus Grabovius*, et comme à tous les dieux Grabovii, on lui immole trois bœufs. Sur ce nom de *Vofionus* nous n'avons rien à dire, sinon qu'il a l'air d'être une formation comme *Epona, Pomona.* On peut donc soupçonner que la première partie du mot indique les êtres ou les objets auxquels il préside. Les bœufs qui lui sont sacrifiés portent l'épithète kaleḍuf *calersu* (ce dernier mot a perdu son *f* final, ou plutôt il le partage avec *fetu*, auquel le graveur l'a joint par erreur). Kaleḍuf a trouvé, grâce à Grotefend, une explication aussi inattendue que satisfaisante. Isidore, Orig. XII 1. 52, nous apprend qu'on nommait *callidi* (probablement *calidi*) les chevaux ayant une tache blanche sur le front. Equi, qui frontem albam habent, calidi appellantur. D'autre part, une glose de Philoxène porte : calidus λευκομέτωπος. Enfin un dictionnaire latin-allemand cité par Graff, *Althochdeutscher Sprachschatz*, IV col. 1180, a : *Blas ros*, calidi, qui albam frontem habent (Heinrici Summarium). Il s'agit donc ici de bœufs blancs ou de bœufs à tête blanche. On sait que pour certains sacrifices on choisissait des victimes de cette couleur. Candentem in littore taurum Constituam ante aras (Virg. Æn. V. 237). Cf. les Actes des Arvales, p. 22. Quant à l'origine de *calidus*, on peut penser que *caleo* voulait dire « briller » en même temps que « être chaud » : l'idée de blancheur est ordinairement exprimée par des verbes signifiant « luire, briller »[1].

1. Comparez cependant les expressions κηλίς « tache » et κηλὰς αἴξ « chèvre tachetée ».

TRADUCTION.

(VI *b* 19). Ante portam Vehiam boves tres candidos facito Vofiono Grabovio pro colle Fisio, pro civitate Iguvina. Tura acerra facito. Seu vino, (20) seu lacte facito. Ollas facito. Tacitus precator. Prosectis molam sparsam offam addito. Deinde nuncupato uti ante portam (21) Trebulanam.

(I *a* 20). Ante portam Vehiam tres boves candidos facito Vofiono (21) Grabovio pro colle Fisio, pro civitate Iguvina. (22) Tura acerra facito. Seu vino seu lacte. (23) Ollas donato. Tacitus precator. Adipibus, extis [facito].

(VI *b* 22) *Post verir Vehier habina trif fetu Tefrei Iovi ocriper Fisiu totaper Iovina. Serse fetu. Pelsana fetu. Arvio feitu. Poni* (23) *fetu. Tasis pesnimu. Prosesctir struśla ficla arveitu. Suront naratu puse verisco Treblanir.*

(I *a* 24) Pus veres[1] Vehijes tref hapinaf fetu Tefre Iuvie (25) ukriper Fisiu tutaper Jkuvina. Puste asiane fetu. Zeḍef fetu. (26) Pelsana fetu. Arvia ustentu. Puni fetu. Taçez pesnimu. (27) Aḍiper arvis.

Le sacrifice qui se fait *derrière* la porte de Véies est adressé à *Tefrus* ou *Tefer Jovius.* Les formes d'accusatif *Tefro* (VI *b* 26. 27. 27) montrent clairement qu'il s'agit d'un dieu, et non, comme le veut Huschke, d'une déesse : le datif *Tefrei* lui-même (VI *b* 22) ne peut appartenir qu'à un masculin. La diphthongue *ei*, qui se réduit ordinairement à un *e*, doit sans doute ici sa conservation au voisinage de *Jovi*[2]. On a rapproché le nom du Tibre: mais sans rien décider sur ce sujet, nous croyons qu'il se présente des comparaisons plus immédiates et plus sûres. Le mot *tefrum* est employé VII *a* 46 dans le sens de sacellum ou templum. L'osque tefúrúm (avec insertion d'un *ú* euphonique), qui se trouve deux fois sur la table d'Agnone, a le même sens. On doit donc penser que l'adjectif *tefrus* signifiait « sacer » ou « sanctus », ce qui convient très-bien pour un nom de divinité.

L'animal sacrifié porte le nom de *habina* (hapina). Kirchhoff pense que c'est l'agneau et nous sommes disposé à adopter son interprétation, quoique pour une autre raison.

1. Pusveres.
2. Ce dernier est pour *Jovie* (I *a* 24 Juvie).

Il suppose que dans la description du sacrifice suivant, le membre de phrase pune uvef furfat (I *b* 1), *ponne ovi furfant* (VI *b* 43), exprime encore une particularité de la cérémonie accomplie derrière la porte de Véies[1], et il en conclut que *ovi* et *habina* sont entre eux dans le même rapport que le genre et l'espèce. Mais ce passage a, selon nous, un tout autre sens. Je serais plutôt porté à voir un indice dans le membre de phrase puste asiane fetu (I *a* 25), dont A. K. déclarent qu'ils ne savent que faire[2]; ce membre de phrase est, en effet, assez extraordinaire : rien n'y correspond sur la t. VI, rien de semblable ne se trouve ailleurs. Je crois y voir une glose mal à propos introduite dans le texte[3]. Cette opinion est confirmée par le mot pusti, qui a bien l'air de signifier « derrière [la porte de Véies] ». Asiane rappelle par sa première partie un passage, malheureusement lui-même fort énigmatique, de Paul Diacre (p. 12) : *Adasia* ovis vetula recentis partus. Le même mot se trouve dans les Gloses d'Isidore: *Adasia* ovis major natu. Cet adjectif *adasia* est, à ce que je crois, un terme du rituel signifiant une brebis qui a auprès de soi ses agneaux, comme *ambiegna* ou *ambegna*, dans le même langage technique, désigne une vache flanquée de deux agneaux. Sans nous arrêter trop longtemps à des hypothèses, disons que la phrase puste asiane fetu paraît copiée d'un texte où il y avait: puste asia III fetu, le mot *asia* désignant l'agneau.

L'accord entre les deux tables se retrouve pour les prescriptions suivantes, qui n'offrent d'autre mot nouveau que *pelsana*. Pour ce mot, comparez:

II *a* 6. pelsanu fetu.
III 31. uvem peḍaem pelsanu feitu.
II *a* 43. katel asaku pelsans futu.
VI *b* 39. *pue persnis fust, ife endendu, pelsatu.*
VI *b* 40. *pue pesnis fust, ife endendu, pelsatu.*

De ces passages il résulte que *pelsana* est une forme nominale provenant d'un verbe de la 1re conjugaison. Comme l'ont

1. Kirchhoff traduit pune par « dum », et croit que le sacrifice nouveau qui est décrit VI *b* 43 commence tandis qu'on achève le précédent. Un tel empiètement n'a aucune raison d'être.

2. *Die umbr. Sprd.* II, 211.

3. Voy. à la fin de notre interprétation des Tables I et VI-VII, ce qui est dit sur l'âge et le rapport de ces deux inscriptions.

reconnu A. K., il y faut voir un participe futur (pour *pelsanda*) : cf. *pihaner* et *anferener*. Le mot est pris ici substantivement et il est à l'accusatif pluriel neutre. La phrase II *a* 43, qui termine une série de prescriptions relatives au sacrifice d'un chien, sera traduite par nous : « canis ad aram coquendus sit ». Nous traduirons donc ici : « qu'il sacrifie les parties destinées à être cuites ». Cf. dans le rituel des Arvales : exta aulicocta reddidit[1]. Festus (s. v.) : *Aulas* antiqui dicebant quas nos dicimus ollas, quia nullam litteram geminabant. Itaque aulicocia exta, quæ in ollis coquebantur, dicebant, id est, elixa. Varron (De l. l. V, 98) : Aries, quod eum dicebant ἀρήν veteres, nostri arviga, hinc arvignus. Hæc sunt quarum in sacrificiis exta in olla, non in veru cocuntur, quas et Accius scribit et in pontificiis libris videmus. Et plus loin (o. c. 104) : Etiam frumentum, quod ad exta ollicoqua solet addi. Ces passages montrent que la cuisson d'une portion de la victime faisait partie de la cérémonie. — Peut-être le thème *pelsa* a-t-il une parenté avec *pelmen* (V *b* 12, 17) qui désigne une sorte de mets, ainsi qu'avec le latin *puls* et *pulmentum*. Pour le *s* de *pelsa*, qui vient probablement d'un ancien *t*, cf. en latin le changement d'un *t* en *s* après *l* dans les participes comme *avulsus*, *pulsus*.

Cette fois, au lieu de : *suront naratu pusi pre verir Treblanir* « deinde nuncupato uti ante portam Trebulanam » l'inscription dit : *suront naratu puse verisco Treblanir*. Kirchhoff fait observer avec raison qu'il ne peut être question d'une autre prière que de celle qui a été récitée devant et derrière la porte Trébulane : *verisco Treblanir* doit donc se traduire « à la porte Trébulane. » Cette signification de la postposition *co*, qui équivaut ici à un simple ablatif de lieu, est importante à remarquer, parce qu'elle nous servira à interpréter des constructions semblables.

TRADUCTION.

(VI *b* 22) Post portam Vehiam agnos tres facito Tefro Jovio pro colle Fisio, pro civitate Iguvina. Testas facito. Aulicocia facito. Ollas facito. Lacte (23) facito. Tacitus precator. Prosec-

1. Henzen, p. 92.

tis struiculam, offam addito. Deinde nuncupato uti ad portam Trebulanam.

(I *a* 24) Post portam Vehiam tres agnos facito Tefro Jovio (25) pro colle Fisio, pro civitate Iguvina. Post [portam Vehiam] agnos tres (?) facito. Testas facito. (26) Aulicocia facito. Ollas donato. Lacte facito. Tacitus precator. (27) Adipibus, extis [facito].

(VI *b* 23) *Ape habina purdinsus,* (24) *eront poi habina purdinsust destruco persi vestisia et pesondro sorsom fetu. Capirse perso osatu : eam mani* (25) *nertru tenitu arnipo vestisia vesticos. Capirso subotu. Isec perstico erus ditu. Esoc persnimu vestis : Tiom....* (36) *Persclu sehemu atripusatu*[1].

(37) *Pesondro staflare*[2] *nertruco persi fetu. Suront capirse perso osatu. Suror persnimu puse sorsu. Ape pesondro purdinśus,* (38) *proseseto erus dirstu. Enom* † *vestisiar sorsalir destruco persi persome. Erus dirstu. Pue sorso purdinśus, enom* (39) *vestisiam staflarem nertruco persi. Sururont erus dirstu. Enom pesondro sorsalem persome. Pue persnis fust, ife* (40) *endendu, pelsatu. Enom pesondro staflare persome. Pue pesnis fus, ife endendu, pelsatu. Enom vaso porse pesondrisco habus,* (41) *serse subra spahatu. Ander vomu*[3] *sersitu, arnipo comatir pesnis fust. Serse pisher comoltu. Serse comatir persnimu.* (42) *Purdito fust.*

(I *a* 27) Api habina purtiius, sudum pesuntru (28) fetu. Esmik vestiçam preve fiktu. Tefri Juvi fetu ukriper (29) Fisiu tutaper Ikuvina. Testruku pedi kapide pedum feitu. (30) Api edek purtiius[4], enuk sudum pesuntrum feitu staflare. (31) Esmik[5] vestiça afiktu. Ukriper Fisiu, tutaper Ikuvina (32) feitu. Nertruku pedi kapide pedum feitu. Puni feitu. (33) Api suduf purtiius[6], enuk hapinaru erus titu. Zedef (34) kumultu, zedes kumates[7] pesnimu.

Une cérémonie nouvelle commence, dont la description est donnée avec détail sur la t. VI, beaucoup plus sommairement

1. *Atropusatu.*
2. *Staflar e.*
3. *Spahatuanderuomu.*
4. Edelpurtiius.
5. (30) staf (31) li iuvesmik.
6. Sudufpurtitius.
7. Zedef kumats.

sur l. Elle exige au moins deux personnages : c'est ce qu'on voit par le soin avec lequel VI spécifie à qui incombe l'obligation d'en accomplir la première partie. Ce cérémonial se divise en deux parties symétriques dont chacune comprend trois opérations. La première opération est énoncée une fois par la t. I en ces termes : suḍum pesuntru fetu, et la seconde fois : enuk suḍum pesuntrum feitu staflare[1]. La seconde opération est décrite une fois ainsi : esmik vestiçam preve fiktu, et l'autre fois : esmik vestiça afiktu. La troisième opération est énoncée d'abord ainsi : testruku peḍi kapiḍe peḍum feitu, et ensuite de cette façon : nertruku peḍi kapiḍe peḍum feitu. On voit que chaque prescription, sauf certaines variantes commandées par la nature des choses, est donnée dans les mêmes termes deux fois. Le texte fait suivre d'abord les trois prescriptions l'une après l'autre, puis il les présente une seconde fois dans le même ordre.

La Table VI, tout en donnant beaucoup plus de détails, ne renferme au fond pas autre chose. Mais au lieu d'énumérer d'abord une première série de trois opérations, puis une seconde série d'opérations semblables, elle rapproche chaque fois les deux opérations de même nature, en sorte qu'au lieu d'avoir cet ordre : 1 2 3 . 1' 2' 3', nous avons 1 1'. 2 2'. 3 3'. Cette explication nous paraissait nécessaire, parce que d'après les premiers mots on peut être tenté de croire qu'il y a désaccord ou confusion sur la t. VI. Les mots de la l. 24 : *destruco persi vestisia et pesondro sorsom fetu* ont l'air de mêler, et mêlent en effet momentanément, ce qui doit être séparé et ce qu'effectivement on sépare un peu plus loin. Nous allons maintenant, pour apporter plus de clarté dans ce passage difficile, commencer par le texte de I, où la description est moins compliquée. Les trois premiers mots api habina(f) purtiius

1. C'est ainsi qu'il faut lire, selon la conjecture très-vraisemblable d'A. K., au lieu de stafli iuv, qui ne présente aucun sens. « Si l'on admet, disent-ils (II, 223), que la T. I *a* est la copie d'un original encore plus ancien, les deux *i* avec les points qui les séparent ont très-facilement pu venir d'un *a* peu distinct et mal lu ; au *v* il manque seulement le trait transversal du milieu pour être un *e* ; et l'*u* pourrait s'expliquer par un *r* à angle aigu (◁) dont la partie supérieure était devenue indistincte sur l'original, et dont le reste a été pris faussement pour un *u*. » Cette explication suppose que la table I n'est pas un original : nous avons apporté de nouveaux arguments à l'appui d'une hypothèse qui, comme on le voit, n'a pas échappé à ces savants, mais dont ils ne se sont peut-être pas assez constamment souvenus.

sont connus : ils forment une transition signifiant « postquam agnos polluxeris ». Api pour ape. Sur purtiius, v. p. 129. La même transition revient l. 30, api eḍek purtiius (où le texte a eḍel) « postquam hoc polluxeris », et l. 33, api suḍuf purtiius[1]. Nous venons maintenant à l'énoncé des trois cérémonies.

Pour commencer par la seconde, qui est encore la plus claire, elle consiste dans la fabrication d'un gâteau. C'est là, en effet, le sens que nous avons reconnu au mot vestiçia, qui est ici accompagné de l'impératif fiktu[2] « fingito »; le verbe est le même que dans fikla et dans le latin fictor « boulanger ». L'adverbe preve veut dire « semel » ou « primum » : il vient de l'adjectif *prevus* = lat. *privus* que nous retrouvons V *a* 13, 18 avec le sens « simplex ». Quand la même cérémonie revient pour la seconde fois, le verbe est afiktu, où le préfixe a(n)- veut dire « de nouveau, pour la seconde fois » (cf. ἀνά). Il reste le mot esmik qui est évidemment un mot d'origine pronominale : *esmei*, *esmi* est un locatif (cf. *stahmei*, *stahmeitei*, *nesimei*) et dans le *k* on reconnaît l'enclitique (e)k. Esmik doit être pris comme adverbe soit de lieu (là, là-dessus), soit de temps (ensuite), et fait allusion, selon toute apparence, à suḍum persuntrum[3] qui sont les deux mots essentiels de la première cérémonie.

Malheureusement ces deux mots sont extrêmement obscurs. La comparaison des divers passages où ils sont employés nous apprend un certain nombre de faits qui ont leur valeur, mais elle ne nous renseigne pas sur la signification. Nous apprenons, par exemple, que suḍum est un substantif ou du moins un adjectif qui peut être pris substantivement, puisqu'on a I *a* 33 : api suḍuf purtiius. Ce même passage montre que le mot est masculin. D'autre part, persuntrum peut également être employé seul, car nous avons VI *b* 37 : *ape pesondro purdinśus*; VI *b* 40 : *vaso porse pesondrisco ha-*

1. Le texte a purtitius; je regarde cette leçon unique comme une faute du graveur, qui avait sous les yeux, soit purtiius, soit purtinçius (cf. I *b* 33).

2. Il faut remarquer le groupe *kt*, qui est rare en ombrien. Probablement un *n* précédait le *k*.

3. La transcription *sorsum* pour suḍum n'a rien que de parfaitement régulier. La leçon persuntrum se trouve I *a* 30; d'autres fois on a pesuntrum, le *r* ayant été assimilé. VI présente une fois *persontru* (VI *b* 28) : partout ailleurs, on trouve un *d* (*persondro*), qui provient d'un affaiblissement dû à la nasale (cf. *ander*, *hondra*).

bus; II *b* 13 : persutru vaputis mefa vistiça feta fertu. Ce persuntrum, quand il est accolé à suḍum, ne désigne point un objet différent, car on a VI *b* 23 cette phrase : *destruco persi vestisia et pesondro sorsom fetu,* où la place occupée par la conjonction *et* ne s'expliquerait pas, si *pesondro* marquait un autre objet que *sorsom.* On a d'ailleurs trois fois (VI *b* 28, 30, 35) le singulier *esu sorsu persondru.* Les deux termes peuvent être employés l'un pour l'autre, comme on le voit en comparant, par exemple, VI *b* 37 : *ape pesondro purdinçus,* et I *a* 33 : api suḍuf purtiius. Nous avons probablement ici deux termes à peu près synonymes, comme les Latins aiment à en rapprocher dans leurs formules : Velitis jubeatis bellum indici[1]? — inter ea conregione, conspicione, cortumione. (Varron. De l. l. VII, 8.) — Mentionnons enfin, pour épuiser les renseignements fournis par les tables, une circonstance qui ne nous avance pas pour l'interprétation : c'est qu'on trouve plusieurs fois un mot vempersuntrum[2] qui a tout l'air d'un composé de persuntrum[3].

La comparaison de la t. VI *b* (l. 37 et 39) montre qu'on distingue un *persondro(m) staflare(m)* et un *persondro(m) sorsale(m)*, qui sont successivement offerts à la divinité. La même distinction est faite sur cette table pour la *vestiśia,* car il est question l. 38 et 39 d'une *vestiśia sorsalis* et d'une *vestiśia staflaris.* A première vue, la t. I semble assez sobre de ces distinctions. Le seul endroit qui y fasse explicitement allusion, c'est ce mot mal écrit (I *a* 31) stafli iuv dans lequel on a vu une altération de staflare. Mais peut-être l'accord est-il plus grand qu'il ne le semble d'abord. Il faut remarquer, en effet, le rapport étymologique qui existe entre *sorsum* (suḍum) et *sorsalis.* Je crois que ce dernier est un adjectif tiré de *sorsum,* ce qui n'empêche pas qu'il ne puisse déterminer ce nom, comme on a, par exemple, *stahmei stahmeitei* ou *praco pracatarum.* Dans les passages I *a* 27 et VI *b* 37, 38, où *sorsum* est employé sans épithète, il est peut-être entendu de soi qu'il faut comprendre un *sorsum sorsalem.* Si cette explication est fondée, les deux espèces de suḍu sont mentionnés sur I comme sur VI.

1. Tite-Live, XXII, 10.

2. C'est la leçon qui résulte de la comparaison des trois formes venpersuntra (II *a* 30), vepesutra (II *b* 15, 18) et vempesuntres (IV, 7).

3. A. K. ont pensé au préfixe latin *ve.* On pourrait alors rapprocher les mots comme *ve-stigium, ve-stibulum.*

Jusqu'à présent nous nous sommes tenu exactement aux données fournies par les deux textes. Il faut maintenant essayer de faire un pas de plus et de pénétrer dans le sens. Un fait qui, jusqu'à un certain point, peut nous guider, c'est que, comme nous l'avons dit, les deux adjectifs *staflaris* et *sorsalis* sont aussi employés pour déterminer le mot *vestiśia* « libum ». Si le suḍum persuntrum reçoit les mêmes épithètes, cela vient peut-être de ce qu'il désigne un objet analogue. Nous voyons qu'en d'autres endroits encore on mentionne l'un près de l'autre la vestiçia et le persuntrum (II *b* 13. IV, 17, 19). On a déjà rappelé combien la langue du rituel à Rome était riche en termes pour désigner les gâteaux sacrés. Le rapport intime du *sorsum* et du *persontrum* rappelle l'alliance non moins habituelle chez les Romains des deux mots *strues* et *ferctum*, alliance tellement passée dans la langue qu'on a formé le dérivé *strufertarii*. Festus, s. v. (p. 85) : *Ferctum* genus libi dictum quod crebrius ad sacra ferebatur, nec sine strue, altero genere libi, quæ qui afferebant, struferctarii appellabantur. Effectivement, dans le rituel des Arvales, les deux mots *struibus* et *fertis* sont toujours associés[1]. Pour l'étymologie, je me contenterai d'indiquer, à titre de conjecture, le rapprochement suivant. Suḍum correspond lettre pour lettre au latin *sŏlum*[2], qui désigne chez Caton (R. R. 76) la croûte d'un gâteau, et que Virgile a employé en ce sens, quoique avec l'épithète *cereale* qui lui donne un caractère plus littéraire (Æn. VII, 111). Si cette explication est juste, l'adjectif *sorsalis* serait à peu près comme un adjectif latin *sedilis*, il s'opposerait à *staflaris* qui est dérivé de la racine *sta :* ces deux adjectifs serviraient à indiquer la forme du gâteau. Nous trouverons plus loin (IV, 22) le mot *arçlataf* « arculatas » qui appartient au même ordre d'idées[3].

Je viens maintenant à la troisième cérémonie sur I *a*. Testruku (nertruku) peḍi kapiḍe peḍum feitu. Nous avons d'abord le verbe feitu « facito » et le mot kapiḍe qui est l'ablatif de *capis* « la coupe ». Testru-ku peḍi, nertru-ku peḍi sont deux compléments circonstanciels : on reconnaît sans peine la postposition ku, qui marque le lieu où se passe

1. Henzen, p. 135.

2. On sait que *solum* est pour *sodum*, de même que dans *solium*, *consul*, *exsul*, *præsul*, le *l* est pour un *d*. Tous ces mots viennent de la racine *sed*.

3. De même, les mots latins *strues*, *cubula*, *glomus*, *turunda* servent à désigner diverses formes du gâteau sacré.

l'action, l'ablatif du substantif *pes, pedis*[1], et l'ablatif de l'adjectif *dexter*. On est dès alors amené à supposer que nertru, qui s'oppose à testru, et qui a comme celui-ci la forme d'un comparatif, signifie « gauche » : cf. νέρτερος[2]. Ce qui met cette traduction hors de doute, c'est que nous trouvons cet adjectif plus loin avec *mani* « la main ». Il reste pe̜dum qui est évidemment le régime de feitu. Le contexte semble exiger le nom d'un liquide ou peut-être un mot signifiant « libation ». On se rappelle que c'est le sens de libation que nous avons cru devoir donner au mot pe̜daia (p. 110), qui est, semble-t-il, un adjectif tiré de pe̜dum.

Je reviens à testruku pe̜di qui a été expliqué comme désignant l'un des pieds de la victime. Mais si l'on songe qu'il s'agit d'un quadrupède, le singulier peut sembler assez extraordinaire[3]. D'autre part, s'il était parlé d'une libation à répandre *sur* un pied, on s'attendrait plutôt à l'accusatif avec la postposition en. Je serais disposé à adopter un autre sens. On se rappelle que les pontifes romains, quand ils voulaient consacrer un temple, touchaient le poteau de la porte, tandis qu'ils prononçaient la formule sacrée. Cic. Pro domo. 45, 46. Postem teneri in dedicatione oportere videor audisse templi. Ibi enim postis est, ubi templi aditus est et valvæ. — Pontificem postem tenuisse dixisti[4]. — D'un autre côté, on sait que la nouvelle mariée, en arrivant à la maison de son époux, enduisait de parfums et ornait de bandelettes les poteaux de la porte. Serv. ad Æn. IV, 457. Moris fuerat ut nubentes puellæ simul venissent ad limen mariti, postes antequam ingrederentur ornarent laneis vittis et oleo unguerent, unde uxores dictæ sunt : quasi unxores. Si nous songeons que le sacrifice est fait à une des portes de la ville, l'idée d'un rite analogue se présente naturellement. Le mot *pes* qui est employé par les Romains en parlant du pied d'un lit ou d'une table, semble convenir très-bien pour marquer le poteau d'une porte. La troisième cérémonie consisterait donc dans une libation faite successivement auprès du po-

1. A. K. trouvent une difficulté dans l'*e* de pe̜di comparé à l'*u* de *dupursus*, *peturpursus* (VI *b* 11). Mais il y a probablement dans ces derniers mots influence de l'*u* des syllabes voisines.

2. Les mots signifiant « gauche » sont plus nombreux et plus variés que les noms de la droite. Une idée superstitieuse n'est peut-être pas étrangère à ce faits

3. Huschke traduit comme s'il s'agissait des pieds de l'adfertor.

4. On trouvera d'autres textes chez Becker-Marquardt, IV. 226.

teau droit et gauche de la porte Véienne. On verra plus loin que les circonstances ajoutées par VI confirment cette interprétation.

Les mots (l. 33) api suḍuf purtiius enuk hapinaru erus titu prouvent que tout ce rituel fait partie du sacrifice des trois hapinæ, dans lesquels il forme une sorte d'épisode. — La dernière phrase est écrite : zeḍef kumultu, zeḍef kumats. Par la comparaison des formes telles que *comatir*, antakres kumates, qui sont construites avec persnihmu, lequel, ainsi qu'on l'a vu, gouverne l'ablatif, on se convainc que le second zeḍef a été écrit ainsi par erreur à cause du premier, et qu'il doit être corrigé en zeḍes et kumats en kumates[1].

TRADUCTION.

(I *a* 27). Postquam agnos polluxeris, struem ferctum (28) facito. Deinde libum semel fingito. Tefro Iovio facito pro colle (29) Fisio, pro civitate Iguvina. Ad dextrum postem capide libationem facito. (30) Postquam ita polluxeris, tum struem ferctum facito — um. (31) Deinde libum iterum fingito. Pro colle Fisio, pro civitate Iguvina (32) facito. Ad sinistrum postem capide libationem facito. Lacte facito. (33) Postquam strues polluxeris, tum agnorum frusta dato. Testas (34) confringito, testis confractis precator.

Je passe maintenant au texte plus développé VI *b* 23. Nous trouvons d'abord cette recommandation que celui qui sacrifiera le *pesondro sorsom* doit être le même qui a offert les agneaux. *Eront* se décompose en *er* = latin *is*, et *ont* ou *hont* que nous avons déjà rencontré à la fin de *surur-ont*. Le sens du pronom est celui de *idem*. Nous trouverons VI *b* 63 le nominatif pluriel *eur-ont* « iidem ». — Au lieu de kapiḍe peḍum feitu, VI *b* 24 dit : *capirse perso osatu*. Le verbe doit avoir le sens de « sacrifier » ou « répandre ». Si l'on rapproche ce que nous avons dit VI *a* 26 sur *ose* (= latin *aucte*), on pourra voir dans *osatu* un *auctatu*[2] latin ayant pris, comme

1. On pourrait, à la rigueur, rendre compte de la construction, en admettant que kumats est employé ici comme verbe déponent. Mais il est peu probable que dans une locution toute faite on se soit une seule fois écarté du tour ordinaire.

2. *Augere* a dû avoir en latin un ancien participe *auxus* : de là *auxilium*. Cf. *vexare* à côté de *vectare*. On sait que *augere* fait partie de la langue des sacrifices.

plusieurs autres verbes du rituel, une signification détournée : comme *mactare*, *adolere*, qui signifient tous les deux « accroître, augmenter » ont pris le sens de « tuer, brûler », le *auctare* ombrien a pu devenir un terme voulant dire « offrir en hommage ».

La phrase suivante se décompose en deux propositions, dont la première finit avec *tenitu*, la seconde avec *vesticos*. Ce dernier mot, qui a perdu un *t* final (cf. *purdinsus* l. 23), est pour *vesticaust*, futur antérieur du même verbe dont on a eu l'impératif *vesticatu*. Il faut remarquer la contraction de *au* en *o*. Ce futur antérieur est régi par la conjonction *arnipo*, dans laquelle A. K. ont avec raison reconnu une formation comparable au latin *donicum*. La seconde syllabe est la même dans les deux mots (cf. *de-ni-que*). La syllabe initiale est peut-être pour *ars-*, a ḍ. Quant à la syllabe finale *po*, elle équivaut au latin *cum*, par suite du même changement de *qu* en *p* que nous avons dans *poi* = qui, *putrespe* = utriusque : le *cum* de *donicum* n'est donc pas identique à la préposition *cum*, laquelle fait *co* en ombrien. Le sens est celui de « donicum ». — *Mani* est l'ablatif du substantif *manus*. Le thème en *u* s'est à l'ablatif élargi par l'addition d'un *i*, comme en latin *tenui-s*, *bre(g)vi-s*, de sorte qu'on a eu *manuei* ou *manui*, devenu *mani* par l'effacement de l'*u* (cf. *sif* pour *suif*). On peut encore exprimer le même fait autrement, en disant qu'à certains cas *manus* emprunte les désinences des mots en *is*, comme en latin le génitif pluriel *ferentium*, le nominatif pluriel masculin *ferentes*, neutre *ferentia* ont emprunté les désinences des noms en *is*, *e*. — Comme nous le voyons par l'adjectif qui accompagne ce mot, *manus* est masculin en ombrien : il semble que pour les noms en *u* la fixation du genre ait eu lieu assez tard ; ainsi *specus*, *metus*, sont du féminin en latin archaïque. On sait qu'en grec les noms d'action en τυς, comme δαιτύς, βρωτύς sont féminins. — *Nertru* a été expliqué par *sinistro*. Le sens de la phrase est donc : « Hanc [capidem] manu læva teneto donec in libum libaverit. » L'ombrien dit : « donec libum libaverit » et cette construction paraît n'avoir pas été étrangère au latin, puisqu'on a des phrases comme libare Diis dapes (Tite-Live XXXIX. 43).

Capirso est l'accusatif du même mot dont nous avions plus haut l'ablatif. — *Subotu* a été justement comparé par Savelsberg à vutu qui se trouve II *a* 39 avec vasa pour régime. C'est le latin *voveto*, dont le *v* initial s'est assimilé au *b* du préfixe *sub* (cf. *subocau* = *sub-vocavi*) et dont la seconde syllabe a été absorbée par l'*o*, comme dans le latin *votum* (pour *vovitum*).

Vient ensuite une phrase : *isec perstico erus ditu*, dans laquelle le premier mot est un adverbe de lieu ou de temps qu'on retrouve IV, 4. C'est un locatif *esei*, *isei*, suivi de l'enclitique *c*. Cf. en osque eísei. Je le traduis par : « alors ». — *Persti* est un ablatif de la troisième déclinaison gouverné par la postposition *co*. C'est un régime circonstantiel : mais le sens de *persti*, qui ne reparaît pas ailleurs, est inconnu. Le voisinage de *persnimu* peut faire penser que c'est un substantif abstrait en *ti* (cf. en latin *mens*, *pars*) formé de la racine *persc* ou *pers* : le sens serait alors « au moment de la prière, avec prière, en priant ». Cependant le substantif ordinaire est *persclum* et la particule *co* pourrait aussi bien faire supposer que *perstis* est un mot exprimant le lieu. — La prescription *erus ditu* « frusta dato » est donnée sur I beaucoup plus tard. La seconde fois (l. 38), l'expression *erus* sera complétée par le génitif *proseseto(m)* « prosectorum ». — *Esoc persnimu vestis* « ita precator velatus » annonce la prière que nous laissons pour le moment de côté, et après laquelle se trouvent les mots : *Persclu sehemu atripusatu*[1] « dimidia precatione infundito ».

Après avoir parlé (l. 24) du *pesondro sorsom*, notre texte passe (l. 37) au *pesondro staflare* qui doit être offert *nertruco persi*. Ce *pesondro* donne lieu aussi à une libation. Puis la même prière doit être répétée, ce que l'inscription indique ainsi : *suror persnimu puse sorsu* « prie alors comme pour le *sorsum* ». On voit clairement par là que l'ablatif sans préposition est employé comme régime circonstantiel d'une manière plus libre qu'en latin.

Après l'oblation des deux *pesondro*[2] et la distribution des *erus*, le texte revient au côté droit pour prescrire l'offrande d'une *vestiśia sorsalis*. La phrase qui contient cette recommandation est construite d'une façon très-extraordinaire. Si l'on rapproche ces deux prescriptions de portée évidemment identique :

VI *b* 38. *enom vestisiar sorsalir destruco persi.*
VI *b* 39. *enom vestisiam staflarem nertruco persi*,

1. C'est ainsi qu'il faut lire au lieu de *atropusatu*. La forme complète serait *atripursatu*.

2. La phrase VI *b* 37 *ape pesondro purdinsus* correspond à I *a* 33 api suḍuf purtiius, d'où l'on voit qu'il faut lire *pesondrof*.

et si l'on compare en outre ces deux passages :

VI *b* 39. *enom pesondro sorsalem persome*
VI *b* 40. *enom pesondro staflare persome*,

on se convainc qu'il y a un verbe signifiant «place, mets» sous-entendu. Mais dès lors *vestisiar sorsalir*, qui est un génitif, ne peut s'expliquer, et doit être corrigé en *vestisiam sorsalem*. L'auteur ou le graveur de la t. VI paraît avoir introduit ici quelque confusion dans le texte : c'est ce qu'on voit également par le *persome* qui vient terminer la phrase, mais qui ne s'y rattache qu'avec peine. La phrase symétrique *enom vestisiam staflarem nertruco persi* est débarrassée de ce *persome*. Une troisième preuve que le texte n'est pas en bon état, c'est la proposition *pue sorso(f) purdinśus*, qui signifie « là où il aura dédié les *sorso* », et qui exigerait une proposition responsive commençant par *ife*, comme on le voit deux fois l. 39 et 40. Le sens de cette proposition responsive serait : « là, il sacrifiera aussi les *vestisia* ». *Persome* est un accusatif singulier *persom* suivi de l'enclitique *e*(*n*) : on peut se demander si cet accusatif appartient à un nom de la 3e déclinaison, et alors ce serait probablement le même mot que nous avons dans *destruco persi*, *nertruco persi*; ou bien si c'est un nom de la 2e déclinaison, le même qu'on a eu dans *persom osatu*. Si l'on rapproche les deux passages suivants :

II *a* 27. Vestiçia peḍume persnihmu.

III, 33. Eḍek peḍume purtuvitu, et si l'on tient compte de ce fait que sur les tables II et III on n'a rien qui ressemble à *destruco persi*, *nertruco persi*, mais qu'on a au contraire des phrases comme : kapiḍe peḍu preve fetu (II *a* 9), la seconde réponse paraîtra la vraie. Mais il est difficile de dire quel sens on doit attribuer ici à la postposition en : je suppose que c'est une locution toute faite signifiant « ad libationem, en vue de la libation ». On trouvera (III, 33) l'expression spantimaḍ employée dans le même sens.

L'adverbe *pue*, qui est trois fois employé en ce passage, et qui revient encore VI *b* 55 = I *b* 18, a le sens du latin « ubi » pris comme particule de lieu. Il se compose de l'ablatif neutre *pu*, suivi de l'enclitique *e*. — *Ife* est le latin *ibi* : cf. *pufe* = ubi. — Des deux impératifs *endendu*, *pelsatu*, le second est connu : il signifie « coquito[1] ». Le premier, *endendu* (cf. *os-*

1. Voy. p. 142.

tendu) vient du verbe *tenn* (pour *tend*) et du préfixe *en* : il correspond matériellement au latin *intendito* et il signifie « imponito ». On a dans ce mot un double exemple d'affaiblissement d'un *t* sous l'influence de la nasale précédente. Il s'agit des *prosecta* qui ont été nommés plus haut : le manque d'ordre dans les prescriptions ne doit pas nous empêcher de rapporter cette phrase aux *proseśeta*. On voit par I *a* 33 que les hapinaru erus sont seulement distribués à la fin du sacrifice.

La phrase suivante qui a pour verbe *spahatu*, commence un ordre nouveau de prescriptions qui manquent sur I, ou plutôt qui y sont seulement indiquées d'une manière sommaire. La table VI *b* 40 est beaucoup plus explicite. Elle commence par dire : « Tunc vasa quæ cum ferctis habueris.... » — *Vaso* peut se prendre soit comme un masculin, pour *vasof* (cf. le nominatif *vasor* VI *a* 19), soit comme un neutre *vasa* (cf. vasa II *a* 38). *Porse* est le neutre singulier, poḍ suivi de l'enclitique *e*. On a vu que ce neutre singulier est devenu une sorte de pronom invariable. — *Pesondrisco* peut se prendre pour un régime circonstanciel marquant le temps : « au moment de l'oblation des gâteaux ». Vient alors la prescription déjà étudiée *subra spahatu*. Seulement au lieu de se contenter du régime *vaso*, le texte ajoute encore *serse(f)*. Ce mot est donc construit en apposition avec *vaso*, ou plutôt le membre de phrase *vaso porse pesondrisco habus* est jeté en avant pour expliquer et préciser l'expression *serse(f)*. Les vases qui ont servi pour les *persondris*, ce sont là les *serse(f)* qui doivent être soumis à l'opération marquée par *subra spahatu*, c'est-à-dire à l'aspersion. On aurait plutôt attendu l'ablatif, car c'est *au moyen des vases* que se fait sans doute l'aspersion. Mais il y a peut-être ici un détail du rituel qui nous échappe.

Ander vomu sersitu permet deux constructions également correctes et de sens également obscur toutes les deux. *Sersitu* est le verbe latin *sedeto*. Dans *andervomu* on peut voir un seul mot (le texte ne fait pas de séparation) désignant le lieu où l'adfertor doit s'asseoir : ce sera alors un ablatif. Ou bien on peut expliquer *ander* comme une préposition équivalant à *inter*, et *vomu* comme son régime (ablatif singulier ou accusatif pluriel). En l'absence de tout renseignement sur le sens de *vomu*, il serait téméraire de faire un choix. Je rappellerai seulement, à titre d'indication sur le sens possible de *vomu* ou *andervomu*, les mots du rituel des Arvales : « *Deinde in ædem intraverunt* » qui précèdent le passage relatif à la rupture des vases. On a proposé d'identifier *vomu* avec βωμός. — *Arnipo comatir pesnis fust* contient sous forme de futur antérieur avec « donec » la même prescription qui est exprimée un peu plus bas par l'impératif : *serse(s) comatir persnimu*. *Persnis* pour *persnitus*. *Serse(f) pisher comoltu* nous apprend que ce n'est pas nécessairement le prêtre qui doit exécuter cet ordre, mais qu'un autre peut s'en charger. *Pis-her* se compose du pronom indéfini *pis* « qui » et de *her*, qui a été justement expliqué par A. K. comme étant pour *hert*, *herit* « vult ». On peut rapprocher le latin *quivis* et *quilibet*.

Purdito fust est une formule annonçant la fin de l'action : « polluctum fuerit ». Cf. VII a 45 : *enom purditom fust*. Nous avons ici le participe du même verbe dont on a déjà vu l'impératif *purdovitu* et le futur antérieur *purdinśiust*. *Purditom* est contracté de *purdueitom*, comme on a p u r t i j u s venant de p u r t u e i u s. Cette phrase montre clairement que le verbe en question, qui parfois s'emploie pour un seul acte du sacrifice, peut aussi s'appliquer à l'ensemble de la cérémonie.

TRADUCTION.

(VI b 23) Postquam agnos polluxerit, (24) is qui agnos polluxerit ad dextrum postem libum et struem ferctum facito. Capide adspersionem ministrato : hanc manu (25) læva teneto donec libum libaverit. Capidem voveto. Exinde inter preces (?) frusta dato. Ita precator velatus : Te .... (36) Precatione dimidia infundito.

(37) Struem —arem ad lævum postem facito. Deinde capide adspersionem ministrato. Deinde precator uti [in] fercto. Postquam strues polluxerit, (38) prosectorum frusta dato. Tunc † libi —alis ad dextrum postem in adspersionem. Frusta dato. Ubi strues polluxerit, tum (39) libum —are ad lævum postem. Deinde frusta dato. Tunc struem —alem in adspersionem. Ubi precatus fuerit, ibi (40) imponito, coquito. Tum struem —arem in adspersionem. Ubi precatus fuerit, ibi imponito, coquito. Tum vasa quæ cum struibus habuerit, (41) testas supra instillato. Inter —um sedeto, donec confractis [testis] precatus fuerit. Testas quivis confringito. Testis confractis precator. (42) Polluctum fuerit.

Nous avons laissé de côté le texte de la prière qui est adressée à Tefrus Jovius (VI *b* 25-36). Cette prière est exactement semblable à celle qui est adressée à Dius Grabovius (v. p. 68). La seule différence est qu'on dit au dieu (l. 28): *Tefre Jovie, tiom esu sorsu persontru, trefrali pihaclu* « Tefre Jovie, te hac strue fercto, tefrali piaculo (invoco). » Sur l'ellipse de *suboco*, v. p. 70. L'adjectif *tefralis* est tiré de *Tefrus*, comme *Fisovina* (p. 122) de *Fisovius*.

QUATRIÈME SACRIFICE.

(VI *b* 43) *Vocucum Joviu, ponne ovi' furfant, vitlu toru trif fetu. Marte Horse fetu popluper totar Ijovinar, totaper Ijovina. Vatuo ferine* (44) *fetu. Poni fetu. Arvio fetu. Tases persnimu. Proseśetir fasio ficla arsveitu. Suront naratu puse verisco Treblanir.*

(I *b* 1) Vukukum Juviu, pune uvef furfat, tref vitluf turuf (2) Marte Huḍie fetu pupluper tutas Ijuvinas, tutaper Ikuvina. (3) Vatuva ferine fetu. Puni fetu. Arvia ustentu. Kutef[1] pesnimu. (4) Aḍepes arves.

Le nouveau sacrifice est offert à Mars Hodius (telle est la forme qui ressort de la comparaison de Huḍie et *Horse*) et il consiste en trois jeunes taureaux (tref vitluf turuf = tres vitulos tauros). Le lieu est désigné par les mots *vocucom Joviu*, vukukum Juviu. Dans *Joviu* il est facile de reconnaître un ablatif du même adjectif *Jovius* dont nous avons déjà eu différentes formes; le substantif auquel il se rapporte ne peut-être autre que *vocus* (2ᵉ déclinaison). Dans ce mot, Panzerbieter[2] a cru reconnaître le latin *vīcus*, grec οἶκος. Mais la voyelle de la première syllabe fait difficulté. Je serais porté à croire qu'il s'agit d'un lieu situé hors de la ville, car la formule d'invocation n'est pas la même : au lieu de la colline Fisienne, il est seulement parlé ici du peuple de la cité Iguvienne. Si l'on se rappelle ce qui a été dit déjà sur l'absence de tout mot commençant par un *l*, l'hypothèse suivante ne paraîtra peut-être pas trop hardie. Je crois que voku correspond — non pas à *loco* — mais à *louco*, *luco*, et qu'il désigne un bois sacré. On peut admettre, ou bien que le

1 Kutep.
2. *Quæstiones umbricæ*, p. 15. Cf. Aufrecht, ZK, I, 283.

l est tombé, comme dans l'italien *usignuolo* « rossignol » = lat. *luscinia*, dans le français *once* = *lyncem*, it. *lonza*, et comme le *l* portugais tombe fréquemment à l'intérieur des mots (*candêa* = candela, *taes* = tales, *côr* = color) ; ou bien que cette lettre a pris le son du *w*, ainsi que cela est arrivé si souvent et en tant de langues différentes à l'intérieur des mots, quand *l* est placé devant une autre consonne (français *autre* = alter, néerlandais *oud* = allemand alt, crétois αὐγεῖν = ἀλγεῖν), ou quand il est à la fin des mots (français *fou* = follis, slovène *dal*, prononcez *dau*, serbe *pisao* pour *pisal*)[1]. — En admettant cette interprétation, l'adjectif *Joviu* paraîtra tout à fait à sa place. Sur l'habitude de sacrifier dans des bois sacrés, on peut comparer les Actes des Arvales, où le second jour on sacrifie : in luco deæ Diæ[2]. Nous ajouterons que sur la t. III le même mot se retrouve dans les passages suivants :

III. 3. Huntak vuke prumu pehatu.
III. 20. Inumek vukumen esunumen etu.
III. 21. Ap vuku kukehes.

Les deux premiers passages, que je traduis : « ita in luco primum piato » et « tum in lucum ad sacrificium ito », n'ajoutent point d'argument nouveau à notre interprétation. Mais dans le kukehes de III 21, je reconnais l'opération si fréquemment mentionnée dans le rituel des Arvales[3] : *luci coinquiendi, coinquendi, coinchuendi;* elle consistait à ébrancher les arbres trop touffus, ce qui nécessitait un sacrifice expiatoire, que nous voyons en effet ordonner sur la t. III. Je traduis : « cum lucum coinquies ».

Je passe aux mots : *ponne ovi furfant. Ponne* est une particule de lieu correspondant à la dernière partie du latin *alicunde*, et signifiant « ubi ». — *Furfant* a été déjà expliqué par « februant[4] » Il faut remarquer le Θ qui se trouve à la fin du mot I *b* 1. C'est avec purtuviθu (IV, 20) le seul exemple de

1. Diez, Gr. (trad. fr.) I, p. 192. Je ne connais pas d'exemple du changement de *l* en *u* au commencement des mots. Mais le changement de *l* en *i*, qui est un phénomène d'un ordre symétrique, se présente même au commencement des mots, par exemple dans le valaque *iepure*, *iertà* (= *leporem*, *libertatem*). Cf. Schuchardt, *Vulgärlatein*, II, 490.

2. Henzen, p. 19.

3. Henzen, p. 20, 22, 142.

4. Voy. p. 132.

l'emploi du Θ sur nos inscriptions[1]. Il ne faut sans doute y voir autre chose qu'une preuve que l'alphabet ombrien hésitait entra deux signes pour exprimer la dentale forte.

L'adjectif Huḍie (transcrit *Horse* par VI *b* 43) est probablement de même origine que *hondomu* (VI *a* 9. 10) et *hondra* (VI *a* 15). Nous avons traduit ces mots par « infimo » et par « infra ». *Hodius* (telle est la forme qu'il faut restituer) est un adjectif contenant le suffixe *io*, et correspondant pour le sens au latin « infernus ». Il est intéressant de trouver à Iguvium un Mars infernus, ce qui achève de prouver le caractère tellurique de ce dieu. Je rappelle seulement le double aspect de Demeter. — Il faut remarquer I *b* 3 kutep au lieu de kutef. Le même *p*, qui ne peut venir, selon nous[2], que d'une erreur de lecture, se représente I *b* 4, où l'on a vitlup turup au lieu de vitluf turuf.

TRADUCTION.

(VI *b* 43) In luco Jovio, ubi oves februant, vitulos tauros tres facito. Marti Inferno facito pro populo civitatis Iguvinæ, pro civitate Iguvina. Tura acerra (44) facito. Lacte facito. Ollas facito. Tacitus precator. Prosectis farcimen, offam addito. Deinde nuncupato uti ad portam Trebulanam.

(I *b* 1) In luco Jovio, ubi oves februant, tres vitulos tauros (2) Marti Inferno facito pro populo civitatis Iguvinæ, pro civitate Iguvina. (3) Tura acerra facito. Lacte facito. Ollas donato. Tacitus precator. (4) Adipibus, extis [facito].

(VI *a* 45) *Vocucom Coredier vitlu toru trif fetu. Honde Šerfi fetu popluper totar Ijovinar, totaper Ijovina*[3]. *Vatuve ferine fetu. Arvio* (46) *fetu. Heri vinu, heri poni fetu. Tases persnimu. Proseśetir tesedi fiĉlam arsveitu*[4]. *Suront naratu puse verisco Treblanir.*

(I *b* 4) Vukukum Kureties tref vitluf turuf[5] Hunte Çerfi[6] (5) feitu pupluper tutas Ijuvinas tutaper

1. On sait que cette lettre fait partie de l'alphabet étrusque. Voy. Corssen, *Die Sprache der Etrusker*, p. 12 s.
2. Autrement Bugge. ZK. XXII. 454.
3. *Jjovinar.*
4. *ficlmrsveitu.*
5. vitlup turup.
6. Hunteçe.fi.

Ijuvina. Vatuva (6) ferine fetu. Arvia ustentu. Tenzitim arveitu. Heris vinu heris (7) puni feitu. Kutef persnimu. Ạdipes arvis.

Vocucum Coredier. Vukukum Kureties. — Un second sacrifice est offert dans un autre *vocu*. Si notre interprétation de ce dernier mot est juste, nous devons nous attendre à trouver ici un nom de divinité faisant pendant à *Joviu*. Le *d* qui remplace sur VI le *t* de kureties est dû à un affaiblissement pareil à celui qu'on a dans *tesedi* = tenzitim. Si (pour le dire ici en passant) le *t* suivi d'un *i*, suivi lui-même d'une voyelle, avait pris en ombrien un son sifflant, comme le suppose Corssen[1], nous aurions dû avoir une forme Kuruçies, *Coreśier*. Les mots que nous rencontrerons plus tard : uhtretię, kvestretie, *tertiam*, *Martie*, *Tlatie*, etc., sont autant de preuves que la théorie de Corssen est erronée, ou, au moins, excessive. Ce nom de Kureties a déjà frappé Grotefend par sa ressemblance avec celui de la Juno Curitis adorée par les Romains[2]. Huschke (p. 210) a rapproché le Janus Curiatius dont parle Festus (s. v. sororium tigillum). Ces deux noms, auxquels il faut probablement joindre le nom de Quirinus, ancien surnom de Mars, paraissent être de la même famille que le grec κύριος « maître », κῦρος « puissance »[3]. Ce serait donc à un dieu Curiatius[4] que le bois sacré aurait été dédié. Quant au sacrifice dont il est question, il est offert à Hunte Çerfi, *Honde Śerfi*. Le nominatif est *Hondus Çerfius*. *Hondus* est évidemment de même famille que *Hodius* (v. p. 156), avec la seule différence qu'ici nous avons devant le *d* une nasale qui l'a empêché de devenir un ḍ. Cela nous donne un dieu qui s'appelle de son nom « Inferus » : *Çerfius* est le surnom. Le mot *Çerfius* ou son féminin *Çerfia* accompagne d'autres noms propres : nous rencontrerons plus loin deux déesses, dont l'une s'appelle Prestota Çerfia, l'autre Tursa Çerfia ; il y a, en outre, un dieu Çerfus Martius. Çerfus est évidemment le primitif de Çerfius. Si nous songeons que *parfa* « l'épervier » a donné en latin *parra*, nous devons, en regard de *Çerfius*, attendre une forme latine *Cerrus*. On trouve, en effet, *cerritus*, qui désigne les possédés : le délire était regardé

1. *Aussprache*², I, p. 63. Cf. ci-dessus, p. 130.
2. *Rudimenta*, VI, 22. VII, 40.
3. Curtius, *Grundzüge*, n° 82.
4. Dans la seconde syllabe, l'*i* a disparu après avoir changé l'*a* suivant en *e* : cf. *persae* (pour *persaia*).

comme envoyé par les dieux (cf. *limphatus*). Peut-être le nom de *Ceres* est-il pour *Cerres* : c'est ainsi qu'on a *farina* à côté de *far*, *farris*. En osque, le surnom de *Kerrtius*, *Kerrtia*, se trouve sur la table votive d'Agnone, à côté de divers noms de divinités : *Futrei Kerrtiai*, *Diumpaís Kerrtiaís*, *Herecluí Kerríiuí*, *Fluusaí Kerrtiai*, etc. La même table a, en outre, le substantif *Kerrí* employé seul. Mommsen traduit le substantif par « genius » et l'adjectif par « genialis ». Ces sens conviendraient également pour nos textes : nous ne conjecturerons rien sur l'étymologie.

Le seul terme nouveau que présente le reste de l'alinéa, c'est *tesedi* tenzitim; VI *b* 46 fait suivre *ficlam* « offam », comme pour expliquer le mot. Nous y verrons donc une sorte particulière de *ficla*. Il faut supposer un nominatif *tenseiṭis* (3e décl.) ou *tenseitius* (2e décl.).

TRADUCTION.

(VI *b* 45) In luco Curiatii vitulos tauros tres facito. Hondo Çerfio facito pro populo civitatis Iguvinæ, pro civitate Iguvina. Tura acerra facito. Ollas (46) facito. Sive vino sive lacte facito. Tacitus precator. Prosectis —m offam addito. Deinde nuncupato ut ad portam Trebulanam.

(I *b* 4) In luco Curiatii tres vitulos tauros Hondo Çerfio facito pro populo civitatis Iguvinæ, pro civitate Iguvina. Tura (6) acerra facito. Ollas donaṭo. —m addito. Sive vino sive (7) lacte facito. Tacitus precator. Adipibus, extis [facito].

(VI *b* 46) *Eno ocar* (47) *pihos fust. Sve po esome esono ander vacose, vasetome fust, avif aseriatu, verofe Treblano covertu, reste esono feitu.*

(I *b* 7) Inuk ukar pihaz fust. (8) Sve pu esumek esunu anter vakaze, vaçetumi se, avif[1] azeriatu, (9) verufe Treplanu kuvertu, restef esunu feitu.

[1] Les premiers mots annoncent la fin de cette cérémonie. « Et collis piatus fuerit. » Cf. *purditum fust* (VI *b* 42) Vient ensuite un passage, dont le sens général est clair, mais qui offre de nombreuses difficultés de détail. Il est question d'une condition rédhibitoire qui oblige de recommencer tout le sa-

1. Vakazevaçetumiseavif.

crifice. Ebel a traité de ce passage dans le Journal de Kuhn, VI, 418, sans dissiper toutes les incertitudes qu'il présente. On distingue trois impératifs : *aseriatu* .... *convertu* .... *feitu* qui terminent trois propositions. Au commencement, on a une proposition conditionnelle : *sve po* .... *fust* « si quid . .. fuerit ». *Po* est probablement une forme neutre pour *pom* : l'*o* est dû à l'influence de l'*m* final. — Esumek esunu anter, *esome esono ander*. — Les deux premiers mots sont à l'accusatif singulier neutre, et ils sont régis par *anter*[1]. Le latin mettrait : « hoc inter sacrificium ». Esum-ek contient l'accusatif *e(k)sum*, que nous avons déjà vu, et qui est suivi ici de l'enclitique ek, qu'on trouve aussi dans erek, eḍek, ererek. Le c final est omis sur VI. — *Vacos* vakaz est formé comme *pihos* pihaz : toutefois, je ne le prends pas pour participe passé, mais pour un substantif en *tus* comme *hiatus*, *meatus*. Le sens de ce substantif formé de *vaco* doit être « manque, faute ». — *Vasetom* vaçetum est le participe passé neutre du même verbe : je suppose qu'il signifie « omis, oublié ». On remarquera que le neutre *po* se construit mieux avec le second attribut qu'avec le premier. Des irrégularités de ce genre ont déjà été signalées (p. 12). — Tandis que VI *b* 47 emploie le futur antérieur *fust*, I *b* 8 nous présente se, qui est sans doute pour sei(t) « sit ». L'emploi du présent du subjonctif trouve son explication dans ce fait que le verbe de la proposition principale est à l'impératif, et non au futur. Il reste à rendre compte de la voyelle *e* qui est ajoutée après *vacos* et *vasetom*. On ne saurait (le sens s'y oppose) en faire la postposition *e(n)*; d'autre part, y voir l'enclitique *ei* serait bien hardi, car cette enclitique ne se place habituellement qu'après des pronoms (*po-ei*, *paf-e*). Je propose d'y voir la particule disjonctive *ve* « ou », ayant perdu son *v* initial parce qu'elle s'appuie sur des mots finissant par une consonne. I *b* 8, au lieu de *e*, écrit une fois *i*, ce qui ajoute à l'incertitude de ce passage.

Les trois propositions impératives ne présentent d'autre mot nouveau que restef *reste*. Le sens exige un terme signifiant « iterum, denuo » et nous voyons, en effet, que l'impératif restatu (II *a* 5) a le sens de « instaurato, restituito ». Mais il est difficile de dire quelle forme grammaticale a pro-

1. Aufrecht, selon ses idées sur la prétendue désinence *ome*, traduit les deux mots comme des locatifs, et il fait de *anter* un adverbe signifiant « interim. » Ebel voit dans esumek esunu un génitif pluriel, et il rattache *anter* au verbe.

duit cet *f* : peut-être avons-nous un accusatif singulier neutre, pris adverbialement, comme *recens* en latin ; une forme *restens* se rattacherait à la 2e conjugaison ombrienne, celle qui donne les participes comme *vaśetom* (vacatum) et les impératifs comme kaḍetu (calato).

TRADUCTION.

(VI *b* 46) Et collis (47) piatus fuerit. Si quid inter istud sacrificium erratumve omissumve fuerit, aves observato, ad portam Trebulanam revertitor, denuo sacrificium facito.

(I *b* 7) Et collis piatus fuerit. (8) Si quid inter istud sacrificium erratumve omissumve sit (?), aves observato, (9) ad portam Trebulanam revertitor, denuo sacrificium facito.

Au sujet de cette prescription, qui oblige à tout recommencer si quelque formalité à été négligée ou si quelque erreur a été commise, nous rappellerons le témoignage d'Arnobe (Adv. Nat. IV. 31) : Si in cærimoniis vestris rebusque divinis postulionibus locus est, et piaculis dicitur contracta esse commissio, si per imprudentiæ lapsum aut in verbo quispiam aut simpuvio deerrarit, aut si rursus in solemnibus ludis curriculisque divinis commissum omnes statim in religiones clamatis sacras, si ludius constitit, aut tibicen repente conticuit, aut si patrimus ille qui vocitatur puer omiserit per ignorantiam lorum aut tensam tenere non potuit.... Cf. Liv. V. 17. Inventumque tandem est, ubi neglectas cærimonias intermissumve sollenne dii arguerent : nihil profecto aliud esse quam magistratus vitio creatos, Latinas sacrumque in albano monte non rite concepisse. Unam expiationem eorum esse ut tribuni militum abdicarent se magistratu, auspicia de integro repeterentur.... Cf. Ibid. XLI. 16 : « Latinæ feriæ fuere.... in quibus, quia in una hostia magistratus Lanuvinus precatus non erat *populo romano Quiritium*, religioni fuit. » Dio. XXXIX. 30. Plutarque. Coriol. 25.

La purification de la colline est terminée. Cette cérémonie a eu successivement pour théâtre trois portes de la ville et deux endroits dans lesquels nous avons cru reconnaître des bois sacrés. Il serait facile de multiplier les rapprochements avec l'antiquité romaine. Je rappellerai seulement le commencement de la Pharsale, où le devin étrusque Arruns, pour purifier Rome, ordonne une cérémonie pareille :

> Mox jubet et totam pavidis a civibus urbem
> Ambiri ; et festo purgantes mœnia lustro
> Longa per extremos pomœria cingere fines
> Pontifices....
> Dumque illi effusam longis anfractibus urbem
> Circumeunt, Arruns dispersos fulminis ignes
> Colligit....
> Datque locis numen sacris : tunc admovet aris
> Electa cervice marem. Jam fundere Bacchum
> Cœperat, obliquoque molas inducere cultro....

La cérémonie iguvienne, autant qu'on en peut juger par le langage laconique de nos textes, paraît comprendre une purification du feu (*pir puretom* VI *a* 20. *persei ocre Fisie pir orto est* VI *a* 26). Il y a aussi quelque chose de semblable à Rome. Aux calendes de Mars, le feu de Vesta était renouvelé. Ovide, Fastes III, 143 :

> Adde quod arcana fieri novus ignis in æde
> Dicitur, et vires flamma refecta capit.

On prenait ce feu nouveau soit à un morceau de bois heureux frotté jusqu'à combustion (Paulus, p. 106, s. v. Ignis Vestæ), soit au Soleil (Plutarque. Numa, 9). Cf. Macrobe, Sat. I, 12. Hujus [mensis Martii] etiam prima die ignem novum Vestæ aris accendebant : ut, incipiente anno, cura denuo servandi novati ignis inciperet.

Nous passons maintenant à une autre cérémonie, qu'on peut désigner sous le nom de la

LUSTRATION DU PEUPLE IGUVIEN.

Elle n'est pas nécessairement liée à la précédente; c'est ce qu'annoncent déjà les premiers mots.

(VI *b* 48) *Pone poplo afero heries, avif aseriato etu. Sururo stiplatu pusi ocrer pihaner. Sururont combifiatu. Eriront tuderus avif* (49) *seritu.*

(I *b* 10) Pune puplum aferum heries, avef anzeriatu etu pernaiaf pustnaiaf.

Nous avons d'abord une proposition incidente commençant par *pone* « quum[1] » et finissant par *heries*. Cette dernière

1. Voy. page 157, où *ponne* est employé comme particule de lieu.

forme est le futur d'un verbe faible (2ᵉ conjugaison) signifiant « vouloir », dont il a déjà été question[1]. En osque, le futur plusieurs fois employé *herest* appartient à la conjugaison forte[2]. — *Afero(m)* est l'infinitif régulier du même verbe qui a donné *anferener* (VI *a* 19). Ces infinitifs en *om* ne sont pas autre chose que des accusatifs de substantifs abstraits en *u* (4ᵉ déclinaison), comme *vênu-s* « vente » en latin. L'osque forme de la même manière ses infinitifs comme deicum, acum. On a vu qu'un *u* primitif suivi d'un *m* devient *o* sur les tables en écriture latine (*trifo*). Le mot *aseriato* en est une autre preuve, car il correspond au supin latin en *atum*. — *Poplo* est le régime de *afero* : rapprochez le *popler anferener* de VI *a* 19. — Tandis que I reproduit son pernaiaf pustnaiaf sans autre explication, VI entre en quelques détails : « deinde stipulator uti ocris piandi [causa] (stipulatus es) ». *Erir-ont* présente la même enclitique *hont*, dont il a déjà été parlé (p. 60), précédée de l'ablatif *erir* qui se rapporte à *tuderus* (cf. VI *a* 11).

TRADUCTION.

(VI *b* 48) Quum populum circumferre voles, aves observatum ito. Deinde stipulator ut collis piandi [causa]. Deinde auspicator. Iisdem finibus aves (49) observato.

(I *b* 10) Quum populum circumferre voles, aves observatum ito anticas (11) posticas.

(VI *b* 49) *Ape angla combifianśiust, perca arsmatiam anovihimu; cringatro hatu; destrame scapla*[3] *anovihimu. Pir endendu. Pone* (50) *esonome ferar*[4], *pufe pir entelust, ere fertu poe perca arsmatiam habiest. Erihont aso destre onse fertu. Erucom prinvatur dur* (51) *etuto. Perca ponisiater*[5] *habituto. Ennom stiplatu parfa desva seso, tote Ijovine. Sururont combifiatu vapefe avieclu, neip* (52) *amboltu prepa desva combifianśi. Ape desva combifiansiust, via aviecla esonome etuto com peracris sacris.*

1. Page 103.
2. La conjugaison faible aurait également donné en osque heriest : cf. hapiest.
3. *Destra mescapla.*
4. *Esunomf ffrar.*
5. *ponisia ter.*

(I b 11) **Pune kuvurtus, krenkatrum hatu. Enumek (12) pir ahtimem ententu. Pune pir entelus ahtimem, (13) enumek steplatu parfam tesvam tefe tute Ikuvine. (14) Vapefem avieklufe kumpifiatu. Vea aviekla esunume etu. (15) Prinuvatu etutu. Perkaf habetutu puniçate.**

A la proposition incidente *ape angla combifianśiust* correspond sur I **pune kuvurtus**. Nous en pouvons conclure qu'au fond les deux expressions marquent la même chose. Dans *combifianśiust* il faut voir un futur antérieur venant d'un thème *combifianśi-* qui se rattache à *combifia-* de la même manière que *purdinśi-* (dans *purdinśiust*) à *purdui-*. V. p. 129. « Postquam oscines (?) inspexerit ». Nous avons ici comme verbe transitif *combifio* qui ordinairement est employé comme verbe neutre signifiant à lui seul « auspicari ». — **Pune kuvurtus**, littéralement « quum converteris ». Ainsi que l'ont reconnu A. K., il est fait allusion à la défense de se retourner : en sorte que *convertere* est employé comme terme technique pour marquer la fin de l'observation augurale.

Anovihimu est un impératif moyen formé comme *persnihimu*. La première partie du mot est la préposition *an*, correspondant à *in*. Le verbe, comme l'a reconnu Bugge[1], est le même que dans *purdovitu*, avec cette différence que nous avons ici le moyen au lieu de l'actif. Le *d* initial s'est assimilé à la nasale précédente (pour *an-dovihimu*, *an-novihimu*) comme dans *anferener*, *pihaner*, *pelsana*, *panupei*. On a déjà eu dans *suboco* un exemple d'assimilation de la première consonne du verbe à la consonne finale du préfixe. Le sens est celui du latin *induor*, avec lequel le mot est identique quant au préfixe et au verbe[2]. — Sur *perc(am) arsmatiam*, v. p. 56. Cette première phrase signifie donc : « Postquam aves inspexerit, prætextam lustralem induitor ». I b 11 omet cette prescription, ce qui se pouvait faire d'autant plus facilement qu'à la ligne 15 on a d'une façon générale, en parlant de l'adfertor et de ses acolytes, la recommandation : **perkaf habetutu** « prætextas habento ».

1. ZK. V, 159. Autrement Zeyss, *ibid.* XIV, 401.

2. On a quelquefois, à cause de *exuo*, décomposé le verbe latin en *ind-uo*. Mais nous sommes plutôt porté à penser que *exuo* a été formé par une fausse analogie sur *induo* mal compris.

Cringatro krenkatrum se retrouve II *b* 27. 29 :

pune anpenes krikatru testre e uze habetu.
ape purtuvies testre e uze habetu krikatru.

Il s'agit d'un objet qu'on porte sur l'épaule droite (testre e uze, *destrame scapla*), probablement d'une pièce d'habillement. Si nous comparons, dans le Rituel des frères Arvales, la formule : Deinde magister latum sumsit et ricinium[1], et si l'on se rappelle que les Romains appelaient *rica*, *ricula*, *ricinum*, *ricinium* un vêtement carré, garni de franges, de couleur pourpre, que les prêtres portaient sur la tête et sur les épaules dans certaines cérémonies sacrées[2], on trouvera vraisemblable de rapprocher le terme ombrien. La chute d'un c initial s'observe en latin dans d'autres mots, comme *lamentum*, *laus*[3], et ici le voisinage des deux *c* rend cette suppression encore plus explicable. Le mot krikatrum, affaibli en *cringatrom*, présente un suffixe de dérivation qui peut faire supposer un verbe *cringare :* cf. en latin le participe *riciniatus*.

Hatu ne saurait être regardé comme une faute pour *habitu:* en effet, nous le retrouvons non-seulement I *b* 11, mais on a *hatuto* VII *a* 52 = hatutu I *b* 42, et deux fois hahtu II *a* 22. Cette dernière leçon prouve que l'*a* est long. Le sens du verbe me paraît être « prendre » : nous aurons à y revenir par la suite.

Destrame scapla(*m*) *anovihimu*. C'est ainsi qu'il faut lire, comme l'a reconnu Kirchhoff, au lieu de *destra mescapla*. Cette correction, assez évidente par elle-même, le deviendra encore plus par la comparaison des passages analogues où se trouve uze (II *b* 27. 28). — Le seul terme inconnu est *scapla*, qui rappelle aussitôt le latin *scapula*. Nous avons ici l'accusatif avec *e*(*n*) au lieu du datif, parce que *anovihimu* exprime un mouvement. « Ricam sumito ; in dextram scapulam induitor. »

Au lieu de : *pir endendu* I *b* 11 dit d'une façon plus explicite enumek pir ahtimem ententu. Le verbe correspond matériellement au latin *intendere*, mais il doit avoir le sens de « placer, mettre ». On peut observer que les verbes qui ont ce sens un peu général ont tous commencé par une significa-

1. Henzen. *Act. Arv.* p. 37.
2. Festus, s. v. *ricinium*.
3. Corssen, *Aussprache*[2], I, p. 34.

tion plus particulière. — Ahtim désigne l'objet sur lequel est placé le feu : nous le traduirons par « foculus », qui est le nom donné chez les Romains aux autels portatifs. Nous trouverons ailleurs tafle employé dans un sens analogue : tafle e pir fertu (II *b* 12). — Enumek (ailleurs inumek) est une conjonction composée de enum et de l'enclitique ek; le sens est « alors, ensuite ». On trouve non moins souvent enuk, inuk, dont la signification est analogue : il est difficile de dire si ces dernières formes résultent d'un resserrement (pour enumk), ou si elles viennent d'un ablatif enu suivi de k.

La construction de la phrase suivante est jalonnée par *pone* « quum » et *pufe* « ubi », qui gouvernent des propositions incidentes, par *ere(k)* qui équivaut au latin *is* suivi de l'enclitique *ek*, et par *poe* = latin *qui*. Cette construction ne laisse pas que de paraître un peu compliquée quand on songe à la simplicité ordinaire de ces textes. Une difficulté plus sérieuse vient des mots *esonomf ffrar* qui sont évidemment corrompus, mais qu'il est malaisé de corriger. Nous lirons avec A. K. *pone esonome ferar* « quum ad sacrificium feras ». Il faut toutefois prévenir le lecteur que VI emploie ordinairement la 3e personne et que *pone* gouverne d'habitude l'indicatif. — Les mots *pufe pir entelust* expriment évidemment sous une autre forme l'action marquée par : *pir endendu*. Au lieu de l'impératif, on a le futur antérieur, selon le penchant de la t. VI-VII à répéter sous forme de proposition incidente commençant par « après que », ce qu'elle a précédemment ordonné. Mais on se serait attendu à une forme *entenust* (du verbe *tenn*, pour *tend*) et non *entelust*. Un autre changement de *n* en *l* se trouve II *b* 27, où c'est le verbe ampenno (= latin *impendo*) qui est employé : on a d'abord : pune anpenes qui nous donne le futur, et ensuite ape apelus qui représente le futur passé. Les autres mots étant connus, nous pouvons traduire « quum ad sacrificium feras, ubi ignem imposueris, is ferto qui prætextam lustralem habebit. »

Erihont aso destre onse fertu. — Cette phrase commence par un mot d'origine pronominale. On peut y voir un locatif *erei*[1], formé comme *esmei*, *nesimei*, et suivi de l'enclitique *hont* : le sens sera alors « itidem ». Ou bien on en peut faire le nominatif *er* (= latin *is*) + *ei* + *hont* : il faut alors traduire par « le même », c'est-à-dire l'adfertor. — *Destre onse* sont deux

1. On a déjà eu le thème *ero*, p. 71.

datifs correspondant au latin *dextro umero :* on sait que le latin *umerus* est pour *umesus*, *umsus* = sanscrit *amsa*, grec ὦμος.

Il reste *aso* qui ne peut être que le régime direct de *fertu.* Nous sommes dans le même embarras que A. K. pour rendre compte de ce terme. S'il est question d'un autel portatif, on se serait plutôt attendu à une forme *asa*(*m*), puisque le féminin *asa* est employé plusieurs fois sur les tables. Peut-être l'*o* est-il une faute du graveur. Sur les autels portatifs, ou du moins sur les autels temporaires, on peut consulter Henzen Act. Arv. p. 142, 144. Marini, p. 683. V. aussi Festus, au mot anclabris. Au lieu de ce *aso*, I *b* 12 ajoute deux fois après ententu et entelus le mot ahtim-em (pour ahtim-en) qui doit être un synonyme : le h indique que la voyelle initiale est longue. Peut-être est-ce un mot *altium* (cf. latin *altare*) : on a le changement de *lt* en *t*, dans *mota* pour *multa*, *comatir* pour *com-maltir*. C'est ainsi que *tertiom* se contracte en *tertim*.

Erucom prinvatur dur etuto. — Prinuvatu etutu. — La désinence verbale est nouvelle pour nous, car au lieu de la forme etu « qu'il vienne », nous avons *etuto*, etutu. Déjà la comparaison avec le latin, où à côté du singulier *ito* on a le pluriel *itote*, peut nous faire supposer que le redoublement de la désinence sert à marquer le pluriel. Cette supposition devient une certitude, si l'on rapproche, comme l'a fait Kirchhoff, ces deux passages :

VII *a* 49 : *Tursa Jovia, futu fons pacer paśe tua.*
Tursa Jovia, sis faustà volens pace tua.

VI *b* 61 : *Śerfe Martie, Prestota Śerfia Śerfer Martier,*
Çerfe Martie, Præstita Çerfia Çerfi Martii,
Tursa Śerfia Śerfer Martier, fututo foner
Tursa Çerfia Çerfi Martii, sitis fausti
pacrer paśe vestra.
volentes pace vestra.

On voit clairement que dans le second passage, où au lieu d'une divinité le prêtre en invoque trois, la forme *futu* est remplacée par *fututo*, comme *tua* l'est par *vestra*. — Il est difficile de dire quelque chose de certain sur l'origine de cette désinence grammaticale : l'appeler un redoublement n'est peut-être pas tout à fait exact, car la syllabe *to* suppose plutôt une ancienne forme *tom*. Mais il se pourrait aussi que l'*o* marquât ici un son incolore pareil à notre *e* muet et à l'*e* du latin *itote*. On a déjà dit que ce procédé de formation s'est étendu au moyen ou passif. — Dans le passage qui nous occupe, nous avons la troisième personne du pluriel, au lieu que *fututo* est la seconde. Mais au singulier également une même forme (*etu*, *futu*) sert pour la deuxième et pour la troisième personne.

Le sujet de *etuto* est le nominatif pluriel *prinvatur* prinuvatu(s). J'ai expliqué ailleurs ce mot comme étant pour *pre-inveatur*, c'est-à-dire « ceux qui vont en avant[1] ». De même qu'en latin le substantif *via* a donné un verbe *viare* qui est supposé par *viator* et par le participe *viandus*, et qui est d'ailleurs resté dans les composés *deviare* « se détourner de la route », *inviare* « faire route, marcher », de même en ombrien le substantif *vea* a donné un participe *inveatus*, nominatif pluriel *inveatur*, lequel, précédé de *pre*, et contracté par un effet de l'accent tonique, a fait *prinvâtur*[2]. L'orthographe prinuvatus nous montre un développement du *v* analogue à celui qu'on a dans aruvia (pour arvia), *saluvom* (pour *salvom*). Il s'agit donc ici des *viatores* ou des *calatores* de l'adfertor. On peut comparer le rôle important que les *calatores* jouent dans le rituel des frères arvales.

Dur est le nom de nombre « deux » employé, non au duel comme en latin, mais déjà au pluriel comme en français. I *b* 11 a omis le nom de nombre, mais probablement par simple inadvertance, à cause de la ressemblance des deux syllabes prinuvatu(s) tu(s). — *Erucom* est le thème démonstratif *ero* à l'ablatif singulier, suivi de l'enclitique *com*, qui a ici tout à fait le sens de la préposition latine *cum*. — *Perca(f)*, perkaf, est au pluriel parce qu'il s'agit de plusieurs personnes revêtues de la *perca*. Nous avons déjà expliqué (p. 56) l'ablatif pluriel *ponišiater* puniçate(s), qui est em-

1. MSL, II. fasc. 5. — Aufrecht et Kirchh offont vu dans ces personnages des hommes privés (*privati*), par opposition au caractère public du prêtre. Mais cette interprétation ne rendait pas compte de la lettre *n* qui se trouve dans le mot. Disons à ce propos que les *calatores* sont des personnages publics, et qu'on les appelle même *publici* tout court sur les Actes des frères arvales. Huschke, qui tourne volontiers ces inscriptions au tragique, voit dans les *prinvatur* des hommes privés [de vêtements], des hommes nus, des condamnés à mort.

2. Un autre dérivé qui suppose le verbe *viare* est l'osque *amviannud* « circuitu » sur plusieurs inscriptions de Pompéi.

ployé ici dans le sens d'un sociatif. Le mot latin serait *puniceata*. Il s'agit d'une robe garnie d'un bord de pourpre. Il faut remarquer la chute de s à la fin de puniçate : c'est un exemple où VI, qui a *ponišiater*, est mieux conservé que I.

Ennom stiplatu parfa desva. Enumek steplatu parfam tesvam. Après avoir eu (VI *b* 48) une première inspection des oiseaux, nous allons en avoir une seconde. Kirchhoff explique le fait par une conjecture qui présente une grande probabilité. C'est que le cortége va sortir de l'enceinte de la ville et s'avancer sur un territoire pour lequel les premiers auspices ne sont pas valables. Nous savons par Cicéron (De div., I, 17. II, 35. De nat. deor., II, 4) qu'en franchissant le pomœrium, soit pour aller, soit pour venir, il fallait prendre les auspices. Cette fois l'oiseau qui doit se présenter est expressément stipulé : *parfa desva*, parfam tesvam. Ces mots nous rappellent le passage VI *a* 4 : *parfa dersva*, *curnaco dersva*, *peico mersto*, *peica mersta*, *mersta aveif*, *merstaf anglaf esona mehe tote Ijoveine*. Mais ici il n'est plus question que d'un seul oiseau. I *b* 13, qui emploie constamment la seconde personne, dit : « Tunc stipulator parram præpetem tibi, civitati Iguvinæ ». Le datif tefe correspond exactement au latin *tibi*, dont le *b* représente, comme on sait, un ancien *bh* (sanscrit *tubhjam*) ; tefe est pour *tefei*, comme le montre l'osque *sifei* « sibi ». Sur VI *b* 51, on se serait attendu à une forme correspondante *sefe*, puisque cette table parle à la troisième personne : au lieu que nous avons *seso*. Le sens ne peut être douteux : mais la forme est assez extraordinaire[1]. Il semble que si la langue a abandonné l'ancienne flexion pronominale *sefe*, ce devait être pour entrer dans les voies de la déclinaison régulière. Nous décomposons donc le mot en *se-se*, le datif redoublé *se* étant formé comme *pople*, *Tursce*. Il reste *o* dans lequel nous reconnaissons avec Bugge un reste de la syllabe *hont* qui se joint à tant de pronoms : on a déjà vu *sururont* mutilé en *sururo* (VI *b* 48). Cette forme *sesehont* semble avoir fait tomber en désuétude le pronom simple.

La proposition suivante nous apprend le lieu où se fait cette seconde inspection des oiseaux : c'est à l'endroit déjà mentionné plus d'une fois (VI *a* 9-13) *vapefe avieclu(f)*. I *b* 14 dit vapefem avieklufe en répétant la postposition *e(n)*

1. Voyez les explications qui ont été proposées dans ZK, III, 34. IV, 244. XV, 431. XX, 185.

après le second mot, ce qui ne laisse pas que d'être assez remarquable. Nous avons déjà expliqué (p. 84) cette répétition par une confusion qui s'établit facilement entre les postpositions et les désinences. Comme *en* gouverne l'accusatif, il faut supposer qu'il y a mouvement, au moins dans la pensée de celui qui parle : *combifiatu* doit donc s'entendre comme s'il y avait *combifiato(m) etu*. — La phrase suivante se compose de deux propositions dont la première exprime un commandement négatif, et dont la deuxième commence par la conjonction *prepa*, qui supposerait un *præquam* latin (cf. antequam). Ce *prepa* gouverne le parfait du subjonctif *combifianśi(t)*, lequel est formé comme les parfaits du subjonctif osques *fefacid*, *hipid*, *pruhipid*, *tribarakattins*, *patensins*[1]. — *Amboltu* exprime l'action qu'il est défendu à l'adfertor de commettre avant d'avoir terminé son inspection. D'après l'analogie de VI *a* 6, I *b* 11, on s'attend à un verbe signifiant « se retourner ». Le préfixe *amb* conviendrait bien pour cette idée et nous avons VI *b* 60, VII *a* 49 un impératif *holtu*. Mais il est malaisé de dire à quel verbe il appartient[2]. La dernière phrase, qui commence par une proposition circonstancielle dont le verbe est au futur antérieur (postquam præpetem auspicatus erit), indique la route que l'adfertor doit prendre pour se rendre au sacrifice : v e a a v i e k l a, *via aviecla*. Au sujet de v e a, rappelons le passage de Varron, De r. r. I. 2. 14 : Rustici etiam nunc quoque viam veam appellant, propter vecturas. La forme primitive était sans doute *vehia*. L'adjectif qui accompagne *via* est le même que nous avions avec *vapides* : la route est donc nommée d'après les *vapides avieculi*, ou ceux-ci et la route ont tiré leur nom d'une circonstance commune. — Tandis que VI *a* 52 emploie le pluriel *etuto*, I *b* 14 met le singulier e t u, ce qui s'explique si l'on songe que ce dernier texte n'a pas encore parlé des compagnons de l'adfertor. VI ajoute encore : *com peracris sacris*, ce que nous traduisons par « cum ambarvalibus sacris ». Faut-il entendre par ce dernier mot, qui est évidemment le substantif, tous les objets servant au sacrifice? ou faut-il le prendre au sens restreint de « victime »? Varron (De r. r. II. 1. 20) dit : Porci puri

1. Sur cette formation, qui est difficile à expliquer, voy. Corssen, ZK, XIII, 195 ss. 243 ss.

2. On pourrait songer aussi au verbe latin *volvere*. Pour l'assimilation du *v* au *b* de la préposition *amb*, cf. *suboco* (p. 70). On aurait un impératif *voltu* comme on a, dans les langues néo-latines, du même verbe un participe *voltus*.

ad sacrificium, ut immolentur, olim appellati sacres. Quos appellat Plautus, cum ait : Quanti sunt porci sacres? Et plus loin (II. 4. 16) : Porci... qui a partu decimo die habentur puri, ab eo appellantur ab antiquis sacres, quod tum ad sacrificium idonei dicuntur primum. Et Festus (p. 318) : Sacrem porcum dici ait Verrius ubi jam a partu habetur purus. On voit, en rapprochant ces passages, que les porcs offerts en sacrifice sont appelés en latin *sacres*. Mais cet adjectif pouvait fort bien, semble-t-il, s'appliquer à toute espèce de victimes. Nous avons ailleurs (III 8) : s a c r e u v e m k l e t r a f e r t u t a « sacrem ovem — fertote » où l'adjectif en question est appliqué à une brebis, et II *a* 21 : k a t l u (m) s a k r e (m) où il s'applique à un chien. C'est à un féminin de la 3e déclinaison signifiant « hostia, victima » qu'on peut rapporter l'ablatif pluriel *sacris*. Mais d'autre part on trouvera (VI *b* 56) des raisons de penser que *sacris* est un neutre[1].

TRADUCTION.

(VI *b* 49) Postquam oscines (?) auspicatus erit, prætextam lustralem induitor; ricam sumito; in dextram scapulam induitor. Ignem imponito. Quum (50) ad sacrificium feras (?), ubi ignem imposuerit, is ferto qui prætextam lustralem habebit. Itidem — in dextro humero ferto. Cum eo calatores duo (51) eunto. Prætextam [cum] purpureis [clavis] habento. Tum stipulator parram præpetem sibi, civitati Iguvinæ. Tum auspicator ad vapides avieculos, neve (52) circumvertitor'(?) antequam præpetem auspicatus fuerit. Postquam præpetem auspicatus erit, via aviecula ad sacrificium eunto cum ambarvalibus sacris.

(I *b* 11) Cum conversus eris, ricam sumito. Tum (12) ignem in foculum imponito. Quum ignem imposueris in foculum, (13) tum stipulator parram præpetem tibi, civitati Iguvinæ. (14) Ad vapides avieculos auspicator. Via aviecula ad sacrificium ito. (15) Calatores eunto. Prætextas habento [cum] purpureis [clavis].

(VI *b* 52) *Ape Acesoniame* (53) *hebetafe benust*, *enum termnuco stahituto. Poi·percam arsmatia habiest eturstahmu Eso eturstahmu : Pis est totar* (54) *Tarsinater*, *trifor Tarsina-*

1. On trouvera plus loin (V *a* 6) le même mot employé au neutre.

ter, Tuscer Naharcer Iabuscer nomner, eetu ehe esu[1] *poplu. Nosve ier ehe esu poplu, sopir*[2] *habe,* (55) *esme*[3] *pople portatu ulo pue mers est; fetu uru pirse mers est. Trioper eheturstahamu.*

(I *b* 15) Pune menes (16) Akeḍuniamem, enumek etuḍstamu tuta Taḍinate, trifu (17) Taḍinate, Turskum Naharkum numem, Iapuzkum numem. (18) Svepis habe, purtatulu pue meḍs est, feitu uru peḍe meḍs est.

La première station est Akeḍunia. On trouve sur des monnaies italiques le nom Akudunniad[4]; ces monnaies appartiennent à la ville du Samnium que les Romains appelaient *Aquilonia*, et qui a encore aujourd'hui le nom de *Acedogna* ou *L'Acedogna*. Il ne saurait être question de cette ville, mais bien d'un lieu de même nom situé aux environs d'Iguvium. La table VI, fidèle à son habitude de transcrire le ḍ par *rs*, devait mettre *Acersonia :* elle a négligé ici le *r*, qui se trouve d'ailleurs une autre fois (VII *a* 52 *Acersoniem*). L'accusatif pluriel *hebetafe*(*n*) a tout l'air d'une interpolation de la table VI, car si le mot était essentiel, il se retrouverait sur I. C'est sans doute une détermination plus exacte de l'endroit où, à Aquilonie, le cortége devait s'arrêter. Il est probable que ces *hebetas* sont les mêmes que les *ebetras* dont il était question VI *a* 12, où elles se trouvent citées immédiatement après les *vapersus avieclir*. L'absence de la lettre *h* ne saurait surprendre, si l'on compare des mots comme *hostatir*, *anostatir*, écrits l'un à côté de l'autre, ou encore *hereiṭu* (VI *a* 37) = eretu (II *a* 4).

Ape — benust signifie « postquam — venerit ». Le durcissement du *v* en *b* est constant dans ce verbe, sur les tables anciennes aussi bien que sur les nouvelles[5]. Le futur antérieur en *ust* nous est bien connu. — Si nous passons à I *b* 15, on ne peut pas douter que les mots pune menes ne correspondent pour le sens à *ape benust*[6], si l'on songe que pune veut dire « quum » et que tout le reste de la phrase est d'accord.

1. *Ehesu.*
2. *Poplusopir.*
3. *Fsme.*
4. Mommsen, *Die unterit. Dial.* 201, 246.
5. Comparez le grec βαίνω et l'osque *kum-bened* « convenit » : on sait que la racine primitive commençait par *gv*. V. Curtius, n° 634.
6. Sauf, bien entendu, que I met le verbe à la 2e personne.

Mais comment expliquer le *m* de **menes**? Kirchhoff suppose simplement une faute d'écriture pour benes, tout en convenant que les deux lettres ne se ressemblent pas. Peut-être que sur la table qui a servi de prototype il y avait par assimilation Akeḍuniamem menes. Tandis que VI *a* 53 emploie le futur antérieur, nous avons ici le futur simple, formé à l'aide de la syllabe *es* (cf. μεν-έσ-ω, μενέω) : la forme complète serait benes-s, car il faudrait encore ajouter la désinence de la seconde personne. L'ombrien (ce qui est rare dans la conjugaison) se montre plus archaïque que le latin, puisqu'il emploie un verbe *vĕno* là où le latin présente la forme faible *venio*. C'est du reste à ce verbe *vĕno* que se rapporte le parfait latin *vēni;* l'on trouve en outre au subjonctif *evenat*, *advenat*, *provenant*, *convenam*[1].

Par une irrégularité de syntaxe qui peut faire penser qu'ici la table VI a développé le texte primitif, nous trouvons un verbe au pluriel (*stahitulo*) dans la proposition principale, tandis que le verbe de la proposition incidente est au singulier (*benust*). D'ailleurs, le sens est clair : « quand il (l'adfertor) sera arrivé..., qu'ils (l'adfertor et ses compagnons) s'arrêtent à la borne. » Le mot *termnu-co*[2] est le latin *terminus* à l'ablatif, suivi de la postposition *co*(*m*), qui indique le lieu où l'on est[3]. — *Stahitulo* est la troisième personne plurielle de l'impératif d'un verbe *staio*, *stahio* (le *h* servant seulement comme lettre de séparation) « je me tiens debout, je m'arrête ». Ce verbe *staio* est formé comme *fuio*, c'est-à-dire que la racine *sta* a donné naissance à un verbe de la seconde conjugaison faible. On trouvera plus loin du même verbe le futur simple staheren I *b* 19.

Eturstahmu etuḍstahmu est un impératif moyen comme *persnimu*, *spahmu*, *anovihimu*. Mais il est très-difficile de rien dire sur le verbe en lui-même. On trouvera plus loin (VI *b* 55) la forme *eheturstahamu* qui nous apprend que l'*e* initial est long. Il faut probablement en faire la préposition *e* ou *ex* (cf. *ehveltu*). Il reste tuḍsta qui serait impossible à prononcer si l'on n'introduisait pas une voyelle brève après le ḍ : cf. meḍs pour meḍ(e)s. Aufrecht remarque que le sens de ce verbe paraît être celui de « parler, dire », car il est placé en

1. Neue. *Formenlehre*, II, p. 321.
2. Cf. l'osque teremniss.
3. V. p. 143.

tête d'un discours direct en compagnie du mot *eso* « sic » (VI *b* 53). Aufrecht s'en tient à ce sens général : cependant les paroles qui suivent sont d'une nature assez caractéristique, puisqu'elles renferment une proclamation d'exil. Je serais tenté de reconnaître dans tuḍes le même substantif neutre *tuder* que nous avons rencontré plus haut[1] dans le sens de « frontière, limite ». Ce nom a pu donner naissance, par l'intermédiaire d'un adjectif, à un verbe en *tare*, comme on a en latin *honestare*, *funestare*. Le sens serait donc « exterminare[2] ». Je n'insiste pas davantage sur cette conjecture qui a du moins le mérite d'être grammaticalement plausible et de rendre compte du sens. En effet, la signification « dire, parler » ne convient que pour la t. VI. Sur I *b* 15, ce verbe a pour régime à l'accusatif les noms des peuples qui sont exilés, et il n'y a pas de discours direct.

Vient maintenant (VI *b* 53) la formule d'exil. Le verbe principal est *eetu*, dans lequel on peut voir, soit le simple *ito* « qu'il aille », soit (en divisant *e-etu*) le composé *exito* « qu'il sorte ». Je préfère la première interprétation, parce qu'un peu plus loin (VI *b* 54), dans un passage analogue, on a le verbe simple *ier*. La préposition *ehe* ou *eh* (= latin *ex*) se trouve exprimée devant *esu poplu* « hoc populo ». Le sujet du verbe est le pronom indéfini *pis* qui est employé ici dans le sens du latin « quicumque », comme en osque[3]. Le mouvement général de la phrase est donc : que celui qui appartient à telle ou telle cité, sorte du peuple iguvien. Comme il va être procédé à une lustration, on éloigne tous ceux qui n'ont pas les mêmes *sacra*.

La première population qui est mentionnée sont les *Tadinates*, que Pline (H. N., III, 19) nomme parmi les races de l'Ombrie. Dans notre texte, ils sont mentionnés deux fois : une fois comme cité et l'autre fois comme tribu. C'est exacte-

1. Voyez ci-dessus, page 36.

2. La différence entre le *d* de *tuder* (VI *a* 10-16) et le ḍ de tuḍes s'expliquerait par la présence d'une nasale dans le premier mot : on sait que l'orthographe ombrienne néglige souvent d'écrire le *n* quoiqu'il se fît entendre dans la prononciation. Ainsi *onse* et uze, tenzitim et *tesedi*, *dirsans* et *dirsas*, *fons* et *fos*, *hondra* et hutra. Quand pour une cause quelconque la nasale vient à manquer effectivement dans la prononciation, le *d* placé entre deux voyelles devient ḍ (en ombrien nouveau *rs*) ; c'est ce qu'on voit par l'exemple suivant qui se rapproche beaucoup du nôtre : Hunte, *Honde* à côté de Huḍie, *Horse*.

3. Table de Bantia. Pis pocapit post exac comono hapiest meddis ... factud ... « qui quandoque posthac comitia habebit magistratus ... facito (l. 8). »

ment ce que font nos tables quand il s'agit d'Iguvium. Les mots *totar* et *trifor* sont au génitif, ainsi que l'adjectif *Tarsinater* qui les accompagne. Viennent ensuite trois adjectifs se rapportant au génitif *nomner*, de *nomen* qui doit être pris ici dans le sens de « nation, race ». Le premier est *Tuscer* qui s'écrit aussi *Turscer*, comme on le voit par les formes *Tursce* (VII *a* 12) et Turskum (I *b* 17) : on a depuis longtemps reconnu les Tusci ou Étrusques. Le second est *Naharcer* (pour *Nârcer*) : à ce mot correspondrait un adjectif latin *Naricus*, c'est-à-dire « riverain du fleuve Nâr », lequel coule au sud de l'Ombrie[1]. On trouve le nom de *Nartes* (et même sur des inscriptions *Nahartes*) comme désignation des habitants de la ville ombrienne d'Interamna[2] : le suffixe est différent, mais le primitif est le même. Le troisième adjectif, *Jabuscer*, *Japuscer* (VII *a* 48), Japuzkum (I *b* 17) est plus difficile à ramener à un terme déjà connu. On a pensé aux Japyges : mais outre que géographiquement ils sont loin, l'analyse grammaticale ne se prête pas à cette identification. On doit probablement séparer dans ce mot le suffixe *sco*, qui est le même que dans *Oscus* (pour *Opiscus*, *Opscus*), *Volscus*, *Turscus*. Il reste *Jabu* ou plutôt *Jabud* (à cause du *z* de la forme Japuzkum), c'est-à-dire que nous avons une dentale au lieu de la gutturale que ferait attendre le nom des Japyges. J'aimerais mieux penser au peuple appelé par les Romains *Japydes*, dont le siége était l'Istrie actuelle. Virgile (Géorg. III. 475) les nomme :

Norica si quis
Castella in tumulis et Iapydis arva Timavi...

Il faut remarquer qu'à la différence des Tadinates, il n'est pas question pour les trois autres peuples d'une cité ni d'une tribu : il est seulement parlé de la race. On peut donc supposer que la formule de bannissement s'applique ici à des individus. Qu'il y ait eu des Étrusques, des Nariques, des Japydes à Iguvium, vu le voisinage, cela n'a rien de surprenant. On les invite à se séparer du peuple iguvien, comme on a déjà invité à le faire ceux qui appartiennent à la cité et à la tribu Tadinate. Cet exil dont ils sont frappés n'est d'ailleurs qu'une sorte de formalité ou de fiction légale, car on va leur indiquer les moyens de s'y soustraire.

1. Lepsius. *De tab. Eug.* p. 93.
2. Pline. H. N. III. 19.

La phrase suivante commence par une proposition subordonnée : *nosve ier ehe esu poplu*, dans laquelle on reconnait une reprise de *eetu ehu esu poplu*. *Ier* est certainement une forme du verbe *ire* : mais laquelle? pour nous éclairer, il faut d'abord examiner *nosve*. Ce dernier mot se décompose en *no*(*n*) et *sve*, d'où l'on peut inférer le sens du latin *ni-si* : il est vrai que nos textes ne présentent jamais la négation *non*, au lieu de laquelle ils emploient *neip*. Mais ce n'est pas encore une raison suffisante pour croire que l'ombrien n'ait pas connu la négation *non*, et pour corriger *nosve* en *nesve*, comme le fait Bugge. Il se peut que la négation *non* se soit maintenue dans le composé, tandis que comme mot indépendant elle ait été remplacée par un synonyme. Je ne veux pas nier toutefois que *nesve* serait plus en accord avec le latin *nisi* et l'osque *neisvae*. Quoi qu'il en soit, le second terme, ainsi que le sens de cette conjonction ne sont pas douteux. Nous pouvons déjà pressentir que la portée générale de la phrase est d'indiquer telle et telle prescription pour le cas où quelqu'un, bien qu'étranger, ne sortira pas du peuple iguvien. On s'attendrait donc à trouver dans *ier* un futur, et c'est ainsi que l'explique Aufrecht. Il le regarde comme étant pour *ies* par le changement ordinaire de *s* final en *r*. Bugge[1] fait observer que la forme complète serait *ies-s* à la seconde personne et *ies-t* à la troisième et il ne croit pas qu'un *s* ainsi suivi d'une autre consonne puisse se changer en *r*. Il propose donc de corriger le mot en *ies*, de sorte que nous aurions un futur régulièrement formé comme p u r t u v i e s et h e r i e s. Assurément une telle forme serait plus claire : mais c'est peut-être pousser trop loin le droit de corriger le texte. J'aime mieux voir dans *ier* une 2e ou une 3e personne du parfait du subjonctif, pour *ieris* ou *ierit* (Cf. ci-dessus, p. 171).

Une seconde proposition incidente se compose des mots : *so pir habe*, s v e p i s h a f e. Dans *so* le *v* s'est vocalisé et a absorbé les voyelles longues dont il était suivi : c'est le même phénomène que nous avons vu (p. 69) dans *subocau*. — Il faut remarquer le *f* de h a f e qui correspond au *b* de *habe* : on peut comparer le rapport des mots comme *rufus* et *ruber* en latin. — Une question délicate est de savoir si *pir* représente le latin *quis* ou le latin *quid*; on pourrait soutenir par des exemples l'une et l'autre proposition. Mais ce qui, selon nous,

1. ZK. VIII. 34.

doit trancher le débat[1], c'est la leçon sve pis donnée par I *b* 18. Nous n'avons pas le droit d'admettre que la concordance des deux tables n'existe pas sur ce seul point : le *r* de *pir* doit donc être attribué au rhotacisme; nous avons cité plus haut (p. 53) un passage d'une ancienne formule latine ou le féminin *quisquis* devient *quirquir*. — *Habe*, hafe doit dès lors être considéré comme un verbe neutre : je suppose qu'il est pris dans le sens du fréquentatif latin « habitat[2] »; nous rencontrerons V *a* 5 le subjonctif prehabia qui est également employé comme verbe neutre dans le sens de « præesse ». Je traduis : « si quis habitat » (si quelqu'un de ces étrangers est domicilié à Iguvium).

Nous arrivons à la proposition principale : le verbe est *portatu* qui matériellement est le latin *portato*. A. K. supposent qu'il a aussi le sens du verbe latin et ils pensent qu'il s'agit de porter en un endroit convenu les biens possédés (si quid habet) par les étrangers. Une telle disposition ne laisserait pas que de présenter des difficultés d'exécution : elle serait d'ailleurs sans exemple dans l'antiquité. Je suppose qu'il s'agit d'un cens à payer par les étrangers domiciliés à Iguvium : on sait le rapport intime qui existait à Rome entre le cens et les lustrations quinquennales[3]. Le verbe *porto*, dans cette hypothèse, doit être pris au sens spécial de « porter [le tribut] » : cf. φόρος « impôt » (de φέρω) et *vectigal* (de *vehere*).

Ulo a été avec raison traduit par A. K. comme un adverbe signifiant « là ». Il supposerait en latin un adverbe *ollum* (cf. olim). — *Esme pople*, deux datifs singuliers signifiant « huic populo ». Nous avons déjà vu (p. 146) le thème pronominal *esmo*, qui ne doit pas être identifié avec l'antique thème *asma*, lequel avait usé ou assimilé son *s* longtemps avant qu'il y eût un dialecte ombrien : nous avons ici une formation nouvelle se composant de *eis*, le même qui se trouve dans le latin *is-te*, et de *mo*. Peut-être le latin *immo*, dans l'acception « justement, certainement » a-t-il la même composition. Par *esme pople* il faut naturellement entendre le peuple iguvien. — *Pue* a déjà été rencontré (p. 153) comme

1. A. K. se prononcent pour *quid*

2. *Habeo* est aussi employé en latin comme verbe neutre, dans le sens de « être propriétaire ». Curius ad Cic. Fam. VII, 29 : Nos, quod simus, quod habeamus, quod existimemur, id omne abs te habere.

3. V. Fustel de Coulanges, *La Cité antique*, livre III, ch. VII.

adverbe signifiant « ubi ». — *Mers est*, meḍs est « lex est » (p. 87).

Le sens de tout ce qui précède est donc que les étrangers établis à Iguvium doivent payer le cens au peuple iguvien dans le lieu indiqué par la loi. — Une seconde prescription est donnée en ces termes : *fetu uru pirse mers est*, feitu uru peḍe meḍs est. — *Uru*, régime indirect de *fetu* « sacrifie » est à l'ablatif, comme nous avons vu *puni fetu, vinu fetu*. Le thème pronominal est le même qui fait la seconde partie de *sur-ur-hont;* c'est celui que nous rencontrerons V *a* 5 (piḍe uraku ri esuna si « quod in hac re divina sit ». — *Pirse* = peḍe (I *b* 18) nous est déjà connu dans le sens d'une conjonction signifiant « après que »; ici il a gardé son sens pronominal et peut se traduire par *quod*. On sait que c'est le neutre *pid* suivi de l'enclitique indéfinie *ei*. Outre le tribut dû à la ville, les étrangers domiciliés doivent donc payer (probablement à la corporation religieuse ou à l'adfertor qui la représente) certaines offrandes indiquées par la loi. — Nous retrouvons dans la dernière phrase l'impératif *eheturstahamu* accompagné de l'adverbe *trioper*, qui est écrit triiuper sur les anciennes tables. Cet adverbe signifie « trois fois » comme on le verra clairement un peu plus loin, par la comparaison de VI *b* 56-64 avec I *b* 21. Il est formé comme en latin *parumper, paulisper, tantisper, semper*, et comme en osque *petiropert* « quatre fois ». La comparaison de cette dernière forme nous fait penser qu'un *t* est tombé à la fin de cette enclitique, non-seulement en ombrien dans *trioper*, mais peut-être bien en latin dans les mots précités. Qu'il existât en ombrien une particule *pert*, c'est ce qu'on voit par II *a* 35, 36, où on la trouve une fois comme enclitique[1] et une fois comme mot indépendant. Le sens semble être celui d'une préposition partitive. Quant à l'origine, on peut être tenté de songer au grec *προτί*, au sanscrit *prati* : mais il n'est pas vraisemblable que le *t* de cette particule se soit maintenu si longtemps à la suite de *r*, la voyelle finale étant tombée. Il vaut mieux penser avec Corssen[2] à une formation italique analogue à *antid, postid*, qui sont devenus *ante* et *post; pert* serait donc le débris d'un ancien *pertid*. — La première partie triju *trio* est probablement un accusatif pluriel neutre, de sorte que le tout signifie : « par trois [fois] ».

1. Peut-être en cet endroit par erreur, à cause du *pert* de la ligne suivante.
2. *Aussprache* II. 321, 377.

Nous retournons à I *b* 16, qui présente les faits d'une manière beaucoup plus concise. Il n'emploie pas plus ici le discours direct qu'il ne l'a fait précédemment pour les prières. Il se contente de dire qu'on bannira tel et tel peuple. Puis, continuant à la troisième personne, il ajoute une phrase qui signifie en substance que si l'on est domicilié, on doit payer la redevance et présenter les offrandes. Il n'est pas certain qu'il faille séparer purtatulu en purtatu ulu : peut-être avons-nous déjà ici une enclitique à la façon italienne et française. Corssen à montré que ces sortes d'enclitiques existaient déjà en latin[1].

TRADUCTION.

(VI *b* 52) Postquam Aquiloniam (53) — as venerit, tum ad terminum stanto. Qui prætextam lustralem habebit exterminato. Sic exterminato : Quisquis est civitatis (54) Tadinatis, tribus Tadinatis, Tusci Narici Japydici nominis, ito ex hoc populo. Si non iverit ex hoc populo, si quis incola est, (55) huic populo [vectigal] portato illuc ubi lex est; sacrificato id quod lex est. Ter exterminato.

(I *b* 15) Quum venies (16) Aquiloniam, tum exterminato civitatem Tadinatem, tribum (17) Tadinatem, Tuscum Naricum nomen, Japydicum nomen. (18) Si quis incola est, [vectigal] portato illuc ubi lex est; sacrificato id quod lex est.

(VI *b* 55) *Ifont termnuco com prinvatir* (56) *stahitu. Eno deitu : Arsmahamo, caterahamo, Jovinur. Eno com*[2] *prinvatir peracris sacris ambretuto. Ape ambrefurent,* (57) *termnome benurent, termnuco com prinvatir eso persnimumo tasetur.*

(I *b* 19) Pune prinuvatus staheren termnesku, enumek : aḍmamu[3], (20) kateramu, Ikuvinu. Enumek apretu tures et pure. Puni amprefus[4], (21) persnimu.

Le premier mot se décompose en *ife* + (*h*)*ont*, de sorte que nous obtenons un équivalent de l'adverbe latin « ibidem ». Mais je crois que cette expression doit s'entendre du temps

1. Ouvrage cité. II, 835 ss.
2 *Enocom.*
3. Armanu.
4. Amprefu (21) us. Le graveur a oublié qu'il avait déjà écrit l'u à la fin de la ligne précédente.

et non de l'espace. Je traduirai donc par « simul ». — *Termnu* est l'ablatif d'un nom correspondant au latin *terminus*. Les autres mots sont connus; nous voyons qu'on commande à l'adfertor et à ses acolytes de s'arrêter en même temps près de la borne. I *b* 19, qui parle de plusieurs bornes, se contente de dire : « quum calatores stabunt ad terminos ». — Les deux phrases suivantes commencent chacune par *eno(m)* « alors ». — *Deitu*, teitu, est l'impératif du verbe *dicere*. Il faut se garder de prendre *ei* pour une diphthongue : ce sont deux voyelles distinctes, et le mot doit se prononcer *deïtu* en trois syllabes. On sait, en effet, que la diphthongue *ei* se réduit le plus souvent à un *e*. Or, *deitu* teitu est la forme constamment usitée sur nos tables : l'*i* représente le *c* de l'impératif *dectu*, qui s'est écrasé en *dejtu*[1]. — Après deux mots signifiant « tum dicito » on doit s'attendre au discours direct, et en effet on constate immédiatement un changement de personne dans le verbe.

Arsmahamo caterahamo sont manifestement deux verbes de la 1re conjugaison, *aha* représentant un *â* long. Un autre fait non moins certain, malgré l'inégalité apparente de I *b* 19, qui a armanu kateramu, c'est que la valeur grammaticale que nous reconnaîtrons à l'une de ces formes verbales devra également être admise pour l'autre : nous voyons, en effet, que sur VI *b* 56 la flexion des deux verbes est exactement semblable. Cela ne veut pas dire que nu doive nécessairement être regardé comme une faute d'écriture pour mu, ou vice versâ. Je reviendrai sur ce point dans un instant. A. K. considèrent ces deux formations comme deux premières personnes plurielles de l'indicatif présent, soit actif, soit passif. Mais on a peine alors à s'expliquer l'*o* final, au lieu duquel on aurait attendu comme en latin un *u* (laudamus), ou comme en grec un *e* (φέρομες, φέρομεν). Je crois plutôt que le *mo* de *arsmahamo caterahamo* est le même qu'on a dans les formes plurielles d'impératif moyen *persnimumo persnihimumo* « precantor ». Ces pluriels sont, selon toute apparence, tirés du singulier (*persnimu*) par imitation du procédé qui fait qu'à l'actif on a *etuto* « itote » à côté de *etu* « ito ». Il est vrai que dans les deux mots qui nous occupent la première syllabe de la désinence manque : on a *arsmamo* au lieu de *arsmamumo* et *cateramo* au lieu de *cateramumo*. Cette disparition d'une syllabe de la dé-

1 Voyez p. 100.

sinence a probablement sa raison dans le désir d'alléger des formes trop pesantes : pareille chose a lieu en latin, où l'on trouve *laudate* à côté de *laudatote*. Ce qui donne à cette explication un haut degré de vraisemblance, c'est qu'on a trois fois l'impératif pluriel actif etatu, Ikuvinus (I *b* 21, 22), *etato*, *Ijovinur* (VI *b* 63), où l'on aurait attendu, d'après l'analogie de *etuto*, *habituto*, *stahituto*, une forme redoublée *etatuto* : mais la langue, trouvant sans doute cette forme trop lourde, a supprimé l'avant-dernière syllabe. — Je viens maintenant à la désinence nu de aḍmanu (I *b* 19) : le *n* (s'il n'est pas une faute du graveur) s'explique, soit par un phénomène de dissimilation, à cause de l'*m* de la syllabe précédente, soit par l'origine de la désinence *mu*, qui est pour *mnu*[2], de sorte que la prononciation a pu rester incertaine, comme en latin dans Portumnus, Portunus, columna, columella, et peut-être en ombrien dans *ferine*, *ferime* (pour *ferimne?*[3]). — Une autre irrégularité du même mot, c'est que le texte a armanu pour aḍmanu : le ᗡ ou *r* tient la place d'un ᑫ ou ḍ, le trait de la panse venant aboutir trop bas. Nous rencontrerons dans la suite au moins un exemple certain de la même erreur : IV, 28 tertu au lieu de teḍtu. — La valeur de ces formes comme impératifs moyens ou passifs étant reconnue, il faut voir à quelle personne ils appartiennent. Le mot *Jovinur* Ikuvinu(s) ne peut être qu'un nominatif pluriel ou un vocatif pluriel : à cause de sa place dans la phrase, la seconde supposition est la plus probable. Les deux impératifs sont donc à la deuxième personne : « Soyez —, soyez —, Iguviens ! » Dans le second verbe, je reconnais le grec καθαίρομαι « se purifier ». Qu'un verbe grec de cette signification ait pénétré à Iguvium en compagnie de la cérémonie qu'il désigne, cela n'est pas plus surprenant que de voir tant d'autres mots du rituel empruntés par les peuples d'Italie aux Grecs. Je traduirai donc cet impératif par « purificamini ». — Quant à aḍmamu *arsmahamo*, il en a déjà été plusieurs fois question par avance : c'est l'impératif pluriel passif du même verbe auquel nous avons rapporté l'adjectif *arsmatiam* « lustralem ». Il dérive du thème substantif *arsmo*, que nous avons traduit par « rite ». Aḍmune « casto » appartient à la même famille[4]. Je tradui-

1. La traduction latine serait « itatote, Iguvini, » du fréquentatif *itare*.
2. Voyez p. 98.
3. Voyez p. 106.
4. Voyez p. 90.

rai donc « lustramini ». Peut-être ces deux mots désignaient-ils deux genres différents de purification. Cf. Servius *ad Æn.* VI, 741. Triplex est omnis purgatio.... Nam aut tæda purgantur et sulphure, aut aqua abluuntur, aut aëre [ventilantur]. Cf. id., *ad Georg.*, II, 389.

La phrase suivante a pour verbe *ambretuto*, où nous avons l'impératif pluriel *etuto* composé avec le préfixe *ambr*. Cette variante de *am* et de *amb* a été expliquée par Aufrecht comme équivalant au grec ἀμφίς : on a reconnu une forme analogue dans le latin *amfr-actus* « circuit, courbe » et *ambr-ex* (Festus : ambrices sunt regulæ quæ transversæ asseribus et tegulis interponuntur)[1]. J'aime mieux expliquer ce *r* comme un comparatif : c'est ainsi qu'on a *super* à côté de *sub*. Quoi qu'il en soit, le même composé existe en osque; *amfret* » ambiunt » est employé deux fois sur la colonne d'Abella. — Le sujet de *ambretuto*, c'est l'adfertor *com prinvatir* « avec les acolytes », c'est-à-dire que le pluriel est amené par l'idée plutôt que par la construction grammaticale. Il en est de même un peu plus bas (VI *b* 57), où *persnimumo tasetur* sont mis au pluriel, quoique le sujet soit [*arsfertur*] *com prinvatir.* — Quant au régime indirect *peracris sacris* « ambarvalibus sacris », il faut le considérer comme un instrumental ou un sociatif : « qu'ils fassent le tour avec les — ambarvales. » Nous avons déjà dit que par *sacris* on peut entendre les victimes. Ce circuit des victimes est mentionné nombre de fois chez les anciens. Macrobe, Sat. III, 5 : Ambarvalis hostia est quæ rei divinæ causa circum arva ducitur ab his qui pro frugibus faciunt. Festus, p. 5 : Amburbiales hostiæ dicebantur quæ circum terminos urbis Romæ ducebantur. Caton, De r. r. 141 : Agrum lustrare sic oportet. Impera suovitaurilia circumagi. Cum divis volentibus, quodque bene eveniat, mando tibi, Mani, uti illace suovitaurilia fundum, agrum, terramque meam quota ex parte, sive circumagi sive circumferenda censeas, uti cures lustrare. Mais d'un autre côté la comparaison de I *b* 19, où il n'est pas parlé de victimes, mais (à ce qu'il semble) d'encens et de feu, doit nous engager à traduire *sacris* comme un neutre et à le prendre dans le sens général d'objets sacrés.

Avec sa minutie ordinaire, VI *b* 56 ajoute : « Quand ils auront fait le tour, quand ils seront arrivés à la borne.... »

1. ZK. XVI. 381. XVII. 434.

Dans *ambrefurent* nous reconnaissons le futur antérieur du même verbe qui fait à l'impératif *ambretuto* : ici le *f* du verbe auxiliaire annexé s'est conservé, contrairement à ce qu'on a vu dans *iust* (VI *a* 7). On verra de même le *f* conservé au futur antérieur *andersafust* (VII *a* 46. VII *b* 3), de la racine *da.* — Le verbe de la proposition principale est *persnimumo* « precantor ». Les autres mots sont connus.

I *b* 19, qui est beaucoup plus concis, emploie le futur simple staheren(t) du verbe *sto* fléchi d'après la conjugaison faible[1] : c'est à peu près comme si en latin on disait *staēbunt.* —Après enumek, qui correspond à *eno* de VI *b* 56, il supprime le verbe signifiant « qu'il dise » et cite immédiatement les paroles que le prêtre doit prononcer. La même particularité se retrouve plus bas (I *b* 21, 22). —Au lieu de *peracris sacris* nous avons tures et pune : ces deux expressions ont l'air de désigner tout autre chose, quoique probablement la différence soit plus dans les mots que dans le fond des idées. *Tures* semble l'ablatif pluriel d'un substantif *tus* « encens ». *Pūre* est peut-être l'ablatif singulier du mot *pir* « feu » (v. p. 59). La différence de voyelle est la même que dans le latin *Anxur, Anxir*[2] : l'incertitude de la voyelle s'explique encore mieux si le mot est emprunté au grec (πῦρ). C'est donc d'une purification à l'aide du feu et de l'encens qu'il serait question. On comprend dès lors la présence du brasier (ahti) dont il a été parlé. — Apretu (pour *ambr-etu*), persnimu et amprefus, sont tous les trois à la seconde personne du singulier, suivant l'habitude de cette Table.

TRADUCTION.

(VI *b* 55) Simul ad terminum cum calatoribus (56) stato. Tum dicito : Lustramini, purificamini, Iguvini. Tunc cum calatoribus [cum] ambarvalibus sacris ambeunto. Quum ambiverint, (57) ad terminum venerint, ad terminum cum calatoribus ita precantor taciti.

(I *b* 19) Quum calatores stabunt ad terminos, tum : Lustramini, (20) purificamini, Iguvini. Tum ambito turibus et igne. Quum ambiveris, precator.

1. V. ci-dessus, p. 174.
2. V. Servius, éd. Lion, ad Æn. VII, 799.

(VI *b* 57) *Śerfe Martie, Prestota Śerfia Śerfer* (58) *Martier, Tursa Śerfia Śerfer Martier, totam Tarsinatem, trifo Tarsinatem, Tuscom Naharcom Iabuscom nome,* (59) *totar Tarsinater, trifor Tarsinater, Tuscer Naharcer Iabuscer nomner nerf śihitu anśihitu, Iovie hostatu* (60) *anhostatu tursitu tremitu hondu holtu ninctu nepitu sonitu savitu preplotatu previlatu.*

(61) *Serfe Martie, Prestota Serfia Serfer Martier, Tursa Śerfia Serfer Martier, fututo foner pacrer pase vestra pople totar*[1] *Ijovinar,* (62) *tote Ijovine, ero nerus sihitir ansihitir, Jovies hostatir anostatir, ero nomne, erar nomne.*

Cette prière, qui est annoncée par le mot *eso* (VI *b* 57), manque sur I *b*. Elle est remarquable à plus d'un titre. Une première circonstance qui la distingue des prières précédentes, c'est qu'elle est adressée simultanément à trois divinités, reliées, il est vrai, entre elles par les liens de la parenté la plus étroite. Ce sont Çerfus Martius et ses deux filles (ou femmes?) Prestota Çerfia et Tursa Çerfia. La parenté est indiquée de cette façon : Prestota Çerfia de Çerfus Martius, Tursa Çerfia de Çerfus Martius, c'est-à-dire que le nom du dieu est placé à la suite avec la flexion du génitif. On peut supposer que le génitif désigne le père, comme en grec. D'autre part, la mythologie latine nous offre des exemples où le génitif a l'air de désigner un rapport conjugal : par exemple, chez Aulu-Gelle (XIII, 22), on trouve Nerienem Martis, Luam Saturni, Majam Volcani, etc. Nous laissons indécise cette question, qui est fort obscure[2]. — Le nom de Çerfius nous est déjà connu par Hondus Çerfius (I *b* 4. VI *b* 45). Cette fois nous trouvons d'une part le féminin Çerfia et d'autre part un masculin Çerfus qui est avec Çerfius dans le même rapport où Hondus est avec Hodius, c'est à dire qu'un suffixe *io* est

1. *Popletotar.*

2. Dans le passage d'Aulu-Gelle qui vient d'être cité, certains dieux paraissent être invoqués par un de leurs attributs : ainsi Herie Junonis signifie, à ce que je crois, « Potestas Junonis ». Voici, du reste, le texte en question : « Comprecationes deum immortalium, quæ ritu romano fiunt, expositæ sunt in libris sacerdotum populi romani et in plerisque antiquis orationibus. In iis scriptum est : Luam Saturni, Salaciam Neptuni, Horam Quirini, Virites Quirini, Majam Volcani, Heriem Junonis, Moles Martis Nerienemque Martis. » Comme exemples d'autres relations exprimées par le génitif, je citerai encore les inscriptions où l'on invoque : Genium Jovis, Genium Asclepii, Genium Junonis Sospitæ, Junonem Concordiæ Augustæ, Junonem Isidis victricis, etc. Comme pendant de Herie Junonis on trouve à Rome une divinité appelée Jovis Libertas. Becker-Marquardt. IV, p. 23. Henzen, *Act. Arv.* p. 144.

venu s'ajouter au primitif. Je ne crois pas que cette circonstance ait une grande importance pour le sens : l'histoire du langage nous présente constamment ce fait qu'un dérivé devient synonyme de son primitif; je rappellerai seulement en latin *inferus*, *infernus* et *infernalis*. Il n'y a donc pas grande différence à dire *Hondus Çerfius* ou *Çerfus Hodius* : l'un peut se traduire par « inferus divus » et l'autre par « deus infernus ». *Çerfus* étant un de ces mots signifiant « génie » si nombreux dans les langues italiques, nous pouvons reconnaître dans Çerfus Martius un dédoublement du dieu Mars (cf. Ancus Martius). Les deux déesses qui lui sont associées s'appellent *Prestota* et *Tursa*. Le premier de ces noms, qui est écrit Prestata I *b* 17, rappelle la déesse Anterstata de la Table votive d'Agnone, et encore plus les *Lares prœstites* des Romains. Il y a aussi à Rome un *Jupiter prœstes* dont on a retrouvé le nom sur plusieurs inscriptions. Le sens du mot paraît être celui de protecteur, *prœ* étant pris dans le sens où ordinairement on emploie *pro*. Ovide (Fastes, V, 135) dit en parlant des *Lares Prœstites* :

> Stant quoque pro nobis et præsunt mœnibus urbis,
> Et sunt præsentes auxiliumque ferunt.

Il est plus difficile de dire ce qu'est *Tursa*. Nous lui trouverons plus loin (VII *a* 47, 49) le surnom de *Jovia*, que nous avons déjà vu porter à diverses divinités. Que le groupe *rs* soit organique, et non le représentant d'un ancien ḍ, c'est ce qui ressort des formes Turse (IV, 19), Tuse (I *b* 31, 43). On pense naturellement à la Terre, en latin *Terra*, *Torra* (cf. *extorris*) pour *Tersa*, *Torsa*[1]. Ce sens assurément n'est pas impossible. Mais on ne comprend pas bien ce que la Terre viendrait faire ici dans cette association. Si l'on prend garde à cette circonstance qu'il va être adressé aux trois divinités une sorte d'imprécation contre les peuples étrangers, où entre autres choses on dit : *tursitu tremitu* « terreto tremefacito », on est conduit à penser que *Tursa* appartient plutôt au verbe *terrere* (pour *tersere*)[2]. On sait que les Romains avaient deux divinités, Pallor et Pavor, personnifiant la peur, auxquelles Tullus Hostilius avait élevé un temple et consacré une corporation de

1. Curtius, *Grundzüge*, n° 231.
2. Curtius, *Grundzüge*, n° 244. Pour l'*u* correspondant à un *e* latin, cf. pepurkurent, kuvurtus.

prêtres. On disait que c'étaient deux compagnons de Mars. Il y avait aussi à Rome une déesse Paventia[1]. Si nous admettons ce sens, nous voyons associés à Cerfus Martius deux déesses, dont l'une représente la protection accordée aux indigènes et l'autre la terreur inspirée aux étrangers. La prière qui leur est adressée justifie ce double aspect.

Après les trois noms de divinités, viennent d'abord des accusatifs que nous n'avons pas de peine à traduire : ce sont les mêmes mots que nous avons rencontrés précédemment (VI *b* 54) au génitif. Il est question de la cité Tadinate, du peuple Tadinate, de la race des Tusci, Narici, Japydici : si nous nous souvenons que la lustration se fait pour les Iguviens, et que les hommes appartenant à une autre origine ont été l'objet d'un bannissement, nous pouvons déjà présumer que l'invocation n'est pas conçue dans un esprit favorable. La suite confirmera cette prévision : mais d'abord il faut examiner une série de mots qui appartiennent également au régime direct. Il est question des *Nerf* et des *Jovie* du peuple Tadinate et des autres nations étrangères. Comme le passage est capital, comme nous y avons renvoyé d'avance en traitant une première fois du mot *nerf*, il faut en parler ici avec un peu de détail[2]. Ces *Nerf* sont accompagnés de la détermination *śihitu anśihitu*, et les *Jovie* de la qualification *hostatu anhostatu*. Il ne peut régner de doute sur le fait que *nerf* est un accusatif pluriel : nous sommes donc autorisés à considérer comme des accusatifs les cinq autres mots. Si toutefois il fallait une preuve, nous la trouverions dans les passages où les mots qui sont ici à l'accusatif sont tous employés au datif pluriel par suite d'une construction syntactique différente. Je prends comme exemple VII *a* 12 :

Tote Tarsinate, trifo Tarsinate, Tursce Naharce Jabusce nomne, totar Tarsinater, trifor Tarsinater, Tuscer Naharcer Jabuscer nomner Nerus śitir anśihitir, Jovies hostatir anostatir.

La même construction se trouve VI *b* 62. VII a 14. 28. 50. Il est clair qu'à un datif *nerus śitir anśihitir* doit correspondre un accusatif *nerf śihitu(f) anśihitu(f)*, et qu'à *Jovies hostatir anostatir* on doit opposer *Jovie(f) hostatu(f) anhostatu(f)*. La construction étant élucidée, tâchons de voir

1. Liv. I. 27. Augustin. *Civ. D.* IV. 11.
2. Le même passage se retrouve VII *a* 48, mais sans variante.

quel est le sens de ces mots. J'ai dit plus haut qu'il convient de voir dans *nerf*, non pas la désignation de personnages humains, magistrats, princes ou guerriers, comme l'ont supposé tous les interprètes, mais un nom de divinité. La preuve de cette assertion nous est fournie par le présent passage. En effet, *Jovie* ne peut être autre chose qu'un mot masculin de la 5ᵉ déclinaison, analogue aux mots grec en ης et en ας, dérivé du nom propre *Jovis*. Si le même terme existait en latin, ce serait un mot *Jovia* formé comme *scriba*, *transfuga*, *advena*, *parricida*. Quant au sens, il doit être à peu près celui de l'adjectif *Jovius* ou *Jovialis* pris substantivement : je le traduirai donc par « génie ». Les adjectifs *hostatu anhostatu*, qui forment antithèse, sont des participes d'un verbe *hostare* qui serait avec *hostis* dans le même rapport où *testari* est avec *testis*. Servius (Aen. IV. 424) fait, au sujet de ce vers de Virgile :

I, soror, atque hostem supplex affare superbum,

cette remarque : Nonnulli juxta veteres hostem pro hospite dictum accipiunt. Conséquemment un verbe *hostare* signifierait « donner l'hospitalité ». Je traduirai donc : « les génies ayant reçu ou non l'hospitalité ». Je passe aux *nerf šihitu anšihitu*. Pour commencer par le premier mot, il est manifeste qu'il ne saurait être question d'hommes, si haut placés qu'ils soient : on ne les aurait pas mentionnés avant les génies. Le mot *šihitu* correspond au participe du verbe latin *ciēre* « faire venir, appeler », de sorte que nous nous retrouvons dans le même ordre d'idées. J'ai proposé[1] de traduire *Nerf* par *Lares;* Festus nous parle des *Lares Hostilii* de Rome, mais l'explication qu'il donne du mot prouve que le vrai sens de cette désignation s'était perdu : Hostiliis Laribus immolabant, quod ab his hostes arceri putabant. Je crois que ces *Lares Hostilii* sont les dieux Lares des autres nations lesquels ont été introduits à Rome après soumission des villes auxquelles ils appartenaient. C'est la même idée qui est exprimée en latin archaïque par *Dii Novensiles* ou *Novensides*. Varron qui cite le mot n'en connaît plus le vrai sens : il croit que la première partie est le nom de nombre « neuf », tandis qu'en réalité le mot est composé de *inses*, *insidis* (cf. *præses*, *reses*) et de *novus*. Arnobe, mentionnant différentes étymologies, donne entre

1. V. ci-dessus, p. 91.

autres l'explication juste[1]. Cincius ait sic appellata numina omnia peregrina in Urbem recepta, ex ipsa cultus novitate. Il ajoute que ce sont les dieux des villes vaincues. On peut encore comparer cette invocation de Decius dans Tite-Live (VIII. 9) : Lares, Dii Novensiles, Dii Indigetes, Divi quorum est potestas nostrum hostiumque... Nous avons ici un pendant de l'invocation ombrienne, où l'on nomme les *Lares accitos, non accitos*, les *Genios hospites non hospites* (c'est-à-dire indigènes)[2]. Sur l'habitude d'attirer ou de conquérir les dieux ou les sacra des autres villes, cf. Becker-Marquardt, IV, p. 21, 38 suiv. Le passage le plus énergique est celui du Digeste (XI. 7. 36) : Cum loca capta sunt ab hostibus, omnia desinunt religiosa vel sacra esse : sicut homines liberi in servitutem perveniunt.

Comme la prière s'adresse à trois personnes, on s'attendrait à trouver le verbe au pluriel, tandis que nous avons une série d'impératifs au singulier. Cette circonstance a porté Kirchhoff à regarder *tursitu, tremitu*, etc., non comme des impératifs, mais comme des substantifs de la 2e déclinaison à l'ablatif : il sous-entend un verbe signifiant « affectez, frappez ». Mais qu'on sous-entende un mot aussi important, cela paraît peu probable : il vaut mieux admettre que la prière s'adresse à chaque divinité individuellement et qu'on n'attend pas d'elles une action combinée. Nous traduirons donc *tursitu, tremitu* comme des impératifs singuliers. Il est facile de reconnaître dans ces deux mots, ainsi que dans les mots suivants, pris deux à deux, une allittération : comme il arrive souvent en pareil cas, je crois que les mots allittérants sont de signification assez voisine. *Tursitu*, comme on l'a déjà dit, est le latin « terreto[3] ». *Tremitu* est évidemment *tremere*, mais transporté dans la seconde conjugaison (*tremeitu*) et ayant le sens causatif. Quant aux mots qui suivent, il est bien difficile d'en déterminer la valeur. Aufrecht et Kirchhoff voient dans tous ces termes une

1. Adv. nat. III, 38.

2. Une coïncidence qui mérite d'être notée, c'est que dans le texte ombrien comme dans le texte latin les dieux d'origine étrangère sont invoqués les premiers. Servius, sur le vers de Virgile (Æn. III, 120) : Nigram Hiemi pecudem, Zephyris felicibus albam, fait une remarque qui donne peut-être l'explication de cette particularité. Bono usus est ordine, ut prius averteret mala, sic conciliaret optanda. Frustra enim profutura poscuntur adversis sequentibus. Nam et Romani veteres Diis asperioribus [prius?] sacrificabant, ne nocerent.

3. A. K. traduisent par « torreto ».

série de fléaux, tels que sécheresse (*tursitu*), tremblement de terre (*tremitu*), neige (*ninctu*), tonnerre (*sonitu*), inondation (*preplotatu*). On appellerait tous ces maux sur les nations voisines. C'est prêter à la population d'Iguvium des sentiments trop haineux : les mots intelligibles prouvent qu'elle se contente de se défendre, sans vouloir la destruction de ses voisins. *Preplotatu* équivaut au latin « propellito » : la racine *pel* a aussi dû faire *pol* en latin, comme on le voit par le participe *pulsus;* nous avons ici un fréquentatif *poltare*, et par métathèse *plôtare*. On a déjà vu dans le mot *prestota*, *pre* avec le sens du latin *pro*. — De même *previślatu*[1] suppose un substantif *viclum* ou *vicla* formé de *vincere* comme *pîlum* de *pinsere* ou *mâla* de *mandere*. Nous avons donc un verbe dérivé équivalant pour le sens à un composé inusité *pro-vincito* (cf. *provincia*). Les mots *struśla* (VI *a* 59) pour *strucela*, *diśler* (VI *a* 7) pour *diceler*, arçlataf (IV. 22) pour *arcelataf* montrent également un *c* radical changé en *ç* devant le suffixe *lo* ou *la*. — Le sens des deux premiers verbes est donc : « effraye, fais trembler » et celui des deux derniers : « repousse, chasse »; nous devons supposer que les autres mots se rapportent au même ordre d'idées. Il s'agit, pour tout dire, d'une depulsio et deprecatio, et non d'une dirarum imprecatio.

Je passe à la seconde prière qui, bien qu'adressée aux mêmes divinités, forme un ensemble à part, comme l'indique déjà le renvoi à la ligne sur la Table (VI *b* 61). On les invoque cette fois pour le peuple de la cité Iguvienne, pour la cité Iguvienne, et dès lors on leur demande faveur et protection. Il a déjà été question[2] de l'expression *fututo foner pacrer paśe vestra*, qui est la forme plurielle de *futu fons pacer paśe tua* (VI *a* 42 etc.) « sis faustus volens pace tua ». Viennent ensuite *ero nerus śihitir anśihitir*, *Jovies hostatir anhostatir*[3] qui ont été expliqués plus haut. Le seul mot qui prête à quelque doute est *ero* : il y faut voir un génitif pluriel *ero*(*m*) « illorum » se rapportant à la fois à *pople* et à *tote*. La phrase se termine par la formule connue *erer nomne*, *erar nomne*. Notre texte a ici par erreur *ero* au lieu de *erer*[4] : mais la vraie forme *erer* se trouve VII *a* 10. 18. 19. 22. 26. 32. 35.

1. C'est ainsi qu'il faut lire avec VII *a* 49.
2. V. p. 168.
3. C'est ainsi qu'écrit VII *a* 28, 50.
4. Cette faute se trouve répétée VII *a* 14 et 51. Remarquons à ce propos que

TRADUCTION.

(VI *b* 57) Çerfe Martie, Præstita Çerfia Çerfi (58) Martii, Tursa Çerfia Çerfi Martii, civitatem Tadinatem, Tuscum Naricum Japydicum nomen, (59) civitatis Tadinatis, tribus Tadinatis, Tusci Narici Japydici nominis Lares accitos, non accitos, Genios hospites, (60) non hospites terreto, tremefacito, — — — — — — propellito, profugato.

(61) Çerfe Martie, Præstita Çerfia Çerfi Martii, Tursa Çerfia Çerfi Martii, estote fausti volentes pace vestra populo civitatis Iguvinæ, (62) civitati Iguvinæ, illorum Laribus accitis, non accitis, Geniis hospitibus, non hospitibus, ejus [populi] nomini, ejus [civitatis] nomini.

(VI *b* 62) *Ape este dersicurent, eno* (63) *deitu : Etato, Ijovinur, porse perca arsmatia habiest. Ape este dersicust, duti ambretuto euront. Ape termnome* (64) *covortuso, sururont pesnimumo. Sururont deitu etaians, deitu. Enom tertim ambretuto. Ape termnome benuso,* (65) *sururont pesnimumo. Sururont deitu etaias. Eno prinvatur çimo etuto erafont via pora benuso.*

(VII *a* 1) *Sururont pesnimumo. Sururont deitu etaias. Eno prinvatur çimo etuto erafont via pora* (2) *benuso.*

(I *b* 21) Enumek : Etatu, Ikuvinus. Trijuper amprehtu. (22) Trijuper pesnimu. Trijuper : Etatu, Ikuvinus. Enumek (23) prinuvatus çimu etutu; erahunt vea çimu etutu prinuvatus.

Après cette prière, reprend la correspondance entre VI et I. Comme presque toujours, VI est plus développé, sans contenir au fond plus que I. *Ape este dersicurent* signifie « après qu'ils ont ainsi parlé » (c'est-à-dire l'adfertor et ses aides). *Dersicurent* suppose une ancienne forme dediçurent, dans laquelle il faut voir, avec Aufrecht, un futur antérieur à redoublement du verbe *dicere.* Je ne crois pas toutefois que ce temps appartienne proprement au verbe *deico*, mais plutôt à un verbe *dĭco* qui se retrouve dans *causidĭcus*, dans *judex, judicium, dĭcis causa,* et autres formations du même genre. Le redoublement se fait par un *e*, comme dans l'archaïque *me-*

dans le second passage où se trouve cette prière (VII *a* 47-51) on a *erar nerus* et non *erom nerus*. Voyez aussi VII *a* 14.

mordi, tetuli. — *Eno deitu porse perca arsmatia habiest* signifie « tum dicito qui prætextam lustralem habebit ». Les paroles à prononcer sont insérées au milieu de la phrase; elles consistent dans ces deux mots : *Etato, Ijovinur* « allez Iguviens ». Nous avons ici un impératif en *to* au lieu de *tuto*, ce qui a fait considérer *etato* comme un supin (« en marche! ») par Kirchhoff. Mais on a vu plus haut d'autres exemples de cette irrégularité (*arsmahamo, caterahamo*). Le fréquentatif *eitare* a pris ici la place du verbe simple *ire*, sans qu'il y ait différence pour la signification. Le fréquentatif paraît aussi avoir pris le sens du verbe simple en osque; une inscription de Pompéi, plusieurs fois répétée, commence ainsi : eksuk amvianud eítuns.... « hoc ambitu itant..., par ce coin on va chez.... » — *Ape este dersicust* « postquam ita dixerit », *duti ambretuto euront.* Pour comprendre le mot *duti* il faut rapprocher le *tertim ambretuto* de la l. 64. On voit dès lors qu'il s'est perdu un *m* à la fin de *duti*, lequel suppose un nom de nombre ordinal *dutius* (cf. *tertius*) à l'accusatif neutre. C'est ainsi qu'on a *Fisim, Fisi*, pour *Fisium.* L'ombrien a refait son second nombre ordinal d'après le nombre cardinal correspondant, comme le français a fait *deuxième* et le sanscrit *dvitîja* : le latin *alter* est beaucoup plus archaïque. Le sens de la phrase est donc qu'après que l'adfertor (ou en son nom le hérault?) aura parlé ainsi, les mêmes (c'est-à-dire les *prinvatur*, sans doute accompagnés du peuple) feront leur circuit pour la seconde fois. C'était aussi l'usage chez les Romains qu'à chaque acte des cérémonies religieuses un commandement fût adressé au peuple. Cf. Plutarque, Vie de Coriolan chap. 25. — *Euront*, qu'il faut décomposer en *eur-ont*, est le nominatif pluriel régulier d'un thème pronominal *eŏ* que nous avons déjà rencontré plus d'une fois, suivi de l'enclitique *-hont.*

Ce deuxième circuit accompli, et après qu'ils sont revenus à la borne, ils doivent répéter la même prière. La seule forme nouvelle est *covortuso* « converterunt [sese] », pour *covortusont.* C'est ainsi qu'en latin on trouve sur une inscription *dedro* pour *dederunt*[1]. Dans la même ligne on a *benuso* « venerunt. » Il faut observer que ces deux verbes, qui prennent l'un et l'autre en latin le parfait en *i*, ont en ombrien le parfait en *ui*. C'est un progrès de la conjugaison faible sur la con-

1. Corssen, ouvrage cité, II, 203.

jugaison forte. Cela est d'autant plus remarquable que nous avons eu (p. 174) le futur simple benes qui suit la troisième conjugaison. — La forme complète du parfait serait *covortusso*, *benus-so*, le premier *s* appartenant au thème du parfait (cf. en latin *habuis-ti*, *habuis-tis*), et le second *s* à la désinence *sont*. Autrement nous aurions *covorturo*, *benuro*, comme plus haut *dersicurent*.

La prière terminée, un troisième circuit commence. *Sururont deitu etaians*, *deitu*. Au lieu de *etato* qui est le discours direct, nous avons ici le discours indirect au moyen du subjonctif *etaians* « itent ». La troisième personne plurielle a affaibli son *t* en *s*[1]. — Après *deitu etaians* est encore une fois répété *deitu*, ce qui est peut-être moins une faute du graveur qu'un tour populaire, sorte de guillemets parlés.

Le cortége étant revenu une troisième fois auprès de la borne et la même prière ayant été dite une troisième fois, l'ordre de partir est donné. Alors les calatores s'en retournent par les mêmes routes qu'ils ont suivies en venant. *Çimo*, qui a perdu un *m* à la fin, est de la même famille que le latin *ci-s*, *ci-tra*, et probablement que l'ombrien *sei* (VI *a* 11) : c'est un superlatif formé comme *primus*, *summus*. Quant au sens, il n'est pas douteux : puisqu'il est dit qu'on prendra les mêmes routes par où l'on est venu, il ne peut être parlé que d'un retour, et *çimo* se traduira par *retro*. — Une question beaucoup plus controversable, c'est de déterminer le cas des deux mots *erafont via*. On peut décomposer en *eraf-ont via(f)* et voir dans ces deux mots des accusatifs pluriels. L'emploi de l'accusatif en pareille circonstance semble, il est vrai, assez insolite; une autre objection, qui n'est pourtant pas insurmontable, vient de ce que I *b* 23 met era-hunt vea qui ne peut être qu'un ablatif singulier. Il y aurait donc une légère divergence pour la forme entre les deux Tables, ce que nous avons d'ailleurs déjà eu à constater plus d'une fois. Une manière de trancher la difficulté, ce serait de supposer, comme y paraît enclin Kirchhoff, que *erafont* est une faute du graveur pour *erahont*[2]. Enfin une troisième solution, de conséquence beaucoup plus grave pour la phonétique,

1. VI *b* 65, nous avons *etaias* avec omission de la nasale. — Sur la question assez obscure des désinences primaires et secondaires dans les dialectes italiques, voy. les articles d'Ebel, de Corssen et de Bugge, dans le Journal de Kuhn, V, 401; XI, 350; XXII, 394.

2. Il faudrait alors supposer que la cause de la faute se trouvait dans le

serait d'admettre que le *h* a pris parfois le son *f*, comme les paysans du Latium prononçaient, selon Varron (De l. l., IV, 19), *fedus* « chevreau » au lieu de *hedus* (gothique *gaits*). Je dois ajouter que nos textes ne présentent aucun autre exemple certain du changement d'un *h* en *f*, de sorte que cette possibilité doit être simplement mentionnée ici en attendant des découvertes qui la confirment ou l'écartent. — Le dernier mot est *pora* qui, selon qu'on voit dans *via* un accusatif pluriel ou un ablatif féminin, sera lui-même accusatif ou ablatif (*porāf* ou *porâ*). Le mot se compose du thème relatif *po* et du pronom démonstratif *ero*. Une combinaison analogue existe en osque, où l'on a l'ablatif poizad = po + eizad. On trouve toutefois en ombrien le thème *po* encore susceptible de flexion : ainsi l'accusatif pluriel féminin *paf-e* (VI *a* 52). Cet engourdissement du pronom relatif n'en mérite pas moins d'être noté comme un symptôme de décomposition : on doit le rapprocher de ce que nous avons dit (p. 42) sur *porsi*.

Ici se termine la table VI. La table VII, dont le texte fait suite à celui de VI, a répété, probablement par une inadvertance du graveur, la dernière phrase de VI : on n'y trouve aucune variante. Le texte de I *b* 21 condense ce que VI *b* 62 a exposé avec un peu de prolixité. « Tum : Itate, Iguvini. » La suppression du mot teitu « dis » a déjà été observée, I *b* 19. — Les impératifs amprehtu « ambito », pesnimu « precator » sont à la seconde personne.

TRADUCTION.

(VI *b* 62) Postquam ita dixerint, tum (63) dicito : « Itate, Iguvini », qui prætextam lustralem habebit. Postquam ita dixerit, iterum ambeunto iidem. Postquam ad terminum (64) reversi sunt, item precantor. Item dicito « itent », dicito. Tum tertium ambeunto. Postquam ad terminum venerunt, (65) item precantor. Item dicito « itent ». Tum calatores redeunto eadem via qua venerunt.

(VII *a* 1) Item precantor. Item dicito « itent ». Tum calatores redeunto eadem via qua (2) venerunt.

modèle qui était sous les yeux du graveur, car la répétition de cette phrase (VII *a* 1) présente également *erafont*.

(I *b* 21) Tum : « Itate, Iguvini ». Ter ambito. (22) Ter precator. Ter « itate, Iguvini ». Tum (23) calatores redeunto; eadem via redeunto calatores.

SACRIFICES AUX ENVIRONS D'IGUVIUM.

(VII *a* 3) *Fondlire abrof trif fetu heriei rofu heriei peiu. Śerfe Martie feitu popluper totar Ijovinar totaper* (4) *Ijovina. Vatuo ferine feitu. Poni fetu. Arvio fetu. Tases persnimu. Prosesetir mefa spefa ficla arsveitu.* (5) *Suront naratu puse verisco Treblanir. Ape Traha Sahata combifianśust, enom erus dirstu.*

(I *b* 24) Funtlere trif apruf rufru ute peiu feitu Çerfe[1] Marti. (25) Vatuvu ferime fetu. Arviu ustentu. Puni feitu[2]. (26) Taçez pesnimu. Ạdepe arves.

Le sacrifice qui a eu lieu à Aquilonie n'est que le premier d'une série de quatre sacrifices, qui sont probablement offerts aux quatre points opposés des limites du territoire iguvien. Le second a lieu dans un endroit appelé *Fondlire* (VII *a* 3). Il faut décomposer le mot en *Fondlir* (datif pluriel) et *e*(*n*). La forme latine correspondante serait *Fontulis*, car le groupe ombrien *nd* représente d'ordinaire le latin *nt*. Le Funtlere de I *b* 24 ne nous apprend rien de plus. Les victimes consistent en trois sangliers (*abrof*, apruf) qui doivent être *heriei rofu, heriei peiu*, ce que I *b* 24 exprime par rufru ute peiu. Il a déjà été question de ce passage, sur lequel Kirchhoff s'est appuyé pour établir le sens de *heriei* « vel », ainsi que de heris[3]. — *Rofu*(*f*) est le latin *rufus*, tandis que rufru(f) correspond plutôt à *ruber*. On trouvera encore plus loin (VII *a* 6) *rofa*. — *Peiu* est évidemment un nom de couleur : Aufrecht l'a traduit, non sans pénétration, par *piceus* « couleur de poix, noir ». Il faut supposer une forme pekjus ou pikjus, dont le k s'est assimilé au j dont il était suivi. Le même fait a eu lieu au subjonctif feia (V *a* 23, V *b* 1), pour fakja. — L'expression *piceus* est également employée de cette façon en latin. Valerius Flaccus (Argonaut., III, 439) : Tunc piceæ mactantur oves, prosectaque partim Pectora. — Le dieu auquel on sacrifie est *Çerfus Martius*. — Les autres circonstances du sacrifice sont connues, de sorte que nous passons immédiatement à la dernière phrase de l'alinéa. Comme elle est

1. Feituçerfe.
2. Feiu.
3. Voy. ci-dessus, p. 103.

omise sur I, on peut admettre par avance qu'elle ne renferme aucune prescription importante : c'est, en effet, un simple avis que l'opération marquée par les mots *erus dirstu* aura seulement lieu aux Fontuli après qu'on aura terminé le quatrième sacrifice, celui qui est offert à un endroit nommé Traha Sahata. Nous reviendrons sur ces mots plus loin (cf. VII *a* 39, 41, 45). Disons seulement ici qu'il faut considérer *Traha Sahata* comme un terme géographique à la façon de *Ad casas*, *Cis Padum*.

TRADUCTION.

(VII *a* 3) Ad Fontulos apros tres facito sive rufos sive piceos. Çerfo Martio facito pro populo civitatis Iguvinæ, pro civitate (4) Iguvina. Tura acerra facito. Lacte facito. Ollas facito. Tacitus precator. Prosectis molam sparsam, offam addito. (5) Item nuncupato uti ad portam Trebulanam. Postquam Trans Satam auspicatus erit, tum frusta dato.

(I *b* 24) Ad Fontulos tres apros rubros aut piceos facito Çerfo Martio. (25) Tura acerra facito. Ollas donato. Lacte facito. (26) Tacitus precator. Adipibus, extis [facito].

(VII *a* 6) *Rubine porca trif rofa ote peia fetu Prestote Śerfie Śerfer Martier popluper totar Ijovinar totaper* (7) *Iovina. Persaia fetu. Poni fetu. Arvio fetu. Suront naratu pusi pre verir Treblanir. Tases persnimu.* (8) *Prosesetir struśla ficla arsveitu. Ape supo postro pepescus, enom pesclu Ruseme vesticatu Prestote Śerfie* (9) *Śerfer Martier, popluper totar Iovinar totaper Iovina. Enom vesclir adrir Ruseme eso persnihimu : Prestota* (10) *Śerfia Śerfer Martier, tiom esir vesclir adrir popluper totar Ijovinar totaper Ijovina, erer nomneper,* (11) *erar nomneper. Prestota Śerfia Śerfer Martier, prevendu via ecla atero tote Tarsinate, trifo Tarsinate,* (12) *Tursce Naharce Iabusce nomne, totar Tarsinater, trifor Tarsinater, Tuscer Naharcer Iabuscer nomner* (13) *nerus śitir anśihitir, Jovies hostatir anostatir, ero nomne. Prestota Śerfia Śerfer Martier, futu fons* (14) *pacer pase tua pople totar Ijovinar, tote Ijovine, erer*[1] *nomne, erar nomne, erar nerus śihitir anśihitir, Jovies* (15) *hostatir anostatir. Prestota Śerfia Śerfer Martier, salvom seritu poplom totar Ijovinar, salva seritu*[2] (16) *totam Ijovinam. Prestota Śerfia Śerfer Mar-*

1. *Erom.* — 2. *Serituu.*

tier, salvo seritu popler totar Ijovinar[1] (17) *nome, nerf, arsmo, viro, pequo, castruo, frif. Salva seritu*[2]. *Futu fons pacer pase tua pople totar Ijovinar,* (18) *tote Ijovine, erer nomne, erar nomne. Prestota Śerfia Śerfer Martier, tiom esir vesclir adrer popluper* (19) *totar Ijovinar, totaper Iovina, erer nomneper, erar nomneper. Prestota Śerfia Śerfer Martier, tiom* (20) *subocauv. Prestotar Śerfiar Śerfer Martier foner frite tiom subocauv. — Ennom persclu eso deitu :* (21) *Prestota Śerfia Śerfer Martier, tiom isir vesclir adrir, tiom plener, popluper totar Ijovinar, totaper* (22) *Ijovina, erer nomneper, erar nomneper. Prestota Śerfia Śerfer*[3] *Martier, tiom subocauv. Prestotar* (23) *Śerfiar Śerfer Martier foner frite tiom subocauv. — Enom vesticatu, ahatripursatu. Enom Ruseme* (24) *persclu vesticatu Prestote Śerfie Śerfer Martier popluper totar Ijovinar totaper Iovina. Ennom vesclir* (25) *alfir persnimu. Superne adro trahvorfi andendu. Eso persnimu : Prestota Śerfia Śerfer Martier, tiom* (26) *esir vesclir alfir popluper totar Ijovinar totaper Ijovina, erer nomneper, erar nomneper. Prestota* (27) *Śerfia Śerfer Martier, ahavendu via ecla atero pople totar Ijovinar, tote Ijovine, popler totar Iovinar,* (28) *totar Ijovinar nerus śihitir anśihitir, Jovies hostatir anhostatir, erer*[4] *nomne, erar nomne. Prestota Śerfia* (29) *Śerfer Martier, salvom seritu poplo totar Ijovinar, salva seritu totam Ijovinam. Prestota Śerfia Śerfer* (30) *Martier, salvom seritu popler totar Ijovinar, totar Ijovinar nome, nerf, arsmo, viro, pequo, castruo, frif.* (31) *Salva seritu. Futu fons, pacer, pase tua, pople totar Ijovinar, tote Ijovine, erer nomne, erar nomne. Prestota* (32) *Śerfia Śerfer Martier, tiom esir vesclir alfer popluper totar Ijovinar, totaper Ijovina, erer nomneper, erar* (33) *nomneper. Prestota Śerfia Śerfer Martier, tiom subocauv. Prestotar Śerfiar Śerfer Martier foner frite tiom* (34) *subocauv. Ennom persclu eso persnimu : Prestota Śerfia Śerfer Martier, tiom isir vesclir alfer, tiom plener,* (35) *popluper totar Ijovinar, totaper Ijovina, erer nomneper, erar nomneper. Prestota Śerfia Śerfer Martier, tiom* (36) *subocauv. Prestotar Śerfiar Śerfer Martier foner frite, tiom subocauv. — Enom vesticatu, ahatripursatu.* (37) *Vestisa et mefa spefa scalsie conegos fetu Fisovi Sansii popluper totar Ijovinar, totaper Ijovina. Suront* (38) *naratu puse post verir Tesonocir. Vestisiar*

1. Une seconde fois *totar Ijovinar.*
2. *Śalvaseritu.*
3. *Serfiarterfer.*
4. *Ero.*

erus ditu. Enno vestisia mefa spefa sopam purome efurfatu. (39) *Subra spahamu. Traf Sahatam etu. Ape Traha Sahata covortus, ennom comoltu; comatir persnihimu. Capif* (40) *sacra aitu.*

(I *b* 27) Rupinie e tre purka rufra ute peia fetu Prestate (28) Çerfie Çerfe Marties. Peḍaia feitu. Arviu ustentu. (29) Kapi sakra aitu. Vesclu vetu atru alfu. Puni fetu. (30) Taçez pesnimu. Aḍeper arves.

Ce morceau, qui sur VII est très-développé à cause des prières citées *in extenso*, est destiné à décrire le second sacrifice, celui qui a lieu dans un endroit appelé *Rubine* (VII *a* 6), Rupinie (I *b* 27). Si nous rapprochons l'accusatif *Rubinam-e* (VII *a* 43, 44), Rupinam-e (I *b* 35, 36), nous ne pouvons douter que ce ne soit un nom singulier de la première déclinaison, dont la forme latine aurait été *Rubinia* ou *Rupinia*. L'*i* atone qui précède la désinence a été supprimé dans la plupart des formes, comme cela a lieu pour *vestiçia* qui est souvent écrit vestiça, ou pour *combifiançiust* qu'on trouve écrit *combifianśust*. Un autre exemple de la suppression d'un *i* après un *n* est le mot spinia deux fois écrit spina (II *a* 33, 38). Un fait analogue a lieu en latin dans les mots tels que *aureus*, *flammeus*. La table I *b* 27 a Rupinie e, ce que Kirchhoff regarde comme une faute du graveur pour Rupinie; mais ce qui, comme l'a reconnu Savelsberg, n'est pas plus incorrect que Funtler-e (I *b* 24). L'un et l'autre, en effet, est un datif suivi de la préposition *e(n)* : au lieu de joindre la préposition au nom, ce qui l'aurait rendue méconnaissable, le graveur l'a écrite comme un mot indépendant[1]. On peut se demander si le *Rubine* de VII *a* 6 doit se décomposer en *Rubine-e*, ou s'il y faut voir un simple datif employé comme locatif; la première explication me paraît préférable à cause de la symétrie qui règne dans ces différents passages où l'on énumère les lieux destinés à servir de théâtre aux sacrifices.

Nous traduirons *porca(f)* par « laies », ayant reconnu des truies dans les *sif* de VI *a* 58 et VI *b* 3. — Leur couleur est la même que celle des sangliers. — VII emploie la conjonction *ote* « aut » au lieu de *heriei* qu'il avait mis à l'alinéa précédent. — La déesse est la même *Prestota Çerfia*, fille ou femme de *Çerfus Martius*, qui a déjà été invoquée précédemment; mais ici elle est invoquée seule. Nous verrons qu'à la fin de la prière, un sacrifice est offert au dieu Fisovius Sancius. —

[1] Voy. plus loin tafle e II *b* 12; testre e uze II *b* 27, 28.

La proposition : *Ape supo postro pepescus* est la répétition de ce que nous avons vu VI *b* 5. — *Pesclu* est un ablatif employé dans le sens sociatif : « fais libation avec prière ». — Cette libation n'a pas lieu à *Rupinia*, mais dans un endroit désigné par l'expression *Ruseme*. Nous avons ici un nom propre, et non, comme on l'a pensé, le substantif latin *rus*, qui aurait fait, comme en latin, *rure* à l'ablatif. Je suppose un nominatif *Rusema*, qui est peut-être identique, dans sa première partie, avec le nom de ville étrusque *Rusellæ*. — *Vesclir* est l'ablatif pluriel d'un nom correspondant au latin *vasculum* : on a déjà vu VI *b* 18, I *a* 18 des coupes (kapif) offertes à la divinité. — *Adrir* est le latin *atris*; il sera question plus loin (VII *a* 25) de *vesclir alfir* « vasculis albis ». Ces vases noirs et blancs rappellent les vases dits étrusques qu'on trouve encore aujourd'hui en si grand nombre dans les tombeaux de l'Italie. — Après avoir présenté ses offrandes à la divinité, le prêtre lui adresse une prière qui nous fait connaître son désir. Il s'agit encore une fois d'une demande relative à ces Tadinates, Étrusques et autres peuples étrangers, desquels la population iguvienne prend soin de se préserver et de se séparer.

Prevendu via ecla atero tote Tarsinate.... Pour comprendre la portée de cette phrase, il faut rapprocher le passage suivant (VII *a* 27), qui renferme évidemment l'idée contraire : *Ahavendu via ecla atero pople totar Ijovinar....* Toute l'opposition se trouve dans les mots *prevendu* et *ahavendu* qui sont les mêmes verbes précédés de préfixes, différents. A. K., qui gardent sur le sens de cette phrase une grande réserve, supposent que *atero* est le régime direct de *prevendu* et *ahavendu*, lesquels deviennent dès lors des verbes transitifs. Nous pouvons admettre cette construction, en faisant remarquer toutefois que *atero* n'est pas un substantif, mais l'infinitif d'un verbe. Quant à *via ecla*, dont A. K. font un ablatif, c'est le régime de *atero*. *Prevendu* n'est pas autre chose que le latin *prævenito*, dans le sens de « prohibeto » : l'idée de prévenir est voisine de l'idée d'empêcher, et le latin nous présente plus d'une fois ce sens. Cic., *De Off.* III, 7. Nisi aliquis casus, aut occupatio consilium ejus prævenisset. Macrobe. Sat. VII, 12. Ex asperatione oris præventa suavitas excluditur. On comprend aisément que ce sens, qui est surtout attaché en latin à *prohibere*, ait pu s'accuser d'avantage en ombrien avec le verbe *venire*. Ce verbe forme une partie de ses temps d'après la conjugaison forte, comme on l'a vu par le futur *benes* (I *b* 15) : ici l'on avait un impératif *preventu*, qui s'est changé en *prevendu* par l'influence déjà constatée plus d'une fois qu'un *n* exerce sur le *t* dont il est suivi. C'est ainsi qu'on a eu (VI *b* 40, 40, 42) *endendu* « intendito » et (VI *a* 20) *ostendu* « ostendito ». La seule difficulté, c'est que, d'après *benes*, *benuso*, on se serait attendu à un *b*, et non un *v*. Mais on sait qu'en tête du second membre d'un composé, les lettres ne sont pas nécessairement soumises aux mêmes changements que quand elles sont initiales. Ainsi en latin on a *bellum* et *perduellio*[1]. Je passe au second composé : *ahavendu* (pour *âvendu*), qui doit avoir, s'il est le contraire de *prevendu*, le sens « permets, accorde ». On ne trouverait pas d'exemple de *advenire* employé en cette acception : mais *accedere* signifie « consentir » et συγχωρέω, en grec, a le même sens[2]. Il reste *atero* dans lequel, comme nous l'avons dit, il faut voir un infinitif pareil à *afero* « circumferre ». C'est cet infinitif qui exprime l'action qui doit être permise aux Iguviens et défendue aux peuples voisins. Si l'on considère que *atero* a pour régime *ecla via* « hanc viam », ou « hac via », on pensera sans doute qu'il est question d'un droit de passage ou d'un droit de propriété, soit qu'il s'agisse de l'usage exclusif de la route, soit qu'on veuille simplement réserver aux Iguviens un droit de péage. Peut-être n'est-il pas hors de propos de rappeler le double sens du mot *pontifex* « pontife » et « constructeur de route (pont) ». Parmi les différentes explications qui se présentent pour l'infinitif *atero*(*m*), aucune n'est tout à fait sûre. La voyelle *a* peut représenter les préfixes *amb* ou *ant* ou *an*[3]. Quant au verbe *terom*, on y peut voir le verbe latin *terere* « fouler », auquel cas *via*(*m*) sera un accusatif. Les datifs qui suivent sont régis par *prevendu* et *ahavendu*.

Toute la prière, jusqu'aux mots *tiom subocauv* (VII *a* 20) qui la terminent, ne présente que des formules déjà connues. La prière reprend une seconde fois sans offrir aucune particularité nouvelle, sinon que cette fois les vases sont désignés comme pleins : *tiom isir vesclir adrir*, *tiom plener*. Après les prescriptions déjà connues : *Enom vesticatu*, *ahatripursatu*, une autre offrande consistant en vases de couleur

1. De nombreux exemples tirés des langues romanes ont été assemblés par Schuchardt, *Romania*, III, p. 1 ss.

2. Au sujet du préfixe *aha*, qui est le même que dans *ahatripursatu*, v. p. 12. Nous reviendrons (IV, 1) sur cette préposition.

3. Cf. atedafust, atentu, apentu, azeriatu.

blanche, donne lieu, dans le même endroit (*Ruseme*), à un cérémonial semblable, sauf le fait que cette fois on demande pour le peuple iguvien la faculté que tout à l'heure on priait la divinité de retirer aux autres peuples. Avant le texte de la prière vient cette phrase : *Superne adro trahvorfi andendu* (VII *a* 25). Dans *andendu* nous reconnaissons un impératif *intendito* avec le sens de « qu'il place ». Il est difficile de dire si c'est le même verbe que *endendu*, ou si le préfixe est autre. — *Trahvorfi* a été justement rapproché par Bugge (Journal de Kuhn, XXII, 423) du latin *transversim* : pour expliquer le *f* il faut, selon ce que nous avons dit plus haut (p. 16), partir d'un groupe *ts*. Le participe *versus* étant pour *vert-tus*, le degré intermédiaire a dû être *vert-sus*. Le sens de l'adverbe semble bien être « en travers ». On doit donc poser cette nouvelle offrande transversalement. Le texte ajoute : *superne adro* « superne atra, par-dessus les [vases] noirs ». Nous ignorons le motif de cette recommandation à laquelle s'attachait peut-être quelque idée de symbolisme.

Tout le reste est connu. Il faut seulement remarquer l'expression (VII *a* 34) : *ennom persclu eso persnimu* « tunc cum precatione ita precator », qui serait vide de sens si *persclum* n'était pas la prière accompagnée de sacrifice. — La cérémonie terminée, le prêtre reçoit l'ordre d'aller à *Traha Sahata*. C'est alors seulement qu'il doit accomplir la prescription énoncée par les mots *comoltu*, *comatir persnihmu* (voy. p. 196). Comme notre texte emploie l'expression *covortus* (après qu'il sera retourné à Trans Sata), nous devons supposer que dans ses évolutions antérieures il a déjà passé par cet endroit.

La rédaction I *b* 27 n'a rien qui rappelle la prescription : *Ruseme persnihimu*. Mais les objets à offrir sont les mêmes. Le texte dit d'une façon très-concise : Vesclu vetu atru alfu. On reconnaît un régime « vascula atra alba », gouverné par l'impératif vetu, qui doit signifier « qu'il offre, qu'il voue ». Je crois que c'est le verbe latin *voveo*. Mais on se serait plutôt attendu à une forme vutu. Cf. vutu (II *a* 39), *sub-otu* (VI *b* 25). Ce vetu, s'il n'est pas une faute[1], doit nous faire supposer un impératif *voeito* (pour *voueito*). Entre cette forme faible et vutu la différence serait à peu près la même qu'entre *virseto* (VI *a* 28) et le latin *visum*.

1. On le retrouve I *b* 37.

TRADUCTION.

(VII *a* 6) Ad Rupiniam porcas tres rufas aut piceas facito Præstitæ Çerfiæ Çerfi Martii pro populo civitatis Iguvinæ, pro civitate (7) Iguvina. Libamina facito. Lacte facito. Ollas facito. Item nuncupato uti ante portam Trebulanam. Tacitus precator. (8) Proseclis struiculam, offam addito. Postquam pane altero precatus eris, tunc cum precatione ad Rusemam libato Præstitæ Çerfiæ (9) Çerfi Martii pro populo civitatis Iguvinæ, pro civitate Iguvina. Tunc vasculis atris ad Rusemam ita precator : Præstita (10) Çerfia Çerfi Martii, te his vasculis atris pro populo civitatis Iguvinæ, pro civitate Iguvina, ejus (populi) nomine, (11) ejus (civitatis) nomine. Præstita Çerfia Çerfi Martii, interdicito via illa uti civitati Tadinati, tribui Tadinati, (12) Tusco Narico Iapydico nomini, civitatis Tadinatis, tribus Tadinatis, Tusci Narici Iapidici nominis (13) laribus accitis non accitis, geniis novensidibus patriis, eorum nomini. Præstita Çerfia Çerfi Martii, esto faustus (14) volens pace tua populo civitatis Iguvinæ, civitati Iguvinæ, ejus (populi) nomini, ejus (civitatis) nomini, ejus (civitatis) laribus accitis non accitis, geniis (15) novensidibus patriis. Præstita Çerfia Çerfi Martii, salvum servato populum civitatis Iguvinæ, salvam servato (16) civitatem Iguvinam. Præstita Çerfia Çerfi Martii, salvum servato populi civitatis Iguvinæ (17) nomen, lares, ritus, viros, pecudes, campos, fruges. Salvas servato. Esto faustus volens pace tua populo civitatis Iguvinæ, (18) civitati Iguvinæ, ejus (populi) nomini, ejus (civitatis) nomini. Præstita Çerfia Çerfi Martii, te his vasculis atris pro populo (19) civitatis Iguvinæ, pro civitate Iguvina, pro ejus (populi) nomine, pro ejus (civitatis) nomine. Præstita Çerfia Çerfi Martii, te (20) invocavi. Præstita Çerfia Çerfi Martii fausti more te invocavi. — Tunc cum precatione ita dicito : (21) Præstita Çerfia Çerfi Martii, te his vasculis atris, te plenis, pro populo Iguvino, pro civitate (22) Iguvina, pro ejus (populi) nomine, pro ejus (civitatis) nomine. Præstita Çerfia Çerfi Martii, te invocavi. Præstitæ (23) Çerfiæ Çerfi Martii faustæ more te invocavi. — Tum libato, infundito. Tum ad Rusemam (24) cum precatione libato Præstitæ Çerfiæ Çerfi Martii pro populo civitatis Iguvinæ, pro civitate Iguvina. Tum vasculis (25) albis precator. Super atra transversim imponito. Ita precator :

Præstita Çerfia Çerfi Martii, te (26) his vasculis albis pro populo civitatis Iguvinæ, pro civitate Iguvina, pro ejus (populi) nomine, pro ejus (civitatis) nomine. Præstita (27) Çerfia Çerfi Martii, concedito via illa uti populo civitatis Iguvinæ, civitati Iguvinæ, populi civitatis Iguvinæ (28), civitatis Iguvinæ laribus accitis non accitis, geniis novensidibus patriis, ejus (populi) nomini, ejus (civitatis) nomini. Præstita Çerfia (29) Çerfi Martii, salvum servato populum civitatis Iguvinæ, salvam servato civitatem Iguvinam. Præstita Çerfia Çerfi (30) Martii, salvum servato populi civitatis Iguvinæ, civitatis Iguvinæ nomen, lares, ritus, viros, pecudes, campos, fruges. (31) Salvas servato. Esto faustus volens, pace tua, populo civitatis Iguvinæ, civitati Iguvinæ, ejus (populi) nomini, ejus (civitatis) nomini. Præstita (32) Çerfia Çerfi Martii, te his vasculis albis pro populo civitatis Iguvinæ, pro civitate Iguvina, pro ejus (populi) nomine, pro ejus (civitatis) (33) nomine. Præstita Çerfia Çerfi Martii, te invocavi. Præstitæ Çerfiæ Çerfi Martii faustæ more te (34) invocavi. Tunc cum sacrificio ita precator : Præstita Çerfia Çerfi Martii, te his vasculis albis, te plenis, (35) pro populo civitatis Iguvinæ, pro civitate Iguvina, pro ejus (populi) nomine, pro ejus (civitatis) nomine. Præstita Çerfia Çerfer Martier, te (36) invocavi. Præstitæ Çerfiæ Çerfi Martii faustæ more, te invocavi. — Tum libato, infundito. (37) Libum et molam sparsam — innixus facito Fisovio Sancio pro populo civitatis Iguvinæ, pro civitate Iguvina. Tum (38) nuncupato uti post portam Tesenacam. Libi frusta dato. Tum libum molam sparsam panem ad puritatem februato. (39) Supra instillato. Trans Satam ito. Postquam Trans Satam reversus eris, tum commolito; commolitis precator. Capides (40) sacras dicito.

(I *b* 27) Ad Rupiniam tres porcas rubras aut piceas facito Præstitæ (28) Çerfiæ Çerfi Martii. Libamina facito. Ollas donato. (29) Capides sacras dicito. Vascula voveto atra alba. Lacte facito. (30) Tacitus precator. Adipibus, extis [facito].

(VII *a* 41) *Trahaf Sahate vitla trif feetu Turse Śerfie Śerfer Martier popluper totar Ijovinar, totaper Ijovina. Persaea fetu. Poni* (42) *fetu. Arvio fetu. Tases persnimu. Prosesetir strušla ficlam arsveitu. Suront naratu puse verisco Treblaneir. Ape* (43) *purdinšiust, carsitu pufe abrons facurent puse erus dersa. Ape erus dirsust, postro combifiatu Rubiname; erus* (44) *dersa. Enem Traha Sahatam combifiatu; erus dersa. Enem Rubiname postro covertu; comoltu, comatir persnimu et* (45) *capif sacra aitu. Enom Traha Sahatam covertu; comoltu, comatir persnihimu. Enom purditom fust.*

(I *b* 31) Tra Sate tref vitlaf feitu Tuse Çerfie Çerfe Marties. (32) Peḍaia feitu. Arviu ustentu. Puni fetu. Taçez pesnimu. (33) Aḍeper arves. Pune purtinçus, kaḍetu pufe apruf (34) fakurent puze erus teḍa. Ape erus teḍust, pustru (35) kupifiatu Rupiname; erus teḍa. Ene Tra Sahta kupifiaia; (36) erus teḍa. Enu Rupiname pustru kuvertu. Antakre[1] (37) kumate pesnimu. Enu kapi sakra aitu. Vesklu vetu. (38) Enu Satame kuvertu. Antakre kumate pesnimu. Enu esunu (39) purtitu fust.

Le sacrifice de *Trahaf Sahata*, dont il a déjà été deux fois question par avance, consiste en trois génisses (*vitlaf*) offertes à *Tursa Çerfia*. Ce nom de *Trahaf Sahata*, sur lequel nous n'avons pas encore donné d'explication, est employé neuf fois :

I *b* 31.	Tra Sate feitu.
VII *a* 41.	*Trahaf Sahate fetu.*
I *b* 35.	Tra Sahta kupifiaia.
VII *a* 44.	*Traha Sahatam combifiatu.*
VII *a* 5.	*Ape Traha Sahata combifiançust.*
VII *a* 39.	*Ape Traha Sahata covortus.*
VII *a* 39.	*Traf Sahatam etu.*
VII *a* 45.	*Traha Sahatam covertu.*
I *b* 38.	Satame kuvertu.

Il ressort de ces passages que les deux mots qui composent cette expression sont traités comme n'en faisant qu'un, c'est-à-dire que le premier terme reste invariable, tandis que le second prend la flexion exigée par l'ensemble de la phrase. Une fois (I *b* 38), au lieu de deux termes, on emploie le second seul. Dans les deux premiers passages, nous avons le datif; dans les six passages suivants, c'est l'accusatif (le *m* est plusieurs fois omis à la fin de *Sahata*); le dernier exemple nous présente l'accusatif suivi de *e*(*n*). Le mot *trahaf* ou *trâf* est, comme l'a reconnu Kirchhoff, le latin *trans*[2]; de même

1. Ant akre.
2. Cf. la première syllabe de *trahvorfi* (VII *a* 25).

que le *ns* de l'accusatif pluriel, celui de *trans* a donné naissance à un *f*. Quant à *Sahata*, *Sata*, il était probablement à l'origine le régime de *traf* : mais l'habitude ayant soudé les deux mots, le substantif s'est rendu grammaticalement indépendant de sa préposition, pour ne plus obéir qu'à la syntaxe de la phrase. Pour former des mots comme *Transpadanus*, *Cisalpinus*, le latin a dû souder également les locutions *Trans Padum*, *cis Alpes* : pareille chose est arrivée pour les noms de lieu comme Forum Julii, Forum Semproni, Portus Veneris, qui ont fini par être traités comme ne faisant qu'un seul mot[1]. Nous avons donc un nom de lieu : Trans Satam. On ne saurait déterminer ce que signifiait ce mot *Sâta*, et il vaut mieux s'abstenir de toute hypothèse à cet égard. La description du sacrifice ne présente rien de nouveau.

Vient ensuite l'ordre de retourner aux Fontuli pour y pratiquer l'opération communément exprimée par les mots *erus dirstu*. Le texte ne nomme pas les Fontuli; il se contente de les désigner par la périphrase *pufe abrons facurent* « ubi apros fecerint ». Mais le sens de cette expression ne peut laisser aucun doute, quand on se rappelle que les sangliers ont été immolés aux Fontuli, et quand on voit que le cortége reviendra ensuite à Rupinia, pour finir par Traha Sahata, c'est-à-dire pour accomplir une seconde fois exactement le même trajet. Le verbe *facurent* est un futur passé, tout l'ensemble des prescriptions étant considéré comme au futur. On voit que *facio* a un parfait faible, comme si en latin, au lieu de *feci*, nous avions *facui*. — *Pufe*, qu'il faut prendre ici comme adverbe de lieu et non comme adverbe de temps, a déjà été reconnu l'équivalent du latin (*c*)*ubi*[2]. — Reste l'accusatif pluriel *abrons* que A. K., avec une conséquence qu'il faut admirer en la condamnant, ont eu le courage de déclarer une faute du graveur[3]. Nous avons ici la forme ancienne et complète de l'accusatif pluriel, telle qu'elle s'est conservée seulement en sanscrit, en crétois et en borussien[4]. Cet accusatif n'est pas seul de son espèce puisque *erus*, sans parler d'exemples moins certains, est formé de la même façon. I *b* 33 met apruf :

1. V. Meunier, *Composés syntactiques en grec*, dans l'Annuaire de l'Association des Études grecques. 1872, p. 301.
2. Voy. p. 37.
3. Ouvrage cité, II, p. 287.
4. Schleicher, *Compendium*, § 250.

preuve qui, à elle seule, suffirait pour attester que la langue des tables VI et VII n'est pas plus moderne que celle de I.

Cette proposition *pufe abrons facurent* dépend de l'impératif *carsitu*, qui a déjà été expliqué comme répondant au latin *calato*[1]. Il n'y a pas de régime direct, mais il est clair qu'il est question des acolytes, et probablement aussi du peuple qui les accompagne. L'adfertor doit les appeler là où l'on a sacrifié les sangliers, c'est-à-dire qu'il leur doit intimer l'ordre de retourner à cet endroit. Le motif est contenu dans les mots suivants *puse erus dersa*. *Dersa*(*t*), en vieil ombrien teḍa(t), est le subjonctif du même verbe qui fait à l'impératif *dirstu* ou teḍtu : le redoublement est conservé; la flexion est celle de la troisième conjugaison latine. On remarquera que nous avons ici un vrai subjonctif, à la différence des optatifs comme *aseriaia*, *portaia*, *dia*. C'est donc pour que l'adfertor distribue les morceaux de la victime. En effet, cette partie du sacrifice avait été, comme on se le rappelle, déclarée différée dans l'alinéa relatif aux Fontuli (VII *a* 5). — *Ape erus dirsust* est la répétition du même fait au futur passé : « postquam frusta dederit ». Ce futur passé *dirsust*, teḍust, pourrait, à ce qu'il semble, être rapproché du latin *dederit* : mais je crois qu'on sera plus près de la vérité en admettant que l'ombrien n'a plus conscience du redoublement renfermé dans ce verbe et a formé *dersust* d'un thème *ders-*, comme il tire *ses*(*t*)*ust* d'un thème *ses*(*t*)-. Au contraire, dans une forme que nous allons rencontrer (VII *a* 46), on aura un exemple de redoublement pareil à celui de *dedi*. Les mots *combifiatu Rubiname* contiennent l'ordre d'aller ensuite prendre les auspices à Rupinia. On est étonné de voir reparaître ici la mention des auspices, qui, jusqu'à présent, avaient eu leur place au commencement et non à la fin des sacrifices. *Postro*(*m*) qui accompagne le verbe, et qui a embarrassé A. K., parce qu'ils le prenaient pour un adverbe de lieu signifiant « retro, post tergum[2] », se justifie du moment qu'on y reconnaît un adverbe signifiant « denuo[3] ». Après la distribution faite aux Fontuli et à Rupinia, une autre a lieu à Trans Satam. On voit que le sacrificateur parcourt une seconde fois les mêmes étapes. Il s'écoulait de même chez les Romains un laps de temps entre l'immolation de la victime et la porrection des entrailles. C'est ce qu'on

1. Voy. p. 54.
2. II, 288.
3. Voy. p. 118.

voit par Varron, De l. l. VI, 4, § 31, et par Macrobe, Sat. I, 16. De là, chez les Romains, le proverbe *Inter cæsa et porrecta*, pour marquer l'intervalle entre le commencement et la fin d'une entreprise. — L'emploi du subjonctif *dersa* au lieu de l'impératif *dirstu* peut se comparer à celui de l'optatif kupifiaia (I *b* 35) au lieu de la forme ordinaire kupifiatu.

Un troisième et dernier acte de ce sacrifice, mais qui a seulement Rupinia et Trans Satam pour théâtre, c'est l'opération marquée par *comoltu comatir persnihimu*. La raison pour laquelle Fontuli n'est pas mentionné nous échappe. Au contraire on aperçoit bien le motif d'une autre prescription qui concerne le seul Rupinia : *capif sacra aitu* « capides sacras nuntiato ». Il est question ici des coupes qui ont servi à la libation, et nous avons ici une nouvelle confirmation du sens que nous avons cru devoir attribuer à *vesticatu*. I *b* 37 ajoute : vesklu vetu « vascula voveto », faisant allusion sans doute aux vases noirs et blancs qui ont été présentés à Præstita Çerfia. — Il y a peu de chose à ajouter sur I *b* 31-39, la plupart des termes étant déjà connus. Tuse est pour Turse. Çerfe a perdu son s final. L'optatif kupifiaia, le subjonctif teḍa sont pour kupifiaias, teḍas, si l'on admet que cette table continue à employer la seconde personne. Mais à la ligne 34 on a teḍust, à la l. 40 ateḍafust, ce qui montre que la t. I, sur la fin, emploie comme VI-VII la 3ᵉ personne : le sens ne se trouve d'ailleurs pas modifié par ce changement grammatical. — Au lieu de kumate(s) tout court, on a ici deux fois antakre(s) kumate(s) : antakres est le substantif qui désigne les objets qu'on doit briser. Aufrecht reconnaît dans antakres le latin *integris*, ce qui satisfait aux règles de la phonétique, mais ne convient pas beaucoup pour le sens. J'aime mieux voir dans ce mot l'un des nombreux termes qui, chez les anciens, désignent les vases du sacrifice.

TRADUCTION.

(VII *a* 41) Trans Satam vitulas tres facito Tursæ Cerfiæ Cerfi Martii pro populo civitatis Iguvinæ, pro civitate Iguvina. Libamina facito. Lacte (42) facito. Ollas facito. Tacitus precator. Prosectis struiculam, offam addito. Item nuncupato uti ad portam Trebulanam. Postquam (43) polluxerit, calato [huc] ubi apros fecerint ut frusta det. Postquam frusta dederit, denuo auspicator ad Rupiniam; frusta (44) det. Tum Trans Satam auspicator; frusta det. Tum ad Rupiniam denuo convertitor; confringito; confractis precator, et (45) capides sacras nuntiato. Tum Trans Satam convertitor; confringito; confractis precator. Tum polluctum fuerit.

(I *b* 31) Trans Satam tres vitulas facito Tursæ Çerfiæ Çerfi Martii. (32) Libamina facito. Ollas donato. Lacte facito. Tacitus precator. (33) Adipibus, extis [facito]. Postquam polluxerit, calato [huc] ubi apros (34) fecerint uti frusta det. Postquam frusta dederit, denuo (35) auspicator ad Rupiniam; frusta det. Tum Trans Satam auspicator; (36) frusta det. Tum ad Rupiniam denuo convertitor. Urceis (37) confractis precator. Tum capides sacras nuntiato. Vascula voveto. (38) Tum ad Satam convertitor. Urceis confractis precator. Tum sacrificium (39) polluctum fuerit.

(VII *a* 46). *Pos tertio*[1] *pane poplo andirsafust, porse perca arsmatia habiest et prinvatur dur tefruto Tursar eso tasetur* (47) *persnihimumo : Tursa Jovia, totam Tarsinatem, trifo Tarsinatem, Tuscom Naharcom Japusco nome, totar* (48) *Tarsinater, trifor Tarsinater, Tuscer*[2] *Naharcer Japuscer nomner nerf sihitu ansihitu, Jovie hostatu anostatu* (49) *tursitu, tremitu, hondu, holtu, ninctu, nepitu, sunitu, savitu, preplohotatu*[3], *previślatu. Tursa Jovia, futu fons,* (50) *pacer pase tua pople totar Iovinar, tote Iovine, erar nerus śihitir anśihitir, Jovies hostatir anhostatir, erom* (51) *nomne, erar nomne. Este trioper deitu.*

(I *b* 40). **Pus tertiu**[4] **pane puplu ateḍafust, iveka perakre tusetu**[5].

La première phrase comprend deux propositions, dont l'une a pour verbe *andirsafust* et l'autre *persnihimumo.* Le premier verbe est écrit sur I *b* 40 **ateḍafust**, ce qui permet de le rattacher sûrement au même thème *dirs*, *ders* ou **teḍ** qui se trouve dans le subjonctif *ders-a, dirs-a*, **teḍ-a**, dans l'impératif *dirs-tu*, **teḍtu**. On a déjà vu[6] que ce thème n'est autre chose que la racine *d(a)* « donner » avec un redoublement : *ded* ou *did*, écrit **teḍ**, **tiḍ** ou *ders*, *dirs*. Mais ici le redoublement

1. *Postertio.*
2. *Tarsinatertuscer.*
3. *Preplo hotatu.*
4. **Pustertiu.**
5. **Tuseiu.**
6. Voy. p. 206.

est d'une autre nature que dans les formes que nous venons de citer : en effet, nous n'avons pas cette fois un thème *ders* ou teḍ appartenant à la 3e conjugaison, comme en latin *sistere;* le futur antérieur serait alors *dirsust* teḍust, formes que nous avons effectivement déjà rencontrées (VII *a* 43. I *b* 34). Celle qui nous occupe se fait remarquer, non-seulement par la conservation de l'*f* du verbe auxiliaire, mais par la présence de l'*a* du verbe *da* « donner » : cette différence s'explique si l'on admet que la syllabe réduplicative *de* est l'expression du parfait. On a vu qu'un autre verbe qui conserve l'*f* de l'auxiliaire est *ambr-e-furent* (VI *b* 56), ampr-e-fus (I *b* 20). Pour compléter l'analogie, à côté de ce futur antérieur, il y en a un autre sans *f* : *iust* (VI *a* 7). — Le préfixe contenu dans *an-dirsafust* est le même que dans *an-ferener*, c'est-à-dire la préposition *am* ou *amb* « circum »[1]. — Le sens est donc « circumdederit ». — L'emploi d'un futur antérieur fait supposer que la proposition est subordonnée : si nous cherchons le terme qui la régit, nous sommes amené à le reconnaître dans *pos ... pane. Pane*, comme l'a expliqué Aufrecht[2], est le latin *quamde* ou *quande*, adverbe employé par Lucrèce : le *d* s'est assimilé à l'*n* précédent, comme dans *pone*, pune[3]. Quant à *pos*, c'est le latin *post*, dont le *t* n'était plus prononcé, à moins qu'il n'ait été simplement oublié par le graveur. La jonction de ces deux mots nous donne le latin *postquam* : on sait qu'en latin aussi les deux termes peuvent encore quelquefois se séparer. — *Tertio(m)* est un accusatif neutre pris adverbialement. D'après les règles ordinaires, on s'attendrait à une forme *tertim* (cf. *Fisim* pour *Fisiom*), et, en effet, on a eu *tertiṃ* VI *b* 64. C'est un exemple du peu de fixité de l'orthographe ombrienne. — *Poplo(m)* ne peut être que le régime de *andirsafust* dont il reste maintenant à établir le sens. D'après tout ce qui précède, *circumdare* doit être pris ici dans le sens

1. M. Bugge (ZK. XXII, 454) a récemment expliqué *andersafust* par la racine *tla* « porter », qui en latin prête une partie de ses temps à *fero*. On aurait par conséquent la même expression que *popler anferener*. Mais il faudrait admettre avec ce savant que *tla* est devenu *tela*, puis *teda*, ce qui me paraît peu vraisemblable. Le groupe *tl* existe dans *Tlatie* (V *b* 9) : si la langue avait voulu l'éviter, elle aurait probablement supprimé le *t*, comme a fait le latin, et l'on aurait eu *a-lafust*.

2. *Die umbr. sprd.* I, 160; II, 293.

3. Sur l'origine de cette syllabe *-de*, qui est une pure enclitique, voyez Bréal, *Mémoires de la Société de linguistique*, I, 198.

de « circumferre, lustrare ». Il s'agit du triple circuit prescrit VI *b* 62-65, de sorte que toute la portion VII *a* 3-46 est comme une parenthèse ou comme une cérémonie à part, qui est encastrée dans la cérémonie principale. Tandis que *andirsafust* est au singulier, l'impératif *persnihimumo* est au pluriel, ce qui s'explique par le sujet dont il est accompagné : *porse perca arsmatia habiest et prinvatur dur* « qui prætextam lustralem habebit et calatores duo ». La fin de la phrase est également connue : « sic taciti precantor ». Il reste *tefruto Tursar*, qui occupe ici la même place que *termnuco* dans un passage semblable VI *b* 57, d'où l'on peut inférer que c'est un complément circonstanciel. Nous avons, en effet, l'ablatif *tefru* suivi de la particule enclitique *to*(*m*) qui marque une idée de lieu. *Tefru* répond à l'osque tefúrúm qui se trouve deux fois sur la table votive d'Agnone (I *a* 17. *b* 20) : saahtúm tefúrúm alttreí pútereípíd akeneí sakahíter « sanctum delubrum [in] altero utroque fundo sanciatur ». Le premier *u* du mot osque est une simple insertion euphonique comme le second *a* de sakaraklúm ou comme le second *o* de potorospíd[1]. On a déjà vu le même mot *Tefer* comme nom propre associé à l'adjectif *Jovius* (VI *b* 22-36). — *Tursar* est le génitif du nom de la divinité que nous avons vu adorer en dernier lieu. Il est vraisemblable que le temple de cette déesse s'élevait à Trans Satam, puisque c'est à cet endroit qu'elle a été spécialement invoquée. Une nouvelle prière lui est adressée; seulement, au lieu du surnom *Çerfia*, on lui donne celui de *Jovia*. Tous les autres mots de cette prière sont connus; il faut seulement remarquer (VII *a* 49) la variante *sunitu* au lieu de *sonitu*. La prière doit être répétée trois fois. — Comme d'habitude, I *b* omet ce texte.

TRADUCTION.

(VII *a* 46) Postquam tertium populum circumdederit, qui prætextam lustralem habebit et calatores duo in delubro Tursæ ita taciti (47) precantor : Tursa Jovia, civitatem Tadinatem, tribum Tadinatem, Tuscum Naricum Iapydicum nomen, civitatis (48) Tadinatis, tribus Tadinatis, Tusci Narici Iapydici nominis lares accitos non accitos, genios novensides patrios (49)

1. Voy. Kirchhoff, ZK, I, 36.

terreto, tremefacito, —, —, —, —, —, —, propellito, devincito. Tursa Jovia, esto fausta, (50) volens pace tua populo civitatis Iguvinæ, civitati Iguvinæ, ejus (civitatis) laribus accitis non accitis, geniis novensidibus patriis, eorum (51) nomini, ejus (civitatis) nomini. Ita ter dicito.

(I *b* 42) Postquam tertium populum circumdederit...

(VII *a* 51) *Enom ivenga peracrif*[1] *tursituto porse perca arsmatia habiest et* (52) *prinvatur. Hondra furo sehemeniar hatuto. Totar pisi heriest pafe trif promom haburent, eaf Acersoniem* (53) *fetu Turse Jovie, popluper totar Ijovinar, totaper Jovina. Suront naratu puse verisco Treblanir. Arvio fetu.* (54) *Persaea fetu. Struśla ficla prosesetir arsveitu. Tases persnimu. Poni fetu.*

(I *b* 40) Iveka perakre tusetu[2]. (41) Super kumne adfertur prinuvatu tuf tusetutu. (42) Hutra furu sehmeniar[3] hatutu eaf iveka[4] (43) tre. Akedunie fetu Tuse Juvie[5]. Arviu ustetu. (44) Puni fetu. Pedaia fetu. Taçez pesnimu. Adepe arves.

(45) Kvestretie[6] usaie svesu vuv çisti tisteteies[7].

La première phrase a pour verbe l'impératif pluriel *tursituto* et pour sujet l'expression déjà bien des fois répétée *porse perca arsmatia habiest et prinvatur*. I *b* 40 a l'impératif singulier tu(r)setu. Mais dans la phrase suivante on revient sur la même idée, et l'on dit cette fois tu(r)setutu, en donnant pour sujet adfertur prinuvatu(s) tuf. C'est ce passage qui montre que la périphrase *porse perca arsmatia habiest* désigne l'adfertor. Il faut remarquer l'accusatif tuf au lieu du nominatif tus (en ombrien nouveau *dur*) : on ne peut expliquer cette anomalie (si l'on ne veut pas la regarder comme une faute du graveur) que par un commencement d'appauvrissement de la déclinaison, analogue à ce que nous avons constaté pour les pronoms. C'est par les noms de nombre que la flexion commence ordinairement à se perdre; comparez l'indéclinable latin *quatuor* au grec τέσσαρες encore susceptible de flexion. Quand la flexion meurt, ce n'est pas une forme dépourvue de désinence casuelle qui succède à l'ancienne

1. *Peracrio*. — 2. Tuseiu. — 3. Furusehmeniar. — 4. Eafiveka. — 5. Tuseiuvie. — 6. Kvestre tie. — 7. Ces mots ne présentent aucune séparation dans le texte.

déclinaison : c'est un cas quelconque (en ombrien, dans le présent exemple, l'accusatif) qui usurpe la place de tous les autres cas[1].

Le régime de *tursituto* (VII *a* 51) est *ivenga(f) peracrif :* le texte porte *peracrio* qui ne peut être qu'une faute. En effet, partout ailleurs cet adjectif est de la 3e déclinaison : or, *peracrio* ne pourrait être qu'un génitif pluriel, ce qui ne donne aucun sens, et ce qui est en désaccord avec I *b* 40, où nous avons iveka perakre (pour ivekaf perakref). On comprend que sur le modèle en caractères étrusques que le graveur de VII avait sous les yeux, un 8 à moitié effacé ait pu être pris pour un O. — Le substantif *ivenga*, iveka, est le latin *juvenca* « génisse ». Comme il arrive souvent en vieil ombrien, on néglige d'écrire la nasale, ce qui ne veut pas dire qu'elle ne fût pas prononcée. La fusion de *ju* en *i* a aussi lieu en latin dans *bīga, quadrīga* (pour *bi-iga, quadri-iga*, venant eux-mêmes de *bi-juga, quadri-juga*). Ces génisses sont au nombre de trois, comme on le verra un peu plus loin (VII *a* 52, I *b* 43). — A. K. ont reconnu avec raison dans *tursituto* le latin *torrere;* il s'agit d'un holocauste.

Vient ensuite le complément circonstanciel super kumne (I *b* 41). Dans ces mots je reconnais le latin *super culmine* (*culmne*). La même expression est employée neuf fois dans e rituel des frères Arvales. « Fratres Arvales sacrificium Deæ Diæ indixerunt, ibique — magister fratrum Arvalium, manibus lautis, velato capite, sub divo, culmine, contra orientem, sacrificium Deæ Diæ cum collegis indixit ». On a deux fois la variante *columine* (Henzen, p. 7). Ce passage a donné lieu à diverses interprétations : Marini construit *sub divo columine*, et croit qu'il est question d'un portique ainsi surnommé du temple (*Atti*, I, 273). Mommsen sépare *sub divo*, et explique *columine contra orientem* par dinnanzi alla facciata orientale del tempio, *culmen* o *columen* essendo il comignolo dell' edifizio (chez Henzen, *Scavi*, p. 51). Je crois que *culmine* ou *columine* doivent être détachés de ce qui précède et de ce qui suit, et qu'ils sont pris dans le sens de *colle* « sur la colline »[2] : on sait que le temple des Arvales était situé sur une hauteur (cf. le passage où il est dit per clivum jactave-

1. Le latin *quatuor*, qui a l'air de faire exception à cette règle, est en réalité pour *quatuorēs :* nous reviendrons sur ce mot p. 230.

2. Cf. Catulle, LXIII, 71 :

Ego vitam agam sub altis Phrygiæ columinibus.

runt). C'est aussi le sens de notre super kumne. Il est impossible de savoir si c'est l'oubli ou quelque autre cause qui a fait omettre cette circonstance sur VII.

La phrase suivante présente de grandes difficultés. Nous retrouvons l'impératif *hatuto* qui s'est déjà montré au singulier VI *b* 49 = I *b* 11, et qui vient d'un verbe que nous avons traduit par « prendre »[1]. — Nous avons ensuite le mot *hondra* hutra qu'on a vu VI *a* 15 comme préposition signifiant « infra » : la suite du contexte montrera si *hondra* doit être entendu ici de la même façon. — *Sehemeniar* sehmeniar est ou bien le génitif singulier, ou bien le nominatif pluriel d'un nom féminin. Le même mot est encore employé trois fois, mais comme adjectif : II *b* 1, semenies tekuries; V *b* 11, 16, *sehmenier dequrier*. Nous avons ici un datif-ablatif pluriel féminin. Les *sehmeniæ dequriæ* sont une fête au sujet de laquelle les inscriptions II *b* et V *b* contiennent différentes recommandations. Je crois que le mot *sehmeniar* est synonyme de *sehmeniar dequriar*, et comme nous avons le pluriel dans les trois autres passages, nous regarderons *sehmeniar* — non comme un génitif singulier — mais comme un nominatif pluriel. — Ce nominatif est le sujet d'un verbe qui ne peut être autre que *furo*, dans lequel je reconnais la 3ᵉ personne plurielle du futur de *fu*. Il est vrai qu'ailleurs nous avons eu le futur staheren « stabunt », avec une désinence en(t). Mais on n'est pas en droit de demander à l'ombrien une fixité que ne présente ni le latin, où l'on a *erunt* et *fuerint*, *dixerunt* à côté de *dixêre*, ni le grec, où à côté des parfaits comme λελοίπασι on trouve ἔοργαν, ἀπέσταλκαν[2]. Dans *furo*(*nt*) nous avons une contraction et le changement de *s* en *r*, pour *fu-esont*. — Nous pouvons maintenant retourner à *hondra*, qui doit être ici conjonction, et non préposition : je le traduis par « antequam ». Le sens est qu'avant la fête des Semeniæ il faut prendre les trois génisses. Cette phrase et la suivante ne doivent pas être considérées comme faisant partie de la description, mais plutôt comme une glose introduite ici dans le texte, parce que les trois génisses qui forment l'objet principal du sacrifice sont nommées pour la première fois. On indique à cette occasion quand et comment l'adfertor doit se procurer ces génisses. L'expression *Semeniar dequriar* sera analysée V *b* 11.

1. Voy. p. 166.
2. Curtius, *Tempora und Modi*, p. 182.

Vient ensuite un membre de phrase qui ne se trouve pas sur I *b* 42, et que nous rattachons à ce qui suit, bien qu'on puisse aussi, sans changement important dans le sens, le rapporter à la phrase précédente. *Totar pisi heriest pafe trif promom haburent* est une proposition relative, comme on le voit par le pronom *paf-e* « quas »; *trif* « tres » se rapporte à *pafe;* ces deux mots sont le régime de *haburent* « habuerint ». *Promom* est un adverbe équivalent au latin *primum*[1]. Le sens est donc : « quas [juvencas] tres primum habuerint ». *Pisi heriest* est une expression correspondant au latin *quilibet* ou plutôt *quis libebit.* Quant à *totar*, c'est le génitif de *tota* « civitas ». On a donc une phrase ainsi conçue : « Civitatis quilibet, quas [juvencas] tres primum habuerint.... » Le sens de la phrase principale n'est pas douteux : *Acersoniem*[2] est le datif suivi de *en* du même nom de ville que nous avions I *b* 43. « Eas Aquiloniæ facito ». Mais il n'est pas admissible que le premier venu s'immisce, au moment du sacrifice principal, dans les fonctions jusqu'à présent réservées à l'adfertor et à ses aides; comme nous avons dans cette phrase une anacoluthe évidente, puisque *fetu* est au singulier et *haburent* au pluriel, nous pouvons admettre une double interruption de la construction. L'intention du texte, à ce qu'il me semble, est de dire que les génisses immolées à Aquilonia pourront être offertes par un homme quelconque de la cité, et qu'on acceptera celles qui auront été données d'abord. La déesse est appelée cette fois *Tursa Jovia*, au lieu de *Tursa Çerfia.* Les autres circonstances du sacrifice ne présentent rien de nouveau.

Nous sommes arrivés au bout de cette longue description. Mais avant d'en résumer les principaux caractères, il nous reste à lire ce qui se trouve au verso de VII, et à dire un mot de la ligne dernière de I *b*. Cette ligne, qui est d'un aspect assez extraordinaire, contient une série de mots dont les derniers ne présentent aucune séparation. Les mêmes mots, sauf deux variantes, se retrouvent à la fin de II *a* inscrits en travers de la Table, mais cette fois sans séparation aucune. Voici les deux textes :

I *b* 45. Kvestre tie usaie svesuvuvçistitisteteies.

II *a* 44. Kvestretieusaçesvesuvuvçistiteteies.

1. Cf. III, 3, 15, 23. Cet adverbe vient de *pro*, et non de *præ* comme le latin *primum*.

2. Pour *Acersonie* + *en*. Le changement de *n* en *m* est dû à la dissimulation.

Il est probable que cette phrase, dont le sens est d'ailleurs indéchiffrable pour nous, forme un tout complet et ne se rapporte pas d'une façon immédiate à ce qui précède. Autrement elle ne se trouverait pas sans changement sur deux tables différentes. D'après le commencement on entrevoit seulement qu'il est fait mention de la questure (Kvestretie) ou du questeur (Kvestre). On verra plus tard (V *a* 23. V *b* 2) que cette dignité existait dans la corporation iguvienne. On croit distinguer svesu ou svesuvuv, qui est peut-être le *sueso* de VII *b* 1. Un verbe parent de *stare*, *sistere*, *statuere*, se trouve à la fin sous la forme stiteteies, qui paraît être un parfait[1]. Quand nous aurons terminé l'inscription VII *b*, je reviendrai sur un mot de cette phrase, dont le sens peut se deviner. Il n'est pas sûr qu'elle soit conçue dans le même idiome que le reste des inscriptions, et je rappelle à ce sujet ce que j'ai dit plus haut (p. 50) des noms empruntés à la topographie des environs d'Iguvium.

TRADUCTION.

(VII *a* 51) Tum juvencas ambarvales Tursæ torrento qui prætextam lustralem habebit et (52) calatores. Antequam erunt Semeniæ [juvencas] sumite. Civitatis quilibet, quas tres primum habuerint, eas Aquiloniæ (53) facito Tursæ Joviæ, pro populo civitatis Iguvinæ, pro civitate Iguvina. Deinde nuncupato ut ad portam Trebulanam. Ollas facito. (54) Libamina facito. Struiculam, offam prosectis addito. Tacitus precator. Lacte facito.

(I *b* 40) Juvencas ambarvales Tursæ torreto. (41) Super culmine adfertor calatores duo torrento. (42) Antequam erunt Semeniæ, sumite eas juvencas (43) tres. Aquiloniæ facito Tursæ Joviæ. Ollas donato. (44) Lacte facito. Libamina facito. Tacitus precator. Adipibus, extis [facito].

(45) Quæstura — — — — —

OBLIGATIONS DE L'ADFERTOR ENVERS LE COLLÉGE.

(VII *b* 1) *Pisi panupei fratrexs*[2] *fratrus Atiersier*[3] *fust*, *erec*[4]

1. Cf. eitipes V *a* 2, 14. La leçon de I *b* 45 contient un ti de trop. — Sur une inscription osque de Velletri on a *sistiatiens* « statuerunt ».
2. *Panupeifratrexs.*
3. *Fratrusatiersier.*
4. *Fusterec.*

sueso fratrecate portaia sevacne fratrom (2) *Atiersio desenduf, pifi reper fratreca pars est*[1] *erom ehiato, ponne ivengar tursiandu hertei,* (3) *appei arfertur Atiersir poplom andersafust. Sve neip portust issoc pusei subra screhto est,* (4) *fratreci motar sins A. CCC.*

Ce morceau, qui est inscrit au verso de VII, n'est représenté, au moins en apparence, par rien de semblable sur I. Nous verrons toutefois un peu plus loin qu'il y a lieu de penser que la dernière ligne de I *b* exprime quelque chose d'approchant. On remarquera que l'orthographe de ces quatre lignes offre certaines particularités : l'emploi de la lettre X, inusitée partout ailleurs, l'usage plus fréquent des lettres doubles (*ponne, appei, issoc*). — Nous avons d'abord une proposition relative commençant par *pisi* « qui » et ayant *fust* « fuerit » pour verbe. A ce *pisi* répond un *erec* « ille » qui a *portaia* pour verbe. L'attribut de la proposition relative ne saurait être un autre mot que *fratrexs*, qui rappelle par son *xs* l'ancienne orthographe latine, dans *exstrad, saxsum, lexs, faxsit*[2]. L'orthographe fratreks se trouve V *a* 23, en un passage ainsi conçu : ehvelklu feia fratreks ute kvestur « — faciat fratrex aut quæstor. » La comparaison de cet endroit nous confirme que *fratrexs* est un nominatif, et il nous met également sur la voie du sens; puisqu'on dit « le *fratreks* ou le questeur », ce doit être un nom de fonctionnaire. On est naturellement porté à regarder *frater* comme le primitif, d'autant plus que dans notre phrase nous trouvons ensuite le datif pluriel *fratrus* « fratribus ». La forme latine eût été *fratricus :* en ombrien, elle a passé dans la troisième déclinaison, comme on a en latin *præcox* à côté de *præcoquus, præcoquis; imbrex* à côté de *imbricus*[3]. Il ressort de ces passages qu'il y avait dans la corporation iguvienne un magistrat qui portait le nom de *fratricus* ou *fratrex*, et le sens de notre phrase, autant que nous le comprenons jusqu'à présent, est : « Quicumque — fratricus fratribus — fuerit. » *Panupei*, par sa place à côté de *pisi*, comme par son aspect, révèle une origine pronominale : *pei* est la même syllabe qui termine *podruhpei* (VI *a* 11) « utroque »; *panu* pour *pannu, pandu*, représente le latin *quando*. *Panupei* équivaut donc à *quandoque* dont il a aussi le sens.

1. *Parsest.*
2. Corssen, Ouvrage cité, I, 296
3. Corssen, *Ibid.* II, 205, 589.

Il reste le mot *Atiersier* qui réclame des explications un peu plus étendues. Voici un certain nombre de passages où il est associé comme ici au mot *frater*, et où il s'accorde avec lui :

V *a* 1. Esuk frater Atijeḍiur eitipes.
V *a* 14. Frater Atijeḍiur esu eitipes.
V *b* 11. *Frater Atiersiur*.
V *b* 16. *Frateer*[1] *Atiersiur*.
V *a* 25, 27. V *b* 3. Mestru karu fratru Atijeḍiu.
II *a* 21, 35. Petruniaper natine fratru Atijeḍiu.
II *b* 26. Vuçijaper natine fratru Atijeḍiu.
V *a* 12. Aḍputrati fratru Atijeḍiu.
V *b* 8, 14. *Fratrus Atiersir*.
II *a* 2. III, 24. Fratrusper Atijeḍies.
III, 29. Fratruspe Atijeḍie.
D'autres fois le mot est employé sans *frater*.
V *a* 4. Aḍfertur pisi pumpe fust eikvasese Atijeḍier.
V *a* 16. Kumnahkle Atijeḍie ukre eikvasese Atijeḍier.
II *a* 13. Atijeḍie aviekate.

Joignons-y tout de suite cet endroit où est employé un terme évidemment apparenté :

II *b* 1. Sim kaprum upetu .... Atijeḍiate, etre Atijeḍiate.

Dans les quatre premiers passages nous avons le nominatif pluriel : dans les quatre passages qui suivent on reconnaît le génitif pluriel; c'est le datif et l'ablatif pluriel que présentent les trois suivants. On obtient donc une expression *fratres Atiedii* dont il faut maintenant chercher à connaître la valeur. Une première circonstance à noter, c'est la similitude du mot Atijeḍiate (II *b* 1). Comme le suffixe *as*, *atis*, s'ajoute ordinairement à des noms de lieu pour marquer l'extraction (*Arpinates*, *Ravennates*), on doit supposer un primitif *Atiedia* ou *Atiedium*, d'où les *Atiediates* sont originaires. Or il existait en effet, auprès d'Iguvium, une ville d'Attidium (aujourd'hui Attigio) plusieurs fois mentionnée sur des in-

1. Il faut remarquer la forme *frateer* où le double *e* indique que la chute de la désinence a été compensée par l'allongement de la voyelle.

scriptions, et d'où étaient les Attidiates, cités par Pline l'Ancien (III, 19) comme l'une des populations de l'Ombrie. Dans le *liber coloniarum*[1] il est aussi fait mention de l'*ager Atteiatis* et de l'*Atteiatis oppidum* parmi les villes de l'Ombrie. Si l'on songe qu'Iguvium est dans le voisinage, il paraîtra naturel de rattacher, comme l'ont fait A. K.[2] et Lepsius, les noms employés sur nos tables à ce nom de ville Attidium. Pour marquer l'extraction on emploie souvent, ainsi que cela vient d'être dit, le suffixe *as*, *atis*, et le mot Atijeḍiate (II *b* 1) désignera très-bien ceux qui sont originaires d'Attidium. Mais un suffixe de ce genre n'est pas nécessaire : c'est ainsi qu'en latin on emploie comme synonymes *Lavinienses* et *Lavinii*, qui signifient tous deux « habitants de Lavinium »; *Corfinii* est le nom des habitants de Corfinium et *Latia gens* désigne la population du Latium. On peut donc traduire *frater Atiersiur* par les frères Attidiens, c'est-à-dire les frères originaires d'Attidium. Comme le font remarquer A. K., cette dénomination semble indiquer que la corporation reconnaissait Attidium pour son lieu d'origine. Nous verrons plus loin (V *a* 4) une expression qui doit faire penser qu'il y avait encore des frères Attidiens en d'autres lieux[3].

On apprend donc ici le nom du collége qui a fait graver ces tables : le terme *fratres* est connu par les *fratres Arvales* de Rome, et s'il est vrai, comme l'affirment Rossi et Mommsen, que cet emploi du mot *frater* soit unique dans la langue latine[4], la ressemblance entre le collége attidien et celui des Arvales, qui se manifestera encore par d'autres traits, n'en est que plus frappant.

Nous avons vu plus haut qu'au *pisi* « qui » du commencement répond un *erec* « ille » ayant *portaia*(*t*) pour verbe. C'est une forme de l'optatif pareille a *aseriaia*[5], et appartenant au même verbe dont on a vu l'impératif *portatu* (VI *b* 55 = I *b* 18). Le régime ne saurait être autre, selon nous, que *sueso*. Malheureusement le sens en est inconnu : Aufrecht, qui s'est

1. Gromatici veteres, éd. Lachmann, Berlin, 1848, I, p. 240, 252, 259.

2. Ouvrage cité, II, p. 303 suiv.

3. Les deux savants pressent trop les conséquences qu'on peut tirer d'un nom, quand ils vont jusqu'à penser que la ville d'Iguvium était une colonie d'Attidium dont elle avait emporté les *sacra*.

4. Henzen, *Acta fratrum Arvalium*, p. I. Alios sacerdotes præter Arvales Latine fratres nuncupatos esse et Mommsenus et Rossius recte negarunt.

5. Voy. p. 24.

occupé deux fois de ce passage, la première fois dans son grand ouvrage, une seconde fois dans le Journal de Kuhn (VIII, 218), le traduit par « jussum » ou « mandatum ». Mais comme toute la construction proposée par ce savant nous paraît inacceptable, nous devons aussi écarter cette signification pour laquelle il ne présente aucun argument spécial. Il y a un mot qui peut nous éclairer jusqu'à un certain point sur le sens de *sueso* : c'est *sevacne*, dans lequel je vois un adjectif qui s'y rapporte. Ce mot que nous trouvons ici pour la première fois, mais qui se présentera plusieurs fois dans la suite, sera expliqué comme signifiant « debitus »[1]. Il se rapporte ordinairement à des objets présentés en sacrifice ou en hommage à la divinité. On doit donc supposer que *sueso* désigne également quelque offrande, d'autant plus qu'il est régi par le verbe *portaia*(*t*). La suite du texte nous permettra sans doute de serrer le sens de plus près.

Nous avons laissé derrière nous *fratrecate*, auquel il faut joindre *fratrom Atiersio desenduf*. Le premier mot est le datif d'un substantif de la 1re ou de la 2e déclinaison, qui équivaut pour le sens à notre français « confrérie », et pour la forme, sauf la différence de la déclinaison, aux mots latins comme *magistratus*, *consulatus*, *pontificatus*, *patriciatus*. La base est l'adjectif *fratricus*. — Les deux mots *fratrom Atiersio* sont au génitif, et l'indéclinable *desenduf* (le graveur a mis un *s* au lieu de *ś*) « douze » doit être considéré comme étant au même cas : en ce qui concerne le *f* final, nous renvoyons à la p. 211. On remarquera ce nombre de douze, qui est un nouveau point de ressemblance avec les frères Arvales. — Celui qui, parmi les frères Attidiens, exercera les fonctions de *fratricus*, devra donc remettre à la confrérie des douze frères Attidiens le *sueso* qui est dû.

Vient ensuite une proposition relative commençant par *pifi*. On peut voir dans ce mot un accusatif pluriel du thème relatif *pi* (*pif-i*). Mais d'autre part on peut aussi le décomposer en *pi-fi* et en faire un adverbe analogue à *pu-fe* (VI *a* 8) : il correspondrait pour la formation au latin *ibi*, *ubi*. Pour nous décider entre ces deux explications, il faudrait savoir exactement ce qu'est *sueso*. Nous reviendrons sur ce point un peu plus loin. — Le verbe de la proposition relative doit être cherché dans *parsest*, ou plutôt (car le graveur a oublié de

1. Voy. II *b* 8.

séparer les deux mots) le verbe n'est autre que *est* et il a *pars* pour sujet. Le substantif *pars*, dont le sens primitif est « répartition », doit s'entendre comme formant avec *est* une locution analogue au latin « jus est, æquum est ». Cf. en grec le rapport de νέμεσις et νόμος. — Le complément de cette locution est formé par les mots *reper fratreca erom ehiato*. Dans *erom* Aufrecht a reconnu avec raison l'infinitif (cf. *afero*, VI *b* 48) du verbe substantif *es*. Le sens du participe *ehiato* est inconnu : toutefois, on voit qu'il vient d'un verbe ayant *e* ou *ex* pour préfixe. Les mots *reper fratreca* « pro re fratrica » qui l'accompagnent, rappellent l'idée d'offrande qui nous a déjà été précédemment suggérée. Je suis donc porté à penser que *ehiato* se réfère, non pas aux frères Attidiens, mais à *sueso*, qui dès lors devra être considéré soit comme un accusatif pluriel (*suesof.... pifi.... pars est erom ehiatof*), soit comme un accusatif singulier neutre (*suesom.... pifi* « comme » .... *pars est erom ehiatom*). Si nous nous rappelons que le verbe *portare* a déjà été employé (VI *b* 55 = I *b* 18) dans le sens spécial d'apporter le tribut, on ne trouvera pas invraisemblable la supposition qu'il est question ici d'une redevance payée à la corporation attidienne. Dans les Actes des frères Arvales il est fait mention de dons en argent : sportulas acceperunt singuli præsentes denarios centenos (Henzen, p. CCV, CCIX). Ces offrandes en numéraire portaient le nom de *stipes*. Ovide (Fastes, IV, 352) parle de cet usage :

Dic, inquam, parva cur stipe quærat opes?
Contulit æs populus; de quo delubra Metellus
Fecit, ait. Dandæ mos stipis inde manet.

Le peuple donnait aussi de l'argent aux fêtes en l'honneur d'Apollon. Tite-Live, XXV, 12. Prætor.... edixit ut populus per eos ludos stipem Apollini, quantam commodum esset, conferret. Paulus, p. 23. Apollinares ludos.... populus laureatus spectabat, stipe data pro cujusque copia[1]. — D'après ces témoignages je crois devoir attribuer à *sueso* le sens de « stipem » ou « stipes » et à *ehiato* celui de « exactam » ou « exactas ».

Les deux propositions incidentes qui commencent l'une par *ponne*, l'autre par *appei*, doivent encore être rapportées à ce qui précède; elles indiquent à quel moment de la céré-

1. Voy. d'autres passages chez Becker-Marquardt, IV, 157, 172.

monie la redevance est payée. *Ponne*, ainsi qu'on l'a vu, signifie « lorsque » : cette orthographe conserve, par le double *n*, le souvenir de l'assimilation qui a eu lieu dans *pon-de* = *quom-de* (cf. *ali-cun-de*, *inde*, *quamde*). Le verbe régi par *ponne* est *tursiandu* dans lequel il faut voir une forme passive (le *r* final est tombé) du même verbe qui fait à l'impératif *tursito*[1]. Nous avons ici un subjonctif présent : l'emploi du subjonctif vient de ce qu'on indique une éventualité qui se présentera plus d'une fois et d'une manière périodique. Le texte ajoute *hertei* qui est une locution adverbiale accompagnant fréquemment le subjonctif.

III, 1. esunu fuia herter.
V *a* 6. piḍe uraku ri esuna si herte.
V *a* 8. revestu puḍe teḍte eru emantur herte.
V *a* 10. revestu emantu herte
V *b* 8. *Claverniur dirsas herti.*
V *b* 11, 16. *Dirsans herti frateer Atiersiur.*
V *b* 13. *Casilos dirsa herti.*

Étymologiquement herteir, herter, herte est la troisième personne du singulier du présent passif d'un verbe signifiant « vouloir », que nous avons déjà rencontré en plusieurs occasions[2]. La présence d'un *ei* ou *e* dans la dernière syllabe tient à une variation comme celle que nous avons en latin, où l'*i* alterne avec l'*u* dans les formes *amaris* et *amatur*. Chargé de la désinence passive, *heriteir* s'est resserré en *herteir* (cf. l'osque *vincter* « vincitur »), à moins que nous n'ayons ici une conjugaison plus ancienne et sans voyelle de liaison, comme, par exemple, *fer-tur* à côté de *fer-i-mur* en latin. Quant au sens, *herter* peut se comparer au latin *libet*, qui est devenu aussi une locution adverbiale (*quilibet*, *quantuslibet*), ou encore à *licet*, qui se construit avec le subjonctif, mais qui a une acception un peu différente.

Le sujet de *tursiandu* étant évidemment *ivengar*, nous avons une phrase dont la traduction littérale est : « quum juvencæ torreantur [quoties] libet ». — La proposition suivante commence par *appei*, que Kirchhoff regarde comme une faute, pour *apei*. Mais il se pourrait que nous eussions ici l'encli-

1. Voy. p. 212. Le r est tombé de même à la fin de emantu, herte (à côté de emantur, herter).

2. Voy. p. 103, 163, 214..

tique *pei* (cf. *podruhpei*, *panupei*), de sorte que la locution complète serait *apepei :* le sens de l'enclitique serait de donner à la conjonction une valeur distributive, comme *que* en latin dans *quisque*, *quandoque*[1]. — Le sujet est *arfertur*, auquel se rapporte *Atiersir*. Nous avons ici un exemple du nominatif singulier des thèmes en *iŏ* (= latin *Attidius*). Cf. les nominatifs osques comme *Ohtavis*, *Hetrennis* (Octavius, Herennius). Je traduis « l'adfertor attidien », c'est-à-dire l'adfertor de la corporation attidienne. Je ne saurais, comme le font A. K., voir dans ce personnage un magistrat de la ville d'Attidium, ne faisant point partie de la confrérie religieuse, et venu expressément à Iguvium pour présider le sacrifice. Entre les frères Attidiens et l'adfertor attidien le rapport, semble-t-il, est le même qu'entre les *sodales Augustales* et le *flamen Augustalis*. Ainsi la redevance due à la corporation doit être payée au moment de l'holocauste, après que l'adfertor a purifié le peuple. On voit par ces mots que la prescription contenue VII *b* se rattache au cérémonial décrit précédemment.

La phrase suivante commence par une proposition conditionnelle négative : *sve neip portust* « si non portaverit ». Au lieu de *portust* on aurait attendu *portaust* ou *portost*, d'après le modèle de *subocau* et de *vesticos* (VI *b* 25). Je suppose qu'il y a changement de conjugaison, comme en latin *sono*, *mico* font au parfait *sonui*, *micui*. — Vient ensuite une proposition circonstancielle dont tous les mots sont connus : *issoc pusei subra screhto est* « ita uti supra scriptum est ».

Le verbe de la proposition principale est *sins*, pour *sint*, par le changement de *nt* en *ns* comme dans *etaians*. — *Motar* est le génitif singulier ou le nominatif pluriel d'un substantif *mota* que nous retrouverons ailleurs (V *b* 2. 3. 6), et qui correspond à l'osque molta ou multa, au latin *multa*. Il signifie « amende[2] ». Pour savoir à quel cas est ce mot, il faut continuer la phrase. — *Fratreci* est le datif de *fratrexs* et représente le régime indirect de *sins*. — Il reste A. CCC. dans lequel il faut voir le sujet : c'est une façon toute romaine d'écrire *asses trecenti*. On ne saurait conclure de cette somme que le *nummus* était inconnu : même à Rome l'usage de compter en

1. D'après une communication manuscrite de M. Sophus Bugge, je vois qu'il fait dériver *appei* de *ab* + *pei* « a quo [tempore]. »

2. Sur l'origine de ce mot, voy. Bréal, dans la *Rivista di filologia*, 1874. La forme osque est *molta*. Le *l* a été supprimé en ombrien, comme au participe *coma(l)tir*.

as les amendes des associations s'est maintenu après que le *nummus* était déjà devenu l'unité monétaire des amendes de l'État[1]. — Le chiffre de la somme, qui est écrit à une certaine distance, semble avoir été d'abord laissé en blanc. — Il reste à expliquer la forme assez insolite *motar*, au lieu de laquelle on aurait attendu *mota*. Le plus vraisemblable est d'y voir un nominatif pluriel : peut-être *molta* désignait-il une somme fixe, comme à Rome le minimum de l'amende était une brebis; trois cents as auraient alors constitué plusieurs amendes. — Je reviens encore une fois au mot *sueso* (VII *b* 1) pour faire remarquer que le même terme s u e s u se retrouve à la dernière ligne de I *b* et II *a*. On peut donc soupçonner que la phrase inintelligible I *b* 45 renferme la même prescription que VII *b* 1-4.

TRADUCTION.

(VII *b* 1) Qui quandoque magister fratribus Attidiis fuerit, is stipes (?) collegio portet debitas fratrum (2) Attidiorum duodecim, quas pro re fraterna jus est esse exactas (?), quum juvencæ torreantur quotiescunque, (3) postquam adfertor Attidius populum circumdederit. Si nec portaverit illud uti supra scriptum est, (4) magistro multæ sint asses CCC.

QUEL EST LE RAPPORT DE LA TABLE I AVEC LES TABLES VI-VII?

Avant de quitter les textes dont l'explication nous a occupés jusqu'à présent, nous voulons traiter certains points de critique et d'histoire qui s'y rattachent. D'abord la question suivante : quel est le rapport de la recension abrégée contenue sur la table I avec la recension détaillée donnée par les tables VI-VII? Les savants qui ont accordé leur attention aux Tables Eugubines ont généralement regardé VI-VII comme une copie amplifiée de I : c'est l'opinion d'Aufrecht et Kirchhoff[2]. Quant aux divergences de phonétique et de vocabulaire qui séparent les deux recensions, plusieurs explications ont été proposées. Lanzi croyait qu'on parlait à Iguvium, dans le même temps,

1. Rudorff dans la *Zeitschrift für geschichtliche Rechtswissenschaft*. XX, 228. — L'amende en question doit punir la négligence de l'adfertor, et elle ne le dispense pas de verser la somme qu'il doit à la caisse du collége. Cf. V *a* 13.

2. Voy. par exemple, *Umbr. Sprachdenkmæler*, II, p.130. Cf. Huschke, p.46.

deux dialectes. Lepsius est disposé à placer entre I et VI-VII un intervalle de deux siècles, et il attribue les différences au changement survenu dans la langue. Je ne crois pas que ces points de vue puissent être adoptés. Pour apporter dans cette difficile question la clarté nécessaire, je la diviserai en plusieurs propositions que j'essayerai de démontrer successivement.

1° *VI-VII n'a pas été copié sur I.* — Si VI-VII ne se distinguait de I que par des additions, telles que les prières citées *in extenso* ou des prescriptions du rituel qui manquent sur I, on pourrait dire que l'auteur de VI-VII a ajouté des détails que l'auteur de I avait jugés inutiles. Mais il y a aussi sur VI-VII des parties en moins qui ne peuvent s'expliquer ni par une inadvertance, ni par une omission volontaire. Ce sont entre autres :

I *a* 25 puste asiane fetu.
I *b* 20 tures et pure.
I *b* 36, 38 antakre, antakres.
I *b* 41 super kumne.
Neuf fois aḍepes arves.

En présence du soin méticuleux que prend VI-VII de ne rien omettre, on ne peut douter que si l'auteur avait eu ces mots sous les yeux il les aurait reproduits.

Une seconde preuve que VI-VII n'a pas copié I, c'est qu'il a des formes plus archaïques. Tels sont : *abrons* VII *a* 43 = apruf I *b* 33. *Dur* VII *a* 46 au lieu de l'indéclinable tuf I *b* 41. VI-VII emploie constamment dans ses prescriptions la troisième personne, au lieu que I, après avoir longtemps employé la deuxième personne, retombe à son tour dans la troisième (I *b* 34, 40). — VI-VII a trois manières de marquer les longues, savoir : ou bien il redouble la voyelle (*eetu*, *eesona*, *meersta*, *feetu*), ou bien il écrit deux fois la voyelle en séparant les deux lettres par un *h* : *stahamu*, *spahamu*, *sahate*, *ahatripursatu*, *sehemeniar*, *sehemu*, *sihitu*, *persnihimu*, *comohota*), ou bien il fait simplement suivre la voyelle d'un *h* (*stahmu*, *spahmu*, *sehmenier*, *podruhpei*). De ces trois modes, le dernier est le plus moderne, puisqu'il suppose le second, qui est lui-même moins archaïque que le premier[1]. Or, le

1. C'est le redoublement de la voyelle qui marque la longue en osque (faamat, *Fluusaí*, *fíisnam*).

troisième est à peu près le seul usité sur I (ahtrepuḍatu, sahta, amprehtu, sehmeniar, persnihmu)[1].

Certaines formes sont plus intactes sur VI-VII que sur I : *vestisia* (ainsi écrit neuf fois) en regard de vestiça (I *a* 17, 28, 31), *ponisiater* (VI*b* 51) = puniçate (I *b* 15). Non-seulement l'*i* manque dans cette dernière leçon, mais la consonne finale est tombée. Lepsius, et après lui Kirchhoff, ont placé le critérium de l'ancien et du nouvel ombrien dans le changement d'un *s* final en *r* au datif-ablatif pluriel et au génitif singulier. Mais la suppression absolue de la consonne finale marque une dégradation au moins aussi avancée que le changement de *s* final en *r*. Or, nous avons pour le datif-ablatif pluriel antakre, kumate (I *b* 37) = *comatir* (VII 39), aḍepe (I *b* 26, 44), et au génitif Çerfe (I *b* 28, 31) = *Śerfer*. Le changement d'un *s* final en *r* ne manque pas non plus sur I, puisqu'on a I *b* 30 et 33 aḍeper arves à côté de la forme ordinaire aḍepes arves. — L'adjectif *grabovius* paraît au datif une fois sous la forme complète *grabovie* (VI *b* 19), tandis que I connaît seulement la forme contractée krapuvi (I *a* 3, 11, 21). — Enfin l'orthographe *e* ou *i*, qui remplace ordinairement sur I la diphthongue *ei* encore fréquente sur VI-VII, me paraît moins archaïque. En latin également, la diphthongue *ei* se voit encore sur les inscriptions les plus anciennes[2].

2° *I est l'abrégé d'une table plus ancienne.* Certaines particularités de l'orthographe de I sont inexplicables à moins d'admettre qu'il a été copié sur une table plus ancienne. Ainsi dans la même ligne, à deux mots de distance, nous trouvons I *b* 2 Ikuvina et Iiuvina. Ces deux formes ne peuvent être contemporaines; elles s'expliquent si l'on admet que la première fois le graveur a copié son modèle et que la seconde fois il a suivi la prononciation de son temps. — I débute par cette phrase : este persklum aves anzeriates enetu « commence ainsi le sacrifice par l'inspection des oiseaux. » Mais le mot este « ainsi, » qui a un sens sur VI, parce qu'il est suivi de la description détaillée de cette inspection des oiseaux, n'en a aucun sur I, où immédiatement après l'on passe au sacrifice. Certains passages sont tellement abrégés sur I qu'ils ont l'air de se référer à une recension plus détaillée. Telles sont les formules : pernaies, pusnaes (I *a* 2.

1. Comme exemple du second mode, on ne peut citer que le nom propre Naharkum (I *b* 17).

2. Corssen, I, 730 ss.

I *b* 10); enumek etatu ikuvinus (I *b* 21); triiuper etatu ikuvinus. Certaines parties ont été si abrégées qu'il a fallu revenir en arrière pour les expliquer, si bien qu'en voulant resserrer le texte on est arrivé à l'allonger; voy., par exemple, I *a* 18. — Enfin les surcharges comme aḍepes arves (I *a* 6, 7, etc.) viennent probablement de ce qu'on avait d'abord cru pouvoir omettre cette prescription, et qu'elle a été rétablie après coup.

3° *Les deux recensions ont été copiées sur un ancien texte dont VI-VII est plus près que I.* Cette proposition, qui ressort déjà de ce qui précède, a besoin d'être précisée. Il faut distinguer entre la rédaction et la langue. En ce qui concerne la langue, l'une et l'autre recension se sont permis des rajeunissements, et c'est ainsi que s'expliquent les faits de grammaire et d'orthographe dont il vient d'être parlé. Pour le vocabulaire également, des modifications ont été faites des deux parts. Ainsi VI-VII évite systématiquement le mot kutef qu'elle remplace par *taśes*, au lieu que I connaît l'une et l'autre expression. VI-VII, se servant de l'écriture latine, a introduit l'*o* à la place de l'*u* partout où il le fallait, et quelquefois où il ne le fallait pas, comme VI *a* 10 *somo* au lieu de *somu* et VI *a* 35 où le graveur, après avoir écrit *pihaclo*, a dû ensuite corriger en *pihaclu*. Quelquefois on remarque des inconséquences qui ne sont pas faciles à expliquer : ainsi le nominatif pluriel de la seconde déclinaison est tantôt en *or*, tantôt en *ur* : *arsmor*, *totcor*, *dersecor*, *subator*, *screihtor;* mais *prinvatur*, *tasetur*, *Iovinur*. Les exemples en *ur* paraissent appartenir surtout à la fin de VI *b* et à VII. — VI-VII emploie fréquemment la conjonction *sururont* qui est inconnue aux anciennes tables, et il remplace ustentu par *feitu*. De son côté, I *a* 30, 32 a substitué le terme général feitu à *osatu*, qui était le mot propre (VI *b* 24, 37). On peut donc dire que des deux côtés le texte a été rajeuni par endroits. Mais ce qui assure un avantage considérable à VI-VII, c'est le caractère suivi et logique de sa rédaction, où les invocations sont citées *in extenso* et les cérémonies décrites d'une façon complète. Je ne veux pas dire qu'il n'y ait pas, surtout vers la fin, certaines interpolations; mais, en général, ce que VI-VII donne en plus porte la marque d'une authenticité incontestable. Je rappellerai seulement la délimitation du *templum* et la formule de *deprecatio* à l'égard des peuples du voisinage.

Il y a une variante, très-insignifiante d'ailleurs par elle-même, dont la cause peut se deviner. Là où I met tre buf, tref sif, tref hapinaf, etc., VI-VII a constamment *buf trif*, *sif trif*, *habina trif*. L'origine de cette divergence se comprend si l'on suppose que le prototype indiquait en chiffres le nombre des victimes : c'est ainsi que les chiffres sont employés VII *b* 4, V *b* 10, etc.

De tout ce qui précède, je crois devoir conclure que VI-VII est avec I en un rapport collatéral et non en un rapport de filiation. Si nous admettons, en outre, comme cela me paraît nécessaire, que VI-VII est une copie, partiellement rajeunie, mais souvent aussi très-exacte d'un texte plus ancien, les termes consacrés d'*ancien* et de *nouvel ombrien*, qui reposent sur l'hypothèse de Lepsius, ne devront à l'avenir être employés qu'avec toute sorte de restrictions.

AGE APPROXIMATIF DES TABLES VI-VII. — RÉSUMÉ.

Une question importante serait de déterminer approximativement la date de ces tables. Comme on vient de le voir, il faut distinguer entre l'âge du texte primitif et l'âge des deux copies qui nous en sont parvenues. Nul doute que le prototype était en écriture étrusque. D'après certains mots mal écrits de la table I, comme vitlup turup kutep (au lieu de vitluf turuf kutef) on peut supposer que le *f* était, au moins en certains endroits, représenté par le caractère ↑ qui appartient, selon Corssen[1], à l'alphabet étrusque du nord. Il suffisait que le trait de droite fût un peu effacé pour que la lettre eût l'apparence d'un 𐌐. On voit aussi que ces mêmes tables se servaient du caractère Θ, puisque nous avons une fois furfaΘ. Comme les points de repère chronologiques manquent pour l'écriture étrusque, nous ne saurions assigner une date ni au modèle perdu, ni à la t. I. Mais pour les t. VI-VII, qui sont en caractères latins, les moyens de comparaison ne manquent pas, quoiqu'il faille n'en user qu'avec réserve. Ritschl[2], parmi les critères qu'il indique, en donne deux qui trouvent ici leur application : « Geminatio consonantium nulla ante Ennium, ferme ex æquo fluctuans ab a. circiter 580 ad 620, prævalens ab a. 620 ad 640, fere constans

1. *Ueber die Sprache der Etrusker*, I, p. 12, table I.
2. *Priscæ latinitatis monumenta epigraphica*, p. 123.

ab a. circiter 640. — XS pro X simplici non ante SC. de Bacchanalibus (568). » Comme l'un et l'autre critère se trouvent sur VII *b*, où le graveur, n'étant plus lié à un modèle, employait l'orthographe de son temps, nous pouvons fixer l'âge approximatif des t. VI-VII au milieu du septième siècle de Rome. Si nous descendons encore un peu la limite, ce qu'il est prudent de faire pour une inscription qui appartient à une ville de province, nous arrivons au règne d'Auguste. C'est le temps où, sous l'inspiration du maître, les anciens cultes étaient partout remis en honneur[1].

Passant maintenant au contenu de ces Tables, je rappellerai qu'elles décrivent une double cérémonie[2], l'une et l'autre précédées d'une inspection des oiseaux, savoir : 1° l'expiation de la colline Fisienne et de la cité iguvienne; 2° la lustration du peuple iguvien. La première de ces cérémonies se compose d'une série de sacrifices offerts près de trois portes de la ville, et en deux endroits que nous avons cru pouvoir prendre pour des bois sacrés. Il semble que cette expiation comprenne entre autres actes une purification du feu : malheureusement nos textes, qui supposent le lecteur au courant, sont fort laconiques sur ce point. La seconde cérémonie consiste dans une procession circulaire renouvelée trois fois et dans une série de quatre sacrifices offerts en des endroits déterminés de la banlieue d'Iguvium. Au moment de cette lustration, les étrangers reçoivent l'ordre de quitter le territoire : notre texte nomme les Tadinates, les Étrusques, les Nariques et les Iapydes. Cet ordre d'éloignement n'est d'ailleurs qu'une simple formalité, puisqu'on indique aussitôt après aux étrangers les moyens de se racheter[3]. La lustration, à Iguvium comme à Rome, paraît donc être accompagnée d'un recensement. Les prières adressées aux dieux en faveur du peuple iguvien ont pour contre-partie des imprécations contre les peuples du dehors.

Le tour fait trois fois par le cortége remet en mémoire les vers où Virgile (Géorg. I, 338) décrit la fête célébrée au commencement du printemps en l'honneur de Cérès :

> In primis venerare deos, atque annua magnæ
> Sacra refer Cereri, lætis operatus in herbis,

1. G. Boissier, *La religion romaine d'Auguste aux Antonins*. Livre I, chap. 1.
2. Voy. ci-dessus, p. 3 et 163.
3. Voy. p. 175.

Extremum sub casum hiemis, jam vere sereno....
Cuncta tibi Cererem pubes agrestis adoret;
Cui tu lacte favos et miti dilue Baccho;
Terque novas circum felix eat hostia fruges,
Omnis quam chorus et socii comitentur ovantes.

Servius nous apprend que Virgile décrit ici les Ambarvalia. Cette fête, qui se célébrait à Rome au mois de mai, était confiée aux soins de la corporation des douze frères arvales[1]. La même fête était célébrée encore en d'autres endroits, comme le prouve un calendrier rustique (C. I. L. I, p. 358), où l'on trouve au mois de mai cette mention : Segetes lustrantur. Il faut rappeler aussi les documents d'origine chrétienne cités par Marini (*Fratelli Arvali*, I, 138). Sous la date du 29 mai, les Actes des martyrs racontent un fait qui s'est passé (l'an 393 après J. C.), in valle Anaunensi in agro Tridentino. Adest dies in qua diis suis quasi pro frugibus habituris gentiles immolant et jam conversos cogunt immolare... Dum quodam ritu gentilitas phantasias suas protenderent atque agrorum spatia circuirent ... luctuosis ornatibus et diversorum pecorum pompis erectis.... C'est bien, semble-t-il, la même fête que nous avons ici, et si l'on tient compte des nombreuses coïncidences que nous avons relevées chemin faisant, la lustration décrite sur les Tables apparaîtra comme la fête du printemps, et les douze frères Attidiens comme les douze frères arvales d'Iguvium.

TABLE V.

Comme les Tables Eugubines (sauf VI et VII, III et IV) sont indépendantes les unes des autres, et comme l'âge relatif de ces documents, ainsi qu'on a déjà pu le voir, est loin d'être une question résolue, nous pouvons choisir pour continuer notre interprétation celle de ces tables qui, par son contenu, nous paraîtra la plus propre à faire avancer l'intelligence de l'ensemble. C'est la Table V que nous allons donc étudier, en faisant remarquer qu'elle se divise en deux parties tout à fait

1. Henzen, *Acta fratrum Arvalium*, p. 41.

distinctes. La première, qui est en écriture étrusque, va de V *a* 1 à V *b* 7, et elle se divise elle-même en deux sections séparées par une raie horizontale (après la ligne 13). La seconde partie (V *b* 8-18) est en caractères latins et d'une main différente. On verra que cette seconde partie n'offre aucun rapport avec ce qui précède, et c'est probablement pour utiliser la place disponible qu'on l'a inscrite sur la même plaque.

L'écriture de la partie étrusque offre cette singularité que le **M** est représenté constamment par une lettre ainsi formée Λ, qu'on ne retrouve pas sur les autres tables et dont l'origine épigraphique est obscure[1]. Les caractères sont tracés d'une manière ferme et lisible : le texte, sauf peu d'endroits, paraît correct, et les séparations sont faites avec un soin irréprochable.

Nous rapprochons le commencement des deux sections (V *a* 1 et 14) qui est presque identique :

(1) Esuk frater Atijeḍiur (2) eitipes, plenasier urnasier, uhtretie (3) T. T. Kastruçije.

(14) Frater Atijeḍiur esu eitipes, plenasier (15) urnasier, uhtretie K. T. Kluvijer, kumnah (16) kle Atijeḍie ukre Eikvasese Atijeḍier.

Le sujet est frater Atijeḍiur, qui n'est pas un nominatif singulier comme on pourrait le croire à première vue, mais bien un nominatif pluriel. La désinence plurielle us, *ur* est déjà connue : Ikuvinus (I *b* 21, 22), *Ijovinur* (VI *b* 56, 63), *tasetur* (VI *b* 57), *prinvatur* (VI *b* 50). On voit déjà que sur cette table le rhotacisme existe comme sur VI-VII. Atijeḍiur étant un nominatif pluriel, frater en est nécessairement un aussi : pour expliquer cette forme, qui semble d'abord privée de toute flexion, il faut tenir compte de la variante *frateer* (V *b* 16) qui prouve que l'*e* est long. En l'absence d'un autre exemple de thème à consonne, on ne peut dire avec certitude quel était plus anciennement le nominatif pluriel[2]. Toutefois je suppose qu'il faisait fratrs, fraters : l'*e* s'est introduit

1. Cette lettre a été déchiffrée par Lepsius, *De Tab. Eug.* p. 46 s. Jusque-là on l'avait toujours lue *l*, quoique le *l* fût déjà représenté par un autre caractère. Je suppose que les deux traits initiaux de M, qui dans certains alphabets étrusques a la forme ΛΛ, ont pris la place de la lettre entière.

2. Cf. en osque les nominatifs pluriels kenzsúr, censtur (Enderis, p. LXV). A l'exception de *quatuor*, le latin a perdu ces formes : on sait que *fratres*, *censores* sont fléchis comme s'ils venaient de thèmes *fratri-*, *censori-*.

pour aider la prononciation, et la syllabe est restée longue, même après la chute de la seconde consonne. Le verbe est eitipes, 3e personne du pluriel d'un verbe inconnu. La forme en *es*, *ens*, rappelle celle de *etaias*, *etaians*, *sins*, *dirsas*, *dirsans*. De même en osque, uupsens[1]. On doit peut-être rapprocher de ce eitipes le stiteteies de I *b* 45, II *a* 44. Comme la première phrase est chaque fois suivie d'un texte de loi, je suppose que c'est un parfait signifiant « jusserunt, decreverunt.» — Le régime est esuk, esu, qui, comme d'habitude, se rapporte à ce qui suit : « hoc », ou si on le prend adverbialement : « ita ». Uhtretie est l'ablatif d'un nom de la cinquième déclinaison, analogue à *planities*, *mollities*. Le primitif est uhtur, employé III, 4, 7, 8, et correspondant au latin *auctor*[2]. Nous avons donc un substantif abstrait comme *auctoritas*, dans lequel il faut remarquer la disparition complète de la voyelle du suffixe *tor*, *tur*[3]. C'est probablement l'accent (uhtrétie) qui a amené la suppression de la voyelle brève atone précédente (uhturetie). Le latin, qui aime à allonger la voyelle des suffixes, ne connaît plus que des noms en *tôrem*, *tôris* : mais c'est là un fait récent, ainsi que cela ressort de la comparaison des langues congénères, particulièrement du grec (ῥήτορος). Même en latin on a encore *parturio*, *esurio*, qui supposent des primitifs à voyelle brève[4]. — Cet uhtretie est chaque fois suivi d'un nom propre au génitif : T. T. Kastruçije(r) et K. T. Kluvijer. Dans l'un et dans l'autre on remarque un dédoublement de l'*i* qui n'est pas borné, comme donnerait à l'entendre l'explication de Kirchhoff[5], à l'avant-dernière syllabe des noms propres, mais qui est un fait ordinaire de la phonétique ombrienne : j'ai déjà cité trijuper, herijei, Atijeḍiur. En latin les noms correspondant *Castrucius* et *Cluvius* existent l'un et l'autre. Quant aux deux sigles dont chacun est précédé, ils se rapportent à un usage pour lequel nous renvoyons à A. K.[6] : la

1. Bugge, ZK, XXII, 387.

2. Le *h* dans ce mot ne doit pas être considéré comme le représentant du *c* latin, mais comme le signe de la longue.

3. Cf. kvestretie I *b* 45, II *a* 44 venant de kvestur.

4. Voy. Corssen[2] I, 569, II, 350. Les noms latins en *trina*, comme *doctrina*, et en *trix*, *tricem*, comme *victrix*, *victricem* appartiennent par leur formation à une époque où l'*o* du suffixe *tor* était encore bref et a pu, par conséquent, être supprimé comme celui de uhtretie.

5. Ouvrage cité, II, 310.

6. Ouvr. cité. II, p. 311. Comp. Mommsen, *Die unteritalischen Dialekte*, p. 240.

première initiale désigne le prénom de la personne; la seconde (il faut supposer le mot au génitif) désigne le nom du père. — Ce sont donc ces deux personnages qui ont associé leurs noms aux décrets qui vont suivre. Que faut-il entendre au juste par uhtretie? On peut supposer que c'est par leur autorité, c'est-à-dire sur leur proposition que les décrets ont été adoptés. Mais une indication plus utile que celle de l'*auctor* est, à ce qu'il semble, la date de la loi. Elle est indispensable dans un document de ce genre, et elle ne manque jamais dans les textes similaires des frères Arvales. J'aime donc mieux croire que uhtretie se rapporte à une charge alors exercée par les personnages en question, de sorte que la formule équivaut à l'en-tête romain : *Consulibus*..., ou *consulatu*.... Ce qui me confirme dans cette idée, c'est que sur un autre monument ombrien, une borne agraire connue sous le nom de pierre d'Assisium, conservée au Musée de Pérouse, on retrouve la même indication :

AGER. EMPS. ET
TERMNAS. OHT
C. V. VISTINIE. NER. T. BABR
MARONATEI
VOIS. NER. PROPARTIE
T. V. VOISIENER
SACRE. STAHV

Ne pouvant nous arrêter en ce moment à l'interprétation de cette pierre, nous nous contentons de donner la traduction qu'en ont proposée A. K. : « Ager emptus et terminatus auct(oritate) C. Vistinii, V. f., Ner. Babrii, T. f., Maronis, Vois. Propertii, Ner. f., T. Voisieni, V. f. Sacrum sto ». Je crois qu'ici encore *auctoritate* doit se prendre comme l'indication de la date. Pour revenir aux Tables Eugubines, on ne saurait dire si les deux personnages remplissaient des fonctions dans le collége Attidien, de sorte que nous aurions une chronologie particulière à la confrérie, ou s'il est question de fonctions politiques dans la ville d'Iguvium. Cependant la comparaison de la pierre d'Assisium rend la seconde hypothèse plus vraisemblable.

Nous arrivons à deux mots extrêmement obscurs et sur lesquels les conjectures les plus divergentes ont été mises en avant : plenasier urnasier. Ce sont deux datifs-ablatifs pluriels de la première déclinaison, comme on peut s'en assurer par le passage suivant, où l'un des deux est employé au génitif pluriel :

III, 1. Esunu fuia herter sume ustite sestentasiaru urnasiaru.

Urnasia paraît être un substantif et plenasia un adjectif, car nous voyons que dans l'autre passage urnasia se fait précéder pareillement d'un mot qui a l'air de le qualifier. C'est là que s'arrête à peu près notre savoir en ce qui concerne ces deux termes. Kirchhoff, reconnaissant dans ces mots le même suffixe qui a donné en latin des adjectifs comme *primarius*, des substantifs masculins comme *argentarius*, ou neutres comme *granarium*, fait de urnasia l'équivalent, sauf la différence du genre, du latin *urnarium*, qui désigne, selon Varron, la table ou la salle de cuisine ou de bain où l'on plaçait des urnes remplies d'eau : plenasius signifie pour lui « plein » et sestentasius, qu'il identifie avec le latin *sextantarius*, signifie « renfermant un sextans ». Dans la supposition qu'il est question de clepsydres, il admet que plenasier urnasier marque le moment où, la journée étant finie, on remplit de nouveau les réservoirs, c'est-à-dire, selon son calcul, midi, et sestantasier urnasier désignerait le moment où les réservoirs auraient laissé écouler 23 ⅚ de leurs vingt-quatre sextarii, c'est-à-dire midi moins dix minutes[1]. Huschke, citant ce résultat, remarque qu'il est assez inutile d'indiquer l'heure et la minute, si l'on se tait sur le jour et sur le mois. Mais Huschke n'est guère mieux inspiré quand il explique urnasier par des urnes de vin qu'on doit payer comme amende, car avant de fixer une amende contre les délinquants, il est bon, ce semble, de faire connaître la loi ou le règlement auquel il est défendu de manquer. Nous avons ici le préambule d'un décret et nous devons chercher dans ce préambule, non pas des circonstances empruntées au décret lui-même, mais des données relatives à sa confection, c'est-à-dire avant tout le nom des auteurs, la date et le lieu. Le nom des auteurs étant déjà exprimé par frater Atiiediur, on peut se demander si plenasier urnasier n'exprime pas le lieu. Mais il faut renoncer à cette hypothèse, en présence du second décret qui, comme nous le verrons tout à l'heure, tout en reproduisant les deux mots plenasier urnasier, met l'indication du lieu à la fin du

1. Op cit. II, 312 sc.

préambule. Nous sommes donc amenés à voir dans les deux mots en question l'énoncé de la date, et comme l'année, selon nous, a déjà été marquée par le nom du magistrat, plenasier urnasier doit être l'indication du mois et du jour. Si l'on consulte les Actes des frères Arvales, on voit que la date complète n'y manque jamais : on trouve pridie idus januarias, ou VII kalendas februarias, ou kalendis octobribus[1], etc. C'est une locution de ce genre que je soupçonne dans notre texte : l'expliquer en détail, je ne l'oserais, à cause de l'ignorance où nous sommes sur le calendrier iguvien. On remarquera seulement l'identité du suffixe avec celui de *januarius*, *februarius*. Il ne faut pas s'étonner de trouver la même indication de mois et de jour sur les deux décrets (V *a* 2 et 14), tandis que l'année est différente : le Collége des Attidiens, comme celui des Arvales, devait avoir ses réunions à des jours fixes; voyez, par exemple, chez Henzen (p. 5), toute la série de procès-verbaux datés des ides de janvier, depuis l'an 38 de Rome jusqu'à l'an 183.

Tandis que le préambule du premier décret s'arrête sur ces mots, celui du second (V *a* 15) ajoute encore un membre de phrase dans lequel il faut voir l'indication du lieu. A kumnahkle, qui revient encore deux fois ailleurs (III, 7, 8), répondrait un mot latin *culminaculum*. Le simple kumne (I *b* 41), qui représente le latin *culmine*, a déjà été expliqué[2]. Il s'agit sans doute de l'édifice construit sur la hauteur : une formation non moins hardie est le latin *senaculum* « salle de séances pour le sénat ».

Ce substantif peut être considéré comme étant au locatif, si l'on regarde l'*e* final comme représentant la diphthongue *ei*, qui ne paraît jamais dans les désinences sur les tables en écriture étrusque : on aurait alors le pendant de *esmei stahmei stahmeitei* (VI *a* 5). On peut aussi regarder kumnahkle-e(n) comme un datif suivi de la postposition *en*. L'une et l'autre explication conviennent pour l'adjectif atijeḍie qui se rapporte à kumnahkle : « in templo attidio ».

Vient ensuite une série de trois mots : ukre eikvasese atijeḍier que je regarde comme étant tous trois au même cas. Ukre, qui est le mot bien connu signifiant « colline », ne peut être qu'un génitif singulier (pour ukrea ou ukrer);

1. Henzen, *Acta*, p. 5, 89, etc.
2. Voy. p. 212.

atijeḍier est un adjectif se rapportant à ukre. La colline porte donc elle-même le nom de la corporation religieuse qui y possède un temple : « in templo attidio collis — attidii ». Il reste eikvasese. Ce mot difficile se retrouve V *a* 4 : Aḍfertur pisi pumpe fust eikvasese atiieḍier. Malgré la ressemblance extérieure, je crois que nous avons ici un autre cas (le datif pluriel) des deux mêmes mots. Il faut rapprocher en outre un terme qui présente dans sa première partie une grande analogie, savoir eikvasatis. Il se trouve III, 23, en un passage qui est répété avec de légères variantes III, 29 : Fratrusper (fratruspe) atijeḍies (atijeḍie), ahtisper eikvasatis, tutape (tutaper) ijuvina, trefiper ijuvina « pro fratribus attidiis, pro aris —is, pro civitate iguvina, pro tribu iguvina ». Nous avons une gradation partant de la corporation attidienne et aboutissant à la cité iguvienne et à la tribu iguvienne. On voit que la gradation va du particulier au général. L'adjectif qui détermine les autels pour lesquels on prie doit donc exprimer une relation ethnique ou topographique. Le suffixe est le même que dans Atijeḍiates, Kaselates, Kureiates, Peieḍiates, Talenates, Museiates, tous noms ethniques qui se trouvent sur nos Tables. La partie antérieure du mot eikvas suppose un primitif Eikvasum, Eikvasa, ou encore Eikvasium, Eikvasia, qui doit être un nom de lieu. Les deux dernières formes me paraissent les plus vraisemblables : c'est ainsi qu'on a *Taurasia*, *Brundisium*, *Canusium*, *Genusium*, *Perusia*, *Venusia*, *Bandusia*[1]. Dans tous ces mots, le *s* n'est pas atteint du rhotacisme, probablement parce qu'il était précédé d'une nasale[2]. Dans ce Eikvasium je reconnais un mot ayant une étroite affinité avec *Iguvium*. On sait que l'alphabet étrusque n'a pas de caractère spécial pour le G, de sorte qu'on écrit Ikuvinus, Ikuvine, Ikuvina et sur les monnaies Ikuvins. La voyelle longue initiale est représentée par *ei*. Quelle différence y a-t-il entre le lieu nommé Eikvasium et celui qui portait le nom de Eikuvium, Ikuvium? nous ne pouvons le dire. Mais la base des deux mots (*eiku*, *iku*) est la même. C'est ainsi qu'on a à côté l'un de l'autre en latin *Laurentes* et *Lavinates*. Je suppose donc que le sens de la phrase est : « Pour les

1. Eikvasatis pour eikvasiatis, par suppression de l'*i* atone devant l'*a* accentué. Comparez p. 119, 120.

2. Cf. Corssen. Aussprache[2] : II, 186, 364. Je ne voudrais pas affirmer toutefois, avec Corssen, que ces mots dérivent d'anciennes formes en *ontiom*, *ontia*.

frères Attidiens, pour les autels ikvasiens, pour la cité iguvienne, pour la tribu iguvienne. »

Je reviens maintenant au passage V *a* 4 : Adfertur pisi pumpe fust eikvasese atiiedier, ere ri esune kuraia. « Adfertor quicunque fuerit — ibus Attidiis, is rei sacræ provideat ». — Nous avons ici le nom des Attidiens employé substantivement sans le mot frater qui l'accompagne d'ordinaire. C'est qu'il est lui-même accompagné d'un adjectif. Je crois que eikvasese est un adjectif dérivé de Eikvasia ou Eikvasium à l'aide du suffixe *ensis* et qu'il signifie *igvasien*. On pourrait objecter que le *s* du datif pluriel manque à la fin de eikvasese. Mais il manque aussi à la fin de adepe (I b 26, 44, II *a* 7) qui est pour adepes, de Atiiediate, Kureiate, Talenate, etc. (II *b* 2), tous mots de la 3e déclinaison employés au datif-ablatif pluriel. Retournant enfin à V *a* 16 : Frater Atiiediur esu eitipes... kumnahkle Atiiedie ukre Eikvasese Atiiedier, je traduis : « Fratres Attidii hoc decreverunt... in templo Attidio ocris Iguasiensis Attidii ». Ici l'adjectif Iguasiensis est donné à la colline où s'élevait le temple des frères Attidiens.

TRADUCTION.

(V *a* 1) Hoc fratres Attidii (2) decreverunt [tempore dicto] plenasiis urnasiis, magistratum gerente (3) T. Castrucio, T. f.

(V *a* 14) Fratres Attidii hoc decreverunt [tempore dicto] plenasiis (15) urnasiis, magistratum gerente C. Cluvio, T. f., in templo (16) Attidio collis Iguasiensis Attidii.

Je passe maintenant au texte du premier décret.

(V *a* 3) Adfertur pisi pumpe (4) fust Eikvasese Atiiedier, ere ri esune (5) kuraia; prehabia pide uraku ri esuna (6) si herte, et pure esune sis; sakreu (7) perakneu upetu; revestu pude tedte (8) eru emantur herte, et pihaklu pune (9) tribriçu[1] fuiest akrutu revestu (10) emantu herte. Adfertur pisi pumpe (11) fust, erek esunesku vepurus felsva (12) adputrati fratru Atiiediu prehubia (13) et nudpener prever pusti kastruvuf.

1. Tribdiçu.

Les mots aḍfertur pisi pumpe fust... ere... se trouvent une seconde fois V *a* 10, où, au lieu de ere, on a erek. Ce pronom, qui se décompose en er + ek, nous est déjà connu : il signifie « is », et il est précédé d'une proposition relative dont le sujet est pisi pumpe, le verbe fust, l'attribut aḍfertur. Le sens de la proposition relative est : « adfertor quicunque fuerit ». On remarquera l'orthographe pe au lieu de *pei* que nous avons eue dans *podruhpei* (VI *a* 11). Pisi pumpe supposerait plutôt en latin *quiscunque*, qui n'existe pas. — Nous avons ensuite le datif pluriel Eikvasese(s) Atijeḍier « Iguasiensibus Attidiis ». Puisqu'on ajoute au nom des frères Attidiens cette épithète, il y a lieu de penser qu'il y avait encore des frères Attidiens en d'autres endroits. Voyez ci-dessus, p. 218.

Ere(k) ri esune kuraia(t). Ce dernier mot est un optatif comme *aseriaia*, *portaia* : il répond au latin *curet* et il est construit avec le datif; on trouve aussi *curare* employé comme verbe neutre en latin. — Ri, pour *rei*, est le datif du substantif féminin *res*. On a eu VII *b* 2 l'ablatif *reper fratreca*. — Esune est l'adjectif qui détermine ri : nous le rencontrerons plus loin pris substantivement. Les deux emplois sont déjà connus. Le sens est donc : « is rei sacræ consulat » ou « provideat ».

Prehabia(t) est composé de pre + habia(t) et correspond pour le sens comme pour la forme au latin *præhibeat*, *præbeat*[1]. Il régit deux propositions relatives, dont l'une commence par piḍe « quod » et l'autre par pure « qui » (nominatif pluriel masculin). Le verbe de la première est si(t) = latin *sit*, celui de la seconde sis (pour *sins*) = latin *sint*. Le premier subjonctif est accompagné de la locution adverbiale herte(r) « libet[2] ». Uraku ri esuna sont trois ablatifs féminins régis par la postposition ku(m). *Ura* est le même pronom démonstratif qu'on a eu VI *b* 55 = I *b* 18[3]. Ri pour rei(d), rei, est l'ablatif de res. Esuna est l'ablatif féminin de l'adjectif qu'on a eu l. 4. Le sens de la première proposition relative est donc : « præbeat quodcumque in hac re sacra sit » (qu'il fournisse tout ce qui est relatif, tout ce qui est

1. L'ombrien, en composition, n'affaiblit pas la voyelle radicale du verbe : cf. *procanurent*, p. 53.

2. Voy. ci-dessus, p. 221.

3. Voy. p. 179.

nécessaire au sacrifice). — La seconde proposition, plus concise, emploie le datif neutre esune pris substantivement. Peut-être faut-il décomposer le mot en esune + e(n). « Et qui in sacrificio sint » (ceux qui sont nécessaires au sacrifice, c'est-à-dire sans doute les calatores).

Sakreu perakneu sont deux accusatifs régis par upetu. On peut rapprocher les passages suivants, où le régime est au singulier masculin ou féminin : III, 10, sakre(m) uvem... upetuta; III, 26, uvem sevakni(m) upetu; II *b* 10, kapru(m) perakne(m) sevakne(m) upetu. Voici également un passage semblable où l'on a le pluriel féminin : IV, 22, arçlataf... sevaknef purtuvitu. Le rapprochement de ces phrases montre que les mots sakreu perakneu doivent être à l'accusatif, et comme ils ne peuvent être ni au singulier, ni au pluriel masculin ou féminin, la conclusion rigoureuse est qu'ils sont au pluriel neutre : comme ils appartiennent tous deux à la déclinaison en *i*, la syllabe finale -eu se montre l'équivalent du latin *-ia* (par exemple dans *utilia, acria*). On a déjà eu dans arviu un exemple de l'*a* final obscurci en *u*. Comparez, page 183, un passage où l'adjectif *sacer* semble être employé au neutre dans le sens d'objet sacré. — L'impératif upetu doit être rapproché de ampetu (II *b* 10, 11), ampentu (II *a* 20; III, 23), qui ont pour régime des mots comme katlu « catulum », kapru « caprum ». Ce sont des impératifs correspondant au latin *impendito* (cf. ustetu = *ostendito*). Upetu est composé avec un autre préfixe : il est pour up-petu et supposerait un latin *ob-pendito*[1]. Le verbe *obmovere* existe dans la langue du rituel romain. Je le traduis par « præstare, fournir ».

Nous arrivons au mot perakneu qui rappelle par sa partie finale l'adjectif *sevakne* que nous avons vu VII *b* 1. Ce sont, en effet, deux composés ayant le même second terme : comme nous rencontrerons ce second terme V *b* 8, 12, 14, 17, nous ajournons l'analyse des composés perakne et sevakne. Disons seulement ici que perakne paraît exprimer l'idée que les Latins rendent par « integer, justus, solidus ». Nous traduisons donc cette phrase : « justa sacra præstato », c'est-à-dire qu'il fournisse les instruments du sacrifice tels qu'ils doivent être, tels que les exige le rituel.

Revestu puḍe teḍte eru emantur herte. — Cette

1. Savelsberg, ZK, XXI, 110.

phrase se compose d'un impératif revestu et d'une proposition subordonnée commençant par puḍe. Le verbe emantur est au subjonctif et il est accompagné de la locution adverbiale herte(r). — Je reconnais dans revestu le latin *revisito*. — Puḍe ne paraît pas très-nécessaire au sens, car nous voyons qu'on s'en passe à la ligne suivante : akrutu revestu emantu herte. Je le traduis par « ut » : comparez *porsi* VI *a* 6, qui est probablement le même mot, mais qui, se trouvant dans une autre construction, a une valeur un peu différente. — Emantur coïncide trop bien avec le subjonctif passif du verbe latin *emere*, pour que nous ne devions pas identifier les deux mots. On sait que le latin *emere* signifiait d'abord « prendre » (cf. sumere, demere, adimere, promere). Quelle signification a notre verbe ombrien? Pour répondre à cette question, il faudrait d'abord connaître la valeur de teḍte eru. On songe aussitôt à la locution *erus dirstu*, erus teḍtu[1], et il est probable en effet qu'il est question ici de la même opération. Nous avons vu dans *erus* (pour *eruns*) un accusatif pluriel : ici nous pouvons regarder teḍte eru comme deux ablatifs pluriels ayant perdu l'un et l'autre le *s* final. Ce qui me confirme dans cette idée, c'est II *a* 28, où nous avons la variante teḍti[2] erus. Le sens serait donc : « les morceaux [de la victime] étant donnés » ou plutôt « quand on donne les morceaux [de la victime][3] ». La présence du redoublement au participe teḍte montre que la langue a entièrement perdu conscience de l'origine de la première syllabe : c'est comme si en grec on avait διδοτός; le sanscrit nous présente ce phénomène, puisqu'il fait *dat-tá*. Maintenant nous pouvons nous prononcer avec plus de connaissance sur le sens de *emantur* : l'adfertor, au moment de la distribution des morceaux de la victime, doit faire attention qu'ils soient pris, c'est-à-dire doit surveiller leur répartition.

La même phrase revestu emantu(r) herte revient une seconde fois V *a* 9, mais précédée de akrutu, ainsi que d'une proposition circonstancielle pune tribriçu fuiest. Je décompose en akru-tu, c'est-à-dire en la particule de lieu *tum*[4] et l'ablatif akru « agro ». C'est donc à la campagne cette fois que l'adfertor doit exercer sa surveillance. — La phrase sui-

1. Voy. p. 131.
2. Le graveur a écrit terti.
3. On a vu, p. 10, une construction analogue.
4. Voy. ci-dessus, p. 41, 120.

vante est assez difficile. **Pune tribḍiçu fuiest**, telle est la leçon de notre texte. L'emploi de la lettre *ç* devant un *u* doit faire penser qu'un *i* a été omis, comme dans **purtinçus**, **façu**, **combifiançust**. Quant au ꟼ, nous croyons que la barre verticale a été trop prolongée et que ꟼ est une faute pour ɑ : la faute inverse a été signalée p. 182. On arrive donc à un mot **tribriçiu** qui est le sujet de **fuiest**; j'y vois un nominatif neutre **tribricium**, synonyme de *tribriçine* (VI *a* 54), et ayant une origine voisine : l'un et l'autre dérivent d'un adjectif *tribricus* « triple » et ils signifient tous deux « une trinité, un ensemble de trois [victimes][1] ». La phrase entière veut dire « quum triplex sacrificium fuerit ». Il semble qu'il soit question précisément du sacrifice appelé *tribriçine* VI *a* 54. Cette supposition est confirmée par les mots **et pihaclu**, que je regarde comme un complément circonstanciel à l'ablatif : « et en cas de sacrifice expiatoire[2] ». Ce complément circonstanciel forme pendant avec l'ablatif **teḍte eru**. On se rappelle que sur VI-VII le sacrifice est appelé *pihaclu peracrei*. Nous voyons déjà que ce décret a pour objet de fixer les obligations de l'adfertor. Le sens de la dernière phrase est : « et en cas de cérémonie expiatoire, quand il y aura un triple sacrifice, il surveillera à la campagne pour que la distribution ait lieu. »

La phrase suivante présente une grande obscurité à cause des mots **vepurus**, **felsva**, **prehubia** et **nuḍpener** dont le sens est inconnu. Essayons au moins de reconnaître la construction. Le sujet est le même que dans la phrase précédente : « Adfertor quicunque fuerit. is.... » Il y a ensuite un complément circonstanciel **esunesku vepurus**. Nous avons déjà appris à connaître dans **ku** une préposition marquant le temps ou le lieu : elle a ici pour régime **esunes vepurus**, qui ne peuvent être que deux datifs-ablatifs pluriels. **Esunes** signifie « sacris». Dans **vepurus**[3] je propose de voir l'ablatif pluriel du latin *opus*, *operis* « œuvre ». On trouvera plus loin (II *a* 41) l'impératif **vepuratu** où le sens « operator » (qu'il sacrifie) paraît convenir non moins bien à la phrase. Le changement de l'*o* en *ve*, *ue* peut être rapproché du changement en *uu* et en *ου* que l'*o* initial du même mot a subi en

1. Voy. ci-dessus, p. 95.

2. A. K. font de **pihaklu** un nominatif et traduisent : « piaculum quum τριττύς erit. »

3. Sur la désinence *us*, voy. p. 7.

osque : sur une inscription de Pompéi on trouve *uupsens* « operati sunt, » et sur une inscription de Messine en lettres grecques ουπσενς. Nous verrons plus loin sur les tables III et IV le nom de Puemune qui semble bien correspondre au nom latin *Pŏmona*. Ajoutons encore le nom propre *Voisienus*, deux fois employé sur l'inscription ombrienne d'Assisium (voy. p. 232), et qui représente peut-être le nom Osinius donné par Virgile à un chef étrusque :

> Qua rex Clusinis advectus Osinius oris.

A quelle particularité de l'orthographe ou de la prononciation doit-on rapporter ces faits? c'est ce que je n'essayerai pas de démontrer.

Aḍputrati est l'ablatif singulier (cf. *mani* VI *b* 24) d'un substantif correspondant au latin *arbitratus*. Cet ablatif régit les génitifs fratru atijeḍiu : « arbitratu fratrum Attidiorum ». L'*u* de aḍputrati ne laisse pas que de surprendre, si l'on songe à l'étymologie donnée par les Romains (*ad* et *bitere*). — Nous arrivons au verbe prehubia(t), qui est une troisième personne du subjonctif. Si la leçon est correcte, il est difficile de découvrir à quelle racine on doit rapporter ce verbe. Si, avec Kirchhoff, on le corrige en prehabia(t), on obtient le verbe *præbeat :* mais dès lors il faut le traduire par « qu'il fournisse », car on ne saurait attribuer au même mot, comme le fait ce savant, une fois le sens de donner et une autre fois celui de recevoir. — Le régime de prehubia(t) est felsva, dans lequel il faut probablement voir un accusatif féminin. Le mouvement de la phrase est que l'adfertor, dans les opérations (?) sacrées, doit fournir (?) le ou les — d'après l'ordre des frères attidiens.

Vient ensuite une proposition qui n'a pas de verbe : et nuḍpener prever pusti kastruvuf. Ces deux derniers mots forment une expression qui est employée plusieurs fois dans le décret suivant, et qui signifie « par bien-fonds, pro [singulis] prædiis ». Nous y reviendrons un peu plus bas (V *a* 18). Nuḍpener prever peuvent être deux génitifs singuliers ou deux ablatifs pluriels. Prever (cf. V *a* 18) est un nom de nombre distributif signifiant « un ». Il s'agit donc d'une évaluation faite par bien-fonds. Nuḍpener semble désigner une somme à percevoir ou à verser dans la caisse de la confrérie par bien-fonds compris dans la lustration; ou bien encore est-ce un nom de mesure agraire marquant l'étendue d'un kastru. Dans la première hypothèse, le mot rappellerait par sa seconde partie le latin *assipondium*, *dupondium;* dans l'autre supposition, il remettrait en mémoire le gaulois *arepennis* « arpent[1] ». On voit que cette dernière phrase, dont la construction est insolite, réclame encore toute l'attention de la critique. Je suis disposé à croire que le décret parle d'un bout à l'autre des charges de l'adfertor : ses droits vont nous être enseignés par le décret suivant, qui n'a pas été gravé sans intention par la même main sur la même table.

TRADUCTION.

(V *a* 3) Adfertor quicumque (4) fuerit Iguasiensibus Attidiis, is rei divinæ (5) consulat; præbeat quidquid ad hanc rem divinam (6) [necessarium] sit et qui in sacrificio [necessarii] sint. Sacra (7) justa præstato. Inspicito ut, in partitione (8) frustorum, distribuantur. Et piaculi causa quum (9) [hostiarum] trinitas fuerit, in agro inspicito (10) ut distribuantur. Adfertor quicumque (11) fuerit, is in sacris operibus (?) — as (12) arbitratu fratrum Attidiorum præbeat (?). (13) Et — is singulis in prædia.

(V *a* 14) Frater Atijeḍiur esu eitipes, plenasier (15) urnasier, uhtretie K. T. Kluvijer, kumnah (16) kle Atijeḍie ukre Eikvasese Atijeḍier. (17) Ape apelust, muneklu habia numer (18) prever pusti kastruvuf; et ape purtitu (19) fust, muneklu habia numer tupler (20) pusti kastruvu; et ape subra spafu fust, (21) muneklu habia numer tripler pusti (22) kastruvu. Et ape frater çersnatur furent[2], (23) ehvelklu feia fratreks ute kvestur (24) sve rehte kuratu si : sve mestru karu (25) fratru Atijeḍiu pure ulu benurent (26) prusikurent rehte kuratu eru, eḍek (27) prufe

1. Cf. Bücheler, dans les *Jahrbücher* de Fleckeisen, 1875, p. 130. M. Bücheler passe en revue un certain nombre de mots de la t. V, et il annonce l'intention de soumettre les autres tables à une étude du même genre.

2. Furenḍ.

si; sve mestru karu fratru Atijeḍ (28) iu pure ulu benurent prusikurent (29) kuratu rehte neip eru, enuk fratru (V *b* 1) ehvelklu feia fratreks (2) ute kvestur panta muta (3) aḍferture si. Panta muta fratru (4) Atijeḍiu mestru karu pure ulu (5) benurent aḍferture eru pepurkure (6) nt herifi, etantu mutu aḍferture (7) si.

Nous ne nous arrêtons pas au préambule qui a été expliqué p. 230 ss. Il est facile de distinguer trois propositions subordonnées commençant chacune par *ape :* 1° ape apelust. 2° ape purtitu fust. 3° ape subra spafu fust. A quoi répond trois fois cette même proposition : muneklu habia numer — pusti kastruvuf. La première fois, numer est suivi de prever, la 2° fois de tupler, la 3° fois de tripler. Le verbe de la proposition principale ne peut être que habia(t) = latin *habeat*, le régime est nécessairement muneklu, qui peut être pris comme accusatif singulier (pour muneklum), ou comme accusatif pluriel (avec obscurcissement de l'*a* en *u;* cf. sakreu perakneu). Le substantif numer a une ressemblance marquée avec le latin *nummus;* les noms de nombre dont il est accompagné confirment la supposition qu'il est question d'un payement. On ne peut, en effet, méconnaître dans tupler le latin *duplus* et dans tripler le latin *triplus*. En présence de ces deux nombres, on doit penser que le premier, prever, qui correspond au latin *privus*, signifie « un ». C'est le sens que le mot avait aussi en vieux latin : *Privos privasque* antiqui dicebant pro singulis (Paulus). *Privilegium* désignait une loi faite pour ou contre une seule personne; *privignus* désigne le fils né de l'un [des deux époux]. Pour expliquer muneklu, Kirchhoff pense au latin *munusculum :* on peut aussi le rapporter à un latin *municulum*, du substantif qui a donné *munia, immunis*. Une question indécise est de savoir si *numer* est à l'ablatif pluriel ou au génitif singulier : on se prononcera pour la première ou pour la seconde alternative suivant qu'on préférera voir dans muneklu un pluriel ou un singulier. — Il reste pusti kastruvuf (le *f* final a été omis V *a* 20 et 22). Une forme plus complète pustin se trouve II *a* 25 et IV, 13, et il est probable (quoique non absolument certain) que notre pusti est pour pustin. Curtius et après lui Bugge et Corssen ont regardé pustin, qui se retrouve en osque sous la forme postín, comme un locatif en ín, analogue aux locatifs osques hortin, kerriin[1] : le thème serait *posti-*, dont l'ablatif *postid* se trouve dans le latin *postidea*. Que cette explication soit la vraie, ou que pustin doive être considéré comme un mot composé, à la façon du latin *dein*, *proin*, *exin*, le sens de cette préposition ne paraît pas douteux : elle répond à notre préposition française « par » dans les locutions distributives telles que « par mètre, par heure ». Le régime à l'accusatif est kastruvuf dont il a été déjà parlé[2], et qui signifie « champs » (je le traduis par « prædia »). C'est donc un, deux et trois *nummi* par champ qu'*il* recevra après qu'aura été accomplie telle, telle et telle opération. Le sujet n'est pas exprimé, et nous allons voir qu'il ne l'est pas davantage dans les trois propositions circonstancielles. Mais peut-être le contenu nous laissera-t-il voir de qui il est question.

L'un des trois verbes ne présente pas de difficulté : ape purtitu(m) fust signifie « postquam polluctum fuerit ». C'est, on se le rappelle[3], une opération dont l'adfertor est chargé sur les t. VI-VII et I. Le verbe est construit d'une façon impersonnelle. — Ape subra spafu fust rappelle les prescriptions *subra spahatu* (VI *b* 40), *subra spahamu* (VII *a* 39), *subra spahmu* (VI *b* 17), que nous avons traduites par « supra instillato », et que nous expliquons par un verbe *spendo* ou *spando* correspondant au grec σπένδω[4]. La forme spafu, que A. K. regardent comme une faute pour *spatu*, est en accord avec les règles de la phonétique ombrienne : il faut supposer un participe *spand-sum*, devenu *spafum*, par le changement de *ts* en *f* dont il a été déjà question plus d'une fois (cf. *spefa*)[5]. Ici encore le verbe est employé d'une façon impersonnelle : « postquam supra instillatum fuerit ». — Il reste ape apelust, dans lequel Kirchhoff a reconnu avec raison le même verbe dont on trouve ailleurs l'impératif ampentu, apentu et le futur anpenes : c'est le latin *impendere;* le *d* s'est assimilé à la lettre précédente (apennust) et *n* est devenue *l* par un changement dont on a déjà eu un exemple dans entelus[6]. Si l'on doutait de ce rapprochement, il suffirait de

1. ZK. I, 269. V, 45. XIII, 193.
2. Voy. p. 89 . Pour le développement de *u* en *uv*, cf. aruvia, prinuvatus, etc.
3. Voy. p. 155.
4. Voy. ci-dessus, p. 134.
5. Voy. ci-dessus, p. 6, 16, 119
6. Voy. p. 167.

comparer II *b* 27, où la même opération est d'abord exprimée au futur simple, puis au futur antérieur : pune anpenes.... ape apelus. Cette fois le verbe n'est pas employé impersonnellement : il va de soi qu'il est parlé du même personnage qui accomplit les deux autres actes, c'est à-dire de l'adfertor. On pouvait d'autant plus aisément omettre son nom qu'il a déjà été question de lui dans toute l'étendue du premier décret : enfin, les derniers doutes sont levés par la fin de notre texte, où l'adfertor est désigné expressément. Si nous nous reportons aux t. VI-VII et I, nous ne trouvons pas le verbe *ampenno :* mais il est plusieurs fois employé sur les t. II et III. Voici les deux passages les plus significatifs, où il a pour régime la première fois un mot signifiant « chien », la seconde fois un mot signifiant « bouc », c'est-à-dire des victimes offertes en sacrifice :

II *a* 20. Hunte Juvie ampentu katlu sakre sevakne.
II *b* 10. Saçi ampetu kapru perakne sevakne.

De ces deux passages nous pouvons induire que le verbe *ampenno* signifie « offrir » ou « fournir » : c'est un sens qu'a souvent le latin *impendo*[1]. Si nous nous rappelons que sur les t. I et VI-VII il est parlé de victimes sans que le texte nous dise par qui elles sont fournies, nous penserons que c'est encore l'adfertor qui est chargé de les livrer. Il est donc entendu qu'après avoir fourni les victimes, l'adfertor recevra un *nummus* simple par champ (ce qu'il faut évidemment entendre des champs compris dans le circuit de la lustration) ; il recevra un *nummus* double après la dedicatio ; un *nummus* triple après la libation. Ces sommes doivent-elles s'additionner, en sorte que l'adfertor, s'il accomplit la cérémonie tout entière, recevra six *nummi?* ou est-ce un tarif dans lequel sont compris chaque fois les émoluments antérieurement obtenus? Je ne saurais décider la question. Ce qui paraît sûr, c'est que ces sommes sont fournies par les habitants, puisque le décret précédent, autant qu'on en peut comprendre la dernière phrase, revendique une partie des émoluments pour le collége, et puisque, comme nous le verrons dans un instant, le collége demande encore à l'adfertor de lui servir un banquet.

La dernière partie de l'inscription entre dans un autre or-

1. Arnobe, *Adv. nat.* VII, 10 : Idcirco diis hostias et cetera impendimus munera.

dre d'idées, quoiqu'elle soit reliée à ce qui précède par *et*. Nous avons d'abord une proposition incidente régie par ape, dont le sujet est le nominatif pluriel frater, le verbe furent[1], l'attribut çersnatur. Ce dernier mot a été justement identifié avec le latin *cenati* : *cena* (écrit à tort *cœna* par suite d'une fausse étymologie grecque) est pour *cesna*, comme nous l'apprend ce passage de Festus (s. v. *Pesnis*) : Pesnis penis, ut Casmenas dicebant pro Camenis, et cesnas pro cenis. Nous avons *śesna* en ombrien V *b* 9, 13, 15, 18. Ici on a encore une forme plus complète, çersna[2] : le *r* s'est perdu devant *sn*, comme *persnimu* est souvent écrit *pesnimu*. La manière toute spéciale d'employer le participe *cenatus* en latin se retrouve dans notre phrase. « Et postquam fratres cenati fuerint. » Il s'agit ici d'une coutume qu'on retrouve aussi dans les Actes des Arvales, où les repas faits en commun par les Frères sont toujours soigneusement mentionnés. « Ibique discumbentes in tetrastylo apud *illum* magistrum epulati sunt.... Depositis prætextis, cenatoria alba acceperunt et in tetrastylo epulati sunt; more pompæ in tetrastylum fercula cum campanis et urnalibus mulsi singulorum transierunt.... Promeridie autem fratres Arvales prætextas acceperunt et in tetrastylo convenerunt et subsellis consederunt et caverunt se adfuisse et sacrum fecisse et porcilias piaculares epulati sunt et sanguem[3] ».

La phrase principale n'a pas le même sujet, car le verbe est au singulier. C'est feia, dans lequel on reconnaît un subjonctif de *facio*, avec même écrasement du *c* que dans peiu « piceos ». L'*a* a été altéré en *e* comme dans l'impératif *feitu* « facito ». Le *t* final a été omis. Nous rencontrerons plus tard (II *a* 17) une autre forme du même verbe au subjonctif, façia, qui doit son origine à un autre phénomène. — Le sujet de feia est double : fratreks ute kvestur « fratricus aut quæstor ». Le premier de ces magistrats a déjà été nommé VII *b* 1, 4. Nous avons cru reconnaître la mention du second au bas de I *b* et de II *a*. Il n'est point parlé, bien entendu, d'un questeur politique, mais d'un magistrat de la corporation attidienne. — Le régime de feia est ehvelklu(m)

1. Le texte a furenḍ, qui ne peut être regardé que comme une faute, si l'on rapproche benurent, prusikurent, pepurkurent.

2. L'étymologie de *cersna* est inconnue; peut-être la seconde partie du latin *silicernium* « repas des funérailles » est-elle de même origine.

3. Henzen, p. 21, 25, 27 ; cf. p. 39.

dont le sens n'est pas clair en lui-même, mais ressort avec une précision suffisante du contexte, ainsi que de V *b* 1, où il est également employé. L'assemblée va être invitée à se prononcer à la majorité des voix sur la gestion de l'adfertor. C'est donc une résolution ou plutôt un projet de résolution qu'on lui soumet : le terme latin qui conviendrait le mieux est *rogatio*. On se rappelle que nous avons eu VI *a* 2 *ehveltu* dans le sens « rogato ». Le suffixe est le même que dans *pihaclum*. — Sve rehte kuratu(m) si(t) est une proposition régie par *sve* « si » et ayant si(t) pour verbe, rehte kuratu(m) pour attribut. Jusqu'à présent toutes les fois que nous avons rencontré la conjonction *sve* nous l'avons vue suivie de l'indicatif; comme elle est construite ici avec le subjonctif, on doit penser qu'il s'agit d'une proposition subordonnée, à la façon de cette phrase de Tite-Live (XXXI, 9) : Ad collegium pontificum referre consul jussus, si posset recte votum incertæ pecuniæ suscipi. C'est, en effet, la même construction que nous avons : « rogationem faciat.... si recte curatum sit ». Rehte pour *recte* est tout à fait conforme à uhtur pour *auctor* (p. 231).

Les deux phrases qui suivent commencent toutes les deux par sve. Elles présentent d'ailleurs entre elles, dans leur première partie, une complète identité, sauf la négation neip qui est ajoutée la seconde fois et qui a amené une légère modification dans l'ordre des mots :

(V *a* 24) Sve mestru karu fratru Atijeḍiu pure ulu
(V *a* 27) Sve mestru karu fratru Atijeḍiu pure ulu

benurent prusikurent rehte kuratu eru ....
benurent prusikurent kuratu rehte neip eru ....

Le verbe régi par sve est prusikurent, car pure ulu benurent « qui illuc venerint » doit être mis à part, comme formant une proposition incidente[1]. D'après cela, il semble que nous devions regarder mestru karu, qui est le sujet de prusikurent, comme un pluriel, et on pourrait effectivement être tenté d'en faire un pluriel neutre. Nous verrons toutefois dans un instant que cette conclusion n'est pas nécessaire et que mestru ḳaru peut être un singulier féminin. — Il est facile de reconnaître dans les trois mots :

1. Pour ulu « illuc », cf. p. 178.

rehte kuratu(m) eru(m) « recte curatum esse[1] » et dans les quatre mots kuratu(m) rehte neip eru(m) « curatum recte non esse », l'expression des deux alternatives qui peuvent se présenter, du moment qu'on veut savoir des frères Attidiens sve rehte kuratu si « si recte curatum sit ». Nous cherchons donc dans prusikurent un verbe signifiant « opiner » ou « déclarer ». Aufrecht a reconnu avec sagacité un composé du même verbe qui a donné *inseco* « je dis » en latin. On connaît les vers d'Ennius :

> Insece, Musa, manu Romanorum induperator
> Quod quisque in bello gessit cum rege Philippo.

Aulu-Gelle, qui traite (XVIII, 9) de ce verbe, rapporte le passage suivant de Caton : Scelera nefaria, quæ neque insecendo, neque legendo audivimus. Il ajoute que *insectio* signifie « narratio[2] ». On a aussi cette glose de Paulus : *Inseque*, apud Ennium, dic. Insexit, dixit. Il est donc naturel de penser que c'est le verbe que nous avons en ombrien, avec un autre préfixe et le changement d'*e* en *i*[3]. — Fratru Atijeḍiu étant au génitif doit être régi par mestru karu. Le premier de ces mots a la forme d'un comparatif en *ter* (cf. *uter*, *alter*), et si l'on se rappelle qu'un *g* entre deux voyelles peut se réduire à un *j* et ensuite disparaître, comme on l'a vu par *Iuvina* (Iguvina), *frif* = *frugif*, on reconnaîtra avec Aufrecht dans ce mot le latin *magister*, réduit d'abord à *maïster*, puis par contraction *mester*. L'osque nous présente l'adverbe *mais* = latin *magis* et le superlatif *maimas* (pour *magimas*, cf. le suffixe du latin *minimus*). Le latin *magister* n'existe plus dans la langue qu'à l'état de substantif : mais il a commencé par être adjectif[4]; *magister equitum* désignait le plus grand parmi les cavaliers, absolument comme on a fait plus tard *major domûs*; *magister Saliorum* était le plus grand, le premier parmi les Saliens. Cette signification adjective est restée en ombrien. — Nous revenons au mot karu pour le-

1. Sur l'infinitif erum, voy. p. 220.
2. Sur cette racine *sec*, cf. Curtius, n° 632.
3. Le verbe *secare*, dans le sens de « décider », pourrait se présenter à l'esprit: mais on a justement le composé pruseçetu *proseieto*, dans le sens de « proviciæ », et l'impératif prusekatu « qu'il coupe », qui montrent que ce verbe garde son *e*.
4. Sur la formation des mots comme *magister*, *minister*, *sinister*, qui renferment chacun deux suffixes du comparatif, voy. Corssen, ZK. III, 241 ss.

quel l'ensemble de la phrase indique le sens de « pars ». C'est à la plus grande partie des membres assistants qu'il appartient de faire prévaloir son opinion. Aufrecht a comparé une expression osque qui revient deux fois sur la Table de Bantia (3 et 7) : maimas carneis senateis tanginud « maximæ partis senatūs sententiā ». Nous avons ici un génitif carneis qui est avec karu dans la même relation qu'en latin *carnis* avec *caro*. Il cite en outre des exemples d'inscriptions latines, où une résolution est prise *ex majoris partis decurionum decreto*[1]. On devra donc regarder mestru comme un nominatif singulier féminin se rapportant à karu, et l'emploi d'un verbe au pluriel s'expliquera par la tournure bien connue : Major pars hostium occisi sunt. Le pluriel devait ici se présenter d'autant plus facilement que le verbe de la proposition incidente (benurent) est lui-même au pluriel.

Nous arrivons aux deux propositions principales. La première est ainsi conçue : eḍek prufe si(t). Il faut voir dans eḍek un adverbe répondant à sve et signifiant « tum ». On a déjà vu VI *a* 6 le même adverbe *erse(k)* correspondant à *pirsi*. — Prufe représente le latin *probe*, comme en osque amprufid représente *improbe*. La phrase entière est donc : « tum probe sit » (qu'alors la gestion soit tenue pour bonne)[2]. — L'autre phrase principale est un peu plus compliquée. Après enuk, qui est un adverbe jouant le même rôle que eḍek, nous retrouvons le sujet déjà connu « fratricus aut quæstor » avec « faciat » pour verbe et « rogationem » pour complément. Ce dernier substantif est précédé de fratru(m), comme on a en latin *senatus consultum ferre*. Il s'agit donc d'une nouvelle résolution soumise au collége. Mais cette fois, après ehvelklu, au lieu de sve rehte kuratu si, nous avons : panta muta aḍferture si « quanta multa adfertori sit ». Les mots sont ou déjà connus ou clairs par eux-mêmes. Le collége est donc consulté sur l'amende qu'il s'agit d'imposer à l'adfertor au cas où il aurait manqué à ses obligations.

La dernière phrase revient sur la même idée, car elle commence par les mots panta muta. Seulement, au lieu de

1. Sur le rapport probable de l'osque et de l'ombrien karu « portion » avec le latin *caro, carnis* « portion [de viande] », voy. Bréal, *Mémoires de la Société de linguistique*, II, p. 380.

2. F. Bücheler (Annales de Fleckeisen, 1875, p. 132) croit que prufe est un adjectif neutre de la 3e déclinaison. C'est ainsi que sans sortir du latin on a l'un à côté de l'autre, *hilarus* et *hilaris*. Il faudrait alors traduire : « tum probum sit. »

si(t) le verbe est eru(m), c'est-à-dire un infinitif, d'où l'on peut conclure qu'il faut lire panta(m) muta(m) et que la proposition dépend de quelque verbe exprimant une opinion ou un ordre. Ce verbe est pepurkurent, qui est un futur antérieur à redoublement, comme *meminerint* en latin : la racine est *purk*, c'est-à-dire le *prec* ou *proc* latin dans *preces* ou *procus* : le sens n'est pas précisément « prier », mais « demander ». En latin les deux sens « prier » et « demander » se sont répartis entre les deux verbes *precari* et *poscere* (pour *porcscere*)[1]. — Il reste *herifi* qui rappelle les locutions adverbiales comme *herter*, *pisher*, *heri*, *heries*[2] : je crois, en effet, qu'il vient du même verbe, et qu'il a à peu près le sens du latin « quantumvis » ou « quamlibet ». Mais il est difficile de dire exactement quelle est la forme grammaticale. Je suppose que c'est la seconde ou la troisième personne d'un futur analogue aux futurs latins comme *amabo*, *ibo*, *quibo*. Ce mot doit par la pensée être rattaché à panta(m) : « l'amende, quelle qu'elle soit, que la majorité des frères Attidiens présents aura imposée à l'adfertor.... ».

Au panta(m) du commencement répond dans la proposition principale etantu, nouvel exemple de l'assourdissement d'un *a* final en *u*. L'*e* initial de etantu est pour *ec*. C'est la même syllabe qu'on a en latin en tête de *ecce*, et en ombrien au commencement de *ecla* (VII *a* 11, 27). — Le substantif auquel se rapporte etantu est mutu = latin *multa*. — Adferture si(t) n'a pas besoin d'explication. — Une formule pareille se lit sur la Table de Bantia : suae pis contrud exeic pruhipust, molto etanto estud n. Φ. « si quis contra hoc prohibuerit, multa tanta esto n. M. » Le sens général de notre phrase est que l'assemblée des frères Attidiens, qu'elle soit au complet ou non, décide en dernier ressort et sans appel.

TRADUCTION.

(V *a* 17) Postquam [hostias] impenderit [adfertor], stipes habeat nummis (18) simplicibus per prædia; et postquam polluctum (19) fuerit, stipes habeat nummis duplis (20) per

1. Voy. ci-dessus, p. 5.
2. Voy. ci-dessus, p. 103, 163, 214, 221.

prædia; et postquam supra instillatum fuerit, (21) stipes habeat nummis triplis per (22) prædia. Et postquam fratres cenati fuerint, (23) rogationem faciat fratricus aut quæstor (24) si recte curatum sit : si major pars (25) fratrum Attidiorum qui illuc venerint (26) censuerint recte curatum esse, tum (27) probe sit; si major pars fratrum Attidiorum (28) qui illuc venerint censuerint (29) curatum recte non esse, tum fratrum (V *b* 1) rogationem faciat fratricus (2) aut quæstor quanta multa (3) adfertori sit. Quantam multam fratrum (4) Attidiorum major pars qui illuc (5) venerint adfertori esse jusserint (6) [quantam] libet, tanta multa adfertori (7) sit.

Cette inscription est curieuse en ce qu'elle nous permet de jeter un coup d'œil dans l'organisation intérieure d'un collége de prêtres. On comprend pourquoi les deux décrets sont réunis sur une même table : ils constituent le cahier des charges de l'adfertor. Cette magistrature nous apparaît avec un caractère autant fiscal que religieux. Le rôle considérable joué par ce personnage nous transporte dans un temps où le collége de prêtres semble avoir remis la plupart de ses obligations entre les mains d'un seul homme, se réservant seulement un droit de contrôle et certains avantages matériels. Tel se montre aussi à Rome le collége des Arvales à partir de l'époque dont nous avons conservé des monuments, c'est-à-dire à partir de sa réorganisation sous Auguste.

Ajoutons que la gradation du payement de l'adfertor laisse voir que la lustration décrite sur I et VI-VII ne forme pas un tout indissoluble, mais qu'elle se compose de trois actes qui ne sont pas nécessairement liés entre eux.

INSCRIPTION EN CARACTÈRES LATINS DE LA TABLE V *b*.

A la suite de ce texte en caractères étrusques, se trouve ajoutée une autre inscription d'une main différente et en caractères latins. Elle n'a aucun lien avec ce qui précède. L'écriture est nette, l'orthographe généralement correcte, les mots sont soigneusement séparés. Nous reviendrons plus loin sur les autres questions que soulève la présence à cette place d'une inscription en caractères latins.

(V *b* 8) *Clavernìur dirsas herti fratrus Atiersir posti acnu*

(9) *farer opeter p. IIII agre Tlatie Piquier Martier et śesna* (10) *homonus duir puri far eiscurent ote a. VI. Claverni* (11) *dirsans herti frater*[1] *Atiersiur Sehmenier Dequrier* (12) *pelmner sorser posti acnu vef X, cabriner vef V, pretra* (13) *toco, postra fahe, et śesna ote a. VI. Casilos dirsa herti fratrus* (14) *Atiersir posti acnu farer opeter p. VI agre Casiler Piquier* (15) *Martier et śesna homonus duir puri far eiscurent ote a. VI.* (16) *Casilate dirsans herti frateer Atiersiur Sehmenier Dequrier* (17) *pelmner sorser posti acnu vef XV, cabriner vef VIIS. et* (18) *śesna ote a. VI.*

Cette inscription se divise en quatre sections, dont la 1re et la 3e, d'une part, la 2e et la 4e, d'autre part, se correspondent entre elles. Nous traduirons en rapprochant les passages identiques :

(V *b* 8) *Claverniur dirsas herti fratrus Atiersir posti acnu*
(V *b* 13) *Casilos dirsa herti fratrus Atiersir posti acnu*

farer opeter p. IIII agre Tlatie Piquier Martier et śesna
farer opeter p. VI agre Casiler Piquier Martier et śesna

homonus duir puri far eiscurent ote a. VI.
homonus duir puri far eiscurent ote a. VI.

Les seules différences sont dans le chiffre, qui est d'une part 4 et de l'autre 6, dans les deux mots du commencement et dans *Tlatie* pour lequel on a la seconde fois *Casiler*. — On reconnaît aussitôt comme verbe de la seconde phrase *dirsa*, qui a été déjà vu plus d'une fois (VII *a* 43, 44, 44 = I *b* 34, 35, 36). C'est le subjonctif à la 3e personne du singulier du thème verbal *dirs-* ou *ders-* signifiant « donner[2] » : le *t* final est tombé. D'autre part, V *b* 8 nous présente *dirsas* au lieu de quoi on a plus loin deux fois (V *b* 11, 16) *dirsans*. Ces formes, dont la dernière est évidemment la plus complète, représentent une 3e personne du pluriel : cf. *etaians*, *etaias*, *sins*, sis. — Il y a donc une différence pour le nombre entre le verbe de la première et celui de la seconde phrase; si nous comparons *Casilos* à *Claverniur* nous en apercevons la raison. *Claverniur* est un pluriel comme *prinvatur*. Quant à *Casilos*, si l'on rapproche la forme *Casilate* (V *b* 16), on voit qu'il est pour *Casilats*, et que l'*a* s'est assourdi en *o* comme dans *pihos*,

1. *Frat.er* (une lettre effacée).
2. Voy. p. 206.

en ancien ombrien pihaz (= latin *piatus*). Il y a seulement cette différence que *Casilos* appartient à la 3e déclinaison et non à la 2e; en effet, le mot a la même formation qu'en latin *Urbinas*, c'est à dire qu'il contient un suffixe secondaire *at(i)-s* servant à faire des noms ethniques. Nous trouverons V *b* 14 *Casiler* qui est un cas du primitif dont il est tiré.

Herti, pour *herteir*, est la locution adverbiale qui accompagne souvent, ainsi que nous l'avons vu, le subjonctif[1]. Il est difficile de voir ce qu'elle ajoute à la phrase, à moins qu'on ne la prenne dans son sens étymologique : « il est voulu ». — *Fratrus Atiersir* « fratribus Attidiis ». Il s'agit donc de quelque chose qui doit être donné aux frères Attidiens par les Clavernii et par le Casilate. D'après ce que nous savons du caractère de ces Tables, nous pouvons déjà soupçonner qu'il s'agit d'un droit exercé par le collége des Attidiens. — Si nous cherchons maintenant le régime direct, nous ne voyons aucun mot qui puisse remplir cette fonction, à moins que ce ne soit l'expression abrégée P. IIII et plus bas P. VI. Il faut effectivement regarder le P. comme désignant, à la façon romaine, le mot *pondo*, lequel gouverne *farer*, génitif du mot *far* « froment ». Ce mot est un des premiers qui aient été déchiffrés sur les Tables eugubines. — *Opeter* est un adjectif ou un participe se rapportant à *farer* : j'y vois un participe du même verbe qui fait à l'impératif upetu (V *a* 7. II *b* 1, etc.). On a dit plus haut[2] que cette dernière forme supposerait en latin *ob-pendito*, et que le sens est « præstato ». Ici nous avons le participe passé : le *d* final de la racine *pend* a disparu cu s'est assimilé[3]; le *n* n'est pas marqué dans l'écriture. Il est probable que *farer opeter* est l'expression consacrée pour désigner le blé payé comme redevance.

Si l'on rapproche *agre Tlatie* de *agre Casiler*, qui est construit de la même façon, on voit qu'il faut suppléer un *r* à la fin de *Tlatie*, et par suite également à la fin de *agre*, qui est le substantif auquel *Tlatie* d'une part, *Casiler* de l'autre se rapporte. La désinence peut être celle du génitif singulier ou du datif-ablatif pluriel; nous préférons le génitif singulier, qui convient bien ici pour marquer l'idée d'origine ou de propriété : c'est le blé *du* territoire tlatien et casilain qu'on

1. Cf. VII *b* 2. P. 221.
2. Voy. p. 238.
3. Sur les participes passés des racines finissant par une dentale, voy. p. 135, n.

doit donner. Sur le mot *Tlatie* on ne peut rien dire de certain; Huschke rapproche le passage de Pline (III, 19) où, parmi les populations de l'Ombrie, il cite *Dolates, cognomine Salentinos*[1]. Quant à *Casiler*, c'est l'adjectif qui a servi de primitif à *Casilas*. Huschke pense qu'il est question des *Carsulani* nommés par Pline au même endroit[2]; l'assimilation d'un *r* n'aurait rien de surprenant (cf. *pesnimu*, *fasio*). Une circonstance à remarquer, c'est que pour le Casilate il est parlé d'un territoire casilain; au lieu que pour les Claverniens, il n'est pas question d'un pays du même nom, mais du pays *tlatien*. Cette différence vient-elle de la même cause inconnue qui fait qu'on a d'une part le singulier (*Casilos*) et de l'autre le pluriel (*Claverniur*)? Peut-être avec *Casilos* faut-il sous-entendre un mot comme *tota* « civitas ». L'une et l'autre indication est complétée par les mots *Piquier Martier*, qui paraissent être une désignation topographique plus générale. On a songé au Picenum, qui avait, selon une tradition rapportée par Pline (III, 18), Strabon (V, 4, 2) et Festus (v. Picena), tiré son nom d'un pic-vert (*picus martius*) montrant le chemin aux premiers habitants. Si l'on admet qu'au lieu de *ager Picenus* on pouvait aussi dire [ager] *Picius Martius*, on aura notre expression ombrienne. L'emploi du *q* suivi de la voyelle *u* (cf. *dequria*) se rapporte probablement à une forme plus développée *Picuvier* (cf. *Pacuvius*, écrit sur des inscriptions romaines de Campanie et du Samnium *Paquius*[3]).

Le substantif *śesna*(*m*) est à l'accusatif, étant coordonné par la conjonction *et* avec le régime direct *p*. IIII. On a dit plus haut que c'est le latin *cena* « repas ». — *Homonus duir* sont deux datifs pluriels, le premier venant du thème *homon* « homme »[4], le second du nom de nombre « deux », qui se décline comme un pluriel ordinaire de la seconde déclinaison[5]. — *Puri far eiscurent* est une proposition relative, dont le sujet *puri* (nominatif pluriel) se rapporte à *homonus*. Le verbe est *eiscurent* et le régime direct *far*, lequel ne peut être autre chose que l'accusatif du même substantif neutre dési-

1. D'autres conjectures ont été présentées. Ainsi Bücheler suppose que c'est le même mot qui a fait *Latium*, *Latinus*.

2. Lanzi (*Saggio* III, p. 573) avait déjà fait la même conjecture. *Casilo*, onde i Carsulani di Plinio.

3. Mommsen, *Die unterit. Dial.* p. 284.

4. Cf. l'ancienne déclinaison : *hemô*, *hemônis*.

5. Cf. le nominatif pluriel *dur*, VI *b* 60.

gnant le froment payé en redevance au collège; le sens de la phrase est donc que les Claverniens, outre la quantité prescrite de grains, doivent donner un souper aux deux hommes qui auront — le blé. Quoique l'étymologie de *eiscurent* soit inconnue, on peut supposer qu'il signifie « chercher ». Je serais enclin à y voir un *eciscere* parent du verbe latin *accire*[1].

La phrase n'est pas encore terminée ici, car il reste les mots *ote a. VI*. Ces mots n'appartiennent pas à la proposition relative, comme on peut s'en assurer par V *b* 13 et 18, où l'on a : *et śesna ote a. VI*. La conjonction *ote* « aut » marque un rapport de coordination : nous avons donc un troisième régime de *dirsas*. Mais cette fois, ce n'est pas un nouveau don à faire aux Attidiens ou aux deux hommes chargés de lever la dîme : on annonce un équivalent facultatif du don précédent, c'est-à-dire du repas des deux envoyés. Une évaluation en numéraire serait ici à sa place, et en effet, nous trouvons la lettre A. qui a été déjà expliquée VII *b* 4 par *asses*. C'est donc, à défaut du repas, six as qu'il faut donner à chacun des deux envoyés. Cette évaluation paraîtra assez élevée, si l'on rapproche Polybe, II, 15, où l'on voit que les aubergistes de la Cisalpine défrayent leurs hôtes moyennant un *semis* par jour.

Nous avons réservé à dessein l'expression *posti acnu* (V *b* 8, 14), dont on ne peut déterminer le sens qu'à l'aide du contexte. Dans *posti* nous retrouvons la même préposition qui est employée V *a* 18 : pusti kastruvuf « pro [singulis] prædiis ». Kastruvuf étant un accusatif pluriel, il est probable qu'on en a également un ici : *posti acnuf*. Aufrecht identifie ce mot avec le latin *annus*, et traduit : « per [singulos] annos » ou « quotannis ». Mais ce rapprochement nous paraît impossible. Si l'on admet l'identification *acnu* = latin *annus*, on est obligé de regarder la forme ombrienne comme la plus ancienne : il faudra supposer que le *c* a été supprimé comme dans *luna*, *vanus* (pour *lucna*, *vacnus*), et que le redoublement de *n* n'a qu'une valeur purement orthographique destinée à indiquer que la première syllabe est longue. Mais il devient dès lors impossible d'expliquer le *m* de *sollemnis*, seule orthographe

1. Le c supprimé comme dans peiu, feia. — On pourrait aussi songer à un parent du vieux-allemand *eiscôn* « demander », ancien slave *iskati* « chercher », sanscrit *icchati* « il désire ».

attestée par les monuments[1]. On comprend, au contraire, qu'un ancien *amnus* soit devenu *annus*, comme on a la double orthographe *Portumnus* et *Portunus*, et comme le mot *amnis* « fleuve » a donné un composé qu'on écrit *peremnis* ou *perennis*[2]. Sur le mot *amnus*, dont le plus ancien sens est « cercle », je me contenterai de renvoyer à un article de M. A. Barth dans les Mémoires de la Société de Linguistique, II, p. 235. Non-seulement l'identification avec *annus* est phonétiquement impossible, mais le sens « année » soulève des difficultés d'une autre sorte. Envoyer deux hommes au loin pour aller chercher quatre et six livres de blé, c'est-à-dire au témoignage de Pline, à peu près $\frac{1}{6}$ et $\frac{1}{4}$ de boisseau[3], peut sembler assez extraordinaire. Enfin, on ne voit pas pourquoi une inscription qui est d'une rédaction sobre et nullement verbeuse répéterait avec cette insistance (cf. encore V *b* 12, 17) « quotannis ». Je crois que cette expression doit être regardée comme ayant à peu près la même valeur que pusti kastruvuf : *acnu* est, selon moi, une dénomination agraire, et je le regarde comme synonyme du latin *fundus*. On trouve deux fois sur la table votive d'Agnone : saahtúm tefúrúm alttreí pútereípid akeneí sakahíter, ce qui veut dire « sanctum delubrum in utroque fundo sacratur ». Sur une inscription de Pompéi, *akun.* (forme abrégée pour *akúnúss*) est accompagné d'un chiffre : il s'agit probablement d'une énumération de champs[4]. Un mot latin de même origine est *acna* ou *acnua* qui désigne un demi-jugerum. On en pourrait induire, si les mesures s'accordaient chez les deux peuples, quelle était l'étendue du champ ainsi nommé chez les Ombriens. Quoi qu'il en soit, nous traduirons *acnus* par « fundus ». Cette explication, qui n'a pas échappé à Aufrecht, a été écartée par lui parce que les deux populations se trouvent dès lors payant une somme inégale pour la même unité agraire. En effet, tandis que les Clavernii fournissent quatre livres de blé par *acnu*, les Casilates en donnent six. Mais une telle inégalité peut avoir bien des causes tenant soit au libre consentement des contractants, soit à l'occasion ou à la date

1. Corssen, *Aussprache*[2], I, 225. On trouve aussi *peremnis* dans le sens de « éternel » sur une inscription chez Guattani, *Monum. ined.*, I, 5, p. XXXIX.

2. Sur ce mot, voy. Festus, p. 245.

3. *Hist. nat.* XVIII, 12. In Transpadana Italia scio vicenas quinas libras farris modios pendere : circa Clusium et senas.

4. Enderis, *Oskische Formenlehre*, p. 15.

du contrat, soit à des particularités du sol. On remarquera d'ailleurs (et c'est une observation qui a déjà été faite par les premiers interprètes des Tables eugubines) que la part de la victime accordée aux deux peuples est en raison de l'impôt qu'elles payent. Ceci nous conduit à la seconde partie de notre texte. Je donne simultanément le texte de la 2e et de la 4e section :

(V *b* 10) *Claverni dirsans herti frater Atiersiur Sehmenier*
(V *b* 16) *Casilate dirsans herti frateer Atiersiur Sehmenier*

Dequrier pelmner sorser posti acnu vef X, cabriner vef V,
Dequrier pelmner sorser posti acnu vef XV, cabriner vef VIIS

pretra toco, postra fahe, et śesna, ote a. VI.
et śesna, ote a. VI.

Cette fois les frères Attidiens sont au nominatif : ils forment le sujet de *dirsans herti* « qu'ils donnent », et le régime indirect au datif est d'une part *Claverni*, d'autre part *Casilate*. D'après ces contours généraux de la phrase, nous devinons déjà qu'il s'agit d'un objet que les frères Attidiens donnent aux mêmes populations qui leur payent une redevance. Si nous passons maintenant au détail, nous voyons d'abord qu'au lieu de la forme attendue *Clavernir*, nous avons *Claverni*. Le *r* est-il tombé, ou le texte emploie-t-il ici le singulier (cf. *Grabovi*)? Quoi qu'il en soit, le sens de la phrase ne s'en trouve pas changé. Quant à *Casilate*, nous devons, d'après ce qui précède, le regarder comme un datif singulier.

Pour trouver le régime direct, il faut de nouveau aller à un mot accompagné d'un chiffre : *vef*, accusatif pluriel, désigne, selon toute apparence, une mesure de poids ou de longueur. C'est malheureusement tout ce qu'on en peut dire de vraisemblable. Bugge (ZK. III, 42) rappelle l'expression latine vis auri argentique, et pense que *vis* a pris en ombrien la signification d'un poids déterminé[1]. *Pelmner sorser... vef* X, *cabriner vef* V : voilà ce que les frères Attidiens doivent donner aux Clavernii. Le mot *cabriner* est évidemment un adjectif au génitif, et l'on n'a pas eu de peine à l'identifier avec le latin *caprinus;* nous avons une forme *kabru* II *b* 17, à côté

1. On sait qu'en ancien latin *vis* se décline au pluriel comme un thème en *i*. Lucrèce, II, 586 : Multas vis possidet in se. III, 266 : Sed quasi multæ vis unius corporis exstant.

de kaprum II *b* 1, kapres II *b* 12. — *Pelmner* et *sorser* sont plus difficiles à expliquer : l'un des deux est sans doute un substantif signifiant « chair, viande » et l'autre un adjectif désignant un animal. Si nous nous transportons au commencement de la table II *b*, nous trouverons quelque lumière: Semenies tekuries sim kaprum upetu « — — suem caprum præstato. » Le complément circonstanciel semenies tequries est exactement celui de notre phrase. Le sens est que pour le sacrifice qui a lieu semenies tequries, l'adfertor doit fournir une truie et un bouc. S'il est question dans les deux textes, comme cela est vraisemblable, d'un seul et même sacrifice, nous serons amenés à voir soit dans *sorser*, soit dans *pelmner*, un adjectif signifiant « suillus ». J'ai expliqué ailleurs [1] *pelmner* comme le génitif d'un substantif *pelmen*, qui est avec le latin *pulmentum* dans le même rapport que *tegmen*, *augmen*, avec *tegmentum*, *augmentum*. On sait que *pulmentum*, chez les Romains, désigne toute espèce de mets : l'exemple du mot français *viande* nous montre comment un terme général signifiant « nourriture » peut se restreindre au sens de « chair ». C'est donc *sorser* qui signifie, à ce que je crois, « suillus ». Mais je n'oserais rien affirmer sur l'étymologie de ce mot [2] : je me contenterai de dire qu'il n'a rien de commun avec le *sorsom*, suḍum dont il a été parlé p. 148. — C'est dix *vef* de viande de porc et cinq *vef* de viande de bouc que doivent recevoir les Clavernii par *acnu* de leur territoire; c'est quinze *vef* de viande de porc et sept et demi de viande de bouc que doivent recevoir par *acnu* les Casilates. La part des Clavernii est avec celle des Casilates dans le rapport de 1 à 1 $\frac{1}{2}$; la même proportion se trouve dans la redevance des deux peuples. On remarquera le sigle tout romain S = *semissem*.

Les mots *pretra toco*, *postra fahe*, qui sont seulement employés pour les Clavernii, ont l'air d'être en apposition avec ce qui précède. Je reconnais dans *pretra(f)* et *postra(f)* des accusatifs féminins se rapportant à *vef* : ce sont deux adjectifs au comparatif tirés des adverbes *pre* et *post*. Quant à *toco(m)* et *fahe(m)*, il y faut voir des accusatifs singuliers : « les premiers [vef], c'est-à-dire ceux qui proviennent du porc, devant être *toco*; les derniers, c'est-à-dire ceux du bouc,

1. *Mémoires de la Société de linguistique*, II, p. 341.

2. On pourrait, avec Bücheler, supposer un adjectif *sulus*, dont le *l* serait devenu un *d*, comme on a famedias (II *b* 2) = latin *familia*. Quant à la voyelle *o* représentant un *u* latin, on va en avoir un exemple dans *toco*.

étant *fahe.* » *Toco,* ainsi que l'a justement expliqué F. Bücheler, est un proche parent du latin ou plutôt du gaulois *tuccetum*, qui désigne la viande de porc salée. Au sujet de ces vers de Perse (II, 43) :

> Poscis opem nervis, corpusque fidele senectæ.
> Esto, age : sed grandes patinæ, tuccetaque crassa
> Annuere his superos vetuere, Jovemque morantur,

le scholiaste ajoute : Tucceta apud Gallos Cisalpinos bubula dicitur caro condimentis quibusdam crassis oblita ac macerata, et ideo toto anno durat. Solet etiam porcina eodem genere condita servari, aut assaturarum jura. Cf. Apulée, Met. II, 9 : At pudica uxor statim cenas Saliares comparat. Vina pretiosa defæcat, pulmenta recentia tuccetis temperat, mensa largiter instructa. Le primitif de ce *tuccetum* se retrouve probablement dans le mot gaulois *taxea* « lard ». Isid. Orig. XX, 2 : Taxea lardum est gallice dictum ; unde et Afranius in Rosa : Gallum sagatum pingui pastum taxea. Cf. Arnobe, VII, 24 : Quid taxeæ? quid næniæ? quid offæ? Le surnom de Tucca, qui a donné lieu chez les Romains à des jeux de mots, appartient peut-être à la même origine. Nous traduirons *toco(m)* par « tuccetum » : les dix vef de viande de porc doivent donc être salés. — *Fahe* exprime probablement une autre sorte de préparation : mais le terme est inconnu. Peut-être est-ce un mot de même origine que le latin *fæx* « saumure ». — Enfin le texte ajoute chaque fois les mots déjà connus : *et śesna(m) ote a. VI* « et cenam (pour celui qui est venu chercher le don) aut asses VI ».

Il reste *sehmenier dequrier*, qui est, comme plenasier urnasier (V *a* 2), un complément circonstanciel marquant le temps. Nous ne pouvons guère, en l'absence d'un calendrier iguvien, spécifier quelque chose de plus : *dequrier* est un ablatif pluriel, et l'on en peut rapprocher le latin *decuria*, qui paraît être le même mot, sinon pour le sens, du moins pour la forme. Quant à *sehmenier*, c'est ou un adjectif à l'ablatif pluriel féminin, ou le génitif d'un substantif singulier de la cinquième déclinaison. Ce qui me fait pencher pour la première hypothèse, c'est le mot *sehemeniar* VII *a* 52, sehmeniar I *b* 42, qui a l'air d'être le nominatif pluriel du même mot, avec *dequriar* sous-entendu. La locution entière ressemble aux expressions latines comme Martiis nonis ou comme Semoniæ feriis.

TRADUCTION.

(V *b* 8) Clavernii dent fratribus Attidiis per fundos (9) farris [in tributum] impensi pondo IV agri Tlatii Picii Martii, et cenam (10) hominibus duobus qui far receperint, aut asses VI. Claverniis (11) dent fratres Attidii Semeniis decuriis (12) carnis suillæ per fundos *vef* X, caprinæ *vef* V, priores (13) tuccetum, posteriores fæcem (?), et cenam aut asses VI. Casilas det fratribus (14) Attidiis per fundum farris [in tributum] impensi pondo VI agri Casili Picii (15) Martii, et cenam hominibus duobus qui far receperint, aut asses VI. (16) Casilati dent fratres Attidii Semeniis decuriis (17) carnis suillæ per fundum *vef* XV, caprinæ *vef* VII semis, et (18) cenam, aut asses VI.

Cet usage de distribuer à des populations alliées un morceau de la victime a été justement comparé par Aufrecht et Kirchhoff à une cérémonie romaine que la tradition faisait remonter à Tarquin le Superbe. Tous les ans, sur le mont Albain, aux féries latines, un taureau était immolé en l'honneur de Jupiter Latiaris, et près de cinquante cités latines envoyaient des émissaires pour chercher un morceau de la victime. Denys d'Halicarnasse (IV, 49) parle en détail de cet usage qui existait encore de son temps. En retour, les peuples qui avaient leur part du sacrifice envoyaient des agneaux, des fromages, du lait, des gâteaux. Varron (De l. l. VI, 25) parle de ces féries latines : Latinæ feriæ dies conceptivus dictus a Latinis populis, quibus ex Albano monte ex sacris carnem petere fuit jus cum Romanis, a quibus Latinis Latinæ dictæ. Pline l'Ancien (III, 9) énumère les noms des peuples latins qui venaient chercher sur le mont Albain leur part du sacrifice. Tite-Live en parle également : XXXII, 1. Legati ab Ardea questi in senatu erant, sibi in monte Albano Latinis carnem, ut assolet, datam non esse. XXXVII, 3. Laurentibus caro, quæ dari debet, data non fuerat. — Cette inscription peut donc être définie, comme elle l'a été par Aufrecht et Kirchhoff, un extrait du livre de comptes de la corporation Attidienne. Les mêmes savants font observer que les Claverniens et les Casilates ne sont pas les seuls en l'honneur de qui, aux *Semenier dequrier*, on immolait un porc et un bouc. Nous allons voir II *b* toute une série d'autres peuples ou tribus qui avaient part[1] à cette cérémonie. Ils en concluent que le texte est incomplet et que la partie qui nous a été conservée est probablement la fin d'une inscription plus étendue qui remplissait une table entière : le graveur, ayant manqué de place pour les deux derniers peuples, a profité de l'espace vide sur la t. V *b* pour y inscrire la fin de son texte. Rappelant le témoignage de l'historien Concioli[1], d'après lequel les tables trouvées à Gubbio étaient primitivement au nombre de neuf, ils supposent que l'une des deux tables perdues contenait le commencement de l'inscription. On ne saurait refuser à ce raisonnement, surtout dans sa première partie, un grand caractère de vraisemblance. Une circonstance qui doit encore faire penser que notre inscription est acéphale, c'est que d'après le modèle de V *a* 1, V *a* 14, on aurait attendu un préambule comme : « Les frères Attidiens ont décidé.... »

Nous allons passer immédiatement à l'étude de la t. II *b*, qui, comme on vient de le dire, est avec celle-ci en un étroit rapport.

TABLE II *b*.

Cette table, qui est écrite lisiblement, se fait remarquer par le grand nombre de fausses séparations de mots. Tantôt un mot est à tort coupé en deux, comme pera kne, seva kne, purtu vetu, tantôt deux mots sont réunis, comme vinufertu, vesklespesnimu. Nous avons corrigé sans les mentionner les fautes évidentes : quant à celles qui peuvent donner lieu à quelque doute, nous les indiquons expressément. L'orthographe paraît d'ailleurs présenter encore d'autres incorrections, en sorte que le sens, surtout dans les deux derniers tiers, laisse beaucoup d'incertitude. Nous nous attacherons à ne pas multiplier inutilement les conjectures, et nous accélérerons notre marche, renvoyant, pour les mots déjà connus, à ce qui a été dit plus haut.

(II *b* 1) Semenies[2] tekuries sim kaprum upetu. Tekvias (2) famedias! pumpedias XII. Atiiediate, etre

1. Voy. l'historique dans mon Introduction.
2. Seme nies.

Atiiedįate, (3) Klaverniie, etre Klaverniie, Kureiate, etre Kureiate, (4) Satanes, etre Satane, Peiedįate, etre Peiedįate[1], Talenate, (5) etre Talenate, Museiate, etre Museiate, Iuieskane, (6) etre Iuieskanes, Kaselate, etre Kaselate, tertie Kaselate, (7) Peraznanie teitu.

La première phrase a déjà été mentionnée[2]. L'impératif upetu = *ob-pendito* doit être considéré comme à la seconde personne du singulier. Il s'agit donc d'un porc et d'un bouc qu'on immole à la fête appelée Semenies tekuries (les mêmes victimes dont les morceaux sont distribués, selon V *b*, en ces mêmes jours de fête, aux Clavernii et aux Casilates). — La phrase suivante est déclarée par Kirchhoff un problème d'interprétation et de syntaxe qu'il renonce à résoudre. Sans mieux comprendre le sens des mots, nous croyons que la construction peut se deviner. Le sujet est famedįas pumpedįas XII, l'attribut tekvias et le verbe sins « sint » sous-entendu. — Dans famedįas on a reconnu depuis longtemps le nominatif pluriel d'un mot correspondant au latin *familia*. Kadįetu (I *b* 33) et Akedįunia (I *b* 16. 43) ont déjà présenté des exemples de đ = *l* entre deux voyelles. Un autre exemple est peut-être le mot suivant pumpedįas, qui a été rapproché du latin *Pompilius* et du samnite *Pompedius* sans que cela nous puisse éclairer sur le sens. Je soupçonne une parenté avec le grec πέμπω « envoyer » : « les familles qui envoient [des ambassadeurs] ». — Il reste tekvias, qui est formé comme en latin *conspicuus* ou *præcipuus :* le verbe dont il est tiré est le même qui se trouve à la fin de la phrase suivante sous la forme impérative teitu[3]. Le sens serait donc que les douze familles ou plutôt les douze tribus qui se font représenter au sacrifice doivent être nommées. Ceci deviendra plus clair dans un instant.

Nous avons une longue énumération de noms de peuples au datif pluriel ou au génitif singulier[4], lesquels sont régis par l'impératif teitu « dicito ». Le sens de la prescription est qu'en immolant les victimes, le sacrificateur doit dire qu'elles sont *de* ou *pour* tel et tel peuple. Le datif nous paraît plus

1. Etrep eiedįate.
2. Voy. p. 999.
3. Sur l'orthographe tekvias au lieu de tekuvias, voy. p. 254.
4. Le *s* qui termine ces deux cas est tombé après la plupart des noms : il est resté toutefois à Satanes et Iuieskanes.

vraisemblable à cause des passages suivants que Kirchhoff a rapprochés fort à propos : Paulus, p. 67. « Dici mos erat Romanis in omnibus sacrificiis precibusque : *populo Romano Quiritibusque* (p. 67). » Tite-Live, XLI, 16 : « Latinæ feriæ fuere ante diem tertium Nonas Maias in quibus, quia in una hostia magistratus Lanuvinus precatus non erat : *populo Romano Quiritium*, religioni fuit. »

Des dix noms propres énumérés, six sont terminés en *ates*, deux en *ani*, deux en *ii*. On a d'abord Atiieḍiate(s) « Attidiatibus » : les originaires d'Attidium ouvrent la marche; ils sont ensuite nommés une seconde fois. Etre Atiieḍiate « alteris Attidiatibus » : nous reviendrons plus loin sur cette expression. Attidium est une ville ombrienne à l'est d'Iguvium, sur la frontière du Picenum; il en a déjà été question à propos du nom de la corporation attidienne[1].

Les Clavernii nous sont connus par V *b*. — Les Kureıates sont sans aucun doute les *Curiates* dont parle Pline (H. N. III, 19), qui les nomme parmi les races éteintes de l'Ombrie : « Jungitur his sexta regio, Umbriam complexa, agrumque Gallicum circa Ariminum.... In hoc situ interiere Feliginates.... Item Solinates, Curiates. » .... — Satani. Ce mot a l'air d'être dérivé d'un primitif Sata, qui rappelle le nom de lieu *traf Sahatam* plusieurs fois employé VII *a* 39-45 et I *b* 38. Mommsen[2] mentionne le nom propre *Satanus* sur des inscriptions d'Asculum en Picenum : comme ce nom est un dérivé à la façon de Albanus, on peut supposer qu'il y avait un nom de lieu appelé *Sata* dans le voisinage d'Iguvium. Rapprochez-en le samnite *Saticula*[3]. — Peieḍiate(s) suppose un primitif *Piedium*. Talenate(s) et Museiate(s) se rattachent à des primitifs *Talena* et *Musa* : tous ces noms sont inconnus. Cependant Lanzi fait observer qu'il reste auprès de Gubbio un village avec ruines appelé *Musceia*, ce qui pourrait être un adjectif dérivé de l'ancien nom. Huschke rappelle le fleuve *Misus*, en face duquel était bâti Iguvium. — Iuieskanes est tiré d'un primitif *Iuieska*, qui présente la formation bien

1. On pourrait être tenté de rapporter XII à Atiieḍiate, en sorte que nous aurions ici les douze frères Attidiens. Mais c'est de peuples, et non de corporations religieuses, qu'il est question dans cette énumération. Je ne voudrais pourtant rien affirmer à ce sujet.

2. *Unterit. Dialek.* p. 243.

3. Sur des inscriptions étrusques on a les noms de *Satnal*, *Saties*.

connue en *sca*, qu'on rencontre dans le nom des Opisci, des Volsci, des Tusci, et de plusieurs autres peuples. Kirchhoff compare le sabin *Mutuesca*, qui a donné un adjectif *Mutuescanus*. La première partie du mot est la même que dans Ijuvina, de sorte que nous avons probablement encore ici un dérivé du même primitif qui se trouve dans le nom d'Iguvium. A côté des *Ijuvinus* il y aurait donc eu des *Ijujescanus*, comme on a une base identique dans le nom des Tyrrheni, des Tusci et des Tuscani. — Les Casilates sont les mêmes dont il a été parlé V *b*. — Enfin le nom de Peraznanie suppose un primitif Peraznanum, qui présente une accumulation de consonnes comme on la trouve ordinairement en étrusque (cf. Arznal, Percumsnal).

La plupart de ces noms de peuples sont cités deux fois, et la seconde fois on les fait précéder de l'adjectif etre « alteris ». Les Casilates sont même nommés trois fois (tertie Kaselate). C'est ainsi qu'à Rome il y avait les Luceres primi et secundi. Cette subdivision tient sans doute à quelque particularité politique ou géographique. Si l'on compte chaque subdivision comme une unité à part, on arrivera à une somme de vingt peuples; si l'on additionne seulement les noms ethniques, on obtient une somme de dix peuples. Des deux façons, la liste semble en désaccord avec la phrase précédente, où il est question de famedias pumpedias XII. Il est probable qu'il faut admettre la seconde manière de compter et suppléer deux noms de peuples que l'on n'a pas indiqués, peut-être parce que leur présence s'entendait de soi : ainsi les *Ijuvinus* proprement dits ne sont pas désignés, quoique évidemment ils dussent avoir leur place dans la cérémonie.

TRADUCTION.

(II *b* 1) Semeniis decuriis suem caprum præstato. Fœderatæ (?) (2) familiæ nuncupandæ (?) XII. Attidiatibus, alteris Attidiatibus, (3) Claverniis, alteris Claverniis, Curiatibus, alteris Curiatibus, (4) Satanis, alteris Satanis, Piediatibus, alteris Piediatibus, Talenatibus, (5) alteris Talenatibus, Musiatibus, alteris Musiatibus, Iuiescanis, (6) alteris Iuiescanis, Casilatibus, alteris Casilatibus, tertiis Casilatibus, (7) Peraznaniis dicito.

(II *b* 7) Aḍmune Juve patre fetu. Si perakne (8) sevakne upetu. Eveietu[1]. Sevakne naratu. Arviu (9) ustetu; eu naratu[2]. Puze façefele[3] sevakne. Heri puni, (10) heri vinu fetu.

Après l'énumération des peuples ou des familles qui ont part au sacrifice, vient le détail du cérémonial dans le même style que sur la table I, c'est-à-dire plutôt par des allusions que par des prescriptions explicites, et comme cette fois nous n'avons pas le secours d'une recension plus développée, beaucoup de parties restent obscures. Aḍmune Juve patre sont trois datifs régis par fetu : « —o Jovi patri facito ». Aḍmune paraît une formation analogue à Puemune, Vesune, Vufiune, qui sont des noms de divinités ombriennes. Sauf la différence du genre, on peut rapprocher les formes latines comme *Pomona*, *Angerona;* quant à la première partie du mot, je crois qu'elle est la même que dans *arsm-or*, *arsm-atia*, *arsm-ahamo*[4]. Comme nous avons été amené à traduire *arsmor* par « ritus », *arsmatia* par « lustralis » et *arsmahamo* par « lustramini », le surnom de aḍmune, qui est tiré d'un primitif aḍmo- comme le latin *Bellona* de *bellŏ-m*, doit exprimer une idée de pureté ou de sainteté. Je le traduis par « casto ».

Les deux adjectifs perakne(m) et sevakne(m) sont à l'accusatif et se rapportent à si(m) « suem », qui est régi par l'impératif upetu « præstato ». Un peu plus loin (II *b* 10), les deux mêmes épithètes sont données à kapru(m) « caprum ». L'adjectif peraknis est employé neuf fois : les substantifs avec lesquels il est construit sont tous des noms d'animaux, sauf une fois (V *a* 6) où il est avec sakreu[5]. Quant à sevaknis, on le trouve également avec des noms d'animaux, ainsi qu'avec d'autres mots qui ne sont pas tous très-clairs, mais qui paraissent désigner des objets présentés en offrande, tels que veskles « vasculis », vinum « vinum », tiçlu « sacrificium », umne « unguentum », *sueso* « tributum » (?). La ressemblance des deux adjectifs vient de ce qu'ils sont l'un et l'autre des composés ayant le même second terme. On a proposé de les expliquer comme équivalant à *perennis* et *sollemnis*. Mais pour les raisons que nous avons dites (p. 255) il faut écarter ce rapprochement. Si *aknis* exis-

1. Upetue veietu. — 2. Eunaratu. — 3. Façefete.
4. Voy. p. 56, p. 90 et p. 182. — 5. Voy. ci-dessus, p. 238.

tait en latin, il aurait fait *ânis*. Or, nous avons l'adjectif *in-ânis* dont la seconde partie est obscure, mais dont on peut dire au moins que la composition est analogue à *in-ermis* ou *in-ops*, c'est-à-dire que le composé renferme la particule privative *in* : si notre comparaison est juste, *peraknis* et *sevaknis* peuvent être considérés comme le contraire de *inanis*, et ils expriment par conséquent une idée de plénitude. *Per* doit être pris dans un sens augmentatif : quant à *sev-*, je crois avec A. K. que c'est le latin *soll-* (pour *solv-*), c'est-à-dire le même mot qui est employé en ombrien à l'état indépendant sous la forme sevum[1]. Le sens des deux adjectifs sera donc « plenus, solidus, justus, integer, debitus ». On sait combien dans la langue du rituel ces sortes d'expressions sont fréquentes. Virgile, *Æn.* VI, 253 :

> Et solida imponit taurorum viscera flammis.

Il reste à nous demander si le second terme a quelque parenté avec le mot *acnu* que nous avons vu p. 255, et que nous avons traduit par « champ, bien-fonds ». Je suis porté à croire que c'est le même terme : l'adjectif latin *profundus*, qui a une signification approchante, est pareillement composé avec *fundus*[2]. Je traduis *peraknis* par « justus » ou « integer », *sevaknis* par « debitus ». Le sens de notre phrase est : « Casto Jovi patri facito; suem integrum debitum præstato ».

Eveietu correspond peut-être, en sa seconde partie, au latin *voveto*. Cf. vetu (I *b* 29, 37). C'est ainsi qu'on a l'un à côté de l'autre *virsetom* et revestu. Le préfixe e servirait à renforcer l'idée du verbe : « devoveto » (?). — Sevakne(m) naratu fait allusion à cet usage qu'il ne suffit pas que la victime soit présentée, mais qu'il faut encore que le sacrificateur l'annonce : « debitum nuncupato ». — Arviu uste(n)tu; eu naratu ne présente d'autre particularité à relever que l'obscurcissement de l'*a* final en *u* (pour arvia, ea). On doit donc aussi annoncer les vases présentés en offrande. — A l'exemple d'Aufrecht, nous avons corrigé façefete, qui ne présente aucun sens, en façefele, lequel est un adjectif comme purtifele, qu'on rencontrera plus loin. Le suffixe

1. Voy. ci-dessus, p. 55 et 99. Pour la différence de voyelle, comparez *pelmen* = latin *pulmentum*.

2. Pour le passage dans la déclinaison en *i*, cf. en latin *inermis, imberbis*.

correspond au latin *bilis* et marque la possibilité, la légitimité. — Puze nous est connu comme ayant les divers sens du latin « uti ». Mais il est difficile de dire ce que cette conjonction vient faire ici.

TRADUCTION.

(II *b* 7) Casto Jovi patri facito. Suem integrum (8) debitum præstato. Devoveto (?). Debitum nuncupato. Ollas (9) donato; eas nuncupato. Uti sacrificandum debitum (?). Seu lacte, (10) seu vino facito.

(II *b* 10) Vaputu Saçi ampetu. Kapru perakne sevakne[1] (11) upetu. Eveietu. Naratu. Çive ampetu. Fesnere purtuetu. (12) Ife fertu. Tafle e pir fertu[2]. Kapres pruseçetu (13) ife aḍveitu[3]. Persutru vaputis mefa vistiça feta fertu[4].

Ampetu est composé avec le même verbe que upetu, mais il a un autre préfixe. On a les variantes ampentu (II *a* 20), apentu (III 27). Je le traduis par « impendito ». — Saçi est le datif d'un substantif *Sancus* ou *Sancius*, nom de divinité. — Je n'ose rien affirmer sur vaputu, qui se retrouve ligne 17. On a vaputis ligne 13. — Il est prudent de garder la même réserve sur çive. — Fesnere doit se décomposer en Fesner-e, c'est-à-dire que nous avons un datif pluriel suivi de e(n). L'accusatif se trouve II *b* 16 : pune Fesnafe benus, kabru purtuvetu «quum ad Fesnas veneris, caprum polluceto ». Cf. Funtlere I *a* 24. C'est donc un nouveau sacrifice qui doit être offert en un lieu appelé Fesnæ.

Ife est le latin *ibi*. — Une proposition ainsi conçue : « ibi ferto » semble inachevée, mais je crois que le verbe *fero*, employé dans cette langue spéciale du rituel et en s'adressant à l'adfertor (de là son nom) signifie « fais les fournitures ». La suite du texte confirme ce sens. — Tafle e pir fertu « in tabula ignem ferto ». Nous avons ici un exemple de e(n) resté indépendant[5]. Par tafla il faut sans doute entendre

1. Pera kne seva kne. — 2. Epirfer tu. — 3. Ifeaḍveitu.
4. Fetafertu. — 5. Le graveur écrit epir.

quelque brasier portatif de forme particulière. Peut-être dans la phrase suivante ife ne doit-il pas s'entendre du nom de lieu, mais du feu : « capri prosicias ibi [in ignem] addito ». — Vistiça est probablement le même mot que vestiça, vestiçia (voy. p. 119). — Feta me paraît être un substantif : tous ces mots sont à l'accusatif, à l'exception de vaputis, qui est peut-être une faute pour vaputu.

TRADUCTION.

(II *b* 10) — Sanco impendito. Caprum integrum debitum (11) præstato. Devoveto (?). Nuncupato. — impendito. Ad Fesnas polluceto. (12) Ibi sacrificium procurato. In tabula ignem ferto. Capri prosicias (13) ibi addito. Struem, — , molam, libum, — , ferto.

(II *b* 14) Sviseve fertu pune, etre sviseve[1] vinu fertu, tertie (15) sviseve utur fertu. Pistuniru fertu[2], vepesutra fertu, (16) mantraklu fertu, pune fertu. Pune Fesnafe benus, (17) kabru purtuvetu[3]. Vaputu Saçi Juve patre prepesnimu; (18) vepesutra pesnimu, veskles pesnimu. Atrepuḍatu[4], (19) aḍpeltu, statitatu. Vesklu pustru pesturanu[5] (20) pesnimu. Puni pesnimu, vinu pesnimu, une pesnimu. (21) Enu erus tetu.

Etre et tertie sont le datif féminin singulier ou le datif féminin pluriel (avec chute de *s*) des nombres ordinaux signifiant « second » et « troisième ». Les objets appelés de ce nom de sviseva sont donc au nombre de trois. Dans le premier on porte le lait, dans le second le vin, dans le troisième une substance inconnue nommée utur. A. K. pensent au latin *ador*. Nous reviendrons sur ce mot ligne 20. — Sur pistuniru, il serait d'autant plus téméraire de rien avancer que l'on a ensuite (l. 19) pesturanu, en sorte que la leçon semble corrompue au moins une fois. — Vepesutra(m) est un accusatif féminin. Cf. II *b* 18 : vepesutra pesnimu, veskles pesnimu. II *a* 30 : venpersuntra[1] persnihmu. IV. 7 :

1. Svi se ve. — 2. Pistuniruferta. — 3. Kabrupurtu vetu.
4. Atrepuḍatu. — 5. Pestu ranu.

asečetes karnus isečetes et vempesuntres supes sanes pertentu. Il résulte de ces diverses leçons qu'à la fin de la première syllabe on doit intercaler un *m*. Ce mot rappelle aussitôt à l'esprit le mot persutru ou persuntru, que nous avons traduit par « ferctum[2] ». Il est difficile de dire ce qu'est vem. — Sur mantraklu, voy. p. 116. — Il ne faut pas confondre la conjonction pune « quum[3] » qui gouverne ici le futur antérieur benus (« quum ad Fesnas veneris »), avec l'accusatif pune(m) « lait » qui se trouve deux fois dans la même ligne 14. — Le participe prepesnimu a été justement rapproché par A. K. de ces formules conservées par Caton (R. R. 134. 141) : « Ture, vino Jano, Jovi præfato. — Janum Jovemque vino præfamino. » C'est une expression de ce genre que nous avons ici : — Sanco Jovi patri præfamino. Il s'agit de prononcer le nom de la divinité au moment où l'on présente l'offrande. — Vient ensuite le simple pesnimu qui est construit avec l'ablatif féminin singulier vepesutra et l'ablatif pluriel neutre veskles « vasculis ». — Des trois impératifs atrepuḍatu, aḍpeltu, statitatu[4], le premier est connu : nous l'avons traduit par « infundito[5] ». Les deux autres marquent sans doute des opérations relatives à la libation : aḍpeltu correspond pour la racine et le préfixe au latin *adpellito;* statitatu semble un fréquentatif signifiant « placer, poser[6] ». — Sur pustru « altero », voy. page 117. — Une doit être un ablatif, puisqu'il est construit comme puni et comme vinu. On a ailleurs umne. Cf. II *a* 37 : Vestikatu, ahtrepuḍatu, spina umtu, umne sevakni persnihmu. Le rapport étymologique entre umtu et umne est le même qu'en latin entre *frangito* et *fragmen :* il faut supposer un substantif *u-men*, formé comme *no-men* (VI *a* 17), *pelmen* (V *b* 12), et faisant umne à l'ablatif. L'impératif umtu se trouve encore IV, 13 : inuk erečlu umtu. On a, d'autre part, umen II *a* 19 : veskla snata asnata umen fertu. II *a* 34 : vesklu snatu asnatu umen fertu.

1. Le texte a eenpersuntra.
2. Voy. p. 148.
3. Voy. p. 157 et 163.
4. Les mêmes impératifs reviennent II *a* 31, IV, 9. Il s'agit toujours de vases (veskles) et de libation (vestikatu).
5. Voy. p. 128.
6. Il s'agit peut-être d'une certaine façon de poser les vases sur l'autel. Cf. VII *a* 25. II *b* 19.

Je crois que l'origine commune de tous ces mots est le verbe *ungere*, qui anciennement avait la forme *ongere* (en sanscrit *anǵ* « oindre ») : ce verbe a donné un substantif perdu *ongmen*, *omen* (cf. *examen* de *agere*) « huile » ou « graisse ». Par l'addition d'un nouveau suffixe (cf. *fragmen* et *fragmentum*) on a eu en latin *omentum*. Je traduis umne, une par « unguento ». Revenant au mot utur (l. 15), je fais remarquer qu'il suit précisément les mots pune et vinu, et qu'il paraît désigner la même chose que umen. Peut-être faut-il lire utru, qui représenterait en latin unctrum.

TRADUCTION.

(II *b* 14) —a ferto lac, altera —a vinum ferto, tertia (15) —a unguentum (?) ferto. —um ferto, —am ferto, (16) mantele ferto, lac ferto. Quum ad Fesnas veneris, (17) caprum polluceto. — Sanco Jovi patri præfamino; (18) — a precator, vasculis precator. Infundito, (19) — to, — to. Vasculo altero — (20) precator. Lacte precator, vino precator, unguento precator. (21) Tum frusta dato.

(II *b* 21) Vitlu vufru pune heries (22) façu, eruhu tiçlu sestu iuve patre. Pune seste, (23) urfeta manuve habetu. Estu iuku habetu : (24) Iupater Saçe, tefe estu vitlu vufru sestu (25) purtifele. Triiuper teitu[1], triiuper vufru naratu. (26) Feiu Iuve patre Vuçiiaper natine fratru Atiieḍiu. (27) Pune anpenes, krikatru testre e uze[2] habetu. Ape apelus[3], (28) mefe atentu. Ape purtuvies[4], testre e uze habetu[5] (29) krikatru. Arviu ustetu, puni fetu.

La fin de cette inscription traite d'un autre sacrifice également dédié à Jupiter, mais qui n'est pas nécessairement lié au précédent. Les deux premiers mots vitlu vufru désignent la victime : vitlu est le latin *vitulus*. — Vufru a été identifié par Zeyss[6] avec le latin *vafer*, dont le sens primitif, au témoignage des anciens Glossaires latins, était « varius,

1. Tri iuperteitu. — 2. Euze — 3. Apeapel us. — 4. Apepurtuvies. — 5. Euzehabetu. — 6. ZK. XVI 383. Cf. Gloses d'Isidore : *Vabrum*, varium, multiforme.

multiformis, diversipellis ». Le vers de Pomponius, cité par Nonius Marcellus (s. v.), a l'air de faire allusion au même sens : Tergum varium, linguam vafram. Le *v* initial a dû contribuer au changement de l'*a* en *u*. — Pune heries signifie « quum voles » ; le verbe, qui est fléchi d'après la conjugaison faible, est au futur. — Façu(m) est un infinitif formé comme aferum, *erom*, eru. L'affaiblissement du *c* en *ç* ne peut s'expliquer que par la présence d'un *i* : façium. C'est comme si en latin on disait *facire*. Nous avons effectivement façiu(m) II *a* 16. Le mot est pris, comme d'habitude sur ces inscriptions, au sens de « sacrifier ». « Quand tu voudras sacrifier un veau tacheté[1] ». Vitlu vufru peuvent être regardés soit comme des accusatifs, soit comme des ablatifs.

Le verbe est sistu dans lequel il faut voir un impératif comme *andersistu* (VI *a* 6) : il équivaut au latin *sistito*. — Juve patre « Jovi patri » représente le régime indirect. — Eruhu, pour eru-hunt (cf. p. 59), se rapporte à tiçlu, qui est un cas du même substantif dont nous avons eu VI *a* 7 le génitif *disler*, et dont nous aurons II *a* 15 le nominatif tiçel. L'accusatif tiçlu est employé III, 25, 27. Nous pouvons hésiter ici entre l'accusatif (erum-hunt tiçlum) et l'ablatif. Peut-être le sens de la phrase est-il : « Quand tu sacrifieras.... présente-le à Jupiter selon le même rituel. »

Pune seste(s) « quum sistes ». La chute de *s* est remarquable, car ce *s* n'est pas final : la forme complète serait sestess pour la deuxième, sestest pour la troisième personne. On pourrait, il est vrai, supposer avec Huschke, que seste est au présent (pour sestes) : mais ce serait le seul exemple sur nos tables de pune « quand » construit avec le présent de l'indicatif. — Urfeta(m) manuve habetu. Il a déjà été parlé du mot manuv-e(n), qui prouve clairement que *en* se construit avec le datif, car l'ablatif est *mani*. Le datif *manu* s'est développé en *manuv*, comme aruvia pour arvia. — Urfeta(m) correspond à un latin *orbita*, qui existe en effet avec le sens de « ligne circulaire, roue, char, trace », acceptions qui ne sauraient convenir ici. Mais si l'on songe que *orbita* est formé de *orbis*, comme *juventa* de *juvenis*, on comprendra qu'il peut désigner tout ce qui a forme d'un cercle : de quel objet rond est-il question ici ? peut-être est-ce le marteau destiné à immoler la victime, peut-être un disque

1. Cf. I *b* 10. Pune puplum aferum heries.

destiné à être lancé, comme on voit chez Tite-Live que le porc est tué au moyen d'un caillou (I, 24). Des objets d'airain appelés *orbes* étaient conservés dans le temple de Semo Sancus. Tite-Live, VIII, 20 : Bona Semoni Sanco censuerunt consecranda, quodque æris ex eis redactum est, ex eo ænei orbes facti, positi in sacello Sanci versus ædem Quirini.

Estu iuku habetu. Le substantif iuku, que nous rencontrons ici pour la première fois, est du genre neutre, comme on le voit par le passage suivant, où nous avons le pluriel, III, 28 : iuka mersuva uvikum habetu fratruspe atiieḍie ahtisper eikvasatis tutaper iiuvina trefiper iuvina. Dans ce dernier passage, il est construit également avec le verbe habetu, et il est suivi de l'énumération « pro fratribus Attidiis.... », laquelle se trouve ordinairement avec *subocau* ou quelque autre verbe signifiant « je prie, j'invoque ». Nous pouvons donc soupçonner que le substantif en question signifie « prière, invocation ». Cette hypothèse est confirmée par notre passage, où, immédiatement après les mots : estu iuku habetu, on passe au discours direct. Aussi Aufrecht a-t-il déjà supposé un mot comme *oratio*. Je crois que ce iuku est le primitif ou peut-être le dérivé verbal de *invocare*. Le préfixe *in* s'est réduit à un *i*, comme dans iseçetes; la syllabe *vo* (en vieil ombrien vu) est devenue un simple *u*, comme elle est devenue *o* dans *suboco*, *subocau*.

Vient ensuite l'invocation, qui ne présente aucune difficulté : « Jupiter Sance, tibi istum vitulum varium sisto pollucendum ». — Purtifele(m) est formé à l'aide d'un suffixe qui correspond au latin *-bilis* : le verbe est le même qui a donné le participe purtitum, *purditom*. Il signifie donc : « qui peut être offert, qui réunit les conditions nécessaires pour être offert ». Cette invocation doit être répétée trois fois : « ter dicito, ter varium nuncupato. »

II *b* 26-29. Feiu est corrigé par A. K. en fetu, et nous avons, en effet, plusieurs exemples de ce genre de faute. Cependant, si l'on compare certains passages d'autres tables, où le discours direct est repris brusquement, on peut être tenté de voir dans feiu une première personne du présent, équivalant à *facio*. Comparez feia (V *a* 23) = *faciat*. — Vuçiia natine sont deux ablatifs régis par l'enclitique per; il faut rapprocher II *a* 21 : Katlu sakre sevakne Petruniaper[1]

1. Petruniapert.

natine fratru Atiieḍiu, et II *a* 35 : vestikatu Petruniaper natine fratru Atiieḍiu. Le mot natine a été expliqué par Kirchhoff comme répondant au latin *natione :* au moins devra-t-on ajouter, comme le fait Bugge[1], que le mot ombrien suppose un latin *natiŏnem*, et non *natiōnem*. Autrement on ne comprendrait pas que la voyelle longue accentuée eût été absorbée par la voyelle brève atone. Il se pourrait d'ailleurs que ce fût une formation en *ine* (cinquième déclinaison), comme *tribriśine* (voy. p. 95). Ce mot, qui dérive comme *gens* de la racine *gan* ou (*g*)*nâ*, signifie « famille ». — Vuçiia suppose un latin Vocius, Vucius, ou peut-être (cf. p. 156) Lucius. — Sur pune anpenes, ape apelus, voy. p. 244. — Krikatru a été expliqué (p. 166) comme désignant le vêtement du prêtre. — Mefe atentu signifie littéralement : « molæ imponito, place sur le gâteau ». Je crois que cela doit s'entendre du vêtement. Cf. Acta Arv. : Sacrificio peracto unguenta et coronas acceperunt et mantelis pulmenta rursus contigerunt. (Henzen, p. CCV, 13). Le reste du texte est connu.

On voit que ce n'est pas, comme précédemment, pour les frères Attidiens en général, mais pour une certaine famille faisant partie des frères Attidiens, qu'il est offert un sacrifice à Jupiter. Nous avons par anticipation cité tout à l'heure deux passages de II *a*, où il est question de la *gens Petronia* des frères Attidiens. Nous obtenons de la sorte un renseignement, très-incomplet il est vrai, sur la composition de ce corps. Peut-être la dignité de frère Attidien était-elle héréditaire dans certaines familles. C'est ainsi qu'à Rome les Luperci se composaient, à l'origine, de la gens Fabia et de la gens Quintilia. Les Potitii et les Pinarii étaient chargés du culte d'Hercule à l'ara maxima, la gens Julia du culte d'Apollon, la gens Aurelia du culte de Sol[2]. C'est donc à des *sacra gentilicia* que se rapporte la description de la fin de II *b*, tandis que le commencement décrit des *sacra publica*. La réunion de ces deux textes tient sans doute à cette circonstance que, dans l'une et dans l'autre cérémonie, le sacrifice est offert à Jupiter Sancus. Peut-être même, comme le suppose Kirchhoff, la gens Vucia était-elle spécialement chargée du culte de Jupiter Sancus, de sorte que, dans l'un comme dans l'autre sacrifice, c'est elle qui serait en scène.

1. ZK. XXII, 432.

2. Becker-Marquardt, IV, p. 145, 402. Mommsen, *De Collegiis et sodaliciis Romanorum*, p. 10, 24.

TRADUCTION.

(II *b* 21) Vitulum varium quum voles (22) facere, eodem ritu sistito Jovi patri. Quum sistes, (23) orbem in manu habeto. Hanc invocationem habeto : (24) « Jupiter Sance, tibi hunc vitulum varium sisto. » (25) Pollucendum ter dicito, ter varium nuncupato. (26) « Facio Jovi patri pro Vucia gente fratrum Attidiorum. » (27) Quum impendes, ricam in dextro humero habeto. Quum imponderis, (28) molæ [ricam] imponito. Quum pollucebis, in dextro humero habeto (29) ricam. Ollas donato, lacte facito.

TABLE II *a*.

L'inscription qui couvre la face *a* de la table II n'a aucun rapport avec celle de la face *b*. Elle n'est pas non plus de la même main : la lettre *s* est représentée deux fois par M (l. 18 et 24). Cette inscription a été probablement gravée vers le même temps que I, car elle se termine (l. 44) par la même formule que nous avons vue I *b* 45, et qui manque partout ailleurs. — Le texte de II *a* se divise en deux parties, comme on le voit déjà par la disposition extérieure, le graveur ayant repris à la ligne. La seconde partie n'a aucun rapport nécessaire avec la première, et elle paraît avoir été copiée d'après un texte d'une autre provenance. Tandis que la première partie abonde en fautes de toutes sortes, la seconde est généralement correcte.

(II *a* 1) Pune Karne Speturie Atiieḍie aviekate naraklum (2) vurtus, estu esunu[1] fetu fratrusper Atiieḍie. Eu esunu[2] (3) esu naratu : Peḍe Karne Speturie Atiieḍie aviekate (4) aiu urtu fefure fetu, puze neip eretu[3]. Vestiçe Saçe[4] (5) sakre. Iuve patre bum per-

1. Estuesunu. — 2. Esum. — 3. Puzeneiperetu. — 4. Vestiçesaçe.

akne[1], Speture † perakne restatu. (6) † Iuvie unu erietu. Sacre[2] pelsanu fetu[3]. Arviu ustentu, (7) puni fetu, taçez pesnimu; aḍepe arves[4]. Pune purtiius[5] (8) unu, suḍu pesutru[6] fetu. Tikamne Iuvie kapiḍe (9) peḍu preve fetu[7]. Ape purtiius suḍu[8], erus tetu. Enu kumaltu, (10) kumate pesnimu[9]. Ahtu Iuvie[10] uve peraknem[11] (11) peḍaem fetu[12]. Arviu ustentu, puni[13] fetu. Ahtu Marti[14] abrum[15] (12) perakne fetu; arviu ustetu; fasiu pruseçete aḍveitu; (13) peḍae fetu; puni fetu[16]; traekvine[17] fetu; (14) aseçetes[18] perakne fetu.

La première phrase commence par une proposition relative annoncée par pune « quum » et ayant vurtus pour verbe; on a déjà vu des futurs antérieurs semblables, et l'on sait que ce verbe, qui correspond au latin *vertere*, signifie en ombrien « retourner » (au sens neutre) ou « se retourner ». Nous traduisons : « quum.... rediveris[19] ». — Karne Speturie sont au datif ou à l'ablatif pluriel, et expriment une idée de temps, comme *Sehmenier Dequrier* (V *b* 11, 16). — Il s'agit probablement d'une fête ou cérémonie annuelle. Speturie est un adjectif tiré d'un nom ou surnom de divinité, comme on le verra l. 5. On peut rapprocher des expressions latines telles que « ludis Apollinaribus » ou « feriis Saturnalibus ». — Le régime de vurtus est naraklum, où l'on reconnaît un suffixe klo analogue à celui de kumnahkle « in culminaculo », muneklum « munusculum ». Je crois que c'est un mot de même famille que *nerf*, lequel a été traduit par « Lares » : naraklum correspondrait à un mot latin *laraculum* qui n'existe pas, mais au lieu duquel nous avons *lararium*. Il s'agit donc du retour au temple ou à la chapelle, d'où l'on peut conclure que la fête des Karne Speturie a lieu à une certaine distance, comme celle qui est décrite sur I et VI-VII. — Nous avons un second complément circonstanciel dans Atiieḍie aviekate : ces deux mots ne peuvent être qu'au génitif singulier ou au datif-ablatif pluriel. Je crois que c'est un ablatif pluriel employé au sens sociatif. « Quand tu

1. Iuvepatrebumperakne. — 2. Unuerietusakre. — 3. Pelsanufetu. — 4. Aḍepearves. — 5. Punepurtiius. — 6. Suḍupesutru. — 7. Prevefetu. — 8. Purtiiusuḍu. — 9. Kumatepesnimu. — 10. Iuvip. — 11. Uveperak nem. — 12. Peḍaemfetu. — 13. Ustentupuni. — 14. Ahtumarti. — 15. Abrunu. — 16. Punifetu. — 17. Tra ekvi ne. — 18. Açetus. — 19. Il faut donc supposer une forme vurtuss.

seras revenu avec les Attidiens — ». Le discours s'adresse probablement à l'adfertor. — Aviekate a la forme d'un participe passé : le contexte exigerait, ce semble, un mot comme « envoyé, député, chargé. » Le sens de la proposition relative serait donc : « Lorsque, aux Karnæ Speturiæ, tu seras revenu au temple avec les Attidiens délégués (?).... »

Estu esunu fetu fratrusper Atiiedie : ces mots qui composent la proposition principale ne présentent point de difficulté. « Offre ce sacrifice pour les frères Attidiens ». — La phrase suivante : eu esunu esu naratu peut se traduire de deux manières. Ou bien eu suppose un accusatif neutre latin *eum*, c'est-à-dire qu'au lieu de *id*, l'ombrien emploie ici le thème composé *eŏ* ; ou bien il faut considérer eu esunu comme des ablatifs et faire de naratu un verbe neutre ; dans le premier cas on traduira : « id sacrificium ita nuncupato », dans le second : « in hoc sacrificio, ita nuncupato ». Au fond, le sens est le même. — Au sujet du mot esunu, nous ferons encore remarquer que l'inscription a esum : par une faute inverse, on a l. 11 abrunu au lieu de abrum. Ces deux erreurs s'expliquent aisément par la forme un peu compliquée qu'affecte le *m* sur cette table.

Vient ensuite une formule qui est identique, en sa seconde partie, à VI *a* 27 : puze neip eretu « uti ne velis, que tu ne le veuilles pas ». On a vu, p. 79, que cette formule signifie : « tiens-le pour non avenu ». Dans la première partie nous retrouvons la conjonction pede = *persei*, qu'au même endroit nous avons traduite par « si ». Enfin urtu est le *orto* de VI *a* 26, sauf la différence du nombre, car nous avons ici un pluriel neutre : comme *orto* paraît avoir le sens de « violatum », nous pressentons qu'il s'agit ici d'une invocation au sujet de fautes qui ont pu être commises. — Fefure, pour fefurent, est le futur antérieur du verbe fu, avec redoublement[1] : la désinence *nt* est tombée, comme on voit le *t* tomber dans staheren et *nt* tomber au parfait *covortuso*, *benuso*. — Aiu doit être pris comme un pluriel neutre. C'est tout ce que j'oserai dire sur ce mot. — Il reste fetu, qui a l'air de n'être pas à sa place. Il a pu s'introduire ici par erreur, l'impératif fetu se trouvant à la l. 2 et à la l. 6. Si le texte n'est pas fautif, on devra prendre fetu comme l'ablatif d'un substantif neutre fetum signifiant « le sacrifice » : cet ablatif

1. La forme sans redoublement furent se trouve V *a* 22.

jouerait le rôle d'un régime circonstanciel. « Si, aux Karnæ Speturiæ, des – ont été transgressés, à l'occasion du sacrifice, par les Attidiens délégués, n'en tiens pas compte. »

La suite présente de nombreuses difficultés : il n'est pas sûr que le texte soit sans lacunes. Je sépare les trois mots vestiçe saçe sacre que A. K. rapportent à Juve, mais que je considère comme faisant une phrase à part, analogue à aḍepe arve : le fetu de tout à l heure serait ici à sa place. Vestiçe pour vestiçies, ablatif pluriel signifiant « libis ». Saçe et Sacre, deux datifs singuliers. [« Qu'il sacrifie] avec des gâteaux à Sancus Sacer ». Vient ensuite une phrase que je termine à l'impératif restatu. On distingue un régime direct bum perakne(m) « bovem integrum » : le régime indirect est Juve patre. Puis vient pour la seconde fois perakne(m) avec Speture pour régime indirect : il semble que des mots aient été omis. Restatu, qu'on doit rapprocher de l'adverbe restef (I *b* 9) paraît avoir le sens de « renouveler, sacrifier pour la seconde fois ». Dans la crainte que la première cérémonie ne soit entachée de quelque vice, on immole une nouvelle victime : c'est ce qui s'appelait à Rome hostia succidanea.

Juvie est le datif d'un adjectif *jovius*. On se serait attendu à un nom propre précédant Juvie, comme nous avons eu, par exemple, *Tefro Jovie*, et comme on a plus bas (ligne 8) Tikamne Juvie. — Unu, qui revient encore ligne 8, a été traduit par A. K. « unus »; mais ce sens ne me paraît convenir ni à l'un ni à l'autre endroit. On ne voit pas pourquoi le texte emploierait ce nom de nombre, qui ne figure nulle part ailleurs et qui n'est nullement nécessaire. — J'ai également des doutes pour erietu, que Kirchhoff traduit par *arietem*. Je serais plus disposé à faire de erietu un impératif et de unu un substantif qui en serait le régime; de même, ligne 8, j ponctuerais : pune purtiius unu, suḍu pesutru fetu. On peut comparer, pour la construction, ligne 9 : ape purtiius suḍu, erus tetu. — Sur le sens de ces mots, il convient d'être d'une grande réserve. Unu est peut-être un nom d'animal, puisqu'on trouve ensuite les pelsanu : on peut songer au grec ἀμνός « agneau », dont le *m* aurait été assimilé comme on a eu une à côté de umne (p. 269) et comme en latin *Portunus* est pour *Portumnus*. — Erietu, employé seulement ici, pourrait être considéré comme le même verbe que le latin *porricere*, mais avec un autre préfixe et selon la conjugaison faible : le c aurait disparu comme dans feia = lat. *faciat*. Une autre explication consisterait à admettre que le *r* est mis à tort pour un *v*, et à identifier cet impératif avec eveietu, qui est employé deux fois II *b* (8 et 11). C'est ainsi qu'on trouvera, III, 31, vatra au lieu de vatva. — L'accusatif de la 3e déclinaison sakre doit encore être rapporté à cette phrase. — Le reste est connu jusqu'à Tikamne Juvie (ligne 8), qui paraît être un nom de divinité. A. K. repoussent cette interprétation pour Tikamne, parce que plus haut Juvie n'est accompagné d'aucun autre mot. Mais nous savons trop peu de chose sur le sens de ces noms pour être en droit d'écarter ce que suggère l'analyse grammaticale. — Sur kapiḍe peḍu preve fetu, cf. I *a* 28. — Ape purtiiusuḍu doit être corrigé en ape purtiius suḍu : cf. I *a* 33, api suḍuf purtiius. Mais nous avons ici le singulier, car il n'a été parlé que d'une seule libation (kapiḍe preve fetu). — Kumate est pour kumates. — Deux nouveaux sacrifices, l'un consistant en une brebis, l'autre en un sanglier, sont annoncés tous deux par le mot ahtu, dans lequel je reconnais une conjonction équivalant au latin *autem*. La diphthongue *au* est représentée par *ā* (écrit ah), comme on a eu *fato* = *fautus* (VI *b* 11) : le latin *autem* n'est pas employé en tête de la phrase; mais c'est là une différence qui ne doit pas nous empêcher d'identifier les deux termes. L'ombrien suppose plutôt une forme *autom* : cette conjonction peut être traduite par « deinde » (cf. αὖτε, αὐτίκα) ou par « item ». — Le premier sacrifice est offert à un dieu désigné de nouveau par l'épithète Juvie = *Jovio*. Le texte porte Juvip, qui est évidemment une faute du graveur. Le second s'adresse à Mars. — Au lieu de abrunu que Kirchhoff a corrigé avec raison en abrum, Bugge[1] propose de lire abru unu « aprum unum », ce que nous ne pouvons admettre pour les raisons qu'on a vues plus haut. — Fasiu pruseçete(s) aḍveitu se traduit par « farcimen prosectis addito ». Le *s* final est tombé à la fin de pruseçete(s), comme il manque aussi, ligne 14, à la fin de perakne. Dans la même ligne, on a açetus qui est peut-être un mot défiguré pour aseçetes. — Il reste traekvine (écrit tra ekvi ne), mot d'aspect étrange, qui d'après le contexte doit être à l'ablatif ou à l'accusatif, et doit désigner une offrande.

1. ZK, VIII, 33.

TRADUCTION.

(II *a* 1) Quum Karnis Spetoriis cum Attidiis ablegatis (?) [ad] ædem (2) reversus eris, hoc sacrificium facito pro fratribus Attidiis. In eo sacrificio (3) ita nuncupato : « Si Karnis Spetoriis Attidiis ablegatis (?) (4) — a violata fuerint —, ut ne velis. » Libis Sanco (5) Sacro [facito]. Jovi patri bovem integrum, Spetori † integrum instaurato. (6) † Jovio agnum (?) devoveto (?). Sacro aulicocia facito. Ollas donato, (7) lacte facito, tacitus precator; adipibus, extis [facito]. Quum polluxeris (8) agnum (?), struem ferctum facito. Tikamno (?) Jovio capide (9) adspersionem semel facito. Postquam polluxeris struem, frusta dato. Tum confringito, (10) confractis precator. Item Jovio ovem integram (11) cum libatione offerendam facito. Ollas donato, lac facito. Item Marti aprum integrum facito; ollas donato; farcimen prosectis addito; (13) libamina facito; lac facito; — facito; (14) non sectis [carnibus] (?) solidis facito.

Nous passons à la seconde partie de II *a*.

(II *a* 15) Huntia katle tiçel stakaz est. Sume ustite (16) anter Menzaru Çersiaru heriiei façiu ạdfertur. Avis (17) anzeriates Menzne Kurçlasiu façia' tiçit. Huntia fertu : (18) katlu, arvia, struhçla, fikla, pune, vinu, salu maletu, (19) mantrahklu, veskla snata asnata, umen fertu. Pir ase (20) antentu. Esunu puni feitu. Hunte Iuvie ampentu katlu (21) sakre sevakne Petruniaper natine fratru Atiieḍiu. Esunu (22) peḍae futu katles. Supa hahtu; sufafiaf supaf hahtu. (23) Berus, aplenies, pruseçia kartu. Krematra, aplenia sutentu. (24) Peḍu seritu. Arvia puni purtuvitu. Vestikatu, ahtrepuḍatu. (25) Pustin ançif vinu Nuvis ahtrepuḍatu. Tiu puni, tiu vinu (26) teitu. Berva, frehtef fertu. Puḍe Nuvime ferest, krematruf (27) sumel fertu. Vestiçia peḍume persnihmu. Katles tuva tefra (28) teḍti[1] erus prusekatu. Isunt krematru prusekatu[2], struhçla (29) fikla aḍveitu. Katlu purtuvitu. Ampeḍia persnihmu; aseçeta (30) karne persnihmu; venpersuntra[3] persnihmu.

1. Terti. — 2. Prusektu. — 3. Eenpersuntra

Supa spantea (31) pertentu; veskles vufetes persnihmu; vestikatu, ahtrepuḍatu, (32) aḍpeltu, statitatu. Supa pustra perstu. Iepru erus mani kuveitu. (33) Spinamaḍ etu. Tuvere kapiḍus[1] pune fertu; berva, klavlaf aanfehtaf[2], (34) vesklu snatu asnatu[3], umen fertu. Kapiḍe Hunte (35) Iuvie vestikatu[4] Petruniaper[5] natine fratru Atiieḍiu. Berus (36) sevaknis persnihmu pert spinia. Isunt klavles persnihmu, (37) veskles snate asnates sevaknis spiniama persnihmu. Vestikatu, (38) ahtrepuḍatu. Spina umtu; umne sevakni persnihmu; mani[6] vasa[7] (39) vutu. Asama kuvertu; asaku vinu sevakni tacez persnihmu. (40) Esuf pusme herter erus kuveitu. Teḍtu vinu; pune teḍtu; (41) struhçlas fiklas sufafias ✝ kumaltu. Kapiḍe punes vepuratu. (42) Antakres kumates persnihmu[8]. Amparihmu, statita subuhtu[9]. Esunu (43) purtitu futu. Katel asaku pelsans futu.

(44) Kvestretie usaçe svesu vuv çisti teteies[10].

Le sacrifice est offert à Hunte Juvie (lignes 20, 34). Dans ce Hunte, on reconnaît la divinité nommée *Honde*, VI *b* 45. Seulement, au lieu de l'adjectif *śerfi* (çerfie), nous avons ici Juvie « Jovio » : la même synonymie s'est déjà présentée plus haut. Ces mots sont au datif. — Le sacrifice consiste en un katel (ligne 43) = latin *catulus* : la désinence *s* du nominatif (katls, katl) est tombée. L'*e* est une voyelle de liaison : génitif katle(s), ligne 15. C'est ainsi qu'on a, ligne 15, tiçel, dont l'ablatif est tiçlu (II *b* 22). Quoique *catulus*, en latin, désigne aussi les petits d'autres animaux que du chien, nous croyons que c'est bien d'un chien qu'il est question ici. Comp. le sacrifice de la chienne immolée à la déesse Robigo (Ovide, Fastes, IV, 985). Cf. Pline, XXIX, 14. Catulos lactentes adeo puros existimabant [prisci] ad cibum, ut etiam placandis numinibus hostiarum vice uterentur his. Genitæ Manæ catulo res divina fit, et in cenis deum etiamnum ponitur catulina.

Nous passons maintenant à l'interprétation, qui (il faut le dire d'avance) présentera de nombreuses lacunes. La première

1. Tuve rekapiḍus. — 2. A(34)anfehtaf. — 3. Snatuasnatu. — 4. Iuvievestikatu. — 5. Petruniapert. — 6. Manf. — 7. A. K. lisent easa; mais l'e a été corrigé par le graveur en v. — 8. Persmhniu. — 9. Subahtu. — 10. Le texte ne présente aucune séparation.

phrase s'arrête à est. Le nominatif tiçel en est le sujet : ce mot a été traduit déjà par « litatio ». Le génitif katle(s) est régi par tiçel. — Stakaz est l'attribut : c'est un nominatif singulier masculin d'un participe, comme pihaz (pour *piatus*), kunikaz. Le thème verbal staka paraît venir de la racine *sta* allongée d'une gutturale. Peut-être est-ce un *c* de même sorte que celui que nous avons en latin dans *fac-io*, *jac-io*[1] : on pourrait rapprocher dans ce cas *stag-num* « eau non courante » (pour *stac-num*, comme *culigna* pour *culicna*). On remarquera toutefois la différence de conjugaison. Quoi qu'il en soit, je crois que le sens de stakaz est celui de « établi, ordonné ». — Il reste huntia, dans lequel, à première vue, on peut être tenté de chercher un parent du nom de divinité Hunte. Mais un examen plus attentif doit faire écarter cette opinion. Nous retrouvons une seconde fois huntia, ligne 17, où il commence également la phrase. D'autre part, on a huntak sur les tables III et IV, où il n'est nullement question d'un dieu Hondus. Voici ces deux passages :

III, 3. Huntak vuke prumu pehatu.

IV, 32. Huntak piḍi prupehast, eḍek ures punes neiḍhabas.

Quoique le sens soit loin d'être entièrement clair, on voit suffisamment que dans ces deux phrases huntak joue le rôle d'un adverbe. Or, la parenté de huntak et de huntia ne peut être révoquée en doute, si l'on prend garde que les deux mots se décomposent en hunt-, qui est le même thème pronominal que nous avons rencontré dans *eri-hont*, *era-hont*, *erer-ont*, *eur-ont*, *if-ont*, is-unt, *surur-ont*, et en un pronom à l'ablatif féminin, lequel équivaut d'une part au latin *hāc* et d'autre part au latin *eā*. Nous avons donc ici un pronom composé comme sont, par exemple, en latin, *istāc*, *illāc*. Je crois que huntia, qui est toujours placé avant une description, a la signification « de cette façon, ainsi »[2]. Le sens de la première phrase est donc : « Ainsi est réglé le sacrifice du chien. » On peut rapprocher le commencement de VI *a* et de I *a*.

L. 15, 16. La seconde phrase se termine à aḍfertur. Le verbe est heriiei(t) qui gouverne l'infinitif façiu(m). Les autres mots forment un complément circonstanciel exprimant

1. Sur ces verbes, voy. Curtius, *Grundzüge*[4], p. 63 s.

2. Bugge (Journal de Kuhn, III, 36) regarde huntak comme l'ablatif féminin d'un thème pronominal hunto. Mais alors l'*i* de huntia reste inexplicable. Zeyss (*ib.* XX, 188) croit que l'*i* est une insertion euphonique.

le temps. — Dans herijei[1] (c'est ainsi qu'il faut prononcer), on reconnaît la même forme que nous avons eue VII *a* 3, 4 : mais tandis qu'en ce dernier passage elle est réduite au rôle d'une simple particule disjonctive signifiant « vel », ici elle a conservé sa pleine valeur verbale, et signifie « velit ». C'est l'optatif du verbe *herio*[2]. Cet optatif a à peu près la même énergie qu'un impératif, comme nous voyons I *b* 35 kupifiaia alterner avec kupifiatu. — Façiu(m) se distingue de façu(m) qu'on a eu II *b* 22, par la conservation de l'*i*, cause première du changement de *k* en *ç*. — Il reste le commencement de la phrase sume ustite anter menzaru çersiaru, duquel il faut rapprocher III, 1, sume ustite urnasiaru sestentasiaru. La construction est identique, sauf l'insertion dans notre passage de la préposition anter. Je crois que c'est cette préposition qui gouverne les datifs féminins sume ustite[3], dans lesquels je serais disposé à reconnaître le substatif latin *summa* « somme, totalité » et le participe *hostita* du verbe *hostire* « mettre de niveau, remplir ». Malheureusement les deux génitifs pluriels qui suivent sont très-obscurs. Tout ce qu'on peut pressentir, c'est qu'ils marquent une époque de l'année, car ils tiennent la même place que III, 1, sestentasiaru urnasiaru, lesquels eux-mêmes nous rappellent aussitôt le complément de temps plenasier urnasier de V *a* 2 et 14. Le parallélisme de ces expressions est manifeste : il est même possible que sume ustite exprime sous une autre forme la même idée de « accompli, révolu » qui est marquée par plenasier. — C'est à la fin, semble-t-il, de la période indiquée par les mots : menzaru çersiaru que l'adfertor devra faire le sacrifice en question.

L. 16, 17. La phrase s'arrête à tiçit qui est un verbe à la 3e personne du singulier : ce verbe gouverne le subjonctif façia(t). Le commencement de la phrase est formé par deux régimes circonstanciels. — Dans tiçit, nous reconnaissons avec A. K.[4] le verbe impersonnel latin decet. Ce verbe, comme herter, par suite de son emploi avec le subjonctif, a pris le sens d'une expression adverbiale indiquant la convenance ou la nécessité : on peut comparer ce qui, en latin, s'est passé, mais avec une autre direction du sens, pour *licet*

1. Pour le développement de l'*i* en *ij*, cf. trijuper.
2. Voy. ci-dessus, p. 104.
3. On a déjà eu de nombreux exemples de *e(n)* = latin *in* gouvernant le datif.
4. Op. cit. II, 383, 404.

« quoique ». — On remarquera f a ç i a, qui est un doublet de f e i a (V *a* 23, V *b* 1). Il est impossible que l'une de ces formes dérive de l'autre : elles doivent être ramenées l'une et l'autre à un primitif fakiat. — A v i s a n z e r i a t e s est un régime circonstanciel : « avibus observatis ». Cf. VI *a* 1. — **M e n z n e k u r ç l a s i u** est fort obscur : comme l'époque du sacrifice a déjà été indiquée, je crois qu'ici nous avons la désignation du lieu. Cela est d'autant plus probable que dans la suite du sacrifice l'adfertor devra se déplacer et qu'il sera donné de nouvelles indications de lieu. A la fin de **M e n z n e** on doit peut-être détacher la postposition e(n). — K u r ç l a s i u présente le même suffixe *asium* que nous avons cru reconnaître dans E i k v a s i u m, primitif des deux adjectifs e i k v a s i a t i s et e i k v a s e s e. On se serait plutôt attendu à un datif K u r ç l a s i e. Comparez toutefois les datifs *Fiso* (VI *b* 3), *Trebo* (VI *a* 58).

La phrase suivante : h u n t i a f e r t u « ita procurato » annonce une énumération d'objets qui doivent être fournis par l'adfertor. Cf. II *b* 12. — Tous les mots de cette énumération sont connus, à l'exception de s a l u m a l e t u et de v e s k l a s n a t a a s n a t a. Je crois que s a l u est l'accusatif du substantif *sal* « sel » : on sait que l'accusatif des thèmes à consonne se termine en *o*(*m*), u(m); ex. : *curnaco*, *arsferturo*, u h t u r u. Le sel occupe une place importante dans les sacrifices. Pline, XXXI, 41. Maxime [salis] in sacris intelligitur auctoritas, quando nulla conficiuntur sine mola salsa. Ovide, Fastes, I, 337 : Ante, Deos homini quod conciliare valeret, Far erat, et puri lucida mica salis. Arnobe, II, 67 : Sacras facitis mensas salinorum appositu et simulacris Deorum. Cf. Festus, s. v. *mensæ*. — M a l e t u est peut-être le participe du verbe *molere*, en sorte qu'il s'agirait de sel réduit en poudre et non présenté sous forme de bloc (gleba). Cependant comme nous avons le composé k u m a t e s (commolitis), on doit penser que le verbe simple aurait fait au participe m a (l) t u m et non m a l e t u m. Je préfère donc une autre explication. L'offrande ordinaire chez les Romains, ce n'est pas le sel à l'état naturel, mais le gâteau salé : *mola salsa*. V. Servius ad Ecl. VIII, 82. Festus s. v. *ador*, *immolare*, *mola*, et beaucoup d'autres passages des anciens. Je crois que nous avons ici l'expression *mola salsa* retournée, c'est-à-dire une locution qui en latin serait *sal molatus* « du sel arrangé en mola (en gâteau) ». Ainsi s'explique la forme faible du verbe. — L'expression veskla snata asnata, que nous rencontrons pour la première fois, se trouve encore trois fois :

II *a* 34. berva klavlaf aanfehtaf vesklu snatu asnatu umen fertu.

II *a* 37. veskles snate asnates sevaknis spiniama persnihmu.

IV, 9. veskles snates asnates sevakne ereçluma persnimu.

Dans veskla nous reconnaissons l'accusatif pluriel neutre *vascula*, et dans les deux termes qui l'accompagnent deux adjectifs opposés entre eux comme *hostatir anhostatir*, *çihitu ançihitu*. Il s'agit d'une qualité (snata) que peuvent avoir ou n'avoir pas les vases fournis par l'adfertor. Il serait périlleux d'en dire plus sur le sens de ce mot, qui peut se rapporter soit à la conformation, soit à la provenance, soit à la destination des vases.

Ligne 19-25. La phrase pir ase antentu « ignem aræ imponito » se compose de mots déjà employés (cf. VII *a* 25). — Esunu puni feitu « sacrificium lacte facito » rappelle VI *a* 52 : *este esono heri vinu heri poni fetu*. — Vient ensuite une phrase où le régime direct suit l'impératif parce que le verbe est précédé d'un régime indirect. « Hondo Jovio impendito canem sacrum debitum pro Petronia gente fratrum Attidiorum. » Il s'agit donc encore ici d'un sacrifice privé : cf. p. 273. Le nom de *Petronius* est bien connu : outre le célèbre satirique, il a été porté par deux personnages qui ont donné leur nom à des *leges Petroniæ*. — La phrase suivante a été comprise jusqu'à présent comme s'arrêtant au mot futu, de sorte que le génitif katles semblait devoir se construire avec supa : on en concluait que supa désignait quelque portion de la victime. Je crois que katles fait encore partie de la première phrase, qui signifie dès lors : « qu'il y ait un esunu peḍae du chien », c'est-à-dire un sacrifice accompagné de libation. — Sur supaf, voy. page 111; sur hahtu, p. 166, 213. — Sufafiaf, qui revient une seconde fois ligne 41, a l'air d'un adjectif se rapportant à supaf. — Berus est le datif-ablatif pluriel du même mot dont l'accusatif pluriel berva est employé lignes 26 et 33. Le même berus revient encore avec l'adjectif sevaknis ligne 35. On a songé au latin *veru* : mais sans parler du *b* initial, le sens du contexte réclamerait plutôt l'acception de plateau, écuelle, que celle de broche. — Aplenies est le datif-ablatif pluriel d'un substantif féminin. Le même mot revient dans la phrase suivante. — Pruseçia(f) est le régime de l'impératif kartu, qu'on peut être tenté de traduire « coupe, taille ». Cf. κείρω et karu « pars » (p. 248). — Krematra semble une faute pour krematru(f) : cf. ligne 26 et 28. Le sens est inconnu. — Sutentu est formé comme ustentu et pertentu : le préfixe est *sub*.

L. 25. Pustin ançif semble désigner une direction dans l'espace : cf. pustin ereçlu (IV. 13). Nuvis est un nom de lieu, car on trouve ligne 26 : puḍe Nuvime ferest « quum ad Novium feret ». Mais Nuvis est un datif-ablatif pluriel, tandis que Nuvim est l'accusatif singulier. — Tiu puni, tiu vinu « te lacte, te vino » sont les paroles que doit prononcer (teitu) l'adfertor. — Frehtef désigne un objet à fournir : il est coordonné avec berua et tous deux sont à l'accusatif pluriel. — La phrase suivante est d'une construction claire et ne présente pas de mots nouveaux, excepté sumel, qui correspond au latin *semel* ou *simul*. — Ligne 27. Vestiçia peḍume persnihmu, cf. p. 153. — Tuva tefra est un pluriel neutre dépendant de prusekatu et gouvernant lui-même le génitif katles. Tuva est le nom de nombre « deux » qui a pris les désinences du pluriel. « Coupe deux — du chien ». Il faut comparer III, 32, 33; IV, 2 : Ererek (il s'agit d'une brebis) tuva tefra... prusekatu... Inumek... tuva tefra prusekatu... Inumek... triia tefra prusekatu. Le nom de nombre triia, qui vient dans cette dernière phrase, ne permet pas de conserver aucun doute sur le sens de tuva. — Tefra, qui est un accusatif pluriel neutre, désigne une partie de la victime, et l'on voit par les passages ci-dessus que l'on coupe successivement sept de ces tefra. Je ne pense pas que ce mot ait rien de commun avec l'adjectif tefer ou tefrus dont il a été question page 141. S'il faut avancer une conjecture au sujet de ce terme, je crois qu'on peut rapprocher le passage suivant de Festus (p. 313) : *Strebula* umbrico nomine Plautus appellat coxendices hostiarum quas Græci μηρία dicunt, quæ in altaria imponi solebant. Cf. Arnobe (VII, 24) : Non enim placet carnem strebulam appellare, quæ taurorum e coxendicibus demitur. Il ressort de ces passages qu'on prenait les chairs des cuisses pour les offrir aux dieux et pour les placer sur l'autel. C'est précisément l'acte que nous voyons accomplir ici. Il se pourrait même que le terme *strebulum*, qui est d'origine ombrienne selon Verrius Flaccus, d'origine grecque selon Varron[1], mais qui probablement appartenait à la langue latine, fût identique avec notre tefrum pour stefrum.

Devant le verbe à l'impératif prusekatu « qu'il coupe » se trouve l'expression teḍti erus : c'est ainsi que nous lisons avec A. K. au lieu de terti erus qui ne présente aucun sens; on a teḍte(s) eru(s) V *a* 7, où nous l'avons traduit par « les morceaux [de la victime] étant distribués ». Il s'agit donc de couper au moment de la distribution habituelle des restes du sacrifice deux tefra du chien, probablement pour être placés sur l'autel. — Ligne 28. Isunt, pour eso-hont, signifie « en même temps, en outre ». — Prusektu a déjà été corrigé par Lepsius en prusekatu. On a vu en effet que le participe est pruseçeta. — Krematru est à l'accusatif ou à l'ablatif : il désigne le récipient dans lequel on met ou l'on reçoit les prosiciæ. — Tous les mots qui suivent sont connus jusqu'à ampeḍia, qui est un ablatif singulier d'un nom féminin. — Aseçeta karne désigne la partie de la victime qui n'est pas découpée. Le pluriel de plusieurs de ces mots se trouve IV. 7 : Aseçetes karnus.... vempesuntres supes pertentu. On voit par ce rapprochement que supa spantea (II *a* 30) est à l'ablatif singulier, et il est probable qu'il en est de même pour venpersuntra[2]. Tous ces mots sont donc des féminins. Le verbe pertentu appartient à la famille de ustentu et ententu; on peut voir dans per soit le latin *pro*, soit *por :* le verbe est *tendere.* Il s'agit évidemment d'une offrande : je traduis « obmoveto ». Spantea est dérivé d'un substantif *spanti*, dont il a été question par avance (p. 135) et qui correspond pour le sens et pour le suffixe au grec σπεῖσις. Supa(f) spantea(f) sont donc les pains destinés à être arrosés. — Vufetes est un adjectif se rapportant à veskles : il n'est pas plus clair que snata asnata que nous avons vus plus haut (l. 19) comme épithètes de veskla. — Sur supa pustra perstu, voy. page 117. — Au lieu de l'expression ordinaire erus titu on a iepru erus mani kuveitu. Comme c'est la fin de cette section du cérémonial, et que erus titu se trouve ordinairement à la fin, on doit penser que l'expression est équivalente. — Iepru a

1. De l. l. VII, 67. Stribula, ut Opilius scribit, circum coxendices sunt bovis; id græcum est ab ejus loci versura. Varron pense au grec στρεβλός.

2. On verra plus loin par la comparaison de IV, 7, que venpersuntra semble être un adjectif se rapportant à karne sous-entendu.

été interprété par Savelsberg[1] comme étant le latin *jecur*, le grec ἧπαρ; il ne serait pas étonnant que dans ce mot l'ombrien, comme le grec, présentât un *p*. Cependant iepru pourrait aussi avoir une toute autre valeur. Il pourrait indiquer, par exemple, de quel côté ou à qui se fait la distribution, soit qu'on en fasse un adverbe (ieprum), soit qu'on y reconnaisse un accusatif pluriel (iepruf). C'est ainsi que nous avons plus bas (l. 40) : esuf pusme herter erus kuveitu, que nous traduirons par « quibus libet frusta tradito ». Peut-être faut-il rapprocher le iepi de III. 21.

Ligne 33. Une nouvelle section, que rien du reste n'indique dans la disposition du texte, commence par les mots spinamaḍ etu « ad — ito ». Spina est pour spinia : cf. l. 36, 37. C'est ainsi qu'on a eu Rupina à côté de Rupinia[2]. Ce mot ne désigne pas un lieu, mais un objet servant au culte. On a, par exemple, ligne 38, spina(m) umtu « — am ungito », qui doit être rapproché de IV, 13 : ereçlu umtu. On a encore, ligne 36, pert spinia(m), qui rappelle IV, 13 : pustin ereçlu. Comme nous reconnaîtrons dans ereçlu une espèce particulière d'autel, nous devons supposer que spinia exprime une idée analogue. Cela nous explique pourquoi, dans notre phrase, on emploie avec etu la postposition aḍ, et non, comme quand il s'agit d'un nom de lieu, la postposition en. Je soupçonne une parenté avec spanti, spefa et les autres dérivés de σπένδω; peut-être avons-nous ici une corruption d'un mot grec σπενδεῖα [τράπεζα]. La forme σπενδεῖον au lieu de σπονδεῖον se trouve chez Athénée. Je propose comme traduction « mensa[3] ». — Tuver-e(n) kapiḍus « in duabus capidibus ». — Les objets à fournir sont en grande partie connus. Les mots nouveaux sont klavlaf, substantif féminin qu'on retrouve IV, 11, et aanfehtaf, peut-être adjectif ou participe, tous deux de sens obscur. — Sur la préposition pert, v. ma Grammaire. L'expression pert spinia(m) marque une position par rapport à la spinia. Plusieurs autres prescriptions, se rapportant à la place que l'adfertor doit occuper près de l'autel, sont données sur III-IV. — Ligne 38. Spina(m) umtu « mensam ungito ». Nous savons, par le témoignage des anciens, qu'on enduisait certains objets regardés comme

1. ZK, XXI, 213.

2. Voy. p. 198.

3. Festus : « Mensæ in ædibus sacris ararum vicem obtinent. » Beaucoup d'autres exemples chez les auteurs latins.

sacrés. Cf. Acta Arv. (Henzen, p. 25) : Signis unctis..., et plus loin : Deas unguentaverunt. Dans son traité *De condic. agrorum* (éd. Lachmann, p. 141, 6), Siculus Flaccus rapporte que les pierres bornes étaient couvertes « unguento velaminibusque et coronis ». — Manf vasa vutu. Cet impératif vutu est le simple de *subotu* (p. 151). — Vasa nous montre que le neutre était employé concurremment avec le masculin vasuf. — Manf doit être corrigé en mani : le modèle qui a servi au graveur devait être peu lisible à cet endroit, car il avait écrit aussi easa, qu'il a ensuite corrigé en vasa. « Manu vasa voveto ». Cf. Acta Arv. p. 43. Tuscanicas contigerunt quas per calatores domibus suis miserunt. Henzen explique *tuscanicas* par « vases toscans » : nous avons ici une indication qu'on touchait (mani vutu) les vases pour les consacrer.

Ligne 39. Asama kuveitu « ad aram revertitor », indique que l'acte accompli près de la spinia est terminé. — Esuf pusme herter erus kuveitu présente un double accusatif, comme dans *doceo pueros grammaticam*. Erus est le régime direct de kuveitu. Esuf marque ceux à qui ces erus sont transmis. Pusme est un adverbe formé du relatif *po* et de esme(k). On a vu une formation semblable, p. 194. Herter est la particule déjà connue signifiant « libet ». La traduction littérale serait donc : « ad eos ubivis frusta tradito », c'est-à-dire partage-les entre tous ceux qu'il te plaira, entre tous ceux qui les voudront. — Ligne 40. Teḍtu vinu. Teḍtu est l'impératif du verbe redoublé teḍ. En ce qui concerne ces distributions de vin, on peut comparer Virg. VIII, 275 : Communemque vocate deum et date vina volentes.... Cf. d'autres exemples, Brisson, *De form.* p. 280. Les mots struhçlas fiklas sufafias, par leur désinence, appartiennent au génitif singulier ou au nominatif pluriel : mais on ne voit pas comment l'un ou l'autre de ces cas pourrait convenir ici. Le texte a probablement une lacune. Je proposerais de la combler ainsi : struhçlas fiklas sufafias [erus teḍtu; antakres] kumaltu. — Vepuratu est dérivé du substantif vepur, dont on a eu, V *a* 11, le datif-ablatif pluriel ; nous l'avons traduit par « operibus ». Vepuratu signifiera donc « operator » : ce verbe doit être pris dans le sens religieux, comme il l'est souvent en latin. Le génitif punes dépend peut-être du verbe : « fais l'offrande du lait avec la coupe ». — Sur antakres kumates, voy. p. 207. Amparihmu doit être rapproché de kletram amparitu (III, 13), que nous traduisons par « feretrum apponito ». Ici nous avons l'impératif moyen au lieu de l'actif, et le régime est sous-entendu. — Subahtu peut se prendre comme l'impératif d'un verbe *subagere*. En latin, *subigere*, dans la langue du rituel, signifiait « donner » (Festus : subigere arietem in eodem libro Antistius esse ait dare arietem....). Mais je crois que subahtu est une faute, pour subuhtu (cf. vutu et *subotu*), et qu'il signifie «devoveto». — Statita est le régime de subuhtu : je pense que c'est un participe correspondant au latin *statûtus*, de *statuere*. En ombrien, on a dû avoir *statueitom*. Il s'agit donc de vouer à la divinité les objets placés [sur l'autel]. — Esunu purtitu futu; cf. esunu purtitu fust, I *b* 38. — Katel asaku pelsans futu, cf. p. 142. — Sur la formule finale, voy. p. 214.

TRADUCTION.

(II *a* 15) Ita catuli litatio instituta est. Serie completa (?) (16) —arum —arum sacrificet adfertor. Avibus (17) observatis — — sacrificet. Ita procurato : (18) catulum, ollas, struiculam, offam, lac, vinum, molam salsam, (19) mantele, vascula —ta [aut] non —ta, unguentum ferto. Ignem aræ (20) imponito. Sacrificium lacte facito. Hondo Jovio impendito catulum (21) sacrum debitum pro Petronia gente fratrum Attidiorum. Sacrificium (22) cum libatione conjunctum sit catuli. Panes sumito; — os panes sumito. (23) — ibus, — iis prosicias dividito (?). — os, — as subtendito. (24) Libationem servato. Ollas lacte polluceto. Libato, infundito. (25) — — vino Noviis infundito. « Te lacte, te vino », (26) dicito. — a, — es ferto. Quum ad Novium [sacrificium] procurabit, — os (27) semel ferto. Libo in adspersionem precator. Catuli duo strebula (?) (28) dandis frustis prosecato. Itidem — prosecato, struiculam, (29) offam addito. Catulum polluceto. —a precator; non sectis (30) carnibus precator; —a precator. Panem libandum (31) obmoveto; vasculis — is precator; libato, infundito, (32) —to, —to. Pane altero precator. — frusta manu tradito. (33) Ad mensam ito. Duabus capidibus lac ferto; —a, —as —as, (34) vascula —ta [aut] non —ta, unguentum ferto. Capide Hondo (35) Jovio libato pro Petronia gente fratrum Attidiorum. —ibus (36) debitis precator propter mensam. Itidem —is precator, (37) vasculis —tis [aut] non —tis debitis ad mensam precator. Libato, (38) infundito. Mensam ungito; unguento debito precator; manu vasa (39) voveto. Ad aram revertitor; prope aram vino debito tacitus precator. (40) Quibusvis frusta tradito. Dato vinum; lac dato; (41) struiculæ offæ — æ † confringito. Capide, lacte operator. (42) Testis confractis precator. Appone, posita devove. Sacrificium (43) polluctum sit. Catulus ad aram coquendus sit.

(44) Quæstura — — — — — — — — .

TABLES III ET IV.

Ces deux tables se font suite l'une à l'autre, comme l'avait déjà pressenti Passeri, d'après l'identité des dimensions et celle de l'écriture. Ni l'une ni l'autre ne porte aucune inscription au verso : on voit encore dans le bas les clous des trous par lesquels elles étaient retenues au mur; en outre, le graveur a laissé vide un espace de chaque côté, pour permettre de fixer des attaches. Elles donnent la description d'un sacrifice consistant en une brebis. Notre ignorance du sens d'un certain nombre de mots, et particulièrement de l'expression **urtes puntis**, forme un obstacle sérieux à l'intelligence de l'inscription. La langue, ou plutôt l'orthographe, présente certains caractères d'archaïsme : ainsi les impératifs pluriels, au lieu d'être terminés en **tutu**, finissent en **tuta**. Au lieu de **skalçetu** qu'on aurait attendu, on a **skalçeta** (voy. p. 120). Les pluriels neutres sont en *a*, jamais en *u*. L'écriture est large et facile à lire : on trouve une fois (IV, 20) la lettre Θ employée avec la valeur d'un *t*. L'orthographe, correcte au commencement, devient plus négligée vers le milieu et la fin. Les séparations des mots sont soigneusement indiquées.

(III, 1) **Esunu fuia herter sume** (2) **ustite sestentasiaru** (3) **urnasiaru huntak. Vuke prumu pehatu.** (4) **Inuk uhturu urtes puntis** (5) **frater ustentuta. Puḍe** (6) **fratru mersus fust** (7) **kumnakle, inuk uhtur vapeḍe :** (8) **Kumnakle sistu sakre uvem uhtur,**

(9) teitu, puntes terkantur. Inumek sakre (10) uvem urtas puntes fratrum upetuta. (11) Inumek via mersuva Arvamen etuta : (12) erak pir persklu uḍetu. Sakre uvem (13) kletra fertuta; aituta; arven kletram (14) amparitu. Eruk esunu futu kletre tuplak.

(III, 1) La première phrase s'arrête après huntak. Nous comprenons dans la première phrase cet adverbe, qui veut dire « eo modo[1] », et qui, étant le mot essentiel, puisqu'il annonce tout le reste, devait être placé soit au commencement (cf. huntia, II *a* 15), soit à la fin. On peut comparer les phrases suivantes, où le mot essentiel est mis le dernier : I *a* 30, enuk suḍum pesuntrum feitu staflare; II *a* 21 : esunu peḍae futu katles; III 14 : eruk esunu futu kletre tuplak. Il n'est pas moins naturel qu'à la fin de la description (IV, 32), nous trouvions huntak au commencement de la phrase.

Sur sume ustite sestentasiaru urnasiaru, qui est une désignation de temps, v. p. 232 et 282. — Esunu fuia herter — huntak signifie : « sacrificium sit ita ». — Fuia(t) est l'optatif du verbe fu (cf. p. 24). — Sur herter, v. page 221. Huntak a déjà été expliqué p. 281 à propos de huntia. — La cérémonie commence par une purification du bois sacré. Vuke pour vuke + e(n) « in luco » (p. 157). Prumu est identique à *promom* VII *a* 52. — Pehatu doit s'entendre au sens neutre : cf. VI *a* 29. « In luco primum piato ». — Frater est le nominatif pluriel (p. 230) sujet de ustentuta. Le régime direct est uhturu. Urtes puntis représente le complément indirect. Comme on a vu que uhtretie est le nom d'une magistrature, on doit penser que uhturu.... frater ustentuta signifie : « magistratum.... fratres creanto ». Urtes puntis sont deux mots féminins à l'ablatif pluriel. Le premier est un thème en *a*, le second un thème en *i*. On a l. 10 le nominatif pluriel : urtas puntes; puntes est employé seul III, 9, d'où l'on doit conclure que c'est un substantif. Enfin IV, 32 on a ures punes, qui est peut-être une leçon fautive. Nous ne pouvons dire si urtas est de même famille que le *ortom* de VI *a* 26 et le urtu de II *a* 4. — Puḍe annonce une proposition circonstancielle à laquelle répond une proposition principale qui commence

1. Voy. p. 281.

avec inuk. — Mersus a l'air d'être apparenté avec l'adjectif mersuva deux fois employé :

III, 11. Inumek via mersuva Arvamen etuta « tum via —a ad Arvam itote ».

III, 28. Iuka mersuva uvikum habetu « invocationes —as cum ove [sacrificanda] habeto ».

Mais cela ne nous éclaire pas sur le sens, ni sur la valeur grammaticale de mersus. Je ne crois pas qu'il ait rien de commun avec le *mers* » lex » de VI *a* 28, 38, 48, car il faudrait en écriture étrusque meḍs. — Kumnakle a été expliqué p. 234. — Le sujet de la proposition commençant par inuk est uhtur. A. K. font de sistu un impératif équivalant au latin « sistito ». Mais on pourrait en faire aussi une première personne du singulier, en sorte que les cinq mots : kumnakle sistu sakrem uvem uhtur[1] représenteraient les paroles prononcées par le magistrat : « Moi magistrat, dans le temple, je pose la brebis sacrée. ». — Vapeḍe est manifestement le même mot dont on a eu (p. 43, 45) les formes plurielles *vapef* et *vapersus*. Les mots puntes terkantur paraissent exprimer un ordre ; mais le verbe, au lieu d'être à l'impératif, est au subjonctif. — De la phrase suivante, dont le sens est que les urtas puntes des frères (Attidiens) doivent fournir la brebis, A. K. ont conclu que ces mots désignent des subdivisions de la confrérie. On pourrait alors comparer la *factio veneta* qui est mentionnée dans les Actes des Arvales (Henzen, p. 140).

Inumek via mersuva Arvamen etuta. Comp. VI *b* 52 : *via aviecla esonome etuto*. — Arvam est l'accusatif du nom de lieu où doit s'accomplir la première partie du sacrifice. Il est suivi de la postposition en. L. 13, nous avons le datif arve suivi de la même postposition. Arva est un féminin ; peut-être est-ce le nom commun *arva* « champ[2] » devenu un nom propre comme Campus [Martius] à Rome. — Le pluriel etuta « eunto » montre que l'adfertor est accompagné par d'autres personnes. — L. 12. Erak est un ablatif se rappor-

1. On a eu pareillement le discours direct II *b* 24 : Jupater Saçe, tefe estu vitlu vufru sestu « Jupiter Sance, tibi hunc vitulum varium sisto. »

2. Cf. Nonius Marcellus, p. 206 (éd. Quicherat). Arva feminino. Nævius Lycurgo :

Ii quaqua incedunt, omnes arvas obterunt.

Pacuvius :

Postquam calamitas [per] plures annos arvas calvitur.

tant à Arva, ou plutôt un adverbe à forme féminine comme *hac*, *illac* en latin. — Pir uḍetu. Cf. IV, 30 : Esuku esunu uḍetu. Si l'on veut admettre le changement d'un *l* en ḍ, comme dans kaḍitu = latin *calato* (p. 54), nous avons un verbe *oleto* (cf. *adoleto*) qui signifie « alimenter », et avec un régime comme pir « ignem » il prend le sens de « allumer ». Il va être question, en effet, de substances à brûler. — Persklu est un régime circonstanciel à l'ablatif : à l'occasion du sacrifice. Cf. p. 152 et 199. Sakre uvem kletra fertuta « portez la brebis consacrée à l'aide d'une kletra. » Je crois qu'ici l'impératif fertuta, qui est au pluriel, doit se prendre au sens propre de « porter », et non au sens de « fournir » qu'il a quand il s'adresse à l'adfertor. — Kletra est un substantif féminin à l'ablatif qui désigne l'objet à l'aide duquel ou sur lequel on porte la victime. Nous verrons tout à l'heure que c'est cette kletra même qui sert aussi à la célébration du sacrifice. Cela rappelle le cérémonial décrit avec d'autres mots VI *b* 49. Il est possible qu'il soit question d'une sorte de civière. Cf. Sil. Ital. V. 168. Quis opima volenti Dona Jovi portet feretro suspensa cruento ? — Nous traduisons par « feretrum ». — Aituta. Cet impératif est le pluriel de aitu « nuntiato », lequel est ordinairement suivi d'un adjectif qui le complète, comme sakra, purdita (I *b* 29, 37. VI *b* 18). Il faut supposer qu'un terme pareil est sous-entendu ici. — Arven kletram amparitu. En rapprochant le déponent amparihmu (II *a* 42) on voit que l'*i* est long : c'est un verbe de la conjugaison en *ei*. Je crois que c'est un composé de *parare* signifiant « préparer, disposer. » On a eu page 86 d'autres exemples de la conjugaison ombrienne en *ei*, correspondant à la conjugaison latine en *a*.

L. 14. Eruk est l'ablatif neutre du pronom ero, suivi de l'enclitique *k* : « alors ». Esunu futu kletre(n) « sacrificium sit in feretro ». Je rattache encore à cette phrase le mot tuplak dans lequel on reconnaît le latin *duplex*, mais sans le *s* qui, en latin, s'est indûment introduit au neutre, et avec *a* au lieu d'un *e* comme dans ukar.

TRADUCTION.

(III. 1) Sacrificium fiat serie (2) completa (?) —arum (3) —arum hoc modo : In luco primum piaculum facito. (4) Tum magistratum —is —is (5) fratres creanto. Postquam (6) fratrum — fuerit (7) in templo, tum magistratus in lapide (?) : (8) « In emplo sisto sacram ovem magistratus », (9) dicito, — —. Tum sacram (10) ovem — — fratrum præstanto. (11) Tum via —a ad Arvam eunto : (12) ibi ignem sacrificii causa adoleto. Sacram ovem (13) feretro fertote; nuncupate; Arvæ feretrum (14) colloca. Ibi sacrificium esto in feretro duplex.

(III, 15) Prumum antentu; inuk çihçeḍa ententu; (16) inuk kazi ferime antentu; isunt feḍehtru (17) antentu; isunt sufeḍaklu antentu. Seples (18) ahesnes tris kazi astintu; feḍehtru etres tris (19) ahesnes astintu; sufeḍaklu tuves ahesnes (20) anstintu. Inumek[1] vukumen esunumen etu; ap (21) vuku kukehes, iepi persklumaḍ kaḍitu. Vuke pir (22) ase antentu; sakre sevakne upetu; Iuve patre[2] (23) prumu ampentu testru sese asa[3], fratrusper (24) Atiieḍies, ahtisper Eikvasatis, tutape Iiuvina, (25) trefiper Iiuvina. Tiçlu sevakni teitu.

Le texte met deux fois (l. 15 et 23) prumum « primum [sacrificium] » quoi qu'il ne s'agisse que de deux sacrifices. Cf. *promom* VII *a* 52. Ce premier sacrifice est offert Juve patre (l. 22) : il n'est pas immolé de victime. On présente en offrandes : çihçeḍa, kazi, feḍehtru, sufeḍaklu. Ces trois derniers objets sont ensuite soumis à une opération énoncée par l'impératif astintu, et cette opération doit se faire seples ahesnes tris, etres tris ahesnes, tuves ahesnes. On reconnaît aisément des ablatifs : tris et tuves sont les noms de nombre « trois » et deux[4] ». Pour seples A. K. se demandent s'il y faut voir un substantif, auquel cas ahesnes sera l'adjectif qui s'y rapporte, ou bien s'il faut en faire l'adjectif *simplus*, qui ferait pendant à etres, à peu près comme on a eu V *a* 18 *prever* opposé à *dupler* et *tripler*. Je ne crois pas qu'ici une opposition de ce genre serait à sa place, et je prends seples comme un substantif : Kirchhoff a déjà pensé au latin *simpulum* et cette traduction me paraît la vraie. Ce mot désigne chez les Romains une petite coupe pour les liba-

1. Inenek.
2. Iuvepatre.
3. Seseasa.
4. Cf. *duir* V *b* 10, 15.

tions : mais comme on va le voir, elle sert ici pour un autre usage. — Ces *simpula* sont en airain : ahesna. L'orthographe *ahenus* ou *aheneus* existe également chez les Romains. — Que veut dire l'impératif astintu? je crois qu'il marque le contraire du latin *exstinguere* ou *restinguere*, et qu'il signifie « allumer ». Cf. instigare. Ce qui a probablement empêché jusqu'à présent de lui attribuer ce sens, c'est qu'on reconnaissait dans kazi le latin *caseus* « fromage » : mais je crois qu'il s'agit d'un mot correspondant à *casia*, le daphné-cnéorum, herbe odorante qu'on brûlait dans les sacrifices. Ciris, v. 369.

> At nutrix patula componens sulfura testa,
> Narcissum, casiamque, herbas incendit olentes.

Nous sommes dès lors amenés à voir dans feḍehtru et sufeḍaklu des substances de nature analogue. Je rapproche le dernier de *sulfur*, à peu près comme si l'on avait en latin *sulfuraculum*. Les vers que nous venons de citer montrent que le soufre avait sa place dans les sacrifices. On peut comparer Tibulle, I, 5, 11.

> Ipsaque ter circum lustravi sulfure puro.

Cf. Properce, IV, 8, 86; Ovide, Fastes, IV, 739; Virg., Géorg., II, 449. Le ḍ ombrien tenant la place d'un *r* latin a déjà été vu dans aḍputrati = *arbitratus*. — Sur ferime, v. p. 105. — Il reste feḍehtru qui est inconnu. — Remontant maintenant à la ligne 15, nous faisons d'abord remarquer la forme ententu, qui est employée une fois à côté de antentu quatre fois répété : on ne saurait dire si c'est avec intention. Il a déjà été question des préfixes en et an, qui se sont confondus en latin sous la forme *in*. Nous traduirons par « imponito ». — Çihçeḍa a sa première syllabe longue : je ne le rapproche donc ni du latin *cicer*, ni de *cicera*, mais plutôt de *cîcilendrum* et de *cîcimandrum*, noms employés par Plaute pour désigner une sorte d'épice tirée d'un arbre résineux nommé *cîci;* il y avait aussi une huile tirée du même arbre, qu'on appelait *cîcinum oleum*. — Toute cette description se rapporte donc à un sacrifice de substances odorantes placées sur l'autel, et dont la plupart sont ensuite brûlées dans des vases d'airain. Je reviens au mot ahesnes pour faire remarquer qu'il pourrait aussi être pris substantivement, puisque *ahenum* en latin signifie une chaudière, une marmite.

Les mots : inumek vukumen esunumen etu signifient : « tum in lucum sacrum ito », si l'on fait de esunum l'épithète de vukum. Nous avons donné page 85 un exemple de en répété d'une façon fautive. Mais je crois que le sens est : « tum in lucum ad sacrificium ito ». — Ap (pour ape) gouverne le futur kukehes, dans lequel je reconnais le latin *coinquies*. Par le rituel des Arvales, on voit que toutes les fois qu'un objet en fer avait été introduit dans un bois sacré, il fallait ensuite procéder à une cérémonie expiatoire : usage (pour le dire en passant) qui rapproche sensiblement de nous ce qu'on appelle l'âge de pierre. L'amputation des arbres d'un bois sacré est désignée par l'expression *coinquire lucum* ou *luco*. Cf. Acta Arv. *Luci coinquiendi*, *coinquendi*, *coinchuendi causa*; *luco coinquiendo*; *luco coinquiendi causa*. (Henzen, p. 22). Pline, *Hist. Nat.*, XVII, 47. Idem [Cato] arbores religiosas lucosque succidi permisit, sacrificio prius facto; cujus rei rationem precationemque eodem volumine tradidit. — Dans la seconde partie de iepim je reconnais soit la seconde partie du latin *quempiam*, soit le pronom indéfini pis à l'accusatif. Il est précédé d'une autre expression pronominale sur laquelle je m'abstiens de rien avancer. Le sens me paraît être : « aliquem, quemvis ». — Dans l'expression sakre sevakne le premier mot doit être pris comme substantif : cf. V *a* 6. — Testru sese asa : cette locution difficile revient sans variante IV, 15. On a IV : 3 : eḍek supru sese ereçluma.... purtuvitu. Les adjectifs supru et dextru ont l'air de se rapporter à sese, qui serait alors un substantif marquant une idée d'emplacement. Je ne crois pas qu'on puisse l'identifier avec le *serse* et le *sersi* de VI *a* 2 et 5, car il faudrait ici seḍe. Je songerais plutôt à un substantif *sessis*, qu'on pourrait rapprocher du latin *sessilis*, *sessimonium*, *sessibulum*. Quoi qu'il en soit, le mot paraît signifier « place, côté ». Testru sese asa « au côté droit de l'autel », soit qu'on fasse du dernier mot un ablatif, soit qu'on y voie un accusatif avec a(ḍ) sous-entendu, comme on a plus loin (IV, 3) supru sese ereçlum-a(ḍ). — Sur ahtis, v. p. 168. — Sur eikvasatis, p. 235.

TRADUCTION.

(III, 15) Primum [sacrificium] imponito; tum cicinum oleum (?) imponito; (16) tum casiam acerra imponito; ibidem

— um imponito; ibidem sulfur imponito; simpulis (18) aheneis tribus casiam urito; — alteris tribus (19) aheneis urito; sulfur duobus aheneis (20) urito. Tum in lucum ad sacrificium ito; quum (21) lucum coinquies, quemlibet (?) ad supplicationem calato. In luco ignem (22) aræ imponito; sacrum debitum impendito; Jovi patri (23) primum impendito e dextra parte ad aram, pro fratribus (24) Attidiis, pro focis Eigvasiensibus, pro civitate Iguvina, (25) pro tribu Iguvina. Litationem debitam dicito.

(III, 26) Inumek uvem sevakni upetu : Puemune (27) Pupḍike apentu; tiçlu sevakni naratu; (28) iuka mersuva uvikum habetu fratruspe (29) Atiieḍie, ahtisper Eikvasatis, tutaper (30) Iiuvina, trefiper Iiuvina. Sakre (31) vatva[1] ferine feitu. Eruku aruvia feitu. Uvem (32) peḍaem pelsanu feitu. Ererek tuva tefra (33) spantimaḍ prusekatu. Eḍek peḍume purtuvitu; (34) struçla aḍveitu. Inumek etrama spanti tuva tefra[2] (35) prusekatu. Eḍek ereçluma Puemune Pupḍike (IV, 1) purtuvitu; erarunt struhçlas eskamitu aveitu. (2) Inumek tertiama spanti triia tefra[3] prusekatu.

Nous apprenons ici le nom de la divinité à laquelle est offerte la brebis: Puemune Pupḍike. On trouve plus loin (IV, 24) la leçon Puemune Pupḍiçe, avec affaiblissement du *k* en *ç*. Je crois qu'il en faut conclure que la prononciation, au temps où fut gravée l'inscription, était *ç*, tandis que le *k* représente l'orthographe d'une époque antérieure. Une autre variante, c'est Pupḍçe (IV, 4) : mais il y faut voir sans doute une leçon fautive, l'*i* ayant été oublié. — Une première question qui se pose est de savoir si nous avons ici le nom d'un dieu ou d'une déesse, le datif Puemune Pupḍike pouvant appartenir également à un nom masculin de la 2ᵉ déclinaison ou à un nom féminin de la première. Plus loin (IV, 3, 11, 26), on a le génitif Puemunes Pupḍiçes, qui fait pencher la balance du côté du masculin, car la 1ʳᵉ déclinaison aurait donné Puemunas Pupḍikas[4] : nous avons déjà eu un nom de dieu avec le suffixe unu, c'est Vufiune

1. Vatra. — 2. Tuvatefra. — 3. Triiatefra. — 4. On pourrait, il est vrai, regarder ces mots comme appartenant à la 5ᵉ déclinaison; cf. le sabin *Neriene*, le latin *Herie*.

(I *a* 20) = *Vofione* (VI *b* 19). Nous obtenons donc un mot Puemunus, qui fait songer au nom *Poimunien* ou *Poimuniei* (la dernière lettre est incertaine) inscrit sur une pierre trouvée près d'Amiternum et conservée au musée d'Aquila[1]. Faut-il rapprocher également la *Pomona* latine? Cela se pourrait, si l'on songe que le latin a aussi réduit en *ō* l'ancienne diphthongue *oi* des datifs singuliers de la 2e déclinaison[2]. Malheureusement nous sommes sans renseignement sur le caractère et les attributs de la divinité ombrienne. — Le second mot Pupḍike ne peut guère, malgré une certaine ressemblance extérieure, être rapproché du latin *publicus*, car nous voyons que l'ombrien a gardé le *l* dans puplu. Il est difficile de rien conjecturer sur ce mot d'aspect assez bizarre: peut-être est-ce un dérivé de nom propre, à la façon de Numidicus : ce qui y ressemble le plus, c'est le nom samnite *Púpidiis* ou *Pupdiis*, qui est probablement le latin *Popilius*. Peut-être est-ce un mot composé formé comme en grec Ξενόδικος, Ἐυρυδίκη, Λαοδίκη. A. K. ont rapproché la divinité osque Líganakdíkeí, qui est nommée sur la table d'Agnone. — Sur iuka, voy. p. 272. Je prends l'ablatif sakre dans le sens d'un sociatif : « avec la victime ». Cf. p. 199. — Sur la leçon fautive vatra, voy. p. 105. — Pelsanu doit être pris comme un accusatif masculin ayant perdu son *m* final, et se rapportant à uvem. *Ovis* était aussi du masculin en latin dans la langue du rituel. Paulus (p. 195) : Ovem masculino genere dixerunt, ut ovibus duobus, non duabus. Cf. Nonius Marcellus, p. 233.

Sur le sens de pelsanu, voy. p. 142. — Les phrases suivantes ont déjà été citées, p. 285. Il s'agit de couper à la brebis d'abord deux, puis encore deux, et finalement trois tefra, qui sont destinés spantimaḍ « ad adspersionem ». La postposition aḍ exprime ici le but, l'intention : cf. la postposition e(n), dans la locution peḍum e(n) (p. 153), qui a le même sens. — Ereçluma doit se décomposer en ereçlum-a(ḍ) ; le même mot, qui reviendra encore sept fois, se trouve entre autres dans les passages suivants :

IV, 3. Eḍek supru sese ereçluma.... purtuvitu.

1. En voici le texte : ....MESENE | FLUSARE | POIMUNIEI | ATRAT | AUNOM | HIRETUM. Cf. Mommsen, *Unterit. Dialekte*. p. 339.
2. Voy. aussi ce qui a été dit p. 240 sur vepurus.

IV, 13. Klavles persnihmu .... pustin ereçlu; inuk ereçlu umtu.

IV, 19. Super ereçle .... purtuvitu.

Le premier de ces passages doit être rapproché de III, 23 : testru sese asa. Le second rappelle pustin ançif de II *a* 25; la phrase inuk ereçlu umtu est le pendant de spina umtu (II *a* 38). La troisième phrase doit être rapprochée de I *b* 41 : super kumne .... tusetutu. On peut conclure de ces comparaisons que ereçlum désigne un objet sur lequel on dépose des offrandes, au-dessus ou auprès duquel le prêtre doit se tenir, destiné à être enduit. Nous en inférons que ereçlu est un synonyme de *ara :* la formation paraît la même que pour struçla, c'est-à-dire que le mot peut être considéré comme le diminutif d'un primitif *erecum* ou *ereca*[1]. A. K. font remarquer qu'on élève à Jupiter un autel (asa), tandis que Poimonus obtient seulement un ereçlum : ils proposent donc un mot comme foculus; je traduirais par *cespes*, me référant aux Actes des Arvales, p. 23, 27, et aux nombreux passages des auteurs latins où il est question d'autels de gazon. La libation a dû entrer dans l'usage religieux en des temps où l'autel était *vivo de cespite.* — Erarunt struhçlas est un génitif signifiant « ejusdem struiculæ », et faisant allusion à la struçla dont il a été parlé ligne 34. Le génitif est régi par eskamitu, qui doit être à l'accusatif singulier neutre ou à l'accusatif pluriel masculin. Ce mot, qui a la forme d'un participe passé, désigne probablement une partie de la struçla. Un autre terme technique du même genre se trouve IV, 4 : struhçla petenata isek aḍveitu. Il y a là des détails techniques qui nous échappent absolument. — L'orthographe aveitu (au lieu de aḍveitu) trahit une prononciation pareille à celle du français *avenir, avertir*[2]. L'*a* ombrien est long par compensation pour la chute du *d :* c'est ce qu'en d'autres endroits nos textes indiquent par l'orthographe *aha* (*ahatripursatu, ahavendu*).

1. Bugge rapproche ereçlum de l'étrusque eri. *Ienaer Literaturzeitung*, 1875, art. 259.

1. Des faits analogues, en latin, sont cités par Schuchardt, *Vulgärlatein*, I, 149.

TRADUCTION.

(III, 26) Tunc ovem debitam præstato : Poimono (27) Popidico impendito; oblationem debitam nuncupato. (28) Invocationes —as cum ove habeto pro fratribus (29) Attidiis, pro focis Eigvasiensibus, pro civitate (30) Iguvina, pro tribu Iguvina. Cum hostia (31) tus acerra facito. Simul ollas facito. Ovem (32) libandam coquendam facito. Ejus [ovis] duo strebula (?) (33) ad σπονδήν prosecato. Tum ad aspersionem polluceto; (34) struiculam addito. Tunc ad alteram σπονδήν duo strebula (?) prosecato. Tum in cespite Poimono Popidico (IV, 1) polluceto; ejusdem struiculæ — addito. (2) Tum ad tertiam σπονδήν tria strebula (?) prosecato.

(IV, 3) Eḍek supru sese ereçluma Vesune Puemunes (4) Pupḍiçes[1] purtuvitu; struhçla petenata isek (5) aḍveitu. Ererunt[2] kapiḍus Puemune (6) Vesune purtuvitu. Asamaḍ ereçlumaḍ[3] (7) aseçetes karnus, iseçetes[4] et vempesuntres, (8) supes spantes[5] pertentu. Persnimu, aḍpeltu, (9) sťatitatu. Veskles snates asnates sevakne (10) ereçluma persnimu Puemune Pupḍike, Vesune (11) Puemunes Pupḍikes. Klavles persnihmu (12) Puemune Pupḍikes et Vesune Puemunes (13) Pupḍikes pustin ereçlu. Inuk ereçlu umtu (14) putrespe; erus †; inuk vestiçia, mefa purtuvitu[6]; (15) skalçeta kunikaz apehtu[7]. Esuf testru sese (16) asa asama purtuvitu; sevakne sukatu. (17) Inumek vestiçia[8] persuntru super[9] ereçle hule (18) sevakne skalçeta kunikaz purtuvitu. Inumek[10] (19) vestiçia persuntru Turse super ereçle sevakne (20) skalçeta kunikaz purtuvitu[11].

Il est parlé d'une nouvelle série d'offrandes présentées cette fois à Vesune, ou, comme elle est appelée plus souvent, à Vesune Puemunes Pupḍiçes. Le nom de Poimonus Popidicus, sous la forme du génitif, accompagne le nouveau nom

1. Pupḍçes. — 2. Ererunt. — 3. Ereçlamaḍ. — 4. Iseçeles — 5. Sanes. — 6. Purtupite. — 7. Apehtre. — 8. Vesveça. — 9. Supu — 10. Inuntek. — 11. Purθuvitu.

de divinité. On a déjà eu, p. 185, des exemples d'association du même genre, et comme, en la plupart de ces exemples, l'une des deux divinités est masculine, l'autre féminine, nous verrons dans Vesuna ou Vesune (5e déclinaison) un féminin. A. K. font remarquer que cette Vesuna se retrouve chez les Marses ; une pierre découverte à Antinum (cività d'Antino) porte cette inscription[1] :

PA. VI. PACVIES. MEDIS
VESVNE. DVNOM. DED
CA. CVMNIOS. CETVR

Les objets inconnus désignés par les deux derniers mots sont dédiés à Vesona par le medix Pacuius, fils de Vibius Pacuius.

Une inscription en caractères nationaux a été trouvée à Milionia, autre ville des Marses[2] :

v. a(t)iediu(s)	V. Attidius
ve(s)une	Vesonæ
erinie · et	Eriniæ et
erine	Erino
patre	patri
donó · me(re)	dono meritis
libs	libens.

Mais cette Vesuna semble aussi avoir été une divinité celtique. Le même nom se lit dans une inscription de Périgueux conservée au musée de cette ville :

TVTELAE AUG
VESVNN[AE]
SECVNDVS
SOTTI · L · DSD

« Tutelæ Augustæ Vesonnæ Secundus Sotti libertus de suo dat[3] ».

On sait que la ville de Périgueux s'appelle Vesunna Petrocoriorum. Il semble qu'on trouve encore le même nom dans

1. Mommsen, *Unterit. Dialek.* p. 321.
2. *Ibid.* p. 345. Le fac-simile se trouve pl. XV.
3. Nous donnons l'inscription d'après un fac-simile qui nous a été communiqué par M. Léon Renier. Le nom de Vesunnæ est incomplet aujourd'hui sur la pierre; mais on voit encore le commencement du second N. Cf. Gruter, 105, 1. Lebeuf, *Acad. des Insc.* (Hist.) XXIII, p. 201 : Muratori, 1093, 7.

Vesontio (Besançon) et *Vesulus* (le mont Viso). Peut-être faut-il joindre *Vesuvius* (le Vésuve). L'origine et la signification de la déesse ombrienne Vesuna n'en reste pas moins obscure[1] : la conservation de la lettre *s* doit faire rejeter l'étymologie sanscrite *vásanâ* « la brillante », proposée par Grassmann[2]. Celle de Vesta, donnée par Corssen[3], aurait besoin d'une démonstration grammaticale plus rigoureuse.

Petenata(m) est un adjectif se rapportant à struhçla(m). Aufrecht suppose un latin *pectinatam* (en forme de peigne); au sujet des formes variées qu'on donnait aux gâteaux sacrés, on peut comparer Festus (p. 310) : *Strues* genera liborum sunt digitorum conjunctorum non dissimilia, qui superjecta panicula in transversum continentur[4]. — Sur isek, voy. page 152. — Ererunt kapiḍus Puemune Vesune purtuvitu « iisdem capidibus Poimono Vesonæ polluceto ». On dit expressément que les mêmes coupes serviront pour les deux divinités : en effet, la règle chez les anciens c'est que chaque divinité doit avoir son culte à part. Nous reviendrons sur ce point un peu plus loin.

La phrase suivante présente une série d'ablatifs pluriels régis par l'impératif pertentu. Il faut rapprocher II *a* 30 : Aseçeta karne persnihmu, venpersuntra persnihmu, supa spantea pertentu, veskles vufetes persnihmu. Nous retrouvons à peu près les mêmes termes, avec cette différence qu'ils sont au singulier. Nous avons traduit pertentu par « obmoveto ». On a donc d'abord parmi les objets présentés en offrande les chairs [de la brebis] non découpées, puis les chairs coupées en morceaux. Iseçetes (c'est ainsi que nous corrigeons avec A. K. pour iseçeles, qui n'offre pas de sens) correspond au latin *insicia isicia*, qui désigne la viande hachée. Varron, De l. l. V, 110 : Insicia ab eo quod insecta caro, ut in carmine Saliorum est, quod in extis dicitur nunc prosectum. Macrobe, Sat. VII, 8 : Isicium, quod ab insectione insicium dictum; amissione enim literæ postea quod nunc habet nomen obtinuit. Donat. ad Terent. Eun. II, 2, 26 : Fartores, qui insicia et farcimina faciunt. — Vempe-

1. M. d'Arbois de Jubainville, d'après les règles de la phonétique celtique, pense que l'*u* du gaulois *Vesunna* devait être bref, sans quoi il n'aurait pu se changer en *Vesonna*.

2. ZK. XVI, 183.

3. Aussprache[2], I, 580.

4. Cf. chez Ovide l'expression : digitis inter se pectine junctis. (*Met.* IX, 299).

suntres, par la place qu'il occupe dans la phrase et par la conjonction et dont il est précédé, fait l'impression d'un adjectif se rapportant à karnus. — Supes est le pluriel de supa, que nous avons II *a* 31 avec le même verbe pertentu. Quand on compare ces deux passages, on ne peut s'empêcher de reconnaître qu'ils offrent entre eux une grande similitude : les mêmes objets sont énumérés de part et d'autre. Aussi doit-on être surpris de trouver ici le mot sanes, lequel n'est employé nulle part ailleurs : il a l'air de qualifier supes, et il tient la place qui est occupée II *a* 30 par spantea. Nous avons expliqué ce dernier mot (p. 286) comme étant pour *spandea*. Je suppose que dans le passage qui nous occupe, le graveur a oublié un *p*, et qu'il a figuré la prononciation de son temps (*spannes spanes*) : cf. *anferener*, *pihaner*, *panupei*, *pelsanu*, pour *anferender*, *pihander*, *pandupei*, *pelsandu*. Je traduirai : « panes libandos obmoveto ». Il reste asamaḍ « ad aram », qui se rapporte à l'autel dont il a été parlé III, 22, et ereçlumaḍ « ad cespitem », qui fait allusion à III, 35.

Tous les autres mots ont déjà été vus. Il faut seulement remarquer la chute de *s* à la fin de l'ablatif pluriel sevakne(s). — Pustin ereçlu peut se traduire par « post cespitem » ou « propter cespitem ». Une indication analogue est donnée par les mots super ereçle (IV. 17. 19). En général, notre texte multiplie les prescriptions relatives à la position que le sacrificateur doit occuper par rapport à l'autel : cf. III, 23; IV, 3, 15. — Je rattache putrespe à ereçlu, et je crois qu'il est question d'oindre l'autel commun de Puemunus et de Vesuna. Putrespe est le génitif du même pronom dont l'ablatif est écrit VII *a* 11 *podruhpei*. — Après erus a été omis probablement un verbe teḍtu. — Apehtu (le texte a apehtre, qui ne donne aucun sens) est le même mot que apentu (III. 27), ampetu (II *b* 10. 11), ampentu (II *a* 20). Il signifie « impendito ». — Le masculin esuf se rapporte à erus en même temps qu'à vestiçia(m) et mefa(m). — L'impératif sukatu ne se trouve nulle part ailleurs : par son emploi avec sevakne(f) il paraît synonyme de naratu ou teitu. Peut-être est-ce une faute pour vukatu « vocato ».

Hule est également un ἅπαξ εἰρημένον. J'y vois un pronom se rapportant au datif singulier ereçle : le thème pronominal *hon* dont il a été question page 41, combiné avec le pronom *lo* (cf. *ecla*) a pu faire *holo*. C'est ainsi qu'en latin on a *ullus*, venant de *unlus*. Le sens est : « super cespite eodem ». — Sevakne(f) se rapporte à vestiçia(m) persuntru(m). — La même phrase revient une seconde fois avec hule en moins et avec l'addition du mot Turse, dans lequel je reconnais le datif du nom de divinité Tursa, que nous avons lu sur les tables VI *b* et VII *a*. L'association de Poimonus avec les deux déesses *Vesona* et *Tursa* rappelle celle qu'on a vue entre Çerfus Martius et les déesses *Prestota* et *Tursa*. Peut-être y a-t-il lieu de rapprocher un fait plusieurs fois mentionné par les anciens, que Jupiter partageait sur le mont Quirinal un antique sacellum avec Junon et Minerve[1]. La même triade était adorée dans le temple capitolin; nous voyons qu'on les unit ordinairement dans les prières[2], au point que Lactance a pu dire (I. 11) : Jupiter enim sine contubernio conjugis filiæque coli non solet. Le point de départ de cette conception, qui a dû subir sans doute à travers les siècles bien des métamorphoses, et où des noms et des sens nouveaux ont pu se substituer aux anciennes idées, est-il l'association du Soleil (Jupiter), de la Lune (Juno) considérée comme l'épouse, et de la Terre regardée comme la fille? Il ne s'ensuivrait pas que les noms de *Poimonus* et de *Vesona* dussent être ramenés nécessairement à cette signification, pas plus qu'en latin Minerve ne représente la Terre.

TRADUCTION.

(IV. 3) Deinde a supera parte ad cespitem Vesonæ Poimoni (4) Popidici polluceto; struiculam pectinatam (?) ibidem (5) addito. Iisdem capidibus Poimono (6) Vesonæ polluceto. Ad aram, ad cespitem (7) non sectas carnes, sectas et —as, (8) panes libandos obmoveto. Precator, —to, (9) —to. Vasculis —is [aut] non —is debitis (10) ad cespitem precator Poimono Popidico, Vesonæ (11) Poimoni Popidici. —is precator (12) Poimoni Popidici et Vesonæ Poimoni (13) Popidici post cespitem. Tum cespitem ungito (14) utriusque; frusta †; tum libum, molam polluceto; (15) — innixus (?) impendito. Hæc a dextra parte (16) ad aram, in aram polluceto; debita vocato (?). (17) Tum libum ferctum super cespite eodem (18) debita, —

1. Varron, *De L. L.* V, 158.

2. Cic. Verr. V, 14, 36. Liv. VI, 16; XXXVIII, 51. Tacite, Hist. IV, 53. Serv. ad Æn. III, 134.

innixus (?), polluceto. Tum (19) libum ferctum Tursæ super cespite debita, (20) — innixus (?), polluceto.

(IV. 20) Inumek Tehteḍim (21) etu : veltu. Eḍek persuntre antentu. Inumek (22) arçlataf vasus ufestne sevaknef purtuvitu. (23) Inumek[1] pruzuḍe kebu sevakne persnihmu (24) Puemune Pupḍiçe. Inumek kletra veskles (25) vufetes sevaknis persnihmu[2] Vesune (26) Puemunes Pupḍçes. Inumek svepis heri (27) ezariaf antentu. Inumek erus taçez (28) teḍtu[3]. Inumek kumaltu, aḍkani (29) kanetu, kumates persnihmu. Esuku (30) esunu uḍetu tapistenu. Habetu pune, (31) frehtu habetu. Ape[4] itek fakust, purtitu (32) futu. Huntak piḍi prupehast, eḍek (33) urtes puntes[4] neiḍhabas.

Cette dernière partie, qui est écrite avec moins de soin, ainsi que le prouvent des fautes assez nombreuses, présente de grandes difficultés. — Déjà la première phrase est très-obscure. Tehteḍim semble un nom propre dépendant de etu : qu'il aille vers.... Veltu devra alors être considéré comme un impératif formant une phrase à lui seul. Mais il se peut aussi que veltu soit le supin d'un verbe ayant tehteḍim pour complément. Le sens de l'un et de l'autre mot est inconnu. — Eḍek est probablement pris ici comme adverbe : « tum fercto imponito ». Le régime direct du verbe est sous-entendu. — Arçlataf correspond exactement à un terme latin employé dans la langue des sacrifices. *Arculata*, dit Paulus (p. 16), dicebantur circuli, qui ex farina in sacrificiis fiebant. Peut-être faut-il lire chez l'abréviateur latin *arculatæ*. — Vasus est l'ablatif pluriel du thème à consonne vas, et ufestne est l'adjectif qui s'y rapporte : le mot est obscur, comme la plupart de ces épithètes (comp. p. 284, 286). Pruzuḍe peut se prendre comme ablatif pluriel ayant perdu un *s* final, ou comme ablatif singulier de la 3e déclinaison. — Kebu ne peut guère être le latin *cibus*, dont le *c* aurait dû se changer en *ç*. — Il semble que la kletra soit elle-même offerte en don : sur vufetes, v. p. 286. — Sve pis heri(t) « si quis vult », cf. p. 214. Il s'agit ici d'un don facultatif, et non d'une offrande obligée comme les précédentes. — Ezariaf, accusatif pluriel

1. Inumk. — 2. Persihmu. — 3. Tertu. — 4. Ures punes.

d'un nom féminin : la lettre *z* doit faire supposer devant elle la présence d'un *n* ou d'un *t*. — La prescription taçez, accompagnant erus teḍtu, est nouvelle. Il en est de même de la phrase aḍkani kanetu qui est insérée au milieu de la formule bien connue kumaltu, kumates persnihmu. A. K. ont rapproché, non sans vraisemblance, kanetu du latin *canito*, mais en faisant observer que l'ombrien suit la conjugaison faible (kaneitu). Quant à aḍkani(m), il suppose un latin *accinium* qui n'existe pas (cf. *vaticinium*). C'est la première fois que le chant est mentionné : dans les actes des Arvales, la rupture des vases est suivie du fameux chant qui nous a été conservé. — Esuku est une particule marquant le temps : « cum hoc ». Uḍetu a été traduit (p. 293) par « adoleto ». — Tapistenu n'est employé que cette seule fois. Je suppose que c'est le régime de uḍetu. — Frehtu est peut-être parent de frehtef (II *a* 26).

Ap itek fakust annonce la fin de la cérémonie : « après qu'il aura sacrifié ainsi ». Itek est un mot d'origine pronominale, appartenant à la famille du latin *ita*, *item*. Je suppose un locatif itei, suivi de l'enclitique k. — Fakust nous apprend que tous les impératifs qui précèdent doivent être regardés comme à la 3ᵉ personne. Comp. fakurent (I *b* 34). Nous avons ici le verbe conjugué d'après la 3ᵉ conjugaison comme en latin, au lieu que l'infinitif façiu (II *a* 16), façu (II *b* 22) appartient à la conjugaison faible. — Purtitu(m) futu « polluctum esto ». Cette formule rappelle celles que nous avons vues pages 155, 160, 289. Enfin l'inscription se termine par une phrase dont la correction est probablement défectueuse, comme on peut déjà l'inférer des mots ures punes au lieu de urtes (ou urtas) puntes que nous avions III, 4, 9, 10. On distingue les deux expressions pronominales piḍi et eḍek, qui se correspondent dans deux propositions : mais il est difficile de dire si elles doivent être prises comme pronoms neutres ou comme adverbes. — Prupehast est un futur du même verbe dont nous avions III, 3, l'impératif pehatu. — Habas, dernière partie de neiḍhabas, est probablement la 3ᵉ personne du pluriel du subjonctif, pour habias. La désinence *as* s'est déjà présentée dans *etaias*, *dirsas*. L'*i* a disparu comme dans façu (pour façiu). — Neiḍhabas est corrigé par A. K., dans leur Index[1], en nei

1. II, p. 407, s. v. habe. On pourrait aussi corriger en neip habas.

adhabas « ne adhibeant ». Si cette conjecture est juste, il semble que la dernière phrase renferme une clause rédhibitoire : on pourrait alors voir dans le pru de pru-pehast un préfixe à sens péjoratif, comme en latin dans *pervertere*, *perdere*, *perjurus*. Mais l'incertitude où nous sommes sur le sens de urtas puntes ne doit faire accepter toute correction qu'avec beaucoup de réserve.

TRADUCTION.

(IV. 20) Tum — (21) ito : —to. Deinde fercto imponito. Tum (22) arculatas vasis —is debitas polluceto. (23) Tum — — debito precator (24) Poimono Popidico. Tum feretro vasculis (25) —is debitis precator Vesonæ (26) Poimoni Popidici. Tum si quis vult, (27) —as imponito. Tum frusta tacitus (28) dato. Tum confringito, carmen (29) canito, confractis precator. Subinde (30) sacrificium adoleto —um. Habeto lac, (31) — habeto. Postquam ita fecerit, polluctum (32) esto. Ita quod —piabit, id (33) — — — habeant.

AGE APPROXIMATIF DES TABLES I, II, III, IV ET V.

On a vu plus haut (p. 227) que les tables VI-VII sont la copie d'un texte en caractères étrusques, et que cette copie a été faite probablement vers la fin du premier siècle avant l'ère chrétienne.

L'inscription *Clavernìur* de la table V a l'air d'être du même temps; je la crois également copiée sur une ancienne table en caractères nationaux. C'est ce qu'on doit présumer d'après la manière d'indiquer les voyelles longues (*Sehmenier*, *frateer*) et d'après l'emploi de la lettre Ś destinée à représenter le d ombrien.

Il resterait à déterminer l'âge des autres inscriptions : mais c'est là une tâche beaucoup plus difficile, car ce que nous savons de l'épigraphie étrusque est trop peu de chose pour fournir des dates certaines. Nous avons cherché à montrer (p. 225) que I est l'abrégé d'une table plus ancienne : il faut probablement regarder aussi comme une copie II *a*, qui se compose de deux parties n'ayant aucun rapport entre elles, quoiqu'elles soient de la même main. Il semble que la première partie de II *a* ait été copiée sur un modèle peu lisible, car les fautes y abondent, tandis que la seconde partie est relativement correcte. La partie étrusque de la table V peut tout au plus être contemporaine d'*un* des deux décrets dont elle donne la teneur, car ces décrets ne sont pas de la même époque. Enfin les tables III et IV présentent des inconséquences d'orthographe telles que Pupḍike et Pupḍiçe, qui rappellent ce que nous disions plus haut (p. 225) pour ikuvina et iiuvina. Il semble donc que la plupart de ces inscriptions aient été reproduites d'après des modèles plus anciens, en sorte qu'il y aurait lieu de distinguer chaque fois entre l'âge du texte et l'âge de la copie. Les inductions qu'on peut tirer de certains phénomènes de phonétique tels que le rhotacisme doivent s'appliquer à la copie et non au modèle.

Autant qu'on peut avancer une opinion sur des questions si obscures, je classerais, quant à la copie, les tables de cette façon. Les plus anciennes me paraissent être III et IV; c'est ce qu'avait déjà conjecturé Bonaruoti. Puis viendrait II *b*. L'inscription II *a* a été, selon toute apparence, gravée après II *b*, car le graveur a serré son écriture pour faire tenir tout le texte sur un seul côté de la table. Cette inscription II *a* est contemporaine de I; toutes deux sont terminées exactement par la même formule, émanant de la même autorité. La première partie de V, dont les désinences grammaticales appartiennent à un état de la langue plus récent, est probablement parmi les inscriptions en caractères étrusques celle qui a été gravée en dernier. Enfin VI-VII et l'inscription *Clavernìur* peuvent être considérées comme ayant été copiées à une époque où les caractères étrusques commençaient à sortir de l'usage sous l'influence de la civilisation romaine.

Il faut ajouter que la langue et l'orthographe de toutes ces tables présentent, malgré quelques divergences, un caractère d'unité qui ne permet pas de les supposer séparées par un très-grand intervalle : je crois donc qu'on ne sera pas loin de la vérité en plaçant entre le deuxième siècle et la fin du premier siècle avant Jésus-Christ l'époque où la corporation attidienne, d'après des originaux plus anciens, a fait graver ces sept tables.

LES TABLES DÉCOUVERTES A GUBBIO ÉTAIENT-ELLES AU NOMBRE DE NEUF?

J'ai promis plus haut (p. II) de revenir sur la question des deux tables qui, selon le récit de Concioli, ont été transportées au seizième siècle à Venise, qui, d'après cet écrivain, se trouvaient encore à l'Arsenal en 1673, et qu'il a été impossible de retrouver. L'assertion de Concioli a été contestée par Passeri, Huschke, et plus récemment par M. G. Conestabile. Une objection grave a été faite : l'acte d'acquisition des tables eugubines par la ville de Gubbio, que Concioli ne connaissait pas, a été retrouvé dans les Archives [1], et il fait mention seulement de sept tables. Comme ce document, publié d'une façon très-défectueuse par Passeri [2], a donné lieu à toute sorte de suppositions mal fondées [3], nous en plaçons ici le texte [4] :

« Eisdem anno (millesimo quadringentesimo quinquagesimo sexto) indictione (quarta) et pontificatu (Calisti tertii) die vero xxv agusti Actum Eugubij in sala superiori palatij residentie Magnificorum dominorum Gonfalonerij et Consulum dicte Civitatis presentibus scilicet petro feordi et Batiste Iohannis lutie testibus michi cancellario notis ad hec habitis vocatis et rogatis.

« Paolus Greghorj de Signa habitator Eugubij per se suos heredes et successores Et vice et nomine presentine filie olim francisci vici Maggi et domine Angele ad presens uxoris dicti pauli pro qua presentina dictus paulus de rato promisit etc dedit tradidit cessit et concessit Magnificis dominis Gonfalonerio et Consulibus dicte Ciuitatis et michi Gucacio Cancellario infrascripto recipientibus pro dicto Comuni tabulas septem

1. *Liber Reformationum civitatis Eugubii ab a.* 1453 *ad a.* 1457, p. 132.

2. *Paralipomena in Thomæ Dempsteri libros de Etruria regali.* Lucques, 1767, f°, p. 244. Un fac-similé imparfait se trouve dans les Mémoires de l'Académie de Leyde (III, 136).

3. On a été jusqu'à en contester l'authenticité. *Verslagen en mededeelingen d. kon. Akad. van Wetenschappen.* Leyde, I, p. 237. Cf. II, 102.

4. Une leçon beaucoup plus correcte a été donnée par M. G. Conestabile dans le *Giornale di Erudizione artistica* (Perugia, 1872). Nous devons à l'obligeance de ce savant une photographie de l'acte de vente (voy. la planche XIII de notre atlas) : le texte que nous donnons est la lecture de M. Conestabile amendée en certains endroits par M. Léopold Delisle.

eburneas[1] variis literis scriptas latinis videlicet et ignotis[2] ad habendum tenendum et posidendum etc et quicquid dicto Comuni deinceps placuerit faciendum etc Et hoc fecit dictus paulus nominibus ut supra Quia prefati Magnifici domini et Antonius Guidutij Sindicus et procurator dicti Comunis substitutus a francischo Nicolaj prout de dicto sindicatu principali et substitutione predicta dicitur aparere manu scilicet Jacobi Marci de Urbino olim Cancellarij cum consensu licentia et voluntate prefatorum Magnificorum dominorum vendidit tradidit cessit et concessit consignauit assignauit stabiliuit et firmauit dicto paulo recipienti pro se et vice et nomine dicte presentine Gabellam Muntium et pascuorum Comunis dicte Ciuitatis Eugubij consuetam[3] vendi et eius fructus reditus et prouentus[4] pro biennio proxime futuro inchoando die primo mensis Januarij proxime futuri anni millesimi iiij^c^LVij Et hoc fecit dictus Antonius Sindicus Antedictus pro pretio et nomine pretij dictarum tabularum Qui Antonius Et paulus nominibus ut supra fecerunt hinc inde finitivvm quietationem et pactum perpetuale de ulterius non petendo unus alteri et alter alteri etc renunptiantes etc ad penam dupli etc Jurauerunt etc promiserunt etc obligauerunt etc. »

Si l'on examine ce qui ressort de cet acte de vente, on voit d'abord qu'en ce qui concerne la date les deux témoignages ne se contredisent point : les tables, découvertes, selon Con-

1. Cette épithète est des plus extraordinaires, puisqu'il s'agit de tables en bronze. M. Conestabile a cru lire *eharneas*. Mais la leçon *eburneas* paraît certaine. Elle est répétée dans la note marginale : Emptio certarum tabularum eburnearum facta per commune a Paulo Schavo. Lepsius et Huschke ont supposé que le modèle que le scribe avait sous les yeux portait *aheneas :* mais il s'agit ici d'une minute, et non d'une copie, et la forme *aheneus* n'est point usitée au moyen âge.

2. Passeri avait lu *ægyptiis*, Conestabile *segretis*. La note marginale *lege egiptiis ; potius greciis* ne doit pas être antérieure au dix-huitième siècle.

3. Passeri lit *consentien*, après quoi il commence une phrase nouvelle.

4. Maximi fœnoris erat tunc temporis iste proventus, écrit Passeri. Lepsius (*de Tabulis Eugubinis*, p. 7) s'étonne qu'on ait acheté ces tables *tam insolenti tamque immoderato pretio* dans un temps où les magistrats de Gubbio ne pouvaient soupçonner qu'il y était question des antiquités de leur propre ville. Aufrecht et Kirchhoff disent qu'elles ont été cédées à la ville *gegen einen enorm hohen Preis*. Il semble qu'on n'ait pas bien compris cette partie du texte : il n'est question que de la cession pour deux ans d'un droit d'affouage et de pacage. M. Conestabile a ramené les choses à leur véritable valeur. En comparant à quel prix le même droit est loué en 1451, il arrive à la conclusion que les Tables Eugubines ont été payées 20 florins.

cioli, en 1444, ont fort bien pu n'être vendues à la ville qu'en 1456. Pour ce qui est du nombre, le document que nous venons de citer n'a rien de décisif. Il prouve que la ville a acheté sept tables : mais deux purent fort bien aller dans les mains d'un autre acquéreur, ou encore elles ont pu, dès le moment de la découverte, appartenir à un autre propriétaire. Selon nous, il n'y a là, jusqu'à présent, rien qui contredise le récit de Concioli. Mais il est, au contraire, corroboré par un témoignage beaucoup plus ancien. Le provincial des dominicains Leandro Alberti (1479-1552), dans son ouvrage *Descrizione d'Italia*, publié d'abord en 1550, et plusieurs fois réédité, s'exprime en ces termes. Nous transcrivons le passage en question d'après la traduction latine imprimée à Cologne en 1567[1] : « Antiquum et pervetus oppidum est [Eugubium] ejusque rei plurima cernuntur etiamnum vestigia, sed loco nunc paulum remoto in planitie, ubi prisca urbs fuit. Apparent hic ruinæ templorum veterum ac theatri, muris pereleganti opere factis.... Præterea loci vetustatem tabulæ quædam ex ære, partim Hetruscis, partim Latinis characteribus inscriptæ probant, quæ non pridem inter antiquas urbis ruinas inventæ, nunc in Curia magno cum honore servantur. Mihi cum aliquando Eugubium venissem, Priores urbis summa cum religione septenas ostenderunt, binas adhuc deesse addentes. Erant quædam longitudine circa bipedali, latitudine pedali; nonnullæ minores. Quod ad inscriptiones attinet, equidem diligentissime laboraveram ut exempli copia mihi fieret, quod huic loco insereretur; at cum jam voluntati meæ satisfactum, omniaque diligenter exscripta, post ad me transmissa fuissent, maximam litterarum partem a Latinis differre, nec sensum ullum elici posse animadverti : quamobrem haud putavi conveniens rem tam obsoletam et penitus obscuram operi inserere, diligentia nemini profutura. »

M. G. Conestabile suppose que Concioli n'a fait que développer et enjoliver le passage que nous venons de transcrire. « La favoletta è bell' e composta.... Ma veramente il giureconsulto cantianese non ha altro merito che quello di aver foggiato una bella frangia; la storia cui egli l'appiccò riconosce per suo autore fra Leandro Alberti. » Mais cela nous

1. F. Leandri Alberti Bononiensis Descriptio totius Italiæ. Interprete Guilielmo Kyriandro Hœningeno. Coloniæ, 1567, f°, p. 133.

paraît difficile à admettre, car si Concioli tirait sa science d'Alberti, il reproduirait aussi ses erreurs. Or Alberti, qui est assez vaguement renseigné, dit que les tables ont été trouvées depuis peu (non pridem) ; ce qui est assez inexact, puisqu'il était à Gubbio en 1530. Au contraire, la date de 1444, donnée par Concioli, s'accorde, comme nous l'avons vu, avec l'acte de vente. On en peut conclure que Concioli avait d'autres informations. M. Conestabile demande comment on peut parler en 1530 de deux tables absentes, puisque, d'après le dire de Concioli, elles sont seulement parties pour Venise en 1540. Mais cela se peut fort bien, si les deux tables en question appartenaient déjà à un autre propriétaire. Si Concioli avait puisé son savoir chez Alberti, il aurait placé le voyage à une date plus ancienne. Nous ajouterons que le récit de Concioli est fait avec une précision et une richesse de circonstances accessoires qui ne se trouvent pas d'habitude dans les contes inventés à plaisir. On ne voit pas d'ailleurs quel intérêt il aurait eu à avancer relativement à l'Arsenal de Venise un fait dont il eût été si facile aux contemporains de reconnaître la fausseté. Pour ne rien omettre ici de ce qui se rapporte à ce sujet, nous ajouterons que, dans leur ouvrage d'interprétation[1], Aufrecht et Kirchhoff sont arrivés, non sans vraisemblance, à la conclusion que deux des inscriptions conservées (V *b* et II *a*) sont incomplètes. Comme les Tables Eugubines forment jusqu'à un certain point un ensemble, puisque III et IV, VI et VII se font suite, et puisque I traite le même sujet que VI-VII, ces deux savants ont supposé que les tables perdues contenaient précisément les parties absentes.

1. *Die umbrischen Sprachdenkmäler.* II, p. 362, 379.

ALPHABET ÉTRUSQUE.	ALPHABET LATIN.
𐌀 𐌀	A
𐌁	B
	C
	D
𐌄	E
𐌚	F
	G
𐌈	H
𐌉	I
𐌊 𐌊	
𐌋	L
𐌌 𐌌 Λ	M
𐌍	N
	O
𐌐	P
	Q
𐌓	R
𐌔	S
𐌕 𐌕 ⊙	T
𐌖	V
𐌂 𐌂	
	X
𐌆	
q	
ɗ	
	Ƽ

GRAMMAIRE OMBRIENNE

§ 1. ÉCRITURE.

L'écriture des cinq premières tables est une variété de l'écriture étrusque. Elle se lit de droite à gauche. L'alphabet se compose de dix-huit lettres[1]. Il n'a pas de caractères spéciaux pour marquer l'*o*, ni le *g*, ni le *q*. Les aspirées Φ et X lui manquent également; mais il a le *z*, le *f* et le *v* étrusques. Il possède, en outre, un caractère qui lui est propre, le d, lequel marque le son devenu sifflant d'un *k*, quand il est ou était primitivement suivi d'un *e* ou d'un *i* : nous le transcrivons par *ç*. La lettre ꟼ désigne le *d* : le même caractère, avec l'addition d'une courte antenne ꟼ, se retrouve, pour marquer le *d*, en osque. Il semble qu'il y ait eu dans l'écriture un échange entre le *d* et le *r*, car ce dernier caractère est représenté par Ɑ.

Les cinq premières tables ne sont pas de la même main, et, quoique en général ce soit le même alphabet, il y a pourtant quelques divergences. Ainsi la table II *a* représente deux fois le *s* par M, tandis que le signe ordinaire est Ƨ. La cinquième table représente constamment le *m* par un A. Enfin, sur I et sur IV on trouve une fois ⊙ pour figurer le *t*. Certaines fautes du copiste peuvent faire supposer que le modèle sur lequel a été copiée la première table représentait le *f* par le caractère ↑ resté usité en étrusque et en falisque. Parmi les nombreuses inscriptions étrusques, celle dont l'écriture présente le plus d'analogie avec nos tables est la stèle de Pérouse.

Je passe maintenant aux tables VI, VII, et à la dernière par-

1. Voir la planche ci-contre.

tie de V, qui sont en écriture romaine. Il y a vingt et un caractères : ni le *k* ni le *z* ne se présentent. Mais on trouve le *q* employé à la façon du coppa grec, devant un *u*, dans les mots *pequo*, *peiqu*, *Piquier* et *dequrier*. Il y a en outre, sur les tables en écriture latine, un caractère spécial destiné à représenter le d de l'alphabet national : c'est le Ŝ, c'est-à-dire un S surmonté d'une barre transversale. Lepsius a voulu rattacher directement cette lettre au samech phénicien : mais nous croyons que la barre est un signe diacritique. La preuve que le graveur au moins l'entendait ainsi, c'est qu'après avoir fait son S il a souvent oublié d'ajouter la barre. Il reste à mentionner la manière particulière dont le ꟼ, c'est-à-dire le *d*, est transcrit sur les tables en écriture latine : il est représenté par le groupe RS. Ainsi peḍi est transcrit *persi*, aḍfertur devient *arsfertur*, teḍa devient *dersa*. Nous aurons à reparler de ce fait (§ 22).

§ 2. VOYELLES. — *Manière de marquer les voyelles longues.*

Les voyelles sont les mêmes qu'en latin : *a*, *e*, *i*, *o*, *u*. L'alphabet étrusque, il est vrai, n'a pas de signe spécial pour l'*o*, qu'il représente ordinairement par *u*[1]. Mais il y a toute raison de supposer que le son *o* existait dans la prononciation. Quant aux tables en écriture latine, elles ont les deux lettres O et V, qu'elles ne confondent pas entre elles, et dont elles font un usage conforme à l'étymologie.

L'orthographe des Tables Eugubines, plus parfaite sur ce point que l'orthographe romaine de l'époque classique, s'attache à distinguer les voyelles longues des voyelles brèves. Elle se sert, à cet effet, de trois moyens : ou bien elle redouble la voyelle (aanfehtaf, *eesona*, *feetu*, *ooserclom*), ou bien elle écrit deux fois la voyelle en séparant les deux lettres par un *h* (*stahamu*, *spahamu*, naharkum, *ahavendu*, *sahate*, *ahatripursatu*, *sehemeniar*, *cehefi*, *sehemu*, *sihitu*, *persnihimu*, *anovihimu*, *comohota*), ou bien elle fait simplement suivre la voyelle d'un *h* (*stahmu*, *spahmu*, *sehmenier*, çihçeḍa, *podruhpei*, struhçla). De ces trois moyens le troisième nous paraît postérieur au second, dont il est une abréviation. Il faut ajouter que l'indication de la longue est souvent omise : à côté de

1. Voir ci-dessus, p. 4.

feetu on trouve, par exemple, nombre de fois *fetu*, à côté de *çihitir* on a *çitir*, à côté de *struhçla* on a *struçla*. Voici la liste des mots qui présentent ces variétés d'orthographe : *stahamu*, *stahmu*, stamu; *ahatripursatu*, ahtrepuḍatu, atrepuḍatu; *arsmahamo*, aḍmamu; *caterahamo*, kateramu; *sahatam*, *sahate*, sahta, sate, satam; *trahaf*, *traf*, *trahvorfi;* hahtu, hatu; kumnahkle, kumnakle; mantrahklu, mantraklu; naharkum; *spahatu*, spatu; *spahamu*, *spahmu; ahavendu; sehemeniar*, sehmeniar, *sehmenier*, semenies; *sehemu*, *semu;* amprehtu, *ambretuto; eheturstahamu*, *eturstahmu*, etuḍstamu; *aviehcleir*, *aviecla; cehefi;* kukehes; feḍehtru; rehte; frehtu; aanfehtaf; tehteḍim; *screhto*, *screihtor; feetu; eesona; meerstu; frateer; persnihimu*, persnihmu, *persnimu; persnihimumo*, *persnimumo; anovihimu; çihitir*, *çitir;* amparihmu, amparitu; çihçeḍa; *preplohotatu*, *preplotatu; comohota;* struhçla, struçla; *podruhpei;* uhtur, uhtretie; subuhtu. On peut ajouter ahtu, ahtim, ahtis.

§ 3. L'*a* BREF.

A l'*a* bref ombrien correspondent en latin :

1° l'*a* bref[1]; par exemple dans : aḍ ad, ahesnes ahenis, Akeḍunia Aquilonia, *abrons* apros, *akru* agro, *anglom* angulum, *amb* amb, arçlataf arculatas, alfu albos, kapiḍe capide, habetu habeto, *mani* manu, salu salem, taçez tacitus, *vasetom* vacatum, karu caro, tafle tabulæ, *scapla* scapulam, katles catuli, kaprum caprum, *patre* patri. Voyez en outre la première déclinaison et les noms neutres de la seconde.

2° L'*e* ou l'*i* : an- in (devant les verbes); an- in (privatif); anter inter; *ocar*, nominatif correspondant aux formes latines comme acer, saluber, dans lesquels l'*e* est une voyelle de liaison; tuplak duplex. Comparez en outre spantim, spantea, *spahmu*, spafu, qui viennent d'une racine *spend*, correspondant au grec σπένδω. Le substantif mantrahklum, que nous expliquons par « mantele » (p. 117), renferme peut-être le verbe *tergere*. Dans les exemples qu'on vient de voir

1. Par une confusion fâcheuse, on se sert du même terme pour désigner la voyelle *longue* par nature, et la voyelle (il serait plus juste de dire la syllabe) *longue* par position. Dans notre phonétique, *long* et *bref* doivent seulement s'entendre des voyelles longues ou brèves par nature. Ainsi, dans *amb*, l'*a* est bref par nature, quoique suivi de deux consonnes.

on remarquera que l'*a* est toujours accompagné d'un *n*, *r* ou *l*.

3° L'*o* : kumaltu commolito; kumates commolitis.

Sur une particularité des tables III et IV, voy. p. 290.

§ 4. L'*a* LONG.

A l'*a* long correspondent en latin:

1° L'*ā*, par exemple dans le nom propre Naharkum, qui correspond à l'adjectif latin Naricus, nom d'une population riveraine du fleuve Nar; dans le suffixe *ahclum* (kumnahkle), qui correspond au latin ăculum. Il est probable que nous avons aussi un *a* long dans asa ara, *adres* atris, *paśe* pace, *subra* supra, *frateer* fratres; dans les suffixes *alis* et *aris* (*tefralis*, *verfale*, *staflaris*); dans le suffixe *at* formant des noms ethniques (Atiieḍiate, Kureiate); dans le suffixe *atus* (aḍputrati). Mais dans ces mots l'orthographe de nos tables a négligé d'indiquer expressément la voyelle longue. Voy. aussi les noms de la 1re déclinaison et les verbes de la 1re conjugaison faible.

2° *au* : *ahtu* autem; *fato* suppose un participe *fautus*, de *favere*.

3° *ē*. Dans la préposition-préfixe *da* = latin de (cf. *dat* en osque); dans le suffixe *aius* (pernaies, pustnaies, peḍaia), qui correspond au latin *ēius*[1]. Rapprochez aussi *fahem*, que j'explique par le latin fæcem.

§ 5. L'*e* BREF.

A l'*e* ombrien correspondent en latin : 1° *e*, par exemple dans *est* est; *tenitu* teneto; *pequo* (pecudes); *deśen* decem; benes venies; *tremitu* (tremefacito); prusekatu secato; *seritu* (servato); *covertu* convertito; fertu ferto; *anter* inter; ampentu impendito; ententu intendito; *anferener* (pour *anferender*), cf. les participes latins tels que ferendus; *termnu* termino; *sersitu* sedeto; *tertiu* tertium; *destru* dextro; *vestra* vestras; iveka juvencas. On trouve en outre l'*e* dans la syllabe réduplicative des verbes forts, comme pepurkurent (cf. en ancien latin memordi, pepugi). Au vocatif des thèmes en *ŏ* : *Tefre*, *Fisovie*, *Sanśie*. Dans le suffixe *men*

1. Voy. p. 9.

(umen, *nomen*). Cf. la déclinaison des thèmes en *i* (accusatif uvem = latin *ovem*).

2° *i*. Exemples : *en* in; eḍ-ek id; er-ek is; peḍ quid; *trefo* tribum; etraf (iterum); *steplatu* stipulator; Kaselate (cf. Casĭlinum); kaleḍuf (cf. calidus); urfetam orbitam. Dans la première syllabe de *mehe* (mihi), *tefe* (tibi). Dans le suffixe *fele* (*purtifele*) = bilis. Cf. la déclinaison des thèmes en *i*, où l'on a des neutres pluriels en eu (sakreu perakneu) correspondant aux neutres latins en *ia*.

En ombrien, *e* alterne avec *i* dans *dersa dirsa;* teḍust *dirsust;* sestu sistu; piḍe peḍe; aḍiper aḍeper; *trifo* trefi; *ahtripursatu* ahtrepuḍatu; *ṣtiplatu* steplatu; *conegos* kunikaz; vistiça vestiça. A côté de en = latin *in*, l'ombrien a aussi i(n), dans iseçetes (insiciæ), iuku (cf. invocatio).

3° *a*. Ex. : *nerf* Lares (?); *petur* quatuor; vescles vasculis.

4° *o* ou *u* : sevum (latin sollum pour solvum); *persclum* (poscere), *peperscust* (poposcerit); *pelmner* (pulmentum); sumel (simul); *sent* sunt. Sur vepurus, vepuratu, Puemune, voy. p. 240, 298.

L'*e* est une insertion euphonique dans : tiçel, katel, *pacer*, *ager*, *frater*. Cet *e* peut être allongé par compensation pour la chute d'une consonne; c'est ce qui a lieu au nominatif pluriel *frateer* (pour *fratrs*, *fraters*).

§ 6. L'*e* long.

A l'*e* long ombrien correspondent en latin :

1° *e* long. Ex. : *ehe*, qui est la préposition latine *e; ec* dans *ecla*, *e*(*c*)*tantu* (en latin *ec-ce*, *ec-illum*); *plener* plenis; *mefa* mensa; prufe probe; rehte recte. Cf. les noms de la 5ᵉ déclinaison.

2° *ī* et *ei*. Voy. le § 9.

3° *æ*. Ex. kvestur quæstor; *pre* præ. Cf. la déclinaison des thèmes en *a* : par ex. au datif *tote Ijovine*.

§ 7. L'*i* bref.

A l'*i* bref ombrien correspondent en latin :

1° *i*. Ex. : ife ibi; it-ek id; *Iapuscom* (Iapydes); aḍipes adipibus; kapiḍe capide; trifu tribum; pis quis; piḍ quid;

vitla vitula; fikla (fingere); *stiplo* stipulor; tripler triplis; anstintu (instinguere); *sistu* sisto; tiçlu (dicare). Cf. la déclinaison des thèmes en *i*.

2° *e*, dans prusikurent comparé à *insece* (p. 248); tiçit decet; *poniçiater* puniceatis.

L'*i* représente probablement un jod dans Jupater = latin *Jupiter*. Cf. § 36.

§ 8. L'*i* long.

A l'*i* long ombrien correspondent en latin un *i* long, par ex. dans Ikuvinus Iguvini; *filiu* filios; vinu vinum; fise (confisus); *çihitir* (accitis); *cabriner* caprini; *vestis* vestitus; sir (sis); sins sint. Cf. la déclinaison des thèmes en *iŏ* et en *i*.

§ 9. *Ei*, *ē* et *ī*.

L'orthographe ombrienne, comme l'orthographe latine, présente dans les mêmes mots, tantôt *ei*, tantôt *e*, tantôt *i*. Il est probable qu'il s'agit d'un son flottant entre l'*e* long et l'*i* long. Exemples : *teiom tiom; peihaner pihaner pehaner; ijoveine ijovine; veiro viro; apei ape api; poei poe poi; persei perse persi; porsei porse porsi; pusei puse pusi; podruhpei panupei putrespe pumpe; aveis avis; peracrei peracri; pihafei pihafi; aviecleir avieclir; tefrei tefri tefre; heriei herie; hereitu heritu eretu; stahmeitei stahmitei; eine* ene inu; *vesteis vestis; screihtor screhto; neip nep; hertei(r) herter; esmei(k)* esmik; *Dei Di*. Il faut remarquer que l'orthographe *ei* appartient presque uniquement aux tables en écriture latine[1]. Mais sur les tables en écriture étrusque on voit alterner dans les mêmes mots *e* et *i*. Exemples : enumek inumek; esuk esumek isek isunt; Çerfe Çerfi; avif avef; krikatrum krenkatrum. Cf. d'autres exemples dans la déclinaison des thèmes en *o* et en *i*, ainsi que des thèmes à consonnes.

On ne sera pas étonné dès lors qu'à ces voyelles correspondent en latin :

1° un *ī* long. Exemples : estu istum; *etu* ito; *screhto* scriptum; preve privus; feliuf filios; *mehe* mihī; *tefe* tibī.

1. Les seules exceptions sont : eikvasatis, eikvasese, Kureiate, Peiedīate, qui sont des noms propres, eitipes, où l'*e* représente peut-être un préfixe, et eveietu, dans lequel l'*i* semble avoir la valeur d'un jod.

2° un *e* long ; *habitu* habetu ; *tursitu* torreto.

Notez encore l'incertitude de l'orthographe dans via et vea, Kaselati et *Casilate*, feliuf et *filiu*.

Il ne faut pas confondre avec la diphthongue *ei* le groupe *eï* en deux syllabes, que nous avons, par exemple, dans *feïtu*, *adveïtu*, *peïu*, et qui a une origine à part. Voy. § 36. On doit également prononcer en deux syllabes *e- iscurent*, où l'*e* représente probablement le préfixe.

§ 10. L'*o* BREF.

L'alphabet étrusque n'ayant pas de signe spécial pour l'*o*, il va de soi, quand cette lettre est figurée dans un mot, que le mot appartient aux inscriptions en écriture latine. Cependant l'on doit présumer qu'une partie des *u* sur les tables en écriture étrusque représentent des *o* (cf. § 1). A l'*o* bref ombrien correspondent en latin :

1° *o* bref. Ex. : *ovif* oves ; *ostendu* ostendito ; *ocar* ocris ; *pople* populo ; *portaia* portet ; *porcaf* porcas ; *subocau* subvocavi.

2° *a*. L'ombrien, aux formes latines comme *templa*, *utilia*, oppose des formes où la désinence est obscurcie en *o*. Exemples : *proseśeto* prosecta, *adro* atra, *trio* tria (dans *trioper*), *arvio*. Il semble que les tables en écriture étrusque aient été embarrassées pour marquer ce son, qu'elles représentent tantôt par *a*, tantôt par *u* : arvia arviu, veskla vesklu, snata snatu, asnata asnatu.

De même, le nominatif singulier de la première déclinaison est représenté tantôt par *a*, tantôt par *u* : à côté de panta muta « quanta multa » on trouve quatre lignes plus bas etantu mutu « tanta multa » (V *b* 2. 6).

3° *u*, surtout devant une nasale. Ex. : *mota* multa ; *gomia* gumias ; *poplom* populum ; *fratrom* fratrum [1] ; *com* cum. Il y faut joindre *onse*, qui suppose une forme latine *umsus*, devenue par euphonie *umesus umerus*. Peu importe d'ailleurs que la nasale soit omise dans l'écriture : on a, par exemple, *salvo* salvum, *to* tum. L'influence de *m* sur la voyelle précédente va si loin, que dans des mots où l'*u* est organique, il se change en *o* ; ainsi au supin : *aseriato etu* (observatum ito) ; *somo* (= latin summum). Au sujet des infinitifs en *om*, tels que

1. Mais on a avec un *u* le génitif pluriel *pracatarum*.

erom, *aferom*, *aterom*, on peut se demander s'ils appartiennent à la 2e ou à la 4e déclinaison.

L'*o* est encore représenté en latin par un *u* dans le suffixe *ovius* (*Fisovius*) = latin *uvius* (Vitruvius).

4° *e* ou *i* : *covortust* converterit; *homonus* hominibus.

A l'accusatif singulier des thèmes à consonne : *arsferturo* = adfertorem. Mais cette correspondance est seulement apparente. L'*o* ombrien répond à l'α grec de πόδα, Ἕλληνα, tandis que la désinence latine *em* est empruntée à la déclinaison des thèmes en *i*.

L'*ŏ* en ombrien alterne avec *ă* dans : *comoltu* kumaltu commolito; *Prestote* Prestate; *Tesenocir* Tesenakes. L'*o* alterne avec *e* dans *covertu covortus*, dans *Tesenocir Tesonocir*.

§ 11. L'*o* long.

A l'*o* long répondent en latin :

1° ō. Ex. : *nome* nomen; *proseśeter* prosectis; *comohota* commota; *Acersonia* Aquilonia; *abrof* apros. Il est remarquable que les mêmes tables qui, à l'accusatif pluriel, écrivent *abrof*, *verof*, ont d'autres fois *u*, *uf* : *aviehcluf*, *vitlu*, *toru*, *filiu*, *peiu*, *rofu*, *calersu*. Je crois que cette orthographe est due au modèle en écriture étrusque. Aux exemples qui précèdent joignez la première personne en *o* : *suboco*, *stiplo*.

2° *a* long. Aux participes latins en *atus* correspondent des nominatifs en *os* : *pihos*, *conegòs*. Les tables en écriture étrusque mettent pihaz, kunikaz. Aux nominatifs comme *Urbinas* correspondent des nominatifs en *os* : *Casilos*. Par exception, on trouve (VI *b*, 5, VII *a* 8) un *o* à l'ablatif singulier de la première déclinaison : *sopo postro*. Peut-être l'*u* de *mani nertru* (p. 151) et l'*u* final de supru (IV 3) sont-ils dus à un obscurcissement analogue.

3° *au*[1]. Exemples : *ote* aut; *frosetom* (fraudare); toru tauros; *fons* (favere, Faunus); *ose* suppose un participe auxus, *osatu* un fréquentatif auxato. Il faut joindre uhtur auctor, uhtretie (auctoritas), dans lesquels *u* doit représenter un *o*, comme on le voit par l'inscription citée p. 232.

L'ombrien *a-u* (cf. *subocau*) s'est contracté en *o* dans *vesticos*

1. Festus, édition Müller, p. 238. [*Plotos* appellant] Umbri pedibus planis [natos. Hinc soleas dimidiatas, qui]bus utuntur in venando, [quo planius pedem ponant, vo]cant semiplotia. Et [.... unde et Macci]us poeta, quia Umber Sarsinas erat, a pedum planitie initio Plotus, postea Plautus cœptus est dici.

(VI *b* 25) pour *vesticaus*. Peut-être *portust* (VII *b* 3) est-il une faute du graveur pour *portost*.

4° *ū* long. Exemples : *rofa* rufas ; *toco* tuccetum ; *vocu* luco (?) ; *ponišiater* puniceatis. Il est probable que l'*u*, dans les mots latins, vient de la diphthongue *ou*.

§ 12. L'*u* bref.

Pour la raison indiquée § 10, nous emprunterons de préférence nos exemples aux inscriptions en écriture latine. A l'*u* bref ombrien, correspondent en latin :

1° *u*. Ex. *sub* sub ; *subra* supra ; *dupler* duplis ; *putrespe* utriusque ; *fuiest* fuerit ; *tua* tua. Dans les désinences passives : emantur, *tursiandu*.

2° *o*. Ex. *Juve* Jovi ; *curnaco* cornicem ; *tursiandu* torreantur.

3° *a* : vufru vafrum.

4° *e*. Ex. *dupursus* bipedibus ; *peturpursus* quadrupedibus ; pepurkurent precati sunt.

5° *i* dans aḍputrati arbitratu.

6° *y* dans *Iapuscum* Iapydiscum.

L'ombrien fait alterner *e* et *u* dans le thème *ped* « pied ». On a, par exemple, l'ablatif *persi* « pede », mais *dupursus* « bipedibus », *peturpursus* « quadrupedibus », *atripursatu*, verbe dérivé d'un substantif signifiant trépied.

§ 13. *u* long.

A l'*u* long correspondent en latin :

1° *u* long. Ex. kuratu curatum ; Jupater Jupiter ; muneklu munia.

2° *o* long. A l'ablatif singulier des thèmes de la seconde déclinaison : *termnu* termino ; *podruhpei* utroque ; *panupei* quandoque. Comparez ci-dessus, page 13. A l'impératif : *pihatu* piato, prusekatu prosecato, fertu ferto. Dans le suffixe *tur* = latin tor. Ex. *arsferturo* adfertorem ; kvestur quæstor. Il y a encore un certain nombre de mots qui se trouvent seulement en écriture étrusque, et dans lesquels l'*u* est probablement long et serait représenté par ō en écriture latine : aḍmune, Petrunia, Vesune, Puemune.

On voit les tables en écriture latine hésiter entre *u* et *o*. Ainsi au nominatif pluriel de la 2ᵉ déclinaison, VI *a* emploie d'abord la désinence *or* : *arsmor*, *totcor*, *tuderor*, *dersecor*, *subator*, *screihtor* ; plus tard, le graveur met toujours *ur*, *prinvatur*, *taśetur*, *Jovinur*. A l'accusatif pluriel, on a *abrof* VII *a* 3, *sorso* VI *b* 38, mais *vitlu toru* VI *b* 43, *filiu* VI *b* 3, *rofu*, *peiu* VII *a* 3.

Sur l'*u* de *nertru*, qui est peut-être pour *a* long, voy. § 11. Il faudrait alors corriger ce que nous avons dit p. 151 sur le genre de *manus* en ombrien. Cf. supru (IV 3) qui est peut-être pour supra.

§ 14. ÉLISIONS ET CONTRACTIONS DE VOYELLES. — DÉVELOPPEMENT DE L'*i* EN *ij*, DE L'*u* EN *uv*, *ov*.

L'*i* suivi d'une voyelle a été élidé dans vestiça (à côté de vestiçia) ; puniçate à côté de *poniśiater* ; façu à côté de façiu ; *combifianśust* à côté de *combifianśiust* ; purtinçust à côté de *purdinśiust* ; skalçe à côté de *scalśie* (p. 120) ; Rupina, spina à côté de Rupinia, spinia ; *Horse* à côté de Huḍie. Il en est probablement de même de l'*e* dans prinvatus, pour prinveatus. Ce mot nous offre également l'exemple d'une contraction, étant pour pre + inveatus.

Ui se contracte en *i*. On a, par exemple, *sim* pour *suim*, *sif* pour *suif* ; *purditom* pour *purduitom* ; purtiius pour purtuiius ; *fito* pour *fuitom* ; *frif* pour *fruif*. De même à l'ablatif des thèmes en *u* : mani, trefi, aḍputrati sont pour manui, trefui, aḍputratui.

La voyelle longue écrite *ei*, *e*, *i* (voyez plus haut, § 9) est une contraction pour *ie* au datif singulier des thèmes en *iŏ*. Ex. *Fisei*, *Fisi* à côté de *Fisie* ; *Grabovei*, *Grabovi* à côté de *Grabovie* ; Saçe à côté de *Sanśie* ; Marti à côté de Martie ; *Iovi* à côté de Iovie ; Çerfi à côté de Çerfie.

Io se contracte en *i* au nominatif et à l'accusatif singulier des thèmes de la 2ᵉ déclinaison : *Atiersir*, *dutim*, *tertim*, *Fisovim*, *Sanśi*(*m*), aḍkani(m).

Uo se contracte en *u* dans *petur* quatuor.

Les suffixes se présentent ordinairement sous leur forme la plus courte. Nous voyons se contracter :

tero en *tro* : etraf, mestru, putres, *destru*, *nertru*, *postra*, *pretra* ;

colo en *clo* : *pihaclu*, *mantraclo*, sufeḍaklu, kumnakle, naraklum, muneklu, ehvelklu. *vesclir*, *persclu* ;

men en *mn : nomner* (pour *nomener*), umne (pour umene), kumne (pour *kulmene*), *pelmner* (pour *pelmener*);
meno en *mno : termnu* (latin termino).

De même on a : *poplom*, latin populum; *fondlir*, latin fontuli(?); katles, l. catuli; *vitlaf*, l. vitulas; *anglom*, l. angulom; seples, l. simpulis; *Treblanir*, l. Trebulanis; cf. *stiplo*, l. stipulor.

Une voyelle a été également supprimée :

A l'impératif des verbes de la 3ᵉ conjugaison : *comoltu*, *covertu*, *revestu*, *ampentu* pour *comoletu*, *covertetu*, *revesetu*, *ampen(d)etu*.

Au nominatif singulier des participes de la 1ʳᵉ et de la 2ᵉ conjugaison : *pehos*, pihaz pour *pehatus*, *vestis* pour *vestitus*.

Au nominatif singulier des thèmes en *atis*, désignant l'origine ou l'extraction. Ex. *Casilos* (pour Casilatis).

L'*i* suivi d'une voyelle se dédouble parfois en *ij* (écrit ii). Exemples : triia, triiuper, Atiiedies, heriiei, et les mots formés à l'aide du suffixe *io* comme Klaverniie, Kastruçiie, Kluviier, Vuçiia, Vehiies. Joignez-y *iiovie* (VI *b* 35) pour *iovie*, à moins qu'il n'y ait faute du graveur.

L'*u*, quand il est suivi d'une autre voyelle, se développe parfois en *uv*, *ov*, c'est-à-dire qu'il prend le son d'un w anglais. Des traces de ce phénomène se trouvent aussi en latin, où on lit sur des inscriptions INGENVVAE (I. N. 3543), SVVO (C. I. L. I. 1242), SOVEIS (*Ib.* 198), etc.[1] Comme l'écriture latine n'a pas de signe spécial pour le *v*, nous avons sur les tables VI-VII l'orthographe VV, OV; les tables en écriture étrusque, qui possèdent un *v*, mettent *uv*. Ex. SALVVOM (VI *a* 41), SALVVA (VI *a* 42), AVVEI (VI *a* 3), TVVA (VI *a* 42), TOVER (VI *b* 30 deux fois), PVRDOVITV; aruvia, prinuvatus, mersuva, manuve. L'*u* va jusqu'à absorber la voyelle suivante au parfait *subocauv*, *subocau*, ainsi que dans *sopir* (pour *sve-pir*).

Il semble que le *v* ou l'*u* ait quelquefois à lui seul la valeur du groupe *uv*. Ainsi Eikvasatis, Eikvasese, Traekvine sont des noms propres qui renferment tous trois le nom d'Iguvium, et qu'il faut sans doute prononcer Eikuvasatis, Eikuvasese, Traekuvine. De même, *Piquier* est pour *Piquvier*, et nous avons traduit tekvias comme étant pour tekuvias (p. 262). Il y faut peut-être joindre iveka pour iuveka (latin juvenca).

1. Schuchardt. *Vulgärlatein.* II, p. 521.

CONSONNES.

§ 15. K ou C.

La gutturale forte est écrite K sur les tables en écriture étrusque, C sur les autres. A cette lettre correspondent en latin :

1° c. Ex. *kabru* caprum, kuratu curatum, prusekatu prosecato, fakust fecerit, *peperscust* poposcerit, *scapla* scapula, *peico* picum, *curnaco* cornicem, *com* cum. L'enclitique *ek* ou *k*, qu'on trouve à la fin de enumek, esumek, *esoc*, enuk, etc., correspond au *c* de *hic*, *hæc*, *hoc*, *tun-c*, *nun-c*. En ombrien, ce *k* final est souvent omis par l'écriture : on a, par exemple, dans des passages identiques, enuk et enu, eḍek et *erse*, esmik et *esmei*, esuk et esu, esumek et *esome*, etc.

2° *qu*. Akeḍunia Aquilonia; kukehes coinquies.

3° *g*. Ex. *peracrei* (composé de *ager*), ainsi écrit douze fois. On se serait attendu à une forme *peragrei*. Peut-être le modèle étrusque a-t-il influé sur le graveur. On a de même *ancla* à côté de *angla*.

On va voir (§ 16) que le k prend le son d'une sifflante devant *e* ou *i*. Il y a toutefois un certain nombre d'exemples où le k se maintient devant ces voyelles : Tesenakes, *Tesenocir; todceir;* vuke; *fratreci*[1]; *Jabusce; Naharce; Tursce*. Peut-être le maintien du *k* s'explique-t-il par la circonstance que dans ces mots l'*e* ou l'*i* ou l'*ei* tient la place d'une ancienne diphthongue *oi*. Citons encore ici kebu et *cehefi*.

Nous voyons le *k* alterner avec ç dans Pupḍikes, Pupḍiçes. Une place à part doit être donnée à *pacer*, où l'*e* est une insertion euphonique (§ 14).

§ 16. Ç, *ś*.

Devant un *e* ou *i*, le *k* prend un son sifflant qui est représenté sur les tables en écriture étrusque par ḍ, sur les tables en écriture latine par Ś. Ex. çersnatur cenati; *śesna* cena; *śihitir* cĭtis; çimu du thème pronominal qui a donné citra en latin; façia faciat; pruseçetes prosectis; *deśen* decem; *cur-*

1. *Fratreci* peut venir d'un substantif de la 2ᵉ déclinaison (fratricus) aussi bien que d'un nom de la 3ᵉ (fratrex).

naše cornice (à côté de *curnaco* cornicem); tiçit decet; Kastruçiie Castrucii.

On trouve quelquefois cette lettre devant un *a* ou un *u* : vestiça, puniçate, purtinçust, *combifianšust*. Mais alors un *i* a été élidé (pour vestiçia, puniçiate, purtinçiust, *combifianšiust*). V. § 14.

On rencontre également cette lettre devant un *l*. Ex. Arçlataf arculatas; *strušla* struecula. Mais alors une voyelle brève a été supprimée (pour arçelataf, struçela). Sont formés de même tiçlu, *dišler* (du verbe dicare) et *previšlatu* d'un substantif *višla* venant de vincere. Sont d'origine inconnue ereçlu et kurçlasiu.

§ 17. Q.

Cette lettre, qui se trouve seulement sur les tables en écriture latine, est employée à la façon du coppa grec pour marquer le *k* devant un *u*. Ex. *dequrier*, *pequo*, *peiqu*[1], *Piquier*. Les tables en écriture étrusque mettent tekuries.

§ 18. G.

Cette lettre se trouve seulement sur les tables en écriture latine. Elle correspond au *g* latin. Ex. *gomia* gumias; *anglom* angulum; *agre* agri.

Après un *n*, le *c* s'affaiblit en *g* : *ivenga* juvenca. On peut comparer en latin *quadringenti*. Il faut peut-être ranger ici *cringatro* et *anglaf*.

Les tables en écriture étrusque écrivent kumiaf, iveka, krenkatrum.

§ 19. H.

Il a été déjà question, § 2, de l'*h* servant à marquer les voyelles longues : dans ce cas il est seulement un signe orthographique. Mais il peut aussi être une lettre ayant sa valeur propre. Ex. habetu habeto; homonus hominibus; *heriest* (futur d'un verbe *her* qui se retrouve en latin dans herus, Herie); *hostatu* du même thème qui est dans le latin

1. A côté de l'accusatif *peico*

hostilius; le thème pronominal *hon*, avec ses dérivés *hondra hondomu*, hunt, huntak, huntia, qui est probablement parent du latin *hic hæc hoc*. Sont d'origine inconnue hapinaf, *hebetaf*, *hondu*, *holtu*.

La prononciation de cette lettre devait être assez faible, car elle est souvent omise. On trouve l'un à côté de l'autre : *heritu*, eretu; *hebetafe*, ebetrafe; *anhostatu*, *anhostatir*, *anostatu*, *anostatir*; erahont, *erihont*, *eront*, *euront*, erarunt.

D'autres fois *h* semble uniquement destiné à séparer deux voyelles. Ex. ahesnes aeneis; pehatu piato; *stahitu*, *stahituto*, staheren du verbe *staio*.

Il est peut-être organique dans *mehe* (cf. *tefe*) et dans Vehiies.

§ 20. X.

Cette lettre, suivie d'un *s* (v. p. 228), se trouve une fois sur la table VII *b* : *fratrexs*. La t. V a fratreks. Le mot latin *dexter* est toujours écrit par un s : testru, *destram*.

§ 21. T.

Sur les tables en écriture étrusque, on trouve souvent le *t* là où l'étymologie exigerait un *d*. Cela tient à une circonstance particulière dont il sera question § 22. Nous emprunterons donc de préférence nos exemples aux tables VI et VII.

Au *t* ombrien correspond *t* en latin : Ex. *tefe* tibi; *tua* tua; *toru* tauros; *trifo* tribum; *Jupater* Jupiter; *vitla* vitulas; *destram* dextram; *benurent* venerint; *et* et; *post* post; *pihatu* piato.

Un *t* final est souvent négligé dans l'écriture : pus(t), *pos*(*t*); heries(t); purtuvies(t); anpenes(t); amprefus(t); benus(t); *fus*(*t*); *cvortus*(*t*); staheren(t); habia(t); fuia(t); feia(t); teḍa(t), *dirsa*(*t*); *aseriaia*(*t*); *portaia*(*t*); habe(t). A la 3ᵉ pers. plur. du parfait on a *benuso*, *covortuso* pour *benus-sont*, *covortus-sont*. De même eruhu pour eru-hunt.

§ 22. Le ḍ ou *rs*.

Entre deux voyelles ou à la fin d'un mot, le ꟼ ou *d* a pris un son sifflant analogue au son du δ en grec moderne. Ce son est représenté par *rs* sur les tables en écriture latine. Ainsi l'ablatif latin *pede* est écrit peḍi sur la table I et *persi* sur la table VII. Le nom d'*adfertor* s'écrit aḍfertur sur II *a* et *arsfertur* sur VI. Quand on rencontre le groupe *rs* sur les tables en écriture latine, il y a donc toujours lieu de se demander si c'est *r*+*s* (comme par exemple dans *tursitu* torreto) ou si c'est un ancien ḍ. Quant à la raison de cette transcription, deux explications sont possibles. Ou bien l'on a cru véritablement entendre une vibration de la langue avant la sifflante, en sorte que le groupe RS serait destiné à figurer la prononciation; ou bien, ceux qui ont transporté en écriture latine les anciennes inscriptions en caractères nationaux ont-ils pris le ꟼ pour un *r* : mais comme la langue parlée lui donnait la valeur d'une sifflante, comme le *r* était d'ailleurs représenté déjà par la lettre Ɑ, ils écrivirent RS. Pour rappeler que le *d* des anciennes tables a perdu le son pur de la dentale douce, nous le transcrivons par un ḍ pointé.

Voici les mots où se rencontre cette lettre. Nous joignons la transcription en caractères latins toutes les fois qu'elle se trouve sur nos tables, et nous mettons à côté l'étymologie quand elle est connue.

Aḍfertur *arsfertur* adfertor; aḍveitu *arsveitu* advehito; aḍputrati arbitratu; aḍ ad; peḍi *persi* pede; ahtrepuḍatu *atripursatu* (d'un mot tripos, tripodis?); le verbe redoublé did ou ded « donner » a donné naissance aux formes teḍa *dersa*, teḍust dirsust, ateḍafust *andersafust;* les pronoms neutres íd, pid (latin quid), pud (latin quod) se trouvent en composition avec les enclitiques ek, ei dans eḍ-ek, peḍ-e, piḍ-i, puḍ-e. Les tables VI-VII transcrivent *erse*, *persei*, *perse*, *persi*, *porsi*. L'ablatif singulier kapiḍe, transcrit *capirse* sur VI, correspond au latin *capide*. L'ablatif pluriel aḍepes est parent du latin *adipibus*. Le nom propre Atiieḍius est transcrit *Atiersiur* et Taḍinate est transcrit *Tarsinate* : les formes latines sont *Attidii* et *Tadinates*. L'adjectif kaleḍuf, que VI transcrit *calersu*, correspond à *calidus*. Meḍs est probablement parent de *modus*.

Sont d'origine inconnue : ampeḍia, feḍehtru, Huḍie (transcrit *Horse*), peḍum (transcrit *persom*), peḍaia (transcrit *persaea*), neiḍhabas, pruzuḍe, Pumpeḍias, zeḍef (transcrit *serse*), suḍum (transcrit *sorsom*), vapeḍe (transcrit *vapersus*), tehteḍim.

Dans les mots suivants ḍ est devant une consonne. Mais il

le faut supposer suivi d'un scheva : aḍmune, teḍte, teḍtu (transcrit *dirstu*), etuḍstamu (transcrit *eturstahmu*), nuḍpener. Il est précédé d'une consonne dans tribḍiçu et pupḍiçe.

Dans les mots suivants, ḍ est représenté en latin par un *l* : Akeḍunia Aquilonia, fameḍias familiæ, kaḍetu calato, uḍetu oleto (?). Le nom de ville moderne est L'Acedogna. Les tables en écriture latine transcrivent *Acersonia*, *carsitu*. Un certain nombre de mots qui se trouvent seulement sur les tables en écriture latine ont un RS, lequel peut faire soupçonner avec plus ou moins de certitude un ancien ḍ. Ce sont : *dupursus* « bipedibus », *peturpursus* « quadrupedibus », *virseto* « visum », *avirseto* « invisum », *nersa* « ne....dam », *sersitu* « sedeto », *mersei* (cf. meḍs), *arsmor*, *arsmatia* (cf. aḍmune), *dersicurent* (forme redoublée du verbe dic).

Sont d'origine inconnue : *arsie*, *arsir*, *dersecor*, *carsom*, *mersta*, *smursim*, *vasirslom*.

Il faut encore remarquer, au sujet de cette transcription par *rs*, que le *r* est quelquefois omis : ainsi l'on trouve *Acesonia* à côté de *Acersonia*, *atripusatu* à côté d'*atripursatu*. D'autre part le préfixe aḍ est quelquefois transcrit *ar* : *arfertur*, *arveitu*. Je crois qu'alors le r représente un changement de prononciation, comme quand en latin *advena*, *advolare* est devenu *arvena*, *arvolare*.

Ajoutons enfin que le ḍ, quand il est final, peut tomber ou être omis dans l'écriture; ainsi l'on trouve *a* au lieu de aḍ : ex. asama (ad aram), tertiama spantim (ad tertiam libationem).

Cela prouve que ce son était assez faible; une autre preuve, c'est que les thèmes finissant par un ḍ ou *rs*, s'en dépouillent devant le f de l'accusatif pluriel : ainsi kapiḍ *capirs* fait à l'accusatif pluriel kapif, et vapeḍ *vapers* fait *vapef*.

§ 23. D.

Le d a conservé sa valeur de muette dentale douce quand il est initial. Les tables en écriture latine ont alors un D; quant aux tables en écriture étrusque, elles mettent un T. Ex. *duf* duo; *deśenduf* decem duo; *dequria* decuria; *duples* duplis; *destram* dextram; *deitu* dicito; *da* (osque *dat*) de; *dirs-* (forme redoublée du verbe « donner », cf. δίδωμι); *diçlom* de la racine qui se trouve dans *dicare*.

Sont d'origine inconnue : *dersecor*, *dersva*, *difue*, *deveia*. Les tables I-V mettent : tuf, tupler, tekuria, testru, teitu, tiḍ-, tiçlu, tesva. C'est probablement un d que représente aussi le *t* initial de tiçit decet.

Un ancien *t* s'est affaibli en *d* dans *adrer* atris, *podruhpei* utroque, *ander* inter, *andendu* intendito, *ostendu* ostendito, *prevendu* prævenito, *tursiandu* torreantur. On y peut joindre *hondra*, *hondomu*, *Honde*, *fondlir*, *mandraclo*, *persondro*, *randem*, *hondu*. Dans tous ces mots l'ancien *t* est suivi d'un *r* ou précédé d'un *n*. L'action d'un *n* sur le *t* ne se vérifie pourtant point toujours : ainsi le t s'est conservé quand il est final (*sent*, *dersicurent*, *-hont*).

On trouve un *d* médial dans quatre mots : *tesedi*, *Coredier*, *tuder*, *Padellar;* en écriture étrusque, tenzitim, Kureties. On doit supposer que le *d* est l'affaiblissement d'un ancien t, affaiblissement dû à la position entre deux voyelles ou à la présence d'un *n* non marqué dans l'écriture. Il faut ranger encore ici l'adjectif *todcom*, *todceir* (on trouve une fois *totcor*). La forme complète serait sans doute *todecom*, *todeceir*.

§ 24. *N*.

A *n* correspondent en latin :

1° n. Ex. *naratu* narrato, *neip* neque, *nome* nomen, *numer* nummis, *mani* manu, benurent venerint, karnus (carnibus), *homonus* (hominibus), *en* in.

2° m. Ex. *onse* umerus (pour *umesus*, *umsus*) ; *desenduf* decem duo ; le préfixe *an* dans *an-ferener* correspond à *am*, plus anciennement *amb*. Sans sortir de l'ombrien, on trouve anpenes à côté de ampentu, venpersuntra à côté de vempesuntres.

3° l (?). Sur *nerf* = Lares, voir page 92 ; naraklum = lararium, voir page 275. Le changement inverse se trouve dans *entelus*, *ampelus* (§ 31).

N pour *nd*. — De même que chez Plaute *dispendite*, *distendite* deviennent *dispennite*, *distennite*, de même le groupe ombrien *nd* s'assimile en *nn*. Mais d'ordinaire l'orthographe se contente d'un seul n. *Ponne* (VI *b* 43. VII *b* 2) répond au latin *cunde* dans ali-cunde ; le plus souvent on écrit *pone*, *pune*. *Pane* quamde ; *panupei* quandoque ; *pihaner* piandi ; *anferener* circum ferendi.

N est souvent omis dans l'écriture :

1° Devant *s* (cf. en latin *cesor*, *cosentiunt*, *cosol*). Ex. *fos* à côté de *fons; aseriaia*, *aseriater*, *aserio* à côté de *anseriato*, *anseriatu; tesedi* à côté de *tenzitim; dirsas* à côté de *dirsans; etaias* à côté de *etaians*. Ainsi s'expliquent les formes comme aseçetes pour an-seçetes, astintu pour an-stintu, i-seçetes pour in-seçetes.

2° Devant ç. Ex. Saçe, Saçi à côté de *Sanśie*.

3° Devant k. Ex. iveka = *ivengar;* krikatrum = krenkatrum, *cringatro*.

4° Devant t. Ex. hutra = *hondra;* persutru = *persuntru;* vepesutra = *vempesuntres;* ustetu = *ostendu;* furfat = *furfant;* ateḍafust = *andersafust;* atentu à côté de *andendu*.

5° Devant f : aferum *afero* à côté de *anferener*.

6° Devant *v* : iuku pour in-vuku.

7° A la fin d'un mot. Ex. *nome* (nomen), *posti* à côté de pustin. Cette omission est surtout fréquente à la fin de la postposition *en : asame*(*n*), *todcome*(*n*), *anglome*(*n*), *verufe*(*n*), *Fesnafe*(*n*), *vapefe*(*n*), etc.

Voir aussi § 28.

§ 25. P.

Au *p* correspondent en latin :

1° p. Ex. *paśe* pace; *parfa* parra; *poplo* populum; patre patri; pehatu piato; *portatu* portato; peia piceas; *pequo* (pecudes); *post* post; *plener* plenis; *pre* præ; *dupursus*(bipedibus); *prufe* probe; *capirse* capide; *dupler* duplis; *scapla* scapulam. Le préfixe *pur* correspond au latin *por* (*por-rigere*).

2° *qu*. Ex. piḍ quid; *poe* qui; *pune* —cunde; panta quanta; *panupei* quandoque; pumpe cunque; *neip* neque; quelquefois le *qu* est tombé en latin : putrespe utriusque.

A ces mots, qui se rattachent tous au pronom relatif, il faut ajouter *petur* quatuor. Sur cette correspondance entre *qu* et *p* et les phénomènes analogues dans les autres langues, voy. Baudry, *Phonétique*, p. 110, Ascoli, *Fonologia*.

§ 26. B.

Le B existe dans l'alphabet étrusque : toutefois les inscriptions en caractères étrusques, comme les vieilles inscriptions romaines, mettent parfois le P là où l'étymologie exigerait un

B. On trouve, par exemple, Treplanes, amprehtu, amprefus. La même table donne hapina et habina (I *a* 24, 27). Cette incertitude de l'orthographe s'est parfois étendue aux tables en écriture latine : on a, par exemple, *Iapusco* (VII *a* 47) et *Iabuscer* (VII *a* 12).

Au *b* correspondent en latin :

1° b. Ex. *bum* bovem ; *habetu* habeto ; *Treblaneis* Trebulana; *sub-* (dans *subocau*, subuhtu) sub- ; *amb-* (dans *amboltu*) amb-.

2° v dans *benust*, *benurent*, *benuso* du verbe *venio* [1]. Peut-être dans *combifiatu* (voy. p. 54).

3° p, devant un *r*. Ex. *abrum* aprum ; kabru caprum ; *subra* supra. L'orthographe ombrienne a parfois gardé le p, quand la prononciation inclinait déjà vers le b. On trouve, par exemple, apruf et abrum ; kaprum et kabru, *cabriner;* supru et subra, *subra*. Peut-être le *b* tient-il la place d'un ancien *p* dans tribriçu, *tribrišine*.

Sont d'origine inconnue : berva, *ebetrafe*, *habina*, *Grabove*, kebu, Trebe, *Rubinam*.

§ 27. F.

A *f* correspondent en latin :

1° f. Ex. *frater* fratres ; *filiu* filios ; façia faciat ; *farer* farris ; *fri* fruges ; *aferom* circumferre.

2° b. Ex. ife ibi ; prufe probe ; *trifor* tribŭs ; rufra rubras ; vufru vabrum ; le second f de *furfant* februant ; urfeta (orbita ?) ; *alfer* albis ; le suffixe *fele* (*purtifele*) = latin bilis (mirabilis).

Le groupe ombrien *rf* est parfois assimilé en *rr*, *r* chez les Romains. Ex. *parfa* parra ; Çerfus Cerus (?), *Çerfia* (Ceres ?).

3° *s*. Sur ce phénomène de phonétique, voy. p. 6 et 16. Ex. *traf* trans ; *mefa* mensa ; *spefa*, *spafu* (formes du verbe σπένδω) ; *trahvorfi* transversim ; les accusatifs pluriels de toutes les déclinaisons, comme *vitlaf*, *abrof*, avif, kastruvuf, *nerf*, kapif. Le *f* final devait être d'une prononciation assez faible, car il est souvent omis. On a *tra*, *vitla*, *ovi*, *fri*, kapi, etc.

§ 28. M.

A *m* correspondent en latin :

1° m. Ex. *mehe* mihi ; mani manu ; *motar* multæ ; Marti

[1] Sur ce verbe, voy. Curtius, *Grundzüge*, n° 634.

Marti ; mestru magistra ; *homonus* hominibus ; *nome* nomen ; *poplom* populum.

2° n. La postposition *en* est quelquefois écrite *em*, surtout sur la table I *b*. Ex. ahtim-em, Akeḑuniam-em, vapef-em. Ce changement est dû probablement à un phénomène d'assimilation ou d'accommodation. On a de même sur I *b* deux fois numem pour numen (= latin nomen). Dans *Acersoniem* (VII *a* 52) pour *Acersonie* + *en*, le changement a été occasionné par la dissimilation.

Sur *ocrem*, *Fisiem*, *toteme*, voy. p. 80 ss. Umtu ungito est probablement pour umb-tu.

3° mn. L'impératif moyen en *mu*, *mo*, par exemple, *persnimu*, *caterahamo*, *arsmahamo*, est probablement pour *persnimnu*, *caterahamnor*, *arsmahamnor*. Cf. en latin *alumnus*, et les impératifs comme *progredimino*, *antestamino* (Bopp, *Grammaire comparée*, § 479). De même *ferime*, qui alterne avec *ferine*, est peut-être pour *ferimne*. On trouve toutefois le groupe *mn* en ombrien : *nomner*, kumne, kumnahkle, umne, *pelmner*, termnes, *tremnu*, tikamne.

M est souvent omis dans l'écriture. Ainsi l'on a apretu et amprehtu, *ambretuto ;* vepesutra et vempesuntres ; apentu et ampentu ; kumpifiatu et kupifiatu ; le mot seples correspond à *simpulis*. C'est surtout à la fin des mots que m est souvent omis. A l'accusatif singulier : panta muta (pour pantam mutam), puplu (pour puplum), vinu (pour vinum), *perselo* (pour persclom), uve (pour uvem), *trifo* (pour *trifom*), *arsferturo* (pour *arsferturom*), uhturu (pour uhturum), *curnaco* (pour curnacom). *Tio* tiu (pour *tiom*, tium). Au génitif pluriel : hapinaru (pour hapinarum), sestentasiaru urnasiaru, *pihaclo*, *proseseto*, fratru, *buo*. A l'infinitif : *afero* (pour *aferom*), eru (pour erum), façiu (pour façium). Au supin : anzeriatu (pour anzeriatum). A la fin de certaines particules : *eno* (pour enom) ; ene (pour enem) ; *co* pour *com*, ku pour kum, par exemple dans *destruco*, *nertruco*. Cf. le préfixe ku : kuveitu convehito, kuvertu convertito.

§ 29. V.

Le *v* dans l'écriture latine n'est pas distingué de l'*u*. Mais dans l'écriture étrusque il est représenté par un signe à part. On le trouve, par exemple, dans vinu vino, vitluf vitulos, via via, veskla vascula, uvef oves, iveka juvencas, Juve Jovi, prever privis. Kvestur quæstor est probablement un mot emprunté.

Sur le développement d'un v en *uv*, *ov*, et sur les mots dans lesquels un *v* paraît tenir lieu de *uv*, *ov*, cf. § 14.

On a indiqué la possibilité que dans vuku, vapide, Vuçiia le v initial tienne la place d'un ancien l.

Sont d'origine inconnue, vatuva, vufetes, Vufiune, Vesune, berva, felsva, sviseve, klavlaf, *dersva*.

§ 30. R.

A *r* correspond en latin :

1° r. Ex. *re* (ablatif de res); revestu revisito; rehte recte; rufra rubras; *abrof* apros; kabru caprum; subra supra; *adrer* atris; kuraia curet; veiro viros; Marte Marti; fertu ferto; *parfa* parra; *porca* porcas; *termnom* terminum; *curnaco* cornicem; *superne* superne; arçlataf arculatas; aḍfertur adfertor; *ander* inter; emantur emantur.

2° rr. Ex. *farer* farris, *naratu* narrato (mais peut-être faudrait-il écrire en latin narato, v. p. 67).

3° d. Les seuls exemples sont *arfertur* employé deux fois (VI *a* 3 VII *b* 3), et arveitu (I *b* 6).

On trouve aussi en latin des exemples du même phénomène : *arferia*, *arbiter*.

Sont d'origine inconnue *randem*, berva, ezariaf, ereçlu, erus, veres, pistuniru.

Un *r* est parfois transposé à l'intérieur du mot : ainsi dans *pepurkurent* la syllabe *purk* correspond à *prec* du latin *precari; furfant* répond au latin *februant* et tefra représente peut-être l'ancien mot *strebula* employé par Plaute.

De même qu'en latin on a *poscere* pour *porscere*, *tostus* pour *torstus*, *susum* pour *sursum*, *prosa* pour *prorsa*, de même en ombrien l'*r* est souvent supprimé ou assimilé devant un *s*, surtout quand ce *s* est encore suivi d'une autre consonne. On a par exemple, *pepescus* à côté de *peperscust*, tesva, *desva* à côté de *dersva*, *fasio* à côté de *farsio*, *pesnimu* à côté de *persnimu*, *pesclu* à côté de *persclu*, *śesna* à côté de *çersnatur*, *Tuscom* à côté de Turskum. Même quand *s* n'est pas suivi d'une autre consonne, le *r* précédent peut manquer. On a *Tuse* à côté de *Turse*, tusetu à côté de *tursitu*.

Dans les exemples qui précèdent le groupe *rs* est organique, c'est-à-dire qu'il se compose de $r+s$: quand *rs* est destiné à représenter le ḑ étrusque, *r* est pareillement omis en certains mots. Mais peut-être ici le graveur a-t-il simplement oublié l'une des deux lettres de ce groupe un peu conventionnel. Cf. § 22.

Un *r* final tombe souvent dans les désinences du passif : on a herte à côté de herter; *emantu* à côté de emantur; *tursiandu*, pour *tursiandur*. De même, la postposition *per* est plusieurs fois écrite *pe*. Enfin sur les tables où un *s* final est changé en *r*, on peut dire que c'est le *r* (et non le *s*) qui tombe. Ex. *agre casiler, agre tlatie, ocrer Fisie.* Cf. §§ 32 et 34.

§ 31. L.

A un *l* ombrien placé à l'intérieur d'un mot, correspond ordinairement en latin un *l*. Ex. feliuf filios; kaleḑuf calidos; salu salem; *Treblaneir* Trebulanis; *plener* plenis; *alfer* albis; salva salvas; veskla vascula; *scaplam* scapulam; katel catulus.

Sont d'origine inconnue : *aviehcleir*, *angla*, klavlaf, kletra, aplenia, *vasirslom*, felsva, *scalśie*.

Un *l* placé devant une autre consonne tombe quelquefois en ombrien, tandis qu'il reste en latin. Ex.: *mota* = latin multa, *sevum* (pour *selvum*) = latin *sollum* (pour *solvum*).

Aucun mot, sur les tables Eugubines, ne commence par *l* : certaines conjectures se rapportant à ce fait ont été proposées par nous §§ 24, 29. En ce qui concerne le rapprochement de *nerf* = *lares*, il faut rappeler ici qu'à l'intérieur des mots *l* permute avec *n*. Ainsi apelust est pour apenust, entelust pour entenust (p. 167, 244).

§ 32. S.

A *s* ombrien correspondent en latin :

1° *s*. Ex. : *sent* sunt, *sir* sis, sistu sisto, *somo* summum, sif sues, sve si, *salva* salvas, *seples* simpulis, *sumel* semel, *screhto* scriptum, struhçla struecula, mestru magistra, Tursku Tuscum.

2° *ss*. *Fisei* (on a une fois *Fissiu*) suppose une forme latine *Fissus; benuso*, *covortuso*, formes verbales pour *benus-sont*, *covortus-sont; frosetom* pour *frossetom* (cf. en latin fraussus).

3° *x*. Ex.: *destra* dextra; *ose* (vocatif) suppose un participe latin auxus (cf. auxilium); *osatu* suppose un fréquentatif auxatu; les pronoms et adverbes *eso*, *isir*, *isec*, *isunt* sont pour eic + so, eic + sir, eic + sec, eic + se + hunt. Cf. en osque *exac*, *exeic*, *eksuk*.

4° *ns*. Le suffixe latin *ensis*, qui sert à former des noms ethniques (Atheniensis, Megalensis), se retrouve, ajouté au nom propre Eikvasium, dans Eikvasese. Il est probable qu'un *n* doit être supposé pareillement devant le *s* dans le suffixe *asium*, que nous avons dans kurçlasiu, plenasier, urnasiaru, sestentasiaru, et dans le précité Eikvasium.

5° *r*. Les deux seuls exemples sont *onse* = latin *umero* (pour umeso, umso), où le rhotacisme a été occasionné en latin par l'insertion d'une voyelle euphonique, et asa = latin ara. Cf. § 34.

Sont d'origine inconnue : suḍu *sorso*, Semenies, *sonitu*, sviseva, sumtu (peut-être une faute, v. p. 112), asiane (voy. p. 142), *aso*, *esona*, sese, *seso*, *ooserclum*, *sveso*, Vesune, pelsanu, persuntru, *carsom*, mersus, *smursim*, çersiaru, *scalšie*, snata, asnata, spinia, Fesnaf, *mersta*, *dersva*.

Un *s* final tombe : 1° au génitif singulier : Cerfe Marties, katle, Kastruçiie. 2° Au nominatif pluriel : prinuvatu, Ikuvinu. 3° Au datif-ablatif pluriel de la 2ᵉ déclinaison : antakre kumate, fratrusper Atiieḍie, veskles snate asnates, puniçate, aḍepe. 4° Au datif-ablatif pluriel de la 3ᵉ déclinaison (thèmes en *i*) : perakne, sevakne, eikvasese, Atiieḍiate, Kureiate, Peieḍiate, Talenate, Museiate, Kaselate. 5° Au datif-ablatif pluriel des thèmes en *u* : eru (V *a* 8). 6° A la seconde personne du singulier : heri (pour heris), *heriei*, *herie* (pour *heries*), *sei*, *si* (pour *seis*, *sis*). Cf. § 30, s. f.

§ 33. Z.

Cette lettre, qui se trouve seulement sur les tables en écriture étrusque, a deux origines différentes. Elle peut marquer le son d'un *s* après un *n* exprimé ou sous-entendu. Ainsi uze est représenté sur VI par *onse*, anzeriatu azeriatu est pour *anseriatom*. Ou bien elle marque un *s* précédé d'un *t* ou d'un *d*. Ainsi pihaz est pour *piatus*, taçez suppose une forme taceitus; sont également des nominatifs masculins de participes passés kunikaz et stakaz. Le nom propre Iapuzkum suppose une forme latine lapydiscum. On peut d'après cela expliquer la particule **puze** comme étant pour pum + sei ou pour pud + sei. Partout où l'écriture étrusque met z, l'écriture latine met *s*.

Sont d'origine inconnue : **zeḍef** (c'est le seul mot avec z initial), représenté sur la table VI par *serse*, **ezariaf**, **pruzuḍe**, **menzaru**, **menzne**, **tenzitim** (transcrit sur VI *tesedi*), **Peraznanie**. Il faut ajouter **kazi** que nous avons rapproché du latin *casiam*.

§ 34. LE RHOTACISME EN OMBRIEN.

Nous avons réservé pour un examen à part la question du rhotacisme, c'est-à-dire le changement d'un *s* en *r*. D'une façon générale, on peut dire que le rhotacisme, en ombrien, va plus loin qu'en latin et en osque. Nous examinerons successivement les différents cas qui se présentent.

Un *s* placé entre deux voyelles à l'intérieur d'un mot se change régulièrement en *r*, de sorte que toutes les fois qu'on rencontre un *s* entre deux voyelles, on doit supposer qu'il est ou était accompagné d'une autre consonne non exprimée par l'écriture. Ainsi le verbe *es* « être », qui fait *est* à la 3e personne du présent, se combine, pour former son infinitif, avec le suffixe *om*, ce qui donne *es-om*, et par le changement de *s* en *r* : *er-om*. Le même verbe substantif *es* se combine avec les verbes attributifs pour former des futurs : à côté du singulier *benust* « venerit », on a donc le pluriel *benurent* « venerint », et à côté de *amprefust*, on a *amprefurent*. Une preuve que le rhotacisme est allé plus loin en ombrien qu'en osque, c'est que l'ancien thème pronominal *eiso* (sanscrit *esha*), qui a donné *eizuc*, *eizeis*, en osque, a fait *erur*, *erir*, *irer* en ombrien. Tandis qu'en osque le génitif pluriel de la 1re déclinaison est en *azum*, en ombrien il est en *arum*. La seule exception à la règle précédente semble être le mot **asa** = latin *ara*.

Un second cas à examiner est celui où le *s* est final. Sur les tables en écriture latine, le *s* final se change en *r* au nominatif singulier de la seconde déclinaison, quand le *r* était précédé des voyelles *io* : ainsi *Atiedior* devient *Atiersir*. De même au nominatif *pis*, qui devient *pir*. En outre, au nominatif pluriel de la 1re et de la 2e déclinaison, et des thèmes en *i* (*ivengar*, *prinvatur*, *pacrer*) ; au génitif singulier de la 1re, 2e, 3e et 4e déclinaison (*totar*, *popler*, *ocrer*, *trifor*) ; au datif-ablatif pluriel de la 1re et de la 2e déclinaison (*dequrier*, *Atiersir*). Je crois inutile de donner au long les exemples empruntés aux inscriptions en caractères latins : le rhotacisme y est de règle. Je me contenterai des exemples que présentent les inscriptions en caractères étrusques : j'ajouterai chaque fois l'indication de la table, à cause des inductions chronologiques qu'on peut tirer des progrès du rhotacisme.

Première déclinaison. Nominatif pluriel (si notre traduction est juste) : sehmeniar (I *b* 42). Datif-ablatif pluriel : plenasier urnasier (V *a* 2).

2e déclinaison. Génitif singulier : kluviier (V *a* 15); peut-être numer prever tupler tripler (V *a* 17-21). Nominatif pluriel : Atiieḍiur (V *a* 1), çersnatur (V *a* 22). Datif-ablatif pluriel : Atiieḍier (V *a* 4), aḍeper (I *b* 30, 33), aḍiper (I *a* 27).

Le rhotacisme va plus loin qu'en latin, où le datif-ablatif se termine en *is*, jamais en *ir*.

Un troisième cas est celui où une enclitique commençant par une voyelle ou par un *h* vient s'ajouter à un mot finissant par *s*. Dans ce cas le *s* se change en *r*. Ainsi le nominatif pronominal *is*, suivi de l'enclitique *ek*, devient *er-ek* (V *a* 11), le nominatif pluriel pus devient pur-e (V *a* 6. 25. 28. V *b* 4), le génitif féminin eras suivi de hunt devient erar-unt (IV 1), le datif pluriel eres suivi de hunt devient erer-unt (IV 5), et le génitif masculin eres suivi de ek devient erer-ek (III 32). Enfin le datif pluriel Fesnes suivi de la postposition *e(n)* devient Fesner-e. Il y a toutefois deux exceptions : le pronom indéfini *pis* (= latin quis) fait *pis-i* (V *a* 3. 10. VII *a* 52. VII *b* 1) et *pis-her* (VI *b* 41) : cela est d'autant plus étonnant que ces deux mots se trouvent sur V et sur les tables en écriture latine, où l'on a ailleurs er-ek (V 4) et *so-pir* (VI *b* 54). On voit d'après ces faits quelle part doit toujours être accordée au modèle que le graveur avait sous les yeux et quelle autre part à la prononciation du temps.

§ 35. DES CONSONNES DOUBLES.

Les inscriptions en caractères étrusques ne redoublent jamais de consonne; mais il n'en est pas de même des inscriptions en caractères latins, quoiqu'elles n'aient point à cet égard d'orthographe constante. On trouve VII *b* 3 *appei* à côté de l'orthographe ordinaire *ape;* VI *b* 51, VII *a* 20, 24, 33, 38, 39 *enno, ennom*, à côté de *eno enom*, qui sont les formes les plus usitées; VI *a* 42, VII *b* 3 *essu, issoc* à côté de *esu*, qui est beaucoup plus fréquent; VII *b* 2 *ponne* à côté de *pone* (pour *pon-de*); VI *a* 43 *Fissiu* à côté de *Fisiu*. On a en outre *Padellar* VI *a* 14 et *tettom* VI *a* 13, 14, 14. Toutes les fois que la consonne est simple, le graveur a suivi l'orthographe de son modèle étrusque; quand la consonne est redoublée, il a suivi l'usage de son temps. Nous avons indiqué, p. 227, les inductions chronologiques qu'on doit tirer de ce fait. Dans les passages où les lettres doubles se multiplient d'une façon insolite, comme cela a lieu VI *a* 12-16 et sur la table VII *b*, on peut conjecturer que les lignes correspondantes ne se trouvaient pas sur l'ancien modèle.

§ 36. MODIFICATIONS EUPHONIQUES DES CONSONNES. — LE GROUPE kt. — LE GROUPE kj. — *g* ENTRE DEUX VOYELLES. — RENCONTRE DE DEUX DENTALES.

Le groupe kt. — kt est un groupe que l'ombrien évite ordinairement. Ou bien le *k* est omis (cette omission s'observe surtout après une voyelle longue), ou bien le groupe *kt* donne lieu au même phénomène que nous avons dans le français *fait*, *trait*, de *factus*, *tractum*, c'est-à-dire que la gutturale devient un jod, puis un *i*. Un *a* précédent prend alors le son *e* (voy. p. 63). Ex. *subahtor* subacti; uhtur auctor; uhtretie auctoritate; rehte recte. Dans les exemples suivants, le *k* est devenu *j*, *i* : aḍveitu pour advektu; deitu pour dektu; feitu pour faktu. Ce qui prouve que *feitu* est un mot de trois syllabes (fe-ĭ-tu), c'est qu'il est écrit ainsi sur les tables en caractères étrusques, qui évitent ordinairement la diphthongue *ei*. Toutefois l'*i* peut se fondre avec les voyelles précédentes : on a, par exemple, l'orthographe feetu, fetu, à côté de feitu. Mais *deitu* teitu, aḍveitu, kuveitu sont toujours écrits de la même manière. Toutefois le groupe *ct* reste, quand il est précédé d'une nasale. Ex. *ninctu*. Ainsi doit s'expliquer probablement la forme fiktu pour finktu.

Le groupe kj. — Le *k* suivi d'un jod qui est suivi lui-même d'une voyelle donne lieu à une assimilation du *k* au jod : un *a* précédent prend alors le son *e*. Ex. fakja (latin faciat) devient feia, fakju (latin facio) devient feiu. Un autre exemple est peiu, qui est pour pikju ou pekju (latin piceos).

Cette loi phonique n'est pas d'une application constante, car on trouve façia à côté de feia, façiu à côté de feiu.

g entre deux voyelles. — Un *g* placé entre deux voyelles peut prendre le son d'un jod. Ainsi le même verbe qui fait *mugatu* à l'impératif, devient *muietom* (prononcez *mujetom*) au participe; le nom des Iguviens, qui est encore écrit Ikuvinus en certains endroits, devient Iiuvinus, *Iiovinur*, *Iovinur* en d'autres. Ce même nom est encore plus resserré dans l'adjectif *Iuieskanes*. Un autre exemple de contraction nous est fourni par l'adjectif mestru, qui suppose en latin une forme *magistra;* les intermédiaires ont dû être majistru; maïstru.

Rencontre de deux dentales. — Quand en latin une racine finissant par une dentale, comme par exemple *fend*, *tend*, *fund*, se combine avec un suffixe commençant par un *t*, il se produit des modifications diverses : *fund* a donné *fusus* et *futilis; tend* a donné *intentus* et *tensio; fend* a donné *infensus* et *infestus; aggredior*, après avoir fait *aggrettus*, a donné *aggressus*. Ces formes, sans être du même temps, ont plus ou moins coexisté dans la langue. De même, en ombrien, la rencontre de deux dentales donne lieu à des modifications assez différentes. Le verbe *spend* a donné spantim, spantea et spafu (pour spansu), spefa (pour spensa); le verbe *vort* donne l'adverbe *trahvorfi* (pour *trahvorssi*), tandis que *pend* a donné au participe *opeter*.

DÉCLINAISON.

§ 37. CLASSIFICATION DES THÈMES.

Pour notre étude de la déclinaison, nous suivrons l'ordre généralement adopté dans les grammaires latines : 1re déclinaison, thèmes en *a;* 2e déclinaison, thèmes en *ŏ;* 3e déclinaison, thèmes en *i;* 4e déclinaison, thèmes en *u;* 5e déclinaison, thèmes en *ē*. Nous nous écarterons seulement de cet ordre en faisant une sixième déclinaison pour les thèmes terminés par une consonne.

La flexion des substantifs et des adjectifs étant la même, nous emprunterons indifféremment nos exemples à l'une et à l'autre classe de mots.

§ 38. 1re DÉCLINAISON.

Singulier.

Nominatif. — Le nominatif singulier est en *a* : mais cet *a* peut s'obscurcir en *u*. A cinq lignes de distance, sur la même inscription, nous avons : panta muta « quanta multa » (V *b* 2) et etantu mutu « tanta multa ». Comme il s'agit d'une inscription en caractères étrusques, nous ne pouvons affirmer si cet *u* représente le son *o* ou le son *u*.

Vocatif. — Le vocatif est toujours en *a* : *Tursa Jovia* (VII *a* 47), *Tursa Çerfia* (VI *b* 58), *Prestota Çerfia* (VI *b* 57).

Accusatif. — L'accusatif est en *am*. Le *m* est souvent omis dans l'écriture. Ex. parfam tesvam (I *b* 13), *parfa dersva* (VI *a* 2); *sopam* (VII *a* 38), *sopa* (VI *b* 17); *tota Jovina* (VI *a* 29) tuta (I *b* 16); *perca arsmatiam* (VI *b* 50), *perca arsmatia* (VI *a* 19).

Génitif. — Le génitif est en *as*. Sur les tables en écriture latine as devient *ar* (v. § 34). Ex. tutas Ijuvinas (I *b* 2), *totar Ijovinar* (VI *a* 30); *Tursar* (VII *a* 46), *Prestotar Çerfiar* (VII *a* 20).

Datif. — Le datif est en *e*. Ex. tute Ikuvine (I *b* 13), Tuse Juvie (I *b* 43), *tote Ijoveine* (VI *a* 5), *Turse Çerfie* (VII *a* 41), *Turse Jovie* (VII *a* 53). — Quand un datif est suivi de la postposition *en*, et que le *n* final de cette enclitique n'a pas été écrit, il est difficile de distinguer cette forme du datif tout court : rapprochez *Rubine* (VII *a* 6) de Rupinie e (I *b* 27). On a de même Akeḍunie (I *b* 43), Sate (I *b* 31), *Sahate* (VII *a* 41), *tote* (VI *a* 36), *Ruseme* (VII *a* 8, 9).

Sur les formes *Jovinem* (VI *a* 46), *Acersoniem* (VII *a* 52), v. § 28. Sur *toteme* (VI *a* 26) v. p. 80 et suiv.

Ablatif. — L'ablatif est en *a* : cet *a* est probablement long comme en latin. Toute trace de l'ancien *d* final a disparu. Ex. tuta-per Ikuvina (I *a* 5), *tota-per Ijovina* (VI *a* 23); asa-ku (II *a* 39); Petrunia-per. Sur les tables en écriture latine, cet *a* est quelquefois obscurci en *o*. *Ape sopo postro peporscust* (VI *b* 5), *ape supo postro pepescus* (VII *a* 8). Cf. II *a* 32 supa pustra perstu. Peut-être faut-il rapprocher *nertru*, dans *mani nertru* (VI *b* 25). — Mentionnons ici les prépositions *hondra* et *subra* qui sont probablement d'anciens ablatifs féminins.

Pluriel.

Nominatif. — Le nominatif pluriel est en *as*[1], qui devient *ar* sur les tables en écriture latine. Ex. : urtas (III, 10), *anglar* (VI *a* 16), *ivengar* (VII *b* 2). Toutefois si notre traduction de I *b* 42 est juste, le changement de *as* en *ar* n'est pas borné aux tables en écriture latine : hutra furu sehmeniar « antequam erunt Semeniæ ».

Accusatif. — L'accusatif pluriel est en *af* (§ 27). Le *f* final est souvent omis. Ex. *merstaf anglaf* (VI *a* 4, 5), *mersta angla* (VI *a* 3) ; *hapinaf* (I *a* 24), *habina* (VI *b* 22) ; pernaiaf pustnaiaf (I *b* 10) ; purtitaf (I *a* 18), *purdita* (VI *a* 13) ; vitlaf (I *b* 33), *vitla* (VII *a* 41) ; perkaf (I *b* 15) ; sufafiaf supaf (II *a* 22) ; klavlaf anfehtaf (II *a* 33) ; arçlataf (IV, 22) ; ezariaf (IV, 27).

Génitif. — Le génitif pluriel est en *arum*. Le *m* final manque ordinairement. Ex. hapinaru (I *a* 33) ; sestentasiaru urnasiaru (III, 2) ; menzaru cersiaru (II *a* 16) ; *pracatarum* (on se serait plutôt attendu à l'orthographe *pracatarom*).

Datif-ablatif. — Le datif-ablatif pluriel est en *es*, qui devient constamment *er* sur les tables en écriture latine. Les tables I et V présentent des exemples du même changement. Quelquefois le *s* (ou *r*) est tombé. Ex. anzeriates (I a 1), *aseriater* (VI *a* 1) ; pernaies pusnaes (I *a* 2) ; klavles (II *a* 36) ; urtes (III, 5) ; sehmenies tekuries (II *b* 1) ; *sehmenier dequrier* (V *b* 11) ; plenasier urnasier (V *a* 2). Pour les exemples suivants, on ne saurait affirmer si ce sont des mots de la 1re ou de la 2e déclinaison. Aḍepes (I *a* 6), aḍeper (I *b* 30) ; *ponisiater* (VI *b* 51). On trouve aussi aḍepe (I *b* 28, 44. II *a* 7) et puniçate (I *b* 15). Dans Fesner-e (II *b* 11) le datif pluriel est suivi de la postposition e(n).

TABLEAU DE LA 1re DÉCLINAISON.

Singulier.

Nom.	muta, mutu.	
Voc.		*Tursa.*
Acc.	parfam, parfa.	*parfam, parfa.*
Gén.	tutas.	*totar.*
Dat.	tute.	*tote.*
Abl.	tuta.	*tota, sopo.*

1. Il en est de même en osque : *pas exaisc-en ligis scriftas set* « quæ hisce legibus scriptæ sunt. »

Pluriel.

Nom.	urtas, sehmeniar (?).	*anglar.*
Acc.	vitlaf, vitla.	*vitlaf, vitla.*
Gén.	hapinaru.	*pracatarum.*
Dat.	tekuries.	*dequrier.*

§ 39. 2ᵉ DÉCLINAISON.

Singulier.

Nominatif. — Le *s* du nominatif masculin s'est conserve dans les participes passés, mais en se combinant avec le *t* du suffixe : on obtient ainsi en vieil ombrien un z (§ 33), en ombrien nouveau un *s*. Ex. pihaz (I *b* 7), *pihos* (VI *b* 47), piatus; kunikaz, *conegos;* stakaz; taçez *taśes*, tacitus; *vestis* vestitus; *persnis; emps* emptus (p. 232); *termnas* terminatus (ibid.).

Le s s'est conservé également dans les participes en *andus:* pelsans (II *a* 43).

On trouve aussi le *s*, mais changé en *r*, à la fin des thèmes en *io : Atiersir* pour *Atiersior* (VII *b* 3). On peut comparer les nominatifs latins comme Clodis pour Clodius, et les nominatifs osques comme *Hetrennis* Herennius.

Les thèmes masculins *katlo*, *diçlo*, *agro* ont perdu leur désinence *s*, ainsi que la voyelle *o :* mais ils ont inséré un *e* euphonique. Nominatif katel (II *a* 43), tiçel (II *a* 15), *ager* (§ 14).

Les nominatifs neutres sont en *om* ou *o*, en um ou u : *pesetom, peretom, vaśetom, frosetom, daetom, purditom, ortom; muieto, tuderato, orto, purdito, screhto, stahmito;* kuratu, purtitu, esunu.

Vocatif. — Le vocatif se termine en *e : Tefre, Jovie, Śerfe Martie, Grabovie, Fisovie, Sanśie.* — Le substantif *Dius* se contracte en *Dei* ou *Di : Di Grabovie* (VI *a* 25), *Dei Grabovie* (VI *a* 26).

Accusatif. — L'accusatif se termine en *om* ou *o*, um ou u (le *m* étant omis dans l'écriture, voy. § 28). Ex. *poplom*, puplum, puplu; *salvum*, *salvo;* kaprum, kapru; suḍum, *sorsom; Tefro; somo;* katlu; tiçlu; vitlu vufru. Les substantifs neutres se terminent de même : persklum *persclo;* krenkatrum krikatru; *mandraclo*, mantraklu; *esono*, esunu.

Accusatif des thèmes en *io*. — Les thèmes en *io* font leur accusatif en *im*, qui est souvent écrit *i*. Ex. *Fisim*, *Fisi*; *Jovi*; *Sanśi*; *Fisovi*; *Grabovi*. On trouve deux fois (VI *a* 24, 25) l'orthographe *Grabove*. *Dius* fait à l'accusatif *Dei*. — Pour l'accusatif masculin peḍaem, qui est pour peḍaium, il faut supposer une forme intermédiaire peḍaim (voy. p. 110).

Les accusatifs neutres opèrent la même contraction : *tertim* (VI *b* 64), *duti* (VI *b* 63), aḍkani (IV 28). Cependant on trouve deux fois *tertio* (VII *a* 46), tertiu (I *b* 40).

Génitif. — Le génitif est en es ou e sur les anciennes inscriptions, en *er* ou *e* sur les nouvelles. Ex. katles (II *a* 22), kapres (II *b* 12), Çerfe (I *b* 28), katle (II *a* 15), *cabriner* (V *b* 12), *popler anferener* (VI *a* 19), *pihaner* (VI *b* 48), *agre* (V *b* 9.14).

Thèmes en *io*. — Les thèmes en *io* gardent toujours leur *i* devant la désinence : Marties (I *b* 28), Kureties (I *b* 4), Kluviier (V *a* 15), *Piquier Martier* (V *b* 9), Kastruçiie, *Tlatie* (V *b* 9), *Fisie* (VI *b* 11), *Fisovie* (VI *b* 15).

Datif. — Le datif est en *e* ou *i*. On trouve *ei* sur les tables modernes. Ex. *Tefrei* (VI *b* 22), Tefre (I *a* 24), Tefri (I *a* 28). Quand le datif est suivi de la postposition *e*(*n*), il est difficile de le distinguer du datif simple : ainsi kumnahkle Atiieḍie (V *a* 15) est probablement pour kumnahkle-e(n) Atiieḍie. Peut-être faut-il suppléer un *n* à la fin de *ferine*, pour *ferine-e*(*n*) ou *ferimne-e*(*n*). Voy. p. 106.

Deux formes difficiles sont *Trebo* (VI *a* 58), *Fiso* (VI *b* 3), desquelles il faut peut-être rapprocher Kurçlasiu (II *a* 17). Il se pourrait que la première partie de la diphthongue *oi* se fût conservée ici comme en latin. La forme vuke (III, 3, 21), au lieu de laquelle on aurait dû s'attendre à avoir vuçe (§ 16), peut faire croire également que l'*e* représente une diphthongue *oi*. Comparez aussi Pupḍike (III, 27, 35; IV, 10, 12) à côté de Pupḍiçe (IV. 24).

Datif des thèmes en *io*. — Les thèmes en *io* font leur datif en *ie*, ou bien ils contractent l'*i* avec la désinence. Ex. *Grabovie* (VI *b* 19), *Grabovei* (VI *a* 22), Krapuvi (I *a* 3); *Fisie* (VI *a* 40), *Fisei* (VI *a* 23); Juvie (I *a* 24), Juvi (I *a* 28), *Jovi* (VI *b* 22); Huḍie (I *b* 2), *Horse* (VI *b* 43); *Sansie* (VI *b* 3), *Sansi* (VI *b* 5). On trouve une fois *Sansii* (VII *a* 37).

Ablatif. — L'ablatif est en *u* (jamais en *o*) : aucune trace du *d*, qui terminait anciennement ce cas, ne s'est conservée. Ex. puplu (I *b* 2), *poplu* (VII *a* 3); persklu (III, 12), *pesclu semu* (VI *b* 15); *peiqu merstu* (VI *a* 1); *anglu hondomu* (VI *a* 8, 9); *pihaclu* (VI *a* 25); *vocu Joviu* (VI *b* 43).

Locatif. — Des restes de l'ancien locatif en *ei* se sont conservés en ombrien comme en latin, où nous avons les locatifs *domi*, *humi*, *hi-c*, *illi-c*.

Le locatif ombrien est en *ei*, *e*, *i*. Ex. *esmei stahmei stahmeitei* (VI *a* 5); *nesimei* (VI *a* 9, 9). Je range parmi les locatifs les expressions pronominales : *esmei*, *esmi-k*, ise-k, *este*, *eri-hont*.

Pluriel.

Nominatif. — Le nominatif-vocatif pluriel masculin est en us sur les quatre premières tables; quelquefois la consonne finale manque. La table V, au lieu de us, emploie ur (§ 34). Sur les tables en écriture latine, la désinence est *or* et *ur* : la forme *or* se trouve sur la table VI *a* jusqu'à la ligne 27 ; à partir de là, le graveur met *ur*. C'est aussi *ur* qu'on a sur la partie latine de V *b*. On peut se demander d'où vient cette incertitude dans l'orthographe : il est probable que le son était intermédiaire entre *o* et *u*. Comme V *b*, qui est d'une autre main que VI-VII, met *u*, cette orthographe, à laquelle le graveur de VI-VII a fini par se ranger, paraît la meilleure.

Ce nominatif pluriel en *us* et *ur*, qui s'écarte absolument du nominatif latin, se retrouve en osque, où l'on a Abellanús, Nuvlanús, statús. C'est le nominatif sanscrit en *ās*, au lieu que les nominatifs latins comme *domini*, et grecs comme λόγοι, appartiennent à une autre formation. Il est probable que l'*u* était long.

Il n'y a pas d'exemple du nominatif pluriel neutre; mais il n'est pas douteux qu'il devait être semblable à l'accusatif neutre dont il va être question.

Exemples : prinuvatus (I *b* 19), prinuvatu (I *b* 15); Ikuvinus (I *b* 21), Ikuvinu (I *b* 20); Atiieḍiur (V *a* 1); çersnatur (V *a* 22); *totcor* (VI *a* 12); *tuderor* (VI *a* 12); *vasor* (VI *a* 19); *arsmor dersecor subator* (VI *a* 26); *prinvatur* (VI *b* 50); *Jovinur* (VI *b* 56); *tasetur* (VI *b* 57); *Claverniur* (V *b* 8); *Atiersiur* (V *b* 11).

Accusatif. — La désinence de l'accusatif pluriel masculin était primitivement en *ons*. Cette désinence s'est conservée en un seul exemple : *abrons* (VII *a* 43). Partout ailleurs le *ns* a pris le son *f* (§ 27), en sorte que la désinence est uf sur les anciennes tables, *of* sur les modernes. Le son de cette lettre ne devait pas être très-accusé, car elle est souvent négligée dans l'écriture. Il est probable que la voyelle précédente est longue. Nous voyons, en ce qui concerne l'*o*, se produire sur les tables VI-VII la même incertitude qu'au nominatif pluriel, c'est-à-dire que le graveur met quelquefois *o* et quelquefois *u*. Ex. vitluf turuf (I *b* 1), *vitlu toru* (VI *b* 43); feliuf (I *a* 14), *filiu* (VI *b* 3); kaleḍuf (I *a* 20), *calersu* (VI *b* 19); suḍuf (I *a* 33), *sorso* (VI *b* 38); apruf (I *b* 24), *abrof* (VII *a* 3); Treplanu (I *b* 9), *Treblano* (VI *b* 47); rufru (I *b* 24), *rofu* (VII *a* 3); peiu (I *b* 24), *peiu* (VII *a* 3); krematruf (II *a* 26).

L'accusatif pluriel neutre est en a ou u (§ 3) sur les anciennes tables, en *o* sur les nouvelles : iuka mersuva (III, 28); veskla snata asnata (II *a* 19), vesklu snatu asnatu (II *a* 34); pruseçetu (II *b* 12), *proseśeto* (VI *a* 58); *adro* (VII *a* 25).

Génitif. — Le génitif pluriel est, non pas en *orum*, comme en latin classique, et comme le ferait attendre le génitif *arum* de la 1re déclinaison, mais en *um*, comme les anciennes formes latines *nummum*, *sestertium*, *Deum* (voy. Bücheler, *Déclinaison latine*, p. 139 de la traduction française). Le *m* n'est nulle part marqué dans les exemples, d'ailleurs très-peu nombreux, de ce cas : les vieilles tables mettent u, les nouvelles *o* (§ 10) : Atiieḍiu (II *b* 26), *Atiersio* (VII *b* 2); *proseseto* (VI *b* 16); *pihaclo* (VI *a* 54).

Datif-Ablatif. — Le datif-ablatif pluriel est en es, e, i (?) sur les anciennes tables, en *eir*, *er*, *ir*, *i* (?) sur les nouvelles. Devant la postposition *-co* le s ne se change pas en r. Ex. veres Treplanes (I *a* 2), *verisco Treblanir* (VI *a* 19), *vereir Treblaneir* (VI *a* 22), *verir Tesenocir* (VI *b* 3); antakres kumates (II *a* 42), antakre kumate (I *b* 36); veskles snates asnates (IV, 9), veskles snate asnates (II *a* 37); Atiieḍies (III, 24), Atiieḍie (II *a* 2), *Atiersier* (VII *b* 1), *Atiersir* (V *b* 8); pruseçete (II *a* 12), *proseseter* (VI *b* 20), *prosesetir* (VI *a* 56); *esis-co esoneir seveir* (VI *a* 18), *isir vesclir adrir plener* (VII *a* 21), *isir vesclir alfer* (VII *a* 34). Comme exemples de formes en *i*, nous citerons, mais avec doute : *Claverni* (V *b* 10, voy. p. 257) et teḍti (II *a* 28, voy. p. 286).

Nous avons déjà parlé (§ 34) de la forme aḍeper, qui prouve que le rhotacisme à la fin des mots n'est pas étranger à la table I. Il est déjà de règle sur V.

La désinence primitive à laquelle se rapportent toutes ces variantes paraît avoir été *eis*.

TABLEAU DE LA 2ᵉ DÉCLINAISON.

Singulier.

Nom.	pihaz, taçez, pelsans, katel.	*pihos*, *vestis*.
Voc.	Çerfe.	*Çerfe*.
Acc.	puplum.	*poplom*.
Gén.	puples.	*popler*.
Dat.	puple.	*pople*.
Abl.	puplu.	*poplu*.
Loc.		*stahmei*.

Pluriel.

Nom.	Ikuvinus, Ikuvinu.	*totcor*, *Jovinur*.
Acc.	filiuf, filiu.	*abrons*, *abrof*, *Treblano*, *toruf*, *toru*.
Gén.	Atiieḍiu.	*Atiersio*.
D.V.Abl.	veres, veris.	*vereir*, *proseśeter*, *proseśetir*.

THÈMES NEUTRES.

Nom.-acc. sing.	esunum, esunu,	*esonom*, *esono*.
Nom.-acc. plur.	esuna, esunu,	*esono*.

THÈMES EN *io*.

Nom.	*Atiersir*.
Voc.	*Grabovie*, *Dei*, *Di*.
Acc.	*Fisim*, *Fisi*, *Dei*.
Gén.	Marties, *Martier*.
Dat.	*Grabovie*, *Grabovei*, *Grabovi*.

Pluriel.

Nom.-voc.	*Atiersiur*.
Acc.	*Atiersiuf*.
Gén.	*Atiersio*.
Dat.-ablat.	*Atiersier*, *Atiersir*.

§ 40. 3ᵉ DÉCLINAISON.

La 3ᵉ déclinaison comprend les thèmes en *i*. Il s'est parfois opéré des contractions qui font ressembler les thèmes en *i* à des thèmes terminés par une consonne

Singulier.

Nominatif. — Le nominatif est en *s*. L'*i* final du thème est supprimé, et si la lettre précédente est un *t*, il est également supprimé ou assimilé à *s*. Ainsi le thème *Casilati* fait *Casilos* (pour *Casilati-s*), le thème *parti* fait *par-s*, le thème *foni* fait *fon-s*. On remarquera dans le premier exemple l'obscurcissement de l'*a* en *o* (cf. *pihos* pour *pihatus*).

Les thèmes en *cri* suppriment à la fois l'*i* et le *s* du nominatif, mais ils insèrent une voyelle euphonique, soit *e* (cf. en latin acer, saluber), soit *a*. Ex. *pacer* (à la fois masculin et féminin), ukar, *ocar*.

Un exemple du neutre se trouve sur la pierre d'Assisium : *sacre*.

Accusatif. — L'accusatif est en *em* ou *im*. Le *m* final est souvent omis. Ex. peraknem (II *a* 10), perakne (II *b* 8); sevakne (II *b* 8), sevakni (III. 25); *staflarem* (VI *b* 39); *sorsalem* (VI *b* 39); uvem (III. 8) uve (II *a* 10); sakrem (III. 8), sakre (II *a* 6); *Tarsinatem* (VI *b* 58), Taḍinate (I *b* 16); sim (II *b* 1), si (II *b* 7).

Génitif. — Le génitif est en *er* ou *ir* : *foner* (VII *b* 54), *Tarsinater* (VI *b* 54), *ocrer* (VI *a* 8), *sorsalir* (VI *b* 38). Nous avons V *a* 16 les génitifs ukre eikvasese qui ont perdu la consonne finale.

Datif. — Le datif est toujours en *e* : *Casilate* (V *b* 16), *Tarsinate* (VII *a* 11), sakre (II *a* 5), *ocre* (VI *a* 23). Ukre (V *a* 15) est pour ukre-e(n).

Ablatif. — L'ablatif est en *ei*, *i*, ou *e*. Ex. *peracrei* (VI *a* 25), *peracri* (VI *a* 34); uvi (III. 28); ukri (I *a* 5), *ocri* (VI *a* 23), *ocre* (VI *a* 25); sevakni (II *a* 38), sevakne (IV. 23); *tefrali* (VI *b* 28).

Pluriel.

Nominatif. — Le nominatif pluriel masculin et féminin est en *es* ou *er*. Comme il n'y a qu'un très-petit nombre d'exemples, il est impossible de dire si le rhotacisme se présente déjà dans l'ancien ombrien : puntes (III. 9), *foner* (VI *b* 61), *pacrer* (VI *b* 61).

Accusatif. — L'accusatif pluriel masculin et féminin est en *eif*, *ef*, *if* (§ 27). Le *f* est souvent omis dans l'écriture : Ex. *aveif* (VI *b* 47), avef (I *b* 10), avif (I *b* 8), *avei* (VI *b* 47); uvef (I *b* 1), *ovi* (VI *b* 43); sakref (I *a* 18); sif (I *a* 7), *si* (VI *a* 58);

frif, *fri* (VI *a* 30, 42). Les thèmes neutres ont leur accusatif pluriel en ia sur les anciennes tables. Au lieu de l'*a* final on trouve aussi *u*, et devant cet *u*, l'*i* se change parfois en *e*. Ex. arvia (I *a* 3), arviu (I *a* 16); sakreu perakneu (V *a* 7, 8). Sur les tables nouvelles, *a* est changé en *o* : *arvio* (VI *a* 56).

Génitif. — Le génitif pluriel est en *io*(*m*) : *peracrio* (VI *a* 54).

Datif-ablatif. — Le datif-ablatif pluriel est en *eis*, *is* ou *es*. Le *s* final peut manquer : mais il ne se change jamais en *r* (cf. p. 7). Ex. *aveis* (VI *a* 1), aves (I *a* 1), avis (II *a* 6); *peracris* (VI *b* 56); sevaknis (II *a* 36), sevakne (IV. 9); ahtis (III. 24); puntis (III. 5); Atiieḍiate, Kureiate, Peieḍiate, Museiate, Kaselate (II *b* 2).

Sur *avi* (?), v. p. 126.

TABLEAU DE LA 3e DÉCLINAISON.

Singulier.

Nom.		*Casilos*, *fons*.
	ukar	*pacer*, *ocar*.
Acc.	uvem, spantim.	*ovim*, *ovem*.
Gén.	ukre(s)	*ocrer*, *ocrir*.
Dat.	ukre	*ocre*.
Abl.	ukri	*peracrei*, *peracri*, *ocre*.

Pluriel.

Nom.	puntes	*pacrer*.
Acc.	avef, avif	*aveif*, *avef*, *avif*.
Gén.	..	*peracrio*.
Dat.-Abl.	aves, avis, Atiieḍiate	*aveis*, *aves*, *avis*.

Neutre.

Nom.-accusatif singulier.	*sacre*.
Nom.-accusatif pluriel	arvia, arviu, *arvio*. sakreu

§ 41. 4e DÉCLINAISON.

Singulier.

Il n'y a pas d'exemple du nominatif.

L'accusatif est en *o*(*m*), que les anciennes tables écrivent u (m).

Le génitif est en *or* (l'*o* est probablement long) sur les nouvelles tables. Ex. *trifor* (VI *b* 54).

Le datif est en *o* (probablement long) : *trifo* (VII *a* 77). Sur *Trebo* et *Fiso*, que je rapporte à la 2e déclinaison, v. § 39.

Un datif suivi de la postposition e(n) est manuv-e (II *b* 23). Il en est peut-être de même pour *difu-e* (VI *b* 4).

L'ablatif est en *i* : *mani* (VI *b* 24), mani (II *a* 32) ; trefi (III. 25) ; aḍputrati (V *a* 12). Il faut supposer que la désinence *ei* de la 3e déclinaison a été introduite dans la 4e.

Pluriel.

Les exemples du pluriel sont rares.

Nominatif. Point d'exemple.

Accusatif. L'accusatif masculin-féminin est en us : *erus* (VI *b* 16, VII *a* 38). Cf. p. 131.

L'accusatif neutre est en *ua* : berva (II *a* 26).

Le datif-ablatif est en us, u : berus (II *a* 20), erus (II *a* 27), eru (V *a* 7).

TABLEAU DE LA 4e DÉCLINAISON.

Singulier.

Nom.	. . . .	. . . .
Acc.	manum	*manom.*
Gén.		*trifor.*
Dat.	manu	*trifo.*
Abl.	mani	*mani.*

Pluriel.

Nom.	. . . .	. . . .
Acc.	erus	*erus.*
Dat.-abl.	erus, eru	. . . .

Neutre.

Acc. pluriel. berva.

§ 42. 5e DÉCLINAISON.

La 5e déclinaison ne compte qu'un très-petit nombre d'exemples. Les seuls cas représentés sont les suivants :

Le datif singulier est en *i*. Ex. *ri* (V *a* 4).

L'ablatif singulier est en *e* ou *i*. Ex. ri (V *a* 5), *re* (VII *b* 2);

scalśie (VI *a* 5), *scalśe-to* (v. p. 120); uhtretie (V *a* 2); kvestretie (I *b* 45); *tribriśine* (VI *a* 54) v. p. 95; *natine* (II *b* 26), v. p. 273.

Au pluriel, l'accusatif est en *e(f)* : *Jovie* (VI *b* 59, VII *a* 48). Le datif pluriel est en *eş*: *Jovies* (VI *b* 62, VII a 13, 14, 28, 50). Ce nom est masculin.

§ 43. 6ᵉ DÉCLINAISON.

La 6ᵉ déclinaison comprend les thèmes finissant par une consonne. Tandis qu'en latin la flexion de ces thèmes s'est à peu près confondue partout avec celle des thèmes en *i*, l'ombrien a conservé nettement la différence à certains cas. Ainsi la désinence de l'accusatif singulier est *o(m)*, ce qui correspond à la désinence sanscrite *am*, à la désinence grecque α (πόδα). De même au datif-ablatif pluriel la désinence se distingue très-clairement : elle est en *us* (l'u est probablement une voyelle de liaison).

Nominatif. — Nous n'avons quę des thèmes en *tur*. Le *s* du nominatif est tombé. Ex. ạdfertur (I *b* 41), *arsfertur* (VI *a* 8); kvestur (V *a* 23); uhtur (III. 7). On y peut joindre Jupater, qui est employé au vocatif (II *b* 24), mais qui avait très-probablement au nominatif la même forme.

Au neutre, nous avons seulement *pir* (VI *a* 20, I *b* 12) et un thème en *os*, correspondant aux mots latins comme *genus*, *pondus*. La voyelle qui précède le *s* a été supprimée : *vas* (pour *vacos*), v. p. 86. Peut-être faut-il ranger encore ici meḍs (pour meḍos), en ombrien nouveau *mers*. V. p. 87.

La désinence de l'accusatif est *o(m)*, en ombrien ancien u(m). Le *m* a été omis partout. Ex. *arsferturo* (VI *a* 17); uhturu (III. 4); salu (II *a* 18); *curnaço* (VI *a* 3); *capirso* (VI *b* 25).

Au neutre : *tuder* (VI *a* 10), pir (I *b* 12), *pir* (VI *b* 50), *far* (V *b* 10); umen (II *a* 34); numen (I *b* 17), *nome(n)* (VI *a* 30). Sur utur, v. p. 270.

Le génitif, qui se trouve seulement sur les tables nouvelles, est en *ér* : *nomner* (VI *b* 54), *farer* (V *b* 9). Il y a probablement ici mélange avec la déclinaison des thèmes en *i*.

Le datif est en *i* ou *e*. Ex. ạdferture (V *b* 3), patre (II *b* 7); Marti (II *a* 11), Marte (I *a* 11); *nomne* (VI *a* 24); kumne (I *b* 41) « culmini ».

L'ablatif est *e*, *i*, et peut-être *ei*. Ex. kapiḍe (I *a* 29), *capirse*

(VI *b* 24); *nomne* (VI *a* 17); umne (II *a* 38); *paše* (VI *a* 30); peḍi (I *a* 29), *persi* (VI *b* 24); *mersei* (VI *a* 28) et *mersi* (VI *a* 38) sont des formes douteuses, v. p. 88.

Pluriel.

Nominatif. Le seul exemple est un thème en *r*. La désinence, qui était probablement ĕs, s, est tombée, et la voyelle précédente a été allongée : *frateer* (V*b* 16), frater (III. 5).

En latin le nominatif des thèmes à consonne est emprunté à la déclinaison des thèmes en *i* : le seul exemple qu'on puisse citer est *quatuor*, pour *quatuors*, *quatuorĕs*.

A l'accusatif masculin-féminin, la désinence est *f*, qui s'est probablement introduit dans cette déclinaison d'après l'analogie des thèmes à voyelle. Devant le *f* de la désinence, les thèmes terminés par un ḍ ou *rs* suppriment cette articulation. Le *f* est quelquefois omis dans l'écriture. Ex. *nerf* (VI *a* 30), *capif* (VI *b* 18), kapi (I *b* 29), vapef, *vapef* (I *b* 14, VI *a* 10). On trouve une fois (I *a* 18) kapiḍ.

Le génitif pluriel est en *om* sur les nouvelles tables, um, u(m) sur les anciennes : *fratrom* (VII *b* 1), fratrum (III. 10), fratru (II *b* 26).

Il faut peut-être ajouter aux thèmes finissant par une consonne *buo*, pour *buvo* (VI *a* 54).

Le datif-ablatif est en *us* (cf. p. 7) : *fratrus* (V *b* 8), fratrus (II *a* 2); *homonus* (V *b* 10); *dupursus* (VI *b* 11), *peturpursus* (VI *b* 11); kapiḍus (II *a* 33); karnus (IV. 7); vepurus (V *a* 11); *tuderus* (VI *a* 11); *vapersus* (VI a 9).

TABLEAU DE LA 6e DÉCLINAISON.

Nom.-voc.	aḍfertur	*arsfertur.*
Acc.	aḍferturu	*arsferturo.*
Gén.		*nomner.*
Dat.	aḍferture, aḍferturi	*nomne.*
Abl.	kapiḍe, peḍi	*capirse, persi.*
	Pluriel.	
Nom.	frater	*frateer, frater.*
Acc.	kapif	*capif, nerf.*
Gén.	fratrum	*fratrom,*
Dat.-abl.	fratrus, kapiḍus	*fratrus.*
	Neutre.	
Nom.-acc. singulier :		*vas, far,* numen.

§ 44. ADJECTIFS.

De même qu'en latin il y a des adjectifs en *us a um* et des adjectifs en *is e*, de même l'ombrien a deux classes d'adjectifs, les uns suivant la déclinaison de *poplo* et de *tota*, les autres celle de *avi*. La flexion des adjectifs ne présente du reste aucune particularité digne de remarque. En composition, la déclinaison en *is* est la plus usitée : comme le latin *animus* forme *exanimis* et *unanimis*, le thème *acnŏ* forme les composés *peraknis* et *sevaknis*, le thème *agrŏ* forme *peracris*.

On sait qu'en vieux latin le nominatif *acer* servait pour le masculin et pour le féminin. Il en est de même en ombrien où nous avons le féminin *pacer* (du thème *pacri*).

En ce qui concerne la syntaxe de l'adjectif, une irrégularité peut-être accidentelle a été constatée page 12 et page 94.

§ 45. DEGRÉS DE COMPARAISON.

De l'ancien comparatif en *tero* ou *tro*, il reste : etraf, etram, etre, etres, etru; *podruh-pei; hondra,* hutra; *destru,* testru; nertru; *pretra; postra,* pustra; vestra.

Un double comparatif est renfermé dans mestru, pour magis-teru.

De l'ancien superlatif en *mo* et *tumo* il reste : *somu; promom,* prumum; *nesimei; hondomu; çimo.*

§ 46. NOMS DE NOMBRE.

Nombres cardinaux.

Le nom de nombre « un » ne se trouve pas sur nos tables. Voici la déclinaison du nombre « deux » :

	Masculin-féminin.	*Neutre.*
Nomin.	*dur.*	
Acc.	*duf,* tuf.	tuva.
Dat.-abl.	*duir,* tuves, tuve.	

Mais on trouve en outre l'accusatif masculin *duf* employé comme nom de nombre indéclinable (voir p. 211).

Le thème *du* se trouve en tête du composé *du-pursus.*

Le nombre « trois » se décline ainsi :

	Masculin-féminin.	*Neutre.*
Nomin.		
Acc.	*treif*, tref, trif, tre.	triia.
Dat.-abl.	tris.	

Le nombre « quatre » se rencontre seulement dans le composé *petur-pursus*.

« Douze » se dit *deśen-duf* (indéclinable).

On a, en outre, quelques nombres exprimés par chiffres :

V, VI, VIIS ($7\frac{1}{2}$), XII, XV, CCC.

Nombres ordinaux.

Les nombres ordinaux sont : *promom*, prumum; *etro*, *postro;* un autre nom de nombre pour « deuxième » est représenté par l'adverbe *duti*(*m*), qui suppose un ancien nominatif *dutios* (p. 192); *tertim*, tertiu.

Dérivés et composés de noms de nombre.

Le nom de nombre distributif pour « un » est prevu, qui correspond au latin privus.

Du nombre « deux » viennent tu-plu et tu-plak; du nombre « trois » vient tri-plu.

Mentionnons encore, outre *du-pursus*, *petur-pursus*, l'adverbe *trio-per*, triu-per « trois fois », qui se compose de l'accusatif neutre *tria* et de la postposition *per*.

§ 47. PRONOMS PERSONNELS.

Des pronoms personnels il n'est resté qu'un petit nombre de formes : les datifs *mehe* mihi et *tefe* tibi, ainsi que *seso* (VI *b* 51), que nous avons expliqué comme étant pour *se-sehont* (p. 170).

L'accusatif *tiom*, *teiom* est en réalité un adjectif possessif formé comme l'est en latin *meum*, *meium*. Il sert d'accusatif au pronom de la seconde personne.

Comme adjectifs possessifs dérivés des pronoms personnels, nous avons seulement le génitif *tuer*, les ablatifs féminins *tua* et *vestra*.

§ 48. PRONOMS DÉMONSTRATIFS.

Il y a en ombrien un assez grand nombre de pronoms démonstratifs, les uns encore déclinables, les autres subsistant à l'état d'adverbes. Nous examinerons successivement les principaux thèmes pronominaux.

Thème pronominal *i*. — Au thème pronominal *i* appartiennent : le nominatif masculin er-ek, *er-ec*, *er-e*, er-e, er-ont; le nominatif-accusatif neutre eḍ-ek, *ers-e;* l'accusatif féminin pluriel *ef* (VI *a* 4). A ce thème se rattachent l'adverbe ife (latin *ibi*) et le comparatif *etru*.

Thème pronominal *eo*. — Au thème pronominal *eo* (en latin il a donné les formes comme *eum*, *eam*, *eos*, *eas*, *ii*, *iis*) appartiennent : l'accusatif féminin *eam;* l'ablatif neutre eu (?) II *a* 2; le nominatif masculin pluriel *eur-ont* (VI *b* 63); l'accusatif masculin pluriel *eo(f)*; l'accusatif féminin pluriel eaf, *eaf*; l'accusatif neutre pluriel eu (?).

Thème pronominal *ero*, *iro*. — Le thème démonstratif *eiro*, *ero*, *iro*, qui vient d'un ancien thème *eiso*, et qui correspond aux formes osques comme *eizuc*, *eizac*, *ezum*, *eizois*, *eizazunc*[1], a laissé : l'accusatif masculin eru-hu, *eru;* le génitif masculin et neutre erer-ek, *erer*, *irer*, *erir;* le génitif féminin erar-unt, *erar;* l'ablatif féminin era-hunt; le génitif pluriel *erom*, *ero;* l'ablatif pluriel *erir-ont*, erer-unt. Sur *erafont*, voir page 193. Il a donné en outre les adverbes : *eri-hont* (ancien locatif), era-k (ablatif féminin), eru-k (ablatif neutre). Cf. § 49. Ce pronom est probablement le même que le sanscrit *esha*.

Nous passons à trois thèmes composés qui contiennent le thème *eiso* dont il vient d'être question.

Thème pronominal *isto*. — Le thème démonstratif *eisto*, *esto*, *isto* (d'où le latin *iste*) a laissé : l'accusatif masculin estu (II *b* 24); l'accusatif neutre estu (II *b* 23); l'accusatif pluriel masculin *esto(f)* (VI *a* 15). — Le thème *esmo*, le même qui a probablement donné *immo* en latin, donne le locatif singulier *esmei* (VI *a* 5, 18), le datif singulier *esme* (VI *b* 55) et l'adverbe esmik (I *a* 28, 31). Cf. § 49.

Thème *enno*. — Le thème *enno*, *eno*, qui est probablement pour *eis-no*, comme on peut l'inférer de la forme *enno* et *ennom* six fois répétée, n'a laissé en ombrien que des adverbes, savoir : enum-ek, inum-ek, enu-k, inu-k, *enom*, *eno*, enu « alors ». On peut comparer le rapport de enum-ek avec enu-k à celui qui existe entre esum-ek et esu-k. Je crois que enuk, esuk sont pour enunk, esunk.

A côté du thème *eno* il y a un thème *eni*, *eini*, qui a laissé

1. Voy. § 34. Cf. p. 72

les adverbes *enem*, *eine*, *ene*. On peut rapprocher le latin *enim* et l'osque íním.

Thème *esso*, *eso*, *iso*. — Le thème pronominal *esso*, *eso*, *iso*, qui est pour *ec-so*, *eic-so* (voir p. 18), et qui correspond aux formes osques comme *eksuk*, *exac*, *exeic*, *exaiscen*, a laissé : l'accusatif neutre esu-k, *eso-c*, *iso-c*, *eso*, esu; à côté de ces formes on trouve aussi esum-ek (I *b* 8), *esom-e* (VI *b* 47); l'ablatif masculin *esu;* l'ablatif féminin *esa;* l'accusatif pluriel masculin esuf; le datif-ablatif pluriel *esir*, *isir*. Il a laissé en outre les formes adverbiales *eso-c*, *eso* « ainsi ».

Thème *hono*. — Il y a en ombrien un thème *hono*, d'où l'enclitique *-hont*, les adverbes huntak et huntia, le comparatif *hondra* et le superlatif *hondomu* (p. 40). Ce thème a probablement une parenté avec le latin *hic hæc hoc*. Il y faut rattacher sans doute la forme hule (p. 303).

§ 49. PRONOM RELATIF.

Le pronom relatif a deux thèmes : *po*, qui répond au latin *quŏ* (par exemple dans *quod*) et *pi* qui répond au latin *quĭ* (par exemple dans *quid*). Le thème *po* suit la déclinaison nominale : ainsi il fait *po* (pour *pom*) au nominatif singulier neutre (p. 161), *pur* au nominatif pluriel masculin (p. 237). On a également l'accusatif féminin *paf*. La seule forme qui mérite une observation spéciale est le nominatif singulier masculin : *po-ei*, c'est-à-dire le thème dépourvu de flexion (cf. le grec ὁ, le sanscrit *sa*, le latin *is-te*) suivi de l'enclitique *ei*. Le nominatif latin *quī* (pour *quo-ei*) a la même formation.

Mais la déclinaison de ce pronom commence à sortir de l'usage. A certains cas, pour être fléchi, le pronom relatif a besoin de se combiner avec un autre pronom. C'est ainsi qu'on a l'ablatif *pora*, pour *po* + *era* (p. 194), et ailleurs l'adverbe *pusme*, pour pu + esme (p. 288). Le neutre *porsei* sert pour le masculin : *Eno deitu... porse perca arsmatia habiest* « tum dicito... qui togam lustralem habebit » (VI *b* 62). Il sert aussi pour le masculin pluriel : *hondra esto tudero porsei subra screihtor sent* « infra istos fines qui supra scripti sunt » (VI *a* 15).

Du thème *po* vient le comparatif *podruh-pei*, putres-pe. Un autre dérivé est l'adjectif panta « quanta ».

Le thème pronominal *pi* a donne :

Le nominatif masculin *pis* ou *pir*. A côté du simple *pis* on trouve les composés *pis-i* et *pis-her* (§ 34). Le nominatif-accusatif piḍ ou peḍ, lequel est ordinairement suivi de l'enclitique *ei* : peḍ-e, piḍ-e, pïḍ-i; *perse*, *pirse*, *persei*, *persi*, *pirsi*, *pisi*. Peut-être *pif-i* (p. 220) doit-il être considéré comme l'accusatif pluriel, suivi de l'enclitique *ei*.

Particules dérivées du pronom relatif. — Le pronom relatif donne naissance en ombrien, comme en latin, à un bon nombre de particules. Ainsi l'adverbe de temps et de lieu pufe répond par sa formation et probablement par son origine au latin *ubi*; pue, particule de lieu, est l'ablatif neutre pu, suivi de l'enclitique e; le neutre pum *pom* se trouve en composition dans puze, *pusei*, *pusi*, *puse* (pour *pum* + *sei*) et dans *arni-po*; la forme *pa*(*m*) qui répond au latin *quam*, est contenue dans *pre-pa* (ante-quam). Enfin nous avons l'enclitique *pei* dans *appei*, *podruhpei*, *pumpe*.

CONJUGAISON.

§ 50. LA CONJUGAISON FORTE ET LA CONJUGAISON FAIBLE.

Si l'on se place — non au point de vue de la grammaire comparée, mais de la grammaire latine — on peut distinguer dans cette langue une conjugaison forte et une conjugaison faible[1]. La conjugaison forte est celle des verbes qui sont ou qui paraissent tirés immédiatement de la racine : leur signe extérieur est qu'ils font précéder les désinences d'une voyelle brève. Tels sont *legere*, *vertere*, *fidere*. La conjugaison faible est celle qui comprend les verbes dérivés d'un nom, soit que ce nom existe encore dans la langue, soit qu'on doive le supposer. Le signe extérieur de la conjugaison faible est que les désinences sont précédées d'une voyelle longue : tels sont *saltare*, *nigrere*, *vestire*.

On doit ranger dans la conjugaison forte un petit nombre de verbes, reste d'un âge antérieur, qui ne font précéder les désinences d'aucune voyelle : tels sont en latin *es-t*, *vul-t*, *fer-t*.

Nous adopterons la même division en ombrien.

Appartiennent à un âge antérieur, où le verbe ne faisait précéder les désinences d'aucune voyelle de liaison, un petit nombre de formes, telles que *es-t*, *her-*(*t*), *her-ter*.

1. Il est superflu d'avertir le lecteur que ce sont là des termes de convention, et qu'on pourrait dire également *conjugaison primitive* et *conjugaison dérivée*. Mais ces expressions ne seraient pas entièrement exactes.

La conjugaison forte est représentée par un assez petit nombre de verbes, répondant aux verbes latins comme *molere*, *pendere*, *revisere*.

La conjugaison faible est de beaucoup la plus nombreuse : elle se subdivise en deux classes, les verbes en *a* et les verbes en *ei*, *e*, *i*. Comme exemple des premiers on peut prendre l'impératif *stiplatu*, comme exemple des seconds l'impératif *tenitu*.

Un certain nombre de verbes, qui en latin suivent la conjugaison en *a*, se fléchissent en ombrien d'après la conjugaison en *ei*. Ainsi *calato* devient *carsitu; peccatum*, *vacatum* deviennent *pešetom*, *vašetom*. Il peut arriver que le même verbe suive dans une de ses formes la conjugaison en *a*, et dans une autre forme la conjugaison en *ei* : ainsi à côté de l'impératif *mugatu* on a le participe *mujetom*.

Certains verbes, qui en latin suivent la conjugaison forte, ont passé en ombrien dans la conjugaison faible : ainsi au participe *visus* correspond l'ombrien *virsetom*, à *prosecta* correspond pruseçeta.

§ 51. LES DÉSINENCES PLEINES ET LES DÉSINENCES ÉMOUSSÉES.

En grec, en sanscrit, en zend, et par endroits en gothique et en slave, on peut distinguer deux sortes de désinences personnelles : les désinences pleines et les désinences émoussées. La différence qui existe entre τίθημι et ἐτίθην, entre φέρουσι et ἔφερον, suffit pour indiquer de quoi nous voulons parler[1]. Quelques traces de ces deux sortes de désinences subsistent en latin : ainsi à la 1re personne du singulier nous avons d'une part *lego* et d'autre part *legam*, *legebam*. Mais ces traces sont fort effacées; à la 3e personne du pluriel, par exemple, on a uniformément *legunt*, *legant*, *legebant*. En ombrien la différence paraît se borner à la 3e personne du pluriel, où l'on a d'une part *sent* (= sunt), *furfant* (= februant), et d'autre part *sins* (= sint), *etaians* (= itent). Cf. p. 193.

§ 52. LES VERBES *es* ET *fu*.

Avant de donner les différents temps, il nous paraît utile de faire précéder la conjugaison des verbes *es* et *fu*, qui sont employés comme verbes auxiliaires.

1. Bopp, *Grammaire comparée*, § 492.

VERBE *es*.

Indicatif présent. — 3e pers. sing., *est*. 3e pers. plur., *sent*.

Subjonctif présent. — 2e pers. sing., *sir*, *sei*, *si*. 3e pers. sing., si, *se* (?). 3e pers. plur., *sins*.

Infinitif. — *Erom*, eru.

VERBE *fu*.

Le verbe *fu* suit tantôt la conjugaison forte, tantôt la conjugaison faible.

Conjugaison forte.

Impératif. — 2e et 3e pers. sing., *futu*. 2e pers. plur., *fututo*.

Futur. — 3e pers. sing., *fust*, *fus*. 3e per. plur. furent, furu, *furo* (?).

Conjugaison faible.

Futur. — 3e pers. sing., fuiest.

Subjonctif. — 3e pers. sing., fuia.

Participe. — *fito*.

§ 53. INDICATIF PRÉSENT.

1re personne. — La désinence est *o*, représenté en vieil ombrien par *u* : *stiplo* stipulor, *suboco* subvoco, sestu (II *b* 24) sisto, feiu (II *b* 26) facio.

2e personne. — La désinence est *s* : mais ce *s* peut tomber : heris, heri (v. p. 103).

La 3e personne a pour désinence *t*, qui peut tomber : tiçit decet, *habe* habet.

La 3e personne du pluriel est *nt*. Le *n* peut être omis dans l'écriture : *furfant*, furfat.

§ 54. IMPÉRATIF.

L'impératif est la forme la plus fréquemment employée sur nos tables.

La seconde et la troisième personnes sont semblables : elles ont pour désinence, au singulier *tu*, au pluriel *tuto*, tutu, tuta[1]. Cette dernière forme se trouve seulement sur III et IV.

La conjugaison forte supprime la voyelle qui en latin vient

1. Sur l'origine de cette désinence, cf. p. 168.

se placer entre le thème et la désinence. On a reves-tu = latin revisito, kuvertu = latin convertito, ampentu = latin *im-pendito*, kumaltu = latin commolito. Cependant il est probable qu'on entendait une sorte de scheva, au moins dans une partie de ces verbes, car on ne comprendrait pas comment diḍ « donner » aurait pu faire à l'impératif diḍtu. Nous croyons qu'on prononçait kumalĕtu, diḍĕtu, kuvertĕtu.

Nous passons maintenant à l'énumération des formes :

2° et 3° *personnes du singulier.*

Conjugaison forte : *futu; etu*, amprehtu, enetu; aitu; fertu; kumaltu; *ehveltu;* revestu; teḍtu, tetu, titu, *dirstu, ditu;* feitu, fetu; *deitu;* aḍveitu, kuveitu[1]; sestu; kuvertu; *ahavendu, prevendu;* upetu, ampentu; antentu, ententu, ustentu, *ostendu*[2]; spahatu; anstintu; umtu; ninctu (?).

Conjugaison faible en *a* : steplatu; *pihatu, combifiatu;* purtatu; *naratu;* ahtrepuḍatu; *osatu; pelsatu;* azeriatu; restatu; statitatu; *previçlatu;* vepuratu; vestikatu.

2° conjugaison faible : habetu, *habitu; tenitu; tremitu; tursitu; hereitu, heritu,* eretu; tusetu; uḍetu; *sersitu;* kanetu; amparitu; *seritu;* kaḍetu, *carsitu;* purtuvetu, purtuvitu, *purdovitu; stahitu; sonitu* (?); *nepitu* (?); vutu, *subotu;* eveietu.

2° et 3° *personnes du pluriel.*

Conjugaison forte : *fututo; etuto*, etutu, etuta, *ambretuto;* aituta; fertuta; ustentuta, upetuta (impendunto).

Conjugaison faible : habetutu, *habituto;* tusetutu, *tursituto; stahituto.*

§ 55. FUTUR.

Le futur se forme par l'adjonction de l'auxiliaire *es*, comme en osque. C'est l'ancien futur, tel qu'il s'est conservé en sanscrit, en grec, en lithuanien. Quand le *s* de l'auxiliaire se trouve entre deux voyelles, il se change en *r*. La désinence de la troisième personne manque souvent. Ainsi, au lieu de purtuviest on trouve purtuvies. Celle de la seconde per-

1. Voy. § 36.
2. Voy. § 23.

sonne manque nécessairement : ainsi benes « tu viendras », heries « tu voudras », sont pour benes-s, heries-s. Il semble que le *s* des formes comme sestes(t) ne doive pas tomber, puisqu'en réalité il n'est pas final : voy. cependant p. 271.

Conjugaison forte.

2e pers. benes.
3e pers. ferest; eest; anpenes.
3e pers. pl. furent; *furo* furu (?).

Conjugaison faible.

prupehast.
2e pers. sing. heries; kukehes.
3e pers. sing. *heriest*, *habiest*, purtuvies, fuiest.
3e pers. plur. *staheren*.

Un autre futur, semblable à amabo, monebo, ibo, nous a peut-être été conservé dans herifi (p. 250). Cf. ci-dessous, § 57, note.

§ 56. FUTUR PASSÉ.

Ce temps se forme par l'adjonction de l'auxiliaire *fu* au verbe principal. Cet auxiliaire a les désinences du futur. On peut distinguer deux formations, suivant que le *f* est resté ou suivant qu'il est tombé.

1re *formation.*

3e pers. sing. atedafust, *andersafust*, *andirsafust*, amprefus.
3e pers. plur. *ambr-efurent*.

2e *formation.*

3e pers. sing. *iust*, fakust, *benust*, *apelus*, *entelus*, kuvurtus, purtiius, *habus*, tedust, *dirsust*, *sesust*[1], *portust* (?), *combifiançiust*, *purdinçiust*[2], *alinsust*[3] (?).

Formes redoublées : *peperscust*, *pepescus*, *dersicust*.

vesticos (pour *vesticaust*).

3e pers. plur. *benurent*, fakurent, prusikurent, *eiscurent*, *haburent*, *procanurent*.

Formes redoublées : pepurkurent, *dersicurent*, fefure.

1. Ces deux verbes sont formés comme si le thème était ted *ders* et *ses*.

2. Sur ces formes, voy. page 129. Curtius (*Das Verbum*, p. 268) y voit des inchoatifs. Mais outre que la caractéristique inchoative *sc* est généralement bornée au présent et à l'imparfait, on ne voit pas d'où viendrait la nasale; ajoutons que le groupe *sc* reste ordinairement intact en ombrien : Ex. veskla, *peperscust*.

3. Voy. p. 34.

§ 57. PARFAIT.

Le parfait présente, comme en latin, diverses formations, suivant que le verbe a pris ou non l'auxiliaire *fu*. Un exemple de parfait sans auxiliaire est *trebeit*. Sont formés à l'aide de l'auxiliaire *fu* (dont le *f* est tombé) :

1re pers. sing. *subocau* invocavi.

3e pers. plur. *benuso, covortuso*[1].

Une autre formation serait *pihafei, pihafi*, si tant est qu'il faille voir dans ce mot un parfait[2].

§ 58. PRÉSENT DU SUBJONCTIF.

Comme le subjonctif latin, le subjonctif ombrien amalgame deux séries de formes, dont les unes appartiennent à l'ancien subjonctif, les autres à l'ancien optatif. Les premières sont en *a*, les autres en *ia*. A cause des contractions qui se sont opérées, il n'est pas toujours facile de démêler l'une et l'autre série de formes : il n'y a d'ailleurs aucune différence pour le sens.

Ex. teḍa, *dersa, dirsa* (det); *dirsans, dirsas* (dent); façia, feia (faciat); habia (habeat); prehabia (præbeat); fuia (sit); *aseriaia* (observes); kupifiaia (auspicetur); portaia (portet); kuraia (curet); *etaians,etaias* (itent).

§ 59. PARFAIT DU SUBJONCTIF.

La formation de ce temps paraît avoir été celle du latin *ierim, dixerim*. Il ne reste que deux exemples, ayant tous deux perdu la désinence : *ier(is)* « iveris » (p. 177) et *combifianśi(t)* « auspicatus erit » (p. 171). On peut comparer les formes osques *hipid, fefacid*.

1. Ces deux verbes sont construits avec *ape*, qui prend ordinairement après lui le futur simple ou le futur composé. Il serait donc peut-être préférable de supposer ici un thème de futur composé *benus-, covortus-*, qui a pris après lui la désinence *sont*.

2. Un nouvel examen du passage où est employé *pihafei* a encore augmenté nos doutes à cet égard. Si l'on prend garde que dans la phrase suivante nous trouvons l'impératif *pihatu*, lequel est adressé à Dius Grabovius, on voit que l'action exprimée par ce verbe doit s'entendre de la divinité et non du prêtre. Il semble donc qu'il faille attendre une seconde personne du futur, ou encore du plus-que-parfait du subjonctif plutôt qu'une première personne du parfait. On peut comparer les formes latines comme *acclarassis* (p. 28).

§ 60. PASSIF ET MOYEN.

Les désinences du passif sont en *r*. La voyelle qui précède *r* peut être soit *u*, soit *ei*, *e*, *i*. Comparez en latin *amat-u-r* et *amar-i-s*. Le *r* final peut tomber.

Ex. Présent : herter, *hertei*, *herti*, herte.

Subjonctif : emantur, emantu; terkantur; *tursiandu*.

Futur : *ostensendi*.

Il est resté un impératif moyen en *mu* (pour *mnu*) au singulier, et en *mumo* au pluriel[1]. Ex. *spahmu*, *spahamu; stahmu*, *stahamu; persnihmu*, *persnihimu*, *persnimu; amparihmu; anovihimu*.

Pluriel : *Persnihimumo*, *persnimumo*, *pesnimumo*. Sur les formes *caterahamo* kateramu, *arsmahamo* aḍmamu, dans lesquelles une syllabe a probablement été supprimée, voy. p. 181.

§ 61. INFINITIF.

L'infinitif est en *om*, um, u, comme en osque. Ex. *erom*, eru, esse; aferum, *afero*, circumferre; façiu, façu, facere.

L'infinitif passif est exprimé d'une façon périphrastique par le participe passif accompagné de l'auxiliaire « être ». Ex. kuratu eru curatum esse (V *a* 26); *erom ehiato* esse exacta (VII *b* 2).

§ 62. PARTICIPES ET SUPIN.

Le participe présent est peu employé sur nos tables : on ne peut guère lui attribuer que *restef* (p. 162), pour *restens*.

Au contraire, le participe passé est représenté par de nombreux exemples : au nominatif singulier masculin nous avons pihaz *pihos;* kunikaz *conegos;* stakaz; taçez *tases tasis: persnis pesnis;* au nominatif pluriel masculin *tasetur*.

Les autres exemples sont : *etom;* kumates; *comatir*, *subator; screhto;* frehtu (?); *anfehtaf* (?); urtas, *ortom; comohota; çihitu;* anzeriates; *tuderato;* kuratu; *hostatu;* arçlataf; petenata (?); *ehiato* (?); *pracatarum* (?); *virseto;* purtitu, *purditu; stahmito;* statita; *mujeto; froseto m; pesetom; vašetom*.

Le participe futur passif est en *endus*, *andus;* le groupe *nd* s'assimile en *nn*, qui est représenté par un seul *n*. Ex. *anfe-*

1. Sur l'origine de cette désinence, cf. 181.

rener; peihaner, pihaner; pelsans (nominatif singulier masculin); pelsanu (accusatif pluriel neutre).

Le supin se termine en *tom*, tum. Le *m* est souvent omis. Ex. avef anzeriatu etu *avif aseriato etu* « aves observatum ito »; *poei angla aseriato eest* « qui oscines observatum ibit. »

MOTS INVARIABLES.

§ 63. ADVERBES.

On retrouve en ombrien la plupart des formations adverbiales du latin. Aux adverbes latins en *bi*, comme *ibi*, *ubi*, qui sont d'anciens cas pronominaux (cf. tibi, sibi, en ombrien *tefe*) correspondent : ife, if-ont (ibi); pufe (ubi); *cehefi* (?) ita.

Aux adverbes latins en *um*, comme *primum*, *multum*, qui sont d'anciens accusatifs neutres : *enom*, *eno*, *enu*, enuk, enumek (tum); eruk pour erunk (ibi); *śimo*, çimu (retro). On y peut joindre les neutres *enem* et eḍek. Voy. aussi les conjonctions peḍe et puḍe.

L'adverbe *trahvorfi(m)* est un ancien accusatif comme partim, transversim en latin.

Aux adverbes latins comme *primo*, *quo*, qui sont d'anciens ablatifs, correspond : *pu-e* « ubi. » Voy. p. 153.

Aux adverbes latins en *a*, comme *supra*, *infra*, qui sont d'anciens instrumentaux ou des ablatifs féminins : *subra* (supra), erak (ibi), huntak (ita), huntia (ita).

Aux adverbes latins en *e*, comme *recte*, *valde*, qui sont probablement d'anciens locatifs : *nesimei* (proxime), *eri-hont* (ibidem), *este* (ita), *isek*, isunt pour ise-hunt (ita), itek (sic), prufe (probe), rehte (recte). On y doit joindre *sei*, qui se trouve seulement VI *a* 11, et qui paraît signifier « intra ». Nous l'avons expliqué comme étant pour *śei*, et comme appartenant à la famille du latin *cis*, *citra*, de l'ombrien *śimo*.

Aux adverbes latins comme *pone* : *postne* (pone), *perne* (ante), probablement pour pre-ne, *superne* (superne). De *postne* et *perne* viennent les adjectifs pusnaies et pernaies. Voy. p. 9.

La négation ombrienne est *neip*, qui correspond au latin nec ou neque.

Sont d'origine verbale les deux adverbes *herter* et *herifi*, dont le premier se joint au subjonctif sans en modifier sensiblement la signification, et dont le second sert à généraliser le sens, à peu près comme le latin libet.

§ 64. CONJONCTIONS.

Voici la liste des principales conjonctions : et « et »; *ote* « aut »; *heris, heries* « vel [1] »; *sururont* « item »; puze ou *pusei* « ut [2] »; *sve* « si », qui répond à l'osque *svai*.

Autres conjonctions : peḍe, *perse, pirse, pirsi* n'est pas autre chose que le neutre *pid* (= latin *quid*) suivi de l'enclitique *ei*. Il a le sens du latin quum dans cette phrase : *Sersi pirsi sesust* (VI *a* 5) « sede quum steterit ». Il équivaut à une particule conditionnelle dans l'invocation : *persei.... pir orto est, arsmor.... subator sent.* Voir page 79.

Puḍe *porsi* est le neutre *pod* (= latin *quod*) suivi de l'enclitique *ei*. Il a les emplois de notre conjonction « que ». Ex. revestu puḍe.... emantu (V *a* 7) « inspicito ut.... distribuantur ». Il a le sens du latin quam dans cette phrase : *nersa courtust porsi angla aseriato iust* (VI *a* 6) « neque se ante converterit quam oscines observatum iverit ».

Hondra hutra « antequam » se construit avec le futur. Ex. *hondra furo sehemeniar* (VII *a* 52) « antequam erunt Semeniæ ».

Arnipo « donicum » se construit avec le futur antérieur : *arnipo vesticos* (VI *b* 25) « donec lustraverit ».

Nersa suppose une forme latine *ne....dam* (cf. quondam). Voy. p. 33.

Pus.... pane (pour pande) correspond à postquam et se construit avec le futur antérieur. Pus tertiu pane puplu ateḍafust (I *b* 40) « postquam tertium populum lustraverit ».

Appei, apei, ape, api, ap signifie « postquam » et gouverne le futur simple ou le futur antérieur. Ex. ap vuku kukehes

1. Il est intéressant de constater qu'à côté de cet emploi purement adverbial, *heries* a conservé sa pleine force verbale, par ex. II *b* 21 : vitlu vufru pune heries façu « vitulum varium quum voles facere. »

2. Nous avons dit plus haut (p. 59) que *pusei* a les différents sens du latin « ut ». La formule *pusei neip heritu* (VI *a* 27) peut être rapprochée de cette formule latine citée par Cicéron (*De Legibus*, II) : Jovis pater, si mihi es auctor urbi populoque romano Quiritium hæc sane sarteque esse, ut tu nunc mihi bene sponsis beneque volueris.

« quuum lucum coinquies »; ape apelus (II *b* 28) « quuum impenderis ».

Ponne, pone, pune, puni (pour *pon-de*) « quum » se construit avec le futur simple ou le futur antérieur. Ex. (II *b* 27) pune anpenes « quum impendes »; (I *b* 11) pune kuvurtus « quum conversus eris ». On trouve un exemple avec le subjonctif présent VII *b* 2; mais cette construction est exceptionnelle. Voir également VI *b* 50. Le même mot s'emploie comme adverbe dans le sens de « ubi » : pune uvef furfat « ubi oves februant »[1].

Prepa, composé de *pre* = latin *præ*, et de *pa*(*m*) = latin *quam*, correspond pour le sens à *antequam*, et gouverne le subjonctif : *neip amboltu prepa desva combifianśi* (VI *b* 52).

§ 65. PRÉPOSITIONS ET POSTPOSITIONS.

Nous rencontrons ici une particularité du dialecte ombrien. Il fait des postpositions un usage beaucoup plus étendu que le latin. Quand une postposition gouverne un substantif accompagné d'un adjectif, il se met ordinairement entre les deux mots. Ex. *ocre-per Fisiu* « pro colle Fisio », Vuçiia-per natine « pro gente Vucia ». Nous croyons que l'usage des postpositions a précédé celui des prépositions : la construction que nous venons d'indiquer aide à comprendre comment un mot, de postposition qu'il était d'abord, est devenu préposition.

Les prépositions ombriennes sont :

Pre, qui correspond pour la forme et pour le sens au latin *præ* et gouverne l'ablatif (ou le datif). Ex. pre veres Treplanes (I *a* 2), *pre vereir Treblaneir* (VI *a* 22) « ante portam Trebulanam ».

Post, pus correspond au latin post : mais il gouverne un autre cas : pus veres Treplanes (I *a* 7), *post verir Treblanir* (VI *a* 58).

Pustin, pusti, *posti* gouverne l'accusatif. Il a : 1° le sens distributif : pusti kastruvuf (V *a* 17) « pro [singulis] prædiis, » *posti acnu* (V *b* 8) « pro [singulis] fundis »; 2° le sens de « post » ou « juxta, propter » : pustin ereçlu (IV. 13) « post cespitem » ou « propter cespitem ». Sur l'origine du mot, voir page 243.

1. Voy. page 157.

E, *ehe*, *eh* correspond au latin *e* ou *ex*, et gouverne l'ablatif: *ehe esu poplu* (VI *b* 54).

Trahaf, *traf*, *traha*, tra correspond au latin *trans* et gouverne l'accusatif. Ex. *traha sahatam* (VII *a* 44). Sur cette expression, qui a fini par ne plus composer qu'un seul mot, en sorte qu'on a pu dire tra sate.... feitu « offre à [l'endroit appelé] Trasata », voir page 204. — Il en est peut-être de même pour l'expression traekvine (p. 278) : il faut sans doute reconnaître dans ekvine un proche parent du nom de la ville d'Iguvium.

Super correspond au latin *super*. Il gouverne le datif: super kumne (I *b* 41) « super culmine ». Super ereçle (I *b* 19) « super cespite ». De là l'adverbe *superne*.

Subra correspond au latin *supra* et gouverne l'accusatif : *subra esto tudero* (VI *a* 15) « supra istos fines ».

Hondra s'oppose à *subra* et gouverne comme lui l'accusatif. Il signifie « citra ». *Hondra esto tudero* (VI *a* 15).

Com correspond au latin *cum* et gouverne l'ablatif. Il signifie « avec ». Ex. *com peracris sacris* (VI *b* 52) « cum ambarvalibus sacris »; *com prinvatir* (VI *b* 55) « cum calatoribus ».

Pert est la même préposition qu'on trouve en osque sur la table d'Abella (ligne 33) : pert víam. Elle marque une position dans l'espace. Elle est probablement composée de *per* et d'une enclitique *te* (cf. *post*).

Nous passons maintenant aux postpositions.

La postposition la plus employée est *en* ou *e* (p. 80 et suiv.), qui répond à la préposition latine *in*. Elle gouverne l'accusatif ou le datif. Quand elle est ajoutée à un datif, il est parfois difficile de la distinguer du nom auquel elle s'ajoute. Aussi le graveur a-t-il pris soin quelquefois de l'écrire à part : Rupinie e, tafle e, testre e uze. Des exemples de l'accusatif sont : Arvam-en, vukum-en, esunum-en, *asam-e*, Fesnaf-e, *verof-e*. Des exemples du datif sont : manuv-e, Arven, Fesner-e, Funtler-e, *Fondlir-e*, Akeḍunie. Sur *em* au lieu de *en*, voir § 28. Il semble que cette postposition ait fait quelquefois l'impression d'une désinence casuelle. Cf. page 84 et suivantes.

Aḍ (écrit aussi a) correspond à la préposition latine *ad*. Elle marque l'approche vers un lieu ou le but d'une action : asam-aḍ (IV. 6), asam-a (IV. 16. II *a* 39) « ad aram »; ereçlum-aḍ (IV. 6) ereçlum-a (III. 35. IV. 3. 10) « ad cespitem »; persklum-aḍ (III. 21) « ad sacrificium »; spantim-aḍ

(III. 33) « ad libationem »; spiniam-aḍ (II *a* 37) « ad mensam »; etram-a spanti (IV. 2) « ad alteram libationem ».

Per a le sens du latin *pro*. Il est toujours postposition et il gouverne l'ablatif. Ex. *ocre-per Fisiu* « pro colle Fisio »; tuta-per Ikuvina « pro civitate Iguvina »; fratrus-per Atiiçdies (III. 23) « pro fratribus Attidiis ».

Com, *co*, kum, ku marque le lieu où se fait l'action. Il gouverne l'ablatif. Ex. asa-ku « ad aram »; termnes-ku (I *b* 19) « ad terminos »; *verisco Treblanir* (VI *a* 19) « ad portam Trebulanam »; *vocucom*, vukukum (VI *b* 43. I *b* 1) « ad lucum ». D'autres fois il signifie « avec » : esunesku vepurus (V *a* 11) « cum sacris operationibus »; uvikum (III. 28) « cum ove ».

To, tu est, à ce que je crois, pour *tum*. Il a la valeur d'une préposition marquant le lieu où l'on est. Voir pages 41, 120. Ex. akru-tu (V *a* 19) « in agro ». Sur l'orthographe ta, au lieu de tu, voir page 290.

Anter, *ander* correspond à *inter*. Il gouverne l'accusatif et aussi, à ce qu'il semble, le datif. Ex. esumek esunu anter (I *b* 8) *esome esono ander* (VI *b* 47) « inter istud sacrificium »; sume ustite anter (II *a* 16). Sur cette phrase, voir p. 282.

§ 66. PRÉFIXES.

Nous commençons par les préfixes placés devant les *verbes* :

Amb, réduit souvent à *an* ou *a*, correspond au latin *amb*, au grec ἀμφί. Ex. *amboltu*, *anferener*, *andersafust*.

Ambr, ampr est étroitement apparenté avec le précédent. V. p. 183. Ex. *ambr-etuto*, *ambr-efurent*.

Aḍ *ars*, *aha*, *a* correspond au latin ad. Ex. aḍveitu *arsveitu*, aveitu; aḍpeltu; *ahavendu*; *ahatripursatu*. Sont dérivés de verbes : aḍfertur, aḍkani, aḍputrati.

An ou *a* répond probablement au grec ἀνά. Ex. an-stintu; an-tentu, a-tentu, an-dendu; am-pentu, ampetu, apentu; *an-stiplatu*; *anovihimu*; an-zeriates; am-paritu, am-parihmu; afiktu.

Ander répond au latin *inter*. Ex. *ander-sistu* (intersistito), *ander-sesust* (interstiterit).

Co, ku correspond au latin *cum*. Ex. kuveitu « convehito »; *co-mohotu* « commota »; ku-vertu « convertito »; ku-pifiatu, *combifiatu* « auspicator »; ku-maltu « commolito ».

Da dans *daetom* correspond au latin *de*, à l'osque *dat*.

Eh correspond au latin *e* ou *ex* dans *eh-veltu* « rogato » d'où eh-velklu « rogationem ».

En ou *e* correspond au latin *in*. Il se réduit quelquefois à *i*. Ex. En-etu; en-tentu, en-dendu; i-seçetes. Je considère comme un dérivé verbal le substantif iuku « invocationem ».

Per se trouve dans per-tentu. Sur *per* dans *peretom*, voy. p. 86.

Pre correspond au latin *præ*. Ex. *pre-pesnimu*, *pre-habia*, *pre-vendu*, *pre-viçlatu*, *pre-plotatu*.

Pro, pru correspond au latin *pro*. Ex. pru-sekatu, *pro-seśetir*, pru-sikurent. Dans *pro-canurent* le préfixe a le sens du latin *pro* dans *provenire*. Sur pru-pehast, voy. p. 307.

Au préfixe latin *ob*, *obs* correspond up, us, *os*. Ex. upetu (pour up-petu) « ob-pendito »; us-tentu, *os-tendu* « ostendito ».

Au latin *por* dans *porrigere*, *porricere*, correspond pur, *pur*. Ex. pur-tuvetu, *pur-dovitu*.

Au latin *sub* correspond *sub* ou *su* : *suboco* (sub-voco); *subotu* (sub-voveto); su-tentu (sub-tendito).

Trah (pour *trahaf*) représente le latin *trans* : *trahvorfi* transversim.

Nous passons aux préfixes qui se mettent devant les *noms*.

An ou *a*, particule privative correspondant en grec à ἀν ou α, en latin à *in*. Exemples : *hostatir*, *anhostatir*; *çihitir ançihitir*; *virsetom avirsetom*; snates asnates; pruseçeta aseçeta.

Per dans perakne, semble avoir le sens du latin *pro* dans *profundus*; dans perakre il a le sens de *amb* dans *ambarvalis*.

D'origine inconnue est le préfixe vem, ven, ve, dans vempersuntres, venpersuntra, vepesutra.

§ 67. ENCLITIQUES.

Les principales enclitiques sont :

ei, écrit aussi *e* ou *i*, qui se trouve ordinairement après le pronom relatif. Ex. *paf-e* (quas); piḍ-e (quid); po-ei, *po-e* ou *po-i* (qui). Voy. l'Index, s. v. *ei*.

ek, souvent réduit à *k*, est la même enclitique que nous avons en latin dans hic, illic, illuc. On la trouve dans er-ek, esmi-k, enum-ek, *eso-c*, ite-k, eru-k, hunṭa-k. La même syllabe est préfixe dans *ecla*, etanta (pour *ec-tanta*). Cf. en latin ec-ce, ec-illum.

De, que nous avons en latin dans *quamde*, *inde*, se retrouve, mais avec assimilation de *d* à la nasale précédente, dans *ponne*, *pone*, pune (pour pun-de) et dans *pane* (pour *pan-de*).

§ 68. FORMATION ET DÉRIVATION DES NOMS.

La formation et la dérivation des noms sont ces parties de la grammaire qui montrent comment d'une racine ou d'un verbe se tire, par l'addition d'un suffixe, un nom adjectif ou substantif, et comment d'un nom déjà formé sort un autre nom au moyen d'un nouveau suffixe. Dans le premier cas, le suffixe est dit primaire; dans le deuxième cas, il est secondaire. Les noms tirés immédiatement d'une racine ou d'un verbe sont dits primitifs; les noms tirés d'un autre nom sont dits dérivés.

Nous ne donnons ci-après que les suffixes les plus usités.

SUFFIXES PRIMAIRES.

to forme des participes passés : pruseçeta, *screhto*; *fato*; *fito*.

tur forme des noms d'agent masculins : aḍfertur, kvestur, uhtur.

clom forme des noms neutres : ehvelklu, *pihaclom*, kumnahkle, *mandraclom*, muneklum. Après les racines finissant par un c ou un *g*, le c du suffixe disparaît : *persc-(c)lom*. Il en est de même pour la forme féminine *cla* : *fic-(c)la*. Il ne faut pas confondre ce suffixe avec le suffixe secondaire *lom*, *la*, qui forme des diminutifs.

men forme des substantifs neutres : *nomen*, *pelmen*, *umen*.

ti forme des substantifs féminins : spanti, *trahvorfi* (§ 36).

os forme des substantifs neutres; aux cas indirects, le s placé entre deux voyelles se change en r : *vas* (pour *vac-os*), *tuderus*, vepurus.

ro forme des adjectifs et substantifs : *agro*, *abro*, kapru, *adro*, *rufro*, sakru.

ri forme des adjectifs et des substantifs : *pacri*, sakri, *ocri*.

SUFFIXES SECONDAIRES FORMANT DES SUBSTANTIFS.

tie forme des substantifs féminins abstraits de la 5ᵉ déclinaison : uhtretie, kvestretie.
klom forme des diminutifs : veskles.

SUFFIXES SECONDAIRES FORMANT DES ADJECTIFS.

alis : *tefralis*, *sorsalis*, *verfale*.
aris : *staflaris*.
ius (correspond au latin *ivus*, par exemple dans captivus) : *farsiom* (pour *farsivom*), *arsmatia* (pour *arsmativa*).
inus : *cabriner*, Ikuvinus, *Miletina*, *Fisovina*.
ovius : *Grabovius*, *Fisovius*.
asius : urnasier, plenasier, sestentasia, Eikvasia (primitif de Eikvasatis et Eikvasese).
aius : pernaies, pustnaies, peḍaia.
ius : *Fisiu*, Çerfia, Huḍie, *Jovia*, Marties, *Piquier*, *Sançie*, tertiam; Vehiies, Vuçiia, *Petronia*, Kastruçiier, Klaverniie.
at forme des noms ethniques : Atiieḍiate, Kureiate, Taḍinate.

INDEX

Nous avons suivi pour cet Index l'ordre de l'alphabet latin, sauf quelques légères modifications nécessitées par la langue ombrienne. Ainsi le *c* a été placé à côté du *k*, pour ne pas séparer des mots identiques. La même raison a fait rapprocher le *z* de la lettre *s*. On doit supposer le ḍ placé après le *d* ordinaire. Le *ç* ou *ś* vient après la gutturale forte *k* ou *c*, dont il est une altération.

Les mots sont mentionnés aussi souvent qu'ils se trouvent sur les Tables. Le chiffre entre parenthèses renvoie au Commentaire.

A

B

D

E

F

G

H

I

K, C

Ç ou Ś

M

R

Z

T

U

V

LISTE DES MOTS LATINS

QUI ONT ÉTÉ RAPPROCHÉS DE MOTS OMBRIENS[1].

N. B. — Les chiffres renvoient à la page du Commentaire.

1. Nous n'avons fait entrer dans cette liste que les mots latins qui reçoivent quelque éclaircissement de la comparaison avec l'ombrien.

FIN.

TABLE DES MATIÈRES.

CONSONNES.

DÉCLINAISON.

CONJUGAISON.

FIN DE LA TABLE DES MATIÈRES.

15624. — Typographie Lahure, rue de Fleurus, 9, à Paris.

Lightning Source UK Ltd.
Milton Keynes UK
UKHW021317090720
366275UK00005B/1007

9 780270 236576